面 向 2 1 世 纪 课 程 教 材
Textbook Series for 21st Century

法学专业必修课、选修课系列教材

社会保障法

主　编　郑尚元
撰稿人（以撰写章节先后为序）
郑尚元　李志强　扈春海　向春华
王艺非　李文静　郑晓珊　袁少杰
李海明　潘羿嘉　王天玉

高等教育出版社·北京

图书在版编目（C I P）数据

社会保障法 / 郑尚元主编. -- 北京 : 高等教育出版社，2019.4
ISBN 978-7-04-051623-4

Ⅰ. ①社… Ⅱ. ①郑… Ⅲ. ①社会保障法-中国-高等学校-教材 Ⅳ. ①D922.5

中国版本图书馆CIP数据核字(2019)第052178号

Shehui Baozhang Fa

策划编辑　程传省　　责任编辑　程传省　　封面设计　杨立新　　版式设计　张　杰
插图绘制　于　博　　责任校对　张　薇　　责任印制　刘思涵

出版发行　高等教育出版社
社　　址　北京市西城区德外大街 4 号
邮政编码　100120
印　　刷　天津嘉恒印务有限公司
开　　本　787 mm× 1092 mm　1/16
印　　张　28.25
字　　数　700 千字
购书热线　010-58581118
咨询电话　400-810-0598

网　　址　http://www.hep.edu.cn
　　　　　http://www.hep.com.cn
网上订购　http://www.hepmall.com.cn
　　　　　http://www.hepmall.com
　　　　　http://www.hepmall.cn

版　　次　2019 年 4 月第 1 版
印　　次　2019 年 4 月第 1 次印刷
定　　价　59.00 元

物 料 号　51623-00

作者简介

郑尚元

清华大学法学院教授，博士生导师。北京大学法学博士。兼任中国法学会社会法学研究会副会长、北京市劳动和社会保障法学会副会长等。著有《劳动争议处理程序法的现代化》《工伤保险法律制度研究》《劳动合同法的制度与理念》《社会法的定位与未来》《社会法存在于社会法理论探索》等。负责撰写第一章、第十二章。

李志强

兰州大学法学院副教授。清华大学法学博士。兼任中国法学会社会法学研究会理事。代表作有《劳务派遣用工制度影射下的反“结构性暴力”对策》《工资法律制度谱系与国家福利制度》《孝道危机时代下空巢老人权益的法律保护》《西方养老保障制度对我国孝道文化传承的立法启示》《精准扶贫的法理正义与路径选择》。负责撰写第二章、第十章。

扈春海

燕山大学文法学院教师。中国政法大学法学博士。兼任中国法学会社会法学研究会理事。代表作有《社会保险法总论》《劳动和社会保障法学》《中国社会保险立法进路之分析》《社会保险待遇竞合问题研究》《社会法的界定论》。负责撰写第三章、第十三章。

向春华

中国劳动关系学院法学院教师。清华大学法学博士。兼任中国医疗保险研究会工伤保险专业委员会常务理事。代表作有《社会保险法原理》《社会保险请求权与规则体系》《工伤理论与案例研究》《典型工伤保险案例解析》等。负责撰写第四章。

王艺非

清华大学法学硕士，德国慕尼黑大学以及马克思普朗克社会法与社会政策研究所社会法方向博士研究生。代表作有《用人单位劳动规章制度形成理性与法制重构》。负责撰写第五章、第六章。

李文静

中国劳动和社会保障科学研究院副研究员。清华大学法学博士。代表作有《医疗保险法律制度研究》《医疗保险经办机构之法律定位——论社会行政给付主体之角色与功能》《住房公积金之分配正义——兼谈〈住房公积金管理条例〉修订中关于“职工”范围的争议点》《社会保险费与税之法学思辨》《平台经济发展对我国劳动关系的影响》。负责撰写第七章。

郑晓珊

暨南大学法学院副教授。清华大学法学博士。兼任中国法学会社会法学研究会理事。代表作有《工伤保险法体系——从理念到制度的重塑与回归》《日本过劳自杀工伤规制之借镜——从富士康事件谈起》《基本养老保险个人账户“实账”省思——谈〈中国养老金发展报告 2011〉的核心之困》《从“末位淘汰”看解雇语境下的“不能胜任”——以“指导案例 18 号”为背景》《工伤保险与民事赔偿并行之困的整合进路》。负责撰写第八章。

袁少杰

清华大学法学博士研究生。著有《老龄化之因应与长期照护保险法制之展望》。负责撰写第九章。

李海明

中央财经大学法学院副教授。中国政法大学法学博士。兼任中国法学会社会法学研究会理事。代表作有《劳动派遣法原论》《论退休自愿及其限制》《论劳动法上的劳动者》。负责撰写第十一章。

潘羿嘉

中国人民大学法学院博士后，清华大学法学博士。代表作为《揭开人事外包的面纱：论劳务派遣之实质审查》。负责撰写第十四章。

王天玉

中国社会科学院法学研究所副研究员。吉林大学法学博士，清华大学法学博士后。兼任中国法学会社会法学研究会理事。代表作有《经理雇佣合同与委任合同之分辨》《基于互联网平台提供劳务的劳动关系认定》《劳动者集体行动治理的司法逻辑》《工作时间基准的体系构造及立法完善》以及“Striking the Balance in Industrial Relations in China? An Analysis of Court Decisions of 897 Strike Cases (2008–2015)”。负责撰写第十五章。

序言

本教材由本人酝酿，由本人及本人曾指导过的学生共同编写而成。当初，我的意思是教材必须是“写作”而成的教材，而不是“编”成的，也就是说，每位参与者所负责的章节要尽量有自己的创新之处。当然，社会科学观点不可能有大的创新，但是，成为作品后肯定有差异。本教材以学术性、前瞻性为导向，以法律制度之应然性为目标，兼顾实在法因素，大量借鉴境外法制及其法理，旨在形成一部具有“教育”性质的教科书。教材的目标就是“教育”，就是使学生在不知中获得“认知”的知识，以及相关之法律精神。因此，相较日本社会保障法教材（包括专著），较之我国台湾地区之社会法教材，本教材的最大短板就是“脱离社会现实”，我国社会现实生活中社会保障法之实在法“实在”是少得可怜！既如此，本教材以应然为目标“教、授”社会保障法的基本知识体系及相关法理，其“教育”的功能更加突出。就此而言，与现在书店和图书馆中存在的社会保障法教材相比，本教材的特色是鲜明的！

社会保障法，从严格意义上讲，应该是社会保障法类，是法律体系中之一门，而不是一部、两部或者说三五部法律。从日本已经颁布的相关法律看，有几十部社会保障法，涉及社会生活的方方面面，从衣食住行、吃喝拉撒到生老病死葬，这类法律系关涉自然人“从摇篮到坟墓”的一切法律关系，如果从内容之庞杂性上观察，它远较传统民法、刑法复杂或“没有规律”。“法律多、体系性和逻辑性差”是社会保障法的特征。但是，如同文章必有“红线”一样，社会保障法之法律精神亦有别于其他法律门类。对法律制度分门别类，一方面体现法律制度本身之发达与进步，另一方面体现社会生活之需要。社会保障法的产生，缘于工业化社会所产生和累积的社会矛盾无法排解，其他法律制度，诸如民法、刑法甚至更晚产生的劳动法都无法调整这样的社会关系，无法再行“定分止争”之功能。工业革命创造了人类历史上所不曾有过的财富，亦创造出人类历史上不曾有过的社会矛盾、纷争和社会不幸。整个19世纪，国际劳工运动、社会主义思潮可谓风起云涌，德国人最终选择以社会保险化解社会风险和社会矛盾而创造出一类新型的法律制度——社会保险法，这种法律从劳工疾病、职业灾害以及年老等雇佣风险开始，劳资不再博弈，劳动者不再无助与迷茫，而是切切实实有了生活的保障。尤其是在劳动关系消灭后，劳动者没有收入，其他法律制度没有任何办法的时候，社会保险法便走向了前台。

社会保障法，亦称“社会法”“社会安全法”，我国台湾地区将“social security law”直接翻译成“社会安全法”，更加形象和直接。一个国家和地区，其社会必然是自然人组成的社会。其中，对于社会中的人，宪法规定人格平等，精神自由。但是，现实生活中，人们之间的收入差距、社会地位、生活状况可谓千差万别，总有一部分人生活境遇非常不堪；即便个人本身亦会因身体的疾病、伤残而常人有所差异，亦会产生年老与年轻不同时代的落差。在特定生存风险出现时，通过社会的力量分担这样的风险，便是其本人最大的安全；不同的人群生活在社会中，彼此连带，此痛必然牵扯彼痛，穷人生活不安，富人亦不可能彻底安逸。只有彼此连带，互助共济，渡过难关，大家才能彼此安全。由此，他安全、你安全、我安全，社会才安全，社会保障法制所构建的生活保障网，换言之，即“社会安全网”。古人云：“不患寡而患不均，不患贫而患不安。”[①] 生活在不安之中的人们乃人生之最大不幸。社会保障法的功能就是保障人民生活的“安定”，保障社会的安全运行。

社会保障法从实体法律制度建构视角，分社会保险法律制度、社会救助法律制度、社会补偿法律制度，以及特殊群体之社会福利制度。社会保险法律制度包括健康（医疗）保险、职业灾害保险、年金（养老）保险、失业（就业或雇佣）保险、长期照护保险五个类别，这五个类别的社会保险皆以保险法则运行，相对而言，其法理性较强，法律关系亦较为复杂，其社会保障行政给付具有相应的间接性、技术性和复杂性，属于“社会预护”法制之范畴。社会救助法律制度，亦称社会扶助法律制度，包含日常生活救助（我国俗称“低保”）、灾害救助、特别事项救助（住房、医疗、教育等）。社会救助系典型的无因性行政给付，法律关系较为简单，是行政给付者与行政相对人之间的关系，被救助人必须符合低收入者或无收入者之法定标准。社会补偿法律制度，系因特定事项造成人身健康损害或生活水准之降低，相关补偿机构对其作出相应的社会行政补偿，亦是社会行政给付的组成部分，本教材将之分为犯罪受害人补偿、药害补偿、特定事件损害补偿及农地征收征用补偿。中国农地与其他国家土地的功能、使命差异巨大，承载着农民的生存权和维系生活的功能，征地后需要对其予以相应的生存权补偿，本教材将其列入其中。有关特殊群体之社会福利制度，最能体现社会连带主义之精神，鳏寡孤独乃社会最弱势群体，社会对上述人群的关怀是社会整体之体现，对这部分人群给予相应的社会行政给付，使其残缺之生活得到相应弥补。此外，残疾人、儿童等社会福利法制之建构，系市场经济发达国家和地区早已运行多年的法律制度，我国独生子女政策实施多年，独生子女费每月5元，多年未变，说明我国在该领域的制度存在着一定的形式主义；“二孩”政策刚刚实施，便遇到了“不生”的难题，该难题既是家庭个别难题（养育成本高昂），亦是社会难题，如果我国的儿童福利法制达到使人民心安的程度，该难

① 《论语·季氏》。

题便可迎刃而解。“生”本简单，“育”却复杂，期待社会分担家庭育婴、育童之负担。当然，社会保障的内容是随着政治、社会、经济的发展而逐步扩展的，其法制建构亦然。我国目前住房保障实践丰富，国家设有专门的行政机构，但是，该领域制度尚未成型，且立法进展缓慢，本教材暂未将其纳入章节内容，待教材修订时根据反馈意见，再将其列专章编入教材。

本教材写作之前，本人已计划多年，只是条件不够成熟。2015 年，去台湾政治大学法学院开会时，郭明政教授等主编的社会法教材刚刚出版，送与本人一本，增强了本人撰写《社会保障法》教科书的信心；之后，日本早稻田大学菊池馨実教授专门自日本馈赠《社会保障法》《社会保障法制将来构想》《社会保障法研究》(2015)，增加了不少素材。2018 年夏天，德国马普学会社会法和社会政策研究所所长贝克教授在中国人民大学法学院讲授相关课程，并作了相关交流。本人指导的硕士生王艺菲师从贝克教授攻读博士研究生，间接获得一些德国社会法方面的信息。在诸多热心者的帮助下，本教材得以出版，在此深表感谢！

万事开头难，这部教材虽经著者努力，但实在法的阙如，法律实践的稀少，使得教材必然存在相应的“空旷感”。应然来讲，它本不该如此，如同民法理论与案例一样，它亦有相应的理论与实践。我国建构这样的制度可谓任重道远，时日漫长。不过，只要坚持法治理念，坚持依法治国之精神，终究一天，本教材之空洞理论一定会成为“有血有肉有骨头”之法律身躯。

本教材供本科生、研究生使用，亦可为同行、实务界参考。因参编作者学术背景不同、文风有别，各章之间风格有所差异，虽经统稿人最后努力统稿，仍有诸多不妥甚至谬误之处，期待读者的批评指正，使其未来被更好地修订与完善。教材由郑尚元(第 1–8 章)、扈春海(第 9–15 章)统稿并作相应修改。

主　编

2018 年冬

目录

第一章　社会保障法的形成、发展与未来挑战

第一节　国外社会保障法制的形成与发展

一、社会保障法的前世：英国《济贫法》

（一）英国《济贫法》评价

“任何学习社会保障法律的学生都不能忽视《济贫法》的作用，正如Mesher所做的评论：‘虽然《济贫法》的具体形式和机制已经被废除，但隐含在《济贫法》中的观念和政策仍然根植于现代法律和实践中。’”[①] 的确如此，英国是世界上最早进行工业革命的国家，其资本主义发端史非常悠久，即使在机器大工业展开之前的14、15世纪资本主义萌芽阶段，已经存在劳动力流动的英国就开始实施济贫制度。“《济贫法》起源于14世纪。14世纪中期封建主义制度瓦解后，开始使用支付工资的劳动力。劳动力的流动使得有人担心那些居无定所到处寻找工作的求职者。1388年英国颁布立法试图解决这个问题，但是直到后来才对居无定所的贫困人口提供了救助。”[②] 英国14世纪的济贫立法类似于中国古代的朝廷赈灾，其立法本意是对贫困人口的救济，“1531年，英皇亨利第八颁布法令，规定地方官吏对其辖区内亟待救济的老弱贫民应予以调查登记、发给执照，许其在制定区域内行乞；1536年，英皇颁布法令，建立一项由政府主办的公共救济计划，责令各教区负责供养住满3年不能工作的贫民；1563年，国会采取措施通过法律，规定每户人家应依其财产收入按周缴纳捐税以救贫民，是为救贫税之起源；1597年又颁布法令，规定教堂执事并推选户主4人充任贫民监督，设救济院收容不能工作的贫民，并规定父母与子女在法律上有彼此赡养的义务。到1601年，伊丽莎白女皇敕属将此前各项济贫法令编纂补充成法典颁布，即世界历史上有名的英国《济贫法》（Poor Law），该法为英国济贫法律的大成，规定教区对没有亲属供养之区内贫民要负责，贫民计分三类：一是健壮贫民，必须做工自给；二是无工作能力之老病残障者，分别以院内收容与院外救助两种方式救助之；三是失依儿童，分别以孤儿院收养、家庭补助、家庭寄养三种方式予以抚养。救济经费，以救贫税、志愿捐款、罚锾

---

① ［英］内维尔·哈里斯等：《社会保障法》，李西霞、李凌译，北京大学出版社2006年版，第74页。

② ［英］内维尔·哈里斯等：《社会保障法》，李西霞、李凌译，北京大学出版社2006年版，第74页。

三者为财源。以上说明事实上从那时起世界上就有了社会立法。”[①] 以社会救助为理念，夹杂着教会法因素的英国旧济贫法[②] 有一定意义的社会立法色彩，作为社会保障法制的前世，对于研习社会保障法有一定的参考价值。[③]

（二）最早进行工业革命的英国为何不是现代社会保障法制的引领者

真正意义上的社会立法，起步于工业革命，工业社会形成之后所累积的社会问题便是社会立法的起因。“新《济贫法》宣布停止向济贫院以外的穷人发放救济金，只把征自富有者的救济金用于院内穷人，以便为市场提供大量可供选择的一无所有的劳动力，为自由竞争开辟道路，适应资本主义经济的进一步成长。因此，新《济贫法》是英国社会保障事业真正的萌芽。”[④]19世纪后，西欧各国相继进入资本主义社会，各国都出现了劳资问题，劳动者的生存权利保障成为社会的主旋律，欧洲大陆出现了劳资冲突甚至暴力革命，出现了社会主义思潮和社会主义运动，但英国并未如此。英国的新《济贫法》虽然伴有现代失业保险与就业促进立法的踪影，但不属于社会保险范畴。“在英国，1906 年自由党在工党的支持下赢得大选，执政后即开始了一系列社会立法。包括 1906 年的《教育法》、1908 年的《儿童法》和《养老金法》、1909 年的《劳工介绍法》、1911 年的《国民保险法》等，但这些立法仍然是原来《济贫法》的继续……”[⑤] 本书认为，英国虽是最早进行工业革命的国家，亦是曾经最强的帝国，其工业化也造成了相应的劳资冲突与社会不安，但其劳资矛盾和社会问题因其殖民地扩张政策而被稀释，因此，在德国于 19 世纪 80 年代开始实施社会保险法制，西欧诸国随即跟进之后，英国在二战期间才由伦敦经济学院院长提出了《社会保险及有关服务（Beveridge Report：social insurance @Allied Severce，1942）》，也就是所谓的“贝弗里奇报告”，[⑥] 开始实行社会保险制度。加上英国系普通法系（英美法系）国家，与长久奉行大陆法系的法典模式、成文法体例有别，东亚国家和地区社会保障法制及其学术展开终究未以英国体例为圭臬。

二、19 世纪 80 年代德国社会保险法制形成及德国社会法

德国系最早创建社会保险法制的国家，其将商业保险之技术性与社会政策实施进行了有效的嫁接。“1881 年 11 月 17 日，德皇下诏实施社会保险，昭文同时澄清社会改革理由与保障对象，并强调‘就挽救社会败象而言，仅采镇压社会民主暴动的方式并不足以成事，国家应同时

---

① 刘脩如：《社会政策与社会立法》（上），五南图书出版公司 1984 年版，第 62 页。

② 相较 19 世纪的《济贫法》，工业革命前的封建社会阶段的英国济贫法可称为“旧《济贫法》”。“国家核心出现了合二为一统治的倾向，于是在英国，新教伦理贯穿到政府行为之中，便出现了著名的《伊丽莎白济贫法》，历史学上称之为旧《济贫法》，以区别于两个世纪以后的新《济贫法》。”引自和春雷主编：《社会保障制度的国际比较》，法律出版社 2001 年版，第 3 页。

③ 本书认为，英国旧《济贫法》不是社会保障法的原因在于：其一，该法颁布于工业革命之前；其二，资本主义社会尚未形成；其三，教会成为法律主体，难免存在政教合体之嫌；等等。

④ 和春雷主编：《社会保障制度的国际比较》，法律出版社 2001 年版，第 9 页。

⑤ 林嘉：《社会保障法的理念、实践与创新》，中国人民大学出版社 2002 年版，第 64 页。

⑥ 劳动和社会保障部社会保险研究所组织翻译：《贝弗里奇报告——社会保险和相关服务》，中国劳动社会保障出版社 2004 年版，第 18–19 页。

关注并增进劳工福祉'。这项改革大体而言是一种手段:'为确保留给后代一个崭新且持久的内部和平,以后给予贫者较多的保护与慷慨的辅助,这是他们应该获得的。'"[①] "上述政策之实施,史上称之为'黄金诏书',该项社会政策乃社会保险制度确立的政策宣言,而此项社会政策之实施仰赖于德国社会保险立法之展开。19世纪80年代,德国国会相继通过了《疾病保险法》《职业灾害保险法》《老年及残疾人年金保险法》,上述三部法律奠定了现代社会保险法律制度的基石,并衍生出相应的社会保险法理,即运用商业保险之保险技术,嫁接社会政策,以求得收入之社会重分配。"[②] 德国于19世纪末启动的社会保险立法的形成有若干因素,大致包括以下几个方面:

其一,德国工业化快速推进与劳工权益受害之社会基础。1871年普法战争以法国的失败告终,法国割让了阿尔萨斯与洛林两个地区[③],该地区矿山资源丰富,加上战争赔款,德国经济在之后的30年可谓突飞猛进。德国进入了高速工业化时期,工业化造就了德国的经济奇迹,同时亦酿造了大量的劳工权益受害问题,劳工工资被压榨、工作时间被随意延长、工业事故频发、劳动条件恶劣,社会矛盾累积甚多,尤其是劳工罹患职业伤害和疾病之后,生活难以为继,这些社会问题成为德国社会保险立法的社会基础。

其二,世界范围内的国际劳工运动推动国际工人运动之理论与实践,对劳工权益保护乃至社会保险立法具有直接影响。最初的社会保险立法皆为劳工保护理念之风险分担法制,国际范围内工人运动与德国国内的工人运动相呼应,促成了德国社会保险立法。

其三,社会主义思潮泛起与德国团体主义精神,系德国社会保险立法的思想基础。在欧洲,19世纪出现了社会主义思潮,尽管这种社会主义的各种思潮差异巨大,未有定式,但是,社会主义思潮意味着批判资本主义和自由主义。"1888年矿工联合会所专心致志的半社会主义政策,是在80年代初期的沸腾年月中设想出来的,在这期间,卡尔·马克思在亨利·乔治所访问的英格兰逝世;费边社、民主联盟和社会主义联盟正在组织之中;威廉·莫里斯正在扬言'他不懂得马克思的价值论是什么,也不想去懂',但是他懂得'富者之所以富,就是因为他们掠夺了贫者'……"[④] 德国在大学讲台上出现了讲坛社会主义,瓦格纳(Wagner)教授就是其中代表。他与俾斯麦(Bismarck)首相很熟悉,讲坛社会主义对于批判自由放任主义,对于社会公正的重建肯定有所助益。同时,需要指出的是,作为民族较为单一的国度,德国向来团体意识浓重,社会本位大于个人本位,上述思潮和理念对于同期德国的社会保险立法具有相应的理论储备价值。

其四,俾斯麦系社会保险立法的关键人物。俾斯麦系德国19世纪下半叶的著名首相,他对于德国的统一和德国社会保险法制的创建起到了关键的作用。在德国社会主义思潮风起云涌、经济发展和社会压力叠加的十字路口,面临着往左往右的两难境地,俾斯麦通过社会立法,另辟蹊径,使德国国内社会矛盾得以化解,社会基本公正得以维持,人心得以凝聚,德国遂于19

---

① Eberhard Eichenhofer:《德国的社会保险:俾斯麦模式及其二十一世纪的挑战》,载郭明政主编:《社会保险之改革与展望》,翰芦图书出版有限公司2006年版,第22页。

② 郑尚元、扈春海:《社会保险法总论》,清华大学出版社2018年版,序言。

③ 有些德国学者认为,该两个地区本属德国,应称之为"回归"。

④ [英]克拉潘:《现代英国经济史》(上卷),姚曾廙译,商务印书馆1975年版,第587页。

世纪末20世纪初超越英国成为世界上数一数二的政治、经济、军事强国。其在位期间，德国通过了《疾病保险法》《职业灾害保险法》和《老年及残疾人年金保险法》。客观上讲，上述有关劳工健康、职业灾害和养老领域的三大社会保险法制的构建，在国家层面，缓解了社会矛盾和社会压力，社会未再发生大的动荡和革命；在个人层面，劳工因此获得相应的生存保障，尤其是寡妇、孤儿、残疾人以及老年人都有了相应的生存依托。“如果俾斯麦不曾在1890年去职，在19世纪失业保险至少可能早已在一个大工业国中试办了。”① 直到1927年，德国失业保险法制才得以实施，由此可见，俾斯麦对于德国社会保险立法之重要性。

其五，德国系法典化国家典范，是社会保险立法乃至社会法典编纂的先导，德国社会法乃由独立程序法支撑之社会法。“普鲁士的法典编纂几乎经历了一个世纪才告完成，从中可以洞察出自然法不断增长的影响。”② 德国于1883年颁布《疾病保险法》、1884年颁布《职业灾害保险法》、1889年颁布《老年及残疾人年金保险法》后，于1911年完成了各类社会保险之整合。“1911年帝国保险条例仿效民法典，包含六编，其规模仅次于当时的德国民法典。第一编通则（1–164）、第二编健康保险（165–536）、第三编职灾保险（537–1225）、第四编失能与遗属保险（1226–1500）、第五编保险人与被保险人之关系（1501–1544）以及第六编程序（1545–1805），帝国保险条例同时包含实体法与程序法，在当时属少见的立法例。”③ 换言之，第一次世界大战前德国已经完成了各类社会保险项目之整合，已经具备了社会法典的雏形。20世纪50年代末即有动议编纂劳动法典和社会法典者，70年代起，德国社会法典各编开始不断入编，其各编顺序事先确定，哪编成熟即编入法典，至今已经编纂至第十二编。④ 在德国社会保险实体法律制度逐步完善的同时，程序救济成为法律制度实现其目的的关键。“1953年9月3日生效的社会法院法，是第二次世界大战后德国一个崭新独立且依据法治国所建构之社会法院，其主要审判权限范围是有关所有‘社会保险法’之法律争议。”⑤ 德国社会法院体制的建构乃社会保险甚至所有社会法上争议处理逐渐专业化、科学化的选择，也是社会公正实现的最佳制度安排，有关健康保险（医保）、职业灾害（工伤）保险、老年及残疾人年金保险、失业保险以及新近产生的长期照护保险所引发的纠纷和争议⑥，都有了相应的程序救济渠道。最为关键的是，社会法院体制将上述争议的处理纳入了专业、科学和具有社会政策实施理念和社会公正理念的轨道。

德国虽无英美法系使用之“社会保障”概念，亦无“社会保障法”一说，但是，其社会法典所涵盖的内容，以及对国民（含享受国民待遇者）生存权之保障高度，目前为止，远远高于英美法系国家之“社会保障”。其基本法规定之社会法治国较之英国所谓的“福利国家”而言，其社会保障的水准更高，因此，虽无“社会保障法”之名，其“社会法”却具有社会保障法之实。某种程度上讲，从大陆法系之逻辑与体系角度分析，德国社会法的逻辑与体系更加周延与科学，而社

---

① ［英］克拉潘：《现代英国经济史》（上卷），姚曾廙译，商务印书馆1975年版，第515页。

② ［美］艾伦·沃森：《民法法系的演变及形成》，李静冰、姚新华译，中国法制出版社2005年版，第146页。

③ 王韻茹：《德国社会法院之发展史》，载《法制史研究》第25期。

④ 郑尚元、扈春海：《社会保险法总论》，清华大学出版社2018年版，第10–13页。

⑤ 王韻茹：《德国社会法院之发展史》，载《法制史研究》第25期。

⑥ 这些争议和纠纷在我国多数尚不在人民法院的受案范围之内，甚至多数人都不认为其属于法律上的争议，不认为当事人应当享有相应的实体权利和程序救济权利，仍属于落实政策的“政策问题”。

会保障则更加宽泛,体系更难建构。于大陆法系学界而言,东亚国家和地区虽然使用了“社会保障法”概念,但实质上更趋向德国之社会法体系。

三、1935 年美国社会保障法及其局限

(一) 大危机时期的社会救治措施及社会保障概念的产生和美国社会保障法制的发展

1929–1933 年,美国发生了严重的经济危机,亦称“大萧条”。股市剧烈波动,市场萧条,失业率迅速上升;民众生活艰难,尤其是失业民众生活雪上加霜。“美国工人和城市居民缺衣少食到了无以复加的地步。以后作为罗斯福智囊团著名人物的雷克斯福德·特格韦尔在 1932 年的日记中写道:‘这个冬天,在纽约生活和工作的人,没有不深感不安的。我的确认为,在现代,从来还没有过这样的普遍失业现象和如此令人伤感的真正饥寒交迫的苦难。’仅纽约市,1931 年记录在案的饿死街头的事件,就有 2 000 起。”① 为了应对如此严重的经济危机所引发的社会危机,1935 年美国总统罗斯福签署了一项历史性法案——《社会保障法》(Social Security Act of 1935),“社会保障”一词由此发端,该法案最初是对失业工人的救助。事实上,自 19 世纪末成为世界头号经济强国后,社会贫富差距日益扩大,使得美国在 20 世纪初就着手进行相关的社会福利改革,一些州开始建构相应的社会保险和年金计划。但就整个国家而言,其社会保障体系的建构与欧洲国家相比要滞后很多年。

美国社会保障法系由若干法案组成的一个庞杂体系,涉及范围非常广泛。“‘社会保障法’所播下的种子亦以其特有的方式发芽,产生了巨大的‘溢出效应’。它不仅使后来的立法扩展了社会保障的涵盖范围,增加了福利项目的种类与福利水平,而且从执行该法律的机构来看,也获得了重要的发展,由原来的社会保障董事会演变为一系列新的与内阁各部等级相同的众多部门,如 1935 年成立了卫生保健部、教育部、福利部,等等。”② 及至今日,美国社会保障法制所涵盖的范围极为宽泛,具体包含以下内容:(1)各州为老年人建立养老补助金制度;(2)联邦养老、遗属和残疾保障福利;(3)失业救济金管理部门的资金预付;(4)向有子女的贫困家庭以及儿童福利服务的救助和服务进行拨款;(5)州财政临时救济;(6)管理部门;(7)第二次世界大战退伍军人特殊津贴;(8)有关就业保障的其他规定;(9)授权各州向盲人提供援助;(10)总则、同行审查意见系管理简化;(11)州失业资金的预付款;(12)为水手恢复失业待遇;(13)拨款给各种援助永久和完全残疾的人;(14)联邦雇员的失业补偿;(15)对各州援助老年人、盲人及残疾人的拨款;(16)为规划防治智力障碍综合行动的拨款;(17)老年人和残疾人健康保险;(18)对各州医疗救助计划的拨款;(19)街区授权各州进行社会服务;(20)州儿童医疗保险计划。③ 应当说,美国自 1935 年后,在欧洲福利国家政策的影响之下,社会保障范围逐渐扩大,保障项目亦越来越多。

---

① 和春雷主编:《社会保障制度的国际比较》,法律出版社 2001 年版,第 53 页。

② 杨冠琼主编:《当代美国社会保障制度》,法律出版社 2001 年版,第 47 页。

③ 中国社会保险学会、中国社会科学院世界社保研究中心、中国证券投资基金业协会组织翻译:《美国社会保障法》(上、中、下),中国社会科学出版社 2017 年版,各册目录。

（二）自由主义、保守主义与美国社会保障法的特征

美国社会保障法制的形成与20世纪30年代“大萧条”时期社会危机倒逼有关，其发展与欧洲福利国家政策影响有关，但是，美国百余年来一直是世界头号强国，亦是世界最大的移民国家，更是标榜所谓“自由”的国度。“作为一个新兴的移民国家，美国人崇尚自我奋斗，其经济制度亦开始就是反对政府干预的自由市场经济。从南北战争到20世纪初，是美国的工业化时期。当时美国社会各个方面的竞争极为激烈，也极为残酷。这反映到人们的观念上就是社会达尔文主义：优胜劣汰。即有能力的快速发财致富，没能力的挣扎在‘死亡线’上。”[①] 这种自由主义、保守主义思想客观上制约了美国社会保障水平的提升，美国社会的贫富差距仍然巨大，尤其是有色人种的生活保障水准更是难以确保。从某种程度上讲，美国社会保障法对世界之最大贡献就是统一了一个概念：“社会保障”。因社会保障法制为现代法律制度，其内容和法理尚未定型，从学术和学科角度，其在各国亦属弱势学科或处于弱势状态。“社会保障”，在我国台湾地区被翻译为“社会安全”，后者在一定程度上更加形象、准确地描述了此类法律的功能与定位。美国社会保障法亦表现为成文法，与大陆法系国家之相关成文法比较，其主要特征如下：

其一，美国社会保障法，虽然以成文法形式体现，但是内部缺乏逻辑和法理。英美法系之法学并不注重逻辑，而注重实践。美国社会保障法展现出的特征是法律没有相应的逻辑与体系；由于美国高校之法学并无大陆法系之“部门法”分界，美国并无严格意义上的社会保障法学学科，总体上，美国社会保障法成文法条文虽然繁多，但并无相应的法理支撑。缺乏法理支撑的美国社会保障法制亦是其他国家尤其是大陆法系国家难以效仿或难以学习其法制精髓的地方，加上联邦与州之间的权力分治，各州都有社会保障领域法制规则的具体制度，使得学习与效仿难度进一步加大。

其二，美国社会保障法内容虽多，但多以政府拨款支撑，保障水平较之欧洲国家，尤其是西欧、北欧国家之社会保障水准低了许多。美国社会保障制度中，并无大陆法系国家社会保险、社会救助、社会补偿与社会促进等保障项目的划分，而更多地以“补助”的形式出现，其社会保险法制建构，相对于欧陆国家而言，非常零碎和有限，例如，医保尚未实现社会保险化，更多地体现为国家补贴与商业医疗保险的结合；老年年金保险更多地体现为个人养老金计划与信托基金的积累，其社会养老金之替代率相对较低。

其三，美国社会保障法并无专门的法律救济程序。美国系普通法系国家，法律程序一般而言并无社会保障权利之专门救济程序。程序救济是法律制度实现功能和目标的重要方面，如果法官对其审理的案件并无专门知识和情怀，审理的结果则可能南辕北辙。

四、日本社会保障法的产生及其法制完善：西法东渐与自我创新

（一）日本社会保障法制之展开

日本自19世纪下半叶的明治维新开始，脱亚入欧，步入资本主义阶段。其社会保障之展开，

① 和春雷主编：《社会保障制度的国际比较》，法律出版社2001年版，第46页。

依荒木诚之教授的说法，分“救贫与公的扶助”“社会保险的发展”“社会保障的登场”几个阶段。[①]日本社会保障法制之形成与发展既是西法东渐的产物，亦是日本独立创新的体现，既受西法的影响，亦有自身的独创。经历近百年的法律创制与实践，日本已经成为社会保障法制最完备的国家之一。“按日本社会保障法制的历史沿革，起源于1874年（明治七年）实行的恤救规定，作为一般性、基本性的公共扶助制度，对于被救济者的范围、救济的内容及程度、救济方法，均有相当限制，且不认为有权利性，此时期社会保障政策以保健、医疗制度的整备为重心，多数的社会福利项目均委托民间的社会事业服务者来执行。”[②]与多数国家社会保障制度建构的历史脉络大致相仿，日本社会保障萌芽于社会救济，萌芽于救贫。但是，因其欠缺权利性和救济性，与现代意义的社会保障法制相去甚远，可以称之为日本社会保障法之萌芽。真正意义上的日本社会保障法发端于1922年制定的健康保险法。

（二）日本社会保障法制的现状与体系

日本从1922年健康保险法的制定开始，至今接近百年；日本从1868年明治维新至19世纪末20世纪初成为世界强国，至今也不过一个半世纪。日本系当今世界经济、科技高度发达的国家，亦是法律制度高度发达的国家。其中，社会保障法制内容之丰富、法制之完备，系中国学习之榜样。为了更加清晰、准确地了解日本社会保障法的全貌，现将日本社会保障法律发展情况如表1–1所示：[③]

表1–1　日本社会保障法的发展

時代区分	主な立法など	
社会保障前史	1874	恤救規則
	1922	健康保険法
	1929	救護法
	1938	国民健康保険法
	1939	船員保険法，職員健康保険法
	1941	労働者年金保険法、健康保険法改正（職員保険との統合）
	1944	厚生年金保険法
戰後社会保障の形成	1946	（旧）生活保護法
	1947	児童福祉法，失業保険法，労働者災害補償保険法
	1948	国家公務員共済組合法，医療法，医師法，保健婦助産婦看護師法
	1949	身体障害者福祉法
	1950	生活保護法（福祉法体制），精神衛生法
	1951	社会福祉事業法

① ［日］荒木诚之：《社会保障法》，青林书院1988年版，第16–30页。

② 吴震能：《日本社会保障制度之研究——以权利救济为中心》，中正大学法律所2008年博士学位论文。

③ ［日］菊池馨实：《社会保障法》，有斐阁2014年版，第16–17页。

续表

時代区分	主な立法など	
国民皆保険・皆年金	1958	国民健康保険法改正(皆保険)
	1959	国民年金法(皆年金)
社会保障制度の充実	1960	精神薄弱者福祉法
	1961	児童扶養手当法
	1963	老人福祉法
	1964	母子福祉法(福祉 6 法体制)、特別児童扶養手当法
	1965	厚生年金保険法改正(1 万円年金)
	1966	国民健康保険法改正(7 割給付)
	1969	厚生年金保険法改正(2 万円年金)
	1970	心身障害者対策基本法
	1971	児童手当法
	1973	老人福祉法改正(老人医療費無料化),健康保険法改正(家族 7 割給付,高額療養費),年金法改正(5 万円年金,物価スライド),労働者災害補償保険法改正(通勤災害)
	1974	雇用保険法
社会保障制度の再編	1981	母子及び寡婦福祉法,難民の地位に関する条約よび議定書加入
	1982	老人保健法(老人医療一部負担)
	1984	健康保険法等改正(本人 9 割給付,退職者医療制度)
	1985	年金法改正(基礎年金)
	1986	機関委任事務整理合理化法
	1987	精神保健法,老人保健法改正(老人保健施設)
	1989	年金法改正(国民年金基金),高齢者保健福祉推進 10ヵ年戦略(ゴールドプラン)策定
	1990	福祉 8 法改正(在宅福祉の推進)
	1993	障害者基本法,地域保健法
	1994	年金法改正(厚生年金[定額部分]開始支給年齢引上げ),エンゼルプラン策定、新ゴールドプラン策定
	1995	障害者プラン策定
社会保障構造改革以後	1997	児童福祉法改正(保育所制度改正),健康保険法等改正(本人 8 割給付),介護保険法
	2000	年金法改正(厚生年金[報酬比例部分]支給開始年齢引上げ)、社会福祉事業法等改正(社会福祉法)、健康保険法等改正
	2001	確定給付企業年金法,確定拠出年金法

续表

時代区分	主な立法など	
社会保障構造改革以後	2002	健康保険法等改正（本人7割給付，老人医療対象年齢引上げ）
	2004	国民年金法等改正（保険料水準固定方式，給付のマクロ経済スライド）
	2005	介護保険法改正（新予防給付，地域支援事業），發達障害者支援法，障害者自立支援法（障害福祉サーヒス事業の一元化）
	2006	健康保険法等改正（後期高齢者医療制度）
	2010	障害者自立支援法改正（応能負担）
	2011	求償者支援法，介護保険法改正（地域包括ケア），障害者基本法改正
	2012	年金法改正（年金機能強化法，被用者年金一元化法，国年法等改正法、年金生活者給付金法），子ども・育児て関連三法，障害者自立支援法改正（障害者総合支援法）
	2013	年金法改正（厚生年金基金制度見直し），生活保護法改正，生活困窮者自立支援法

（三）日本社会保障法制之评价

日本自20世纪20年代始，启动社会保险法制建设，至今已经建构起完善的社会保障法制。“社会保障”之汉语词汇系日本学界对“social secrity”的翻译，最终在中、日、韩普遍使用。实质意义上的社会保障法早在美国创建社会保障法之前就已经诞生，尤其是1922年颁布的《健康保险法》、1938年颁布的《国民健康保险法》、1941年颁布的《劳动者年金保险法》、1944年颁布的《厚生年金保险法》，上述法律确立了“医疗”与“养老”两大社会保险体系。1947年颁布《劳动者灾害补偿保险法》(1973年修正后增加通勤事故属于劳动者灾害的认定)，1974年颁行《雇用保险法》，较之“医疗保险”与“养老保险”，“工伤”与“失业”两类保险建构较晚。在20世纪末，因应高龄化社会期许，颁布了《照护保险法》，建构了最新一项社会保险法制。上述日本社会保险法制历经不断修订，加上其他社会保障类法律，日本已经建构起较为完善的社会保障法体系。目前，日本社会保障法制确立了生活平等被保护、国家责任明确(法定)化、最低生活保护受给权等基本制度与理念。经过不断努力，实现了国民皆年金制度，实现了所谓的“养老保险全覆盖”。当然，与其他发达的福利国家一样，日本社会保障财务压力增大，社会保障法制亦面临改革的挑战。

五、国际社会保障组织与国际劳工组织之社会保障公约

1919年第一次世界大战结束后，参战国在巴黎召开和平会议，与会者决定成立国际劳工立法委员会。1919年6月国际劳工组织(ILO)成立。国际劳工组织主要有三个部门：最大部门是代表组织之国际劳工大会，每年召开一次；第二部门是理事会；第三部门是国际劳工局。其中后者的主导作用最大。国际劳工组织总部驻日内瓦。“国际劳工组织1952年的《社会安全最低基准公约》，正式将社会安全制度纳入国劳基准的范畴。此项公约在历史上有划时代的

意义，一方面总结了自产业革命以来劳动关系造成的社会问题并导致激烈斗争的冲突所在；另一方面则开展了社会安全体系与劳动关系之新协调机制，并为未来的发展提供了新的前提。”[①]1952年国际劳工组织所通过的《社会保障最低标准公约》(第102号)所涉及的保障内容包括医疗照护、疾病津贴、失业津贴、老龄津贴、工伤津贴、家庭津贴、生育津贴、残疾津贴、遗属津贴等各项社会保障项目，同时规定了定期支付应遵循的标准、平等对待非本国居民、共同条款、杂项条款及最后条款等。[②]“对各国实施社会保障的最低要求，该公约第2条作了如下规定：实施本公约的会员国，对医疗保险、疾病津贴、失业保险、养老保险、工伤保险、家庭津贴、生育保险、残疾保险、遗属给付等9个项目，至少应举办3项，而该3项中又必须包括失业保险、养老保险、工伤保险、残疾保险、遗属给付5项中的至少1项在内，这才符合社会保障的最低标准。”[③]

随着经济的发展与社会的变迁，社会保障制度的保障内容与保障项目更加繁杂与丰富，亦与一个国家的经济承受力和社会发展水平紧密相连，所谓的国际社会保障立法只是提供的最低标准的参考。而发达国家，尤其是西欧、北欧等福利国家，其保障水准远远超过该公约的范畴，早已开发出新型的社会保障项目，如长期照护保险制度的建构。因此，国际社会保障立法与国内社会保障立法的有机结合才是最好的结果。

第二节　中国社会保障法的产生与发展

我国古代社会割据严重，灾祸连绵，抗御自然灾害能力低下，救灾救荒成为历朝历代执政者的重要事务。首先是救济灾民。一般而言，对于救荒，分为消极救荒论和积极救荒论。所谓的消极救荒论，是指灾荒来临之际的实际应对，一般分赈济、调粟、养恤、除害；积极救荒论，即预防灾荒的政策和具体举措，包括重农、仓储、水利、林垦等。[④]严格意义上讲，积极救荒论属于生产范畴，不属于救荒范畴。赈济属于典型的救济范畴，但因在封建社会，赈济要么属于皇恩，要么属于民间慈善，毫无法律上权利义务关系之建构。对于灾民而言，饥荒严重，卖儿卖女，甚至易子而食，亦不得向官府主张“权利”，只得认“天命”。“从中国古代先人所提倡的思想和历代采取的措施可见，我国古代已有令人钦佩的社会保障思想，并采取了很多具体的措施。这些措施主要是当时的统治阶级希望通过一些‘仁政’的措施来达到稳定其统治的目的。”[⑤]有关保障民生理念，历朝历代都曾存在，与现代社会保障法制、现代社会政治与法制建构比较而言，我国古代社会的各种赈济、救灾举措皆不属于社会保障的范畴。我国社会保障法制与其他法律门类一样，从理念到制度皆为西法东渐之产物。其中，19世纪欧洲大陆流行之社会主义、德国社会保险立法，与孙中山先生所创建“三民主义”之民生主义耦合而成中国现代社会的社会立法思潮，体现为民国时期的社会法思潮与社会保障理念的生成。

---

① 黄越钦：《劳动法新论》，中国政法大学出版社2003年版，第354页。

② 国际劳工组织北京局译：《国际劳工公约和建议书(1919–1993)》(第1卷)，国际劳工组织1994年版，第175–199页。

③ 林嘉：《社会保障法的理念、实践与创新》，中国人民大学出版社2002年版，第88页。

④ 邓云特：《中国救荒史》，商务印书馆2011年版，第166–220页。

⑤ 林嘉：《社会保障法的理念、实践与创新》，中国人民大学出版社2002年版，第118页。

一、民国时期社会法思潮泛起及社会保障制度萌芽

19世纪上半叶，欧洲各种社会主义流派异彩纷呈。其中，法国空想社会主义、德国讲坛社会主义皆是其中代表。讲坛社会主义注重社会改革，主张国家干预经济和社会生活，主张法律至高无上，主张社会改良，主张所谓的“国家社会主义”。[①] 与此同时，马克思、恩格斯所倡导的科学社会主义和国际工人运动同样如火如荼，尤其是1848年《共产党宣言》的发表，极大地推动了欧洲工业社会的社会变革浪潮。其中，以德国为代表，19世纪80年代的社会立法，可谓社会变革的成果之一。德国社会立法，乃今日德国社会法的启动工程，在这一过程中，社会改良与社会立法思想一样漂洋过海，影响了东方社会。20世纪30年代，中国法学界开始探索社会法，其中，胡长清、黄佑昌、陆季蕃、吴传颐等学者皆有相关文献著述传世至今[②]，他们所探讨的社会法，包含了当时尚未流传至中国的“社会保障法”的内涵。不过八九十年前的法学界所展示出的社会改良与社会法构建理念仅仅是一种理念。我国自古重农抑商，以农立国，自清朝洋务运动引进现代工业始，以军事工业为中心的现代制造业发端，20世纪上半叶的中国又饱受战祸摧残，“社会法”之法制建构系与工业化、现代化甚至后工业化、后现代化紧密相连的上层建筑，它不可能搭建在一个农业社会的土壤之上。但是，20世纪30年代，法学学人的学术贡献仍是令人称赞的，毕竟他们引进了“社会法”概念，对之后社会保障制度的萌芽作出了相应的理论铺垫。

我国社会保险制度的建立虽较欧洲及日本诸国为晚，但对于社会保险的倡议，欲早在民国初期即已开始，至1943年，社会部为安定盐工生活，曾在川北各监区设置盐工保险社，并研订川北区各盐场保险暂行办法，此项办法已具有社会保险的雏形，对我国正式办理强制性社会保险的推动亦颇具贡献。1947年《中华民国宪法》公布实施后，已将社会安全列为基本国策之一，又以社会保险为社会安全的主要基础。抗战时期，仅西南、西北大部未曾沦陷于日寇铁蹄，部分地区仍存在零星工业，尤其是军工业和四川盐业较为突出，四川盐工保险乃中国最早的社会保险实践。1947年《中华民国宪法》第155条规定：“国家为谋社会福利，应实施社会保险制度。人民之老弱残废，无力生活，及受非常灾害者，国家应予以适当之扶助与救济。”第156条概括规定：“国家为奠定民族生存发展之基础，应保护母性，并实施妇女儿童福利政策。”第157条规定：“国家为增进民族健康，应普遍推行卫生保健事业及公医制度。”上述规定可谓中国社会保障制度之萌芽。1949年1月1日前，上述规定一直处于“政策”层面，未及实施，甚至成为“国策”。“宪法前言中与社会宪法最具关系者，应为‘依据孙中山先生创立中华民国之遗教……制定本宪法’及‘增进人民福利’二句……在历届‘大法官’解释中，特别提及孙中山之遗教者，主要系与‘五院’职权有关，如释字第3、76与175号。近年来，类似的记实虽已少见，惟‘大法官’会议释字第485号解释则深得注意。按此号解释虽未提及孙中山遗教，但以宪法前言、第1条、基本国策及宪法增修条文为基础而导出所谓民生福祉之宪法原则，并据以作为该号解释

---

① 北京大学法学百科全书编委会编：《北京大学法学百科全书（社会法学、环境法学、知识产权法学、科技法学）》，北京大学出版社2016年版，第282页。

② 蔡晓荣：《民国时期社会法理论溯源》，载《清华法学》2018年第3期。

之论证基础。"[①] "到了政协时期，魏玛宪法有关劳工保护或社会保障的规定，更不是张君劢关注的重点。政治协商会议达成的 11 项有关基本国策的规定，甚且是周恩来的提议。虽然如此，政协宪法草案，其中所规定的劳工、农民保护与社会保障（第 139、140 条），仍远较五五宪草的规定（第 124–128 条）为简略。"[②] 由此可见民国时期实现民生主义和建构社会保障法制之艰难。

二、我国台湾地区的社会法

国民党自 1949 年年底败退台湾之后，开始大规模的社会建设，其中社会保障法制的建构是其重要内容。目前为止，除因应老龄化之长期照护保险法制尚未出台外，其他领域皆步入法制序列，经由超过一甲子的发展，尤其 2008 年与 2009 年先后完成居民年金与劳保年金立法后，社会保险的最大漏洞也终获填补……和美国相较，我国台湾地区居民健康保险可谓远逾美国。若与向社会保险的创始国德国相较，我国台湾地区的居民健康保险与居民年金保险之保障对象，亦皆超过德国。[③] 为了直观地反映我国台湾地区不同时期的立法成果，就台湾地区领导人执政的不同时期出台的社会保障类法律制度进行归纳，详见表 1–2。[④]

表 1–2　台湾当局不同时期之社会福利制度建构概要

种类	身份	时期					
		–1949（大陆时期）	1949–1975（蒋中正时期）	1975–1988（严家淦 / 蒋经国时期）	1988–2000（李登辉时期）	2000–2008（陈水扁时期）	2008–2011（马英九时期）
社会预护	居民	无	无	无	居民健康保险	居民年金	无
	军公教	退休及抚恤	1. 公教保险 2. 军人保险 3. 公教退休 4. 军公教抚恤 5. 优惠存款 6. 福利互助	公务人员眷属疾病保险	退休公教人员及其眷属疾病保险	无	无
	私校教职员	无	无	"保险条例"	眷属疾病	无	"退休抚恤离职资遣条例"

① 郭明政：《社会宪法——社会安全制度的宪法规范》，载苏永钦主编：《部门宪法》，元照出版公司 2006 年版，第 331 页。
② 郭明政：《社会宪法——社会安全制度的宪法规范》，载苏永钦主编：《部门宪法》，元照出版公司 2006 年版，第 340 页。
③ 台湾社会法与社会政策学会主编：《社会法》，元照出版公司 2015 年版，第 63 页。
④ 台湾社会法与社会政策学会主编：《社会法》，元照出版公司 2015 年版，第 65 页。

续表

种类	身份	时期					
		-1949（大陆时期）	1949-1975（蒋中正时期）	1975-1988（严家淦/蒋经国时期）	1988-2000（李登辉时期）	2000-2008（陈水扁时期）	2008-2011（马英九时期）
社会预护	劳工	无	劳工保险	“劳动基准法”	劳保失业给付	1. 就业保险 2. “劳工退休金条例” 3. “职业劳工保护法”	劳保老年/失能/遗属年金
	农民	无	无	农民健康保险	无	无	无
	学生	无	学生平安保险	无	无	无	无
社会补偿		无	无	无	1. 二二八事件处理及补偿 2. 强制汽车责任险 3. 犯罪被害人保护 4. 戒严时期不当叛乱暨匪谍审查补偿 5. 药害救济	无	无
社会促进与协助	儿童及少年	无	“儿童福利法”	“少年福利法”	无	“儿童及少年福利法”	无
	老人	无	无	“老人福利法”	1. 老农津贴 2. 中低收入老人生活津贴 3. 中低收入老人特别照顾津贴	1. 敬老津贴 2. 原住民敬老津贴	无
	失能者	无	无	“残障福利法”	“身心障碍者保护法”	“身心障碍者权益保障法”	无
	社会救助	社会救济法	无	“社会救助法”	无	无	无
	劳工	无	无	“职业训练法”	“就业服务法”	无	育婴津贴

我国台湾地区社会法之建构有其自身的特点，尽管颇受德、日影响。德、日在创建其社会保障法制的过程中，并非以族群或不同职业人群进行专门立法，多以不同社会保险种类、不同

社会保障项目展开专门性立法。例如,德国先从疾病和职业伤害入手构建相应的社会保险类法律制度。之后,老年及残疾人年金、失业等相继被纳入社会保险事故范围,进而将社会救助和社会福利等其他社会保障项目列入社会法体系之中。而我国台湾地区,则按职业分类分别立法,例如,从20世纪50年代开始,分别构建了劳工保险、军人保险和公教人员保险等三个职业类别的社会保险法制,以及农民健康保险、儿童福利、残障福利等专门立法。自20世纪70年代至80年代,台湾地区经济起飞之后,立法体例有所转变,即从不同职业类别之专门立法转至跨职业类别,甚至全社会范围的立法拓展。其中,1994年颁布实施的所谓"健康保险法"系台湾地区的社会保险法制建构,其实施打破了过去农民健康保险给付、劳工健康保险给付、军人健康保险给付和公教人员健康保险给付等制度破碎和零乱的格局,再建了健康保险公平给付之社会法理念。其实施对于我国台湾地区社会法的成长及社会法的体系化贡献至多,甚至成为台湾居民引以为傲的典范。2007年,"居民年金法"的颁布意味着"居民皆年金"制度的实施,也就是所谓的真正意义上的"养老保险全覆盖"。居民即使未参加过一天职业劳动,只要达到法定年龄,一样可以请领老年年金给付,其意义重大。上述两项社会保险制度皆突破了职业范围。之前,我国台湾地区就社会救助、社会补偿出台了相应的法规,至今,除长期照护保险制度尚未实施外,其他社会保障领域皆有相应的制度安排。

我国台湾地区社会保障制度的实质存在是客观的,但其语境往往使用"社会安全",相较于大陆而言,其制度的展开以构建法制秩序为本位,立法未及出台,实践便无存在依据,所以,其法律法规的数量以及立法的质量值得学习。本书认为,法制乃最基本的社会秩序,社会保障法制乃民生事业的秩序依归,有些行政官员以为"我们做得很好,该有的都有,该保障的都保障",甚至鼓吹所谓的"应保尽保",一定程度上讲,这些皆是宣传口号,我国社会保障法制建设可谓任重道远。社会保障法制的形成,并非都需要"应保尽保",须依据法律规定的法定要件,按照法定程序,确定法定给付。任何国家和地区皆有照护不到的人群,部分人员即使有相应的社会法制保障,亦生活得很艰难。因此,良好社会保障制度的前提是社会保障法制之建构,它是秩序社会的有机组成部分;任何法制不可能完美无瑕。

我国台湾地区社会法的成长,离不开学界的努力,以继受德国法为主的台湾社会法,有一批留学德国、学术精深、立场公正和执着的社会法学人,他们为台湾地区社会法制度的完善与发展贡献了相当智慧和社会法理念。① 台湾地区社会法学术成果累积相当丰富,学术期刊文章、学位论文成果累积对于完善其社会法相关制度而言颇有助益。

三、中华人民共和国社会保障制度的形成与发展

(一) 20世纪50年代初至60年代末中国劳动保险制度、形式法制及相关福利制度之形成

中华人民共和国成立之前,中国共产党第一代领导人就确立了中国未来社会的政经架构,即由新民主主义社会向社会主义过渡的基本方略。当然,其政经架构之外,亦体现出相应的社

① 郑尚元:《制度落差与理念重塑——海峡两岸社会法制度与理念之比较》,载黄越钦教授纪念文集编辑委员会编辑:《社会公义:黄越钦教授纪念论文集》,元照出版公司2011年版,第507页。

会政策。中华人民共和国成立后，我国并未袭用“社会保障”概念，但是，有关国民衣食住行之制度保障遂在百废待举中逐步展开。“劳动部与中华全国总工会组成了《劳保条例》起草委员会，根据1949年9月中国人民政治协商会议制定的《共同纲领》中第32条‘逐步实行劳动保险制度’的规定起草《劳保条例》(草案)。”[①] 政务院于1951年2月26日公布了《中华人民共和国劳动保险条例》，该条例系中华人民共和国第一部带有社会保险性质的法规，实质上属于社会保障制度范畴。“1969年，财政部颁发《关于国营企业财务工作中几项制度的改革意见(草案)》规定：‘国营企业一律停止提取劳动保险金，企业的退休职工、长期病号工资和其他劳保开支，在营业外列支。’从此，逐步形成了‘企业自保’的格局，社会保险的统筹调剂，社会共济职能难以发挥，致使中国社会保障事业倒退。”[②]50年代至60年代末劳动保险制度的推行只是社会保障法制的雏形，或者说使社会保障法制具备了相应的形式，但其并非真正意义上的社会保障法制。虽然《劳保条例》颁布实施具备相应的立法要素，但是，与制度运行相配套的行政执法与司法救济从未触及，其并未成为真正意义上的“法律”，从某种意义上讲，该条例所约束的是企业和政府相关部门，其“政策”属性明显强于“法律”属性。《劳保条例》确立了职工的医疗待遇、病假待遇、职业病待遇、退休退职待遇、伤残待遇、生育待遇、死亡待遇、荣誉待遇、供养亲属待遇等。[③] 这是针对企业工作人员各类社会保障的制度建构。至于国家机关工作人员[④]，国家并未以法律、法规形式颁布过相应的法律规范，但对于各种有关“国家干部”的生活保障待遇，在中华人民共和国成立后至改革开放之前，政策规定是明确的。例如，退休退职待遇、遗属待遇、公费医疗待遇、住房福利待遇等皆有规定，从某种程度上讲，其平均保障水准要高于企业职工的保障标准。除却上述工薪人员外，70年代之前，我国工业化虽有长足进展，但农村人口占到总人口的80%，广大农民之生活保障，依托合作化，尤其是人民公社化运动后形成的集体经济，进入了有保障及低水准运行状态，国家建构了宅基地、农村五保、合作医疗[⑤] 等生活保障制度。总体上讲，农村的生活保障待遇水准较为低下。此外，国家在上述以工作性质分类建构生活保障制度外，还专门制定实施了城乡救济、军人优抚等相关制度，对于相关人员予以相应的生活保障。客观地分析，中华人民共和国成立后二十年间，党和政府旨在建设工业化社会主义国家，但高度集中的计划经济与社会主义并不能划等号，加上处于优先发展重工业和基础工业的战略以及面对外来势力的侵略威胁，落在人民头上的“社会福利”可谓少之又少，换言之，该时期的生活保障水准比较低。

(二) 70年代之职工生活保障机制：集体主义、平均主义与按劳分配模式下的国家保障主义

进入70年代，劳动保险实质上已经停办，相关职工福利被摊入企业成本。形式上，每个企业自行负担自己职工的吃喝拉撒、生老病死；如果真正实行的是企业自我承担职工生存保障，

---

① 王东进主编：《中国社会保障制度的改革与发展》，法律出版社2001年版，第200页。

② 宋晓梧：《中国社会保障制度改革》，清华大学出版社2001年版，第5页。

③ 祝慈寿：《中国工业劳动史》，上海财经大学出版社1999年版，第559-563页。

④ 除国家机关干部外，我国存在大量的事业单位工作人员，多从事科教文卫体职业，此类人员基本上比照国家干部的待遇。

⑤ 当时的农村合作医疗依托于农村集体经济，医疗人员系不脱产农民，亦称“赤脚医生”，个别农民经过短期培训，拿一定补助或工分，“业余”为本村村民看病。

企业本身又有经营风险，这种模式肯定无从运转，职工的生活将无法得到保障。事实上，该时期，政企不分，国营企业与财政紧密结合，企业利润上缴，亏损了由财政补贴；企业资源枯竭或需停产、转产的，由政府经济主管部门决定；即使企业不存在了，职工不仅不丢饭碗，其生活保障也不受影响。此等高度集中的计划经济体制，实质上就是所有企业与国家财政绑缚在一起"吃大锅饭"。该时期又处于"文革"时期，极"左"思潮使得本属于分担社会风险的劳动保险停办，全体职工一体吃国家的"大锅饭"，严重制约了经济发展和效率的提升。从个体角度看，"吃大锅饭"式的生活保障体系可能存在利益均沾的现象，亦可能存在平均主义"温暖"，但是，这种生活保障以牺牲经济效率为代价，总体上而言，实则损害了国家、集体、个人三方的利益。这种制度模式深受苏联高度集中的计划管理体制的影响，长远而言将难以为继。这种生活保障模式，没有风险意识，没有风险分担存在，养懒成惰，企业经营不仅没有风险意识，劳动者同样没有风险意识，在"安全""温暖"的政府保障怀抱中，诸如滥"吃劳保"、滥用"公费医疗"，浪费了国家财政资源，增加了社会运作成本。这种形式上由企业负担职工福利，即企业承担职工的退休、医疗、伤残(包括职业病)、死亡(遗属)、生育等一系列职工福利的企业福利运作模式，如果没有财政"大锅饭"作依托，本身不符合任何制度逻辑。换言之，企业永远盈利、企业永远存在，资源型企业之资源永不枯竭……实质上，70 年代高度集中的计划管理体制体现的是，所有国营企业职工的职业风险最大的靠山就是政府财政。这种政府最后"买单"企业经营风险，尤其是企业职工生存风险的运作模式，几乎是苏联及东欧部分国家运作实践的翻版，日久必然难以为继。我国自 70 年代末期改革开放后，渐进性地抛弃了这种企业职工福利运作模式。

(三) 80 年代中期至 90 年代中期的经济社会变革、企业职工风险裸露与社会保险制度重建

70 年代末期启动的经济和社会改革往往被冠以"改革开放"名称，实质上，"开放"易于解析，即敞开国门融入世界；而"改革"则不易解析，依本书理解，改革是全方位的，涉及政治、经济、社会、文化、军事各层面。其中，"社会"变革如同经济体制改革一样，可谓"天翻地覆"，而企业与职工利益关系之调整属于社会变革中的最大方面之一。70 年代末期的改革起自农村家庭联产承包经营责任制的推行，短期内迅速激发了农民种田的积极性，促进了农村生产力的发展。[①]1984 年 10 月 20 日，中共中央十二届三中全会通过了《中共中央关于经济体制改革的决定》，确立了国营企业与政府脱钩的总方向，企业市场化改革由此发端，"割断了同政府连接的脐带后，企业相应产生了对政府的经营责任"[②]。80 年代后半期，有关政企分开的文献连篇累牍，主题就是创建企业的市场主体地位，使企业能够成为独立行使民事权利、承担民事义务的经营主体。这一过程可谓用尽了各种形式，其中企业经营承包责任制、企业租赁经营责任制、企业股份制等不一而足，至 90 年代中后期，我国市县以下的国营企业几乎大部分市场化或民营化，成了真正的市场主体；而央企与省属国有企业虽然完成资本社会化或股份制改造，但政企关系仍不清晰。在企业资本改造的同时，企业劳动制度改革亦在随之跟进，1986 年 7 月 12 日《国

---

① 农业的规模化、市场化、机械化、信息化经营乃现代农业的发展方向，尤其是人多地少的总体格局以及农业市场化程度很低的现实决定了农村家庭承包经营不是未来发展的方向，合作化、规模化、现代生产技术与农业信息化、机械化乃未来农业的发展方向。

② 顾培东主编:《中国企业运行的法律机制》，重庆出版社 1991 年版，第 144 页。

营企业职工待业保险暂行规定》出台，这是中华人民共和国成立初期《劳动保险条例》颁布实施后的第二部有关劳工保险的法规，而《劳动保险条例》所规定的相关"待遇"中没有涉及企业员工"失业"待遇问题，本书猜测，中华人民共和国成立初期的第一代领导旨在消灭"资本主义失业"现象，所以，该条例未置"失业"待遇，或许《国营企业职工待业保险暂行规定》之"待业"概念选择亦有相关"忌讳"的因素。

"实际上从20世纪90年代初期开始，伴随着以产权制度变革为主要内容的现代企业制度建设在中国的试点及全面推行，工人生活的不确定性、工作无保障（下岗、内退、失业）、地位受损现象大幅度增加，为避免因工人工作无保障与地位受损等因素导致其生活无着而采取极端行动，国家相关部门领导多次在讲话、会议、新闻中强调要保障制度变革过程中受损群体的生活，希望通过一系列积极的制度建设来保证工人的基本生活。"① 由于企业成为独立市场经营主体后，尤其是切断与政府财政关系后，企业经营必然有好有坏、必然有的赚钱有的不赚钱，在计划体制下不曾存在的劳资利益问题凸显出来。80年代中后期至90年代中期国家重建社会保险制度之前，类似离退休人员不能按时或足额领到退休金，企业拖欠、压低或克扣职工工资，企业破产、兼并、拍卖或合资过程中未能妥善安置职工，以及用人单位违反法律法规侵犯劳动者权益等事件，直接形成了中国语境下的"劳动关系突发事件"，"在实践中，突发事件一般指职工一方的集体上访、集体静坐、破坏机器、请愿、集体游行、怠工或停工（或称罢工）"②。事实上，企业改制、关停并转、破产所导致的员工利益受损、职业风险裸露的表现远不限于上述形式，可谓形形色色。例如，离退休金不能按时足额发放甚至拖欠、职工医疗费长期无法报销、职工（尤其是双职工）下岗后生活难以为继、伤残（工伤、职业病）津贴和遗属津贴无法落实等，这些市场化背景下的职业风险全部裸露出来。这些风险乃市场经济的正常现象，之所以在计划体制下未曾出现，皆因政府最后兜底的因素，只是政企分开后，风险、利益冲突全部显性化罢了。劳资之间博弈无法解决上述职业风险问题，其出路在于风险的社会化分担，在于社会保障体系及法制之建构。

（四）世纪交替前后社会保障概念在中国的出现、社会保障事业的成就

在计划体制下，"铁饭碗"铸成的是工作刚性认知、企业改革后劳动力流动导致可能丢掉工作的恐惧，上述双重力量使得中国重建社会保险制度时先着手于失业保险制度。③ 90年代初期，社会保障网起步于中国社会保险制度构建。工伤、养老、医疗先后建立起以政策性文件为导向的社会保险制度，至1998年国务院机构改革成立劳动和社会保障部之前，无论是官方还是学界，很少使用"社会保障"概念。1998年国务院机构改革成立"劳动和社会保障部"之后，本属于日文汉字之"社会保障"概念在中国获得了普及，研究"社会保障"的人士开始增多，甚至成为一个专业，一些本与此专业关系不大的学者亦开始探索这一领域，由此可见我国官方推

---

① 刘爱玉：《选择：国企变革与工人生存行动》，社会科学文献出版社2005年版，第149页。

② 劳动和社会保障部劳动科学研究所编：《中国劳动科学研究报告集（1997–1999年度）》，中国劳动社会保障出版社2000年版，第167页。

③ 失业保险制度始于1986年7月，但是，相较于养老、医疗、工伤等社会保险种类，其功效发挥得并不尽如人意，本与就业这一最大民生有关的这一社会保险险种在我国并未发挥出其应有的作用。

动力量之强大。于"劳动和社会保障部"而言,其业务实质上仍为"劳动和社会保险",甚至改革后,该部门丢弃了本属于其业务范围的"职业安全与卫生"管制内容,完整的社会保障包含社会保险、社会救助、社会补偿、社会特殊福利等若干范畴,"劳动和社会保障部"乃至今日之"人力资源和社会保障部"仍然仅仅负责"社会保险"事务。但是,1998年"社会保障"成为官方概念之后,在社会保险制度逐步完善的同时,其他领域的社会保障事务亦在中国大地生根发芽,有些业务极具中国特色,甚至形成了中国语境,如"低保"一词的使用,属于新的汉语词汇,实质上是最低生活救助,1999年9月28日发布、1999年10月1日起施行的《城市居民最低生活保障条例》乃"低保"出现的制度依赖,20年来,"低保"覆盖范围已经由城市拓展至农村,民政部除主管此项事务之外,还主管其他社会保障事务,尤其是社会福利事务,该部门成为与人力资源和社会保障部一样重要的社会保障部门。此外,我国的住房和城乡建设部[①]一样承担了有关住房保障之社会福利事务,不论是城市住房保障还是农村危房改造,都属于该部门对于中国特色的住房福利制度的具体实施,亦是社会保障制度的有机组成部分。此外,涉及社会保障业务的还有若干部门和机构,本书不再赘述。

90年代以来,国家在构建中国社会保障网的历程中,事业成就是客观存在的。中国已是世界第二大经济体,但是人均GDP属于中等国家,我国系典型的发展中国家而且将长期处于发展中国家序列,而二三十年来国家织造的社会保障网正不断加密,社会保障事业所取得的成就通过各类官方媒体报道可见一斑。"社会保障覆盖范围持续扩大。加快实施全民参保计划,积极开展扩面征缴工作,建立起了世界上覆盖人群最多的社会保障制度。截至2016年底,基本养老、失业、工伤、生育保险参保人数分别达到8.88亿人、1.81亿人、2.19亿人、1.85亿人,分别比2012年末增加9 980万人、2 864万人、2 879万人、3 022万人。基本医疗保险覆盖人数超过13亿人,全民医保基本实现。我国在社会保险扩大覆盖面方面取得的成就得到国际社会的充分肯定和高度评价,国际社会保障协会授予中国政府'社会保障杰出成就奖'。社会保障水平稳步提高。在保基本的前提下,稳步提高各项社会保障待遇水平。全国企业退休人员月均基本养老金从2012年的1 686元增加到2016年的2 362元,年均增长8.8%,今年按平均5.5%的水平继续上调养老金。城乡居民基本养老保险基础养老金最低标准从每人每月55元提高至70元,人均养老金水平达到120元左右。职工医疗保险和居民医疗保险基金最高支付限额分别为当地职工年平均工资和当地居民年人均可支配收入的6倍,政策范围内住院费用基金支付比例分别达到80%和70%左右。城乡居民基本医疗保险补助标准从2012年的240元提高到2016年的420元,今年继续提高到450元。"[②]此外,在社会救助方面,"民政部社会救助司副司长徐华今日指出,目前全国纳入低保的群众有7 400多万人,占全国总人口的比例是5.6%,从全国范围看,目前基本实现了动态管理下的应保尽保"[③]。在住房保障方面,"党的十八大以来……住房保障成效显著,6 000多万棚户区居民'出棚进楼',2 600多万住房困难群众住

---

① 在我国地方行政部门设置中,有些地方直接使用"住房保障与房屋管理局"概念,可见,住房福利作为社会保障内容已经被官方纳入其事务范围。

② 《党的十八大以来人力资源和社会保障事业发展的主要成就》,载中华人民共和国人力资源和社会保障部网站 http://www.mohrss.gov.cn/zcyjs/gongzuodongtai/201707/t20170729_274830.html,访问日期:2018年12月20日。

③ 《民政部:全国7 400余万人纳入低保占总人口5.6%》,载网易新闻 http://news.163.com/14/0121/10/9J3VC13500014JB6.html,访问日期:2018年12月20日。

进了公租房，城镇中低收入家庭住房条件明显改善，新市民住房困难得到有效缓解，城镇低保、低收入家庭基本实现应保尽保”①。上述官方媒体的报道所呈现出的数字，说明了中国社会保障事业所取得的成就，尤其国际社会保障协会授予中国政府“社会保障杰出成就奖”，这更值得肯定。

（五）中国社会保障立法现状及法制评析

中国社会保障事业取得的成就是客观的，但其制度的破碎和法制的孱弱同样是客观的。20多年来，相关社会保障部门在主管的业务范围内亦在“建章立制”，颁布了一定数量的法律、法规和规章，因法律效力及社会影响力的问题，本书将已颁布实施的法律、法规进行梳理，部门规章、规范性文件皆不列入其中，大致的立法情形如表1–3所列：

表1–3 中国社会保障法律法规立法成果

种类	法律法规名称	颁布年份
社会保险法类	《劳动保险条例》(1953年修订)	1951年
	《国务院关于工人退休、退职的暂行办法》	1978年
	《国务院关于老干部离职休养的暂行规定》	1980年
	《国营企业职工待业保险暂行规定》(已失效)	1986年
	《国有企业职工待业保险暂行规定》(已失效)	1993年
	《劳动法》第九章“社会保险和福利”(2009、2018年修订)	1994年
	《失业保险条例》	1999年
	《社会保险费征缴暂行条例》	1999年
	《工伤保险条例》(2010年修订)	2003年
	《社会保险法》(2018年修订)	2010年
社会救助法类	《城市居民最低生活保障条例》	1999年
	《城市生活无着的流浪乞讨人员救助管理办法》	2003年
	《法律援助条例》	2003年
	《农村五保供养工作条例》	2006年
	《自然灾害救助条例》	2010年
	《社会救助暂行办法》	2014年
社会补偿法类	《大中型水利水电工程建设征地补偿和移民安置条例》(2013、2017年三次修订)	2006年
社会福利法类(特殊群体)	《国务院关于现役军官退休处理的暂行规定》(已失效)	1958年

① 《王蒙徽代表：住房和城乡建设事业改革发展取得四方面成就》，载中国共产党新闻网 http://cpc.people.com.cn/19th/n1/2017/1022/c414536-29601717.html，访问日期：2018年12月20日。

续表

种类	法律法规名称	颁布年份
社会福利法类(特殊群体)	《革命烈士褒扬条例》(已失效)	1980年
	《残疾人保障法》(2008、2018年修订)	1990年
	《未成年人保护法》(2006、2012年修订)	1991年
	《妇女权益保障法》(2005、2018年修订)	1992年
	《老年人权益保障法》(2009、2012、2015、2018年修订)	1996年
	《军人抚恤优待条例》(已失效)	2004年
	《烈士褒扬条例》	2011年
	《退役士兵安置条例》	2011年
其他	《住房公积金管理条例》(2002年修订)	1999年

对上表所列之已经颁布实施的法律、法规进行分析、归类,我们可以得出以下结论:

第一,我国社会保障立法层次较低。上述大部分法律规范以国务院颁布的行政法规为主,全国人大及其常委会颁布的法律很少,主要集中在特殊群体权益保障领域。由于其立法层次较低、法律效力有限,其社会影响力自然有限,社会保险、社会救助等领域制度运行的依据以行政法规的形式体现,因该领域法律性质属于典型的行政给付性法律,而颁布法律规范的机构恰恰是行政机构——国务院,自然添加了制定规则者、执行规则者主体混同的因素,这是我国上述领域法制化程度较低的根本症结所在。

第二,我国社会保障立法历史短暂,尚未形成社会保障领域的法治思维与法治信仰。从上述法律、法规颁布的时间看,大部分法律、法规颁布实施的时间为20世纪90年代后,之前几十年间,我国治理社会的方式是政策与红头文件,这些政策与红头文件在没有部门利益,一心为民,且很少有利益冲突的背景下,尚能勉强实施;而在利益多元、部门之间在制度实施问题上存在分歧的情形下,因缺乏法定依据,其工作的质量和效能便大打折扣;再加上当事人根本不知这些政策和红头文件之存在,更别说依赖它维护自身的权益了。近30年来,国家治理层面亦在推进"依法治国"进程,但在社会保障法制领域,制度实施更多依赖的是公示性较差的政策性制度,并非已经颁布实施的法律法规。

第三,上述法律法规操作性差,法律属性弱。比较而言,《工伤保险条例》虽仅仅是一部行政法规,但因其率先进入权利救济领域,其可操作性及制度的实践性明显强于其他法规,甚至强于更晚颁布的《社会保险法》。法律制度的生命力在于法律实践,如果法律法规离开了法律实践,其存在的意义则仅仅是宣示与"观赏"。上述诸多法律、法规,很少被法官、律师、当事人适用,更令人吃惊的是,行政执法机构一样很少适用。其主要原因在于:法律规范欠缺法理与逻辑、条文过于粗糙,多数情形不符合假定条件、行为模式、法律后果的三要素构成。例如,条文中规定若干"应当""必须",但当事人不承担义务时,未规定相应的法律责任,而没有法律后果的条文毫无制度价值。

第四,这些法律法规未体现当事人权利本位,无法律救济程序。法律制度存在的价值在于对当事人权利的救济,法律制定的目的在于明确当事人的权利、义务和相关的法律责任,这些权利义务和责任不仅体现于实体法律规范，亦应体现于相应的程序性规范，作为当事人之一的公民可以依据法律的规定救济自己缺失的权利。具体而言，公民可依据法律规定“打官司”；作为当事人之一的行政执法机构可依法行使执法权，亦可依据法律提告相关当事人。上述法律规范大多不具有使当事人行使诉讼权利维护自身合法权益的法律依据的功能，多数条文大而空洞。

第五，有关特殊群体权益的专门立法，涉及的范围过于宽泛，如《老年人权益保障法》。老年人的婚姻、财产本已有法律规定，但该法又重复规定，对老年人上述权利的救济又适用他法，而对老年人相关福利的规定并不显性。类似法律还包括《未成年人保护法》《妇女权益保障法》《残疾人保障法》，这些法律中有关弱势群体社会福利的立法内容有限，且不具体。

总之，与上文所列举之日本社会保障立法成果相比，甚至与我国台湾地区社会保障“立法”成果相比，我国社会保障立法从质到量上差距明显，社会保障法制建设任重道远。

第三节 社会保障法的未来与挑战

一、法制完善与立法空白填补

（一）法制完善的领域

改革开放以来，尤其是20世纪90年代以来，我国颁布了大量的社会保障类的法律法规，立法成果有目共睹。诚如上文所述，我国社会保障法制领域存在诸多问题，法制建设仰赖于立法、行政执法与司法制度的建立，仰赖于国民对法治之信仰。由此可见，立法应当先行，没有立法就无从谈法治。德国于1883年、日本于1922年就颁布了健康保险法，至今我国医疗保险领域只有《社会保险法》第三章“基本医疗保险”所规定的有关医疗保险的10个条文。德国1889年颁布实施了《老年及残疾人年金保险法》，建立了“退休”制度；日本1941年颁布《劳动者年金保险法》、1944年颁布《厚生年金保险法》，1959年颁布《国民年金保险法》，而我国养老保险至今只有《社会保险法》第二章“基本养老保险”所规定的13个条文。养老保险与医疗保险作为重要的两类社会保险，客观上需要通过立法使该领域的社会实践和政策性制度得以定型。[①]在社会保险领域，养老、医疗的影响力相对较大，覆盖人数最多，而我国制度建构方面，恰恰在这两个领域未颁行具有可操作性的行政法规，更别说颁布法律。相较而言，《失业保险条例》《工伤保险条例》的颁布实施至少表明立法工作走在了前面。上述社会保险法制领域，或多或少都有了相应的法律法规规范，但是其可操作性，也就是法律的可适用性、可执行性较差，《工伤保险条例》已修订过一次，且颁布过若干部门规章与之配套实施，系最具实践性和可操作性的社会保险制度，但其立法层次亟待提升。[②]

---

① 郑尚元：《公开、规范与定型：养老保险制度从政策到法律——中国社会保险立法的进路分析》，载《法学》2005年第9期。

② 郑尚元：《〈工伤保险法〉之立法构想》，载《甘肃社会科学》2018年第3期。

在社会救助法领域，至今已经颁布了若干行政法规，1998 年就列入人大立法规划的《社会救助法》最终未及出台，城乡低保制度、农村五保制度皆依行政法规运行，法规颁布之后一直未予修订。“现有的相关制度体系还十分不完整，制度分隔的现象还十分普遍，其建设与完善尚需相当的重视和努力”[①]。1950 年，日本《生活保护法》颁布，社会救助法律得以全面实行。我国社会救助制度的最大问题在于其法制化进程缓慢，部分地区人民法院开始受理社会救助行政诉讼案件，但实体法依据之粗糙性决定了这样的案件很难胜诉；个别依法举报事件引起重视，恰恰不是依据社会救助类法规，而是依据廉政政策、依据党纪作出处理，社会救助领域之法制建设同样任重道远。

至于未成年人、老年人、残疾人权益保障领域，我国将当事人所有权益合并归类于一体。严格意义上讲，这些法律并非单纯的社会保障法，有些属于相应的社会保障行政给付，有的则属于民法、刑法、婚姻法等法律制度的范畴。这些特殊群体社会福利法系社会保障法的重要内容。至今，这些法律实施的效果不佳，原因是既无相应的行政执法，亦不可能进入司法救济领域，宣传效果远远大于法律的应用效果。

上述已经颁行的法律法规，仍有相当值得完善、改进之处，法律制度系规则之一种，其应当具有强制执行力；社会保障法系法律制度之一门，应当是科学性的规则、具有强制执行力的法律规范。

（二）立法空白及其填补

“社会补偿法”概念在我国尚未被使用，其立法更是空白。虽然《大中型水利水电工程建设征地补偿和移民安置条例》得以颁布，但是，不论是社会上的普通人，还是法学专业人士亦未必知晓其概念的存在。社会补偿法系社会保障法体系之重要一支，“有关德国社会补偿制度的依据，首先为该国《社会法典》第 1 篇（总则）第 5 条（5SGBI）的规定：‘基于国家整体（staatliche Gemeinschaft）对于特别牺牲之补偿或基于照顾法上的原则（ersorgungsrechtliche Grundsatze）而生之其他理由，人民就其所遭受之健康损害，对下列事项拥有请求权：(1)用以维持、改善以及恢复期健康与工作能力之必要性措施；(2)适当之经济照顾；(3)受害者之遗属亦得请求适当之经济照顾。’”[②] 社会补偿法系社会保险、社会救助及其他社会福利给付之有机搭配部分，其他相关制度无法替代。一般来说，其包含犯罪受害人补偿、药害补偿、战争及军事演习受害补偿以及我国依赖土地生存之土地补偿等。目前，我国该领域从立法到社会实践都属空白，有些地方法院对于犯罪受害人予以多种措施的帮助，有的学者将其纳入刑事诉讼制度完善的视野，法学界亦未认知犯罪受害人补偿法原本属于社会保障法的范畴。至于药害之无过失补偿制度，将其纳入社会保障法体系亦是基于当事人权利的属性以及其他法律救济程序的堵塞；此外，意外伤害补偿、征地补偿等皆因其生存权受害而建构相应的制度。本书后续对此予以专章介绍。

尚未启动立法程序，并无法制建构的是养老服务领域。目前，我国已经进入人口老龄化阶段，社会化养老乃未来中国养老的重要组成部分。但是，养老服务尚处于混沌之中，对于开

---

① 曹明睿：《社会救助法律制度研究》，厦门大学出版社 2005 年版，第 78 页。
② 钟秉正：《社会法之理论与应用》（一），元照出版公司 2018 年版，第 124 页。

办社会化养老服务机构，国家并未制定相应的准入标准、资质条件以及监管措施，而被养老者或其监护人与养老服务机构之间仍处于民事契约阶段，且这种契约因内容复杂、涉及老年人生命健康与人身安全以及服务全过程，当事人之契约必然无法全部覆盖。对该领域的治理尚未进入法制轨道，多数都脱法运行，出了事可谓“一地鸡毛”。此外，伴随着老龄化甚至高龄化社会的形成，高龄失能老人的照护已经溢出家庭照护能力范围，社会化照护、社会保险支撑乃德国、日本近 30 年法制建构和实践探索的结果，我国在该问题上已经不是“未雨绸缪”，而处于“见雨找伞”的境况。① 养老服务社会化乃未来的必然选择，即使是传统的居家养老，亦需相应的社会化服务，更别说机构养老、老年长期照护（保险）等。必须将上述领域纳入社会立法视野，成为社会保障法制体系之构成部分，相关当事人才能不致漏网（社会保障网）。

关于儿童福利立法及其法制建构，我国虽然早已颁布实施了《未成年人保护法》，但是，其立法的重心在于未成年人的人身安全、健康以及人格保护，其“保护”多数都属于“消极”性的“防御条款”。我国对于儿童的福利立法几乎属于空白，或许有的已经成为“福利”，但无法制。例如，1.2 米以下儿童乘坐火车可以免票，1.2–1.5 米儿童半票乘车；婴儿坐飞机可以免票；部分场馆免费向未成年人开放；以及曾经存在的公立福利幼儿园等，这些本可以成为法制的内容，但现实中要么脱法运行，要么福利正在丢失。儿童是一个国家的未来，是一个国家最大的福利和财富，关爱儿童就是关爱未来，这种关爱不是家庭的个别私爱甚至溺爱，而是社会福利的温情与社会保障的庇护与社会大爱。欧陆国家、近邻日本早已建构起相应的儿童福利立法，该领域不是消极的保护，而是积极的行政给付，通过社会力量搭建儿童幸福成长的社会安全网。

（三）社会保障法系一个完整的法律体系，亦是社会安全网的法制保障

社会保障法制的形成如同渔民织网，只有经过宏观架构，微观细心织造之后，“社会安全网”才能形成。社会保障法制建设，需要循序渐进、先急后缓，既要参酌欧陆、日本等的社会保障立法经验与成果，亦要考量中国实际国情，建立起符合中国财力和国情的社会保障法制体系。尽管德国已经完成了社会保障法制之法典化，但是，社会保障法所涉内容广泛。从大的方面讲，包括社会保险法制、社会救助法制、社会补偿法制、社会福利各方面，其中任何一个领域皆不是一部法律所能涵盖的。例如，我国颁布了《社会保险法》，纵观历史，横看各国，皆无此等体例之立法，社会保险涵盖养老（老年年金）、医疗（健康）、失业、工伤（职业伤害）及老年长期照护等各项保险，这些社会保险种类所涉法律关系不同、适用范围不同、所因应的社会问题不同，产生的历史时点也不同，何以能囊括于一部法律制度之中？再者，从上文阐述看，一般来说，职业灾害、职业健康以及一般健康、年金、失业、老年照护等系按照职业劳动者保险先急后缓之次序排列的，立法亦应考量这样的次序。同时，先进产业国家立法体例和立法进程已经给了我们很好的学习榜样，我国只需要根据我国国情尤其是经济承受能力搭建即可。中共十八届四中全会作出了依法治国的方略，依法治国就是要依据法治思维和法治方式

① 郑尚元：《长期照护保险立法探析》，载《法学评论》2018 年第 1 期。

治理社会生活的方方面面，立法的精细与科学、法律的理性与平衡乃社会发展所必需，法制的精细与科学乃未来的选项，再不是“有总比没有强”“法律宜粗不宜细”的对付心理。同样，在社会救助领域，一部《城市居民最低生活保障条例》20年未曾修订，内容过于简单。再者，“低保”仅仅保障了基本生活——衣食，而教育、医疗一样需要救助；发生灾害后，即使不符合“低保”情形，一样需要救助……总而言之，法律制度的打造是一个漫长的过程，绝非短期之功。

如果说法律制度之空白领域需要填补的话，那么，已经存在的政策性制度实践或者带有法制色彩的相关制度则需要逐步精细化，逐步法制化，我国已经存在的相关社会保险制度、社会救助制度（低保）皆应以“织网”的方法使之更加科学、理性和富有法律逻辑，使制度运行更加获得人民的信任和社会的推崇。如同医学一样，若没有更细的部门分工，医疗服务肯定处于低水准和经验主义阶段；法律制度的打造一样需要更细致的部门分工，更加详尽合理的条文规定，更加深入的法学探究，只有这样，法律才会理性地服务社会。

二、社会变迁、时代难题与社会保障法的未来

（一）老龄化与中国养老服务，以及高龄失能长期照护保险法制建设

我国已经进入老龄化社会，养老服务社会化乃未来中国社会的必然选择。一方面，传统居家养老服务须与社区服务相结合，不论是农村之村民委员会还是城市街道及居民委员会，作为社会治理的最基层单位，过去均不曾涉及社会养老服务问题。今后，居家养老与社区服务有机结合乃未来社会的养老方式，社区所提供的服务涉及衣、食、住、行、医等各方面，没有这些基本服务，居家养老便无依托。有些地方虽然已经颁布了居家养老服务的地方性法规，但是，其法律属性和权利义务之建构还比较欠缺，甚至有些法规仅仅具备了法规的形式，并不具备法律制度的要素。居家养老之外便是机构养老，而机构养老又分私营服务机构养老和公立服务机构养老，这些机构的功能定位、准入资格、服务标准、运营监管、服务争议处理、法律责任乃养老服务立法不可或缺之内容。期待未来中国养老服务能够走上法制化道路，人民可以老有所依。老龄化社会必然产生一定概率的高龄失能老人，日本在建构介护保险法制前后的二三十年里，已经发生的“孤独死”、“孤独自杀”、死后日久被发现的现象不是个案，这种社会现象乃老龄化社会高龄失能老人之最大不幸，亦是后现代社会的斑点。就高龄失能老人的养老问题，中国传统社会中，子女对父母晚年的伺候、照护以及送终乃传统农业社会中的自然逻辑，如今，工业化、城市化、少子化叠加之后的老年临终照护必须走上社会化服务这一条道路，为此，德国于1994年、日本于1997年分别颁布了《长期照护保险法》和《照护保险法》，旨在解决高龄失能老人之晚年照护支出问题。一般意义上的养老保险，类似职业人群的退休金保险已经无法负担老龄失能照护之财务支出，该部分支付须同样由社会分担，如此，德国、日本才选择建构这类新型的社会保险项目及其法制。目前，我国有些地方已经开始了长期照护保险试点工作，有些地方已经有了一定程度的实践积累。该类社会保险如同医疗（健康）保险一样，法律关系异常复杂，至少法律关系结构中添加了一类主体：养老服务机构。在高龄老人（包括其家属、遗属）与养老服务机构、照护保险机构之间必然发生相应的法律关系，亦会产生相应的争议和

纠纷。[①] 因应老龄化,未来养老社会化服务立法及其相关法制构建乃一大难题,亦是必须解决之课题。

（二）“二孩”政策落地、育儿津贴与社会保障之法制建构

20 世纪 70 年代中期计划生育政策开始实施,80 年代后逐渐形成“独生子女”政策。该制度运行三十几年后,2015 年国家放开“二孩”生育,“独生子女”政策走进了历史。有关“独生子女”政策的历史留待未来由后人去评价,但是,由于城市化、工业化以及“独生子女”政策实施的历史惯性,我国进入了低生育国家系列,育龄妇女的生育意愿大为降低。生育意愿的降低,既有个人原因,亦有社会原因,我国住房、教育、医疗的市场化,推高了育人成本,加大了子女养育负担,客观上抑制了人们的生育意愿。解决此等难题显然是一个复杂的系统工程,彻底解决须长久之社会变革,短期而言,“治标”措施和相应的立法体现在:育儿津贴立法须提上日程,政府乃至社会应当分担育儿之费用,当然,育儿津贴是否走上社会保险亦是需要考量的范畴。[②] 计划经济时期我国城市职业人群中曾经存在的职工福利,如公立幼儿园、单位托儿所、子弟学校等,渐入历史,新型的、符合社会化需求的公立福利型幼儿教育体系尚未定型。

“二孩”的生育问题牵涉的问题相当复杂。“独生子女”政策强力施行时期,政府通过各种政策、措施,通过罚款和处分等行政手段可以让人们“不生”或“少生”,如今,如何让人们去“生”？此等难题必须从“养”的视角落地。市场经济发达国家在建构养育幼儿福利制度方面的经验值得借鉴。国家应当重新检视其有关老年人、残疾人、妇女和儿童等特殊群体之工作机制,尽快将其纳入行政工作之范畴,使儿童工作不再是没有主管部门的工作,如是,我国低生育率才可能得以遏止。

（三）灵活就业人员、无职业人员之社会保险覆盖及其法制建构

传统劳动关系乃工作时间和职场相对固定的工厂化时代的劳动关系。进入 21 世纪后这种劳动关系的比例在逐年降低,在不同的国家,劳动关系的弹性化也有所差异。近年来,我国由于共享经济的发育,弹性工作愈加明显。弹性工作中包含许多短时工作。短时工作,亦称非全日制工作,我国《劳动合同法》规定每日工作时间不超过 4 小时的工作即为非全日制工作,这部分工作人员的社会保险尚未进入实践操作阶段,将其纳入社会保障网,乃社会之必须和本人之必要。这部分工作也存在未来养老、职业灾害补偿和疾病医疗给付等问题,因此,立法须将其纳入社会保险的覆盖范围。

任何国家的社会保险建构都是先从覆盖职业劳动者开始,之后扩展到其他人群,例如医疗(健康)保险一般从职业人群之疾病医疗给付拓展至全民医保(健保)。同样,年金保险,也就是养老保险,没有职业的人员一样存在社会化养老之需求。市场经济发达国家由职业劳动年金保险逐步实现了国民年金保险,实现了国民皆年金法制的全覆盖。我国近年来部分地方推行

① ［日］菊池馨実:《社会保障法制の將来構想》,有斐阁 2010 年版,第 247–276 页。

② ［日］菊池馨実:《社会保障法制の將来構想》,有斐阁 2010 年版,第 163–165 页。

的“居民保险”类似国民年金制度,期待我国未来能够实现国民年金化。[①] 在职业劳动者的养老保险尚未定型的背景下,谈国民年金化问题是否显得过于“超前”?该问题与前文所涉老龄化问题一样,一般而言,老龄化与社会发展至相当高度密切相关,“富”与“老”结伴而行是常态,而我国是“未富先老”,因此一样需要解决“老”之问题;在职业劳动者养老保险法制化尚未形成时,同样需要面对无职业者如何参加养老保险之难题。

(四)精准扶贫与社会保障法制构建

社会保障法并非专门保障“穷人”的法制建构,但是该类法律的产生缘于劳动者贫困问题,疾病、职业灾害、年老、失业等职业风险皆因失去收入或收入下降影响本人及家庭生活而起。因此,社会保障法从起源角度与贫困问题存在相应的“基因”链接;当今社会保障法已经覆盖了所有人群,但是,世界上任何一国皆没有消灭贫困,即便是发达的市场经济国家,仍存在少量的贫困问题。当然,类似西欧、北欧各国以及日本等发达国家,人民生活水准普遍较高,“伴随着年金、医疗、社会福利、介护等各种社会保障制度的发展,在研究者关心的问题呈多样化且分散化的情况下,在公共扶助乃至生活保护领域的理论研究很难称得上活跃”[②]。我国系发展中人口大国,据对我国的 31 个省区市 16 万户居民家庭的抽样调查,按现行国家农村贫困标准测算,2017 年末,全国农村贫困人口 3 046 万人,比上年末减少 1 289 万人;贫困发生率 3.1%,比上年末下降 1.4 个百分点。[③] 我国贫困人口的绝对数量仍然很大,国家为此提出“精准扶贫”方略,旨在降低贫困人口数量。客观上讲,作为发展中人口大国,我国贫困人口数量的减少有目共睹,但贫困人口将长期存在,贫困的原因多种多样,对于先天原因,如残障、疾病导致的贫困,社会保障理所当然是其生存的依托;而对于后天原因,如技术、能力等导致的贫困,治穷先治愚,应提升其职业技能和生存本领,以职业技能培训与失业保险制度作依托,并将其纳入社会保障之范围。该救助的救助,该提升生存技能的提升生存技能,如此,贫困问题才能得以解决。

(五)人工智能升级、失业率攀升后的社会保障

近几十年来,科技发展日新月异,人工智能的发展将改变社会,甚至改变法律制度。就人工智能的发展而言,首先是机器替工现象将向深度发展,人类发明的机器人未来将大量替代劳动者,那么,失业率将进一步上升,收入差距可能进一步扩大。被机器人置换出来的劳动力可能再无法获得就业的机会,失业者的生活将无法继续,如此,社会保障将托起这部分被置换出来的劳动力。可以预见,未来许多工作岗位将被机器人替代,就业岗位将越来越少,失业率升高,失业后再就业的可能性因人工智能之进一步提升而变得更加艰难;由此引发的收入差距拉大,失业者及其家庭生活水准下降等现象将不是社会个别现象。因此,由人工智能等高科技发

---

① 国民年金化的最大难题在于城乡“二元”社会结构。农民年金的发放须以相应的保险费缴纳为前提,没有缴费便无保险给付乃社会保险的基本原理。农民如何参保?保费如何负担?存在一系列难题。

② [日]菊池馨实:《社会保障法制的将来构想》,韩君玲译,商务印书馆 2018 年版,第 179 页。

③《2017 年末我国农村贫困人口减少到 3 046 万人》,载 https://baijiahao.baidu.com/s?id=1591181685227930626&wfr=spider&for=pc,访问日期:2018 年 12 月 1 日。

展所造成的“后现代社会”病之治理，社会保障制度的完善是其中一环。其中，建构公平、合理的社会再分配政策，以保障人民生活水准不致过低的社会福利应对社会发展的负效应，乃未来社会保障制度的难题，亦是其必须承载的制度使命。

思考题：

1. 为何说英国《济贫法》不是现代法律意义上的社会保障法？
2. 试从德国19世纪末三项重要的社会保险立法谈社会保障法之生成。
3. 日本主要的社会保障法律制度有哪些？
4. 美国1935年社会保障法颁行的社会背景如何？
5. 我国台湾地区主要的社会法有哪些？
6. 我国现行社会保障法律法规有哪些？
7. 评析我国社会保障法制状况。
8. 分析未来社会保障法的挑战。

第二章　社会保障法基础理论

社会保障法律制度是现代国家和文明社会的重要标志。随着人类科学技术的不断进步，在工业化和城镇化这两大现代化动力引擎的推动下，在人类生产与生活方式不断得到改变的同时，也产生了一连串不同以往的普遍性社会风险。为不断适应新的社会发展模式和市场环境，社会保障法律制度作为社会经济发展的“安全网”和“减震器”，正在发挥着越来越重要的作用。世界各国大都通过社会保障立法的方式来建立和完善相应的社会保障制度，以保证该制度的稳定性和持续性。虽然各国的社会保障法律制度受制于社会制度、政治制度、经济制度和文化制度等多重因素的影响而呈现多元化形态，但毋庸置疑的是，社会保障水平是随着生产社会化程度的不断提高而逐步发展完善的，社会保障制度立法已经成为世界各国现代法律制度体系建设的重要组成部分。

第一节　社会保障法的概念和特征

一、社会保障法的概念

《世界人权宣言》第22条指出，每个人，作为社会的一员，有权享受社会保障，并有权享受他的个人尊严和人格的自由发展所必需的经济、社会和文化方面各种权利的实现，这种实现依赖国家努力和国家合作，以及各国的组织和资源情况。《经济社会文化权利国际公约》第9条也指出，本公约缔约各国承认人人有权享受社会保障，包括社会保险。[①]《中华人民共和国宪法》第14条第4款也规定了社会保障制度，即“国家建立健全同经济发展水平相适应的社会保障制度”。可以看出，“社会保障”无论在国际上还是在我国国内的制度体系建构中都占有重要的地位。

社会保障，来源于英文“social security”一词，又可译作“社会安全”，是指国家或社会通过立法和采取行政手段，通过国民收入再分配的方式，向因年老、疾病、伤残、死亡、失业以及遭遇其他风险而使生存出现暂时或永久性困难的社会成员提供一定物质帮助，以在保障其基本生活的同时，最大化实现其个人人格独立与尊严的制度。[②]可以说，社会保障是对各种具有经济

---

① 郭明政主编：《社会法：社会安全法规汇编》，元照出版公司2009年版，第3、8页。

② ［日］菊池馨实：《社会保障法》，有斐阁2014年版，第98页。

福利性的、社会化的国民生活保障系统的统称,[①]是社会运行中的"安全网""减震器"。其主要包括以通过现金给付或援助的方式来实现的经济保障、以适应家庭结构变迁与自我保障功能弱化的服务保障以及精神保障三大方面[②]。这一定义与现行有关教材中将社会保障的主要范围界定为社会保险、社会救助、社会福利和社会优抚及其他保障性措施本质上是一致的。世界上最早将社会保障在立法中使用的是1935年由美国国会通过的《社会保障法》(Social Security Act of 1935)[③]。我国在《国民经济和社会发展第七个五年计划》(1986–1990)中提到"要有步骤地建立起具有中国特色的社会主义的社会保障制度雏形。建立健全社会保险制度,进一步发展社会福利事业,继续做好优抚、救济工作。要通过多种渠道筹集社会保障基金。改革社会保障管理体制"等内容,这是我国政府在官方文件中首次详细阐述我国社会保障制度的有关内容。

社会保障法与社会保障在概念的内涵与外延方面均存在较大差异。虽然社会保障体系作为一种客观的社会现实存在并不以社会保障法为前提,但规范化的社会保障体系却是社会保障制度与立法科学建构的结果,世界各国一般都是通过制定法律建立和实施的,二者存在相互依存的关系。没有社会保障法就没有规范意义上的社会保障体系,没有社会保障体系,社会保障法就会毫无意义。从概念规范角度而言,社会保障法是指以建立与维持上述各种社会保障措施为目的,调整社会保障关系及与之相关的其他社会关系的具有典型社会法属性的法律规范的总称。

社会保障法可以区分为广义的社会保障法与狭义的社会保障法。所谓广义的社会保障法,是指所有调整社会保障关系的规范性法律文件。而狭义上的社会保障法则仅指形式上冠以与社会保障内容相关的规范性法律文件。法学研究不仅包括狭义上的社会保障法,也涵盖了广义或实质意义上的社会保障法。

二、社会保障法的特征

社会保障法既是社会成员基本生存权利之法,也是维护社会安全稳定、实现社会公平正义之法。作为现代法律制度体系的重要组成部分,其不仅具有一般部门法的特征,还具有自己的独有特征。

(一)广泛的社会性

社会保障法是为实现社会保障功能而制定的,具有典型社会法属性的法。因此,社会性是其最主要的特征,这一特征主要包括主体的广泛性、义务的社会性和目的的公平性三大方面。所谓主体的广泛性,是指社会保障覆盖全社会的每一个成员,无论其行业、部门、单位性质以及是否有职业,只要其生存发生了困难,符合享受社会保障的基本条件,就有权利根据社会保障法的规定享受相应待遇;所谓义务的社会性,是指社会保障资金由国家、社会与个人三维主体

---

① Robert East, *Social Security Law*, Macmillan, 1999, p.13.

② 郑功成:《社会保障学——理念、制度、实践与思辨》,商务印书馆2004年版,第11–12页。

③ Steven G. Livingston, *U.S. SOCIAL SECURITY*, ABC–CLIO, Inc, 2008, p.8.

合理分担,三者共同承担保证社会保障制度健康运行的义务;所谓目的的公平性,是指通过全社会的共同努力以保障社会成员基本生存权的实现,从而及时有效预防和化解社会危机、稳定社会秩序、实现社会和谐稳定和健康发展。

(二) 实施的强制性

在前工业化时期,家庭是承载老、弱、病、残等风险的最初、最基本的保护单位。然而,随着科学技术的不断进步和社会结构的不断变迁,这一保护机制在工业化、城市化和现代化进程中的作用呈现出不断弱化的发展趋势,并将传统的老、弱、病、残等风险发展为一种普遍性社会风险。除家庭保障机制继续发挥作用外,市场机制与政府保障也成为现代社会的必然选择。但由于市场机制存在天然的逆向选择风险,使得市场机制无法成为解决老、弱、病、残等社会风险的主要手段,这也决定了政府必须通过立法手段强制实施社会保障制度。因为政府通过立法手段,可以强制法定范围内的所有人参与到以社会保险为核心的社会保障制度中,避免市场机制不能排除的逆向选择问题。而且,社会保障制度的设计是一种遵循"大数法则",在社会宏观层面对社会总产品进行的再分配行为,可以最大化地分散风险损失,维护社会安定和社会公平。因此,通过立法对社会保障制度予以强制性规范,有关各方当事人必须严格遵守、强制执行,不能任意选择。

(三) 运行的协调性

英国经济学家约翰·巴顿(John Barton)在分析英国友谊会(friendly societies)[①] 时指出,人们还希望,那些仁慈的个人心里会记住常常被现代的慈善家所忘怀的一句格言:"不要管得太多。"[②] 可以说,社会保障立法的目的,形式上是帮助陷入困境的特殊群体抵御自身无法克服的自身、家庭与社会风险,其实质在于促进社会协调、均衡发展,实现社会公平正义与最大化地提升社会福祉。从技术层面看,这一协调性特征要求在社会保障立法过程中注重处理好公平与效率之间的关系,科学、协调设置社会保障法律关系主体之间的权利义务,同时也要实现制度运行过程中强制性规范与非强制性规范、实体法与程序法的协调统一。

(四) 目标的安全性

实现社会安全与公平正义是社会保障制度立法的根本目标。在实现这一目标的过程中科学、合理地处理好公平与效率之间的关系,是社会保障制度立法必须理性对待的核心问题。公平的社会保障制度从结果上要求社会成员在收益分配、生活状况方面公平、合理,从方式、方法上要求社会保障制度能够实现"机会公平""过程公平"和"结果公平"。机会公平要求在遵循权利平等的基础上,任何符合社会保障制度规定的社会成员都能够被强制性地纳入社会保障

---

① 友谊会,诞生于18、19世纪,是由英国工人阶级尤其是收入较高的工人上层阶级积极发起和参与的一种具有直接社会保障功能的民间互助组织。其成员根据约定自愿向协会交纳一定数量的会费后,在遭遇不测(如疾病、失业、年老、死亡、天灾人祸等)时有权向协会提出救济申请,协会或其他会员将对其提供必要的经济援助以应对风险。这类互助协会名称繁多,"友谊会"是友谊会、丧葬会、共济会、募捐会、疾病会、鹅会、织匠会等互助组织形式的一种统称。

② [英]约翰·巴顿:《论影响社会上劳动阶级状况的环境》,薛蕃康译,商务印书馆1997年版,第67页。

制度范畴中，做到“起点公平”；过程公平要求对任何遭受意外灾害而陷入困境的社会成员给予及时救助，使他们有能力重新参与社会公平竞争；结果公平要求正视市场经济条件下不同成员之间社会资本存在必然差距这一客观事实，科学区分社会不同群体可能面临的社会风险，采取多元化救助方式，帮助社会成员切实有效地解决现实问题。然而，马克思认为：“法律应该是社会共同的，由一定物质生产方式所产生的利益和需要的表现。”[①] 这就意味着社会保障制度的立法虽然不能纵容亚当·斯密（Adam Smith）、托马斯·罗伯特·马尔萨斯（Thomas Robert Malthus）和大卫·李嘉图（David Ricardo）等人主张反对帮助穷人这一自由竞争的观点[②]，但也不能超越现实经济发展阶段的国情，无视这一制度存在的天然道德风险，实质损害大部分社会成员利益与社会效率。社会安全应该成为社会保障制度立法的核心价值，否则，将无益于这一制度的健康、可持续发展。

（五）法律规范的多样性

社会保障法并非一个独立的法律部门，而是同一类型法律法规组成的有机法律体系，属一个法律门类。在社会保障法中，不同领域甚至同一领域的法律制度，如社会保险领域的法律制度，其法律规范的名称、法律关系、法律功能和价值都会有较大的不同。如果从社会保障法律乃至社会安全网织造角度看，每个领域的社会保障法律制度都是织密社会安全网的过程，这一过程中，有的立法成果体现为法律，有的则体现为法规（行政法规、地方性法规），这种形式与内容的灵活性和多样性决定了社会保障法律规范的多样性特征。

第二节　社会保障法的调整对象

社会保障法的调整对象，就是社会保障法调整的社会保障主体之间所形成的社会保障关系以及与之相关的其他社会关系，是以国家、社会组织与全体社会成员为主体，为保证社会保障目的的实现而发生的各类社会关系的总称。

一、社会保障关系的特点

社会保障法广泛的社会性特征决定了社会保障关系具有明显不同于一般社会关系的特点。

（一）社会保障关系主体的特定性

社会保障是一项复杂、综合、系统的社会工程，其实质是一种政府主导下的行政行为。如果没有政府机构的组织与参与，社会保障工作将难以开展，社会保障关系也将无从谈起。政

① 《马克思恩格斯全集》（第 6 卷），人民出版社 1961 年版，第 292 页。

② 亚当·斯密、马尔萨斯和大卫·李嘉图等人均极力反对向穷人提供救济，认为如果积极救济穷人，会使他们将获得救济习惯性地以为是自己的自然权利，是国家或社会的责任与义务，最终将恶化穷人和富人的状况，其不仅不能改善贫民的生活状况，反而会使富者变穷。

府、被授权或受托行使具体社会保障职能的有关机构是社会保障制度的组织者、参与者与最终责任的承担者，对社会保障事务实行统一集中管理。这一管理制度主要包括社会保障行政管理、社会保障财务管理、社会保障对象管理以及其他如社会保障服务管理、人力资源管理等内容。不同于英国社会保障部和美国社会保障总署统管社会保障事务这一高度集中化的管理体制，我国现行的社会保障管理体制，是1998年国务院机构改革中确定的由劳动和社会保障部、民政部以及其他相关部门共同作为我国社会保障行政主管部门这样一种适度集中化的管理体制。因此，虽然社会保障关系包含各种各样的社会关系，但在诸多关系中，承担社会保障行政给付专门职能的机构却是这类关系中特定的主体之一。

（二）社会保障关系内容的权利义务对等性

虽然社会保障是国家或政府对社会成员承担的确保其基本经济生活水平的一种社会责任，在社会成员遭遇社会问题、生活处于困境时，国家有义务向其提供基本物质生活保障的一套带有明显社会福利色彩的制度安排，但是，社会保障更是一种经济分配方式，是通过立法对国民收入进行的分配和再分配。这就意味着其必须遵循市场经济发展运行的一般规律，不能超越现有社会经济生产体系所能提供的物质基础。为此，在社会保障制度安排上，社会保障关系双方主体之间必须共同承担社会保障基金所需资金的筹集义务。这一点在作为社会保障核心组成部分的社会保险制度中体现得尤其明显。当然，社会保障法律制度的福利性价值内涵也决定了某些情况下权利与义务的对等性并非社会保障关系的全部特征。社会救助和社会优抚所面向的群体，相比社会保险制度，所占比例较小，对这类群体采取权利义务的非对等性标准恰恰是社会保障福利性的重要体现。社会福利作为增进群众福利、改善国民物质文化生活的一种社会制度，与国家或社会的发展水平呈正相关关系，相较社会保险关系中保险人与被保险人之间的权利义务，该类关系中的具体权利义务关系显得十分模糊，是社会效率衍生的一种具有一定正相关关系的社会整体福祉状态的呈现。

（三）社会保障关系客体的层次性

社会保障是国家或政府对初次分配可能造成社会财富占有不合理的结果，以宏观调控者的身份实现国民收入再分配，建立起以国家财政分配和社会保障制度为核心内容的收入再分配体系，对那些因故陷入生活困难或面临生存危机的社会成员给予生活保障，以保证其基本生活状态的制度设置。然而，“基本生活需要”“生活标准”等是历史性和阶段性的概念。在建构社会保障法的过程中，需要从具体的社会和政治语境中科学理解贫困以及导致贫困的根本原因，这有助于科学设置社会保障的目标以及采取相应的手段。[①] 这一标准在不同的社会历史阶段、不同的社会发展水平、不同的民族习惯等背景下，会直接影响到社会保障水准与措施的确定。美国心理学家亚伯拉罕·马斯洛（Abraham H.Maslow）在《动机与人格》一书中提出了著名的需要层次理论，将人的基本需要从低级到高级依次分为生理需要、安全需要、归属与爱的需要、尊重的需要和自我实现的需要五种。[②] 并且认为这五种需要之间存在递进关系。由此可

---

① Robert East, *Social Security Law*, Macmillan, 1999, p.13.

② ［美］马斯洛：《动机与人格》，许金声等译，华夏出版社1987年版，第40-54页。

以看出，虽然现阶段社会保障主要提供以财产给付为主要形式的物质帮助，但必将随着社会发展与人类需求层次的不断推进而有所改变，其中文化生活、精神生活以及幸福指数等方面的保护也会被纳入社会保障法律制度体系中。

二、社会保障关系的分类

社会保障是一个庞大、复杂的系统，是一门综合性很强的现代社会科学。除法学学科外，其主体部分还涉及经济学、政治学和公共管理学等多个学科。根据不同的标准，可以将社会保障法律关系分为不同的种类。

（一）以社会保障的内容为标准进行的分类

以社会保障的内容为标准，可以将社会保障关系分为社会保险关系、社会福利关系、社会救助关系、社会优抚关系和社会补偿关系等。

所谓社会保险，是指国家通过立法的形式，由社会集中建立保险基金，使劳动者在年老、疾病、工伤、生育以及失业等情形下能够获得国家和社会的补偿和帮助的一种社会保障制度。所谓社会福利，是指以国家、政府和社会为主体，以全体社会成员为对象，通过立法或制度设计，以物质自主和精神支持为主要内容，旨在不断提升社会成员物质与精神需求，从而提升社会整体福祉水平的社会保障制度。所谓社会救助，是指以政府为主体，在社会成员基于各种原因不能维持基本生活时获得的接济与扶助的一种生活保障制度。社会救助是社会安全的“最后一道防线”，是现代社会保障体系中的重要组成部分。所谓社会优抚，是指依照法律规定，国家和社会对为国家利益作出牺牲和特殊贡献者及其家属，通过优待、抚恤和安置等方式，确保其生活水平不低于甚至略高于当地群众平均水平的社会保障制度。所谓社会补偿，是指根据法律规定，对为公共利益安全而牺牲个人合法权益或因突发公共事件而遭受损害的特定群体给予物质或劳务给付的社会保障制度。

（二）以是否缴费为标准进行的分类

以是否缴费为标准，可以将社会保障关系分为缴费型社会保障关系与非缴费型社会保障关系。

非缴费型社会保障关系主要体现在社会福利、社会救助、社会补偿与社会优抚社会保障制度中。在这种类型的社会保障关系中，社会保障受益方无须承担受益前缴费义务，只要符合法律规定的情形即可无条件地享受社会保障的相应待遇。缴费型社会保障关系则以社会保险制度和住房公积金制度为典型代表，前者又包括了养老保险、失业保险、工伤保险、医疗保险、生育保险以及目前尚未立法的护理保险等，在这种类型的社会保障关系中，受益一方享受社会保障待遇是以预先履行了缴纳社会保险费和住房公积金费用的义务为前提的。

（三）以社会保障行为为标准进行分类

以社会保障行为为标准，可以将社会保障关系分为社会保障基金的筹集、给付、投资运营与管理，社会保障管理关系，社会保障监督，以及社会保障纠纷处理等主要内容。

社会保障基金是社会保障制度的物质基础，关系社会保障制度的正常运行和目标的实现，其不仅关系国家与社会的稳定，也关系每一个人的切身利益。特别是随着人口老龄化、人口高龄化程度向纵深发展这一形势的日益严峻，社会保障基金的筹集、给付、投资运营与管理日益成为各国社会保障制度改革的核心议题。社会保障管理是指国家和政府制定和实施有关社会保障法律、法规和政策，以及实现社会保障任务、目标的行政工作过程，主要包括社会保障法律法规等规范性文件的管理、社会保障资金的管理、社会保障对象的管理以及社会保障机构的管理等。社会保障监督是指法律法规的规定，由特定部门和与社会保障有利害关系的主体对社会保障部门的行为进行评估鉴定、监督检查，以促进社会保障工作合法有序地开展，维护社会安定和经济的正常运转。社会保障纠纷处理是指社会保障法律关系主体对社会保障项目内容发生争议时的救济途径与方式的选择与处理。目前我国社会保障纠纷处理主要体现在社会保险纠纷处理领域，其他领域尚未形成一套较为完整系统的纠纷解决制度。

另外，除以上各种分类所提及的内容外，社会保障关系还包括妇女儿童福利关系、企业员工福利关系、法律援助关系、住房保障关系[①]等。

第三节　社会保障法的基本原则

一、社会保障法基本原则的含义

原则是法律模式的重要构成要素，相较于规则和概念，其具有覆盖面更广、综合性和稳定性更强的特点。作为社会保障法的基本原则，不仅要体现社会保障法的根本宗旨，也要高于社会保障法的具体规则，并且由此衍生出的各类规则、概念均不得与其相抵触。因此，所谓社会保障法的基本原则，是指具有基础性、综合性、稳定性的地位，能够贯穿社会保障法律制度体系始终，在立法、执法、司法以及理论研究等环节都能得到普遍遵守的根本准则。

虽然社会保障法在立法理念与价值取向等方面与其他部门法具有相通或交叉之处，但作为社会保障法的基本原则，理应体现与其他部门法不同的地方。也就是说，凡是难以体现社会保障法特色的原则，如合法性原则、意思自治原则、诚实信用原则、罪刑法定原则和等价有偿原则等其他部门法的基本原则，将不在此讨论。

二、社会保障法基本原则的功能

（一）立法准则

社会保障法的基本原则具有高度抽象性和统领性，其不仅应当具有目标与价值的特定性、内容的根本性，而且应当具有效力的贯彻始终性，对整个社会保障制度立法具有普遍性的指导

---

① 本书暂未将住房保障法律制度纳入其中，待未来该领域规范、定型和具有一定程度的法律实践后再行编入。

意义。在社会保障制度立法过程中，遵循和贯彻相关基本原则有利于将不同种类、不同法律效力位阶的规范性法律文件统一、协调起来，以保证社会保障制度立法体系的系统性、协调性和完整性。具体而言，社会保障法基本原则能够将社会保障的基本立法理念、立法价值和立法精神贯彻到整个社会保障制度立法过程，并最终体现为具体的法律规则和法律概念，以形成具有明显区别于其他部门法特征的法律制度体系。

（二）法律适用准则

法律从诞生伊始就注定其在社会发展面前具有天然的滞后性，因此立法解释、司法解释、行政解释与学理解释等对于法律适用的补充性规范也就有了其存在的必要性。如何将法律规定更科学、准确地运用于执法和司法活动中，尤其是当立法存在缺位或法律体系之间存在冲突时如何科学规范社会行为、协调立法关系，社会保障法基本原则就成为这类解释与适用的基本准则与依据。可以说，社会保障法基本原则在实现社会保障法乃至整个社会保障制度立法体系的建构目标、保持社会保障立法体系在价值取向的协调一致性方面发挥着重要的作用。

（三）社会成员的行为准则

法律具有预测、指引、评价、教育和强制等作用。其不是对人的思想与动机，而是通过对人的行为的直接调整来作用于社会关系的。也就是说，法律首先对社会成员的行为提出“假定条件、行为模式和法律后果”这一模式化的制度要求，通过对社会成员行为进行的积极或消极的评价，实现对社会关系的调整，进而有效控制社会秩序。作为社会保障法的基本原则，其对全社会所有成员，包括立法者、执法者、司法者、学者以及其他成员，都具有积极的指引和启示意义，对于科学地指引社会成员在对待社会保障问题上的思维与行动发挥着重要作用，能够引导全体社会成员形成合法、合理的“行为模式”。

三、社会保障法基本原则的内容

（一）底线正义与社会安全原则

底线正义是维持社会最基本的效率、最初级的合作与最基础稳定性的一种正义观。社会安全与底线正义之间是相辅相成的关系，无论哪一种社会形态与政治实践者都必须在道义上遵循这一底线正义观，否则这个社会要么不存在，要么不会长久存在。世界不仅具有同构性，也具有互助性和互养性。这就必然要求社会成员之间互帮互助，以更好地实现社会团结。现代社会保障制度就是顺应这一社会本质要求，以捍卫社会与个人底线正义为运行逻辑的制度建构。《费城宣言》(1944)将“扩大社会保障措施，以便使所有需要此种保护的人得到基本收入，并提供完备的医疗”作为其十项目标之一，国际劳工组织建议书(1944)以及国际劳工组织第102、128和130号公约也强调了应当保证社会成员满足最低限度的生活收入与卫生标准。我国在2004年修改宪法时，首次将“国家尊重和保障人权”写入宪法，这表明我国政府对人权这一公民固有权利的重视、尊重和保障。人权是人的基本权利，该概念的提出和相应理论的发展是现代人类文明社会的一大进步,也是人类社会发展到较高阶段的必然产物。生存权和发展权作为人权理论的两大支柱性权利构成,组成了个人生存与发展所要求的低级与高级两层逻辑。也就是说,一个人不仅有在不论任何原因而陷入贫困状态时从国家和社会获得相应帮助以维持其生存的权利,而且有要求政府和社会创造一切条件以满足、完善和发展自己需要的权利。因此,底线正义与社会安全原则理应成为社会保障立法须遵循的首要原则。

当然,底线正义并非虚无缥缈的概念,而是根据某一个时期或阶段以及社会发展的实际需要以一定具体形态呈现出来的符合一定标准的制度体系。马克思说过:“物质生活的生产方式制约着整个社会生活、政治生活和精神生活的过程。”[①] 也就是说,物质生活、社会生活、政治生活和精神生活之间不仅存在着相互制约、相辅相成的关系,从逻辑结构维度看,它们之间也存在着一定的层次性。这一逻辑存在也为如何对待生存权与发展权之间的逻辑关系提供了理性的答案,那就是从创造和提供一切有利于保证社会成员物质生活这一最基础的个体需求入手,并在社会不断发展的基础上,为实现底线正义和社会安全原则所要求的人权保障发展目标提供充分的制度保证。

(二) 普遍性和差异性相结合的原则

普遍性与差异性相结合原则是由英国威廉·贝弗里奇(William Beveridge)爵士在《社会保险及相关服务》中首先提出来的一项基本原则,它要求国家在建构社会保障制度时,不应将对象、范围局限于贫困阶层,应当在使全体社会成员均能够享受到相应的社会保障与福利的同时,将所有社会成员分门别类而采取不同的社会保障措施[②]。《世界人权宣言》《经济、社会及文化权利国际公约》和我国《宪法》都有关于社会保障条款的规定。《世界人权宣言》第22条规定:“每个人、作为社会的一员,有权享受社会保障,并有权享受他的个人尊严和人格的自由发展所必需的经济、社会和文化方面各种权利的实现,这种实现是通过国家努力和国际合作并依照各国的组织和资源情况。”《经济、社会及文化权利国际公约》第9条规定:“本公约缔约各国承认人人有权享受社会保障,包括社会保险。”我国《宪法》第14条第4款规定:“国家建立健全同经济发展水平相适应的社会保障制度。”第45条进一步规定:“中华人民共和国公民在年老、疾病或者丧失劳动能力的情况下,有从国家和社会获得物质帮助的权利。国家发展为公民享受这些权利所需要的社会保险、社会救济和医疗卫生事业。国家和社会保障残废军人的生活,抚恤烈士家属,优待军人家属。国家和社会帮助安排盲、聋、哑和其他有残疾的公民的劳动、生活和教育。”可以说,普遍性原则符合人类对社会公平、公正的幸福追求与向往,体现了人类社会的终极目标。

然而,由于人们对社会保障的需求客观上存在着差距,而且不同国家、不同地区经济发展水平的不均衡也影响着其福利制度水平的高低,这就必然在采取普遍性原则的基础上根据社会成员不同的需求而采取差异性原则。普遍性与差异性相结合的原则是对社会发展不均衡和社会成员需求存在差异这一客观现实的尊重,符合唯物辩证法对立统一这一根本规律的内在要求。

---

① 《马克思恩格斯选集》(第2卷),人民出版社2012年版,第82页。

② William Beveridge, *Social assurance and allied services*, London: HMSO, 1995, p.179.

（三）公平与效率协调发展的原则

公平与效率是社会保障制度的基本价值，科学、合理地协调好二者之间的关系理应成为社会保障立法的基本原则之一。从社会保障的起源和发展过程看，社会保障的直接目的是减少社会冲突以维护社会秩序的稳定。同时，社会保障也能帮助解决社会成员的后顾之忧和眼前的生存困难，增强社会成员对社会的认同感和凝聚力。但这一目标，必须通过对国民收入进行包括“垂直性再分配”和“水平性再分配”这两种再分配的方式来实现。这就意味着社会保障水平的高低与经济发展水平的高低呈现正相关关系。因此，公平与效率协调发展决定了社会保障水平必须与生产力发展水平相适应，必须与国家或地区的政治、经济、文化、历史和社会等情况相适应。否则，一旦社会保障所追求的公平忽视效率运行的一般规律而实质损害到社会发展的效率根基，那么最终公平也无从谈起。

社会保障立法具有互助共济的典型社会法特性，这一特性主要针对的是那些生存或生活陷入困境的社会成员。对于一般社会成员，还应当遵循权利与义务对等这样一个次级原则。权利和义务是从法律规范到法律关系再到法律责任的逻辑联系的各个环节的构成要素，法是以权利和义务为机制调整人的行为和社会关系的，二者贯穿于法律运行的始终并全面体现和践行着法的价值。我国《宪法》第 33 条第 3、4 款规定：“国家尊重和保障人权。任何公民享有宪法和法律规定的权利，同时必须履行宪法和法律规定的义务。”如果说社会保障制度立法是为践行《宪法》第 33 条第 3 款内容的话，那么《宪法》第 33 条第 4 款则为社会保障法律关系主体提出了相应的权利与义务这一规范性要求。否则，如果一个国家的社会保障水平脱离权利与义务制衡这一基本法律逻辑范式，必然会使得受益者滋生慵懒与搭便车心理，与立法本意背道而驰，同时也将挫伤社会财富创造者的劳动积极性。因此，社会保障制度立法必须紧紧因循上述底线正义与社会安全这一首要原则，对于那些超过贫困线或最低生活保障线的社会成员进行的社会保障制度立法如社会保险法，原则上须依照权利与义务相对等的原则制定和执行。

（四）社会化与多元化原则

社会化原则与多元化原则既有交叉也有不同。社会化原则是指社会保障制度立法覆盖范围、主体参与和制度目标的社会化，而多元化原则主要强调社会保障制度目标实现方式、方法的多元化。

社会保障制度作为一种强制性、普遍性和社会“安全网”，是现代化社会大生产的产物，是以社会全体成员为对象的制度建构。由于以老、弱、病、残、幼为代表的社会弱者群体的生存与生活保障是一个社会形态的永恒课题，人类社会对如何关注和保护这类群体的制度探索与实践也从未停止过。在前工业化社会，由于家庭承载了生产、教育、保障等多项功能，对这类群体的照护几乎都是靠家庭完成的。但在工业化及其伴随着的城镇化、现代化以后，家庭功能被大大弱化。前工业化呈现的家庭风险逐渐过渡为工业化与现代化时期的普遍性社会化风险，国家与政府为了整个社会的有序发展，不得不参与并积极建构包括社会保险、社会福利、社会救助和社会优抚等多元化内容的社会保障制度体系。然而，虽然国家作为社会保障立法的积极制定者是义不容辞的，但因此让国家承担照顾所有老、弱、病、残、幼这类弱势群体的义务显然是不现实的。西方福利国家、发达国家的高福利政策最终导致的“福利病”社会效果就是前车之鉴。事实上,政府与市场之间的关系协调并非一种非此即彼的单向选择关系,而应该在相互博弈的基础上寻求一种利益的均衡。从社会保障制度立法角度,这种均衡就是如何合理分配政府、社会与个人三维主体的权利义务关系,只有通过立法将社会保障制度内需的各类义务作为社会化主体共同承担的任务合理分配给三维主体,才能科学地建立健全社会保障制度体系,并最终实现社会健康、和谐运行和社会福祉水准不断提升的总体目标。

(五) 互助共济与社会连带原则

社会保障立法的目的在于织造社会成员生存保障的社会安全网,其方法和路径既非由政府大包大揽,承担所有社会成员的生老病死和吃喝拉撒等生存保障,亦非由个人承担所有风险,而是通过社会力量,通过社会互助共济之方法,实现对社会所有成员的庇护。其中,实现互助共济所依赖的法律精神便是社会连带思想。起源于欧洲的社会连带主义思想,具有恒久的精神价值。社会之所以成为社会,系因其由社会成员集合而成。社会成员中因不同的背景、天赋、教育程度、偶发事件等各种因素而致生活千差万别,有的人生活安逸,有的人生活窘迫,甚至有的人生活难以为继……其中,部分人群之不幸,实则是社会之不幸。个人无法克服其生活之障碍,须待社会整体为之克服以渡过生活难关。就不同的社会保障项目而言,有些保障的人群范围相对较小,如鳏寡孤独;有些群体则范围较广,如社会成员年老与疾病等风险。不论何种情形,皆非大多数社会成员依赖个人能力所能克服之风险,须依赖社会连带主义精神,通过社会互助共济之方法,依赖社会力量克服其中之困难。这一逻辑下的互助共济与社会连带原则也因此成为社会保障法基本原则之一。

第四节　社会保障法的法律渊源

法律渊源是一个相对模糊且难以准确界定其内涵与外延的概念,包括法律的历史渊源、法的理论或哲学渊源、法律的正式渊源或形式渊源、法律的文献渊源和法律的文化渊源等[①]。根据这一解释,法律渊源可以从理论上区分为广义法律渊源和狭义法律渊源。此处仅对狭义法律渊源,即法的表现形式、效力来源予以介绍。社会保障法的法律渊源,是指社会保障法的表现形式,即由国家法定机关制定和颁布的与社会保障密切相关的各类规范性法律文件。

一、宪法

《中华人民共和国宪法》是我国的根本大法,具有最高法律效力,任何法律、法规等规范性法律文件都不得与宪法相抵触。目前,世界上大部分国家的现行宪法中都有关于社会保障内容的相关条款规定。如《日本国宪法》第11-14条规定了日本国民人人平等、均享有基本人权,宪法保障所有国民的基本人权永远不受侵犯,国家尊重和保障国民追求生命、自由和幸福的权利。第25条则明确规定日本国民享有最低限度生活和文化的权利,国家有责任为不断增进和

① 薛波主编:《元照英美法词典》,法律出版社2003年版,第1273页。

提升社会福祉、社会保障和公共卫生水平而积极努力。

我国宪法第 14 条、第 33 条、第 44 条和第 45 条明确规定了与社会保障相关的内容。第 14 条第 4 款规定的"国家建立健全同经济发展水平相适应的社会保障制度"为社会保障制度立法提供了基本的原则性指引。第 33 条第 3 款规定的"国家尊重和保障人权"为社会保障制度立法提供了根本性的法理保障。第 44 条规定:"国家依照法律规定实行企业事业组织的职工和国家机关工作人员的退休制度。退休人员的生活受到国家和社会的保障。"第 45 条规定:"中华人民共和国公民在年老、疾病或者丧失劳动能力的情况下,有从国家和社会获得物质帮助的权利。国家发展为公民享受这些权利所需要的社会保险、社会救济和医疗卫生事业。国家和社会保障残废军人的生活,抚恤烈士家属,优待军人家属。国家和社会帮助安排盲、聋、哑和其他有残疾的公民的劳动、生活和教育。"第 44、45 条为更好地健全和完善社会保险、社会福利、社会优抚和社会救助制度体系提供了最高权威的立法要求。

二、法律

法律可以分为广义上的法律和狭义上的法律。广义上的法律是包括狭义上的法律在内的所有具有法律效力的规范性法律文件;而狭义上的法律则仅指拥有立法权的国家权力机关即全国人大及其常委会依照立法程序制定的规范性法律文件。这里所说的法律意义上的社会保障法仅指全国人大及常委会依照立法程序制定的有关社会保障内容的规范性法律文件,包括以社会保障法命名和其他包含社会保障内容的规范性法律文件。

我国目前尚没有专门以社会保障法命名的法律,但关于社会保障内容的法律却数不胜数,主要包括《劳动法》《未成年人保护法》《妇女权益保障法》《残疾人保障法》《老年人权益保障法》《义务教育法》《兵役法》,以及典型意义上的社会保障法如《社会保险法》《军人保险法》等基本法,其中都有针对社会不同群体而进行的或全部或部分社会保障内容的条款规定。

此外,与社会保障法密切相关的其他法律,如民法、刑法、行政法、以及三大诉讼法等基本法,为保证社会保障法的正常运行也发挥着重要的作用。

三、行政法规和部门规章

行政法规,是由国家最高行政机关即国务院制定的规范性法律文件。该表现形式的社会保障法包括《城镇职工基本医疗保险条例》《社会保险费征缴暂行条例》《工伤保险条例》《自然灾害救助条例》《全国社会保障基金条例》《失业保险条例》《城市居民最低生活保障条例》和《军人抚恤优待条例》等。

部门规章,是由国务院所属的各部门、委员会在法定职权范围内制定和发布的调整部门管理事项的规范性法律文件。该表现形式的社会保障法包括《社会保险基金先行支付暂行办法》《社会保险个人权益记录管理办法》《在中国境内就业的外国人参加社会保险暂行办法》《城镇职工基本医疗保险定点医疗机构管理暂行办法》《福利企业资格认定办法》(已失效)、《社会福利机构管理暂行办法》《困难职工帮扶中心专项资金管理办法》《中央财政困难群众基本生活救助补助资金管理办法》(已失效)以及《城镇企业职工基本养老保险关系转移接续暂行办法》等。从我国有关社会保障规范性法律文件的发布数量看，以规章形式发布的规范性法律文件最多，是我国社会保障法的重要渊源之一。

四、地方性法规和地方政府规章

地方性法规，是指根据《立法法》第 72 条的规定，由省、自治区、直辖市、设区的市的人民代表大会及其常务委员会以及自治州的人民代表大会及其常务委员会，在不与宪法、法律和行政法规相抵触的前提下制定的规范性法律文件。省、自治区的人民政府所在地的市，经济特区所在地的市和国务院已经批准的较大的市已经制定的地方性法规，涉及该条第 2 款规定范围以外事项的，继续有效。这类规范性法律文件不具有全国性效力，只能在地方区域内发生法律效力。该表现形式的社会保障法包括《广东省社会养老保险条例》《广州市社会医疗保险条例》《深圳经济特区社会养老保险条例》《内蒙古自治区城镇职工基本养老保险条例》《济南市城镇企业职工基本养老保险条例》等。

地方政府规章，是指根据《立法法》第 82 条的规定，由省、自治区、直辖市和设区的市、自治州的人民政府，在不与宪法、法律、行政法规和地方性法规相抵触的前提下，根据法律、行政法规和本省、自治区、直辖市的地方性法规制定的规范性法律文件。其主要针对为执行法律、行政法规、地方性法规的规定需要制定规章的事项以及本行政区域的具体行政管理事项。该表现形式的社会保障法包括《海南省从业人员医疗保险条例实施细则》《海南省城镇从业人员基本养老保险条例实施细则》《〈深圳经济特区社会养老保险条例〉实施细则》《天津市城镇企业职工养老保险条例实施细则》《福建省人民政府办公厅转发省劳动厅等部门关于福建省城镇企业职工基本养老保险条例实施细则的通知》等。

五、国际条约

从世界范围看，哪里有交往，哪里就有国际法。国际条约是国际法主体之间以国际法为准则，为确立相互之间的权利义务而缔结的以一般性条约和特别条约为主要形式的书面协议。

“条约必须被遵守”是国际法的原则之一。因此，我国缔结和参加的国际公约，除对国际公约的条款声明予以保留外，对我国具有相应的法律约束力。该表现形式的社会保障法如《世界人权宣言》(Universal Declaration of Human Rights)、《经济、社会及文化权利国际公约》(International Covenant on Economic，Social and Cultural Rights)、《欧洲社会宪章》(European Social Charter)、《公民权利和政治权利国际公约》(International Covenant on Civil and Political Rights)、《消除对妇女一切形式歧视公约》(The Convention on the Elimination of All Forms of Discrimination Against Women)、《关于难民地位的公约》(Convention Relating to the Status of Refugees)、《残疾人权利公约》(Convention on the Rights of Persons with Disabilities)、《儿童权利公约》(Convention of the Rights of the Child)，以及国际劳工组织(ILO)第 95 号(《生育保护建议书》)、第 102 号(《社会保障(最低标准)公约》)、第 118 号(《本国人与外国人社会保障同等待遇公约》)、第 128 号(《疾病、老年、遗属补助公约》)、第 130 号(《医疗照顾与疾病津贴公约》)、第 131 号(《病残、老年、遗属补助建议书》)、第 157 号(《建立维护社会保障权利国际体

系公约》)、第167号(《建立维护社会保障权利国际制度建议书》)公约等。其中,我国已经缔结和参加了大量的包含社会保障内容的国际公约。

第五节　社会保障法的主要研究方法

一、规范分析法

规范分析法是以法律规范作为研究的基础和前提,运用价值实证、社会实证和规范实证的方式,通过语义解析、历史梳理以及体系建构明确法律规范的含义。由于社会保障法与不同群体的生存现状、不同时期的宏观环境、不同地区的社会发展状况等密切相关,而且社会保障法涉及面较一般部门法而言更加广泛。因此,对社会保障法中的法律条文规定的真实含义、不同规范之间的效力衔接等都需要通过规范分析的方法予以界定。

可以说,规范分析方法的终极目的就是科学、准确地理解和把握社会保障法律规范的确切含义。在进行规范分析的过程中,需要结合语义分析、体系分析、历史分析和目的分析等综合方法进行规范化解读和研究。如对《工伤保险条例》第14条中"工作时间"和"工作场所"的解读,不应简单地将"工作时间"理解为纯粹劳动的时间,而应该包括法律法规以及用工单位规章制度规定下的标准工作时间和临时性工作时间以及不定时工作制下的不定时工作时间。具体而言,这一概念应包括上下班途中的时间、加班时间(包括自愿加班时间)、临时接受工作任务时间、因公出差期间、非法延长的工作时间等。也不应仅仅将"工作场所"理解为用工单位的劳动场所,应当包括单位的所有场所、单位指派外出的工作场所及路线、上下班路线等。

二、实证分析法

现代法理学之父、法律实证主义创始人之一约翰·奥斯丁(John Austin)认为:法理学研究的对象是实在法或是严格意义上的法律,是以某些社会事实为谱系发布的统治者的"命令",而不考虑这些法律的善或恶。也就是说,社会事实是法律产生的逻辑起点,而分析实证主义者的任务就是用逻辑公理化的方法建立"法律规范的逻辑",形成以形式理性为特征的规范化法治社会。对于社会保障法学而言,实证分析法不仅可以解决"法律是什么"的问题,而且可以避免对"什么是法律"这一问题可能产生的争执,从而导致法律条款难以执行的情形出现。对正处于改革、变迁和转型过程中的我国来说,分析实证法能够随着这一不断变化和发展的政治、经济、科技、生态资源等社会现实而对社会保障法所内含的规则、原则、概念及制度,在结构、体系和逻辑关系保持良好互动的基础上,更好地服务于我国的社会主义现代化建设。

从另一方面讲,实证分析法也要求对社会保障法的研究要超越理论尤其是所谓的价值讨论,将关注的重点放到法律赖以存在的社会事实上面,以切实了解社会保障法律关系的实际现状,掌握社会保障法对社会实践产生的社会效果。如在对待社会福利、社会救助和社会优抚等社会关系领域,如果按照一般法理学中所坚持的权利义务对等法则进行分析,这类法律制度将难免会引起非议。但如果将关注的重点放到该类法律制度实施前后社会实践效果的量化对比上，将能更好地说明该类社会保障制度建构与发展的合理性。

三、价值分析法

作为调整社会关系的规范体系，法律本身并不是目的，而是实现一定价值的手段。海因里希·胡布曼（Heinrich Hubmann）认为：价值不仅存在于感觉之中，也可以借理性来认知。[①] 所谓价值分析法，是指根据一定的价值标准对特定的研究对象进行分析的方法，其回答的基本问题是"法律应当是怎么样的"。该方法与自然法理念存在天然的默契，是在肯定法律具有价值的基础上，根据主流认可的法律价值如自由、平等、正义、人权等，对现实中的法律条文或司法实践进行分析、衡量与评判。

在社会保障法的制度设置中，如何科学、理性地看待社会福利、社会救助和社会优抚等具有明显非对等性权利义务关系的制度存在？以保护生存权和发展权为根本目的的人权价值理论就能够很好地解释该制度存在的合理性。生存权是任何国家或民族的首要人权，如果没有生存权，其他一切人权将无从谈起；在社会成员享有基本生存权的前提下，发展权为社会成员应该享有的自主促进其经济、社会、文化和政治全面发展并享受这一发展成果的重要人权，其他权利均是围绕人的发展权而展开的。世界各国的制度经验已经并将继续证明，社会保障制度是人权保障的基础性制度保障，其不仅能够帮助穷人与低收入阶层群体积极解决生存危机，保障其基本生活，而且能够通过各项保险制度来消除社会成员的后顾之忧，为社会成员公平参与社会竞争提供保障。同时，社会保障制度能够随着社会经济发展水平的不断提升而通过各种社会福利制度安排不断增强社会福祉发展水平，满足社会成员全面发展的需要。

四、比较分析法

随着多元文化主义[②]的出现，对不同国家、不同民族、不同时代、不同群体、不同语言、不同文化尤其是不同法系之间的法律制度采用比较分析的方法进行对比研究，已经在法学研究中形成共识。这一方法要求在充分占有不同法律制度基础材料的前提下，对比分析出不同法律制度的异同，并对这一异同进行科学分析，作出适当评价。当然，比较分析法不仅包括共时性的横向比较，还包括从历时性的纵向视角进行的比较分析。

社会保障法律制度的产生和发展是社会发展到一定历史阶段的产物，现代社会保障制度更是现代工业化发展的结果和必然要求。与其他法律制度的发展和变化一样，社会保障法律制度也是基于一定的社会发展环境尤其是经济、政治、文化和社会环境的发展变化而发展和变化的。西方社会保障法律制度的产生和发展轨迹决定了不同的经济、政治、文化和社会环境会直接影响到各自国家社会保障法律制度不同的理念、模式以及阶段性特点。而且，从西方国家社会保障法律制度的建构体系角度看，各国社会保障法律制度均遵循一种从被动到主动、从单一到多元、从内容体系到结构体系再到层次体系这样一种循序渐进式的发展演变规律。这就

---

① ［德］卡尔·拉伦茨：《法学方法论》，陈爱娥译，商务印书馆2003年版，第8页。
② ［印］阿玛蒂亚·森：《身份与暴力——命运的幻象》，李风华等译，中国人民大学出版社2012年版，第150页。

决定了我国社会保障法律制度的建构、健全和完善需要慎重和理性，既要学习西方先进和有益的经验，又要从我国国情和实际出发，在遵循社会保障法律制度发展运行一般规律的同时，选择合理的制度目标、水平指标和制度体系，以在正确道路的引导下积极发挥社会保障法律制度的社会功能。[①] 如从狭义角度理解社会法的概念，日本称为"社会保障法"，英国称为"社会安全法"（social security law），美国则称为"福利法"（welfare law），这就需要结合各国法律制度的实际特点，准确把握相关法律制度背后的多重意义。[②] 而在具体法律制度的构建上，也需要在比较的基础上选择切合我国国情的制度与模式，如在社会保险制度的立法体例和轻重缓急上，在处理好理性的立法体例和现实的立法体例之间的关系的同时，也要注意立法次序的先后与轻重缓急。[③]

思考题：

1. 什么是社会保障法？
2. 社会保障法有哪些特征？
3. 社会保障法的调整对象是什么？
4. 社会保障法的基本原则主要包括哪些？
5. 社会保障法的法律渊源主要有哪些？
6. 社会保障法的主要研究方法有哪些？

---

① 丁建定：《西方国家社会保障制度史》，高等教育出版社 2010 年版，第 375-386 页。

② 林谷燕等：《社会法的概念、范畴与体系》，载台湾社会法与社会政策学会主编：《社会法》，元照出版公司 2015 年版，第 33 页。

③ 郑尚元：《劳动法与社会保障法前沿问题》，清华大学出版社 2011 年版，第 132 页。

第三章　社会保障法的定位

社会保障法作为一个新兴的法律门类，既同传统法律存在着千丝万缕的联系，又有着显著的区别。对研习者而言，社会保障法在法律体系中的定位成为一个无法回避的问题，对此在学说上有不同的解读。本书认为，社会保障法有特定的、独立的调整对象，在法律体系中是一个独立的法律部门，它与民法、刑法、行政法、经济法等处于同一层次，其他法律部门均无法涵盖社会保障法，社会保障法并不隶属于任何其他法律部门。社会保障法具有强大的社会功能和经济功能，在实现社会正义、维护社会安全、保障人权等重大价值实现方面具有不可替代的地位。社会保障法是人类经过长期艰难的试验修正获得的制度成果，已成为现代国家复杂的法律体系中至关重要的组成部分，它无意取代传统法律，但也不容置疑地改变了现代法律体系的格局，社会保障法与相关法律制度之间的协调也随之成为问题。社会保障法将国家的职能重新定位，改写了国民与国家之间的关系，改变了人们的生存方式、生活方式乃至思维方式。在现代人的生活中，从摇篮到坟墓，无处不留下社会保障法实施的印记。社会保障法在许多国家已成为一个强势的法律部门，民众对其依赖日深，以至于令某些传统的法律也黯然失色。上述这一切决定了社会保障法是一个重要且基本的法律部门。社会保障法在我国尚属新生事物，立法基础薄弱，制度尚未成熟，民众对其认知仍较肤浅，社会保障意识尚处于启蒙阶段，法学界对社会保障法的地位也不免存有误读，但社会保障法制的逐步完善和发达乃大势所趋。在可预期的未来，我国的社会保障法具有广阔的发展前景。

第一节　社会保障法与相邻法律的关系

一、社会保障法与劳动法的关系

关于社会保障法与劳动法的关系，在我国曾有过劳动法包含社会保障法、社会保障法包含劳动法、社会保障法与劳动法相互交叉等观点。我国的社会保障立法晚于劳动立法，作为社会保障法核心的社会保险法被作为劳动法的组成部分，规定在《劳动法》第九章，该章的标题为“社会保险和福利”。随着社会保障制度的发展，社会保险制度的适用范围逐渐突破劳动者的范围，养老保险、医疗保险制度向全民覆盖推进，同劳动法并无实质关联的社会救助、社会福利制度也在逐步成长，上述观点及立法安排都需修正。在立法上，《劳动合同法》和《社会保险法》的颁布实施，使得社会保障法与劳动法分离的思路更加清晰。

社会保障法与劳动法是非常邻近的法律门类，具有某些近似的特征，在某些领域也具有一定的关联性。黄越钦教授曾将二者的关系划分为并存关系、取代关系、优先关系、互补关系、竞合关系和过渡关系等。[①] 社会保障法与劳动法调整的领域原本都是私人领域，都是资本主义发展的产物，都旨在解决进入工业社会以来出现的社会问题，都较为关注对弱者的保护，都表现为公权力对私域的介入，都呈现出公法与私法相融合的特点。社会保障法最初定位于应对劳动者的生存风险，仅适用于劳动者，也可以说是在劳动法基础上发展起来的。"就法制发展观察，社会保障法原系仅对于劳动者及其家属之经济安全保障规范，而属劳动法之一部分。"[②] 基于解决劳工问题的立法目的以及制度实施的需要，各国早期的社会保障法的覆盖范围是选择性的，大体定位为劳工保险法。19 世纪末德国俾斯麦政府时期颁布的世界上最早的社会保障立法，就是劳工保险法，我国改革开放早期的社会保障立法其实也是劳工保险法。实施社会保险制度，需征收社会保险费作为财源，而正规就业有工资收入的劳动者及其雇主最适于承担缴费义务，因而初创时期的社会保障法大多定位于劳工保险法。当今，社会保障法与劳动法依然联系密切。例如，劳动者的雇主依然承担缴纳社会保险费的义务及代扣代缴应由劳动者缴纳的社会保险费义务；工伤保险、失业保险仍为保护劳动者的社会保险项目，因而工伤保险仍仅以劳动法上的劳动者为被保险人，有权享受失业保险待遇的被保险人只能是非自愿脱离劳动关系的劳动法上的劳动者；养老保险制度与劳动法上的退休制度具有衔接关系。但这些联系并不意味着社会保障法与劳动法间存在从属关系。随着社会保障法的适用范围越来越超出劳动法上劳动者的范围，社会保障法的其他部分日益发育，社会保障法的体系日渐清晰，社会保障法的独立地位已经确立。社会保障法与劳动法具有显著的区别，主要表现在以下几个方面。

1. 调整对象不同

社会保障法调整制度化的自然人生活保障领域的社会关系，而劳动法的调整对象则集中于产业领域的雇佣劳动关系。[③] 从调整对象的范围上看，社会保障法调整对象的范围要广于劳动法调整对象的范围。二者所调整的社会关系形成方式不尽相同。社会保障法所调整的社会关系基于法律的规定而产生，即社会保障关系是经由社会保障法的创设才产生的，无社会保障法则无社会保障关系，社会保障法产生在先，社会保障关系产生在后。社会保障关系的建立大多不是依当事人的意愿，而是依法强制建立的，只有一些自愿性的社会保障项目，如我国的居民医疗保险，才能体现出当事人的意志。而劳动法调整的雇佣劳动关系的存在并不依赖于劳动法，雇佣劳动关系产生在先，劳动法的调整在后。雇佣劳动关系是由劳动者与雇主自主形成的，当事人的意志能够决定此关系建立与否。调整对象的区分，决定了社会保障法与劳动法相互的独立性，二者在功能上可以具有互补性，但并不具有包容或交叉关系。总体而言，当代社会保障法与劳动法并非谁包含谁的关系，也不是交叉关系，而是两个独立的法律部门。

2. 立法宗旨不同

社会保障法以对人的生存权保障为宗旨，劳动法以对劳动者的劳动权保障为宗旨。虽然对劳动权的保障也有利于生存权的实现，但社会保障法是致力于直接实现人的生存权的法律，其定位不同于其他有利于生存权实现的制度。

---

① 黄越钦：《劳动法新论》，中国政法大学出版社 2003 年版，第 358–360 页。

② 郝凤鸣：《社会法之性质及其于法体系中之定位》，载《中正法学集刊》2003 年第 10 期。

③ 郑尚元、李海明、扈春海：《劳动和社会保障法学》，中国政法大学出版社 2008 年版，第 21 页。

3. 适用范围不同

早期社会保障法适用的对象范围与劳动法适用的对象范围大体相当。如在德国，“从历史上来看，无论是劳动法还是社会保险法，都是来源于对从事非独立性工作的人员的保护需求……从历史上看，社会保险所包含的每一种风险，都是与一种劳动关系的产生紧密相关的”①。随着社会保险法的发展，如今德国社会保险法的适用范围已不限于劳动法上的劳动者。“按照现在的规定状况，社会保险已经不再是典型的‘职工保险’。它所包含的大量保险群体与劳动法已经毫无关系可言。”② 及至当代，一些社会保险项目的适用范围已不限于劳动者，形成了普遍性的保险。法国的社会保障法同样经历着这样的转变过程，“因为它所涉及的不仅仅是领薪劳动者，从此社会保障法不应被看作劳动法的一部分：它获得了自己的独立性。上述两种转变平行发展。经典阶段的立法变通性地运用了私法技术，近代政策的长远目标则意味着公共权力对社会保障制度的广泛参与。社会保障制度的设立从此变成一种公共事务，社会保障法也因而慢慢进入公法的范畴。尽管上述两种转变还没有完全结束，但社会保障法已不再是劳动法的一个特殊部门，而日益转变为公法的一个特殊分支。一些学者认为，这些变化的结果将使社会保障法越来越具有独有的特征，并且获得某种程度上的独立自主”③。当今劳动法上的劳动者参加与居民不同的社会保险项目，如我国劳动法上的劳动者参加基本养老保险、职工基本医疗保险，而不具有劳动法上劳动者身份的居民则参加居民养老保险、居民医疗保险。其他社会保障制度，如社会救助、社会福利制度等，其适用范围更不局限于劳动者。总之，社会保障法的适用范围要广于劳动法的适用范围。

4. 公法规范与私法规范的配置不同

社会保障法和劳动法均为公法性与私法性融合的法，但比较而言，社会保障法的公法性强于劳动法，而劳动法的私法性强于社会保障法。如社会保障法上的社会保险给付与劳动法上的工资给付的性质即判然有别：“劳动法的给付为私法上的给付，而社会保险法为公法上的给付。”④ 在社会保障法中，被保障的对象由法律规定，社会成员对于是否参加社会保障大多没有选择余地，社会保障的标准由法律规定，对各主体的意思自治的态度相当谨慎，其强制性规范明显多于劳动法。而劳动法中却有相当规模的任意性规范，个别劳动法中的劳动合同制度、集体劳动法中的集体协议制度，均有限度地允许当事人意思自治，因而劳动法中的任意性规范多于社会保障法。

二、社会保障法与行政法的关系

行政法的体系划分对确定社会保障法与行政法的关系有较大的影响。行政法有一般行政法（也称普通行政法）与部门行政法（也称特别行政法）的划分。一般行政法是适用于各个行政领域的共同规则，部门行政法是有关各个具体行政领域的规则，二者是一般与特殊的关系。20

---

① Günther Schneider:《中德劳动和社会保障法之比较》，载中国劳动和社会保障部法制司、德国技术合作公司中国法律改革咨询项目编著:《中德劳动与社会保障法：比较法文集》，中信出版社 2003 年版，第 17–18 页。

② Günther Schneider:《中德劳动和社会保障法之比较》，载中国劳动和社会保障部法制司、德国技术合作公司中国法律改革咨询项目编著:《中德劳动与社会保障法：比较法文集》，中信出版社 2003 年版，第 27 页。

③ ［法］让－雅克·迪贝卢、爱克扎维尔·普列多:《社会保障法》，蒋将元译，法律出版社 2002 年版，第 36–37 页。

④ 郑尚元:《社会保险法定位——社会保险法与相邻法律关系探析》，载《法治研究》2015 年第 5 期。

世纪 80 年代，在我国行政法研究的起步阶段，行政法教科书中一般都设有部门行政法的内容。至 90 年代，部门行政法的内容逐渐从行政法教科书中淡出，销声匿迹。这里有课程容量限制、部门行政法的变动较快、一般行政法的研究更加急迫等原因。近年来，部门行政法的研究又重新开启。[①] 部门行政法的内容极其庞大，如经济行政法、军事行政法、民政行政法、公安行政法、司法行政法等，“国家有多少行政管理部门、管理多少行政领域，就有多少种行政法”[②]。依此分类，社会保障行政法自然也顺理成章地成为一类部门行政法。有观点认为：“社会法为特别行政法，并且主要为隶属于给付行政之领域。”[③] 不过，这种部门行政法的体系太过繁杂，就我国国务院所属二十余个部委及十几个直属机构而言，几乎都能对应一个或数个部门行政法，而其中各个领域都因其所管理内容的专业性而具有较强的独立性，其个性远远多于共性，行政法的体系怎能容纳如此繁多的内容，又怎能驾驭如此专业的制度？古语所云“末大必折，尾大不掉”的道理值得深思。有学者指出，特别行政法“常见之分类名称有：警察法、财税法、劳工法、社会法、环境法、经济行政法、司法行政法、外交行政法及自治行政法等”[④]。我国台湾地区学者陈敏指出：“通常各种特别行政法之领域，皆有为数颇多之成文法典作周密之规范。在法学讨论上，亦成为独立之学科……‘普通行政法’与‘特别行政法’之分类，主要系配合教学之需要。”[⑤] 不论给付行政法还是部门行政法的划分，都无法混淆社会保障法与行政法的异质性。这种分类在当今究竟还留有多少合理的成分，深值怀疑。致力于警察行政法研究的余凌云教授指出：“以警察行政法与行政法的关系作为一个个案分析，我们就不难发现，单从历史分析的观点看，它们之间的关系也绝不是简单的细致化、专门化的单向作用问题，而是双向交流、彼此影响、相互激荡。而且，部门行政法在很多特殊领域、很多特定问题上都具有原创性，并且渐渐形成了自给自足的法规范体系，与各自的管理学联系日趋紧密，但研究的视角和关心的范畴又有所不同。更值得关注的是部门行政法（如警察法学），很可能、或许也很有必要在研究之中进行多学科的融合与整合，进而很有可能发展成为一个边缘性的、崭新的学科。”[⑥] 此论极富见地，事实上，已有诸多所谓的部门行政法发展成为崭新的法律门类和法学门类，如劳动法、社会保障法、经济法、环境法、教育法等，已非“部门行政法”所能容纳。本书认为，所谓部门行政法，只能运用行政法原理和方法解决特定领域的行政权行使问题，而这些问题依一般行政法通常已经足以应对，而诸多领域更大量的具体问题，尤其是技术问题的处理，乃行政法所无法胜任，部门行政法不具有法体系上的意义，这也是部门行政法并未如一般行政法发达的主要原因。比较社会保障法与行政法的关系，其实是比较社会保障法与一般行政法的关系。

社会保障由国家和社会举办，需要强制推行，社会保障法实施中有广泛的行政权力的介入，管理、经办社会保障事务以及监督社会保障的实施，要受一般行政法的规制，社会保障法因而具有较强的公法性，行政法的原理在社会保障法中有较广泛的适用余地，行政法上所研究的行政给付与社会保障法有较强的关联性。有学者称“我国目前的行政给付经常被归入社会保

① 余凌云：《行政法讲义》，清华大学出版社 2014 年版，第 57–59 页。

② 张正钊、胡锦光主编：《行政法与行政诉讼法》，中国人民大学出版社 2013 年版，第 14 页。

③ 谢荣堂：《社会法治国基础问题与权利救济》，元照出版公司 2008 年版，第 14 页。

④ 吴庚：《行政法之理论与实用》，三民书局 2015 年版，第 27 页。

⑤ 陈敏：《行政法总论》，自版 2013 年版，第 30 页。

⑥ 余凌云：《行政法讲义》，清华大学出版社 2014 年版，第 60–61 页。

障范畴”[①]。即便如此,社会保障法与行政法也存在明显的区别,主要表现在以下几个方面。

1. 调整对象不同

社会保障法调整因实施社会保障而发生的社会关系,而行政法则调整因行政权力行使而发生的社会关系。社会保障法尽管在一定程度上借用了行政法的外壳,其内核却并非行政法。社会保障法虽也需规范和控制行政权,但这并非其目的,而是社会保障法实现社会成员生存保障目的的手段。社会保障法有自身独特的理念、宗旨、技术和体系,这是行政法所无法容纳的。即便有社会保障法为部门行政法的说法,也无法否定社会保障法的独立性。德国即有行政法学者指出:“特别行政法中某些领域与普通行政法联系甚微而自成一体(特别是税务行政法与社会保险法)。”[②] 社会保障法与行政法是两个并列的法律部门,调整对象的不同是二者最本质的区别。

2. 法律性质不同

社会保障法具有公法与私法相融合的性质,而行政法是典型的公法。社会保障法作为社会法,并不拘泥于公法与私法的划分,而是将公法规范与私法规范融于一体,这既表明了社会保障法与行政法的关联,也昭示着社会保障法与行政法的不同。就总体而言,社会保障法不是部门行政法,而是一个独立的法律门类,但这并不妨碍社会保障法就其公法部分受一般行政法的指引,也不妨碍社会保障法的研究借用一般行政法学的研究成果。若依行政给付,亦无法回避私法的运用。对于包括社会保障给付在内的行政给付,“大致归纳其共同之法律特色,为:一、有限资源分配;二、规范状况多样;三、广泛行政裁量;四、运用民法技术;五、给付对价关系;以及六、公私任务分担。基此特色,因应给付行政与民事法之亲近,公私协力秩序之形成,向来以行政处分为中心之行政行为形式论,亦须从多方主体间法律关系之考查,重新整序”[③]。本书认为,所谓社会保障行政给付,其实不过是运用融合民法技术的行政法原理和方法解决社会给付的问题而已,这已不是原本意义上的行政法。社会保障法中亦有一些具有私法性质的制度和规范,如社会保险法对保险原理的运用,使得被保险人虽被强制缴费,但亦取得类似对价的社会保险待遇权利,对个别被保险人而言,其中有一定程度的交易因素;对全体被保险人而言,则意味着互助共济,因而社会保险法中也必定存有一定的私法因素,而非单纯的公法,此点与行政法有别。正因为社会保障法与行政法在调整对象和法律性质上的差异,一些国家对二者产生的争议分别采用不同的解决途径。以德国为例,“德国社会法不仅编纂了社会法典,而且创制了社会法院体系,以保障人民相关权利的实现。……社会法院的存在便是社会法不同于一般行政法的最有力佐证,而德国法院体制中,行政法院则是完整体系的司法体制,亦说明了社会法与行政法的差异”[④]。

3. 功能不同

社会保障法的功能在于为社会成员提供生存保障,而行政法的功能在于规范与控制行政权。有行政权的地方就有行政法发挥作用的空间,但并不意味着这些空间都是行政法的领域。在行政权如此扩张的今天,有哪个领域能避免行政法的作用呢?即便在最传统的私法领域,也无法回避行政法的运用。例如,物权法不能绕开登记制度,但物权法并不因此而成为行政法;

---

① 柳砚涛:《行政给付研究》,山东人民出版社 2006 年版,第 3 页。

② [德]G. 平特纳:《德国普通行政法》,朱林译,中国政法大学出版社 1999 年版,第 4 页。

③ 沈政雄:《社会保障给付之行政法学分析——给付行政法论之再开发》,元照出版公司 2011 年版,第 312 页。

④ 郑尚元:《社会保险法定位——社会保险法与相邻法律关系探析》,载《法治研究》2015 年第 5 期。

知识产权为私权，却不能绕开专利的审查和授权、商标注册等行政程序，但知识产权法也并不因此而成为行政法。社会保障法为发挥其功能，达到其目的，需要将行政法作为一种工具，但这不意味着社会保障法是行政法的组成部分。这里绝没有贬低行政法地位的意思，这些恰恰是行政法作用空间非常广阔、功能异常强大的表现。

三、社会保障法与民法的关系

社会保障法与民法存在关联，尤其与民法中的婚姻家庭法在功能上存在协同。婚姻、家庭制度具有保障人的生存的功能。家庭制度曾经是人生存的最重要的保障机制，养老育幼、病残照顾等均在家庭中实现，无独立生活能力的家庭成员得以在其他家庭成员的扶助供养下生存。人类社会进入工业化时代以来，“社会法在不同范围内替代了家庭法。子女照料赡养年老或残疾的父母的义务普遍由养老保险体系代替了”[①]。家庭的生存保障功能虽然弱化了，但仍将长期存在下去，社会保障法并不能替代婚姻家庭法中的扶养制度，社会保障法与调整婚姻家庭关系的民法仍有协同的关系。社会保障法与民法中的侵权责任法有着特殊的关系，工伤保险制度的发展使得侵权责任法在职业伤害领域中的功能下降，但并未消失，也使得工伤保险与侵权责任的适用关系演变为一个世界难题。然而，社会保障法与民法的区别远多于它们的关联，二者是两个独立的制度体系。

1. 调整对象不同

社会保障法的调整对象与民法所调整的平等主体之间的人身和财产关系有显著的不同。民法有着悠久的历史，其调整对象非常稳定；而社会保障法产生较晚，其调整社会关系之领域存在于民事关系之外，与民法并不存在交叉。

2. 法律性质不同

社会保障法是在个人及家庭在工业化与城市化的进程中日益缺乏抵御生存风险的能力，传统的生存保障措施无法满足社会需要，各种社会问题日益严峻，各种生存风险不仅影响到个人，也影响到社会安定与发展的情况下，被构建起来的一种由国家积聚社会力量来抵御危及人生存的风险、保障人的基本生活的制度化的机制。社会保障法是兼具公法性与私法性的法律，且其公法性强于私法性，而民法是最典型的私法。社会保障法诞生于国家职能扩大的进程中，是现代法律，是较多关涉国家与其国民之间关系的公域中的法，既关乎私人利益亦较多关乎公共利益，是一种强制性的制度安排，普遍存在公权力的运用；而民法则诞生于国家职能限缩的时代，是传统法律，是主要关涉私人之间关系的市民社会的法，多关乎私人利益而较少直接涉及公共利益，奉行意思自治，权利是其核心概念。

3. 法律规范的属性不同

社会保障法是国家为解决个人的生存问题，谋求全体社会成员的共同福利所作的制度安排，需要超越个人意志发挥作用，因而其法律规范表现出明显的强行法特点，通常不允许当事人自由设定权利、义务，任意性规范仅在极其狭小的范围内存在。从历史上看，民法产生的原

---

① ［德］贝尔恩德·巴龙·冯·麦戴尔：《德国社会（保障）法：定义、内容和界定》，载郑功成、沈洁主编：《社会保障研究》（总第2期），中国劳动社会保障出版社2005年版，第90页。

因之一就是对抗公权力，保障私权利不受侵犯。作为从政治国家分离出来的市民社会的基本法，民法以意思自治为原则，强调私人事务由私人决定，国家不能为私人决策，因而民法规范表现出强烈的任意法的特点。

4. 主体地位不同

社会保障法主体的地位有一定的平等设计，但更多为不平等的地位安排；民法则为身份平等者之间的法律，民事主体具有平等的地位。

5. 法律责任不同

违反社会保障法产生的法律责任具有综合性的特点，根据行为的性质、危害等可以适用行政责任、民事责任和刑事责任；民法产生的是私法上的后果，即当事人仅承担民事责任，而无行政责任和刑事责任。

第二节 社会保障法体系

社会保障法体系是指按照一定的标准，将全部社会保障法律规范按照一定的标准分类组合而形成的体系化的具有内在联系的有机整体。确定恰当的社会保障法体系，有助于立法上合理构建社会保障制度，充分发挥社会保障法的效能；有助于查找、解释和准确适用社会保障法；有助于社会公众掌握、运用社会保障法；有助于学习者把握社会保障法的整体结构，理解不同社会保障法律制度的特点。社会保障法在绝大多数国家都以单行法的形式存在，都是由简到繁逐渐发展起来并不断完善的。起初，社会保障法往往并无非常清晰的整体架构，即便有，由于受各种现实条件的限制，也往往只能部分地实现。随着社会的发展，出现了新的社会问题，社会保障制度渐次整合修正，且往往会突破原有的设想，以致制定于不同时期、有着不尽相同的目的、使用不尽相同方法的社会保障法律，呈现出看似体系凌乱、庞杂无序、缺乏系统性、支离破碎的外观。即便在制定《社会法典》的德国，对社会保障法的分类也“由于各编的顺序是由立法者任意而非根据系统的标准确定的，因此人们应当采取其他措施”①。这种状况增加了社会保障法体系化的难度，也更凸显了社会保障法体系分类工作的意义。

一、社会保障法体系的比较考察

对社会保障法的体系划分，认识上尚有分歧，并未达成共识。一些国家和地区的社会保障法制较为完善，学理上对于社会保障法体系的划分已经形成了倾向性的认识，比较法上的考察能够为我们提供有益的借鉴。

（一）德国的社会保障法体系

德国是社会保险法的发源地，其社会保障法已经较为完善，且对我国有较大影响。我们所言之社会保障法，在德国通常被称为社会法，“系专指社会安全法制（或称为社会保障法）即社

① ［德］贝尔恩德·巴龙·冯·麦戴尔：《德国社会（保障）法：定义、内容和界定》，载郑功成、沈洁主编：《社会保障研究》（总第2期），中国劳动社会保障出版社2005年版，第88页。

会保险法、社会补偿法制及社会救助法而言”[1]。德国对社会保障法体系的研究可分为“古典三分说”“新三分说”“四分说”三个阶段。[2]

“古典三分说”以《德国基本法》第 74 条关于联邦和州共同立法权的规定中第 7 款(救济)、第 10 款(照顾)和第 12 款(社会保险)为依据,以社会给付的内涵、财源差异为标准,将社会保障法分为社会保险、社会照顾、社会救济三部分。[3]随着社会保障法的发展,“古典三分说”逐渐不能涵盖新兴的社会保障项目。德国著名社会法学家汉斯·察赫(Hans F.Zacher)依据社会保障制度的功能,提出了“新三分说”的主张。该说将社会保障法分为社会预护、社会补偿、具有社会衡平功能的社会促进和社会救助三大制度体系,为多数德国学者采纳。[4]后察赫又将具有社会衡平功能的社会促进和社会救助制度称为“与状况相关的制度”,其中包含与预防制度类似的制度、救助制度和促进制度,但并未被广泛接受。社会预护制度是一种预防制度,以缴费为先决条件,也即社会保险,其首要目的是保障社会安全;社会补偿制度是指为战争牺牲者、制度受害者或犯罪受害人建立的各种补偿制度;具有社会衡平功能的社会促进和社会救助制度均由财政预算支持,适用于贫困和需要帮助开发个人能力,而又未事先预防且不符合社会补偿条件的情形,不属于社会保险和社会补偿制度的其他社会保障制度都可归于此。这里的社会促进和社会救助制度又可分为特殊的救助与促进法(儿童津贴、生活补助、青年福利、教育促进、就业促进与住房津贴)和一般的社会救助制度。社会促进制度服务于改善个人、家庭或群体社会状况的目的(如教育促进、职业促进以及对手工业者、小农户或渔民的促进措施等),而社会救助制度则确保每个人的最低生活条件。晚近德国学者以察赫的“新三分说”为基础,明确将德国社会保障法体系分为社会预护、社会补偿、社会促进和社会救助制度,形成“四分说”。[5]当今德国采用“四分说”者较为普遍。如德国马普学会外国与国际社会法研究所前所长贝尔恩德·巴龙·冯·麦戴尔(Bernd Baron von Maydell)阐述的德国社会保障法的体系分类即采取“四分说”,只是中文翻译用词有所出入。[6]“新三分说”中的社会促进和社会救助的差异多于共性,将其合并为一类既使得分类不够明确,亦不便应用,故“四分说”较“新三分说”更优越。

(二) 法国的社会保障法体系

“法国社会保障制度源于各种行业组织的互助制度。”[7]法国现行的社会保障法律制度从

---

① 谢荣堂:《社会法治国基础问题与权利救济》,元照出版公司 2008 年版,第 64 页。

② 台湾社会法与社会政策学会主编:《社会法》,元照出版公司 2015 年版,第 35 页。

③ 台湾社会法与社会政策学会主编:《社会法》,元照出版公司 2015 年版,第 36 页;钟秉正:《社会保险法论》,三民书局 2005 年版,第 33 页。

④ 台湾社会法与社会政策学会主编:《社会法》,元照出版公司 2015 年版,第 37 页;钟秉正:《社会保险法论》,三民书局 2005 年版,第 34 页。

⑤ [德]汉斯·察赫:《福利社会的欧洲设计:察赫社会法文集》,刘冬梅、杨一帆译,北京大学出版社 2014 年版,第 107-111、161-162 页;[德]汉斯·F. 察哈尔:《德意志联邦共和国的社会法》,于李殷译,载《国外法学》1982 年第 1 期;郭明政:《社会安全制度与社会法》,翰芦图书出版有限公司 1997 年版,第 129-131 页;郭明政:《社会法之概念、范畴与体系——以德国法制为例之比较观察》,载《政大法学评论》1997 年第 58 期。

⑥ [德]贝尔恩德·巴龙·冯·麦戴尔:《德国社会(保障)法:定义、内容和界定》,载郑功成、沈洁主编:《社会保障研究》(总第 2 期),中国劳动社会保障出版社 2005 年版,第 88-89 页。

⑦ 白澎、叶正欣、王硕编著:《法国社会保障制度》,上海人民出版社 2012 年版,第 39 页。

1945年开始建立，但由于各个阶层、团体和政治力量对社会保障制度的态度和所持主张分歧严重，为全体国民建立统一的社会保障制度的努力没有成功。“高度碎片化是法国社会保障制度的一大特征，即缺乏统一的制度安排，为不同的人群设立了不同的制度，特别是在养老项目领域。”① 法国的社会保障法由以下制度构成：“一般制度，为该制度的最基础的部件；集中在农业社会互助制中的农业制度；领薪者的特别制度；独立职业者的老年和疾病自治制度。”② 根据《法国社会保障法典》的规定，一般制度有四个分支：疾病、生育、残疾和死亡津贴；工伤和职业病津贴；老年和鳏寡津贴；家庭津贴。“一般制度为私人部门雇员和类似的雇员提供老年、残疾、工伤和职业病的保障，它也保障疾病或者生育情形下的国家雇员以及与国家雇员类似的人员。……一般制度的家庭津贴基金覆盖法国的所有居民。”③ 农业制度覆盖农场主、农业工人及其家庭成员。领薪者的特别制度是1945年现代社会保障制度建立之前就已存在并被保留下来的特定行业的社会保障制度，如法国铁路公司、矿业、航海员、巴黎交通自治局、军人、国家公务员、电业煤气业等行业的社会保障制度。独立职业者的老年和疾病自治制度适用于非农行业的非领薪劳动者，包括工商行业、手工行业和自由职业的非领薪劳动者。④

（三）日本的社会保障法体系

日本有学者按给付内容对社会保障法的体系进行分类，例如：有的将社会保障法分为所得保障法和医疗保障法两类；有的将社会保障法分为所得保障法、医疗保障法、福利服务法三类；有的将社会保障法分为所得保障法和生活障碍给付法两类，再将所得保障法分为生活危险给付法和生活不能给付法；有的将社会保障法分为社会服务给付法、所得保障法、社会关连环境整备法。也有学者依法体系论主张将社会保障法分为社会保险法、社会救助法、儿童津贴关系（社会津贴）法、社会福利服务法、其他（恩给法）。还有学者以社会保障制度的目的为标准，将社会保障法分为所得保障法、健康保障法、自立支援法等和有关社会保障组织之法、给付之法、财政之法、权利保护救济之法等。⑤

日本的社会保障法体系有广义和狭义之分。“日本社会保障法之教科书，多采取狭义之社会保障概念。”⑥ 我国台湾地区学者吴震能博士根据日本国立社会保障、人口问题研究所编《社会保障统计年报》绘制的日本社会保障制度体系，直观地展现了日本广义和狭义社会保障制度以及相关制度的框架，现照录如表3-1⑦：

---

① 彭姝祎：《法国社会保障制度碎片化的成因》，载《国外理论动态》2014年第9期。

② ［法］让-雅克·迪贝卢、爱克扎维尔·普列多：《社会保障法》，蒋将元译，法律出版社2002年版，第32页。

③ ［荷］弗朗斯·彭宁斯编：《软法与硬法之间：国际社会保障标准对国内法的影响》，王锋译，商务印书馆2012年版，第166页。

④ ［法］让-雅克·迪贝卢、爱克扎维尔·普列多：《社会保障法》，蒋将元译，法律出版社2002年版，第170、173-177、180-183页；［荷］弗朗斯·彭宁斯编：《软法与硬法之间：国际社会保障标准对国内法的影响》，王锋译，商务印书馆2012年版，第166-169页；白澎、叶正欣、王硕编著：《法国社会保障制度》，上海人民出版社2012年版，第59-63页。

⑤ 吴震能：《日本社会保障制度之研究——以权利救济为中心》，中正大学法律学研究所2009年博士学位论文。

⑥ 沈政雄：《社会保障给付之行政法学分析——给付行政法论之再开发》，元照出版公司2011年版，第119页。

⑦ 吴震能：《日本社会保障制度之研究——以权利救济为中心》，中正大学法律学研究所2009年博士学位论文。我国大陆学者亦有对此框架的描述，参见吕学静编著：《日本社会保障制度》，经济管理出版社2000年版，第4页；崔万有：《日本社会保障研究》，北京师范大学出版社2009年版，第51页；宋健敏编著：《日本社会保障制度》，上海人民出版社2012年版，第12页。

表 3–1 日本社会保障制度体系

<table>
<tr><td rowspan="11">广义的社会保障</td><td rowspan="9">狭义的社会保障</td><td rowspan="5">社会保险</td><td>医疗保险，包括职业型医疗保险与地域型医疗保险</td></tr>
<tr><td>年金保险，包括国民年金、厚生年金、各种共济年金等</td></tr>
<tr><td>失业保险，包括一般的失业保险与船员失业保险</td></tr>
<tr><td>灾害补偿，包括一般的灾害保险、船员灾害补偿、国家公务员灾害补偿等</td></tr>
<tr><td>照护保险</td></tr>
<tr><td>社会救助</td><td>对贫困家庭和个人的经济扶助</td></tr>
<tr><td>福利津贴</td><td>残障、老人、儿童、母子单亲家庭相关的福利</td></tr>
<tr><td>公共卫生医疗</td><td>结核病、精神病、毒品、传染病、下水道、垃圾处理等</td></tr>
<tr><td>老人保健</td><td>老人医疗等</td></tr>
<tr><td></td><td>军人优遇抚恤</td><td></td></tr>
<tr><td></td><td>战争受害者救援</td><td>战争牺牲者家属年金</td></tr>
<tr><td colspan="2" rowspan="2">相关制度</td><td>住房政策</td><td>公营住宅的建设等</td></tr>
<tr><td>雇佣政策</td><td>针对解决失业相关政策等</td></tr>
</table>

（四）美国的社会保障法体系

探讨美国的社会保障法体系有一定的困难。由于对社会保障含义的理解不同，学者对社会保障体系的界定也存在较大的随意性，表现出“社会保障体系等概念的飘忽不定性和难以规定性”[①]。有的将美国的社会保障制度分为四个层次，即“强制性的政府保障、企业（包括美国铁路退休局）或者政府机构以及国防部（和美国退伍军人事务部）对特定人群的保障、商业保险和慈善机构的保障”[②]。这其中的一些制度显然与我们通常所言之社会保障法相去甚远。美国的社会保障法体系是自 1935 年《社会保障法》通过后逐步扩展而形成的。与其他国家具有可比性的划分，是将美国的社会保障法分为两大类，即社会保险法和社会福利法。其中，社会保险包括老年、遗属与伤残者保险（简称 OASDI，在美国通常被称为社会保障），医疗保险，失业保险，以及工伤保险；社会福利主要是一系列对低收入者和贫困人口进行救助的制度。[③] 这里所言之社会福利，也即我们通常所言之社会救助，亦称公共救助，其类型主要有四种：补充性保障收入（SSI）、贫困家庭临时性救助（TANF）、医疗补助、一般性救助。[④] 美国具体的社会救助项目非常齐全，大约有 70 多项，如抚养未成年儿童家庭补助，贫困家庭临时救助，收入保障救助，医疗补助，妇女、婴儿和儿童特别补充食品项目，无家可归者救助，食品券补助，教育补助，以及一般性

① 杨冠琼主编：《当代美国社会保障制度》，法律出版社 2001 年版，第 2 页。

② 李超民编著：《美国社会保障制度》，上海人民出版社 2009 年版，第 12 页。

③ 杨玲：《美国、瑞典社会保障制度比较研究》，武汉大学出版社 2006 年版，第 19 页。［美］乔治·E. 瑞达、迈克尔·J. 麦克纳马拉：《风险管理与保险原理》，刘春江译，中国人民大学出版社 2015 年版，第 401–431 页。

④ ［美］乔治·E. 雷吉达：《社会保险和经济保障》，陈秉正译，经济科学出版社 2005 年版，第 316–325 页。

援助等。[①]

（五）英国的社会保障法体系

英国是实行福利国家型社会保障模式的典型国家之一。“英国现在的社会保障制度的基础是众多复杂的补贴方案，这些方案通常相互交叉，而且结构经常被修正。”[②] 英国的社会保障法体系划分有以下几种：第一，根据筹资模式不同，分为缴费型社会保障与非缴费型社会保障。其中，缴费型社会保障源自于国民保险制度，需要以征收保险费的形式筹集资金，用于应对缴费者无法通过工资满足需要的风险，也被称为保险型补贴；非缴费型社会保障不根据事先的缴费记录决定享受补贴的资格，其资金来源于一般税收。第二，根据补贴发放的基础不同，分为财产调查型社会保障与非财产调查型社会保障。财产调查型社会保障以申请人的收入和（或）财产低于规定的标准为取得补贴的条件；非财产调查型社会保障，只要申请人符合一定条件即有权享受。第三，根据目的不同，分为收入替代型社会保障、满足额外支出型社会保障、缓解贫困型社会保障。其中，收入替代型社会保障包括求职者津贴、丧失工作能力补贴、生育津贴及法定生育工资、伤残护理津贴、严重残疾津贴、退休补贴；满足额外支出型社会保障包括儿童补贴、残疾生活津贴与护理津贴、工伤补贴、寡居母亲津贴、战争养老金；缓解贫困型社会保障包括收入扶助、家庭救济金、残疾工作津贴、收入补助、住房补贴、财产税补贴、孤寡给付与养老金。第四，在上述前两种划分标准的基础上，还可分为缴费且非财产调查型社会保障、非缴费且非财产调查型社会保障、与收入挂钩型社会保障。[③]

（六）我国台湾地区的社会保障法体系

我们所言之社会保障法，在我国台湾地区多称为社会法。我国台湾地区的社会保障法受德国影响较深，大多参考德国的分类，将社会保障法分为社会预护、社会救助、社会促进、社会补偿四类。其中，社会预护是预存式的社会保障制度，必须事先缴纳保险费或付出劳动，其典型为社会保险，另公务人员的退休抚恤给付及劳工资遣费或退休金的企业社会给付也被认为属于社会预护。社会救助用以保障人民生活的最低物质基准。社会促进是基于机会平等的给付原因，由政府对特定族群提供社会给付。社会补偿是由税收提供资金，对人民因战争、政治事件、公权力等遭受的损害予以填补。[④]

通过比较典型国家和地区的社会保障法体系划分，可见其对社会保障法体系的划分各有特点，差异较大，在不同的社会现实和历史传统下，社会保障法遵循着不尽相同的理念，走着不尽相同的道路，因而有着不尽相同的模式。各国和地区的划分标准不一，且均较模糊，更欠缺对分类标准以及如何得出结论的阐释，大多似乎并非严谨的、符合逻辑的划分，而出于实用的需要提出，具有一定的任意性，只能说适合需要的就是合理的。社会保障法体系的划分应当覆

---

① 唐政洪：《美国社会的救助和福利政策》，载《中国民政》2016年第10期。

② ［英］内维尔·哈里斯等：《社会保障法》，李西霞、李凌译，北京大学出版社2006年版，第165页。

③ ［英］罗伯特·伊斯特：《社会保障法》，周长征等译，中国劳动社会保障出版社2003年版，第13-20页；［英］内维尔·哈里斯等：《社会保障法》，李西霞、李凌译，北京大学出版社2006年版，第165-176页。

④ 台湾社会法与社会政策学会主编：《社会法》，元照出版公司2015年版，第40-44页；钟秉正：《社会保险法论》，三民书局2005年版，第36-42页；蔡维音：《社会国之法理基础》，正典出版文化有限公司2001年版，第104-112页。

盖各个分支，各个分支应以其独特的功能、目的、保障对象、资金来源、给付内容等特征而相对独立，尽量避免交叉。

二、我国的社会保障法体系

社会保障法覆盖范围广泛、调整的关系复杂、调整手段不一、内容丰富且在不断发展完善之中，依照不同的方法，可以有不同的分类。依法律的性质，可将社会保障法的体系划分为社会保障实体法、社会保障组织法、社会保障基金法和社会保障程序法；依社会保障待遇的内容，可将社会保障法的体系划分为货币给付法、实物给付法和服务给付法；依法律的作用，可将社会保障法的体系划分为社会保障管理法、社会保障给付法和社会保障争议处理法。

以社会保障的内容（即社会保障项目）为标准对社会保障法进行体系划分，是应用最普遍的方法。虽然社会保障法体系与社会保障体系是两个不同范畴的问题，但由于我国不具备制定综合性社会保障法的条件，针对不同的社会保障项目分别立法就成为建立我国社会保障法体系的现实选择，因而社会保障法体系在一定程度上取决于社会保障体系的划分。

长期以来，我国的社会保障事业依靠分散、多变的政策进行调整，近年来，国家开始重视社会保障立法，并取得了一定成果，但仍缺乏统筹规划，社会保障立法体系尚不健全，很多领域的立法层次较低，总体而言，距离社会保障事业发展的需要还有较大的距离，社会保障法的体系化远未形成，立法上还没有对社会保障法体系的总体安排。有关我国社会保障体系的官方划分，最早出现在《中华人民共和国国民经济和社会发展第七个五年计划（1986—1990）》中。该计划第五十一章“社会保障事业”开篇即指出：“逐步建立、改进各种类型的社会保险制度，改进和完善社会福利、社会救济与优抚工作，有步骤地建立起具有中国特色的社会主义的社会保障制度雏形。”并将“七五”期间社会保障事业的主要任务设定为：建立健全社会保险制度，进一步发展社会福利事业，继续做好优抚、救济工作。① 此后，将我国社会保障体系分为社会保险、社会救助、社会福利、社会优抚四个部分，成为我国政府、社会保障法学术研究和教学的正统观点，将我国社会保障法的体系划分为社会保险法、社会救助法、社会福利法、社会优抚法成为教科书的通说。但对于这一体系划分的合理性则少有讨论，更少有质疑。

不过，官方对于社会保障体系的划分似乎并未止步于此。仍以我国的国民经济和社会发展规划为例，《国民经济和社会发展“九五”计划和2010年远景目标纲要》提出：“初步形成社会保险、社会救济、社会福利、优抚安置和社会互助、个人储蓄积累保障相结合的多层次社会保障制度。”《国民经济和社会发展第十个五年计划纲要》所提及的社会保障事业包括社会保险、社会福利、社会救济、优抚安置、社会互助和慈善事业；《国民经济和社会发展第十二个五年规划纲要》中的社会保障体系包括社会保险、社会救助、社会福利和慈善事业，并将优抚安置置于社会福利部分；《国民经济和社会发展第十三个五年规划纲要》则继续维持《国民经济和社会发展第十二个五年规划纲要》的格局。“规划”中所表述的社会保障体系变动不居，其中社会互助、个人储蓄积累并非社会保障项目，列入社会保障体系名不副实。当前最有疑问的是，官方规划

① 《中华人民共和国国民经济和社会发展第七个五年计划（1986—1990）》，人民出版社1986年版，第193-194页。

中的慈善事业和学术通说中的社会优抚的定位，还需澄清。

根据《慈善法》的规定，慈善活动是指自然人、法人和其他组织以捐赠财产或者提供服务等方式，自愿开展的下列公益活动：扶贫、济困；扶老、救孤、恤病、助残、优抚；救助自然灾害、事故灾难和公共卫生事件等突发事件造成的损害；促进教育、科学、文化、卫生、体育等事业的发展；防治污染和其他公害，保护和改善生态环境；符合规定的其他公益活动。慈善事业与社会保障的确有着密切的关系，在社会保障产生前，民间的慈善活动曾经在应对贫困、灾难等问题上发挥了一定的作用。在社会保障时代到来后，慈善仍然发挥着积极的作用。慈善与社会保障具有某些共性，如都具有济贫解困、缓解社会成员的生存危机、有利公益等功能，慈善事业作为民间举办的社会事业，其所开展的慈善救助、福利服务等都是社会保障的有益补充。慈善活动是一种民间行为、自愿行为，与社会保障的公力行为、强制行为有明显区别；慈善活动在其定位、资金来源、行为主体、权利义务的配置、运行机制、作用领域等方面与社会保障迥异，不能混淆二者的性质。本书认为，慈善活动并非社会保障，慈善法亦非社会保障法。社会保障法与慈善法应当而且能够协调配合、相得益彰，以合理利用人类创造的财富，最大限度地增进社会成员的福利。

社会优抚是对军人及其家属提供的一类社会保障项目。这一项目是依保障对象划分出来的，同社会保险、社会救助、社会福利等依照社会保障内容进行的分类，并非采用同一分类标准，将其一并作为社会保障的项目在逻辑上并不妥当，不论是社会优抚、优抚安置还是军人社会保障的表述，都不是与社会保险、社会救助、社会福利处于同一层次的社会保障项目。实则，社会优抚完全可以归入社会保险、社会救助、社会福利等社会保障项目中。军人承担着特殊的职责，面临着特殊的风险，对军人及其家属提供较优厚的社会保障，以体现对军人所作贡献和牺牲的褒扬和激励，确有必要。“但军人社会保障也是整个社会保障体系的组成部分，也必须与国家整体的社会保障体系相协调，军人社会保障立法并非都要独立存在。”[①] 使社会优抚回归其应有的地位，不会影响对军人的社会保障水平。

我国的社会保障制度尚属初创，必然要在考虑国情，比较借鉴国外不同社会保障模式的基础上，探索制定适合我国实际，能够满足国民需要的社会保障法。总体而言，我国的社会保障法更多地体现了以德国为代表的社会保险型的社会保障模式的共性。德国的“四分说”，分类严谨、涵盖全面、方便应用，并已被成功地应用于我国台湾地区的社会保障制度中，可资借鉴。参照德国和我国台湾地区的社会保障法体系划分，考虑到慈善法和社会优抚制度的定位，基于将来制度健全的需要以及我国多年来相因成习的用语，本书认为，我国社会保障法的体系应当划分为社会保险法、社会救助法、社会补偿法和社会福利法四个部分。这种划分较我国常见的分类有所不同，主要表现为增加了社会补偿法，并将社会优抚并入其他三个部分中，而未单独列出。这四个部分既有清晰的界限，又有内在的联系，共同构成社会保障法的整体。

（一）社会保险法

应对来自自然和社会的风险，是人类无法回避的问题。人类社会发展的历史是一部不断

---

① 郑尚元、李海明、扈春海：《劳动和社会保障法学》，中国政法大学出版社2008年版，第587页。

与各种风险斗争的历史。在利己思想支配下，产生了商业保险；在社会连带思想支配下，产生了社会保险。同为保险，商业保险与社会保险的功能并不一致。“两类保险制度中，前者注重经济秩序之维护，后者更投注于社会稳定之维持。”[①] 实施社会保险的目的在于借由保险的机制，让个人尽到社会共同体成员的责任，其本身也可从中取得来自社会整体的保护。[②] 社会保险法体现了一种深谋远虑、未雨绸缪的意识，能够有效防止个人因对风险估计不足、短视、自甘冒险等而在风险降临时陷入困境。社会保险法是人类产生以来应对各种生存风险过程中创造出的制度文明，极大地改变了各国人民的生活，也对传统的法律体系产生了较大的冲击。社会保险覆盖范围广泛、所支付的费用在社会保障总支出中所占比例最大，因此常有人将社会保险视同社会保障。社会保险法在社会保障法体系中占有最重要的地位，是社会保障法体系的核心。现代世界各国的社会保障法体系各异，但均将社会保险法作为一个极为重要的组成部分，给予更多的关注。我国第一部专门的社会保障法律为《社会保险法》，也就不足为奇了。

社会保险法具有公法手段与私法技术并用的特征。生存保障原本是私人事务，是国家权力不得介入的领域。调整该领域社会关系的法律是私法，而传统私法所遵循的主体平等、意思自治、所有权绝对、过错责任等原则，在现代社会都出现了严重的问题：传统私法所追求的平等是主体抽象的、形式上的平等，而无视现实中人们事实上的不平等；所有权绝对导致经济上强者与弱者之间严重的两极分化和对立；经济弱者的利益在意思自治的原则下受到损害；过错责任的推行也产生了非正义的结果；事后救济的消极性等问题不断涌现，传统私法逐渐显露出严重的局限性。为弥补传统私法在新的历史条件下的局限性，国家干预及制定新的法律成为必然的选择。“作为工业化发展‘副产品’的风险社会的到来是现代各国构建社会保险法律制度的共同基础。”[③] 在生存保障领域中，社会保险法应运而生，并主要采用了公法的手段，其法律规范多为强行性规范。社会保险由国家举办，被保险人的范围、缴费主体、缴费标准、待遇享受条件、待遇标准等均由法律预先规定，大多不得任意选择，社会保险的管理、经办均伴随着行政权力的普遍介入，法律救济亦多采用公法程序，因而社会保险法常被认为是公法。不过，社会保险法并非纯粹的公法，其中也伴有私法的因素，既表现契约在某些领域中的运用，表现在保险原理的运用。被保险人以缴纳保险费为代价分散了原本由自己承担的风险，换取了某种经济保障，具备条件即可获得相应的社会保险待遇；保险人取得保险费则可能承担对待给付义务，保险费与保险待遇之间存在着一定的对价关系，有私法原理适用的空间。“社会保险待遇应当是缴费的回报，而不是政府提供的免费午餐。”[④] 当然，这里的缴费不限于被保险人的缴费，还应包括雇主的缴费，社会保险费与社会保险待遇之间的对价虽不充分，但仍不失为对价，因而在双方关系中存在一定的交易色彩，近似双务契约，使得社会保险法律中不可避免地掺杂有一定的私法因素。在一些社会保险项目中，如养老保险，被保险人的收入越高，缴费越多，获得的社会保险待遇越多。缴费与社会保险待遇之间的关系虽不完全成比例，但也保持着一定的关联。

---

① 郑尚元：《社会保险之认知——与商业保险之比较》，载《法学杂志》2015 年第 11 期。

② 钟秉正：《社会保险法论》，三民书局 2005 年版，第 113 页。

③ 郑尚元：《我国社会保险制度历史回眸与法制形成之展望》，载《当代法学》2013 年第 2 期。

④ 劳动和社会保障部社会保险研究所组织翻译：《贝弗里奇报告——社会保险和相关服务》，中国劳动社会保障出版社 2004 年版，第 9 页。

对于“获得社会保险待遇这样的私法属性很强的社会权利”[①],仅凭传统的公法方法或私法方法难以保障其实现,而两种方法的并用必然产生公法与私法的混合。

社会保险法不同于其他社会保障法的一个重要特征在于,其为预先缴费的社会保障制度,即在风险到来之前,被保险人及其他缴费主体须预先缴纳社会保险费,具备条件时才可享受社会保险待遇。社会保险基金主要来源于缴费,财政补贴并非其必需的财源,这使得社会保险法成为一种在财务上能够自主维持运行的制度。社会保险法是一种最大限度地分散风险的法律制度。被保险人参加社会保险,即将其原本应由自己承担的社会风险转移给风险共同体承担。根据我国《社会保险法》第 2 条的规定,国家建立基本养老保险、基本医疗保险、工伤保险、失业保险、生育保险等社会保险制度,保障公民在年老、疾病、工伤、失业、生育等情况下依法从国家和社会获得物质帮助的权利。

(二) 社会救助法

“社会救助法律制度主要是为解决现实社会生活中客观存在的贫困问题而提出的制度化对策。”[②] 贫困是世界各国普遍存在的社会现象,它具有极为消极的影响,反贫困是全人类必须共同面对的课题。正如国际劳工组织于 1944 年通过并作为其《章程》附录的《费城宣言》所言:“任何地方的贫困对一切地方的繁荣构成危害。”人在生活中,可能基于先天或后天的原因而陷入贫困境地,且无法靠自己的力量维持生存,需要外界的援助才能渡过难关。在历史上,一般依靠家庭、互助、慈善捐助等应对此类问题,但这些传统的援助并不能真正有效地克服贫困。应对贫困问题,需要国家对财富的分配进行干预,建立稳定的、制度化的对策,社会救助法是各国解决贫困问题的基本制度安排,受到普遍的重视,并将其作为社会保障法体系的重要组成部分予以建设和完善。

社会救助,是指国家和社会按照一定的标准和程序,向基于各种原因不能维持最低生活标准的贫困者提供物质帮助,以满足其最低生活需要的一种社会保障制度。社会救助是为解决贫困问题而采取的制度化的对策,是保障社会成员生存的最后一张安全网。依照社会救助理念,国家和社会有义务为贫困者提供物质帮助,社会成员在依靠自身能力无力摆脱生活困境时,即有权利获得社会救助。社会救助制度是一种单向无偿的给付,其中的权利与义务不对等,享受者无须事先缴费或履行其他义务,但可能需要接受资产状况调查。救助资金主要来源于政府财政,这与社会保险有明显区别。理解社会救助法,需要特别强调公民权利和国家义务。社会救助法是由国家对国民收入进行强制性再分配的一种制度,它源于保障公民生存的国家义务,是国家职能转变的产物。社会救助不是怜悯,不是施舍,不是恩赐,在现代社会,贫困者和遭受急难事故、灾害的公民获得社会救助是其应有的社会权利——社会救助权。社会救助权是一项要求国家积极作为的权利,现代国家理应承担保障公民生存的义务,维持公民的基本生活水平,调节收入分配,维护社会秩序。“我国社会救助立法更应彰显国家救助理念,突出政府的社会救助职责。”[③] 国家义务是实现公民社会救助权的需要,是国家存在的合法性根据之

---

① 郑尚元:《公开、规范与定型:养老保险制度从政策到法律——中国社会保险立法的进路分析》,载《法学》2005 年第 9 期。

② 曹明睿:《社会救助法律制度研究》,厦门大学出版社 2005 年版,第 2 页。

③ 蒋悟真:《我国社会救助立法理念研究》,北京大学出版社 2015 年版,第 31 页。

一，是实现社会公平正义的必要措施。在国家义务原则下，国家承担制度供给、提供资金、实施和监管、宣传以及引导民间救助等义务。[①] 国家承担义务是社会救助法的重要标志。

社会救助权的实现需要法制的保障。我国的社会救助法律制度尚不健全，制定一部内容完备、体系严谨的《社会救助法》，是完善我国社会保障制度的重要一环。《社会救助法》曾分别被列入第八、十、十一、十二届全国人大常委会立法规划，时过20年，仍未出台。目前最主要的社会救助立法，是2014年国务院制定的《社会救助暂行办法》。其他规范社会救助的行政法规还有《城市居民最低生活保障条例》《农村五保供养工作条例》《自然灾害救助条例》《城市生活无着的流浪乞讨人员救助管理办法》等。另外，尚有一些规定社会救助的部门规章和地方立法。

（三）社会补偿法

社会补偿对于我国而言，尚属新生事物。"社会补偿"这一用语还不是一个普及的概念，并不为大多数人所知晓，但应为社会保障法的一个必要的组成部分。"有别于一般社会福利或社会安全制度的分类，法学者在社会法的分类上，特别将社会补偿单独归类，并特为重视。"[②] 察赫指出："补偿制度建立在以下事实要件之上：个人基于应由集体负责的原因或者法律规定应由集体承担责任的原因而受到损害。"[③] 此类风险的发生并不鲜见，对遭受者的利益损害往往非常巨大，且并不能为传统赔偿或补偿法律所覆盖，也不能为其他社会保障法律所覆盖，但由受害者独自承受亦不公平。令处于社会连带关系中的社会成员共同补偿损失较为恰当，其形式表现为，由国家运用财政资金补偿该风险所致损失。规定这一制度的法律即社会补偿法。社会补偿法是一种有因性的社会保障法，即针对特定原因所致损害给予补偿，此与社会救助法的无因性相区别。社会补偿法是针对应由社会整体负担的风险的社会衡平措施，无须事先缴费，由国家财政承担此项费用，具备条件即有权获得，此与社会救助法亦有近似之处，而与社会保险法有别。如德国法律规定的对于战争受害者、犯罪被害人、预防接种致健康损害者的补偿立法即属此类社会补偿法。

除社会保障法领域对社会补偿法的解释外，行政法领域讨论行政补偿制度时，也常会涉及社会补偿问题。对于行政补偿，一般认为是行政主体为了公益而实施的合法行政行为对公民、法人或其他组织的合法权益造成损害，由国家给予补偿的制度。也有人将其称为"国家补偿"。"行政法上损失补偿制度之主要特征系'因公益而特别牺牲'。"[④] 传统行政补偿的原因与行政权的行使有关，也即行政行为与损害存在因果关系，如政府征收财产致私人损害的行政补偿。而有些损害与行政权的行使并无直接关系（如犯罪被害人因犯罪人无资力赔偿而所受损害即属此类），因而不能依传统行政补偿获得救济，但一些国家通过社会补偿对犯罪被害人予以救济。这种意义上的社会补偿的原因与行政权的行使并无直接关系，不符合行政补偿的要件，不能为

---

① 杨思斌：《中国社会救助立法研究》，中国工人出版社2009年版，第84–88页。

② 郭明政：《损害赔偿的社会化——社会补偿制度对于法律发展与法律文化的指标意义》，载龙卫球、王文杰主编：《两岸民商法前沿（第3辑）——社会变迁与民商法发展》，中国法制出版社2015年版，第88页。

③ ［德］汉斯·察赫：《福利社会的欧洲设计：察赫社会法文集》，刘冬梅、杨一帆译，北京大学出版社2014年版，第109页

④ 李建良：《损失补偿》，载翁岳生编：《行政法》（下册），中国法制出版社2009年版，第1737页。

行政补偿所容纳,行政法上常称其为“衡平补偿”。[①] 故以规范和控制行政权为己任的行政法通常并不将社会补偿列入其所关注的对象,而仅将其作为确定行政补偿范围的参照对象。行政法学通常对社会补偿持较为谨慎的态度,对于非因行政行为所致损失的社会补偿并不纳入行政补偿的范围。日本学者盐野宏以“国家补偿的缺陷”为题分析过这种国家赔偿和国家补偿所不及的领域。[②] 新近也有学者试图将社会补偿整合进行政补偿的框架中,即将社会补偿作为行政补偿的一种类型看待,但并未说明理由。[③]

社会补偿与行政补偿存在诸多区别,不应将二者混为一谈。社会补偿并非将行政行为的有无及合法与否作为考虑的重点,而是从结果出发,如确有救济必要,则以立法列入补偿范围,其补偿条件与行政补偿有显著区别。行政补偿的法理依据主要建立在“特别牺牲”理论基础上[④],而“社会补偿原理建立在‘共同体责任’的基础上”[⑤]。在德国,行政补偿的宪法依据是“国家对基本权利之尊重与维护”“法治国原则”及其所衍生的“信赖保护原则”与“负担平衡原则”,而社会补偿的宪法依据则是德国宪法的“社会国原则”。[⑥] 社会补偿“严格而言,与一般所谓因公益而牺牲之损失补偿不同,多具有社会福利用意。因此,此类社会补偿之补偿请求权,须各种特别法律有明文规定时,始得行使,且其补偿之额度亦多基于政策考虑,而非以当事人实际所受损失为准,而带有象征性作用”[⑦]。总体而言,社会补偿并非行政法上的国家补偿或行政补偿。有行政法学者指出:“这种新型态的补偿,重视政治意义,而忽视法律的因素,已和传统行政补偿制度的精神并不一致,已经是一种新的补偿制度,可以称为‘社会补偿’制度,具有浓厚的以公力来救助个人的衡平色彩。”[⑧]

社会保障法对于社会补偿的定义并未局限于行政补偿之外的损害,因而可能与行政补偿的范围存在部分交叉,但社会保障法学与行政法学所列举的社会补偿的典型立法却颇为一致,可见二者的分歧并非不可调和。在法律日益复杂的今天,法律门类之间的界限并非泾渭分明,存在一定的模糊区乃正常现象,相邻法律门类规范类似的法律问题,相近法学学科研究近似的法律问题,实属必然。行政法上对于行政补偿范围可能或宽或窄的界定,并不影响社会保障法上社会补偿分类的意义。在行政法中,行政补偿不是一个重要的内容,因而也不受重视,即便将所谓衡平补偿列入,亦不过是个点缀。而社会保障法中所容纳之社会补偿,则为一个顶级的制度,被置于整个社会保障法律体系中进行协同构建,意在充分发挥其功能,全面应对社会成员面临的社会风险。

社会补偿法具有特殊的功能,其他社会保障制度无法替代,有列为社会保障法体系的独立组成部分并与其他社会保障制度协同的必要。“社会补偿功能在于对为社会公共利益、共同利益作出贡献和承担损失的公民,以及对受政策和法律影响而遭受损失的公民提供利益平衡机

---

① 陈敏:《行政法总论》,自版 2013 年版,第 1251 页。

② [日]盐野宏:《行政救济法》,杨建顺译,北京大学出版社 2008 年版,第 260-267 页。

③ 李惠宗:《行政法要义》,元照出版公司 2012 年版,第 655-657 页。

④ 李建良:《损失补偿》,载翁岳生编:《行政法》(下册),中国法制出版社 2009 年版,第 1736 页。

⑤ 台湾社会法与社会政策学会主编:《社会法》,元照出版公司 2015 年版,第 42 页。

⑥ 钟秉正:《社会福利之法制化》,元照出版公司 2008 年版,第 227、229 页。

⑦ 刘宗德:《制度设计型行政法学》,北京大学出版社 2013 年版,第 187 页。

⑧ 陈新民:《中国行政法学原理》,中国政法大学出版社 2002 年版,第 272 页。

会和方案，使社会发展的成本不会由任何一般公民独自承担，恢复其社会权利的完满性。”[①]“社会补偿与民事责任及社会保险应具有以下关系：社会补偿具民事责任之担保功能；社会补偿具社会保险漏洞填补之功能。”[②]社会补偿法亦具有弥补国家赔偿和补偿制度不足的功能，是我国社会保障法中被忽视的一个领域，只有将其纳入方使社会保障法的体系完整。社会补偿法是一种原因导向的社会保障法，在我国已有立法中，优抚安置中的部分措施可归类于社会补偿法；道路交通事故社会救助基金，虽名为社会救助，实为社会补偿[③]；近年来各界呼吁建立的犯罪被害人国家补偿制度，是典型的社会补偿法；因预防接种异常反应造成受种者死亡、严重残疾或者器官组织损伤所给予的一次性补偿，也属社会补偿性质。此外，见义勇为者所受损害，有无法依民事法律获得赔偿或补偿的情形，亦有所获赔偿或补偿不充分的情形，国家应当承担保障义务，给予社会补偿，填补其所受损害。

（四）社会福利法

在社会保障法中，社会福利本应为一个基础性的概念，其含义本应非常稳定、确切，可在我国近年来的学术研究中，社会福利概念及其与社会保障的关系却成为经常被争论的话题。“社会福利”一词往往被人们在不同意义上使用，有时人们用它指称一种良好人类生活状态，有时指称一种制度。在本书的语境中，“社会福利”一词用来指称法律制度。在制度意义上，社会福利的涵义也有广狭之别，其广义甚至比社会保障的范围更广，也有时被作为社会保障的同义语，还有时是指社会保障的一个项目。社会福利的这种多义状态使得我们使用它时，需要对其确切含义进行界定。在社会保障的涵义较为确定的前提下，以社会保障作参照，对于社会福利的界定大致有三种认识：

第一种是广义的界定。这种社会福利的涵义较为宽泛，是指国家和社会为改善和提高国民的物质和精神生活水平而采取的措施，人们的衣、食、住、行、乐、环境、教育等，都属于社会福利的范畴。号称福利国家的各国，把“从摇篮到坟墓”的保障措施都称为社会福利，就属于这种解释。[④]这种意义的社会福利包括为增进人们福祉的各种制度安排，其外延较社会保障要广。“这意味社会保障与社会福利基本关系是，社会保障只是社会福利的基础部分，社会保障包括在社会福利之中。”[⑤]

第二种是中义的界定。即将社会福利等同于社会保障，两个概念的内涵和外延基本一致，这种涵义也较常见。事实上，广义的社会福利的核心部分仍然为社会保障，“社会保障是社会福利制度中最重要的方面”[⑥]。故时常出现二者的混用也并不为奇。

第三种是狭义的界定。即将社会福利作为社会保障的属概念，将社会福利与社会保险、社会救助等共同作为社会保障制度的组成部分。这种狭义的理解在我国占主流地位，学术上大

---

① 董文勇：《我国社会建设时代的社会法及其体系论纲》，载《河北法学》2016 年第 10 期。

② 郭明政：《损害赔偿的社会化——社会补偿制度对于法律发展与法律文化的指标意义》，载龙卫球、王文杰主编：《两岸民商法前沿（第 3 辑）——社会变迁与民商法发展》，中国法制出版社 2015 年版，第 90 页。

③ 王利明、周友军、高圣平：《侵权责任法疑难问题研究》，中国法制出版社 2012 年版，第 456–457 页。

④ 覃有土、樊启荣编著：《社会保障法》，法律出版社 1997 年版，第 357 页。

⑤ 刘继同：《社会福利与社会保障界定的“国际惯例”及其中国版涵义》，载《学术界》2003 年第 2 期。

⑥ 尚晓援：《“社会福利”与“社会保障”再认识》，载《中国社会科学》2001 年第 3 期。

多在此意义上使用这一概念，这也是官方政策及规范性文件中使用的涵义。

“作为国家制度安排与公共或社会政策，社会福利则要在制度发展的历史路径下尊重所在国家约定俗成的界定，以及所在国家法律、法规与官方文献的定义。”① 我国社会保障制度中的社会福利是狭义的，本书也在此意义上使用社会福利概念，即作为社会保障项目之一，是与社会保险、社会救助、社会补偿并列的一个概念。此等狭义的社会福利，在德国被称为社会促进，这一用语避免了可能的混淆和歧义。“促进措施主要服务于平等目的：它能消除或减少社会不良因素，尤其能促进机会平等。”② 广义的社会福利可以是面向全体社会成员，而狭义的社会福利，也即我国通常所使用的社会福利概念，并非如大多数界定所言之面向全体社会成员。“我国的社会福利的现实是补缺型社会福利，目标是普惠型社会福利。”③ 近年来，我国主管社会福利事务的民政部门提出社会福利由补缺型向适度普惠型转变的目标定位，但仍然是对特定人群的适度普惠，而不是对全体社会成员。界定社会福利不应脱离这一基础，而盲目搬用欧洲福利国家体制下广义社会福利的概念。我国的社会福利法，与社会保险、社会救助制度相比，在保障对象、制度理念等方面均有不同。

本书认为，社会福利是为保障特定社会成员的生活需要和提高其生活质量，由政府主导通过社会化的机制提供社会服务与津贴的社会保障制度。我国社会福利法的体系尚未定型，对其严谨的学术讨论亦很欠缺。在社会福利法制相对发达的日本也存在体系欠完善的问题，“之所以如此，是因为社会福利法制并非如其他领域的法律那样，是基于一定的法理而形成的，具有目的性和体系性，而是受一定时期的社会需要、福利运动等因素的强烈影响，其必要的组分呈马赛克状得以形成”④。依照社会福利法的保障对象划分社会福利法的体系，是一个相对便捷、稳妥的路径。社会福利法的保障对象是特定群体的社会成员，主要包括儿童、残疾人、老年人、妇女等。这些群体普遍在生活和社会发展机会上有所欠缺，属于弱势群体。儿童因为体力与心智尚未发育成熟，缺乏自我保护能力及对行为后果的判断能力，在经济上亦依赖于家庭或其他供给者；残疾人较健康人更缺少受教育机会、就业机会乃至融入社会的机会；老年人的体力和智力逐渐退化，越来越产生医疗需求、照顾需求，退出劳动岗位，丧失劳动收入，经济上的保障需求更为迫切，社会角色变化亦产生新的精神需求；妇女在当今时代的两性地位中仍属弱势，社会发展机会仍少于男性。因而，社会福利法按其保障对象，可分为儿童福利法、残疾人福利法、老年人福利法、妇女福利法等。

社会福利法的目标在于促进机会平等，使基于先天或后天原因在占有或者获得社会资源方面处于不利地位以及具有特别需求的社会成员，能够拥有充分的发展机会。社会福利法给其保护对象更多的特殊优惠待遇，似乎是对其他群体的不平等对待，但这正是该法的特点，即以对社会成员看似不平等对待的方式，收到实质公平的效果。社会福利待遇的支出来源于政府财政。保障对象获得社会福利待遇，是其享有的权利，具备特定群体的身份，即具有享受社会福利待遇的资格，无需履行缴费等义务，原则上亦无需经济状况调查。

---

① 郑功成：《中国社会福利改革与发展战略：从照顾弱者到普惠全民》，载《中国人民大学学报》2011 年第 2 期。

② ［德］汉斯·察赫：《福利社会的欧洲设计：察赫社会法文集》，刘冬梅、杨一帆译，北京大学出版社 2014 年版，第 111 页。

③ 王显勇、杨军、李海明：《社会保障法》，北京大学出版社 2014 年版，第 234 页。

④ ［日］桑原洋子：《日本社会福利法制概论》，韩君玲、邹文星译，商务印书馆 2010 年版，第 4 页。

我国目前社会福利立法的一个特点是，将社会福利法与其他社会政策法合并立法，缺少专门的社会福利立法，尚未实现社会福利法的专门化、系统化。社会福利法是我国社会保障法中发展较为薄弱的领域，与社会保险法及社会救助法相比，受重视程度有限，发展目标亦不够明确，体系不完善，制约着社会保障事业的全面发展。由于社会福利法制发展滞后，“在以往的社会保障改革中，部分社会福利项目实际上存在着被社会救助、社会保险肢解的取向”[①]。这种状况进一步限制了社会福利法的完善，并可能引发社会福利事业发展的无序与失范，目前亟须就社会福利法与其他社会保障法的关系及其协调问题，以及社会福利法的发展目标、发展步骤与发展措施等问题进行统筹规划，以利于各项社会保障事业协调配合、健康发展。

思考题：

1. 社会保障法与劳动法有哪些联系和区别？
2. 论述社会保障法与行政法的关系。
3. 论述社会保障法与民法的区别。
4. 我国的社会保障法体系应如何划分？
5. 论述社会保障法各个组成部分的基本涵义。

① 郑功成：《中国社会福利改革与发展战略：从照顾弱者到普惠全民》，载《中国人民大学学报》2011年第2期。

第四章 社会保障之宪法基础与社会保障权利之形成

第一节 社会保障入宪

一、我国宪法上关于社会保障之规定

我国《宪法》关于社会保障规定主要体现在如下方面：总纲第 14 条第 4 款规定："国家建立健全同经济发展水平相适应的社会保障制度。"第二章"公民的基本权利和义务"第 33 条第 3 款规定："国家尊重和保障人权。"第 44 条规定："国家依照法律规定实行企业事业组织的职工和国家机关工作人员的退休制度。退休人员的生活受到国家和社会的保障。"第 45 条规定："中华人民共和国公民在年老、疾病或者丧失劳动能力的情况下，有从国家和社会获得物质帮助的权利。国家发展为公民享受这些权利所需要的社会保险、社会救济和医疗卫生事业。国家和社会保障残废军人的生活，抚恤烈士家属，优待军人家属。国家和社会帮助安排盲、聋、哑和其他有残疾的公民的劳动、生活和教育。"

对于我国《宪法》关于社会保障规范的基本内容之阐释可以逐条进行。

（一）《宪法》第 14 条第 4 款开创了新中国社会保障入宪的先河

对照 1954 年《宪法》、1978 年《宪法》、1982 年《宪法》之规定，皆无有关社会保障之规定。显然，在中国特色社会主义市场经济不断发育的进程中，依赖政府主导下的社会保障制度覆盖所有需要保障的人群，是宪法的目标，也是党和国家执政之方略。在计划经济时期，我国亦存在类似社会保障性质的相关生活保障制度，类似职工退休、公费医疗与农村合作医疗、社会救济、军人优抚、福利分房、农民宅基地制度等，这些制度要么依赖于国家财政，要么依赖集体经济，但无法被称为"社会保障"，1982 年前的宪法并无系统性的规定。改革开放以来，尤其是社会主义市场经济体制确立以来，统合、改良过去的生活保障类制度，发展新型、符合中国国情的社会保障制度成为必须。《宪法》总纲第 14 条第 4 款规定："国家建立健全同经济发展水平相适应的社会保障制度。"《宪法》总纲规定的皆是国家根本性的政治、经济、文化和社会制度，"社会保障"作为根本制度入列"总纲"显示国家未来将逐步建立和健全社会保障制度，同时，我国社会保障制度的特征必须与经济发展水平相适应，这样才是符合中国国情的社会保障制度。

保障程度太低，落后于经济发展，人民无法分享经济和社会发展成果，该制度便无法保障人民的基本生活；保障水平过高，超出了经济发展水平和社会经济承受能力，将陷入“泛福利主义”的旋涡。因此，社会保障入宪须符合中国国情，只有符合中国国力的社会保障制度才是恒久的社会保障制度。

（二）“物质帮助权”的创设

《宪法》第二章“公民的基本权利与义务”第45条第1款规定：“中华人民共和国公民在年老、疾病或者丧失劳动能力的情况下，有从国家和社会获得物质帮助的权利。国家发展为公民享受这些权利所需要的社会保险、社会救济和医疗卫生事业。”“物质帮助权”系一名称独特的权利，为此，不少学者以“社会保障权”替代“物质帮助权”，认为物质帮助权是“公民的基本权利之一，指社会成员在暂时或者永久丧失劳动能力以及因意外事故而发生生活困难的情况下，有从国家和社会获得物质帮助的权利。属于经济权利的组成部分，是一系列法定权利的总称，又称为社会保障权”。[①] 以及社会保障权是国家基于一定的价值观念、通过立法赋予公民在年老、生病、伤残、失业、贫困等生活风险出现而导致收入中断时，可以从国家获得物质帮助的权利。[②]

采用“物质帮助权”替代“社会保障权”，不能概括关于社会保障各条款所规定的社会保障权利内容，与社会保障权之内涵仍有较大差异。社会保障权尤其是社会保险权、社会救助权与物质帮助权是存在重大差别的。首先，作为一个日常用语，“物质帮助”更多是指随意的、暂时的援助。而社会保障则是制度化的保障体系，两者差别巨大。其次，“帮助”的主动权在帮助者，帮助者没有帮助的义务，接受帮助者也没有要求帮助的权利，即帮助者可以不帮助。虽然，《宪法》规定了“物质帮助权”，但“帮助”与“量”“度”不易结合，且这一语境过于通俗与泛化，这一概念强调了对被帮助者的恩惠与仁慈，没有体现出“帮助者”的责任与义务。“物质帮助”没有正确地反映出国家与公民之间的法权关系，公民与国家的权利义务也就难以正确界定。事实上，公民年老、疾病或者丧失劳动能力情形下所获得的“物质帮助”，皆须依赖“国家发展为公民享受这些权利所需要的社会保险、社会救济和医疗卫生事业”。如此，国家创建社会保险制度、社会救助制度以及医疗卫生事业以落实公民上述权利的实现，在社会保险、社会救助等法律制度中，当事人所享有的权利，绝不是“帮助”。以社会保险制度为例，其权利的享有与其缴费之累积形成相应的对价，其权利应具有实体法与程序法上的请求权，而非“帮助”。

（三）退休制度入宪，但与养老保险脱节

《宪法》第44条规定：“国家依照法律规定实行企业事业组织的职工和国家机关工作人员的退休制度。退休人员的生活受到国家和社会的保障。”目前，我国职工退休制度的主要依据是1978年5月24日全国人大常委会通过，授权国务院同年6月2日发布的《国务院关于工人退休、退职的暂行办法》和《国务院关于安置老弱病残干部的暂行办法》。上述两部行政法规[③]

---

① 《中国大百科全书》总编辑委员会编：《中国大百科全书·法学》，中国大百科全书出版社2006年版，第537页。

② 刘翠霄：《社会保障权的基本理论问题》，载《温州大学学报（社会科学版）》2016年第5期。

③ 亦有观点称之为法律，因其为全国人大常委会授权国务院发布的。

构成了我国现行退休制度的主要依据。当然,20 世纪 90 年代后,企业职工养老保险制度的推行,亦在影响着退休制度的运行。此外,1980 年 9 月 29 日《第五届全国人民代表大会常务委员会关于批准〈国务院关于老干部离职休养的暂行规定〉的决议》通过,形成了具有中国特色、时代特色的离休制度。退休制度,实际上就是老年年金保险制度,是依托社会保险建立起来的老年生活保障制度。“社会主义市场经济体制确立后,企业不再‘养老’,社会化养老机制,即养老保险制度的建立,核心在于退休金的社会化发放。退休法律制度除涉及退休金发放之外,还关涉劳动者的工作权和休息权问题,也就是下文所论证的退休权利义务的核心问题。”[①] 退休制度入宪,一方面表征了退休制度系重要的社会制度,系老年社会保障的重要组成部分;另一方面,退休制度须“依照法律规定”实行。到目前为止,我国尚未颁布关涉退休制度之法律,退休是权利还是义务尚无法确定。另外,亦无退休制度立法之动向。大陆法系多数国家退休制度之运行必然依托于社会养老保险制度,也就是老年年金保险制度,该制度系社会保障制度的重要内容。

（四）军人权益保障之入宪

《宪法》第 45 条第 2 款规定:“国家和社会保障餐费军人的生活,抚恤烈士家属,优待军人家属。”军人系国家的卫士,是国家安全和社会运行的保障,从战争年代走来的革命军人,前赴后继,为争取国家独立、民族解放抛头颅、洒热血,涌现出无数可歌可泣的英雄。军人权益的保障系社会保障制度的重要内容。“在国家的整个社会保障体系中,虽然军人社会保障具有特殊性和相对独立性,但作为国家整个社会保障的组成部分,必须遵循国家为实施社会保障而制定的有关法律、法规、政策等。”[②] 我国已经颁布了《军人保险法》《退役士兵安置条例》《军人抚恤优待条例》《烈士褒扬条例》等重要的军人权益保障法律法规,并成立了退役军人事务部。总之,军人社会保障系社会保障的重要组成部分,军人权益保障入宪是军人权益保障法律制度完善的依归。

（五）残疾人权益保障之入宪

《宪法》第 45 条第 3 款规定:“国家和社会保障安排盲、聋、哑和其他有残疾的公民的劳动、生活和教育。”上述规定虽不完全属于社会保障的内容,但上述人员生活保障中的诸多内容均属于社会保障范畴,我国《残疾人权益保障法》第六章“社会保障”专章规定了残疾人的社会保障制度,残疾人权益保障入宪系残疾人权益保障法制完善的基础,残疾人权益保障入宪开启了特殊群体权益保障入宪之先河。

（六）未入宪之相关社会保障制度

社会保障制度内容庞杂,住房保障、鳏寡孤独等特殊群体权益保障皆属于社会保障制度的重要内容,但《宪法》并未将其纳入基本权利范畴。

---

① 郑尚元:《劳动法和社会法专论》,法律出版社 2015 年版,第 142 页。

② 张东江、聂和兴主编:《当代军人社会保障制度》,法律出版社 2001 年版,第 64 页。

二、社会保障基本权利与社会保障权之讨论

上述社会保障入宪之内容，大部分被列入“公民基本权利和义务”章，从《宪法》之相关规定看，都显示的是权利范畴，性质上属“基本权利”。基本权利之形成与资产阶级宪政有着密切关联，何为基本权利，如何界定基本权利的内涵与外延，显然属于应继续讨论之议题。但是，自由权、社会权相继成为基本权，系社会发展和国家政策导向之结果。“自由之基本权，与社会之基本权，属于不同理念之世纪，不同国家观念之世界，不同之国家观念，前者以自由主义国家，为其根据；后者则以现代福祉国家，为其根据。换言之，在市民的法治国家，注重自由权、平等权；在社会的法治国家，则于承认此等权利并加以某程度之修正后，复承认社会的基本权。”[①] 当然，现代国家中，并无严格意义上之自由国家、社会国家的界限，再自由的国家亦含有相应的社会福利要素与人权保障；社会法治国家同样关注人的自由。但是，细致划分与甄别，显然因不同国家之政策导向不同，产生出对于社会保障作为基本权利的认知的不同导向，以德国为代表的欧陆国家，尤其是北欧国家，以及以日本为代表的东亚国家和地区，均属于大陆法系，团体主义意识浓厚，在重视自由权之保障的同时，社会权之保障也相对受到重视。

社会保障权作为《宪法》基本权利尽管没有明文规定，甚至《宪法》条文中没有“社会保障权”概念的存在，但是学术界使用社会保障权不在少数。宪法上之社会保障权属于基本权利，基本权利是公民在宪法上的权利。[②] 对于社会保障这一基本权利，又可称之为社会基本权或基本社会权。[③] 对于社会基本权的宪法规范，甚至有采用“社会宪法”之表述。[④]

与这些概念存在关联，或为宪法所规范，或为理论所采用者有如下之表述，其与社会保障权常有混淆之处，宜明晰之。

1. 人权

这是使用频率非常高的一个词。我国《宪法》第33条第3款规定：“国家尊重和保障人权。”人权又称基本人权，乃人为确保其自由与生存，维护其尊严，所固有的必要之权利。宪法则将这些被认为在宪法之前就已经成立的权利确认为实定法意义上的权利。人权具有固有性、不可侵犯性、普遍性。其中，固有性是指人权是人作为人所当然拥有的权利。不可侵犯性是指人权原则上不受公权力的侵犯（行政权自不待言，立法权甚至宪法修改权，也不可侵犯之）。普遍性是指人权与种族、性别、身份等无关，乃只要是人就当然享有的权利（这包含即使现实上没有享有，但在理念上可被承认并存在享有可能的权利）。[⑤] 由此可见，人权和基本权利的内涵在相当程度上是相同的，即当宪法将人权规定为基本权利后，此时的人权即基本权利。从法的意义上看，基本权利不同于人权，它是获得国家实定法承认的、具有法的效力的权利；人权则是道德意义上个人抽象的权利主张。[⑥] 可以说，基本权利都是人权；人权只有在被宪法规定后才属于

---

① 黄越钦：《劳动法新论》，中国政法大学出版社 2003 年版，第 54 页。

② 郑贤君：《基本权利原理》，法律出版社 2010 年版，第 1 页。

③ 钟秉正：《社会福利法制与基本人权保障》，神州图书出版公司 2004 年版，第 20 页。

④ 郭明政：《社会宪法：社会安全制度的宪法规范》，苏永钦主编：《部门宪法》，元照出版公司 2006 年版，第 313 页。

⑤ ［日］芦部信喜著，［日］高桥和之补订：《宪法》，林来梵、凌维慈、龙绚丽译，清华大学出版社 2018 年版，第 59-60 页。

⑥ 郑贤君：《基本权利原理》，法律出版社 2010 年版，第 7-8 页。

基本权利。在福利国家形成以后，社会保障权已经成为人权，这意味着国家有义务推进其基本权利化和法律权利化，成为实定法化的道德、政治和理论基础。不管国家之间的冲突如何，人权思想已经很少受到质疑，人权的话语已经成为思维领导性模式，政府对于对公民经济、社会、文化权利的侵犯负有责任，如同对公民和政治权利的侵犯负有责任一样。①

2. 生存权

生存权系无力生活者请求国家予以扶助之权利，亦即老弱孤贫残等社会弱者，得请求国家予以扶助，维持其生活之权利。②一种观点认为，生存权首先规定于宪法中，然后贯穿于社会保障法的始终，并对社会保障的具体法律规范起根本性的指导作用。③生存权的保障是社会保障法的最基本原则。④社会保障的产生与发展源于对人的生存权的保护，这是社会保障产生与发展乃至人类社会的永恒主题，社会保障立法必须从保障公民的生存权出发，确保人们能过上健康而又具有文化性的最低限度的生活。⑤反对者则认为，生存权的保障是法律理念而非法律原则，人们可以依据生存权理念追究政府和社会的责任，但不可能依据生存权理念要求政府、社会或者个人（包括政府首脑、地方官员、资本家）承担法律责任，更不可能因此对政府、社会和个人实施制裁。⑥对于生存权的内容也存在分歧。如将生存权与健康权分离，基本权利除了生存权还有健康权⑦；亦有人认为生存权即维持人的生存所必不可少的权利，包括生命权、健康权和物质享受权等内容。⑧从字面含义来看，不宜将健康权纳入生存权。例如，一个人患了感冒，有求医的权利，有获得医疗保障的权利，这都属于健康权的范畴。但是，普通感冒的治疗和保障难以被认为属于生存权的范畴。

生存权并不完全等同于社会保障权，不能用生存权替代社会保障权。在现代，生存保障是底线保障的制度要求，在我国主要体现为社会救助。在社会救助—社会保险—社会福利的层级结构下，底线保障并非我国社会保险制度的主要目的，因而也不完全是社会保障制度的主要目的。在我国以最低生活保障和社会救助为底线保护制度的背景下，社会保险和社会福利的保障水平明显要高于底线保护，如果仅仅将生存权确定为宪法权利，则无法为社会保障制度的全面发展和社会权利的全面保护提供宪法依据。尤其是养老保险之保障水平并不以“生存”为保障标准，生存权只是社会保障权之组成要素，并非社会保障权作为基本权利之替代。因此我国应以社会保障权而非生存权作为宪法基本权利。

3. 社会权

社会权是进入20世纪之后，基于社会国家（福利国家）的理想，为了特别保护社会性、经济性弱者，实现实质的平等，而受到保障的人权。⑨从托马斯·阿奎那（Thomas Aquinas）的自然法原则出发，雅克·马里坦（Jacques Maritain）在1942年将工业社会的基本社会权利作为建立在

① Franz-Xaver Kaufmann, *European Foundations of the Welfare State*, New York: Berghahn Books, 2015, pp. 121-122.
② 郭明政主编：《社会保险之改革与展望》，翰芦图书出版有限公司2006年版，第164页。
③ 赖达清主编：《社会保障法——保障公民生存权利的法律形式》，四川人民出版社2003年版，第106页。
④ 林嘉：《社会保障法的理念、实践与创新》，中国人民大学出版社2002年版，第43页。
⑤ 邓大松等：《社会保障理论与实践发展研究》，人民出版社2007年版，第43-80页。
⑥ 向春华：《社会保险法原理》，中国检察出版社2011年版，第193-194页。
⑦ 台湾社会法与社会政策学会主编：《社会法》，元照出版公司2015年版，第71页。
⑧ 向春华：《收入保持与工伤保险补偿给付体系之调整》，清华大学2018年博士学位论文。
⑨ [日]芦部信喜著，[日]高桥和之补订：《宪法》，林来梵、凌维慈、龙绚丽译，清华大学出版社2018年版，第214页。

自然法上的人的尊严的后果。他区分了三种权利:(1)作为人类的权利,如生存权和保持身体完整的权利,各种自由权利;(2)作为公民的权利,如参与国家决定;(3)作为社会人的权利,特别是工作的权利、自由选择职业的权利、联合(结社)的权利、获得公平工资的权利、合作管理的权利以及在失业、疾病、老年时获得社会援助的权利等。[①] 在此基础上,T.H. 马歇尔(T. H. Marshall)于 1950 年在"公民身份与社会阶级"的演讲中提出了著名的三种权利理论,即"公民权利归于 18 世纪,政治权利归于 19 世纪,社会权利归于 20 世纪"。[②] 从魏玛宪法始,国民之社会权利便成了宪法上的权利,而社会国理念则是在第二次世界大战后才由基本法明确,成为社会保险立法与司法之宪法基石与理论基础的。[③] 因此可见,社会权首先是一种理念,为人权之一种,被宪法化后即成为宪法上的社会保障权,在被普通法规范后则成为社会保障权利。

上述不同术语在不同的语境和理论体系中具有各自的功能和意义,但与宪法上之基本权利和普通法上之具体法律权利仍有差别,需要辨别使用。

三、域外社会保障入宪与社会保障权作为基本权利的比较

1948 年《世界人权宣言》和 1966 年《经济、社会及文化权利国际公约》等对于当代社会保障制度的发展、宪法上社会保障权的形成均具有重要意义。《世界人权宣言》第 22 条规定:"每个人,作为社会的一员,有权享受社会保障,并有权享受他的个人尊严和人格的自由发展所必需的经济、社会和文化方面各种权利的实现,这种实现是通过国家努力和国际合作并依照各国的组织和资源情况。"第 25 条规定:"人人有权享受为维持他本人和家属的健康和福利所需的生活水准,包括食物、衣着、医疗和必要的社会服务;在遭到失业、疾病、残疾、守寡、衰老或在其他不能控制的情况下丧失谋生能力时,有权享受保障。"《经济、社会及文化权利国际公约》更是全面规定了人民的各项社会保障权利。上述公约连同国际劳工组织、国际社会保障协会等关于社会保障制度的诸多公约、国际标准,共同确立了社会保障权的基本人权属性,极大地促进了社会保障制度的发展。

1778–1948 年间的 28 部宪法中共有 10 部规定了社会保障权的内容。[④] 其中,《德国联邦共和国基本法》《日本国宪法》《意大利共和国宪法》《1946 年法国宪法》《印度宪法》等均为 1945 年之后制定的,1945 年之前只有少数国家的宪法规定了社会保障权的内容。1945 年之后特别是 1948 年《世界人权宣言》发表之后,越来越多的国家在新制定的宪法中规定了社会保障权的内容。通过制定宪法确认社会保障权的宪法权利地位已经成为一种世界性的趋势。[⑤] 据统计,20 世纪 70 年代中期以前,世界各国颁布的 142 部宪法中,95 部规定了失业、疾病、丧失劳动能力或年老情况下的救济或社会保险,62 部规定了社会保险或社会救济权利。[⑥] 在 1975–1990 年间制定颁布的 54 部宪法中,受联合国人权条约的影响,绝大多数都对公民的社会

---

① Franz-Xaver Kaufmann, *European Foundations of the Welfare State*, New York: Berghahn Books, 2015, p. 115.

② [英]T.H. 马歇尔、安东尼·吉登斯等:《公民身份与社会阶级》,郭忠华、刘训练编,江苏人民出版社 2008 年版,第 13–18 页。

③ 郑尚元、扈春海:《社会保险法总论》,清华大学出版社 2018 年版,第 14 页。

④ [荷]亨利·范·马尔赛文、格尔·范·德·唐:《成文宪法的比较研究》,陈云生译,华夏出版社 1987 年版,第 259 页。

⑤ 郭曰君、吕铁贞:《社会保障权宪法确认之比较研究》,载《比较法研究》2007 年第 1 期。

⑥ [荷]亨利·范·马尔赛文、格尔·范·德·唐:《成文宪法的比较研究》,陈云生译,华夏出版社 1987 版,第 158–159 页。

保障权作出了规定。[①]

宪法上社会保障权的形成，与福利国家的发展具有密切关系。福利的具体目的和功能是不同的：(1)利他主义视角认为，一个更加公平和整合社会的建立有助于培养公民间的相互责任感，因此福利的任务在于重新分配资源和机会，提供一个鼓励和表达利他主义的机制。(2)将福利作为追求个人利益的渠道的观点认为，绝大多数福利申领者将采取理性行动改善他们自身及其家人的境遇，因此福利的任务是提供激励机制，并在促成公共利益的过程中引导自我改善愿望的实现。(3)主张福利可以改变行为方式的观点认为，福利申领者缺乏追求自身利益的能力，福利的任务是迫使这部分人采取有助于他们长期境遇改善的行动方式，从而实现公共利益。(4)认为福利是向就业的过渡措施，仅仅通过现金津贴不可能缓解贫困问题，越慷慨提供现金津贴，就越削弱人们的工作动机，也就越会威胁家庭的稳定，福利必须担当起向有偿工作转变的角色。(5)主张福利是道德的再生机制，福利的任务在于培养和提高对社会共同体的责任感。[②] 在社会保障和福利国家的形成过程中，诸多历史因素都曾发挥过决定性作用。[③] 在不同的历史时期、不同的国家，社会保障的具体目的存在差异。研究认为，第二次世界大战后，欧洲福利的目的呈现出一种分裂：比利时、荷兰、法国、德国在 1945 年后发展出强大而广泛的福利体系，把压力放在恢复它们被战争撕裂的经济效率上；而英国则利用它产生于战前的早期改革的人文主义传统，将福利议题架构为道德问题——通过福利国家的设施追求平等，这终将减少社会分裂。[④] 福利国家有两项目标：创造一个更加平等的社会，同时也要保护各个领域的个人。[⑤] 福利国家的目标在非常大的程度上与社会保障权的目标是一致的。福利国家对于福利制度的共识、提倡与促进，极大地丰富了社会保障的供给，使国家在社会保障供给中承担更多的义务，增进了人民的社会保障利益，因而在客观上促进了社会保障权的形成。社会福利制度是社会保障权的制度性保障，第二次世界大战后福利国家制度的建立成为社会保障权全方位发展的标志。[⑥]

当然，对于福利制度、福利国家与社会保障权的先后关系，即究竟是福利制度、福利国家促进了社会保障权的诞生，还是社会保障权促进了福利制度、福利国家的形成，仍存在一定的争议。“公民权利归于 18 世纪，政治权利归于 19 世纪，社会权利归于 20 世纪。”[⑦] T.H. 马歇尔这一名言昭示着在 20 世纪中叶之后，以公民身份为基础的社会权利逐渐成为当代政治社会公民的基本诉求，社会保障是公民的权利而非国家的施舍，当代政治国家有义务和责任实施社会保障项目以保障公民至少享有最低限度的生活保障。与具体的宪法文本对宪法上社会保障权的确立一目了然不同，宪法上社会保障权共识的达成，很难有一个明确的时间节点，即便《世界人

---

① 李运华：《社会保障权原论》，载《江西社会科学》2006 年第 5 期。

② ［英］艾伦·迪肯：《福利视角：思潮、意识形态及政策争论》，周薇等译，上海人民出版社 2011 年版，第 2-3 页。

③ 郑秉文：《社会权利：现代福利国家模式的起源与诠释》，载《山东大学学报（哲学社会科学版）》2005 年第 2 期。

④ John J. Rodger, *From a Welfare State to a Welfare Society: the Changing Context of Social Policy in a Postmodern Era*, Houndmills, Basingstoke, Hampshire: Macmillan, 2000, pp. 34-35.

⑤ ［英］安东尼·吉登斯：《第三条道路：社会民主主义的复兴》，郑戈译，北京大学出版社 2000 年版，第 11 页。

⑥ 吴德帅：《消解与重构：制度演进视阈下的社会保障权研究》，载《社会保障研究》2017 年第 5 期。

⑦ ［英］T.H. 马歇尔、安东尼·吉登斯等：《公民身份与社会阶级》，郭忠华、刘训练编，江苏人民出版社 2008 年版，第 13-18 页。

权宣言》《经济、社会及文化权利国际公约》也难以作为完全确立的标志。因此宪法上社会保障权共识的达成只能是一个阶段性概念。同样,福利国家也是一个阶段性概念,没有确定的时间节点。在两者的形成过程中相互交融与相互促进。

各国宪法确立社会保障权的方式是不一样的,多数国家是通过成文宪法的方式规定的,在判例法国家也可以通过司法判例确立社会保障权,如美国[①]。

宪法对于社会保障权的确认,不一定是通过规定权利性规范进行的,可能完全没有体现出"权利性"内容,如《德国联邦基本法》第20条规定:"德意志联邦共和国为民主、社会之联邦国家。"如前所述,从魏玛宪法始,国民之社会权利便成为宪法上的权利,社会国理念则是第二次世界大战后才由基本法明确的,成为社会保险立法与司法之宪法基石与理论基础。[②]虽然《德国联邦基本法》仅浓缩规定了"社会国"原则,但立法者认为,纵然有宪法上的完美规定,立法仍得依据国会多数决,因此宪法的理想未必得以实现,其结果将造成人民对宪法的不信赖,因此宪法所应注重的毋宁是程序的规则,亦即不至于阻碍进步,而有助于开启进步的程序。[③]宪法还可以通过义务性条款设定社会保障权。例如,我国《宪法》在总纲第14条第4款规定:"国家建立健全同经济发展水平相适应的社会保障制度。"这实际上为国家建立社会保障制度、保障公民社会保障权利设定了义务,赋予了人们经由社会保障制度获得社会给付的社会保障权。虽然对社会保障权的规定不一致,有的规定其是公民的一项基本权利,有的规定提供社会保障是国家的一项基本义务,有的规定社会保障是国家的一项基本制度或政策,但从宪法文本分析,社会保障权是一项在世界范围内受重视的宪法权利。[④]就社会保障权的规范内容来看,也存在很大的差别:既有全面规定社会保障权的,也有仅仅规定社会救济权的,或者仅对社会保险权、社会救济权等部分内容进行规定[⑤],也有的仅仅作出原则性规定,如日本《宪法》第25条规定:所有国民,均享有营构在健康和文化意义上最低限度生活的权利;国家必须就一切生活领域和层面,努力提高和增进社会福利、社会保障以及公共卫生。这也属于原则性规范。宪法上基本权之创制取决于一个国家的政治、经济和社会发展水平,其内容亦随着社会保障所能达到的高度而增加或减少。"2000年瑞士宪法在社会保障方面最具突破意义的改革乃在基本权一节中,增列了不少得以直接适用并据以请求给付的社会基本权。其中包括第12条的'急难救助'、第19条的'国民教育'、第29条的'诉讼扶助'及第11条的'儿童与少年扶助与促进'。其中,尤其被认为最具有生存保障意义的乃第12条的'急难救助'。此规定可溯源于1995年联邦宪法法院将生存安全肯认为每一人所应享有基本人权的宪法判决。"[⑥]"经由此规定,所谓基本权仅限于防卫权的观念,可谓为之丕变。社会基本权是否是人民得以主张的权利的争论,至少瑞士宪法已给予明确的答案。"[⑦]相信,未来人类社会中,随着相当国家的社会经济发展到

---

① 钟会兵:《作为宪法权利的社会保障权——基于文本与判例分析》,载《学术论坛》2005年第10期。

② 郑尚元、扈春海:《社会保险法总论》,清华大学出版社2018年版,第14页。

③ Eichenhofer (Hrsg.), "Jahre Weimarer Reichsverfassung —Wasist geblieben?", *Tübingen*, 1999(80), S. 1–21。转引自郭明政:《社会宪法——社会安全制度的宪法规范》,载苏永钦主编:《部门宪法》,元照出版公司2006年版,第319页。

④ 钟会兵:《作为宪法权利的社会保障权——基于文本与判例分析》,载《学术论坛》2005年第10期。

⑤ 郭曰君、吕铁贞:《社会保障权宪法确认之比较研究》,载《比较法研究》2007年第1期。

⑥ 郭明政:《社会宪法——社会安全制度的宪法规范》,载苏永钦主编:《部门宪法》,元照出版公司2006年版,第324页。

⑦ 郭明政:《社会宪法——社会安全制度的宪法规范》,载苏永钦主编:《部门宪法》,元照出版公司2006年版,第324页。

相当的高度,宪法上社会基本权将逐步增加内容,将逐步成为可以请求的社会基本权。

社会保障权宪法规范存在于宪法的形式结构中,包括在宪法序言中宣示社会保障权、在基本权利部分规定社会保障权、在基本权利部分之外的其他部分规定社会保障权以及在若干篇、章中规定社会保障权。[①]

四、社会保障权规范之效力

对于宪法上社会保障权之规范具有何种效力,一直存在争议。如果社会保障是公民的一项基本权利,那么国家就有义务满足公民社会保障权的实现,公民对国家怠于履行社会保障职责的行为或者作出不利于社会保障权实现的决定,有权提起行政复议或行政诉讼;宪法确认公民的社会保障权,意味着国家提供社会保障的宪法责任和义务。[②] 宪法确认了权利,就应当承担保护与实现之义务与责任,此自无问题,但这是否就意味着能够通过诉讼方式进行救济与保护? 质言之,宪法规范的法律义务和法律责任与一般的法律义务和法律责任,是否存在区别?

在德国,鉴于"社会国"原则规范效力的薄弱,德国宪法学界与实务界皆主张个人不得援引基本权以要求国家给予工作或住屋等社会给付。[③] 德国在现行宪法中将社会基本权摒除于基本权一章,而将其相关保障交由立法者以社会权之形态,在一般法律尤其是社会法典中实现。[④] "究竟社会宪法对于各项社会立法产生何种规范作用,主要涉及社会宪法的规范效力之讨论。除早期有学者认为基本国策条款属于不具拘束力的纲领性规定外,已有越来越多学者依宪法规范的内容分别肯定其具有不同的法规范效力……"[⑤] 在日本,生存权虽然是可以要求国家积极关切的权利,但并不是"具体性的请求权"。多数主张即"纲领性规定说"认为,《宪法》第 25 条只是对国家课以必须确保国民之生存的政治性的、道义性的义务,而不是对各个国民保障具体性的权利。[⑥] 我国台湾地区"宪法"中的"社会国"原则与各项社会"宪法"条款是否具有规范作用,有何种规范作用,一直存在争议。第一种观点认为其是不具有拘束力的纲领性规定,第二种观点认为其是立法委托,课以立法者作为义务,第三种观点认为其是释宪依据。[⑦]

针对此种意见纷争,本节将宪法上社会保障权之规范效力分为四个方面:一是作为社会保障立法或行政违宪审查之规范基础;二是作为给付请求权之基础规范;三是赋予相对人对立法机关的立法不作为请求权;四是其他的规范功能即一般规范效力。从此视角来看,宪法规范的法律义务和法律责任与一般的法律义务和法律责任是存在区别的。

---

① 郭曰君、吕铁贞:《社会保障权宪法确认之比较研究》,载《比较法研究》2007 年第 1 期。

② 李磊:《社会保障权的宪法保护问题研究》,载《河北法学》2009 年第 10 期。

③ 钟秉正:《社会保险法论》,三民书局 2012 年版,第 24–26 页。

④ 钟秉正:《社会福利法制与基本人权保障》,神州图书出版公司 2004 年版,第 20 页。

⑤ 孙迺翊:《社会给付权利之宪法保障与社会政策之形成空间:以德国联邦宪法法院关于年金财产权保障及最低生存权保障的判决为中心》,载《台大法学论丛》2012 年第 41 卷第 2 期。

⑥ [日]芦部信喜著,[日]高桥和之补订:《宪法》,林来梵、凌维慈、龙绚丽译,清华大学出版社 2018 年版,第 215 页。

⑦ 台湾社会法与社会政策学会主编:《社会法》,元照出版公司 2015 年版,第 71 页。

（一）社会保障权宪法规范之一般效力

虽然存在较大的差异，但宪法规范仍属于法律规范，具有法律规范所具有的评价、指引功能。就国际条约而言，社会保障权对缔约国规定了三种义务：尊重（respect）的义务、保护（protect）的义务和实现（fulfill）的义务。[①] 以我国《宪法》总纲第 14 条第 4 款规定的“国家建立健全同经济发展水平相适应的社会保障制度”为例，虽然这一规定没有制裁违反这一规范的国家机构的功能，但是对国家机构建立相关制度的行为或状态仍提供了评价和指引功能。一方面，如果社会保障制度因为缺失或不健全而不能适应经济社会的发展状况，人们可以据此对国家相关机构进行批评，从而督促国家相关机构立法。例如，长期照护保险制度仍未建立、失业保险金的保障水平过低等。另一方面，这一规范也为国家相关机构的立法与制度创建活动提供了内在的命令性要求，这一要求不仅体现在党的报告、政府规划中，也体现在立法机构特别是行政主管部门的立法计划中。众多的有关基本权利与基本义务的规定仅具有方针条款之效力，仍待立法者立法始能实现该等方针之内容。[②] 这种立法等待不是完全消极的，而是相当积极的“对国家课以”立法义务。虽然这种义务和一般的法律义务存在重要区别，不是通过撤销法律或法规命令、撤销法律行为、要求违反义务主体承担经济或人身方面的法律责任强制国家或国家相关机构履行义务，而一般通过课以国家相关机构特别是其首长的政治责任来促进该义务的履行。如国家相关机构怠于根据宪法社会保障权规范立法的，该机构的首长可能会被罢免、撤职或迟滞职务晋升。此种政治责任本质上仍然是对法律主体的不利益，对相关国家机构具有较强的制约力，作为广义的法律责任亦未尝不可。

我国宪法系各类法律制度之母法，其规范效力之存在主要体现在对不同具体法律制度、不同权利的创制上。以社会保障领域宪法规范言之，其规范效力主要体现在相应的制度创建上。就宪法规范本身而言，尚未形成相应的法律规范效力，不论是年老、疾病或残疾，虽然具有获得相应的社会帮助的权利，但不可依此宪法条款向相关机构或部门，向国家主张其相应的请求权。只能循序渐进、急缓有度地通过制定相关领域的法律、法规，逐步填补社会保障领域之漏洞，织密我国的社会保障网。并且，随着政治制度的不断完善和程序公正的不断实现，人民社会保障基本权之规范效力将逐步实现。

（二）违宪审查之规范基础

宪法是国家的根本法，任何违反宪法规范的法律、法规、命令或行为都是无效的，确定无效的基本形式就是进行合宪性审查。在德国，第二次世界大战后学术界和实务界一反过去质疑社会基本权效力的主张，普遍认为“社会国”原则具有规范效力，司法机关尤其宪法法院对社会立法的合宪性审查，集中在是否违背人性尊严或自由、平等及财产权等基本权上。[③] 日本《宪法》第 25 条第 1 款规定：“所有国民，均享有营构在健康和文化意义上最低限度生活的权利。”

---

① ［挪］A. 艾德、［芬］C. 克罗斯、［比］A. 罗萨斯：《经济、社会和文化的权利》，黄列译，中国社会科学出版社 2003 年版，第 22 页。

② 陈新民：《宪法基本权利之理论基础》，元照出版公司 1999 年版，第 40–43 页。

③ 郭明政：《社会宪法——社会安全制度的宪法规范》，载苏永钦主编：《部门宪法》，元照出版公司 2006 年版，第 319 页。

第2款规定："国家必须就一切生活领域和层面，努力提高和增进社会福利、社会保障以及公共卫生。"对于两者之间的关系，大阪高等法院1975年11月10日在堀木诉讼判决中认为："第2款宣明了国家必须努力形成事前性的积极防止贫困政策的义务，而第1款则宣明了对于那些尽管有第2款的防止贫困政策之实施，但仍未得幸免者，则国家具有作出事后性的、补足性的且个别性的济贫措施之责任。"至于以何种济贫政策实施到何种程度，则属于立法机关的裁量。该判决将第1款理解为以确保"最低限度的生活之保障"这一绝对基准为直接目的，要进行严格的司法审查。①2012年2月28日，日本最高法院在"废止老龄加算制度违宪诉讼"中认为，虽然在最低限度生活水平的决定上，厚生大臣拥有广泛的裁量权，但其对迄今为止已被认定的生活水平进行降低方向的修正，则仅具有狭窄的裁量空间，并应受到一定程度的严格审查。②

在我国台湾地区，在释字第422号解释中，"大法官"认为行政机关以固定不变之金额标准推计生活费用，未考量地域物价水准之差异及实际生活困窘状况，与本地区"宪制性规定"保障生存权之意旨不符。③

社会保障权之宪法规范作为合宪性审查之规范基础，主要是基于基本生存之需要，从"最低限度的生活之保障"出发审查社会保障之强制给付是否适法。对于何谓"最低限度的生活"，仍有相当的裁量空间，应基于地域之生活支出、物价水平、一般人生活状况、经济和社会状况等综合确定。对于此之外的社会保障法律、法规、命令、行政行为是否可以依据社会保障权规范进行合宪性审查，尚缺乏司法实践，在理论上则值得深入探讨。例如，不同群体之间仅仅因为身份的不同而给付水平差距过大，是否违背社会保障权抑或违背平等权？尤其是我国社会经济发展水平还处于"初级阶段"，不同职业人群、不同阶层之社会行政给付（待遇）差距很大，甚至相关制度因人而设，客观上加剧了此等情形法理论证之必要性。我国未设置宪法法院、宪法法庭，期待未来依据宪法之相关审查制度，审验相关法律法规本身之"合法性""合理性"及"社会公平性"。

（三）能否作为给付请求权之基础

对于社会保障权之宪法规范能否作为请求权基础，亦即人民能否基于该规定要求国家给付社会保障待遇，向来存在较大争议。

反对者认为，社会权的实现不同于自由权，端赖国家财政与行政能力，故此种"权利"，乃授予立法机关予以形成。④除了消极地抵御国家侵犯，基础生存所需之保障尚有积极面的保护内涵，亦即：当人民无法自力维持生存时，有权要求国家提供最基本之生存所需的物资。人之所以为人，虽然终究要表现在人的自我决定、自我负责上，然而个人的自我负责却是以个人有能力加入自主运作的社会程序与社会关系为前提的。当个人因无法自力获得这些前提而陷入无法维持生存的困境时，国家便应积极地提供个人最低生存之所需，以使得其有机会返回到自立自主的社会过程中。对于基础生存所需的具体内容的界定，是很困难的问题，一般这个决定

① ［日］芦部信喜著，［日］高桥和之补订：《宪法》，林来梵、凌维慈、龙绚丽译，清华大学出版社2018年版，第215页。
② ［日］芦部信喜著，［日］高桥和之补订：《宪法》，林来梵、凌维慈、龙绚丽译，清华大学出版社2018年版，第217页。
③ 台湾社会法与社会政策学会主编：《社会法》，元照出版公司2015年版，第71页。
④ 李惠宗：《宪法要义》，元照出版公司2012年版，第221页。

都交由立法过程形成，因为这不仅涉及特定的社会经济环境，也涉及文化因素的差异。[①] 法律学说和法理学时常将声明基本社会权利的条款降格为空泛的宪法性宣言，以致公民不能够据之获得主观的权利（资格）。[②] 社会权不是那种仅以宪法的规定为根据就能请求法院实现其权利的具体权利，其要成为可以向法院请求救济的具体权利，尚有必要由立法赋予其依据。[③] 在日本，即使是生存权条款也难以作为请求权的基础。朝日诉讼是一个有关在 1956 年当时每月 600 日元的生活救助费是否足以维持健康和文化意义上最低限度的生活水平而被争诉的案件。一审判决（东京地方法院 1960 年 10 月 19 日判决）采纳了原告（朝日茂）的主张，认为“健康和文化意义上的生活水平”之具体内容虽然并不固定，但理论上，在特定国家的特定时期，大体上应该能够客观地加以决定，为此将厚生大臣设定生活保护基准的行为认定为应该服从司法控制的羁束行为，并判示：像本案这样对维持上述生活水平之程度有欠保护的情形，乃违反了《生活保护法》第 3 条和第 8 条第 2 款，同时实质违反了《宪法》第 25 条。但在向最高法院上诉期间原告死亡，最高法院判示：由于生活保护受给付权乃本人之专属权利，而本人已死亡，故诉讼终止。但附加意见：(1)《宪法》第 25 条第 1 款只是宣明了国家有责任运营国政，以使全体国民能营构其健康和文化意义上的最低限度生活，而非直接赋予各个国民以具体权利（纲领性规定）；(2) 何谓“健康和文化意义上的最低限度生活”，其判断应委之于厚生大臣进行裁量（最高法院大法庭 1967 年 5 月 24 日判决）。日本学者认为，生存权虽然是要求国家积极关切的权利，但并不是“具体性的请求权”，因为生存权的内容是抽象且不明确的，所以要以《宪法》第 25 条为直接依据来推导出请求生活救助的权利，是有困难的，从而不得不认为生存权需要通过将其具体化了的法律才能成为具体的权利（抽象权利说）。[④]

相反观点认为，法官可以通过多种渠道获取信息、专业知识等应对社会保障权可诉性所面临的能力不足问题。通过对宪法权利的扩张性解释，包括可诉性在内的一体化的保护和救济必成为社会保障权未来实现的方向。[⑤] 此观点的错误是显而易见的。社会保障权实现的根本基础不在于专业知识，而在于财务基础以及一系列的机制、运营和人员。最简单的常识就是，没有钱就不可能给付。因此在没有具体的社会保障制度的情形下，法院根本不可能实现社会保障诉求——即便认为这时存在社会保障权。

即便社会保障权可以作为请求权基础，也仅仅局限于最低生存保障——类似于我国的社会救助。至于最具争议性的主观权利效力，通说仅承认于符合人性尊严之最低生存需求满足限度内请求国家为给付，其他则不能支持，因为以宪法保障特定的给付请求权，有其难以贯彻的困难与民主正当性不足的内在限制。[⑥] 生存权为宪法明文保障的社会基本权，唯有生存权获得保障，人民才可能享有发挥自我、成就其人格发展的最起码的公平机会。相对于德国于 2010 年始通过联邦法院判决肯认人民享有符合人性尊严之最低生存权，不少学者肯认我国台湾地区所确立的此项社会基本权具有主观权利之效力，当人民无法自力满足最低生存条件时，纵使

① 蔡维音：《社会国之法理基础》，正典出版文化有限公司 2001 年版，第 50–51 页。
② [比]丹尼·皮特尔斯：《社会保障基本原理》，蒋月、王铀镱译，商务印书馆 2014 年版，第 13 页。
③ [日]芦部信喜著，[日]高桥和之补订：《宪法》，林来梵、凌维慈、龙绚丽译，清华大学出版社 2018 年版，第 62 页。
④ [日]芦部信喜著，[日]高桥和之补订：《宪法》，林来梵、凌维慈、龙绚丽译，清华大学出版社 2018 年版，第 215–216 页。
⑤ 付龙飞：《社会保障权可诉性论成》，载《郑州大学学报（哲学社会科学版）》2012 年第 1 期。
⑥ 郭明政：《社会宪法——社会安全制度的宪法规范》，载苏永钦主编：《部门宪法》，元照出版公司 2006 年版，第 345 页。

没有相关依据，亦得援引“宪制性规定”的生存权保障向有关机构请求给付。[①] 而在社会国原则与社会宪法条款设定的价值界线范围内，考量社会给付立法涉及国家整体资源的配置与运用、社会环境及经济条件等复杂政策性问题，基于民主原则与权力分立原则之要求，我国台湾地区司法管理机构释字第578号解释肯认立法者享有制度选择的广大空间，其应审酌当时之社会要求与社会经济条件为合理之决定，甚至应随外在条件变迁随时调整因应，以确保制度之财务健全与永续经营。[②] 在个人自由保障与“社会国”秩序要求之间的紧张关系中，立法者具有宽广的型塑自由。只要立法者的考量并非明显错误或违反基本法价值秩序，联邦宪法法院必须尊重立法者社会政策的决定。[③]

我国的《社会救助法》早在“九五”期间即列入全国人大立法规划，至今还在“规划”之中，时间已经过了二十多年。虽然因年老、疾病和残疾而获得社会帮助的权利已经入法，但是，该权利仍位于“基本权利”的理论圈定中，尚未形成相应的给付请求权，国务院早在20世纪末就颁行了《城市居民最低生活保障条例》，但作为效力层级较低的国务院行政法规，它无法塑造实体法上的给付请求权，更无法塑造程序法上的请求权。社会保障基本权之建构与落地尚须一定的时间。

第二节 社会保障权利及其分类

一、社会保障权利概述

在本节中，社会保障权利是指社会保障法律制度规定及具体塑造的权利，其与宪法上之基本权——社会保障权相对应。社会保障权利都是实定法上的权利，是对宪法基本权利的具体化。宪法规范非常抽象，如果没有可操作性强的普通法律的保障，社会保险权将是“空中楼阁”，故必须借助于普通法律将其具体化。[④] 作为实然权利和具体权利，社会保障权利应当明确具体的权利主体、权利内容以及对应的法律义务。社会保障权利的核心内容是社会给付的获取，当义务主体违反给付义务时，权利主体有权通过法律程序要求义务主体履行义务。多数情形下，社会保障权利之实现并不以社会保障义务主体违反相关义务为前提，而以当事人履行法定社会给付义务为基础。

基于社会保障权利的多样性，并非所有的社会保障权利都是强制性的，这同样意味着并非所有的社会保障义务都是强制性的，如对于国民年金保险，部分国家并非强制性的，而是带有一定的福利色彩，且通过具有“诱导性”的制度建构实现其社会保障权利；对于非强制性的社会保障权利，在具备强制性之前，不能强制义务主体履行义务。

---

① 台湾社会法与社会政策学会主编：《社会法》，元照出版公司2015年版，第75页。

② 台湾社会法与社会政策学会主编：《社会法》，元照出版公司2015年版，第72页。

③ BVerfGE 113，167（215）；BVerfGE 44，70（89f）；89，365（376）；103，172（185）。转引自邵惠玲：《社会基本权之法制实践与司法审查》，元照出版公司2016年版，第204页。

④ 郑尚元、扈春海：《社会保险法总论》，清华大学出版社2018年版，第224-225页。

社会保障权利的实现亦即社会给付的履行，在相当多的情形下仍然依赖于财务、制度、人员、组织机构的保障。在这些基础条件缺乏的情况下，不能认为公民以及其他社会主体之社会保障权利已经齐备。这种情形的出现可能构成对宪法规范的违背，应依宪法规范承担或追究责任，而难以承担或追究普通法上的法律责任。

二、社会保障权利的内容

（一）参加权

社会保障待遇的获得并非都是无条件的，相当部分社会保障待遇的获得必须以履行相应的社会保障义务为前提或基本条件，最为典型者为社会保险，其制度建构具备社会预护之特征。参加社会保障需具备相应的准入资格，亦即当事人必须具备相应的参加权利。参加社会保障不仅是获得待遇之对应义务，自身亦属于一种权利，系待遇获得权之基础权利。

社会保障参加权，是指社会成员平等地参加社会保障的权利。社会保障既有既得权的性质，也有期待权的性质。对于大多数人来说，社会保障的直接目的在于防范可能发生的社会风险。既然具有风险之特质，就有发生的可能与不能。对于社会成员来说，社会保障权利并不仅仅意味着社会保障待遇的享受。参加社会保障本身就意味着社会主体平等权利的实现，就意味着人格尊严得到了尊重，也是其最终获取社会保障待遇的组成部分，其本身即为一种权利。

参加社会保障并非只能被动地等待，还可积极要求参加。如果一个地方应当实施某种社会保障制度却没有实施，以致社会成员不能参加并获得社会保障待遇，政府相关部门应当承担相应的政治及法律责任。每一个社会成员应当有平等地参加社会保障项目的权利，对其不得歧视。

社会保障参加权还应当包括参与社会保障政策决策的权利，这也是公民的社会保障参加权的重要体现。公民有权利对社会保障政策的制定、立法等发表意见、提出建议。

从另一面看，所谓社会保障参加权，系社会保障对象所应具备的准入资格上的权利及相关权利。多数情形下，根据不同的社会保障类型与项目，参加人群有别。除欧盟外，多数国家社会保障并非实行国民待遇原则，而是对其国民或享受国民待遇当事人予以保障，对于不适格之外国人不予保障。

（二）期待权

社会保险关系建立后，便形成了稳定的社会保险法上的法律关系，被保险人已经具有了经济上的利益期待，并已经拥有了某些值得法律保护的权利，可称之为社会保险待遇期待权。[①] 对于社会保险以外的社会保障项目，同样存在期待权之问题。期待权之形成多数情形下发生在社会保险风险与社会保险给付之时间上的错位或延期。因其社会预护之特质，产生了相应

① 郑尚元、扈春海：《社会保险法总论》，清华大学出版社2018年版，第224–225页。

的社会给付期待权。此外,其他社会保障领域亦有相应的期待权产生,例如,军人退役后可享受相应的优抚待遇。在军人已经办理了退役手续"转移"到地方之前,优抚待遇之享受仅仅是一种可能性,随着身份的转换,其通常能够享受该项待遇,故此种待遇即属于期待权。因此,在社会保障制度的改革中,限制或取消公民的社会保障期待权益,极容易引发社会抵制甚至动乱,需慎重对待。我国在实践中经常采取的"老人老办法,新人新办法"具有非常高的支持率,在很大程度上即考虑了期待权的保障。

在社会保险法制形成的过程中,或者在其他社会保障项目中,推行法律保留原则,以实现当事人的期待权,例如,增加退休金确定性之期待权是我国当前该领域权利塑造的重要内容,即离退休若干年的当事人,尤其是近乎老年人的当事人在职期间通过法律技术可以计算出自己未来退休后所获得的退休金,此等权利即属社会保险法上的期待权。同样,低收入者亦可通过自己的收入与最低生活保障水准之间的差异获得相应的"补差"期待权。

(三) 获得社会保障给付的权利

获得社会保障给付的权利,不仅指对社会保障待遇的获得本身,还包括为享受待遇而应当获得的服务和劳务给付,如社会保险关系的转移权、要求提供银行转账或汇兑服务的权利、要求提供生存认证等便捷服务的权利。

获得社会保障给付的权利是社会保障权中最实在、最为根本也最为重要的权利。对于绝大多数人来说,该权利的实现即社会保障待遇享受权的实现。若该权利无法实现,社会保障权及社会保障法存在之意义即不复存在。

获得社会保障给付的权利,在日本法上称为"受给权",接受给予不是民间的慈善和接济,不是给付方的自愿,不是恩济,而是当事人基于相应的社会保障给付权利获得的金钱给付或实务给付。

(四) 社会保障知情权

这是社会保障参加权、期待权和待遇享受权的必然要求。知情权是权利人行使各项社会保障权利的基础和保证,包括对相关事项查询的权利、质询的权利,除对本人信息享有知情权外,亦可对相应的社会保障公共事务享有知情权。

三、社会保障权利的分类

社会保障权利乃各类社会保障立法创制的结果。依不同社会保障领域之立法,分别形成不同类别的社会保障权利,这些社会保障权利继而延伸出诸多的相关的社会保障权利。

(一) 社会保险权利

社会保险法制系社会保障法制中最核心的内容,社会保险权利系依据社会保险法律之规定而形成的实体权利和程序权利。我国现行社会保险法制建构只有工伤保险一类,已经步入权利救济程序。当事人申请认定工伤、请求保险给付(工伤保险待遇)的权利已经得到相应的司法认可。而其他类别的社会保险,如养老、医疗、失业等社会保险,几乎尚未形成相应的社会保险权利，当事人所拥有的权利未得到法律制度之确认，当事人在救济自身权利时，多数为应然之权利，并不存在由实在法支撑的实然权利。

（二）社会救助权利

社会救助（狭义）制度系针对低收入户实施的最低生活保障制度。在社会保障法制形成过程中，最能体现社会保障基本权规范效力的乃无因性给付之最低生活救助制度，即没有收入或低收入者有权主张其权利。随着发达国家社会救助法制的逐步完善，获得社会救助乃生存权的集中体现，当事人依法享有获得社会救助的权利。我国现行社会救助制度中，法律效力层级最高的是国务院颁布实施的《社会救助暂行办法》（国务院令第 649 号）。该行政法规涵盖了最低生活保障、特困人员供养、受灾人员救助、医疗救助、教育救助、住房救助、就业救助等多项救助内容，乃采广义之社会救助理念。当下，相关部门以及机构正在积极推进《社会救助法》立法，以解决立法层级过低，救助体系不健全、不科学，救助不足与重复救助同时存在，社会政策与法律制度之间存在张力而衔接不够，实体权利彰显而程序保障不足等诸多困境。

（三）社会补偿权利

社会补偿乃社会保障法制之重要制度之一，系织密社会安全网之举措，系针对特别牺牲之当事人，在民事侵权法、国家赔偿法之外创建的用来弥补当事人所受损害的一项社会保障制度。有关社会补偿制度，德国社会法典第 1 篇（总则）第 5 条规定："'基于国家整体（staatliche Gemeinschaft）'对于特别牺牲之补偿或基于照顾法上的原则（versirgungsrechtliche Grundsatze）而生之其他理由，人民就其所遭受之健康损害，对下列事项有请求权：(1) 用以维持、改善以及恢复期健康与工作能力之必要措施。(2) 适当之经济照护。受害人之遗属亦得请求适当之经济照顾。"[①] 类似特别事件（战争、政治事件）、药害、犯罪受害等情形，无法获得民事赔偿或国家赔偿者，基于社会补偿制度而产生的社会补偿权利，乃社会保障权利内容丰富之又一体现。在我国，该类社会保障权利因实体法制之缺失，以及其他原因（如多数人认知"命运不济"之存在），而无社会补偿权利之创制。

（四）社会促进或社会优待权利

社会保障法制体系中，社会促进法乃针对特殊群体，如残疾人、老年人、未成年人、妇女、军人等，设置特殊社会福利、社会优待之法律制度。因制度相对松散，权利难以集中，社会促进或社会优待权利容易被人忽视。我国现实生活中，类似 1.2 米以下儿童乘坐火车免票、1.2–1.5 米儿童半价，老年人公交免票、公园免票，妇女育婴津贴、高龄津贴等皆属于社会促进法之内容。由此，本应衍生出相应的社会权利，但因我国现行制度并未形成相应法制，当事人的权利仅为应然权利，短期内大部分尚难转换成实然权利。

---

① 钟秉正：《社会法之理论与应用》（一），元照出版公司 2018 年版，第 124 页。

第三节 社会保障法上之请求权

一、请求权与社会保障法上之请求权

（一）私法之请求权

温德沙伊德（Windscheid）认为，请求权是指“法律上有权提出的请求，也即请求的权利，某人向他人要求一些东西的权利”[①]。“请求权乃要求特定人为特定行为（作为、不作为）的权利，在权利体系中居于枢纽的地位，因为任何权利，为发挥其功能，或回复不受侵害的圆满状态，均须借助于请求权的行使。”[②] 该概念后为大陆法系国家普遍采纳，成为民法的核心概念，英美法系亦有所涉及。现代民事权利的实现必须依赖于请求权。

（二）行政法或公法上之请求权

请求权概念在行政法或公法上同样被大量使用。主观公权利也可以分为支配权、请求权和形成权。请求权是指权利人要求他人作为、不作为或者容忍的资格，如给付请求权和财产转让权。此外，请愿权原本是请愿人排除不利的自由权，但现在受决定请求权的保障。[③]“所有纯粹以国家的统治权力为基础的国家的请求权都是公法性的。”[④]

学者认为，“请求权的概念，最初来源于私法，后来应用到公法领域[⑤]”；“请求权理论的意义并不局限于私法，在公法中也具有重要的理论和实践意义”[⑥]；“行政法上的请求权是公民为了贯彻其公权利，而向行政机关提出的作为或者不作为的要求”[⑦]。学者们对行政法上的请求权体系（理论构造）进行了初步研究，提出了有益的建议。抛开抽象理论，在实务上，行政法立法目的之实现无法离开请求权，而无论某种行为或形态是否被称作请求权。行政相对人的权利包括：(1)行政参与权，即行政相对人可以依照法律规定，通过各种途径参与国家行政管理活动的权利；(2)行政获益权，即行政相对人有权依据法律规定从行政主体或通过行政主体的管理活动获得利益；(3)行政保护权，即当行政相对人的合法权利受到侵犯时有权获得行政法上的保护。[⑧]随着给付行政理念的兴起，相对人的权利不再限于消极的防御权，而扩展至要求国家给予“生

---

① 金可可：《论温德沙伊德的请求权概念》，载《比较法研究》2003 年第 3 期。

② 王泽鉴：《民法概要》，中国政法大学出版社 2003 年版，第 41 页。

③ [德]汉斯·J. 沃尔夫、奥托·巴霍夫、罗尔夫·施托贝尔：《行政法》（第 1 卷），高家伟译，商务印书馆 2002 年版，第 503-504 页；李惠宗：《主观公权利、法律上利益与反射利益之区别》，载台湾行政法学会：《行政法争议问题研究（上）》，五南图书出版公司 2000 年版，第 161 页。

④ [德]格奥格·耶利内克：《主观公法权利体系》，曾韬、赵天书译，中国政法大学出版社 2012 年版，第 56 页。

⑤ 杨小君：《试论行政作为请求权》，载《北方法学》2009 年第 1 期。

⑥ 徐以祥：《行政法上请求权的理论构造》，载《法学研究》2010 年第 6 期。

⑦ 王锴：《行政法上请求权的体系及功能研究》，载《现代法学》2012 年第 5 期。

⑧ 应松年主编：《当代中国行政法》（上卷），中国方正出版社 2005 年版，第 148-149 页。

存照顾”的积极权利,相对人可以积极地请求行政主体作出给付行为。[①] 没有对行政行为的请求与行政主体的对待履行,公民在行政法或公法上的权利不可能充分实现。

(三) 社会保障法上之请求权

公法上之请求权,系行为主体为实现其公权利,而要求行政主体作为或者不作为之权利。在公法之行政法律关系中,原则上仅存在行政主体与相对人,即便存在第三人,其与行政相对人之法律地位也有相当差异。而在社会保障法律关系中,存在行政机关和经办机构(给付主体)、被保险人和受益人(受给付主体)、雇主及其他法定主体(如劳动能力鉴定委员会、鉴定专家、医疗机构、药品零售机构、康复机构、辅助器具配置机构、培训机构等)。在同一社会保障关系中,可以存在多个主体,可以有多重权利义务关系,且皆系法律关系之当事人。基于以公法为主体、同时有大量私法规范之性质,社会保障法上之请求权在主体上多为公法请求权,而在部分情形中又属于私法请求权。是故,社会保障法上之请求权不宜简单采行公法上请求权或私法上请求权之定义。否则,要么不当,要么无法显示社会保障法上之请求权的特定内涵。社会保障法上之请求权的特定内涵包括三个方面:(1)其法律基础是社会保障法(特指社会保障法律规范,而非《社会保险法》,如在人身损害赔偿中,涉及社会保障之内容亦为社会保障法之规范,亦可谓社会保障请求权之法律基础);(2)其权利基础是社会保障权利;(3)其所处的法律关系为社会保障关系。

二、矫正不当社会保障行政行为之请求权

多数社会保障给付之实现,端赖于社会保障制度之建立、组织之实施,行政主体实为中流砥柱。行政主体之不作为、乱作为,将最终影响民众社会保障权利之实现。依据法律保留和法律优先原则,必须限制行政主体在社会保障制度实施过程中的自由裁量权,使之更妥当地服务于法律及民众。给付行政之范围及程度,虽然受到国家财政能力之限制,惟拒绝给付亦不得恣意为之,例如,对于无力缴纳保费者,国家应给予适当之救助,不得径行拒绝给付,以符合宪法推行全民健康保险,保障老弱残废、无力生活人民之旨趣。[②]

社会保障制度之实施以社会保障行政主体行为的开展为基础,社会保障行政行为之当与不当,系社会保障法制运行正确与否的根本。多数情形下,社会保障行政给付之落实,必以社会保障行政行为为依据,例如,老年年金之给付,社保机构需要根据当事人的缴费年限和法定请领年龄(退休年龄),作出是否办理请领手续,以及是否给付年金的决定;工伤保险给付(待遇)之落实,必以相关机构认定工伤为前提;同样,社会低保之发放,必以低保机构认定申请人属于低收入户之资质为前提;等等,因此,社会保障行政行为矫正请求权,乃社会保障法制之保障,系社会保障制度是否步入法制的试金石。

对于社会保障行政机构之不当行为,目前,我国采行政复议和行政诉讼模式予以矫正。行政相对人,也就是社会保障对象或其法定亲属,必须有相应的权利提起行政复议、行政诉讼,此

---

① 朱新力、金伟峰、唐明良:《行政法学》,清华大学出版社 2005 年版,第 130 页。

② 黄俊杰:《行政法》,三民书局 2010 年版,第 15 页。

等提请行政复议、行政诉讼之权利乃不当社会保障行政行为矫正请求权，包括实体法上的请求权和程序法的请求权。

目前，我国社会保障行政给付之程序救济，分为行政行为之矫正、给付争议之救济。有些情形，两类程序竟分置于民事、行政两个救济程序中；有些情形，两类请求权之实现，都落入行政救济程序之中。无论如何，不当社会保障行政行为矫正之请求权是社会保障权利实现的程序保障。

三、信息公开请求权

政府信息（即资讯，下同）公开分两种情形：公开与提供。广义的信息公开包含政府公开信息及当事人阅览权。[①]前者是指对于应向社会公开之政府信息，基于主动或被动申请，政府及其管理人得向全社会公开之情形。其公开之目的与个人并无直接利害关系，系为满足公民“知的权利”（又称知情权、了解权，即个人或团体有权知悉并取得行政机关的档案资料和其他信息[②]）。后者又称“卷宗阅览请求权”，属于“被动公开”，系公民为实现个人权利而要求公开政府信息。此处的“公开”非属“主动公开”，而是基于公民的申请而公开，其权利主体（限于“当事人”或“利害关系人”）与规范目的（为实现“听证权”必须调阅卷宗，故卷宗阅览请求权以“主张或维护其法律上利益所必要者”为界限），与“主动公开”（任何人基于“知的权利”请求机关公开公共信息）迥不相同，不能混为一谈。[③]基于研究之必要，本节将公众要求行政主体公开社会保障信息的请求权作为一种独立请求权，而将公众为了实现自己的社会保障权利而要求行政主体公开相关社会保障信息的请求权归入给付请求权中。

信息公开请求权是一项独立权利。在现代社会，知情权是公民所享有的一项不可或缺的基本人权，也是公民实现其他权利的必要基础和前提。[④]信息公开请求权根源于知情权，是知情权的权能之一，其目的在于实现知情权，故有其独立存在之价值。“政府信息公开是现代政府的一项基本义务，同时也是现代社会公民的一项基本权利，是公民知情权的基本内容和重要体现。”[⑤]信息公开请求权已经得到普遍承认。信息公开首先表现为行政相对人请求信息公开的权利和行政主体的义务。[⑥]我国已经加入的《公民权利与政治权利国际公约》第 19 条第 2 项规定：“人人应有表达自由的权利；此项权利包括寻求、接受和传递各种信息和思想的自由。”[⑦]“一个民治政府，如果人们没有关于民治的信息或缺乏获取这些信息的方式，不过是场闹剧或悲剧的序幕，或两者兼而有之。”[⑧]

---

① 陈慈阳：《行政法总论、基本原理、行政程序及行政行为》，神州图书出版公司 2005 年版，第 364 页。

② 王名扬：《美国行政法》，中国法制出版社 2005 年版，第 945 页。

③ 汤德宗：《行政程序法论》，元照出版公司 2005 年版，第 31 页。

④ 杨海坤、章志远：《中国行政法基本理论研究》，北京大学出版社 2004 年版，第 476 页。

⑤ 应松年主编：《当代中国行政法》（上卷），中国方正出版社 2005 年版，第 1455 页。

⑥ 马怀德主编：《行政法与行政诉讼法》，中国政法大学出版社 2012 年版，第 267 页。

⑦ ［奥］曼弗雷德·诺瓦克：《民权公约评注：联合国〈公民权利和政治权利国际公约〉》，毕小青等译，生活·读书·新知三联书店 2003 年版，第 332 页。

⑧ 罗豪才、毕洪海编：《行政法的新视野》，商务印书馆 2011 年版，第 437 页。

资讯公开之作用,首先是保障民主国家的国民应享有的“知”的权利,为宪法上表现自由之一种,应严格保障。其次,为促进政治参与及沟通,由人民先行了解状况,提出切合时需之建议,有助于政府推动或颁行政策。再次,发挥间接政治监督之效果,亦即行政机关除受国家的法定监督外,受民众与媒体之监督亦视为重要之民主机制,此监督之前提即行政程序进行中所需资讯之公开化。最后,资讯公开亦是确定是否采取制裁人民违法手段的重要前提。[①] 在资讯社会中人民有知的权利,政府应适时提供足够资讯以便人民作决定或参与公共意见形成时,更正确、更容易、更可能。[②]“在资讯社会里,政府依法有主动或被动公开其所持有或保管之资讯,为资讯给付行政之一环,属资讯公开之法域。”[③] 政府资讯公开法之立法意旨,系为保障人民知的权利,以便利人民共享及公平利用政府资讯、增进人民对公共事务之了解、信赖及监督,并促进民主参与,其公开对象为一般人民,系属“一般性之资讯公开”。人民向政府机关请求公开其持有资讯之权利,称为“资讯公开请求权”。[④]

社会保障与每一位国民利益攸关,对国家和社会发展影响深远,应当坚定贯彻信息公开之原则。在现实中,相当多的社会保障数据仍没有主动公开,未能充分保障公民社会保障知情权之实现。在此背景下,赋予公民社会保障信息公开请求权实为必要,不仅有利于助成公民“知的权利”之实现,对遏制“行政怠惰”,监督行政权力的合法、正当行使,促进社会保障体系理性化发展,增进公众社会保障方面的反射利益,都是不可或缺的。

信息公开请求权之权利主体,为我国任何自然人或法人,即任何公众均得主张社会保障信息公开请求权。对此可借鉴欧盟法规定。《欧洲经济共同体条约》第 255 条第 1 款规定,任何欧盟的公民,任何在欧盟成员国居住的自然人或注册地在欧盟成员国的法人,都有权查阅欧洲议会、欧盟委员会和欧盟理事会的文件。[⑤]

信息公开请求权的行使目的无须公布,即公众在主张信息公开请求权时,无须表明其主张权利之目的。对信息公开,谁都可以请求,在请求时,也没有必要明确表示请求该信息的宗旨。[⑥]

信息公开请求权应包括更正请求权,即当公众发现社会保障信息存在错误、逻辑矛盾时,要求行政主体予以解释,并对错误信息予以更正的权利。[⑦]

四、给付请求权

社会保障给付请求权又可称为社会保障待遇请求权,系指社会保障受益人要求社会保障给付义务人积极为一定行为之请求权。正如“社会保险待遇请求权是被保险人最重要的权利,

① 陈慈阳:《行政法总论:基本原理、行政程序及行政行为》,神州图书出版公司 2005 年版,第 363–364 页。

② 李震山:《行政法导论》,三民书局 2011 年版,第 6–7 页。

③ 李震山:《行政提供资讯——以基因改造食品之资讯为例》,载《月旦法学教室·公法学篇》,元照出版公司 2002 年版。

④ 黄俊杰:《行政法》,三民书局 2010 年版,第 498 页。

⑤ 王敬波等:《欧盟行政法研究》,法律出版社 2013 年版,第 85 页。

⑥ [日]盐野宏:《行政法总论》,杨建顺译,北京大学出版社 2008 年版,第 217 页。

⑦ 关于社会保障信息公开请求权之行使对象、公开范围、公开方式等详细内容,可参阅向春华:《社会保险请求权与规则体系》,中国检察出版社 2016 年版,第 40–43 页。

是被保险人社会保险待遇权利的核心"[①] 一样，社会保障给付请求权是最重要的社会保障请求权。虽然其他请求权均有独立存在之价值，但最平常、最普遍、对多数人来说最重要者即社会保障给付请求权。社会保障给付请求权最核心者即为要求给付社会保障待遇，亦包括以享受待遇为最终目的之相关请求权。

社会保障给付请求权之权利主体为被保险人或其他受益人，社会保障给付请求权之义务主体包括行政主体或其授权组织。

社会保障给付请求权之构成要件有三：(1)给付义务人负有给付义务。此给付义务主要来源于法定义务，包括具体法律规则、法律原则、法律概念及符合基本权规则之惯例、法学理论；亦来源于具有合法性之行政契约，如医疗协议，社会契约。(2)给付义务人未履行给付义务。至于基何种原因未履行给付义务则在所不问。(3)被保险人或受益人遭受损失，即未获得社会保障给付。

社会保障给付请求权可依据具体主张之待遇类型而予以细分，如社会保险待遇请求权、社会救助待遇请求权、社会补偿请求权以及社会促进请求权等。以下以社会保险待遇请求权为例予以分析。

关于社会保险待遇请求权。该请求权并非直接请求给付待遇，而是请求义务人履行与给付待遇密切相关之履行行为。义务人之履行行为虽非给付待遇本身，但其履行与待遇之给付密不可分。具体包括以下几种权利：(1)信息提供请求权，又称阅览请求权，系指权利人为实现自己之权利，而要求行政主体提供相关信息或调阅相关卷宗之请求权。例如，退休人员要求行政主体提供历年养老金调整依据、养老金计发依据及计发明细；"工伤"受害人或其亲属要求提供类似工伤情形认定决定书。赋予当事人之阅览权与听证权有密切关联性，是法治国确保公平公开行政程序不可或缺之一环。它的功能在于使当事人尽可能知悉了解程序进行之标的与过程，为适时主张权益，达成行政程序法进行中之当事人武器持有平等及程序之公开透明之要求。[②](2)信息订正请求权。当缴费人、被保险人或受益人发现行政主体所保存、持有的个人信息错误时，可以请求订正该信息。(3)信息利用停止请求权。当社会保障机构或其他主体违法利用自己的信息，不当利用自己的信息并导致权利人遭受侵害时，权利人得主张停止该信息利用。(4)咨询与建议请求权，即社会保障机构有义务向被保险人或受益人提供政策咨询与建议，发生重要错误并导致损失时，应承担赔偿责任，被保险人或受益人享有相应的请求权。(5)履行附属义务请求权。如根据《劳动合同法》第 50 条第 1 款"用人单位应当在解除或者终止劳动合同时出具解除或者终止劳动合同的证明，并在十五日内为劳动者办理档案和社会保险关系转移手续"之规定，劳动者有要求用人单位出具解除或终止劳动合同证明的权利并办理社会保险关系转移的权利；根据社保机构的相关规定，劳动者有要求用人单位为自己办理退休手续的权利。在用人单位停止缴费时，劳动者有要求社保机构告知的权利；在达到法定退休年龄时，劳动者有要求社保机构告知的权利等。

---

① 郑尚元、扈春海：《社会保险法总论》，清华大学出版社 2018 年版，第 229 页。
② 陈慈阳：《行政法总论：基本原理、行政程序及行政行为》，神州图书出版公司 2005 年版，第 371 页。

五、赔偿请求权

损害赔偿是极为重要之法律责任类型。其主要功能为复原,在于使被害人重新处于如同损害事故未曾发生时之处境。[①] 负有强制性或约定性社会保障给付义务的主体拒绝履行、迟延履行、不适当履行其义务的,就会导致社会保障权利人权利受损。当权利损失主要体现为经济利益时,便有损害赔偿之必要。因此,在社会保险法中,损害赔偿同样应为极重要之法律责任类型。为实现损害赔偿之权利,故有赔偿请求权存在之必要。

赔偿请求权与给付请求权在形式上具有一定的相似之处,如两者之标的均主要为一定数额之金钱,两者均是在给付义务人未为恰当给付时权利人对义务人行使之请求权。但两者有显著区别:给付请求权之给付仅指义务人所应为之给付,即系针对其所负有之义务本身;而赔偿请求权所要求之"给付",并不仅仅限于义务人原来所负担之义务。一方面,在范围上,其要超过义务人原来所负担之义务,如应包括权利人所失之利益、可确定之预期收益;另一方面,给付形态之变化,例如,由提供政策建议转变为损失之金钱赔偿,在给付性质上发生了根本改变。此外,给付资金之来源也存在差别。是否存在主观过错是区分给付请求权与赔偿请求权的重要标准,给付请求权应针对义务人不存在过错的情形,赔偿请求权则仅限于义务人存在过错的情形。

损害赔偿为损害之填补,使其回复未受损害前之原状。[②] 社会保障法上赔偿请求权亦应以填补损害为原则,使权利人回复至社会保障义务人依法履行义务之后果状态。损害赔偿之范围,除社会保障给付之标的外,最典型者为利息损失。此外,是否存在其他预期收益及损失,尚得进一步研究。考虑到在存在赔偿请求权的情形下,义务人主观上具有过错,这在赔偿额度上应当有所体现,因此对于利息损失,宜参照同期商业银行贷款利率而非存款利息确定;权利人为维护权利存在合理损失,如交通费、误工费、律师费等在一定范围内应当予以赔偿。而诸如投资等交易机会丧失及由此产生的收益损失,则不宜支持。主要理由在于,社会保障待遇系为保障人民基本生活需要而设置的,其设立并非为了获得投资等交易收益,支持此类预期收益不符合社会保障设立的目的。总的来说,社会保障待遇的额度是有限的,并不足以支撑重大的商业投资,从现实来说亦是如此。

赔偿请求权之标的仅限于金钱赔偿。虽然义务人所侵害权利人之权利并不完全是经济上利益之权利,但对其进行的损害赔偿只能是金钱。非金钱之责任,如回复原状、赔礼道歉等不属于赔偿请求权之标的。

赔偿请求权行使之对象原则上应为义务人所属之团体组织,虽然在特定情形下,个人亦可能负有赔偿责任,但这种赔偿系对组织之内部赔偿,不影响组织对受害人之赔偿责任。

六、追偿权

追偿,在行政法与民商法中的涵义大相径庭。通说为,行政追偿即"行政赔偿义务机关代

① 曾世雄:《损害赔偿法原理》,中国政法大学出版社 2001 年版,第 7–8 页。

② 孙森焱:《民法债篇总论》,法律出版社 2006 年版,第 362 页。

表国家向行政赔偿请求权人支付赔偿费用以后，依法责令有故意或重大过失的公务员、受委托的组织和个人承担部分或全部赔偿费用的法律制度”。[①] 如果某人在执行被委托执行的公共职务时，违反了其相对于第三方所负有的职务义务，原则上由国家或其所服务的团体负责。如系故意或重大过失，团体则保留对其进行追偿的权利。损害赔偿的请求权和追偿不可被排除在普通法院的救济途径之外。[②]

在民商法中，存在代位求偿权概念。广义的代位求偿权指债权的代位，即一方当事人或第三人为债务人清偿债务后，取得原债权人的地位，有权向债务人主张原债权人的所有权利。狭义的代位求偿权又称“代位追偿权”“代位追索权”，指在保险合同中，发生保险事故，保险人向被保险人赔付保险金后，从后者处受让取得的向造成保险标的损失的第三人请求赔偿的权利。[③]

《社会保险法》确定了基本医疗保险和工伤保险的先行支付制度。第 30 条第 2 款规定，医疗费用依法应当由第三人负担，第三人不支付或者无法确定第三人的，由基本医疗保险基金先行支付。基本医疗保险基金先行支付后，有权向第三人追偿。第 41 条规定，职工所在用人单位未依法缴纳工伤保险费，发生工伤事故的，由用人单位支付工伤保险待遇。用人单位不支付的，从工伤保险基金中先行支付。从工伤保险基金中先行支付的工伤保险待遇应当由用人单位偿还。用人单位不偿还的，社会保险经办机构可以依照本法第 63 条的规定追偿。第 42 条规定，由于第三人的原因造成工伤，第三人不支付工伤医疗费用或者无法确定第三人的，由工伤保险基金先行支付。工伤保险基金先行支付后，有权向第三人追偿。

先行支付制度中的追偿权，属于求偿权还是代位追偿权？从上述概念来看，应当属于代位追偿权。依据上述一般求偿权与代位追偿权划分理论，社保机构与第三人或用人单位存在法律上的利害关系。用人单位或第三人支付待遇后，社保机构即无须支付该待遇；而用人单位或第三人不支付相应待遇，社保机构就需要先行支付（垫付）此待遇，此等利害关系系基于法律强制规定而发生的。用人单位或第三人是否支付待遇直接决定了社保机构是否需要承担相应支付责任，因此双方存在法律上的利害关系。社保机构所为之先行支付，属于代位清偿。基于这一性质，社保机构先行支付即代位清偿后，发生权利移转之效果，即社保机构取得原债权人之地位，在其支付之额度范围内，得向债务人主张债权；社保机构行使代位求偿权时，债务人即得以对抗债权人之事由对抗社保机构，亦得以对债权人之债权，对社保机构主张抵销。

我国《社会保险法》上创建的工伤医疗、医保先行支付制度，系独特的制度创制。一方面，在当事人未及参保的情形下，工伤保险先行支付制度的运行遇到难以克服的障碍，即先行支付之后，没有类似民事执行程序中的执行回转制度，一旦支付之后所支付之资金很难被追偿到位。另一方面，在当事人已经参加保险的情形下，为救急，先行支付当事人的医疗费用，之后再追偿。如果确定是被保险人，不存在先行支付或正常给付的问题，垫付资金治疗抢救乃保险人应当承担的义务，只是过后结算的问题。之所以存在追偿无法实现的情况，一定程度上是因为该追偿并非行政法上行政机关对其公务人员之追偿，亦非保险法上之代位求偿，属无法理存

① 莫于川主编：《行政法与行政诉讼法》，中国人民大学出版社 2012 年版，第 351 页。

② 刘飞：《德国公法权利救济制度》，北京大学出版社 2009 年版，第 140 页。

③ 中国社会科学院法学研究所法律辞典编委会编：《法律辞典》，法律出版社 2003 年版，第 195 页。

在、无实体法依据、无程序法保障的想象性制度安排。试想，假如工伤保险基金先行支付了工伤患者的医疗费，而受害人的工伤由第三人导致，工伤保险基金如何在民事诉讼程序中行使其代位求偿权？如何行使诉权？现行程序法中有无这样的公立机构作为民事主体行使行政法上的“代位求偿权”？因此，问题解决的根本在于精细化《社会保险法》，同时，修订《民事诉讼法》，确立社会保险经办机构的代位求偿权，如此，人民法院才能开审如此“棘手”的案件。

思考题：

1. 社会保障法与劳动法有哪些联系和区别？
2. 试述社会保障法与行政法的关系。
3. 试述社会保障法与民法的区别。
4. 我国的社会保障法体系应如何划分？
5. 试述社会保障法各个组成部分的基本涵义。

第五章　社会保险法通则

第一节　社会保险一般

一、功能：通过保险的社会预护

工业革命以来的现代社会中，生存保障是通过职业劳动得以实现的，其为生活生计的典型来源。因此，当劳动以及随之而来的作为劳动对应给付的工资停止时，生活生计的保障就陷入危险。[①]这种由工业化带来的危险可以概括为两类：第一，劳动力暂时性或永久性丧失或降低所带来的对生计的威胁；第二，失去使用劳动力的机会所带来的对生计的威胁。

为了解决这一社会问题，国家组织了"社会保险"这一工具。社会保险是一种社会预护(soziale Vorsorge)。"社会预护"是德国社会法学家察赫发展出的概念，从而功能性地构建出德国社会法内部体系：社会预护、社会补偿、社会救助、社会促进。[②]预护本身描述的是生活中常见的一种行为，即人们着眼于未来，而在当前就采取措施以更好地应对未来可能的危险、损害或者匮乏的地位。为"预护"加上定语"社会"后，这个概念的范围便大大缩减了——此时的预护更多与国家的责任有关。[③]

---

① 讲坛社会主义者路德维希·约瑟夫·布伦塔诺(Lujo Brentano)富有感情地描述了这种情形："劳动力是劳动者收入的唯一来源，但是劳动力是与人自身同一的。劳动者将自己的能力使用于购买经济性货品时，所有那些环绕着人们生活的各种危险，也必然威胁着劳动者与其家庭的经济基础。有产者生病时无疑也会感到烦扰，不过由于其无论健康还是疾病都能利用其财产，疾病并没有能力夺取其生活生计；而所有疾病对那些仅仅依赖其劳动支应生活生计的人却都是剥夺性的，因为其取走了他们劳动的能力，这是最深最可怕的代价。对有产者而言，生活种种不幸导致的残疾几何痛苦，那伴随着缺失的老年几何艰难，不过其通过财产所收益到的年金并不会因此降低；可是劳动者却只能将残疾与老年寄托于人们的善心以消除和填补其缺陷。无疑，死亡对于有产者也是不适的，对他们的遗属亦是悲伤的，不过在有产者生时服务于其需求的财产在其死后服务于他最后的需求，即有尊严的葬礼，同时在其生时就供养其遗属的财产在其死后会继续供养他们，不让他们的伊甸园倒塌；可是，对那些满足其需求的唯一来源是劳动，而这劳动现在却永久地平息了的人而言，他们修墓地的钱从何而来？抚养那本由这劳动供养的孩子的钱从何而来？"

② 察赫首次提出该体系，见 Hans F. Zacher, *Die Anatomie des Sozialrechts：Die Sozialgerichtsbarkeit*, 1982, pp. 329-337。除一些小小的变化外，该体系至今仍可用来说明德国社会法的结构。

③ Ingwer Ebsen, "Soziale Vorsorge als Funktion", in Ulrich Becker(Hrsg.), *Rechtsdogmatik und Rechtsvergleich im Sozialrecht I*, Nomos, Baden-Baden, 2010, pp. 107-113. Ebsen 在说明预护的含义时引用了《拉封丹寓言》中"蚂蚁与蝉"的短诗：目光短浅、不计后果的蝉并没有为冬天无粮可吃的风险进行预护，只能求助于蚂蚁。因此，预护一方面是对可能面临风险的个人(蝉)的保护，另一方面亦是对需要通过税收救济那些因缺乏预护而遭遇风险的个人的社会大众(蚂蚁)的保护。

社会预护的核心是对抗未来的社会风险。上文已述，在工业化社会，人们的生活关系发生了巨大的变化，社会法对人的社会生活的基本设定是：每个成年人都有可能通过（依附性的或独立的）工作赚取自己及家人（配偶与小孩）的生活费用。[①] 对于这种常态生活的偏离就可能产生相应的需求，谓之需求定位，典型的需求定位就称为社会风险。并非所有风险都可以通过社会保险得到预护，此时必须考虑保险工具得以发挥作用的大数法则，以及实施大数法则的可能。各国有着不同的国情，社会中所面临的各种工业化带来的风险各有不同，但似乎均不约而同地运用社会保险的工具来抵御以下社会风险：疾病、老年、生育、工伤、失业。不过，如何具体地界定与衡量作为社会风险的需求定位，则属于立法政策的裁量范围。

社会保险是社会预护的核心功能领域，其通过当被保险人缴纳保费为其提供对抗社会风险的适度的保护，故社会保险显而易见的功能在于对被保险人的保护。另一方面，通过规定保险义务，同时也保护了社会，因为并非所有个人都能够做到充足的个人风险预护。在德国，社会保险超越了最低保障，其旨在维持人们的生活水准。实际上，德国在讨论社会保险概念时，尤其认为社会保险应与社会救助相区分。如果那些被强制纳入一个长期性预护系统的人获得的仅是不缴纳保费，例如，从一般性的社会救助体系中获得的同等给付，那么这种不平等对待就被视为不正当，违反了宪法上规定的平等原则。[②] 故从社会保险制度的保费缴纳与宪法上的平等原则出发，社会保险与社会救助应该有差别：社会保险的给付水平必须超过社会救助或其他基本保障系统的水平；[③] 或者即便给付水平一样，社会保险也至少应在形式上区别于社会救助。[④]

二、历史渊源：俾斯麦模式下的社会保险

社会保险这一工具被认为是由俾斯麦推动建立的。简要了解社会保险在德国产生的背景对我们理解社会保险有所助益。

社会保险产生的大背景是工业化，其根本性地改变了德国传统的社会关系，传统的家庭、同业公会、基尔特内部提供的照顾形式[⑤] 或者主要在农业领域由雇主提供的照顾都失去了意义。在工厂劳动中产生了一个新的社会阶层，他们通过劳动赚取生活费用。当时，尽管对抗疾病、事故、老龄与死亡的保障有所扩充，但是从结果来看并不充足，紧急情况下劳动者和家属继续依赖于济贫。一个根本的转变是由俾斯麦发起的社会立法带来的。一定程度上讲，一系列的社会立法旨在抑制愈演愈烈的社会民主党的政治影响，从政治上稳定年轻的帝国。根据1881年11月17日的皇帝诏书，关于劳工疾病保险的立法于1883年6月15日颁布，关于事故保险的立法于1884年7月6日颁布，关于老年与残障保险的立法于1889年6月22日颁布。

---

① Hans F. Zacher, in Isensee/Kirchhof (Hrsg.), Handbuch des Staatsrechts (Fussn. 1), Rdnr.28, 53ff.

② Franz Ruland, Die Entscheidung des Bundesverfassungsgerichts vom 16.07.1985 zum Eigentumsschuty von Anrechten aus der gesetzlichen Rentenversicherung, DRV 1986, S.13ff.

③ Rolf Stober, Eigentumsschutz im Sozialrecht: SGb, 1989, S.53ff.

④ Karl-Jürgen Bieback, "Begriff und verfassungsrechtliche Legitimation von 'Sozialversicherung'", *VSSR*, 2003(1), S.1ff.

⑤ 这些组织自12世纪以来就有其自己以保险形式提供的照顾，而且之后产生的行会（Knappschaft），由于其广泛的进路，在保险形式的发展中起了很重要的作用。

在之后几年里，保护范围扩及那些起初并没有被包括在内的人群（特定工业部门的劳工、农民）。

俾斯麦建立的社会保险制度的标志包括以义务保险为形式的保障、国家监督下的自我管理的公法上的组织、通过雇主与雇员的保费支应财务以及保险风险出现时的公法上的给付请求权。其核心内涵即将私人（商业）保险之保险技术与社会政策实施实现了有机嫁接，这些特征原则上仍然适用于今天的德国。但是，应该看到社会保险并不等同于俾斯麦模式。从时间维度看，在德国，不仅社会保险本身的功能，而且社会保险所处的制度环境都在 20 世纪发生了持续、广泛的改变。德国社会保险通过俾斯麦立法而确立的一些特征在面临社会情势变更时不得不发生变动。联邦宪法法院确认，“从基本法中不能导出对于既存的社会保险体系或者其根本性的组织原则的宪法保障”[①]，也就是说，其否认社会保险存在宪法上的制度性保障。从地域维度看，俾斯麦式的社会保险虽然在很多方面都是标杆式的，但也不能忽视，德国社会保险的引领性其实较少地源于对于工业化的反应，而更多地源于本国的国情，包括社会变革、政治动机（例如，对抗社会民主运动，稳定年轻的帝国）以及思想史背景[②]的混合。正如德国法律史学家米歇尔·施托莱斯（Michael Stolleis）所说，社会保障体系并非“从某个立法之建筑大师的建筑图纸中跳脱出来”[③]，并不存在放之四海而皆准的“社会保险”模式。各国在建立与随时调整自己的社会保障以及社会预护形式时，都必须考虑社会保险的功能、正当性、本国国情，以及如何有效与合理地通过技术层面的手段实现的技术与路径。

三、社会保险的定义

对于社会保险的一般性概念，较为通行的表述可见于德国较早期的学者瓦纳伽特（Wannagat）所著的教科书。其认为社会保险是“国家组织的，根据自我管理原则建立的，公法的，主要立基于强制的，为大部分的劳动国民在劳动能力受损、死亡、发生失业的情形提供的保险”[④]。德国联邦宪法法院也曾多次定义社会保险，以解释基本法上的“社会保险”概念（Art.74 Abs.1 Nr.12 GG），从而明确联邦与州的立法资质问题。在联邦宪法法院的“艺术家社会保险”判决中，法院认为：第 74 条第 1 款第 12 项规定的“社会保险”的定义应被理解为广泛的“宪法上的类概念”，其涵盖了所有事实上呈现为社会保险的系统。如果新的社会给付就其本质结构因素，尤其是组织上的执行，以及覆盖的风险而言，与通过“传统”社会保险所烙下的图像相符合，那么这些新的生活事实也可以被纳入“社会保险”这一总体系。通过在某个被组织起来的多数体内的分摊达到对于那些虽然在个案中不能确定，但总体上可估测的需求的共同覆盖，无论如何属于社会保险……从组织上完成其任务的方式也是标志性的：社会保险的承担者是独

---

① BVerfGE 39,102,314.

② 史坦恩（Lorenz von Stein）对德国社会法产生的思想铺垫起到了重要作用。“自由只有在那些拥有自由之条件，拥有作为自我决定之前提的物质与精神财富的人身上，才是真正的自由”，引自 Lorenz von Stein，“Das Königtum，die Republik und die Souveränität der französischen Gesellschaft seit der Februarrevolution 1848”，in *Geschichte der sozialen Bewegung in Frankreich von 1789 bis auf unsere Tage*，Band. 3，Wiss. Buchgesellschaft，Darmstadt，1921，S. 104.

③ Michael Stolleis，*Geschichte des Sozialrechts in Deutschland*，Lucius & Lucius，Stuttgart，2003，S. 1.

④ Georg Wannagat，*Lehrbuch des Sozialversicherungsrechts*，Bd.I，1965，S.9ff.

立的公法上的团体，其通过“参与者”的保费来支应财务。[①] 无论是一般性社会保险的定义还是对宪法上社会保险的定义，首先都强调社会保险是一种保险。保险的标志是将同类面临风险的人集合于一个危险共同体，这种集合可以通过自愿发生，也可以基于保险义务。社会保险法在本质上与私法上的保险法十分类似，前者从后者处承接了重要的原则和技术。这是因为，尽管分属于公法与私法，但二者至为关切的事情事实上都指向生存保障。[②] 社会保险虽自始由公法塑造，但这一点并不改变其保险性格。

社会保险主要包含四个基本标志，即通过预护对抗社会风险、通过保费负担的财务、通过“保费－风险关系”体现出的社会性平衡以及保险强制。社会预护与社会风险在上文已有叙述，以下简要介绍其他三个标志。

（一）保费负担的财务

社会保险的本质要素在于通过保费支应财务。保费与税虽然具有一定程度的相似点，例如，二者可能都与工资相关，二者都旨在获得财源。但是，二者的区别也是本质性的：税是国家为获得收入而征收的金钱给付，其并非国家与纳税义务人之间所为的特别给付的对价，所以有学者也将税称作“单向收取的系统”（einseitige Nehmenssysteme）[③]。从法律视角看，税的收取的作用仅仅在于获取收入，与国家的给予并无关系。与此相应，我们也会看到，以税收为财源提供的给付往往基于平等原则而倾向于平均。在德国法上，社会保险保费是一种独立种类的公法上的“费”（Abgaben），其存在抽象意义上的对待给付，产生社会性平衡，实现自身系统内再分配，不受财政宪法规定的拘束。

如何理解社会保险中保费与给付之间的关系，是一个复杂的问题，对此，德国法学界与法院实务均有详细的讨论，此处不再详述。简要地说，德国法院在实务中对此问题有着十分曲折迂回的解释：首先，联邦宪法法院否认了保费与给付之间的“连接性”（Konnexität）；[④] 但随后又依据宪法要求保费与给付之间的“等价性”（Äquivalenz）；[⑤] 与此同时，联邦法院也一再基于“团结原则”（Solidarprinzip）而认可立法中对这种“等价性”的偏离，而且其从未令立法者规定在额度上与保费完全等值的金钱给付；[⑥] 但是，联邦宪法法院也认为，不能完全罔顾在保费与给付之间存在的关系。[⑦] 通过这一系列判决，可以看到，社会保险保费与给付之间存在着一种对价关系，这种关系诚然并非严格的数学上的等价关系，但是立法者也不能完全不顾及这种对价关系。保费是一种“受益负担”（Vorzugslast）[⑧]，以此区别于对所有国民施加负担的税。原则上，

---

① BVerfGE 75,108.

② 关于社会保险与私人保险在功能上的相似性，见 Deutscher Sozialrechtsverband, *Sozial Sicherheit durch öffentliches und Privatrecht*, SDSRV, Bd. 51, Schmidt, Berlin, 2004。

③ Hans F. Zacher, *Zur Rechtsdogmatik sozialer Umverteilung*, DÖV, 1970, pp. 3–14.

④ BVerfGE14,312(317);17,1(9).

⑤ BVerfGE 51,115(124);53,313(328);79,87(101);92,53(71).

⑥ BVerfGE 51,115(124);53,313(328);89,365(378).

⑦ BVerfGE 48,227(245 f.).

⑧ BVerfGE 75,108,157 ff.

那些保费与给付之间不具有等价性的情形被称为“保险外”(versicherungsfremd)。[①]“保险外”的给付尤其体现了“社会性平衡”(Sozialer Ausgleich)。为了支付这些着眼于所有国民利益的社会性平衡,同时又不使得保险共同体为此额外负担,国家必须通过税收支付财政补贴,以避免违宪。

由保费负担财务的功能首先在于,社会保险是自我预护的工具,被保险人组成的共同体自己承担预护的财务负担,从而不被消极地视为国家给付的受惠者。正是在这种财务基础上,德国才有可能建立一套自我管理的组织机制,实现社会保险之自治管理与运营。由保费负担财务的第二个功能在于,其减轻了由税收支应的救助系统的负担,这不仅仅是社会保险的一种“副作用”,更是社会保险及其强制性格的重要目的。由保费负担财务的第三个功能在于,其增强了保险财务的可接受性。与税收相比,保费虽然同样是一种由国家强制征收的费用,但同时也是保障各社会风险的对待给付。通过保费支付社会保险的财务实际上就成了强调这种负担的互换性格的工具。[②]

(二) 社会性平衡

前文已述,社会保险本质上是保险,社会保险法亦从私人保险法中承接过来了重要的原则与技术,这被称为社会保险法中的保险原则。但是,社会保险还格外烙上了社会政策目标的印痕。社会保险不仅提供符合保险的风险预护,亦产生了实现社会政策的社会性平衡。社会保险法有许多规定都体现出相应的社会性平衡,但是,哪些规定属于该范畴其实并不清晰。社会保险法上的社会性平衡主要体现在,当事人所缴纳社会保险中的保费并不总与其个人风险一致。例如,在法定疾病保险中,保费并不是根据个人被保险的风险来衡量的,而是根据所谓“主被保险人”(Stammversicherten)[③]的工资确定的。主被保险人与其免缴保费的、随同被保险的家庭成员、收入更好的被保险人乃至独身的被保险人都享有同样的医疗给付待遇。所以,缴纳同样的保费,主被保险人与其家庭成员,相较于独身的被保险人,无疑可以获得更多的给付。同样,收入不同的被保险人缴纳不同的保费却会获得同样的给付。与私人保险不同,社会保险中缺少保险精算下的个体等值性,但工伤保险除外。

不过,需要注意的是,那些服务于连带思想,或者说被理解为“团结原则”(Solidarprinzip)[④]的社会保险法相关规定所体现的社会性平衡,其正当性在宪法视角上是可以被质疑的,因为社会性平衡也会给被保险的互助共同体加上负担;而且,社会性平衡在于平衡所有国民的利益,故应以税收来支应。故有学者认为,一个保险共同体内的社会性平衡是违宪的。[⑤]

---

① Thomas Michael Johannes Gössl, *Die Finanzverfassung der Sozialversicherung*, Beck, München, 1992, S. 50 ff.

② Ingwer Ebsen, “Soziale Vorsorge als Funktion”, in Ulrich Becker(Hrsg.), *Rechtsdogmatik und Rechtsvergleich im Sozialrecht I*, Nomos, Baden-Baden, 2010, pp. 107–113.

③ 所谓的“主被保险人”,在健康(疾病)保险法上,主要是指收入来源者,或以其工资收入为生活来源者,如子女、无收入之尊亲属。主被保险人之保险缴费实际上覆盖了上述人群。

④ 关于社会法中的“团结原则”,参见 Thorsten Kingreen, *Sozialstaatsprinzip im europäischen Verfassungsverbund*, 2003, p. 253 ff.

⑤ Joachim Becker, *Transfergerechtigkeit und Verfassung*, *Mohr Siebeck*, Tübingen, 2001, p. 203ff.

（三）保险强制

社会保险的标志是保险强制。上文已述，尤其是针对那些不进行风险预护的个人而言，社会保险之保险强制保护了多数人，保护了社会的安全；同时，保险强制保障了风险共同体所要达到保险的宽度与广度，使得社会性平衡成为可能。因此，保险强制本身并不是目的，而是实现社会保险目的之手段。在不同的保险项目中，通过不同措施实现保险强制的程度是不同的，在德国社会法典中，立法者便在每个保险项目中都详细列举了哪些人群被保险义务所涵盖。德国社会法典也在各类保险项目内通过列举，详细规定了哪些超出保险义务的人群可以自愿参加社会保险。总的趋势是，各保险项目都在不断开放自愿参与保险的可能性。在德国，尤其体现在法定年金保险中，其如今基本上向所有人开放。

保险强制构成对个人自由权的侵入，如何论证保险强制的合宪性是各国宪法上都需要首先解决的问题。在德国的讨论中，比较认可的观点是，强制性的社会保险给一般行为自由所造成的侵害只有通过强制被保险人的特殊保护需求才可能被正当化。[①] 不过，对于以"保护需求"为标准仍存在争议。

四、社会保险的法律基础和上位法中关于社会保险法的依据

（一）法律保留——保险法定原则

在德国，社会保险适用法律保留。法律保留原则产生于19世纪初，最早提出该概念的是德国行政法学之父奥托·迈耶（Otto Mayer）。根据迈耶的经典定义，法律保留是指在特定范围内对行政自行作用的排除。因此，法律保留本质上决定着立法权与行政权的界限，从而也决定着行政自主性的大小。宪法对于人民基本权利的限制等专属立法事项，必须由立法机关通过法律规定，行政机关不得代为规定，行政机关实施任何行政行为皆必须有法律授权，否则，其合法性将受到质疑。行政行为的作出必须有法律依据，法律没规定的行政主体不得擅自作出行政行为。德国社会法典规定，"本法典中的社会给付领域中的权利与义务只有在法律规定或许可的范围内才可以被建立、确定、变更或撤销"（§31 SGB I）。可以看到，不仅个人的义务适用法律保留，对于权利的建立、确定、变更、撤销也适用法律保留。不过，上述规定并不能得出所有个别问题都需要法律规定的结论，此时仍然适用联邦宪法法院提出的重要性理论：只有涉及保护基本权的本质性问题时才需要适用法律保留原则。这是因为，由于社会政策领域所涉事项的复杂性、专业性与变动性，全然依靠法律来规范该领域内的所有事项是不可能的，亦会损害法本身的安定性。在德国，尽管社会法典已经十分细化且被频繁修订，但仍然需要其他许多低于法律的法源提供规范基础，主要包括作为行政立法的法规（Rechtsverordnung）以及保险人的规章（Satzung）。其中，法规必须获得法律的授权，以具备合法性基础；而规章的合法性则源于保险人作为自治性机构的自我管理。重要的是，一般性的法律保留仍然适用，这意味着与基本权

---

① Friedhelm Hase, *Versicherungsprinyip und soziale Ausgleich*, *Mohr Siebeck*, Tübingen, 2000, p. 46ff.

相关的规则至少在本质上必须具有法律基础，也就是必须由法律予以规定，不允许仅仅通过规章来规定。

（二）上位法对社会保险法的作用

1. 一般：规制的弱化

在法秩序中，原则上所有规范都处于一个由多个规范等级组成的开放系统中。不过，在社会法中存在着一种集中的趋势，正如察赫教授所观察的，"社会法在寻找一个重心。这一'中心'一方面抵抗着来自'上面'的优先秩序；另一方面其如此多地自我直接规制，以至于'下面'的法不能脱离其'优先秩序'。"① 在社会法中，一定程度地存在宪法与国际法规制之影响，原因可能包括：社会法旨在改变现实，故不得不适应一系列"现实性"及相应的"发展性"；为了足以产生直接的精确的请求权（而不仅仅是那些基于裁量的请求权或者进入制度性供给的准入权），必须制定细节规则；人们可期待的社会进步具有无限性从而不可能获得满足，故必须对那些确定可裁量之请求权作出裁量，以协调社会政策实施的内在矛盾（如防御国家干预与促成分享福利、增进平等与维持不等的生活水准等）。② 尽管如此，不可否认，社会政策与社会法是臣服于这些优先秩序的，社会政策的讨论必须考虑这些优先秩序。

2. 宪法

在宪法法院适用宪法之具体情形中，必然有宪法法院参酌社会政策与社会法发展的情形。德国的情形便是这样。以下简要介绍宪法在德国社会法秩序中所起的作用。

根据联邦宪法法院的判决，社会保险在宪法上的基础是社会国原则："社会保险总体上服务于社会安全以及社会平衡……其今日之设置……是社会国原则的一种特别且精辟的表达。"③ 在德国整个法秩序中起到提纲挈领作用的无疑是社会国原则。④ 该原则在宪法文本上仅仅反映在简单的文字中：《德国基本法》第 20 条第 1 款规定，联邦德国是社会联邦国；28 条第 1 款规定，德国各州的秩序也必须符合社会国原则。《德国基本法》第 20 条第 1 款的规定被称为"社会国条款"，早在 1951 年时联邦宪法法院就确认宪法上的社会国原则具有直接的拘束力⑤，不过其仅仅将社会国原则理解为立法者实施社会国的委托，实现该委托的进一步措施与手段都留给立法者解决。可以看到，社会国原则的规定十分抽象，而且德国基本法上没有许多其他国家法与国际法规定的社会基本权，使得社会国原则的具体化变得十分困难。相应地，法院在适用该原则时十分谨慎。社会国原则与法治国原则以及基本权中的自由权之间的紧张关系是社会法领域长期讨论的主题。社会国原则虽然可以表现出限制基本权的效果，不过，联邦宪法法院在多个判决中都已经确认，仅仅《德国基本法》第 20 条第 1 款并不足以成为限制基本权的法律基础，即基于社会国的理由"侵入"基本权必须落实法律的规定。虽然社会国原则规定了国家的义务，但这种义务并不导出具体的个人的请求权。联邦宪法法院在长期的判决实

---

① Hans F. Zacher, *Verrechtlichung im Bereich des Sozialrechts*, 1984, pp. 11–72.

② Hans F. Zacher, *Verrechtlichung im Bereich des Sozialrechts*, 1984, pp. 11–72.

③ BVerfGE 28, 324, 348.

④ 关于社会国原则，见 Hans F. Zacher, *Was können wir über das Sozialstaatsprinzip wissen?*, 1977.

⑤ BVerfGE 1, 97 (105).

务中拒绝仅仅依据社会国原则就导出请求权。这种请求权通常必须以法律规定为前提。不过，联邦宪法法院结合社会国原则条款以及《德国基本法》第 2 条第 1 款的一般行为自由条款（以保险强制为论证手段）推导出了获得生存所必需的健康给付请求权；[①] 其还结合社会国原则条款以及《德国基本法》第 1 条第 1 款的人性尊严条款确认了符合人性尊严的最低生存保障的基本权。[②] 如此，社会国原则就参与形成了宪法上的请求权基础。

除了社会国原则，《德国基本法》上的基本权在形塑与规制社会法之相关制度方面也具有重要作用。虽然《德国基本法》没有规定社会基本权，这是因为德国法传统上对于宪法以及基本权的理解系确保基本权保障的主观法的内容，从而对抗来自国家对自由的侵害，但根据联邦宪法法院长期以来的判决，人性尊严条款、一般行为自由权、信赖保护结合一般行为自由权、生命健康权、平等原则、家庭保障、职业自由权、财产权等基本权条款都从不同方面约束着社会保险法。此处限于篇幅，不再一一进行介绍。

3. 国际法

在德国以及其他许多国家，原则上在社会给付系统中适用领域原则（Territorialitätsprinzip）。也就是说，该系统不与国籍连结，而是与个人的居留以及工作关系连结。德国法中虽然也有专门的德国国际社会法，规定了一系列国外事项，不过，在全球化时代，仅仅以国内法的眼光去解读跨境事实是不够的，此时便需要国际法，即国家之间的法。这些作为双边或多边契约的条约在社会法中起到了一定的作用，并转化或归化至国内法中。

重要的国际法规范首先包括区域法，对于德国等欧洲国家而言重要的是欧盟法。原则上这些法优位于成员国的国内法，具有更高的拘束力。在国际社会法中，十分重要的是国际条约。其一方面包括双边或多边的国家间协调社会保险法的跨境事实契约，另一方面也包括超国家机构的条约。此外，区域的与全球的人权法对于社会法而言也很重要。如欧洲社会宪章、欧洲人权公约、国际经济社会文化公约。此外，对于劳动与社会法，国际劳动组织框架内的条约也很重要。

4. 中国社会保险法所处的高位法秩序框架

（1）国际组织条约。自我国 1971 年被联合国大会承认后，伴随着改革开放的进程，我国越来越全面地参与到国际秩序中。20 世纪 90 年代起，我国已经成为大多数国际组织的成员，在社会保险领域也不可避免地受到影响。

首先值得注意的是联合国的国际人权条约。联合国大会于 1948 年 12 月 10 日通过《世界人权宣言》，这是第一份在全球范围内表述所有人类都应该享有的权利的文件。之后，1966 年通过了《经济、社会及文化权利国际公约》与《公民权利和政治权利国际公约》，该二公约对《世界人权宣言》中的规定作出了区分和具体化。《世界人权宣言》中规定了社会保障权（第 22 条）、劳动权（第 23 条）、休息权（第 24 条）、社会照顾权（第 25 条）等与社会保障有关的人权。其中，第 22 条有关社会保障权的规定是："每个人，作为社会的一员，有权享受社会保障，并有权享受他的个人尊严和人格的自由发展所必需的经济、社会和文化方面各种权利的实现，这种实现是通过国家努力和国际合作并依照各国的组织和资源情况。"这些规定在《经济、社会及文化权利

① BVerfGE 115, 25 (49).

② BVerfGE 125, 175 (219ff).

国际公约》的9-12条中得到了细化，其第9条对社会保障（包括社会保险）的权利作出了规定，其中明确强调社会保险是一种社会保障的可能路径。另外，按照《经济、社会及文化权利国际公约》第2条的规定，社会性的人权没有赋予个人直接的权利或请求权，而规定了成员国的义务，以所有适合的手段，尤其是通过立法手段实现公约中确认的权利。在《公民权利和政治权利国际公约》中，第26条的禁止歧视条款同样在社会保障中能够发挥一定的作用。截至目前，中国一共批准了18项国际人权条约，其中有5项都与社会保障有关。虽然联合国公约的实现与监督机制在中国仅仅限于报告，但是联合国的国际人权条约对中国社会保险制度的发展很重要的一点在于宪法中的转化。例如，2004年修宪时纳入了人权保障以及社会保障条款，而这是在2001年批准《经济、社会及文化权利国际公约》之后才发生的。该2个条款进入宪法后，对于国家机构以及整体法秩序就具有了当然的拘束力。

另外值得注意的是国际劳工组织（ILO）的社会保障标准。1919年成立的国际劳工组织在1946年开始成为联合国的特别机构，其主要任务是在劳务、劳动条件、劳动保护、社会保障领域发布国际劳动与社会标准的条约与建议，并提供相关事实性支持。国际劳工组织在20世纪40年代之前就已经主要就产业劳动者发布了一系列关于老年、疾病、生育、残障、失业、工伤、遗属等社会风险的公约。40年代开始，社会保障的适用人群从劳动者逐渐扩大至所有人，指向对于每个个人的总括形式的社会保障，包括社会保险以及社会救助。1952年国际劳工组织在102号公约中全面规定了社会保障的最低标准，包含了医师照顾、疾病给付、失业给付、老年给付、工伤与职业病给付、家庭给付、生育给付、残障给付、遗属给付等方面。这些规定陆续经由特别的公约与建议被具体化，包括社会风险的最低标准、给付范围、保障人群等方面。[①] 我国于1919年即签署了国际劳工组织宪章并成为其成员国。1983年开始，我国政府正式参与国际劳工组织的各项活动。可是，由于国际劳工组织公约提出了较高以及较具体的社会保障要求，在发展中国家中的批准率并不高。我国批准的公约也主要集中于劳动法领域，在社会保障领域仅批准了122号公约（《1964年就业政策公约》）以及159号公约（《1983年职业康复和就业公约》）。不过，尽管没有批准一些公约或建议，中国社会保险制度的框架以及部分具体内容也受到其影响。例如，1994年制定《劳动法》时在第九章第73条规定的社会保险系统框架部分地接受了国际劳工组织社会保障最低标准；2003年制定《工伤保险条例》时在第14条引入了国际劳工组织第121号建议书中第5、6条的内容。总体来说，我国法本质上仅仅接受了国际劳工组织标准框架以及基本原则，不过具体的模式以及给付水平仍由我国自己决定。[②]

（2）宪法。在所有部门法教科书中，宪法都毫无疑问是法源。问题在于，宪法的哪些规范能够以何种方式影响到部门法所规范的领域？中国社会法的理性程度较弱，对正当性的研究不足，了解宪法确立的价值秩序对于社会法研究具有重要的意义。至少，这种研究路径是有意

① 国际劳工组织关于社会保障最重要的8项公约包括：C102《社会保障最低标准公约》，1952；C118《社会保障同等待遇公约》，1962；C121《工伤事故津贴公约》，1964；C128《残障、老年和遗属津贴公约》，1967；C130《医疗保障和疾病福利公约》，1969；C157《维护社会保障权利公约》，1982；C168《促进就业和失业保护公约》，1988；C183《母亲保护公约》，2000。

② 关于我国法所受世界劳工组织相关规范的影响，见 Dongmei Liu, *Reformen des Sozialleistungsrechts in der Volksrepublik China*, Nomos: Baden-Baden, 2011, pp. 257-261.

义的：确定某一生活领域所涉及的宪法规范文本，提取该领域部门法规范的素材，通过素材与宪法文本的比对研究，反馈宪法教义学，并最终以宪法教义学重新认识和整理该生活领域内的规范。

至少有两类宪法规范与社会保险法所规范的生活领域直接相关。第一类是对国家规定特定实质性任务的“基本国策”或“国家目标”条款，尤其是《宪法》总纲14条第4款规定的“国家建立健全同经济发展水平相适应的社会保障制度”。如何理解该条款中“同经济发展水平相适应”“社会保障”的概念，对于了解宪法究竟委托国家以何种程度和方式在该生活领域建立秩序，有着决定性的作用。第二类是基本权利与基本义务条款，尤其重要者包括：①《宪法》第33条第2款规定：“国家尊重和保障人权。”对于“人权”的解释为这一条提供了宽泛的规范可能性，并提供了与国际人权规范相连结的可能性。这一条被认为在我国宪法的基本权利体系上增加了“概括基本权”，为宪法权利的拓展提供了规范基础。例如，有学者利用这一条款论证“住宅权”的基本权利属性。这一条款的功能类似于《德国基本法》中一般行为自由条款的功能，在保障宪法未列举的自由权时可以发挥很重要的作用。②《宪法》第33条第2款规定：“中华人民共和国公民在法律面前一律平等。”这一条所规定的平等原则除了可以排除歧视性制度外，还完全有可能发挥如同德国法教义学导出作为“共享权”的基本权利的主观功能。共享权的内涵在于，若国家已经为公民提供某种给付，则那些未得到给付的人，便可根据平等原则，向国家要求共享这种给付。《宪法》第44条规定：“国家依照法律规定实行企业事业组织的职工和国家机关工作人员的退休制度。退休人员的生活受到国家和社会的保障。”这一条是有其历史背景的，曾作为国有企业与国家机关工作人员的特殊年金保障待遇的正当性来源。《宪法》第45条第1款规定：“中华人民共和国公民在年老、疾病或者丧失劳动能力的情况下，有从国家和社会获得物质帮助的权利。国家发展为公民享受这些权利所需要的社会保险、社会救济和医疗卫生事业。”从这一条款中，一般认为可以析出物质帮助权以及社会保险权。但是，如何界定这两项权利的内涵，以及这两项权利的主观以及客观功能如何，则并不明确。另外，这是宪法中唯一直接规定了“社会保险”的条款，从而使“社会保险”成为一个经宪法确认的概念。宪法是否对该概念赋予了特定的含义？如何将该宪法概念与特定制度相连结？宪法是否对该概念所表示的制度提供某种程度的保障？这些都是值得探究的问题。此外，宪法中的自由权也是在讨论社会保险时不可忽视的。社会保险在很大程度上会涉及对个人自由的“侵入”，而这种“侵入”在何种程度上是正当的，则是社会保险制度正当性的基本问题。另外，值得考虑的还有我国宪法中的基本义务条款，尤其是是否存在通过基本义务使社会保险相关规范正当化的可能。

当然，除了上述两类条款，国家性质与社会总体发展目标条款，以及国家机构的组织与职权条款也都会参与到社会法规范领域的塑造中。值得讨论的还包括社会主义与社会国、法治相关原则，如法律保留、法律优位、司法保护等。由于这些条款具有一般性，此处不再详述。

第二节 社会保险法中的法律关系

一、三角法律关系

在社会法中，对法律关系进行区分，有助于系统性地掌握法以及发展法教义学。[①] 这里简单介绍德国社会给付法的法律关系结构，[②] 对于理解中国法并发展法教义学无疑是有参考价值的。若考虑社会给付的事实上的提供，则有三类主体参与到国家组织的社会给付系统中，法律形塑了他们之间的关系：其一，被许诺给付的权利人（Berechtigter）：获得相应的给付请求权，在社会保险中须为此支付保费；其二，给付承担者（Leistungsträger）：对给付请求权的履行以及财务管理负责；其三，给付提供者（Leistungserbringer）：当给付承担者自己不履行给付时（主要发生在大多数实物与劳务给付中，因为给付承担者只有在例外情形下才自己占有必需的设施），由其提供给付，比如健康保险之给付、长期照护保险之给付皆须专门的给付提供者提供相应的社会给付。上述三类主体彼此被三组法律关系所连接。图 5-1 为该三组法律关系的简图：

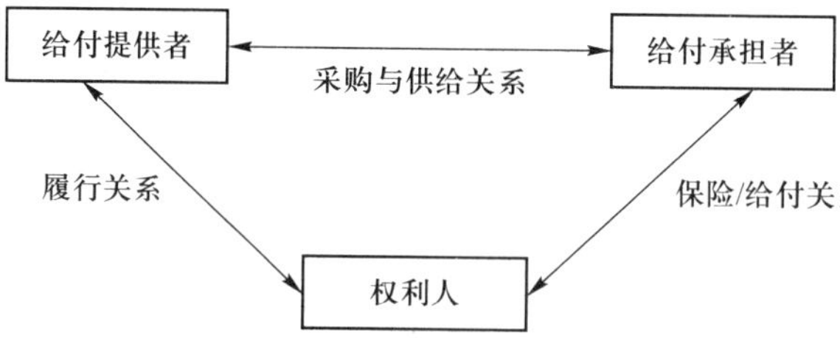

图 5-1 德国社会法中的给付提供三角关系简图

给付承担者与权利人之间主要是由给付关系（Leistungsverhältnis）结合起来的，即当法律规定的要件满足时，权利人对于给付承担者享有法定给付的请求权（以及相应的无瑕疵裁量请求权）（§39 Abs.1 S.2 SGB I）。在社会促进、社会救助、社会补偿法中，法律关系仅限于这种公民以及给付承担者之间就给付方面发生的关系，这种法律关系是单层的：当法律规定的需求存在或者一项损害事件发生时，可以向国家相关机构主张给付请求权，请求权的履行通过税收支应。

但是，在社会保险法中，社会保险给付承担者（保险人）以及权利人之间的关系是多层的，这是因为社会保险是一种由保费支应财务并依赖成员权提供给付的保险。此时从时间维度可以区分出两个阶段：首先，法律规定的事实要件会导致特定人群被纳入保险从而建立保险关系

---

① Ulrich Becker, "Rechtsdogmatik und Rechtsvergleich im Sozial recht", in ders (Hg.), *Rechtsdogmatik und Rechtsvergleich im Sozialrecht I*, 2010, S.11 (52ff).

② 以下对于德国社会法以及社会保险法中的法律关系结构的分析，参见 Ulrich Becker, Thorsten Kingreen, Stephan Rixen, *Besonderes Verwaltungsrecht*, B.3, Heidelberg, 2013, p. 886ff.

(Versicherungsverhältnis);其次,在已经存在的保险关系中,需要考虑通过给付提供来满足法律规定的给付请求权(以及相应的无瑕疵裁量请求权)。所以,在社会保险法中,权利人与给付承担者之间的法律关系的内容除了可以用给付关系描述的给付请求权外,还有那些建立被保险人与保险人之间保险关系的规则。

另外,当一些社会给付并非由给付承担者自身,而是通过第三人提供时,则在原双方主体之间的给付关系之外又出现了法律关系的第三极,通过法律规制发展成一种三角法律关系。其中,采购与供给关系(Beschaffungs-und Bereitstellungsverhältnis)规范了给付的提供;给付的执行则在履行关系(Erfüllungsverhältnis)中得到体现。

二、保险关系

在社会保险法中,可以用保险关系描述权利人(被保险人)与给付承担人(保险人)之间的法律关系,保险关系是给付关系在社会保险法上的特殊化。在德国社会保险法的构建中,保险关系是一种被保险人与保险人之间的关系,而私人保险中的"投保人"概念在社会保险法上保险关系的法律构建中是不需要的[①]。保险关系包含了纳入保险关系的规则、给付请求权的规则以及保费规则。上述规则皆为法定规则。

(一) 对保险关系的进一步细分与澄清

正如上文所说,保险关系从时间维度可以区分出两个阶段,即纳入保险建立保险关系,以及基于此保险关系的给付关系。相应地,在德国社会法学理上,为了教义学的清晰,对于"保险关系"作出了进一步的区分与解释。原则上可以仿照私人保险法,在社会保险法中区分形式的、技术的与实质的保险关系。[②] 在私人保险法中,形式的保险关系是保险合同存续本身,而无论相互间的给付义务是否已经存在。在社会保险中并不签订保险合同,而是明显地让位于法定的技术保险关系。法定的技术保险关系是指那些建立保费义务的关系。社会保险法的立法者没有使用统一的术语来表述这种关系,而是在多数情况下仅定义了有保险义务的人群,从而表明离开该群体的人不再处于保险关系中。在所有社会保险项目中,技术的保险关系主要都是通过建立和保持工作关系(Beschäftigungsverhältnis)获得的。技术的保险关系一旦结束,保费义务随之结束。实质的保险关系则不同,其描述了社会保险人必须承担被保风险的时期(责任期间)。技术的保险关系和实质的保险关系可以分离,例如,在失业与年金保险中,保险主体的危险承担义务开始前必须经过一段最低保险期间(等待期间[③])。实质的保险关系的结束可能远远地晚于技术保险关系的结束,也就是说,保险主体有危险承担义务,尽管被保险人已经长时间不再有缴纳保费的义务并且不缴纳保费。这时保险主体和被保险人之间有实质的保险关系,但没有技术的保险关系。

在疾病、护理、事故保险中,伴随技术保险关系的终止,通常实质的保险关系也终止。相应

---

① Raimund Waltermann, Sozialrecht, 11.Aufl, C.F. Müller: Heidelberg (u.a.), 2014, p. 61.

② Christian Rolfs, *Das Versicherungsprinzip im Sozialversicherungsrecht*, Beck, München, 2000, S.138f.

③ 对等待期间的解释,见本书"年金保险法"一章。

地，在这三个保险项目中也没有建立对给付的期待利益，保险保护必须“每日兑买”，因为该保护随着技术保险关系的终止而依法消失。正因为如此，立法者在宪法界限内可以自由地且不利于被保险人地重新定义被保险的事故。可是在失业主要是年金保险法中，事情就完全不同了，由于实质的保险关系与技术的保险关系之间存在时间差，被保险人必须通过缴纳保费获得一种法律上的地位（期待，Anwartschaft），即使保险事故在技术性的保险关系结束后才发生，这种地位仍可以为被保险人引入给付请求权。

年金保险的特殊性在于，保险事故甚至可以在技术保险关系结束几十年后才发生，这意味着其许诺了许多年之后的给付。由于期间较长，可能基于一般政治、经济、社会或其他改变有调整给付前提要件或者给付范围的必要，所以产生了对于社会保险法无改变地存续的信赖的宪法保护的问题。① 为了保护年金保险中权利状态相当程度的安定，德国法上运用宪法上的财产权来保护年金法的地位，包括年金请求权以及年金期待地位。②

（二）纳入保险关系的规则

1. 德国法上的体系

哪些人群应该以及可以被纳入社会保险保护，从而参与到保险共同体的连带与平衡中，属于政策的问题。对这个问题虽然存在争议，但是一种有说服力的观点认为其取决于保护需求（Schutzbedürftigkeit）③，而不一定取决于所谓的群体同质性（Gruppenhomogenität）④。

在法技术上，按照德国社会法，通过社会保险得到预护，可能是基于保险义务，或者基于保险资格（或称为自愿保险）。区别在于，前者的成立基础是法律规定，后者的成立基础是被保险人的自我决定。表 5-1 概括出了成立或不成立保险关系的四种情形。

表 5-1 德国保险关系成立基础简表

基础	结果	
	保险保护	无保险保护
法律	保险义务	保险自由（无保险义务）
意思表示	保险资格	保险免除

通过表 5-1 可知，在基于保险义务的情形下，当法定构成要件满足时，保险保护即自动地成立；反之，若法律规定的保险自由（Versicherungsfreiheit）的要件满足，则意味着保险义务人在特定情形下无保险义务。在基于保险义务的情形下，法律也允许通过相关人员的意思表示来免除保险义务，这被称为保险免除；与此恰恰相反，在不存在保险义务的情形中，法律也允许部分人员通过意思表示来建立保险保护，此时这部分人员具有保险资格。

① 在随收随付的系统中，退休世代这种许诺事实上的实现依赖于对工作世代对这种许诺可以实现的信赖，所以要维持这随收随付系统的运转，对许诺的兑现之信赖十分重要。

② BverfGE 69，272.

③ 对于保护需求的理解，见 Friedhelm Hase, *Versicherungsprinzip und sozialer Ausgleich*, Mohr Siebeck：Tübingen，2000，p. 36ff.

④ BverfGE 75，108（158）.

所以,如果某人未被纳入社会保险,可能存在三种情形:其一,其不符合保险义务的要件。其二,其尽管符合保险义务的要件,但是根据法律规定,又被排除出了保险义务人范围。其中一个重要的类型是公务员,尽管符合了工作关系的要件从而有保险义务,但是大多享有保险自由。其三,其尽管符合保险义务的要件,但是在特定前提下可以通过申请免除保险义务。

在德国法上,存在一类十分重要的享受保险自由的情形,即小额工作(geringfügige Beschäftigung)。小额工作具有十分重要的劳动市场政策意义,因为其令小型或工资支付额很低的工作部门免于缴纳社会保险费,从而对其有利并有补贴作用。不过,这一规定是不是社会政策的目标,至今仍存有争议。① 社会法典区分了两种类型的小额工作,即工资小额工作(或称常规小额工作)以及时间小额工作(又称短期小额工作)(§8 SGB IV)。前者指某一份工作的工资每月常规地不超过 450 欧元,后者指该工作在 1 年内依其特性通常或者提前依约定最长限于两个月或者 50 个工作日,除非该工作系职业性地被进行且其工资超过每个月 450 欧元。对于小额工作界限的改动必须通过法律进行。出于劳动市场与保护需求的考虑,还规定了小额工作的并计规则:首先,两类小额工作应分别并计,不同类的小额工作不能并计。如果多个同类的小额工作并计后超过了工资或工作时间的界限,就不再构成小额工作了。其次,工资小额工作也应与非小额工作并计,不过当非小额工作之外只有一个工资小额工作时,社会法典不要求并计,该工资小额工作仍有保险自由。

依据我国《社会保险法》第 10、23 条,未在用人单位参加基本养老保险或基本医疗保险的非全日制从业人员可以参加基本养老保险或基本医疗保险。"非全日制用工"规定于《劳动合同法》中,根据第 68 条,非全日制用工是指以小时计酬为主,劳动者在同一用人单位一般平均每日工作时间不超过 4 小时,每周工作时间累计不超过 24 小时的用工形式。根据第 69 条第 2 款,从事非全日制用工的劳动者可以与一个或者一个以上用人单位订立劳动合同,即可以同时成立多个非全日制用工的劳动关系。若将我国社会保险法对非全日制从业人员的规定与德国法上的小额工作相比较,可以看到明显的区别:其一,非全日制用工既未规定工资上限,也没有规定一定时期内的工作时间上限。实际上,若一项工作"系职业性地被进行且其工资超过每个月 450 欧元",在德国法上就被明确排除出了小额工作的范围,故仍有保险义务。其二,非全日制用工并没有并计的可能,即便劳动者从事多份非全日制工作,从而有为此义务性投保的保护需求,在我国法上仍被排除出了保险义务人的范围。其三,我国立法者并没有构建类似德国的"保险自由"制度,而是将是否将非全日制从业人员纳入保险的决定权赋予了用人单位。故非全日制从业人员是否被纳入社会保险实际上完全落入用人单位与劳动者的自愿形成领域,立法者并没有如德国那样通过立法权的行使考虑这部分人群的保护需求。

2. 对我国法上的参保登记的考察

在德国法上,一旦满足法律规定的保险义务要件,则直接成立保险关系。在自愿保险的情形下,保险关系则始于提交保险申请之时。故立法者通过"自动发生主义"的立法技术保证了具有保险义务(往往意味着具有典型的保护需求)的人群被纳入社会保险。这种"贯彻执行"(Durchführung)是十分有效的。在我国,将具有保险义务的被保险人纳入社会保险则需

---

① Raimund Waltermann, *Abschied vom Normalarbeitsverhältnis? Verhandlungen des* 68, Deutschen Juristentages, Bd. I, Gutachten, B 1 (B 23ff.)

要经过登记程序,而如何理解这种登记的效力仍有争议。此时的法律问题在于:用人单位为其职工向社会保险经办机构申请办理社会保险登记后,经办机构的登记行为究竟具有“形成性”(gestaltend)的效力,从而能够建立被保险人与保险人之间的保险关系,还是仅具有“确认性”(feststellend)的效力,即确认已经成立的保险关系?

社会保险关系究竟何时开始,我国的法律规定并不明确。《社会保险法》第10条第1款规定的“职工应当参加基本养老保险”用语并没有明确究竟应采取以下哪一种解读:其一,基于劳动关系,相关主体有了令其参加基本养老保险的义务,但是该义务的履行与否将决定参加基本养老保险与否;其二,职工基于其劳动关系而自动参加了基本养老保险。根据《社会保险法》第58条第1款第2句的规定,用人单位未办理社会保险登记的,由社会保险经办机构核定其应当缴纳的社会保险费,故即使未经过申请登记,用人单位仍有缴费义务。如果认为该缴费义务的法律基础在于已经成立的“技术的社会保险关系”,似可认为保险关系已经成立。但是,该缴费义务的法律基础是否确实在于保险关系,仍然是值得讨论的。从根本上说,我国社会保险法对于社会保险法律关系的塑造仍是含糊的,这也与我国社会保险法律塑造所处的由“内化解决”到“外化解决”的过渡阶段有关[①]。而对社会风险的预护究竟以“内化”的方式在劳动法律关系内解决,抑或以“外化”的方式在公法关系中解决,必须经过对具体法律制度的细致考量方能得出结论。按照实务中的理解,一般认为经过登记后方产生保险关系。人民法院往往以用人单位是否办理登记为时点,判断社会保险法上的保险关系是否建立。基于这种理解,2010年9月《最高人民法院关于审理劳动争议案件适用法律若干问题的解释(三)》第1条规定,劳动者以用人单位未为其办理社会保险手续,且社会保险经办机构不能补办导致其无法享受社会保险待遇为由,要求用人单位赔偿损失而发生争议的,人民法院应予受理。而地方人民法院的会议纪要也进一步明确了最高人民法院的该条规定,在未办理社会保险登记的情形下,仅仅确认用人单位违反劳动法上的义务,而不确认行政机关违反社会保险法上的义务。这种做法可能导致被保险人的权益受损。

(三) 给付请求权

按照德国社会法典规定,保险关系成立后,对该保险关系更进一步的塑造体现在保费法上。[②] 对于保费法相关规则,本章在后文中会单独陈述。从通过社会保险进行保障的目的来看,被保险人和保险承担者之间的法律关系最重要的方面无疑在于保险给付请求权。在大多数情形下,权利人享有对于社会给付的请求权,除非给付承担者享有裁量权。不过正如前文所述,值得注意的是,即便在给付承担者享有裁量权时,权利人也有“对合义务地行使裁量的请求权”(德国社会法典第一编第39条专门规定了裁量性给付,其中第1款第2项就规定了这种无瑕疵裁量请求权)。这意味着,在社会法中一直存在对于无瑕疵裁量决定的主观权利——与一般行政法不同之处在于,此时不用考虑裁量规范是否保护相关人的个人利益。在给付承担者享有裁量权的范围内,裁量权必须合目的地行使,且必须遵守法律界限,尤其要注意平等原则。

---

① 关于“内化解决”与“外化解决”,参见 Hans F. Zacher,“Grundtypen des Sozialrechts”,in Walther Fürst,Roman Herzog,Dieter C. Umbach,*Festschrift für Wolfgang Zeidler*,*Band 1*,*Walter de Gruyter*,Berlin,New York,1987,pp. 571,580.

② Ulrich Becker,Thorsten Kingreen,Stephan Rixen,*Besonderes Verwaltungsrecht*,*B.3*,Heidelberg,2013,p. 887.

社会给付请求权产生于法律规定的前提要件成立时。对于裁量性给付，请求权产生于决定之时。社会保险法上的给付请求权产生要件可以作如下分类：其一，人的要件。在疾病与护理保险中，必须存在保险关系以及成员权；在工伤保险中需要存在保险保护；在年金保险与失业保险中，必须本人经历一定的期间。其二，保险事故的发生。其三，其他特殊的个别规定。需要注意的是，虽然大多数给付都系依申请提供的，但是在社会保险法中，原则上，申请对于请求权的生效不过是一种程序法而非实体法意义上的给付要件。不过，例如，在法定年金保险中，要区分初始请求权（Stammrecht）以及个别给付请求权，即对于每个月应提供的年金给付的请求权。前者即年金请求权，其本身不依赖于申请，而是随着前提要件的满足而产生；后者即支付请求权，则以申请为前提，对于此申请的法律意义，参见本书“年金保险法”一章。

除了请求权的产生，德国社会法典还详细规定了一系列请求权的技术性规定（§§41ff. SGB I），这一点与民法在某种程度上相对应。这些规定包括对于所有服务于保障经济性生存的预给付、暂时性给付、请求权的到期、生效、4 年时效、消灭、转移、私人处置（作为私人自治的外溢）、放弃等，此处不再一一详细介绍。

三、采购与供给关系、履行关系

在社会保险的运行中，并不乏第三方参与以实现给付的情形。这有助于提高行政效能，也有助于保护被保险人以及劳务与实物给付的提供者的自由权。[①] 实际上，在行政法领域近几年来兴起的“保障国家”（Gewährleistungsstaat）范畴内，社会法上的给付提供法构成了相当重要的一部分。德国疾病保险法专章规定了“疾病保险与给付提供者之间的关系”，是规范密度十分高的一个领域。

在采购与供给关系中，主要包括三个规范角度：其一，将作为第三方的给付提供者纳入公法关系中；其二，给付提供者的财务；其三，给付提供的质量保障。

当给付提供者提供给付时，则存在如何定位给付提供者的法律地位以及如何界定给付提供者与被保险人之间的法律关系的问题。一般地，民事法院在实践中认为此种法律关系为私法上的关系，不过也有认为是“公法上法定之债”关系的[②]。这种履行关系在法律上的界定仍是开放的，因为德国社会法典对该关系仅作出了很少的规定，重要的例子是 § 67 Abs. 4 SGB V，其令作为医师的给付提供者负“依照民事合同法规定的注意”之义务。

四、社会保险行政关系

由于社会保险法在德国属于特别行政法，故有很大一部分内容是对行政法律关系的规定，如社会法中的行政程序法、行政组织法、行政债法等。以下简单梳理德国社会法典第一编中一系列对给付承担者（即保险人）与给付权利人之间的行政法律关系的规范。

---

① Ulrich Becker, Thorsten Kingreen, Stephan Rixen, *Besonderes Verwaltungsrecht*, *B.3*, Heidelberg, 2013, p. 894.

② 医师与患者的关系见 BSGE 59, 172，患者与医院的关系见 BSGE 51, 108（111）。

(一)给付承担者的澄清(Aufklärung)、建议(Beratung)、答复(Auskunft)义务

澄清义务是指给付承担者在职权范围内向民众澄清其在社会法典中的权利与义务的义务(§13 SGB I)。这是一种一般性的向民众提供信息的义务。澄清可以通过媒体进行,通过这种澄清,相关人可能自己从社会法典中辨明自己的权利与义务。

与澄清义务不同,答复义务则要具体得多(§15 SGB I)。答复义务包括向相关人员指明主管社会给付的给付主体,以及答复一切可能对请求答复者有意义且答复单位有能力作答的事实与法律问题(§15 Abs.2 SGB I)。负有该义务的主体是各个州法规定的主管单位以及法定疾病保险与社会护理保险给付主体(§15 Abs.1 SGB I)。此处需要注意的是,答复义务并非要对寻求答复者个案进行穷尽的解答,因为这种就个案具体情形的解答属于建议义务(§14 SGB I)的内容,应由各个给付承担者负责。故答复义务虽面向具体个人,但其内容仍是一般性的,即那些对于寻求答复者而言有澄清需求的问题的解答。

建议义务对于相关人而言则具有最为重大的意义,因为其是指向具体个案中的具体个人的,从而在本质上比一般性的答复义务要具体很多。值得注意的是,德国社会法典规定相关人对于建议享有法律请求权(§14 S.1 SGB I)。在什么范围内的建议是必需的,则要视个案情形定。建议的请求权原则上产生于公民提出的具体的或者终局性的建议诉请。对于这种建议诉请的确定性不作很高的要求,只要对于建议的愿望足够清晰地表达出来即可。在适当情形下,给付承担者必须通过提问探知具体的建议需求。此外,即便没有提出建议诉请,只要对给付承担者而言通过参考个案情形存在建议需求(所谓随性建议),也存在对建议的请求权。

上述义务之所以重要,是因为对其的违反将导致给付承担者责任的产生。由于传统国家责任法制度在解决社会法问题中的不足,尤其是勤务责任(Amtshaftung)与后果排除请求权(Folgenbeseitigungsanspruch)制度就构成要件与法律后果而言的救济能力的不足,德国法院判决中发展出了社会法上独有的"形成请求权"(Herstellungsanspruch)。对形成请求权的救济之所以有效,主要有两方面的原因:其一,不要求过错。其二,那些阻碍给付请求权成就的原因往往是不能事后补救的,如没有缴纳保费或者没有进行特定程序,而形成请求权可以对此进行补救。[①] 表 5-2 简单比较了不同责任基础的构成要件与后果。

表 5-2 德国国家责任法中的责任基础比较简表

责任基础	构成要件	后果
勤务责任	过错	金钱替代
后果排除请求权	违法行为	重新形成
形成请求权	违法行为	未作之行为的补救

① 关于形成请求权制度及其在我国法上的可移植性,参考娄宇:《公民社会保障权利"可诉化"的突破——德国社会法形成请求权制度评述与启示》,载《行政法学研究》2013 年第 1 期。

（二）给付权利人（即被保险人）的合作（Mitwirkung）义务

在社会法程序中，与行政法一样，也适用调查原则（Untersuchungsgrundsatz）（§20 SGB X）。换言之，给付承担者应依职权查明事实，不过这一过程可能必须依赖于申请提出者，故德国社会法典规定，相关参与查明事实的人应该合作，尤其应该给出其知道的事实以及证明材料（§21 Abs.2 SGB X）。陈述事实与提供证明材料的义务对于那些申请或者接收社会给付的人则有一系列专门的规定（§§60 ff. SGB I）。根据这些规定，给付承担者可以要求权利人：同意提供必要的来自第三人的答复；不迟延地告知对于给付十分重要的社会关系的改变；递交证明原件或者同意第三人递交；亲自到场；当某些调查措施对于作出给付决定为必须时，参与医师或心理检查；等等。一个法律上有趣的问题在于，是否应该承认法律规定的合作义务之外的不成文的合作义务？原则上，这种义务可能作为给付承担者与公民之间的各种社会法关系中的附随义务出现，不过，鉴于社会法典已经明文列举了多项合作义务，给不成文合作义务留出的空间就很小了。同时也要考虑前文已述的法律保留的问题。

此处介绍两种特别的合作义务。其一，通过提出申请而合作。在一些情形下，社会给付承担者可以要求权利人就其他的社会给付提出申请。例如，在领取疾病金时，如存在对于劳动能力的重大威胁或者劳动能力降低的情形，也应基于疾病保险机构的要求而提出对于医疗康复或旨在参与劳动生活的给付的申请（§51 SGB V）。其二，旨在阻碍给付要件成立的合作。当由于疾病或者身心障碍而具有社会给付请求权，且可以期待某项治疗将有利于改善健康状况或至少阻碍健康状况变坏时，可以要求当事人进行这种治疗行为（§63 SGB I）。从这一条可以得出如服用必需的药物的义务，该义务被称为减少损害义务（Schadensminderungspflicht）。类似的还有当存在劳动能力降低或失业的给付请求权时，接受那些参与劳动生活的给付的义务；前提在于，这些参与性给付应能够持续性地促进相关人的劳动能力或接受职业介绍的能力（§64 SGB I）。这些当然都是为了尽可能消除社会给付额外增加的需求。

德国社会法典进一步规定了对合作义务的限制（§65 SGB I），其实质上是比例原则的具体化及不履行合作义务的后果（§66 SGB I）。值得注意的是，若不履行合作义务，在满足特定要件时给付承担者甚至可以取消给付。

（三）数据安全保护

社会法规范的领域实际上包罗了绝大多数国民日常生活的各个角落，其中不乏私人生活最隐秘与细节之处，故一个不容忽视的问题在于数据安全。故德国社会法典第一编第 35 条专门规定了对社会秘密（Sozialgeheimnisse）的保护，也就是个人信息保护。根据德国社会法典的法定定义，所谓社会秘密，是指德国社会法典第十编第 67 条第 1 款第 1 句意义上的社会数据（Sozialdaten）不得在无权限时被收集、处理或者使用。收集、处理、使用数据的定义规定于 §67 SGB X。在社会数据保护制度中，数据的移交（Übermittlung）占了主要部分。移交数据不仅需要法定职权，而且数据移交的范围随着移交职权目的的不同而有着不同的规定（§§68–77 SGB X）。移交数据的接收者有义务合目的地使用转交的数据，且有保密义务，其不可使用无职权移交的数据（§78 SGB X）。

第三节 保险关系中的重要方面——被保险人、保险人以及保费法

一、被保险人

（一）德国法上保险关系最重要的连接点：工作关系（Beschäftigungsverhältnis）

前文已经提到过，法定社会保险的标志在于保险强制，因为社会保险的连带特征要求被保险人之间财务上的平衡。德国社会保险法规定，具有保险义务的重要人群是职工。虽然近年来，德国的社会保险越来越发展为一种追求为全体国民提供全面保护的体系，但是，德国的社会保险法本质上仍是一种劳动保险，这也是与其起源相应的。所以，成立与存续保险关系最重要的连接点都在于工作关系。

不过有趣的是，在德国社会法中，“工作关系”是一种具有独立性的、社会保险法上的概念，不完全等同于劳动法上的“劳动关系”的概念。德国社会法典第四编第7条第1款定义了“工作”：“工作即非独立劳动，尤其是在劳动关系中的非独立劳动”。从“尤其”一词出发，“工作”作为社会法上的概念的独立性就有了法律依据。故社会保险法上的工作关系本质上被劳动关系所覆盖，但范围上广于劳动法上的劳动关系。一般情形下，工作关系存在于基于有效的劳动合同实际上从事了劳动的情形，不过工作关系也可能发生在虽然存在有效的劳动合同但未从事劳动的情形。例如，在第一个工作日当天去工作的路上；又如第一个工作日由于节假日正值休息。当不存在劳动关系时，也有可能存在工作关系，例如劳动合同无效（ungültig）或解雇保护的情形，此处不再详述。德国法之所以将社会保险法中的工作关系的判断与劳动法上的判断予以分离，除了基于保护需求的考虑，还有另外两方面的原因：其一，从法技术上看，社会保险法上的给付不是依据劳动合同，而是依据成员权（Mitgliedschaft）；其二，这种独立的判断方式具有程序法上的因素：社会保险人以及社会法院是不受劳动法院（以及财政法院）判决的拘束的，所以，与不同的审判权相对应，社会法、劳动法、税法中对于非独立劳动的判断也可分别进行。

按照德国《社会法典》进一步的定义，成立工作的要点在于依据指示做工，以及接受指示发出者组织之劳动（§7 Abs. 1 SGB I）。不过，随着劳动生活事实的改变，劳动形式愈发灵活，纳入产业组织这一点越来越回缩，[①] 在区分依附性劳动以及独立性事务时，一直存在大量的边界案例。而德国社会法院在个案判断中会综合各项证据性的因素组成的“总体图像”（Gesamtbild），考量决定何种因素占优，并最终对法律关系定性。这种个案中基于对各种参考因素赋值，最终就法律关系的“型”（Typus）作出总体性判断的方法是一种“类型学的方法”（typologische

---

① 这种社会背景下对于社会保险法中以劳动关系为连接点的冲击，见 Raimund Waltermann, *Abschied vom Normalarbeitsverhältnis? Verhandlungen des 68*, Deutschen Juristentages, Bd. I, Gutachten, B 1 (B 23ff.)

Methode)。[①] 德国社会法院作出了大量对于工作关系的判决。

(二) 我国社会保险法上的职工与其他被保险人

1. 我国法上保险关系最重要的连接点:职工及其单位

我国社会保险法中具有保险义务的最重要的群体也是从事非独立(依附)劳动的职工,这一点与我国社会保险的最初原型为企业责任下的劳动保险有关。依据社会保险法的规定,职工必须参加各项社会保险,而且参加各项社会保险的人群只能是职工,故职工身份与保险关系的成立与存续的连接更紧密。同样与德国类似的一点是,我国社会保险法采取了与劳动法不同的对于从事非独立劳动的人群的称谓,不再称"劳动者",而称为"职工"。这也为对"职工"采取一种独立于劳动关系中的"劳动者"的判断提供了解释上的可能。

在我国,按照一般理解,判断一个人是否具有职工身份,从而具有社会保险法上的义务与权利,需要判断其是否与用人单位建立了劳动关系。事业单位的工作人员不仅包括与事业单位签订劳动合同的工作人员(职工),还包括虽未签订劳动合同但签订聘用合同的工作人员(有编制的工勤人员),以及那些参公事业单位中未签订劳动合同与聘用合同的拥有编制的工作人员(参公人员)。在存在劳动合同的情形下,事业单位属于用人单位,相应地,其工作人员属于职工。

比较有争议的一类人群是达到退休年龄但仍在工作的人群。其与用人单位之间是否成立劳动关系是有争议的。首先,对于已经领取退休金的劳动者从事劳动规定得比较明确。《劳动合同法》44 条第 2 项规定,劳动者开始依法享受基本养老保险待遇[②]的,劳动合同终止。相应地,《最高人民法院关于审理劳动争议案件适用法律若干问题的解释(三)》第 7 条规定,用人单位与其招用的已经依法享受养老保险待遇或领取退休金的人员发生用工争议,向人民法院提起诉讼的,人民法院应当按劳务关系处理。故已经领取退休金的劳动者与用人单位建立的是劳务关系,不应被纳入劳动法的保护,亦不属于社会保险法中职工的范围。不过,此规则仍有正当化的必要。对于虽然达到退休年龄但未领取退休金的工作人员,其法律地位则很有争议。《劳动合同法实施条例》第 21 条规定,劳动者达到法定退休年龄的,劳动合同终止。据此,不论是否领取退休金,劳动合同均终止,这一规则无疑比《劳动合同法》更加严格,故其本身的可适用性便是可质疑的。大多数省市[③]适用《劳动合同法实施条例》时规定,当劳动者达到退休年龄时否认其劳动关系,不过也有法院判决认为应确认劳动关系,因为劳动者即便超过了退休年龄,从事的仍是从属性的劳动。实际上,《最高人民法院关于审理劳动争议案件适用法律若干问题的解释(三)》体现的也是这种立场。还有部分省市则采取了一种折中立场,对于这种情形进行了进一步的区分:若达到退休年龄的劳动者继续在同一工作单位工作的,则认可劳动关系;若用人单位新招用已经达到退休年龄的劳动者的,仅认可劳务关系。这种观点实际上将劳

---

① Raimund Waltermann, *Sozialrecht*, *11.Aufl*, *C.F. Müller*, Heidelberg(u.a.), 2014, p. 64.

② 在解释上,宜认为"基本养老保险待遇"并不包括城乡居民养老保险的给付,因为其待遇并不足以保障基本生活需求。向春华:《社会保险请求权与规则体系》,中国检察出版社 2016 年版,第 113–114 页。

③ 对此明文确认的规范性文件如《北京市高级人民法院、北京市劳动争议仲裁委员会关于劳动争议案件法律适用问题研讨会会议纪要(二)》第 12 条;《广东省高级人民法院、广东省劳动争议仲裁委员会关于审理劳动人事争议案件若干问题的座谈会纪要》第 11 条;《四川省高级人民法院民一庭关于审理劳动争议案件若干疑难问题的解答》第 18 条;《江苏省高级人民法院、江苏省劳动争议仲裁委员会关于审理劳动争议案件的指导意见》第 3 条。

动关系存在与否的决定权交给了私人，尤其是用人单位。[①]

值得注意的是，在保护需求尤其明显的工伤保险领域，对超过退休年龄的工作人员提供保险保护，在某种程度上发生了与基于劳动关系的职工地位的"松绑"。例如，根据《人力资源社会保障部关于执行〈工伤保险条例〉若干问题的意见（二）》第 2 条，超过退休年龄的工作人员在原工作单位继续工作的，用人单位依法承担工伤保险责任；用人单位新招用超过退休年龄的工作人员的，不论其是否领取退休金，这部分人员仍可通过项目参保的方式纳入工伤保险。

2. 基于非典型劳动关系或从事非从属性劳动的劳动者纳入保险保护

若不依托于典型的劳动关系，则虽存在劳动关系，但保险义务亦难以得到确认，例如，"非全日制从业人员"、部分"灵活就业人员"以及部分"农民工"。此外，从事非从属性劳动的人员并不处于劳动关系中，故在社会保险法上不具有保险义务，而是被赋予保险资格，可以通过意思表示自愿加入社会保险，如"无雇工的个体工商户"、部分"灵活就业人员"。

对于非全日制从业人员与德国法上具有保险自由的小额工作的比较，上文已有论述。个体工商户中，有雇工的为用人单位，无雇工的个体工商户则具有保险资格，可以自愿加入基本养老保险与基本医疗保险。

"灵活就业人员"没有法定定义。按照 2003 年《劳动和社会保障部办公厅关于城镇灵活就业人员参加基本医疗保险的指导意见》，灵活就业人员指"以非全日制、临时性和弹性工作等灵活形式就业的人员"。按照该定义，灵活就业人员包括一部分存在非典型劳动关系的劳动者，也包括从事非从属性劳动的就业人员。其与"职工"存在一定程度的交叉，从而对灵活就业人员实际上存在进一步细化并相应确定各类人群法律地位的必要，尤其需要厘清其与"职工"的关系。在多样的劳动形式下，具有保险义务的非独立性"工作"以及"独立做工"之间的界限非常模糊，必须在个案中逐一认定是否构成"工作"，从而认定是否具有保险义务。本身含义模糊的"灵活就业人员"则一概被赋予保险资格，从而不通过保险义务强制性地将其纳入社会保险。

由于立法本身对于纳入社会保险人群的分类与定义模糊，许多人群在社会保险法上的法律地位并不明确。对于特定人群，往往为其专门建立保障制度，或为其规定进入社会保险的进路。例如，关于下岗职工与农民工属于职工还是灵活就业人员，就是不明确的。失业人员与下岗职工的主要区别是：失业人员已与企业解除劳动关系，档案已转入户口所在街道、镇劳动和社会保障部门；而下岗职工虽然无业，但未和原企业解除劳动关系，档案关系仍在原企业。基于下岗职工身份的特殊性，1998 年《劳动部关于建立下岗职工基本生活保障制度的通知》（已失效）决定在全国普遍建立国有企业下岗职工基本生活保障制度，通过在企业建立再就业服务中心，为本企业下岗职工发放基本生活费，代缴社会保险费。另外，如何将农民工纳入社会保险亦十分重要。除了具有农村户口的身份，农民工在城市里进行的工作往往是不稳定的与非典型的。尽管按照劳动法的规定，农民工毫无疑问属于劳动者，但是，其却往往无法作为职工被义务性地纳入社会保险。然而实际上，这一部分人群往往从事高危险、高强度、低工资的劳动，其面临的社会风险与保障需求更大。我国有一系列将农民工群体纳入社会保险的法规政

---

① 《上海市高级人民法院关于适用〈劳动合同法〉若干问题的意见》则明确表达出这种观点。其第 16 条规定，用人单位可以依据《劳动合同法》或者《劳动合同法实施条例》的规定终止劳动合同。该规定的问题在于，其将基于法律规定的劳动合同终止与基于当事人意思的劳动合同解除相混淆，导致法院对法律的适用权被"移交"给了用人单位的私人决定。

策:2003年的《工伤保险条例》(2010年修订)将农民工纳入了工伤保险对象范围;2006年《国务院关于解决农民工问题的若干意见》对于农民工的社会保险问题作出了原则性规定;2014年《国务院关于进一步做好为农民工服务工作的意见》规定依法将与用人单位建立稳定劳动关系的农民工纳入城镇职工基本养老保险,强调完善灵活就业农民工参加基本养老保险政策,力求农民工全面持续参保。

3. 特别的社会保险体系中的被保险人

(1) 公务员。基于历史上"干部"身份的区隔,中国社会政策中区分国家机关与事业单位工作人员以及企业职工的社会给付,前者可以获得更优厚的社会给付。20世纪70年代以来的"干部"概念从苏联移植过来,本被用于称呼有正确的思想的共产主义革命者。一般而言,干部指的是不直接参与生产并拥有一定社会地位的人,主要包括行政干部、党干部、军队干部或者企业中的技术专家干部。随着政治、行政与经济的结构性改革,在企业领域,干部与劳动者之间的区分在逐渐消失。在机关与事业单位领域,自20世纪80年代起开始对干部人事制度进行改革,2006年《公务员法》以法律规范确立了公务员制度,基本完成了由干部体系向公务员体系的转变。根据《公务员法》第2条,公务员是指依法履行公职、纳入国家行政编制、由国家财政负担工资福利的工作人员。

在我国,公务员享有独立于企业职工的照顾体系。① 在西方许多国家,情形也是一样的。例如,在德国,公务员拥有一套独立的照顾系统,其给付水平高于社会保险给付水平。正当化的理由在于,公务员的照顾系统同时包含了国家作为雇主所提供的职业照顾。不过,随着国家财政压力的增长,存在将公务员照顾系统纳入社会保险系统的政策愿望。随着一系列改革的进行,基本的框架已经形成,即建立一套适用于所有人群的全国统一的社会保险体系,同时对于公务员附加一些额外的给付规定。② 不过,尽管对于公务员、事业单位工作人员与企业职工适用同一套社会保险制度,在计算保费与社会给付时仍采用不同的方法,因为二者的工资制度并未统一。例如,公务员的基本工资实际上仅占其实际收入的一半不到,因为在基本工资之外尚有职务工资与同工龄相关的等级工资。

(2) 军人。在国家工作人员群体内,有一类特殊的群体,即军队成员。军队在我国有着特殊的地位,在社会保障领域,一直存在着军队与民间的区分原则。例如,适用于军队的社会保险与适用于民间的社会保险是分别立法的。我国《国防法》第60条第3款规定,国家实行军人保险制度。1998年中央军事委员会与国务院出台《军人保险制度实施方案》,2012年7月1日实施《军人保险法》,规定了军人伤亡保险、退役养老保险、退役医疗保险、随军未就业的军人配偶保险等险种。

之所以要为军人特别建立社会保险制度,是与经济与人事改革分不开的。在计划经济下,军人转业后可以进入国有企业就业,由国有企业提供其社会给付。市场经济下越来越难以实

---

① 1952年《政务院关于全国各级人民政府、党派、团体及所属事业单位的国家工作人员实行公费医疗预防的指示》确定了公费医疗制度;1978年《国务院关于安置老弱病残干部的暂行办法》规定了适用于干部的年金制度;1980年《国务院关于老干部离职休养的暂行规定》规定了适用于老干部的离休制度。

② 通过这些额外的给付规定,公务员群体之前的特权地位获得一定程度的保留。如按照2004年4月29日的《关于实行国家公务员医疗补助的意见》,公务员可以获得医疗保险本不予提供的补助;旨在增加机关事业单位工作人员退休收入的职业年金制度也被规定于2014年10月1日实施的《国务院办公厅关于印发机关事业单位职业年金办法的通知》中。

行这种转业制度，国家企业、国家机构与事业单位越来越倾向于不接收这些复员军人参与劳动，故有专门为军人设立社会保险制度的必要。

(3) 农民。除了基于身份的区隔，我国社会政策中存在的另一个显著特点是基于城市与农村的区隔。20世纪50年代引入的户口制度本用于控制城市化的进程，不过如今，户口制度明显扮演着更多控制社会给付方面的作用。随着越来越自由的居住与劳动市场的形成，户口制度在很多方面表现出对社会权的制约，这一点在农民工问题上得到显著的体现。仅以户口为标准，为不同人群设立不同的社会保险制度，或为不同人群进入同一社会保险系统规定不同的准入条件，面临能否通过平等原则检验的质疑。不过，城乡区分背后更主要的问题在于城市与农村之间日益增长的居民收入差距，这种差距本身带来了社会保险制度上的诸多问题。

我国初始建立的劳动保险制度以及后来制定的包含社会保险的劳动法适用于劳动者，却不适用于农民，导致这一部分人群被排除于社会保险之外。当时的立法者并没有为国家在农村建立社会保险的义务。农民群体并非没有保障需求，相反，由于农民群体随着农业改革而逐渐增长的自我责任，以及农民普遍较低的收入水平，这一部分人群的保障需求是很大的。在农村建立社会保险制度的主要问题在于，由于农民的收入较低，这一类人群极少希望或者有能力为其自身的社会保障承担费用，这也是农村社会保险属于自愿保险的原因。

(4) 居民。与上述被保险主体不同，居民并不以其职业劳动为生计来源，故有为其建立特别保险体系的正当化理由。不过，在我国，从事职业劳动的农民与不从事职业劳动的居民被共同纳入城乡居民基本养老保险制度以及城乡居民基本医疗保险制度中①，此时则发生了对于城乡居民基本社会保险制度功能的疑问。至少，农民仅基于农村户口的原因而只能参加城乡居民基本社会保险制度，是面临平等原则的质疑的。

二、社会保险的组织机构

（一）德国社会法上社会保险人的自我管理与成员权

在德国法上，社会保险承担者（即保险人）是自我管理（Selbstverwaltung）的公法上的社团（Körperschaften des öffentlichen Rechts），换言之，德国社会保险之高度自治是其特色，德国社会法典明确了这一法律地位（§ 29 Abs.1 SGB IV）。所谓自我管理，是指公共行政的承担者以自己的名义承担对自己事务的去中央化的管理。② 自我管理是一种间接国家行政的形式，其背后的支撑理念在于相关人参与（Betroffenenpartizipation）以及自我责任（Eigenverantwortung）。这种组织原则连接了社会领域与国家领域。正如1881年皇帝诏书显示的那样③，自我管理作为德

---

① 2014年《国务院关于建立统一的城乡居民基本养老保险制度的意见》；2016年《国务院关于整合城乡居民基本医疗保险制度的意见》。

② 关于社会保险承担者的自我管理，见 Ulrich Becker，"Organisation und Selbstverwaltung der Sozialversicherung"，in Bernd von Maydell，Franz Ruland，Ulrich Becker，*Sozialrechtshandbuch（SRH）*，5. Aufl.，Nomos，Baden-Baden，§ 13.

③ 参见1881年11月17日的皇帝诏书："通过与人民生活之真实力量更紧密的连接，以国家保护与促进下的社团合作社的形式对人民生活进行统合，将如吾人所愿，使得那些仅靠国家权力在相同范围内并不能完成的任务成为可能。"BMAS, *Bilder und Dokumente zur Sozialgeschichte*, Bonn, 1997, S. 53.

国社会保险的根本性组织原则一开始便得到强调，自我管理通过“与人民生活的真正力量之更紧密的连接”，“使得解决那些国家权力自身在同样范围内不能胜任的任务成为可能”。

不过，虽然自我管理意味着独立完成公共任务，但实际上社会保险承担者的自治权很小，其在德国社会保险法极其详细的法律规定框架下只有相对较小的裁量空间，自治须符合社会保险法之法理，亦须符合法律保留原则。一方面，正如上文所述，德国社会法典规定的法律保留范围很广，社会保险承担者在没有法律基础时亦不能提供超出社会法典规定的给付，从而其主要完成的是已经由法律详细规定的任务。另一方面，社会保险承担者处于国家监督之下。

基于自治原则，自我管理组织起来的社会保险承担者的独立性尤其体现在财务的独立性上，即社会保险人拥有自己的预算（§§67ff. SGB IV），其与国家预算是分开的。

通过自我管理的组织，被保险人与雇主被纳入到社会保险的管理中。它的重要性尤其体现在，通过被保险人与雇主的参与可以增强社会保险系统的可接受性。而且，鉴于对于社会保险运行所需要的保费缴纳给劳动关系带来的负担，这种可接受性十分重要。被保险人与雇主在社会保险中都享有成员权。上文已经提到过，在德国法上，保险给付的基础不在于劳动关系，而在于保险关系，而保险关系很大程度上是与成员权关系绑定的。例如，疾病保险缴费义务人就是疾病保险人（Krankenkasse）的成员，从而与其处于保险关系中。不过，在法定事故保险中，成员仅仅是企业，而被保险的却主要是雇员，有可能是雇主的近亲属，这里保险关系与成员权也就分离了。

（二）中国社会保险的组织机构

1. 社会保险经办机构

在我国，社会保险业务是由社会保险部门完成的。1993年，《国务院批转国家体改委关于一九九三年经济体制改革要点的通知》首次确立了中国社会保险的组织机构，区分了“社会保险管理部门”以及“社会保险经办机构”，并简单区分了二者的任务。其第10条第6款规定，“结合机构改革建立统一的社会保障管理体制。社会保险实行政事分开，社会保险管理部门从宏观上进行政策、制度、标准管理；社会保险经办机构具体承办社会保险业务并承担资金保值、增殖责任”。作这一区分的背景在于“管办分开”的行政制度改革，其指向政府尤其在服务行政领域的行政效率的提高，故将行政机关的技术性、服务性的任务剥离开，交给事业单位去完成；事业单位的管理性职能也要交给行政机关。

社会保险经办机构的设置与国家行政机关的设置相对应，分为国家级、省级、市县级，但在市县级以下有可能合二为一。其中国家级的社会保险经办机构是“人力资源和社会保障部社会保险事业管理中心”，其属性是由人力资源和社会保障部设立的部直属事业单位。地方各级政府设立的社会保险经办机构名称各异，如社会保险管理局、社会保险事业管理处、社会保险公司、社会保险管理中心等。2001年《社会保险行政争议处理办法》第2条第2款定义了社会保险经办机构，其“是指法律、法规授权的劳动保障行政部门所属的专门办理养老保险、医疗保险、失业保险、工伤保险、生育保险等社会保险事务的工作机构”。由此定义可以看到，社会保险经办机构属于行政主体，不过其并非行政机关，而是法律、法规授权的行政主体，故其可以成为行政诉讼的被告，并对外独立行使行政权力。不过，这一法律定位只是程序法意义上的定位，并不涉及社会保险经办机构实质法上的功能与任务以及其为完成这些任务的职能。《社会保险法》第 8 条原则性地规定了社会保险经办机构的任务为“提供社会保险服务”，其中包括社会保险登记、个人权益记录、社会保险待遇支付等工作。此外，《社会保险法》第九章规定了社会保险经办机构的组织、经费，细化了其任务与职能。不过，社会保险经办机构的任务与职能仍然是十分模糊的，尤其是其就保费征缴以及社会保险基金管理的任务与职能。[①] 总而言之，我国社会保险经办机构并未完成保险人的角色转换，其组织架构、职责定位、法律角色、法律关系主体人格皆不完整。

2. 社会保险经办机构的“独立化”

社会保险经办机构并不是独立的主体，其隶属于社会保险行政部门，不具有独立的法律地位，多数社会保险经办机构不具备法人人格。这种独立法律地位的缺失与其任务、职能、责任的不清晰互为因果，进而导致其不能有效地履行任务，亦无法履行社会保险保险人之法定义务。这就是人民法院无法受理社会保险争议的根本原因。目前中国社会保险的组织可以被视为直接的国家行政机构，只是在行政行为的矫正上存在相应的行政诉讼，但涉及给付、保费缴纳和相关社会保险手续办理问题时，法治程序基本戛然而止。

2012 年《国务院关于印发“十二五”期间深化医药卫生体制改革规划暨实施方案的通知》第 3 条第 3 项提出了医疗保险经办机构的“法人化”：“按照管办分开原则，完善基本医保管理和经办运行机制，明确界定职责，进一步落实医保经办机构的法人自主权，提高经办能力和效率。”这里的“法人化”要求的是社会保险经办机构的独立的法律人格，即其法律能力。从功能上看，实质上要求其组织机构的“独立化”（Verselbstständigung），而这种“独立化”正是上文所述德国法意义上的“自我管理”所必需的。[②] 可是，我国的社会保险经办机构从人事制度、管理制度来看，均处于一种行政等级制结构内。进而言之，有学者提出这种社会保险经办机构的非独立性的深层次原因，即社会保险基金之于国家政府财政的非独立性。[③] 而这种社会保险基金对国家财政的非独立性之惑则立基于对社会保险的保险性质之惑。

三、保费法

（一）概述

社会保险的财务模式最重要的分类为随收随付制以及资本累积制，二者往往以某种方式结合。德国法上社会保险的一个很重要的特点就在于财务上采用随收随付程序。换言之，社会保险承担者在一定时间段（通常 1 年）内的收入必须覆盖这一段时间内的支出。在年金保险

---

① 本书认同，明确社会保险经办机构的任务与职责的出发点，在于从功能上明确中国社会保险经办机构的“保险人”地位。参见李文静：《医疗保险经办机构之法律定位——论社会行政给付主体之角色与功能》，载《行政法学研究》2013 年第 2 期。

② 对于“自我管理”是否有可能通过无法律能力的机构实现这一问题，见 Reinhard Hendler, *Selbstverwaltung als Ordnungsprinzip*, Heymanns: Köln (u.a.), 1984, p. 285.

③ 关于中国社会保险对国家财政的依附性，参见熊伟：《从财政依附性反思中国社会保险》，载《武汉大学学报（哲学社会科学版）》2017 年第 4 期；张荣芳、熊伟：《全口径预算管理之惑：论社会保险基金的异质性》，载《法律科学（西北政法大学学报）》2015 年第 3 期。

中,这种随收随付程序则导致了一种代与代之间的交换。[1]在20世纪90年代初,我国基于世界银行的建议在养老保险与疾病保险中采取了随收随付制以及资本累积制结合下的部分累积制,即一部分比例的保费进入随收随付模式的社会统筹账户,而职工缴纳的保费则完全进入个人账户进行资本累积。进入个人账户的资金尽管被置于国家的管理之下,但原则上仍属于被保险人个人的财产。在失业、工伤、生育保险中并未规定资本累积制度,故这些保险项目完全采用随收随付模式。

在德国,社会保险承担者的收入首先是保费,同时在一些保险项目内还有联邦补贴。国家补贴之所以是正当的,很大程度上是因为其覆盖的是与保险无关的"保险外给付"(versicherungsfremde Leistungen)。此外,还有其他收入来源,如财产收益。其中,在范围上最广泛、最重要且作为社会保险体系特征的收入来源无疑是保费收入。关于社会保险保费的计算,有以下两个要素是决定性的:一是费基,二是费率。费基对于大部分被保险人,即劳动者而言,依据其工资来确定。德国社会法典定义的工资费基往往有上限,超过该上限的收入则不再考虑,该上限同时也表明了社会安全的范围。费率是费基的某百分比。原则上,费基与费率之积则为保费额。德国社会法典规定了工资的法定概念:工资是由一份工作(Beschäftigung)中所产生的所有持续性或一次性收入,此时不论是否存在对于该收入的法律请求权,不论其以什么名义或形式被给付,亦不论其直接来自于工作还是与工作相关(§ 14 SGB IV)。我国法律并未对"工资"进行定义。按照现行政策规定,缴费工资就是按国家统计部门规定列入工资总额统计范围内发放的工资。工资总额是指各单位在一定时期内直接支付给本单位全部职工的劳动报酬总额。关于职工的哪些收入可计入工资总额,《国家统计局关于工资总额组成的规定》第3、4条明确规定,"工资总额是指各单位在一定时期内直接支付给本单位全部职工的劳动报酬总额。工资总额的计算应以直接支付给职工的全部劳动报酬为根据。工资总额由下列六个部分组成:(一)计时工资;(二)计件工资;(三)奖金;(四)津贴和补贴;(五)加班加点工资;(六)特殊情况下支付的工资"。更具体地规定工资组成的规定见《国家统计局〈关于工资总额组成的规定〉若干具体范围的解释》,此处规定的费基是雇主应承担的保费份额的费基。对于职工本人应承担的保费份额,根据《职工基本养老保险个人帐户管理暂行办法》,"职工本人一般以上一年度本人月平均工资为个人缴费工资基数(有条件的地区也可以本人上月工资收入为个人缴费工资基数,下同)。月平均工资按国家统计局规定列入工资总额统计的项目计算,包括工资、奖金、津贴、补贴等收入"。《职工基本养老保险个人账户管理暂行办法》还规定了费基的上下限:若职工工资低于该地区所有职工的平均月工资的60%,则以平均工资的60%作为养老保险的费基;若职工工资高于平均月工资的300%,则以平均工资的300%作为费基。在疾病与失业保险中并未在国家层面确定类似的费基的上下限,不过在许多地区也同样规定了与养老保险一致的费基上下限。

在德国学理上,社会保险保费的筹集要区分两个概念:保费支付(Beitragszahlung)与保费承担(Beitragstragung)。保费承担是就保费之债而言的,与被保险人有关;在被保险人为劳工时,

① 关于德国年金保险制度背后的"世代合同"理念,见本书"年金保险法"一章以及 Wilfrid Schreiber, *Sozialpolitische Perspektiven*, Wirtschaftsverlag Bachem, Köln, 1972, p. 91ff.

雇主也是保费承担者。[①] 而保费支付的义务则与具体的保费的缴纳与征收有关，涉及保费请求权的产生、到期以及时效等问题。保费承担的份额根据个别社会保险项目的不同作出了不同的规定。在照护、年金、失业保险中，原则上雇主与雇员各承担一半。[②] 不过，在疾病保险中放弃了该原则，由雇主承担固定的保费份额。法定事故保险中则仅由雇主承担保费，这与工伤保险的产生背景有关，其理念在于通过社会法的保险保护替代雇主私法上的责任。我国社会保险的费率主要由法规与政策进行原则性规定，依据各统筹地区情况而有不同。根据《国务院关于完善企业职工基本养老保险制度的决定》，用人单位缴纳基本养老保险的费率原则上为本单位工资总额的20%，职工本人缴纳本人工资的8%。根据《国务院关于建立城镇职工基本医疗保险制度的决定》，用人单位缴费率应控制在本单位工资总额的6%左右，职工缴费率一般为本人工资的2%。根据《失业保险条例》第6条规定，用人单位缴纳失业保险的费率为本单位工资总额的2%，职工缴纳本人工资的1%。用人单位缴纳工伤保险费按照《工伤保险条例》第8条的规定实行行业差别费率和浮动费率，有关费率按照国家相应规定执行。用人单位缴纳生育保险费的费率按照《企业职工生育保险试行办法》规定，由统筹地区政府根据实际情况自行确定，但不得超过用人单位工资总额的1%。总计下来，雇主大约需要承担工资总额的30%作为社会保险保费，而职工约承担本人工资的12%作为保费。

（二）保费支付

1. 德国法上保费请求权的塑造[③]

满足法定要件时，社会保险人的保费请求权产生（§ 22 Abs.1 S.1 SGB IV）。保费请求权的产生时点区分产生原则（Entstehungsprinzip）与流入原则（Zuflussprinzip）。产生原则，即当劳工对于工资的请求权产生时，保费到期。故保费请求权的产生与应付的工资是否支付给劳工无关。流入原则则以工资的实际缴纳为时点，保费请求权只有当某次支付的工资实际支付后才产生。目前，德国社会保险的保费法适用流入原则（§ 22 Abs.1 S.2 SGB IV）。

劳工虽然可能承担社会保险费，但其并不是保费支付义务人。雇主是“总社会保险保费”的唯一保费债务人（§ 28e Abs.1 SGB IV），总社会保险保费包括了雇主与劳工所承担的疾病、护理、年金、失业保险的保费（§ 28d SGB IV），其应由雇主向作为征收机构（Einzugsstelle）的相应疾病保险人缴纳。由于雇主作为保费债务人必须支付劳工承担的保费，所以其对于劳工有该劳工应承担保费份额的请求权（§ 28g SGB IV）。而且，原则上，该请求权只能通过从工资中扣除这部分保费份额的方式行使。也就是说，如果不通过从工资中扣除的方式，雇主并不能以其他方式向劳工请求应承担的保费份额。而如果没有发生扣除，雇主也仅可以在接下来三次的工资支付中补扣（§ 28g S.2 SGB IV），之后则只可以在雇主就未扣除保费份额的发生无过错时补扣。征收处将不属于疾病保险主体的保费转交给其他保险承担主体。

---

① 关于德国学界对如何正当化雇主的保费承担的讨论，参见 Friedrich E. Schnapp, *Der Arbeitgeberbeitrag in der Sozialversicherung-eine rechtfertigungsbedürftige Sonderabgabe?*, Gesundheits-und Sozialpolitik, 2007, pp. 25-33.

② 如果看国际标准的话，国际劳工组织第102号公约第72条第2款第1句规定，“从被保护的雇员处筹集的总数不得超过保护雇员及其妻子与孩子所需物资总数的50%”。

③ 以下参见 Alfred Neidert, “Versicherungs-und Beitragsrecht”, Bernd von Maydell, Franz Ruland, Ulrich Becker, *Sozialrechtshandbuch* (*SRH*), 5. Aufl., Nomos, Baden-Baden, p. 14.

对于雇主在到期日过后仍未支付的保费，在每个欠款月开始时会产生滞纳金。此时应注意，滞纳金只适用于那些到期（Fälligkeit，§ 23 SGB IV）的保费，即义务保费（Pflichtbeitrag）。对于自愿性保费，因为不存在到期的问题，故原则上不存在滞纳金的征收问题。雇主对于不知晓其支付义务无过错的，不征收滞纳金。滞纳金是一种敦促支付到期保费的方式，也补偿了由于迟交保费对社会保险承担者带来的不利。

社会保险保费请求权适用时效制度（§ 25 Abs. 1 SGB IV），保费请求权时效为 4 年。具体而言，在保费到期的日历年经过后的次年的 1 月 1 日，时效开始，至第 4 年的 12 月 31 日，时效结束。不过在故意扣留保费的情形下，时效则延长为 30 年。对于何时适用 30 年时效，联邦社会法院判决认为间接故意已经足以成立。时效的中断、中止、重新开始以及时效的作用，都适用民法的相关规定。

2. 我国社会保险费之征缴

(1) 申报。我国《社会保险费申报缴纳管理规定》第二章规定了社会保险费的申报。用人单位应每月向当地社会保险经办机构办理缴费申报。用人单位自身缴费情况的申报事项包括用人单位的缴费险种、缴费基数、费率、缴费数额、职工名册及职工缴费情况。此外，职工应缴纳的社会保险费由用人单位代为申报，申报事项包括职工姓名、社会保障号码、用工类型、联系地址、代扣代缴明细等。用人单位代职工申报的缴费明细以及变动情况应当经职工本人签字认可，由用人单位留存备查。《社会保险费申报缴纳管理规定》第 7 条规定了社会保险经办机构对于申报的核准职责，其应核实用人单位申报材料是否齐全、缴费基数和费率是否符合规定、填报数量关系是否一致。其中，有关“缴费基数符合规定”的核实标准比较模糊，社会保险经办机构是否应实质上核实雇主申报的作为缴费基数的工资的真实性，并不明确。在实践中，往往容许雇主以最低工资作为缴费基数申报。对用人单位是否如实申报的实质审查主要留给事后的社会保险经办机构的社会保险稽核程序，可是正如后文将提到的，该稽核程序往往缺乏有效性。申报制度上的漏洞导致了大量漏缴、少缴社会保险费的情形。社会保险经办机构经核准后出具缴费通知单，用人单位应当持该缴费通知单在规定的期限内缴纳社会保险费。

用人单位未申报应当缴纳的社会保险费数额的，社会保险经办机构按照该单位上月缴费额的 110% 确定应当缴纳数额；没有上月缴费数额的，社会保险经办机构暂按该单位的经营状况、职工人数、当地上年度职工平均工资等有关情况确定应缴数额。用人单位应当按月将缴纳社会保险费的明细情况告知本人，且应当每年向本单位职工代表大会通报或者在本单位住所的显著位置公布本单位全年社会保险费缴纳情况，接受职工监督。而社会保险经办机构应将已经缴纳保费的明细情况寄给用人单位以及职工，且应当至少每年一次向社会公布社会保险费征收情况，接受社会监督。用人单位和职工有权按照《社会保险个人权益记录管理办法》等规定查询缴费情况。第 32 条简单规定了社会保险费由税务机关征收时社会保险经办机构与税务机关间的任务与职权分配：社会保险经办机构应当及时将用人单位和职工应缴社会保险费数额提供给税务机关；税务机关应当及时向社会保险经办机构提供用人单位和职工的缴费情况。鉴于 2018 年中共中央办公厅、国务院办公厅印发的《国税地税征管体制改革方案》明确自 2019 年 1 月 1 日起五项社会保险保费由税务部门征收，尤其有必要明确社会保险经办机构与税务机关的任务分工与各自职能，如在申报环节的任务分工与职能。

(2) 征缴。职工应承担的保费由用人单位代扣代缴（《社会保险法》第 60 条），依据《社会保险费征缴暂行条例》第 6 条，社会保险费实行三项社会保险费集中、统一征收，即养老、疾病、失业保险保费统一作为总社会保险保费缴纳，许多地区进而实行“五险一金”的统一征缴。各项社会保险费集中征缴有利于确保保费征缴的有效性，尤其可以避免雇主选择性缴费。

我国并未明文规定社会保险费请求权的时效制度，可以类比两年的征缴时效。该时效的法律依据在于，《劳动保障监察条例》第 20 条规定，用人单位的违法行为只能在发生后两年内被劳动监察部门处理；而《实施〈中华人民共和国社会保险法〉若干规定》第 27 条第 2 款规定，社会保险行政部门或者社会保险费征收机构应当按照《社会保险法》和《劳动保障监察条例》等相关规定处理。在实践中，对于如何适用上述规定存在争议：保费征收部门征收保费是否也要受到该两年时效的限制？如果是，那么从何时开始计算该期间？[①]

《社会保险法》并没有规定中断缴纳保费的情形，但地方规定中则不乏这种情形。一般而言，中断缴纳保费的前提是劳动关系的中断，即职工离职后尚未通过其他用人单位进行社保登记。在这段时间内不存在缴纳保费及征收保费的义务。但是，在一些地方规定中，持续的用人单位不缴保费也可以被视为中断缴费[②]，此时无疑面临将事实上的违法状态合法化的质疑。

若用人单位未依法为职工缴纳保费，则补缴欠缴保费当然为其义务。若认可我国并不存在社会保险费请求权的时效，则这种补缴义务将一直存在。例外情况下，当用人单位事实上没有缴费能力时，职工可以以个人身份补缴全部欠缴保费。[③]职工还可以为雇主缴纳其应当缴纳的保费，之后再要求用人单位返还这部分保费，这种实践在多个省之内已经得到确认。补缴保费额的计算在各省市适用的规则不同，一般会算入滞纳金、利息或者增值费。此时要注意，滞纳金只能由用人单位承担[④]。在常常出现的时间久远的保费补缴案例中，滞纳金、利息尤其是增值费的数额往往十分巨大，甚至是应补缴保费额本身的数倍，这也带来了补缴在贯彻执行方面的困难。

此外，在满足法定条件时允许续缴社会保险保费，续缴并非义务。《社会保险法》第 16 条第 2 款规定，“参加基本养老保险的个人，达到法定退休年龄时累计缴费不足十五年的，可以缴费至满十五年，按月领取基本养老金”。《实施〈中华人民共和国社会保险法〉若干规定》第 2 条进一步规定：“参加职工基本养老保险的个人达到法定退休年龄时，累计缴费不足十五年的，可以延长缴费至满十五年。社会保险法实施前参保、延长缴费五年后仍不足十五年的，可以一次性缴费至满十五年。”续缴期间究竟以职工身份还是以个人身份缴纳保费，原则上取决于该期间内是否存在劳动关系，对此上文已有简单梳理。与此相适应，如果仍存在劳动关系，则在续缴期间用人单位继续承担保费义务并代职工缴交保费；如果不存在劳动关系，则在续缴期间应以个人身份缴纳保费。这一续缴的规定原本是为了解决较晚参加养老保险统筹的职工由于

---

① 关于实践中存在的三种不同理解，参见沈建峰：《社会保险费欠缴的法律救济》，载《中国工人》2016 年第 3 期。

② 例如，《珠海市社会养老保险条例》第 21 条第 2 款规定：“对连续欠缴养老保险费六个月以上的单位，征缴机关依法律程序无法追缴的，按中断缴费处理，中断缴费期间不计算缴费年限。以后重新缴费并补缴中断缴费期间的养老保险费本金及滞纳金的，按实际补缴情况计算缴费年限。”

③ 例如，《辽宁省劳动和社会保障厅、省财政厅、省地方税务局、省工商行政管理局关于进一步加快推进巩固和完善城镇社会养老保险体系专项行动有关问题的通知》第 7 条规定，“经统辖区政府确认，无力缴纳基本养老保险费的特困企业，企业和职工均不选择解除劳动关系的，允许职工个人比照城镇自由职业者参保缴费的费基和费率缴纳基本养老保险费”。

④ 《社会保险费申报缴纳管理规定》第 11 条第 2 款规定：“用人单位未按时足额代缴的，社会保险经办机构应当责令其限期缴纳，并自欠缴之日起按日加收 0.5‰的滞纳金。用人单位不得要求职工承担滞纳金。”

难以达到15年的缴费期间而无法获得养老保障的情形[①]，所以，该规定作为过渡性规定，旨在保障养老改革过渡期被保险人的利益。但是，该续缴制度往往同时作为缴费制度的兜底性制度运转。无论是用人单位、个人还是相关征收机构的原因，只要达到退休年龄时缴费未满15年，即可以通过续缴至满15年来获得年金请求权。将补缴制度与续缴制度的功能相混同，导致的问题在于，年金请求权将仅仅指向15年缴费所能获得的年金额，而与被保险人实际职业生涯过程无关；另外，一律利用续缴制度去平衡由于征缴制度无效而造成的年金利益损失，则使得由于其违法行为造成缴费未满15年的雇主或征收机构逃脱相关法律责任成为可能，而征缴制度中的无效性问题并未得到解决。

（三）保障保费缴纳义务履行的措施

1. 保费缴纳与保险给付的关系

在一般的双务合同中，最基本的确保义务履行的方式在于，若一方合同当事人不履行义务，则对方当事人也不必须履行作为对价的义务。私人保险合同中往往如此。但德国社会保险并不适用这种方式，因为被保险人获得社会保险保护并不取决于保费缴纳，换言之，给付请求权的要件中并不包括缴纳保费。

这一点体现出德国社会保险与我国社会保险的一项本质区别。在我国社会保险中，保费的缴纳是被保险人获得给付的前提，社会保险基金并不承担保费不能有效征缴时的风险。被保险人因雇主不履行保费缴纳义务而不能获得保险给付时，则通过基于雇主违约责任而成立的损害赔偿请求权获得相应给付。依据德国社会法典，雇主不缴纳保费并不会对其作为被保险人的劳工带来损害，只是保费不能有效缴纳将给保险共同体带来财务风险，故为了保险共同体的利益必须有相应的确保保费有效缴纳的措施。

2. 通过刑法的保护

在德国法上，若雇主故意不缴纳社会保险保费，则雇主，或更准确地说企业中负责缴纳保费者，将依据刑法被追究刑事责任。根据德国刑法典第226a条第1款，若雇主扣留而不向征缴部门缴纳其劳工承担的社会保险保费，则面临最高5年的自由刑或罚金的处罚。根据德国刑法典第226a条第2款，当雇主向保费征缴部门对社会保险法上重要的事实作不真实或不全面的陈述，或者违反其义务对社会保险法上重要的事实向保费征缴部门进行隐瞒，从而不向该征缴部门缴纳雇主承担的社会保险保费时，也构成犯罪并面临与第1款同样的刑罚。而且，值得注意的是，若劳工亦参与到德国刑法典第226a条所规定的犯罪中，则同样构成犯罪并面临相应的刑罚。当只有雇主承担保费时，例如在工伤保险中，则其可能因故意不缴纳保费而违反德国刑法典第226a条第2款。在雇主与劳工共同承担社会保险保费的保险项目中，雇主不缴纳保费的行为则可能进一步触犯德国刑法典第226a条第1款。在我国，雇主不缴纳社会保险保费的行为并不属于犯罪。

---

① 在2005年《国务院关于完善企业职工基本养老保险制度的决定》的制度设计中，第6条第4款规定："本决定实施后到达退休年龄但缴费年限累计不满15年的人员，不发给基础养老金；个人账户储存额一次性支付给本人，终止基本养老保险关系。"这一规定导致养老保障的制度型漏洞，使得相当一部分人群由于养老保障改革时间点而无法获得年金保障。《社会保险法》第16条的规定是对该规定的修正。

3. 通过民事法律的保护

这种保护途径是与上述刑法上的保护途径紧密联系的。由于德国刑法典第 226a 条构成该法第 823 条第 2 款的“保护法”(Schutzgesetz),所以相关责任人还可能基于侵权承担损害赔偿责任,并负有对未缴纳保费的损害赔偿义务。

我国《劳动合同法》规定了如何在劳动合同法律关系中处理雇主未依法为劳动者缴纳保费的情形,依据第 38 条第 1 款第 3 项以及第 46 条第 1 项,若雇主未依法为劳动者缴纳保费,劳动者可以解除劳动合同关系并获得经济补偿金。此外,雇主不缴纳社会保险保费时也将承担民事赔偿责任,但这种民事责任并非如德国法规定的那样为侵权责任,而是基于劳动合同的违约责任。

4. 通过国家行政法律的保护

根据德国社会法典第四部第 28p 条以及第七部第 166 条的规定,由法定年金保险人核查雇主是否依法履行了其就社会保险保费的申报义务(Meldepflicht,§ 28a SGB IV),是否对相关信息作出了完整与正确的陈述,这一程序被称为“工场核查”(Betriebsprüfung)。法定年金保险人必须至少每 4 年进行一次工场核查。实际上,此处规定的至少 4 年一次的核查频率与征缴部门对雇主的社会保险保费请求权的 4 年时效(§ 25 Abs. 1 S. 1 SGB IV)是相匹配的。这一时效规定能够保证在每次工场核查之前,征缴部门就雇主应缴的社会保险保费一直保有请求权。从这一点来看,与工场核查程序的最低频率相匹配的时效期间的规定,也有助于保障社会保险费缴纳义务的贯彻落实。

在我国,与德国的工场核查相应的程序是社会保险稽核,规定于 2003 年的《社会保险稽核办法》中。社会保险稽核由社会保险经办机构进行,其就社会保险缴费义务履行情况的稽核内容规定于第 9 条。与德国工场核查程序相比,我国的稽核程序并没有规定稽核的最低频率,也并未规定对于所有雇主均应进行稽核。根据第 8 条规定,社会保险稽核包括日常稽核、重点稽核和举报稽核三种方式。社会保险经办机构应当制订日常稽核工作计划,根据工作计划定期实施日常稽核;对特定的对象和内容应当进行重点稽核;对于不按规定缴纳社会保险费的行为,任何单位和个人有权举报,社会保险经办机构应当及时受理举报并进行稽核。故除非经举报,社会保险经办机构何时、对何对象进行稽核,均属于其自由裁量的范围。

思考题:

1. 如何理解社会保险法属于社会预护法?
2. 如何理解社会保险之“社会性平衡”?
3. 分析社会保险法律关系的结构。社会保险有哪些法律关系主体?
4. 我国社会保险经办机构的特色有哪些?
5. 何为德国社会保险之自我管理(自治)与成员权?
6. 分析社会保险法领域制定保费法之必要性。
7. 保费征收的法律保护包括哪些方面?

第六章　年金保险法

第一节　年金保险之理念

一、年金保险的概念

（一）对“年金保险”称谓的说明

我国的社会保障法体系没有采用“年金保险”这一称谓，而是采用了“养老保险”。“养老”强调这一保险项目所要保障的最重要的保险事故——老年，不过这一保险项目同时也保障其他保险事故。而“年金”则强调该保险项目给付的长期性，其年金给付本质上是对工资或收入的替代。对于这种替代的需求不仅存在于老年的情形，也存在于劳动能力降低的情形，当然也包括提供生活来源的人死亡的情形。这三种需求定位，也就是年金保险力求抵御的三类社会风险，被人们制度化地固定为保险事故。德国、日本以及我国台湾地区均以该保险项目的保障手段——“年金”称呼之，并伴以其他老年保障制度；而我国以“养老”命名该保险项目，尤其强调年金保险作为老年保障的功能；除老年年金保险外，残疾人（重度）年金保险制度一样重要。当然，从功能性比较[①]的眼光来看，评价一个社会保险制度是否完整，不需要拘泥于名义上的保险项目，而应功能性地检视有哪些保障需求被考虑到，以及它们是否以合适的方式被保障。

（二）作为社会保险的年金保险

年金保险是社会保险的一个项目，兼有保险性要素以及社会性要素。任何保险制度成功运作的数学原理都在于大数法则，而依据德国联邦宪法法院曾对“保险”作出的经典定义，保险正是通过在某个被组织起来的多数体内的分摊达到对于那些虽然在个案中不能确定，但总体上

---

① 关于社会法比较研究中的功能性比较方法，参见 Danny Pieters，“Reflections on the Methodology of Social Security Law Comparison”，in Verfassung，*Theorie und Praxis des Sozialstaats*，Festschrift für Hans F. Zacher，zum 70. Geburtstag，C.F. Müller，Heidelberg，1998，S.715 ff；Ulrich Becker，“Rechtsdogmatik und Rechtsvergleich im Sozialrecht”，in Ulrich Becker（Hrsg.），*Rechtsdogmatik und Rechtsvergleich im Sozialrecht I*，Nomos，Baden-Baden，2010，p. 1 ff.

可估测需求的共同覆盖。① 故在一个保险共同体内存在着大量同种类但不同“质量”的风险，这些风险之间存在着平衡。这一点当然也适用于私人保险。不过在社会保险中，风险间的平衡体现出更强烈的社会性。就年金保险而言，其社会性一方面体现于较之私人保险不同质的风险。例如，年金保险中也存在保费与风险之间关联性的解除，其不考虑被保险人由于不同年龄、性别、健康状况而具有的不同预期余命，即不考虑其风险是“好”还是“坏”，均适用同样的保费费基与费率。年金保险的社会性还尤其体现在其保费与给付之间“等价性”（Äquivalenz）的偏离。在年金保险中，体现“社会性平衡”（Sozialer Ausgleich）的“保险外”（versicherungsfremd）的给付非常多。所谓“保险外”，原则上就是那些保费与给付之间不具有等值性的情形。② 这一点尤其体现在年金保险中可能规定的大量不缴纳保费但能够积累年金权益的期间，如失业、抚养孩子、照顾老人的期间。与此相应，为了支付这些着眼于所有国民利益的社会性平衡，同时又不使得保险共同体为此额外负担，国家必须通过税收向年金保险支付大量财政补贴，以避免违宪。这种社会性平衡，属于社会政策实施的价值导向，亦是社会互助共济的具体体现。事实上，年金保险作为一种长期的工资性收入之替代，是大量国民的生活基础，具有十分重要的政策意义，故年金保险制度必然大量服务于政策目的。从历史上看，年金保险自其在德国产生之时起就伴随着国家为其提供的财政补贴。③ 而年金期待权在多大程度上取决于自我给付，从而受到宪法上的财产权保护，这一年金保险制度的核心问题也正是年金保险强烈的国家补助性的“宪法回应”④。对此，本书后文会简要介绍。

（三）年金保险所保障的风险

前文已经提到年金保险所要保障的三种需求定位——老年、劳动能力降低、提供生计来源的人死亡，便是年金保险所要保障的风险。首先要明确的是，年金保险保障的是典型化的需求定位（Bedarf），但并不是个案中具体的需求（Bedürftigkeit）⑤。所以，原则上，年金保险的给付并不考虑风险发生时的收入。同时，需求定位的含义以及衡量是随着社会变迁而变化的。⑥ 例如，在德国于 1889 年颁布残障与老年保险法时，老年情形之所以可以获得年金，是因为认为此时推定“人的劳动能力已经下降至一定程度，为此，或为了珍重其尚存的劳动力，而需要获得支持性的照顾”⑦。不过，随着时代的变化，对于老年的理解也发生了变化，老年不再是自然概念，而是法定概念或社会概念。老年不再被认为与劳动能力障碍直接关联，反映在立法中就是世界范围内退休年龄的延迟。尤其在发达国家，达到退休年龄时，人们客观上往往仍具有劳动能力，只不过在特定的社会背景下，年金保险制度的推行须与就业政策的实施相协调，换言之，即须考量全社会老年人权益与在职年轻人利益间的社会平衡。当然，相应地，当社会进一步发展，

---

① BVerfGE 11,105;75,108.

② Thomas Michael Johannes Gössl, *Die Finanzverfassung der Sozialversicherung*, Beck, München, 1992, p. 50 ff.

③ Michael Stolleis, *Geschichte des Sozialrechts in Deutschland*, Lucius&Lucius, Stuttgart, 2003, p. 85.

④ Michael Stolleis, *Geschichte des Sozialrechts in Deutschland*, Lucius&Lucius, Stuttgart, 2003, p. 85.

⑤ BSGE 53,242.

⑥ Ulrich Becker, Thorsten Kingreen, Stephan Rixen, in Dirk Ehlers, Michael Fehling, Hermann Pünder, *Besonderes Verwaltungsrecht*, Band 3, C.F. Müller, Heidelberg, 2013, §75 Rn 16.

⑦ Heinrich Rosin, *Das Recht der Arbeiterversicherung*, Bd. 2, Das Recht der Invaliden- und Altersversicherung, 1905, p. 678.

老龄化时代来临时,退休年龄在各国则又不断地被延迟。[①]

二、年金保险的理念

(一) 年金保险的目的

年金保险的目的首先体现为对老年人一定生活水准的维持,不致因劳动能力的下降而致生活水准下降。年金保险作为一种生计的替代,本身意味着其提供的是一种对于过去长期以来的生活标准的保障。当然,并不是说年金保险所提供的收入替代系失去收入的全部替代,而是部分的替代。对于一定水平的替代率的追求是老年政策上的重要课题,替代率的高低系通过立法予以确立的,如下文将提到的德国社会法典中规定的"水平保障条款"。在这种保障过去生活标准的理念下,制度设计中往往将年金额与过去长期的收入之间赋予一定比率上的连接。例如,在德国,年金保险的特征在于,年金额严格取决于与劳动收入相对应的保费额。年金保险作为一种工资性收入的替代,同时还意味着其面向未来提供长期的生活标准的保障,所以应该足以对抗通货膨胀风险。所以,一方面,年金本身意味着通过规律性的长期给付而不是一次性给付来提供保障;另一方面,制度设计中往往也包含年金额的调整制度。

年金保险的特殊性在于,其保障的最重要的保险事故是老年。不同于其他保险事故,老年这一保险事故发生的确定性更大,在一定的生活阶段就一定会发生。且年金保险提供的是一种长期的收入替代,而不仅仅局限于对某一阶段或仅就某一项损失进行给付。所以,年金保险的给付可以作为生活基础,年金保险往往成为其他保险项目与社会政策的框架性制度。在其他保险项目或社会法制度中,往往要特别考虑领取年金者的资质;即便在年金保险内部,老年年金制度也必须特别考虑领取老年年金与其他年金之间的关系。例如,在年金保险与疾病保险的关系中,一个常被讨论的问题就是:年金保险的给付究竟是否应该作为疾病保险征收保费费基的一部分。

另外,年金保险还有一项重要目的在于防范老年贫穷。由于年金制度强调保费与给付之间的关联性,部分人群由于缴费较少而不能获得充足的给付。这当然可以通过设置保费缴纳下限、设置更长时间的最低缴费期间或者引入更广泛的社会性平衡得到某种程度的解决,但随着劳动关系的灵活化,越来越多的劳动生涯中的间隔会导致老年贫穷的问题愈加严重。例如,抚养儿童、长期失业、灵活就业,都会导致大量时间内保费缴纳较少甚至停止,这些都是在制度设计中要考虑的。

(二) 年金保险的功能

在年金保险中,年金额与同劳动收入额相对应的保费额之间往往具有关联性,以保证年金足以保障一定水准的生活,故年金保险首先具有储蓄功能。不过在此需要澄清这种"储蓄"的涵义。在随收随付制的年金保险体制下,个人"账户"的存在仅仅是雇主与个人缴费等次的记

---

① 关于国际上提高退休年龄的趋势与法律问题,参见 Ulrich Becker,"Alterssicherung im internationalen Vergleich",in *Festschrift für Ruland,Alterssicherung in Deutschland*,2007,p. 575,589 ff.

录，换言之，存在的仅仅是"账"之记录，不是强制性储蓄之金钱积累。例如，德国的法定年金保险就属于完全的随收随付制，其属于一种纯粹的对"风险"之保险。也就是说，保险保护的对象仅仅是被保风险发生时能够获得给付的可能性。[①] 而如果风险并没有发生，例如，被保险人在达到退休年龄之前去世，其也没有遗属，那么他就不能获得年金给付。可这并不意味着在年金保险中，其付出的保费并没有获得作为"对价"的给付，因为年金保险已经通过作出"若发生风险则可以获得保险给付"这一保险保护的承诺，提供了其给付。换句话说，在尚未实现前提要件时不获得年金给付，这一风险本就属于保险的本质。[②]

不过，德国联邦宪法法院通过一系列判决[③] 发展出通过宪法上财产权来保护年金期待(Anwartschaft)的教义学。按照德国联邦宪法法院发展出的教义学，社会法上的法律地位若要享受宪法上作为基本权利的财产权的保护，则必须满足三个标准：这种地位系通过显著的自我给付(Eigenleistung，即通过保费缴纳)获得；这种地位应以一种排他权的方式利己性地属于某一权利人；这种地位还应服务于经济性的生存保障。依照这一系列标准，年金保险上的某些年金请求权以及年金期待都应被视为宪法上的财产权。通过赋予年金保险中的年金期待财产权地位并施以宪法保障，使得年金保险的被保险人通过在年金保险中缴纳保费获得了一种个人性的财产价值，即便其并未获得年金请求权。在这种意义上则体现出年金保险的储蓄功能。这种体现财产价值的"储蓄"甚至可以通过相关的制度在特定人群间移转，例如，德国法上的夫妻离婚时的照顾平衡(Versorgungsausgleich)[④] 以及基于夫妻或生活伴侣合意的年金分割(Rentensplittung)[⑤]，实质上是年金期待的移转。

此外，与年金保险的储蓄功能相对应的法律上的保护还可能包括信赖保护(Vertrauensschutz)。无论是财产权保护还是信赖利益保护，都使得立法者至少不能无理由地改变其之前作出的承诺，从而保护被保险人免受突然的制度改变所带来的损害。[⑥]

不过，在年金保险具有的储蓄功能之外，我们仍然不能忽视年金保险具有的保障功能，这一点在前文已经强调过了。而正是基于这种保障功能，才有修正财产权保护的正当理由。[⑦]

三、其他年金(保险)制度

(一) 替代性年金制度

所谓替代性年金制度，是指社会中有一些人群没有在一般性的职业年金保险中保障年老、

---

① BVerfGE 80, 297.

② Franz Ruland, "Grundprinzipien des Rentenversicherungsrechts", in Eberhard Eichenhofer, Herbert Rische, Winfried Schmähl (Hrgs.), *Handbuch der gesetzlichen Rentenversicherung* (*HDR*), Luchterhand, Köln, 2011, 9.Kapi. Rn.17.

③ 在这一系列相关判决中，最主要的是 BverfGE 53, 257。

④ §8 SGB VI, VersAusglG(照顾平衡法)。

⑤ §8 SGB VI, §120a ff. SGB VI.

⑥ Ulrich Becker, *Verfassungsrechtlicher Schutz rentenrechtlicher Position*, Mitteilungen der LVA, 2005, pp. 228-240.

⑦ Ulrich Becker, Thorsten Kingreen, Stephan Rixen, in Dirk Ehlers, Michael Fehling, Hermann Pünder, *Besonderes Verwaltungsrecht*, Band 3, C.F. Müller, Heidelberg, 2013, §75 Rn 5.

劳动能力降低、死亡的风险，而有属于自己的保障系统。也就是说，这些替代性的年金体系的给付从功能上替代了一般性的年金保险的给付。以德国为例，通过法定年金保险之外的替代性年金制度获得保障的尤其重要的一类人群即公务员、士兵、法官，他们的保障系统被称为公务员照顾(Versorgung)制度。公务员照顾制度属于所谓的“内化系统”(internalisierendes System)[①]，也就是说，其在劳务关系内部提供老年保障。日本公务员年金制度，在日本共济组合法中有详细的规定。这种照顾原则上具有双重功能：既包含了一般性的年金保险的功能，也包含了企业老年照顾的功能——也正因如此，这种照顾系统提供的给付水平高于一般性的职业年金保险。[②] 此外，在德国，与年金保险平行的替代性年金制度还包括农民老年预护制度[③]、自由职业者的职业类别的照顾系统，如医生、律师、建筑师等。这些替代制度的存在有历史原因，也有政治目标的考量，当然不是各个国家都相同。

(二) 补充性年金制度：世界银行的“三柱体系”与德国的“三层体系”

年金保险理念上是生活标准之保障，故衡量年金水平的一个十分重要的数值即为替代率，我国大陆常称养老金替代率，我国台湾地区称所得替代率，德国则称为标准年金水平(Standardrentenniveau，简称年金水平)，[④] 其表示年金领取水平与保险事故发生前工资收入水平之间的比率。实际上，在当今人口老化以及劳动关系灵活化和职业生涯缩短的背景下，立法者或政策制定者往往被迫降低年金水平。作为立法上的应对，德国社会法典就法定年金保险的给付水平规定了所谓的“水平保障条款”(Niveausicherungsklausel)[⑤]，以防止年金的所得替代率低于一定的值。该条款可以保障参与法定年金保险者事先对于若干年后可以获得的年金水平有一定的预期，从而合理采取补充性的预护措施，如储蓄或购买商业养老保险。此外，在德国社会法典中就法定年金保险的给付水平还规定了所谓的“保护条款”(Schutzklausel)[⑥]，其规定每年新算出的年金现值(aktueller Rentenwert)[⑦] 不可以低于之前适用的年金现值，从而在一定程度上弥补了年金水平的下降。

一个有趣的法律问题在于，年金保险是否必须提供不低于一定水平的生活水准的保障。换言之，是否存在通过法律保障的年金保险提供的年金给付水平下限？在有关德国法的讨论中认为，从宪法规范中难以得出对于特定保障水平的保障。不过，从结果上来看，基于保险强

---

① Hans F. Zacher, “Grundtypen des Sozialrechts”, in Walther Fürst, Roman Herzog, Dieter C. Umbach, *Festschrift für Wolfgang Zeidler*, Band 1, Walter de Gruyter, Berlin, New York, 1987, pp. 571, 580.

② 关于年金保险与公务员照顾之间的关系，见 Friedhelm Hase, “Rentenversicherung und Beamtenversorgung”, in Ulrich Becker, Bernd v. Maydell, Franz-Xaver Kaufmann, Winfried Schmähl, Hans F. Zacher (Hrgs.), *Alterssicherung in Deutschland*, Festschrift für Franz Ruland, Nomos, Baden-Baden, 2007, p. 495 ff.

③ 关于农民老年保障的规定，首次全面地规定于 1957 年 7 月 27 日的《农民老年帮助法》(GAL)。

④ 在法定年金保险中，经过一段标准的保险历程的标准男性所能获得的年金被称为标准年金(Standardrenten)。但是，实际上平均年金额往往是低于这个标准年金的。

⑤ §154 Abs.3 S.1 Nr.2 SGB VI，其规定联邦政府与立法机构应积极作为，以令法定年金保险的税前保障水平至 2020 年不低于 46%，至 2030 年不低于 43%。

⑥ §68a SGB VI.

⑦ 年金现值是德国年金保险制度下计算被保险人实际可以获得的年金给付额的十分重要的一个因子。简单地说，其表示每按照平均工资缴纳一年保费时可以从年金保险中获得的月年金额。对此本书在后文介绍年金计算时还会提到。

制的社会保险的给付水平不应低于由税收支应的基本保障系统下的给付水平——这并非出于法律上的必要性,而更多出于政策上的必要性。若非如此,则法定年金保险赖以存在的被保险人的认同与接受就会被冲蚀。[①]

我国法上没有保障年金水平的直接规定。从《社会保险法》第3条"社会保险水平应当与经济社会发展水平相适应"的规定来看,似乎并不提供对于特定养老保险水平的法律保障。不过,对于养老保险水平的调整,《社会保险法》第18条规定"国家……适时提高基本养老保险待遇水平"。此条款能否发挥德国法上"保护条款"的功能,似乎存在一定的解释空间。年金保障水平本质上仍属于立法政策的领域,至于我国宪法是否对特定的年金水平提供了保障,至今并没有成为学者讨论的议题。事实上,我国农民养老保险制度之养老金给付水准,多数情形下无法达到相应的生活水准之保障,仅仅是略高于农村低保收入,并无替代率一说,更何况农民收入本身便具有不确定性;同样,城市居民保险是否存在收入替代率问题,更是一个值得讨论的问题:其一,当事人本身没有收入,如何替代?其二,与其他人的收入替代,如何保证公平、合理?

正因为年金保险不提供对于失去的收入的完全代替,而且保障水平极易受到经济与人口变迁的影响,故需要补充性的预护体系,其中包括企业老年预护与私人预护。补充性年金制度的目的就在于在一般性的年金保险提供的年金水平基础之上进一步提高年金水平。

"三柱体系"来源于世界银行1994年作出的"Averting the Old Age Crisis"[②]的报告。按照这份报告的观点,一个国家的养老保障系统可以同时包含储蓄、再分配、保险三种功能,而政府在这三种功能中分别扮演不同的角色。进而提出三柱中的第一柱是强制性的经由公共管理的一柱,由税收支应,提供最低程度的保障;第二柱是强制性的经由私人管理的一柱,完全储备金制,由政府进行规制;第三柱是自愿性的职业或个人储蓄计划,完全储备金制。可以明显地看到,三柱模式中缺席了社会保险的作用。

在德国的文献中,也常将这种由多种手段共同达成更高生活标准的保障体系形象地称为三层体系或三柱体系,不过与世界银行的三柱模式相比却具有十分不同的含义。在德国的三层体系中,法定年金保险是第一保障层,国家支持的预护可以被称作第二保障层,没有被国家支持的私人预护(可以是私人企业年金计划或者个人进行的私人预护)则被理解为第三保障层。与世界银行的三柱体系中的第一柱不同,德国法上作为第一保障层的法定年金保险提供的并不是最低程度的保障,相反在整个年金保障系统中起到了绝对主导的作用,这一点我们从德国法定年金保险的替代率水平就可以看出[③]。可是,由于近年来法定年金保险收入的恶化以及人

---

① Ulrich Becker, Thorsten Kingreen, Stephan Rixen, *Besonderes Verwaltungsrecht*, B.3, Heidelberg, 2013, p. 1005.

② 这份报告可以从此处下载:http://documents.worldbank.org/curated/en/973571468174557899/Averting-the-old-age-crisis-policies-to-protect-the-old-and-promote-growth.

③ 按照德国年金保险(Deutsche Rentenversicherung)的数据,德国法定年金保险的标准年金(Standardrente)2016年为14 367欧元,相应的替代率为48.1%。而在2000–2011年之间,法定年金保险的替代率一直保持在50%以上。参见https://www.deutsche-rentenversicherung.de/Allgemein/de/Inhalt/Allgemeines/FAQ/Rente/_%20rentenniveau/rentenniveau.html,访问日期:2018年10月15日。

口老龄化，加上控制保费持续升高的压力[①]，不断迫使立法者在过去的一段时间内降低第一保障层提供的年金水平，并通过税收激励或提供补贴的方式支持企业与私人老年照顾，也就是说，第二保障层的功能不断被强化。但是，由于第二保障层的加入同时伴随着第一保障层年金水平的降低，所以一般认为第二保障层除了补充性的功能，也具有替代性的功能。实际上，正是这种替代性的功能将其与仅仅具有补充性功能的第三保障层区分开来；第二保障层承担了第一保障层的部分保障任务，故对于这一保障层有额外的规制需要。德国的企业老年预护规定于企业年金法（BetrAVG），其作为"内化"的一种保险属于劳动关系的一部分，对其的规定相应地属于劳动法，由劳动法院解决与其有关的争议。在国家支持的私人老年预护制度中，尤其重要的是2002年引入的李斯特年金（Riester-Rente）：简单地说，当自愿缔结的私人年金合同符合一定的条件时，国家会提供补助。关于李斯特年金，第一个法律问题在于：由于这种年金保险不是强制性的，所以，恰恰是那些收入较低、预计年金水平较低的人选择不签订可以获得国家补助的相应的私人年金合同，所以一方面，李斯特年金可能会造成穷人向富人的补贴；另一方面，这些选择不购买私人年金产品的穷人所面临的老年贫困风险，其特别保护需求不能得到充分的预护。另一个法律问题在于保障功能的不确定性：由于李斯特年金是完全储备金制的，其虽然可以帮助对抗人口老龄化危机，但其属于完全储备金制的年金制度，与其他完全储备金制度一样暴露于资本市场的风险之下。

我国的养老保障体系在1991年颁布的《国务院关于企业职工养老保险制度改革的决定》中首次被提出："逐步建立起基本养老保险与企业补充养老保险和职工个人储蓄性养老保险相结合的制度。"从而针对从事职业劳动的职工确立了发展三支柱养老保险的目标。一般认为，第一支柱指企业职工基本养老保险，第二支柱指企业年金与职业年金，第三支柱指个人购买的商业养老保险。可以看到，这种划分方式是以责任主体即国家、企业、个人为标准的，而不论国家是否支持该预护计划。在缺少国家支持的情况下，无论是企业年金还是个人购买商业保险，在功能上都属于德国第三保障层（没有国家支持的私人预护）。与德国类似的第二保障层（国家支持的预护）在我国发展较缓慢。

四、年金保险与"世代合同"（Generationenvertrag）

在德国，借助"世代合同"这一想象去理解年金保险理念与制度，系学术界的共同认知。世代合同的理论所要回答的问题在于，什么样的年金保险模式（或者更广义地说，不同年龄阶段的人群之间的分配义务）、什么样的再分配模式是正义的。

基于随收随付财务模式的强制性年金保险本质上便是基于一种世代合同的想象。在这种年金保险制度中，已经退休领取年金的世代、工作的世代、未来的世代都曾经、正在或将要基于保险义务参与到年金保险这一系统中，这些世代间存在"世代团结"（Generation solidarity）。简单地说，从事职业劳动的工作世代通过缴纳保费为退休世代支付年金，同时，他们也通过缴纳保费为自己"赚取"未来退休时可以获得年金给付的承诺与期待，我国计划经济时期称之为

---

① 与"水平保障条款"类似，德国法上还有"保费费率稳定条款"，规定于§154 Abs.3 S.1 Nr.2 SGB VI。其规定联邦政府与立法机构应积极作为，以令法定年金保险的保费费率至2020年不超过20%，至2030年不超过22%。

"工龄",我国台湾地区称之为"年资",日本称之为"年功",即通过缴纳保费积累年金期待,在风险发生时则通过年金请求权获得年金给付。

当然,也可以一般性地看"世代合同"所构建的世代间的团结关系。[①]原则上,每个人(个体)在一生中都会获得两次给付:一次是在孩童时期通过家庭获得的养育,另一次是在老年时期获得的老年保障;也会参与到两次给付的提供中:一次是通过参与受雇单位维持家庭生计、养育孩子;另一次则是通过缴纳保费、税、积累财产或是通过向私人保险缴纳保费等方式支付老年世代获得的各种养老保障。这种给付的"取"与"予"成立一种对称的关系。孩童时期获得的生计照料通过日后对后代的抚育得到补偿,而对老年世代的老年保障系统通过支付费用作出过贡献的人,在自己老年时获得相应的请求权。基于上述对两组给付的取予关系的描述,我们实际上可以从所谓的"三世代合同"中区分出两个平行的、彼此联系的"双世代合同"[②]。这种一般性的世代间的团结关系适用于各种老年保障系统,因为老年保障系统中的给付总是从当期的国民收入中获得财源[③],而任何老年保障系统中的"准备金"都只可能是将来参与到老年保障系统中缴纳费用的儿童,儿童是祖国的未来,这一点从国家层面讲永远正确;养儿防老从家庭视角看亦为社会习惯;从老年年金之世代合同角度看,儿童亦是老年保障之最大"储备金"。这也就是为什么在老年保障系统与儿童照顾成本的平衡系统之间有着十分紧密的实质关联。从一种更一般性的视角看,正如德国 1957 年的年金动态化改革的理论之父威尔弗雷德·施赖伯(Wilfrid Schreiber)所说:"工业化社会的首要问题,是将生活收入在三个生活阶段中分配的问题。这三个生活阶段分别是少年儿童时期、劳动时期、暮年时期。"[④]这一问题反映在社会层面,就是国民经济在三个阶段的人群之间的分配问题。老年年金保险法制必须分配好"世代合同"间的权利与义务。

严格意义上讲,世代合同并不是法律概念,而是社会政策对于一种公正地在人与人之间进行义务再分配时的模式想象。当上述通过"双世代合同"所描述的两组对称的取予关系被打破时,就发生了不符合世代合同想象的情形,此时就会产生再分配制度是否公平的问题。例如,如果某人未抚养孩子,那么其就获得了两次给付,却只提供了一次给付。这时,就必须设计相关制度,令其参与到对抚养下一世代儿童的费用承担中。不过有学者强调,此时不应将儿童抚养的负担局限于在某一项老年保障制度尤其是社会保险中进行平衡。[⑤]例如,2001 年德国联邦宪法法院作出了一份争议颇大的对护理保险的判决,其认为,在护理保险中,令抚养儿童的人与不抚养儿童的人承担相同的保费是违反平等原则的;相应地,其判决立法者应该自 2005 年

---

① 关于世代间的团结关系的描述,见 Franz Ruland,"*Grundprinzipien des Rentenversicherungsrechts*",in Eberhard Eichenhofer, Herbert Rische, Winfried Schmähl (Hrgs.), *Handbuch der gesetzlichen Rentenversicherung* (*HDR*), Luchterhand, Köln, 2011, 9.Kapi. Rn.59 f.

② Franz-Xaver Kaufmann,"Sozialpolitik und Sozialstaat: Soziologische Analysen", 3. *Aufl. VS Verlag für Sozialwissenschaften*, Wiesbaden, 2009, pp. 169–172.

③ 麦肯罗特命题(Mackenroth-These)。麦肯罗特(Gerhard Mackenroth)1952 年提出该命题,认为任何国民经济下的社会支出都必然由当期的国民收入所出。

④ Wilfried Schreiber, *Existenzsicherheit in der industriellen Gesellschaft*, Bund Katholischer Unternehmer, Köln, 1955, p. 7.

⑤ 对此的论述,参见 Franz Ruland,"Grundprinzipien des Rentenversicherungsrechts", in Eberhard Eichenhofer, Herbert Rische, Winfried Schmähl (Hrgs.), *Handbuch der gesetzlichen Rentenversicherung* (*HDR*), Luchterhand, Köln, 2011, 9.Kapi. Rn.62.

始减轻抚养儿童者的保费负担。[①] 正如上文所述,世代合同诚然是随收随付制下义务性年金保险所立基的理念,但本质上更是国民经济在三种生活阶段的人群之间进行重分配时的理念,所以基于世代合同理念的制度设计是指向全社会的。若仅仅试图通过社会保险给付系统平衡整个社会的育儿负担,也许是过于狭窄的进路。要恢复"双世代合同"所描述的两组对称的取予关系,属于整个社会的任务,也并不适合通过社会保险保费义务的再分配去实现。

德国联邦宪法法院也同样通过判决形塑过年金保险制度,以令其更接近世代合同的理念。1992 年,其判决立法者应在法定年金保险中更充分地考虑到抚养儿童的意义,并明确指出可以通过加强"儿童抚养期间"(Kindererziehung)的方式去履行该义务。[②] 相应地,立法者引入了更长的儿童抚养期间,并且赋予该期间更高的年金价值,从而平衡了家庭因抚养儿童而原本可能面临的年金利益的损失。不过,正如前文所述,当涉及因着眼于所有国民的利益而在保费与给付之间欠缺等值性的"保险外给付"时,不应该令保险共同体通过缴纳保费为此承担额外负担,所以此时必须由国家通过税收向年金保险支付财政补贴。

第二节 年金保险法律制度的形成

一、德国年金保险法制之创建[③]

从产生时间与制度模式来看,德国的法定年金保险法在世界范围内都可以说是标杆式的。德国的年金保险开始于 1889 年 6 月 22 日的残障与老年保险立法。这是当时一系列俾斯麦社会保险立法的第三部也是最后一部。这部法律在订立时经历了长时间的讨论,并且最终是以并不显著的多数通过的。该法律于 1891 年生效后,于 1899 年扩大了保护的人群,并将保险的名称改为了残障保险。这也就体现出年金保险是当时的政策重心,以及对于老年风险意义的理解是比较狭义的。1911 年年金保险被编入帝国保险法规定的第四部,标题为"残障与遗属保险"。

1911 年有职员保险法立法。职员(Angestellte)在当时也被称作"私人官员"(Privatbeamte),[④] 相比于工人,其享有更高的社会地位。随之确立的是一种对于年金保险适用人群的三等级划分:年收入低于一定额度的工人纳入残障保险,年收入低于一定额度的职员纳入职工保险,而年收入高于一定额度的工人与职员则享有保险自由。这种工人与职员分别适用不同年金保险制度的体系对于之后德国年金保险的发展长时间发挥着作用。例如,在组织法上,对于职员的保险事务专门设有特定的机构,被称为帝国保险处,后改为职员联邦保险处(BfA);而这种组织机构上的分化直至 2005 年的机构改革才终止。不过从实在法角度看,这种"双轨制"的保险系统是与平等原则不相容的,[⑤] 两个体系之间的差异遂在 20 世纪 50 年代被大范围地消除。1992

---

① BVerfGE 103, 242 ff.

② BVerfGE 87, 1 ff.

③ Ulrich Becker, Thorsten Kingreen, Stephan Rixen, *Besonderes Verwaltungsrecht*, B.3, Heidelberg, 2013, §79 Rn. 15ff.

④ Lutz Richter, *Sozialversicherungsrecht*, Springer, Berlin, 1931, p. 15.

⑤ Ulrich Becker, Thorsten Kingreen, Stephan Rixen, *Besonderes Verwaltungsrecht*, B.3, Heidelberg, 2013, p. 1010.

年随着年金保险被编入德国《社会法典》的第六编，这种差异彻底不再存在。可以看到，这种“工人”与“职员”保险体系的双轨制与现在德国年金保险中的公务员照顾制度、法定年金保险制度的并立是不同的，后者并不构成对平等原则的违反。

在第二次世界大战期间，残障保险覆盖的人群扩展至家庭产业经营者。不过，由于战争带来的经济困难与货币贬值，残障保险的给付发生了多次调整与缩减。尤其在1924年发生的通货膨胀的冲击下，残障保险的财务暂时放弃了资本累积式，而调整为更偏向于随收随付制。在第三帝国期间，年金保险的对象进一步纳入了作为独立执业群体的手工业者。1937年，立法将年金保险向所有没有保险义务的40岁以下的德国国民开放。由于没有设立保险强制，故所谓的国民保险（Volksversicherung）并不存在，这一点直至今日仍然如此，因为仅有一部分独立执业者是被法定年金保险覆盖的。这一点与许多其他欧洲国家都不同，与下文要提到的日本以及我国台湾地区年金保险制度改革中十分重要的“全覆盖年金”亦不同。

第二次世界大战结束后，德国的年金保险实际上已经不得不进行彻底的改革，这主要是由于财务不足。战前，年金保险就总是不停地通过接受国家补贴来维持，而且当时通过资本累积的财务根基并不牢固，因为累积的资本逸失了。在此背景下，德国于1957年进行了一次彻底的年金改革，这是德国年金保险发展史上的一次重要事件，被称为“1957大年金改革”。这次改革的政治之父是康拉德·阿登纳（Konrad Adenauer），理论之父是威尔弗雷德·施赖伯。这次改革的重要措施在于，通过将之前的财务运行方式改为随收随付制，从而建立了以年金期待权为基础的年金制度。正如前文所述，随收随付制的背后是“世代合同”理念，其将年金“动态化”，使得参与年金系统的人可以分享战后社会高速发展的福利。年金额不再如以前一样取决于基础额、增长额、补助，而取决于向年金保险缴纳的保费以及个人工资与平均工资的比例，由此年金保险的制度目的便变为保障个体所达到的生活水平。

1972年引入了基于最低收入的年金，从而引入了最低保障。不过，这一最低保障年金被1992年的年金改革法废除，以加强所谓的“等值原则”（Äquivalenzprinzip）。1975年将身心障碍者纳入保险保护，1977年引入照顾平衡以及抚养年金（§ 47 SGB VI）。总的来说，年金保险不断进行扩建，并不断回应新的政治任务。20世纪50年代以来，德国年金保险除了消除老年贫困、促进年金者对社会经济发展成果的分享外，还承担了对东西德人民的社会整合的功能，其中包括对于东德难民和被驱逐者的非德国年金保险上期间的承认，还有很重要的“纳入原则”（Eingliederungsprinzip），即被驱逐者应该被如此对待，就好像其曾在联邦领域工作与参加保险。此外，很重要的一点还在于两德统一时的“期待权转移”，在此推动下联邦宪法法院作出了对于在DDR（东德）获得的年金期待具有财产权地位的认定。[①] 1991年的相应立法决定所有联邦德国的社会保险体系都要扩展至DDR的领域。[②] 进入90年代后，德国年金开始发生一系列以私有化为主轴的结构性的改革，并通过世纪之交的一系列年金改革法将德国年金保险逐步依照上文提到的“多层次保险”的模型进行改革，以应对劳动力短缺与老龄化给年金系统带来的

---

① BVerfGE 100, 1.

② 关于对东德基于政治原因获得的请求权的缩减，见 Udo Steiner，“Verfassungsrechtliche Fragen der Überleitung des Alterssicherungssystems der Deutschen Demokratischen Republik in die gesamtdeutsche Rentenversicherung”, in Becker et al., *Alterssicherung in Deutschland*, Nomos, Baden-Baden, p. 315ff.

压力。其中尤其重要的是所谓“李斯特年金”的引入。此外,还引入了包括“可持续因子”的年金调整,改革了劳动能力降低年金,对年金征税进行了改革,提高了退休年龄。可以说,所有这些改革无论在政治上还是在法律上,都是不乏争议的。

二、中国养老保险制度的实践

在各类社会保险项目中,年金保险与疾病保险往往是覆盖人群范围最广、基金规模最大的两类社会保险,故相应地会获得更多的社会政策上的关注。养老保险制度始终处于改革的风口浪尖,经历了多次制度理念的重大变更,至今也仍未清晰。养老保险制度的变迁伴随着中国经济与社会的转型,内嵌于种种具有极强刚性的经济、社会制度之中,并随着经济、社会政策飘摇,① 实际上并不容易把握。

(一) 初始制度

我国养老保险制度最初确立于 1951 年 2 月 26 日的适用于企业职工(工人与职员)的《劳动保险条例》。当时引入的劳动保险主要参考的是苏联模式,在该模式下劳工不缴纳任何保费,并且由工会管理劳动保险。② 与德国不同的是,我国建立养老保险制度时仍是典型的农业国③,尚未开始工业化,社会平均寿命低,老龄人口少,引入养老保险更多的是出于政治动机。④ 制度设计上,企业每月支付总工资的 3% 给劳动保险基金,该基金的 30% 转交全国总工会的账户,剩下的 70% 由企业工会用于支付社会给付。在资金不足以负担社会给付时,企业工会可以向上级工会申请平衡。全国总工会是最终的平衡支付的机关。退职养老可以得到的作为年金性的养老补助金的所得替代率则为 50%–70%,在职养老可以得到的养老补助金的所得替代率为 10%–20%,取决于本人的工龄。与企业职工退职养老金制度并立的是国家机关工作人员退休金制度。依据 1956 年 1 月 1 日实施的《国家机关工作人员退休处理暂行办法》,其在老年与丧失劳动能力情形下,获得退休金⑤,退休金的替代率在 50%–80% 之间,并可酌情提高。接下来“文化大革命”爆发,劳动保险基金被挪作革命用,社会保险财务制度不得不废弃。1969 年财

---

① 关于我国年金保险的变迁以及社会背景,参见张慧霞:《中国城镇社会养老保险政策变迁》,中国社会科学院研究生院 2011 年博士学位论文。

② “苏联模式”以“列宁原则”为指导,在斯大林时期发展成型。参见 Rimlinger, *Welfare Policy and Industrialization in Europe, America, and Russia*, 1971, S.250–251, pp. 269–280.

③ 1952 年,中国 83.5% 的劳动力在农业部门,87.54% 的国民属于农村人口。数据见《1999 年国家统计年鉴》,载国家统计局网站 http://www.stats.gov.cn/tjsj/ndsj/yearbook/indexC.htm,访问日期:2018 年 12 月 20 日。

④ 胡爱群:《全球史观下的中国社会保险(1949–1978)》,载《中国公共政策评论》2012 年第 6 卷。

⑤ 此时,“退休”仅适用于国家机关工作人员,其在功能上等同于企业职工的“退职”。值得注意的是,此时也存在适用于国家机关工作人员的“退职”制度,依据为 1956 年 1 月 1 日实施的《国家机关工作人员退职处理暂行办法》;但与企业职工的“退职”不同,国家机关工作人员的“退职”主要处理工作人员自愿或非因退休而退出工作岗位的情形,此时不提供年金,而仅提供资遣费性质的一次性给付。1958 年 3 月 7 日实施的《国务院关于工人、职员退职处理的暂行规定》统一了之前对于企业职工和国家机关工作人员分别具有不同含义的“退休”与“退职”的内涵,将企业职工与国家机关工作人员的退职给付制度整合。至此,企业职工的退休适用《劳动保险条例》,国家机关工作人员的退休适用《国家机关工作人员退休处理暂行办法》,企业职工与国家机关工作人员的退职适用《国务院关于工人、职员退职处理的暂行规定》。

政部发布《关于国营企业财务工作中几项制度的改革意见(草案)》,取消了劳动保险基金,企业必须独自承担职工的社会给付成本,而没有企业之间进行平衡的可能性。可以说,在《劳动保险条例》时代,我国确立的养老保险是一种完全建立在企业责任基础上的年金保险制度。《劳动保险条例》中的许多理念直至今日仍然存在并发挥着作用。

1978 年 6 月 2 日颁布实施的《国务院关于工人退休、退职的暂行办法》以及《国务院关于安置老弱病残干部的暂行办法》(俗称国务院 104 号文)分别规定了适用于工人、职员以及干部的退休金制度;1980 年 10 月 7 日发布实施的《国务院关于老干部离职休养的暂行规定》进一步规定了适用于老干部的离休制度。除了延续企业责任下的保障制度外,也基本确立了之后对工人、干部分别进行保障的“双轨制”体系。退休金给付的给付水准被进一步提高,工人与干部均为 60%-90%,离休老干部则保留原工资水平以及福利待遇,并给予额外的护理与福利待遇,换言之,离休金之标准不存在替代问题。此外,基于企业责任的退休金保险还具有就业保障的功能,退休工人家庭生活确实困难的,或多子女上山下乡、子女就业少的,原则上可以招收一名符合招工条件的子女参加工作,通常选择一名子女至其退休前就业的单位“继承”其职务,俗称“接班”。虽时隔近 40 年,其间经历多次改革,这三部“暂行”的行政法规至今仍有效,养老保险制度中一些重要方面,包括法定退休年龄,仍须以其为依据。

(二) 企业职工

自劳动保险制度取消了企业之间的财务平衡制度,蜕变为单纯的雇主责任式的企业退休金制度后,职工能否获得退休金给付,便取决于企业财务状况的好坏。单位“福利”理念下对于高替代率的追求与改革开放后国营企业面临的竞争压力形成了无法克服的矛盾,直接导致了越来越多的退休人员无法领到应有的退休金。1984 年开始进行养老保险的社会化改革,1986 年国务院发布的《国营企业实行劳动合同制暂行规定》首次引进了劳雇共同缴费的模式,由企业和劳动合同制工人分别承担约 15% 与 3% 的养老保险保费,转入当地的退休养老基金。此外,中央政府表示将承担最终的给付责任,以稳定养老保险财务。1991 年起,国务院出台了一系列国务院规范性文件(国家政策),主要根据世界银行的政策建议以及各地方的试点经验探索性地形塑企业职工养老保险制度。1997《国务院关于建立统一的企业职工基本养老保险制度的决定》基本确立了企业职工养老保险制度。该决定是基于世界银行研究团队针对我国的一份报告作出的[①],强调基本养老保险“保基本”的低保障水平原则,着力降低企业缴费并提高职工个人缴费,将劳雇各自承担的养老保险费率定为 20% 与 8%。为了因应经济改革企业之间职工愈加频繁的流动,不再以服务于同一单位的“连续工龄”为给付资格,而以缴纳养老保险

---

① 世界银行在 1994 年的一份研究报告中支持在基本年金保险中运行资本累积制,因为未来社会的老龄化是可预见的。1995 年世界银行的研究团队来到我国,在次年向政府呈具了其第一份关于我国年金保险改革的研究报告。1997 年这一份报告作为世界银行的“中国 2020”系列报告出版。在这份报告中,研究团队的观点包括:现在的给付确定制的年金系统,在随收随付制下,在财务上是不可持续的。资本累积制的个人账户应引入年金保险,与统筹账户一起,建立基本年金保险。城镇企业的老年保险应包括三柱,即基本保险、个人账户、企业附加保险。当前的中国正好有着建立这样一个年金系统的机会,因为我国的转制成本相比其他国家更低,而这种优势只能再保持 15-20 年。我国政府在 1997 年采纳了世界银行提出的这一模型。*World Bank (1994) Averting the Old Age Crisis: Policies to Protect the Old and Promote Growth*, Oxford University Press, New York. *World Bank (1997) Old Age Security: Pension Reform in China*, The World Bank, Washington, D.C

费的总和年资为考量,确立了以15年缴费年限作为请领养老年金给付的要件,若不满15年则只能一次性地返还个人账户储蓄额。此时,养老保险给付的替代率被定为20%。个人账户的月给付额则延续了1995年提出的“120原则”,即以个人账户余额除以120为每月可领取的金额。2005年《国务院关于完善企业职工基本养老保险制度的决定》最终完成了对企业职工基本养老保险制度框架的形塑,该决定改革了养老金计发办法,将缴费的多少与养老金高低相联系,进一步增强了个人缴费和给付的关联性,明晰了个人账户的私人所有权性质。

之后的养老保险建制的重心在于进一步扩展保护人群,包括农民工以及灵活就业人员。2006年《国务院关于解决农民工问题的若干意见》对于农民工的养老保险问题作出了原则性规定:可直接将稳定就业的农民工纳入城镇职工基本养老保险,并完善农民工养老保险关系异地转移与接续的办法。2010年《城镇企业职工基本养老保险关系转移接续暂行办法》对农民工群体的转移接续进行了专门规定。2014年《国务院关于进一步做好为农民工服务工作的意见》强调完善灵活就业农民工参加基本养老保险政策,力求农民工全面持续参保,促进农民工在城镇落户,从而根本上解决农民工与城镇职工之间的待遇差别。

《社会保险法》对养老保险作出了十分原则的规定,保留大量的授权条款,并在养老保险的具体实施方面留给了行政部门极其宽泛的裁量权。这也意味着养老保险给付请求权与期待利益难以通过法律予以保障。

(三) 机关事业单位

在对城镇企业职工的养老保险进行社会化改革的同时,机关事业单位一直实行原来的退休制度,对事业单位与国家机关工作人员的养老保障仍由用人单位负责,在这一过程中产生了对于养老保障“双轨制”的质疑。20世纪90年代以来开始试点改革机关事业单位养老保险制度,并对事业单位进行分类改革,推行全员聘用制,并就分类改革后从事公益服务的事业单位进行养老保险改革试点。至《社会保险法》立法时,并没有考虑对国家机关退休制度进行改革,故《社会保险法》第13条规定,事业单位也属于第10条所规定的用人单位,事业单位职工应参加基本养老保险,但是并没有规定国家机关及其工作人员应参加基本养老保险。这也导致事业单位养老保险制度改革进展缓慢,因为按照政策制定者的理解,应将机关与事业单位同步改革,“避免单独对事业单位退休制度改革引起不平衡”[①]。

对于国家机关工作人员养老保障的改革是以公务员制度的建立为背景的。自20世纪80年代起,通过建立离休退休制度废除了领导干部职务终身制;1984年开始,进一步对干部人事制度进行改革和创新,1986年《国家公务员暂行条例》(草稿)第一次使用了“国家公务员”的概念,并建议实行国家公务员制度。1993年《国家公务员暂行条例》开始实行公务员辞职辞退制度,从而使得公务员从政府机关流向其他单位成为可能。部分地区还开展了公务员聘任制试点。2006年《公务员法》以法律规范确立了公务员制度,从而为国家机关工作人员养老保障的改革奠定了基础。

2014年《国务院关于机关事业单位工作人员养老保险制度改革的决定》原则上旨在建立

---

① 《机关事业单位养老保险制度启动》,载中华人民共和国中央人民政府网站 http://www.gov.cn/xinwen/2015-01/15/content_2804581.htm,访问日期:2018年12月20日。

与企业职工基本养老保险制度相一致的机关事业单位工作人员养老保险制度。在此基础上,彻底消除“双轨制”,形成城镇职工和城乡居民基本养老保险并行的两大制度平台,并可相互衔接,从而构建起完整的城乡养老保险制度体系。①此外,对于机关事业单位工作人员还另外适用旨在增加其退休收入的职业年金制度,其规定于2014年《国务院办公厅关于印发机关事业单位职业年金办法的通知》中。这种制度设计类似于德国年金保险中“公务员照顾”与法定年金保险制度的并立,前者由于双重功能而具有更高的给付:其既包含了一般性的年金保险的功能,也包含了企业老年照顾的功能。无论如何,我国机关公务员、事业单位工作人员的养老保险法制建设还尚未起步,当事人的权利受到侵害时尚无法获得救济,该制度的形塑还未确定。

（四）农民与居民

在城镇企业职工与国家机关和事业单位工作人员之外,除了经济相对发达地区的农民能够获得相应的带有年金性质的养老保障外,其他人则在很长时间内没有相应的养老保障。

在我国劳动保险于1951年初建时,农民并不属于养老保险的保障范围,仅能通过1962年实施的五保制度获得社会救助的保障,保障程度则取决于各地方政府的财政。1991年的《国务院关于企业职工养老保险制度改革的决定》提出要进行农村(含乡镇企业)的养老保险制度改革,故在适用于城镇职工的劳动保险建制40余年后,1992年农业部发布《乡镇企业职工养老保险办法》,1992年民政部发布《县级农村社会养老保险基本方案(试行)》。由于农村居民收入普遍较低,参加社会保险的意愿与能力较低,故农村养老保险采取的是自愿保险。1995年《国务院办公厅转发民政部关于进一步做好农村社会养老保险工作意见的通知》进一步强调推行农村社会养老保险制度。但是由于政府责任缺失导致的基金监管漏洞以及财务危机,1999年农村社会养老保险制度被叫停,对农村居民的养老风险保障再次落入私人预护与社会救助的范围。2006年《农村五保供养工作条例》统一了之前较为混乱的五保制度,2007年《国务院关于在全国建立农村最低生活保障制度的通知》进一步建立了农村最低生活保障制度。这些制度在很低的程度上覆盖了一部分老年风险。与此同时,我国农村养老保险制度的覆盖范围逐步扩大,但是,这种养老保险并非年金性质的养老保险,更准确地讲,老年农民所获得的“养老金”多数不符合保险法则,其数额亦非常有限,类似于我国台湾地区早年实施的“老农津贴”,属于一种老年困难补助,农民无法单纯依赖该金额安度晚年。

没有职工地位的城镇居民长期以来处于社会保障的盲区,没有任何保障。1993年上海试行最低生活保障制度,之后全国多个城镇试行低保制度,1997年《国务院关于在全国建立城市居民最低生活保障制度的通知》正式认可低保制度,并于1999年10月1日开始实施《城市居民最低生活保障条例》。

针对这部分处于养老保险盲区的人群,国务院分别于2009年9月1日和2011年6月7日发布实施《国务院关于开展新型农村社会养老保险试点的指导意见》以及《国务院关于开展城镇居民社会养老保险试点的指导意见》,并于2014年发布实施《国务院关于建立统一的城乡居民基本养老保险制度的意见》,探索适宜的养老保险制度。虽然对于这类人群的养老保障也

① 《机关事业单位养老保险制度启动》,载中华人民共和国中央人民政府网站http://www.gov.cn/xinwen/2015-01/15/content_2804581.htm,访问日期:2018年12月20日。

采用了“统账结合”的模式，但是其存在社会互济性不明显、依赖政府财政补贴、保障水平低的特点，与社会救助的理念更为类似。2014 年人力资源社会保障部与财政部在国务院的同意下联合发布了《城乡养老保险制度衔接暂行办法》，以进一步厘清了城镇职工与城乡居民养老保险制度之间的转换与衔接问题。

我国养老保险制度尚处在制度整合时期，追求财务的稳定和保障人群的扩大，但是制度建立过程忽视法制作用之发挥，缺乏稳定性与规范性，个人请求权难以形成。早在 1995 年《国务院关于深化企业职工养老保险制度改革的通知》就明确提出了“管理法制化”的原则。《社会保险法》的规定虽然过于原则，在权利与义务的确定方面作为不大，不过，值得期待的仍然是司法机关的解释与适用，以及以法律文本为媒介可能得以发挥的宪法相关规定的引导与规制功能。此外，制度的正当性问题应成为法律人尤其关注的方面。如何证成作为国家干预的社会保险的合法性？如何确定参与养老保险的各方主体的权利、义务、责任？如何落实权利、义务、责任？当前制度中存在的不平等对待是否可以正当化？诸如此类议题，我们了解的并不多。

第三节　年金保险法制之基本内容

一、年金保险关系

在本书社会保险通则部分已经介绍过社会保险法中的三角法律关系。由于年金保险给付以金钱给付为主，并不需要借助作为给付提供者的第三方履行社会给付义务，所以在年金保险中尤其重要的是被保险人与保险人之间的保险关系，正如本书社会保险通则部分介绍过的，在社会保险中，保险关系可以进一步区分为“技术的保险关系”以及“实质的保险关系”。

（一）养老保险关系的开始

技术的保险关系的开始在本书社会保险通则部分已有论述，此处不再讨论。与技术的保险关系不同，实质的保险关系描述了社会保险必须承担被保风险的时期，即在实质的保险关系内，一旦发生风险，保险人必须承担给付的责任。技术性的保险关系和实质的保险关系可以分离，两者发生在规定有等待期间的社会保险中，只有经过这段等待期间，保险人才开始承担被保风险。

在德国年金保险中，保险人的危险承担义务开始前必须经过一段最低保险期间（等待期间），而保费事实上的缴纳对于保费期间（德国年金法上的各类期间详见下文）的成立有意义。这里存在对期间的重要区分：等待期间（Wartezeit）是最低期间，其作用在于促成年金的建立；而期待期间（Anwartschaftszeit）的作用在于年金期待的积累，着眼于最终获得的年金额的提高。[1] 与德国类似，我国实质的养老保险关系开始前也必须经过一段最低保险期间。《社会保

① Ulrich Becker, Thorsten Kingreen, Stephan Rixen, *Besonderes Verwaltungsrecht*, B.3, Heidelberg, 2013, p. 1030.

险法》第16条规定,参加基本养老保险的个人,达到法定退休年龄时累计缴费满15年的,按月领取基本养老金。该15年的期间属于等待期间,而并非期待期间。按照该条规定,这15年的等待期间应为保费期间。除非满足《社会保险法》第13条规定的“视同缴费年限期间”,否则,如果用人单位事实上没有缴纳保费,则实质的保险关系不发生,社会保险不承担风险,职工不能获得社会保险的保护。根据德国社会法典的规定,保费或者被支付,或者被视作支付(§ 55 Abs. 1 SGB VI)。故通过法律技术的安排,雇主是否事实上为职工缴纳了保费,并不是实质的年金保险关系发生的必要要件。

（二）养老保险关系的转移接续

《社会保险法》第19条规定,个人跨统筹地区就业的,其基本养老保险关系随本人转移,缴费年限累计计算。既然保险关系描述的是被保险人与给付承担者(保险人)之间的法律关系,被保险人是养老保险关系的当然主体,那么该关系“随本人转移”本是自明的。实际上,从功能上考察基本养老保险关系的“转移接续”制度,旨在解决以下法律问题:在被保险人进入新的统筹区域时,养老保险关系的一方主体,即给付承担者(保险人)发生了变化。若新的保险主体不认可在原保险关系中被保险人通过缴纳保费已经获得的期待地位,将导致原有的养老保险关系中断,只能在新的养老保险关系下重新积累年金期待。故养老保险关系的转移接续的实质在于通过不同给付承担者之间的协调保障被保险人已经通过缴纳保费而获得的期待地位。一般意义上讲,转移接续所面临的问题在于,一方面,养老保险之被保险人通过缴纳保费而具有的相当于财产权的法律地位具有普适性质,另一方面,养老保险下被保险人获得给付则往往取决于其在特定保险共同体中的地位,这两种法律地位之间存在矛盾。这一矛盾同样存在于国际养老保险地位的转移接续中。在欧盟法框架内,此类转移接续问题一样存在,但是,通过法律规定的相关技术措施和法制手段,可以实现彼此保险共同体间人员的自由流动。

具体看我国的养老保险,转移接续制度所要解决的问题在于:我国的养老保险基金统筹层次较低,长期以来处于市县一级。虽然1998年8月6日发布实施的《国务院关于实行企业职工基本养老保险省级统筹和行业统筹移交地方管理有关问题的通知》将省级统筹作为目标提出,《社会保险法》第64条第3款更是进一步规定,基本养老保险基金逐步实现全国统筹。但是至今仅有部分省市真正实现了养老保险基金的省级统筹,依据《国务院关于建立企业职工基本养老保险基金中央调剂制度的通知》筹集中央调剂基金,从而促进各省份养老保险基金之间的财务平衡,其余地区采取的仅仅是省级调剂金的模式。养老保险基金的收入与支出都在一个较小的共同体范围内进行。《社会保险法》第65条第2款规定了县级以上人民政府在社会保险基金出现支付不足时给予补贴的义务,第13条第2款专门规定了基本养老保险基金支付不足的政府补贴义务,但是,这种补贴义务在各级政府之间的分配并不明确。故各级政府与社会保险基金都尽量避免基金出现入不敷出的情形,如果没有在一个统筹区域缴纳保费,或者缴纳保费时间偏短,该统筹区域的经办机构与政府机关会倾向于通过行政手段阻止养老保险关系转入。换言之,其不认可该被保险人在其他统筹区域已缴纳保费所形成的期待。这一问题对于流动性高的农民工而言尤其严重。

我国具体规定养老保险关系转移接续的主要是国务院2010年1月1日起施行的《城镇企业职工基本养老保险关系转移接续暂行办法》。该办法的主要内容是:包括农民工在内的参加城镇企业职工基本养老保险的所有人员,其基本养老保险关系可在跨省就业时随同转移;在转移个人账户储存额的同时,还转移部分单位缴费;根据一套与缴费年限与户籍地为标准的规则来确定由某一特定的保险主体(待遇领取地的经办机构)承担最终的给付责任;参保人员在各地的缴费年限合并计算,个人账户储存额累计计算。2016 年 11 月 28 日的《人力资源社会保障部关于城镇企业职工基本养老保险关系转移接续若干问题的通知》进一步就细节作出了规定;2017 年 1 月 12 日发布了适用于机关事业单位工作人员的《人力资源社会保障部、财政部关于机关事业单位基本养老保险关系和职业年金转移接续有关问题的通知》,于 2014 年 10 月 1 日实施。由于我国养老金金额很大程度上会考虑统筹区域的各年度在岗职工平均工资,而根据 2010 年 1 月 1 日实施的《城镇企业职工基本养老保险关系转移接续暂行办法》,以待遇领取地各年度在岗职工平均工资来计算基本养老金,故如何协调各保险主体、确定待遇领取地,以最大程度解决道德风险,也是尤其重要的方面。同时,该暂行办法虽是国发文件,但并非行政法规,而是人力资源和社会保障部与财政部联合发布的政府规章,其效力等级低,在地方所遇阻力不言自明。由于我国养老保险法制化程度较低,所遇养老保险转移接续手续的办理显然以属地原则为依归,地方认可便可接续;地方不认可便不可接续。制度弹性往往将当事人的权利化为乌有。

（三）养老保险关系终止(注销)

如果成立缴费义务的法定要件不再成立,则不再具有缴费义务,这意味着技术性的养老保险关系的终止,但并非实质性的养老保险关系的终止。

养老保险关系终止必须满足法定事由。《实施〈中华人民共和国社会保险法〉若干规定》第 3 条、第 6 条规定了养老保险关系终止的情形:第一,参加职工基本养老保险的个人达到法定退休年龄后,累计缴费不足 15 年(含依照第 2 条规定延长缴费),且未转入新型农村社会养老保险或者城镇居民社会养老保险的,个人可以书面申请终止职工基本养老保险关系。第二,个人在达到法定的领取基本养老金条件前离境定居并丧失我国国籍的,可以由其在离境时或者离境后书面申请终止职工基本养老保险关系。第三,参加职工基本养老保险的个人死亡。此处终止的养老保险关系属于实质的养老保险关系,保险人不再承担被保风险。除了被保险人本人死亡的情形,其他情形下养老保险关系的终止都需要被保险人的书面申请,由经办机构书面告知法律后果并经被保险人书面确认。养老保险关系终止的法律后果除了原法律关系中的权利义务停止外,还包括个人账户储蓄额对本人的一次性支付或者对合法继承人的继承。此时值得思考的一点是,仅仅退还或继承个人账户储蓄额是否已经足以覆盖所有保障需求?原来通过缴纳保费已经获得的期待是否仍有保留的必要?

需要注意的是养老保险关系终止与养老保险关系中断的区别。在我国法中,虽然没有明文规定养老保险关系中断的情形,但是存在对于缴费中断的规定,这可以认为是技术性的养老保险关系中断的法律后果。许多地方性规则规定了缴费中断,缴费中断的原因原则上是成立保费义务的要件暂时性地不再满足,主要为劳动关系的中断,即职工从原用人单位离职后尚未通过新用人单位参加养老保险。在该期间内不存在缴费义务。值得注意的是,在一些省存在这样的情形,即持续性的违法不缴纳保费导致缴费中断,这意味着技术性的养老保险关系也中断了,被保险人不再能够通过缴纳保费累积期待。

二、被保险人

(一) 德国法上被保险人的分类框架与年金保险的被保险人

德国社会法典第六编第1–2条详细列举了法定年金保险中具有保险义务的人群。其中最主要的人群包括职工与一部分的独立工作者。年金保险的核心是对职工的保险。这部分人群首先包括获得工资而工作的人以及虽不获得工资但为其职业教育工作的人(§ 1 S. 1 Nr. 1)。之所以强调“获得工资”,是因为年金保险首先是一个以保费支付财务的预护系统。虽然国家组织该预护系统,但是,只有每个被保险人的参与才能实际将这个系统运作起来,这就要求参与该预护系统的人首先应当是那些获得收入从而有能力缴纳保费的人。也只有对这部分人群而言,在其发生保险事故时才有对“收入替代”的需求。所以,从事工资性工作的劳动者是纳入年金保险的首要标准。[①] 除了一般意义上的职工,即企业职工外,还有一部分人群被视为年金保险上的职工,其主要包括在社会性机构中从事事务的人群(§ 1 S. 1 Nr. 2–4)。此外,社会法典还特别规定,股份公司董事会成员不属于有保险义务的职工(§ 1 S. 4)。一方面,在年金保险中,并不像疾病保险那样存在保险义务的工资收入上限,即超过一定工资收入则不再具有保险强制义务。不过年金保险中存在保费费基的上限,也就是说,只有对该保费费基上限以内的工资收入才相应收取保费(§ 157 SGB VI)。另一方面,年金保险中存在保险义务的工资收入下限,即从事小额工作(§ 8 SGB IV)的人群享有保险自由(保险豁免)。

不过,有一部分从事从属性劳动的人群并不直接基于法律规定的保险义务而被纳入保险保护,他们享有保险自由。这部分人群包括:(1)在其他系统中已经可以请求足够的社会保障的人群,以避免过量的社会保护,如公务员、法官、士兵,以及其他已经获得老年照顾期待的人群;(2)从事小额工作或自主性事务的人群,以避免过重的负担。此外,那些已经领取全额老年年金的人享有完全的保险自由(§ 5 Abs. 4),即便其仍在从事有保险义务的事务。不过,此时其雇主仍然负有缴纳保费的义务(§ 172 Abs. 1)。

除了职工,一部分的独立工作者之所以也被纳入法定保险义务人群,是因为其具有保护需求:或者因为其仅仅支配少量企业财产,或者因为其具有类似劳工的地位,从而认为其经济状况典型地处于与从事从属性工作的职工类似的风险中。这一部分人群被赋予保险义务系属于例外情形。其中尤其重要的一类人群是:就其从事的独立事务规律性地不雇用有保险义务的劳工的人以及持续且实质上只为一个委托人工作的人(§ 2 S. 1 Nr. 9)。

如果同一份工作同时满足不同的保险义务要件,那么适用可以提供更强的社会保护的规定,这体现了所谓的“有利原则”(Günstigkeitsprinzip)[②]。不过,如果不同的劳务关系分别满足不同的保险义务要件,那么可以产生多重保险关系,因为这样才符合年金保险作为一种生活水

---

① Franz Ruland, “Grundprinzipien des Rentenversicherungsrechts”, in Eberhard Eichenhofer, Herbert Rische, Winfried Schmähl (Hrgs.), *Handbuch der gesetzlichen Rentenversicherung (HDR)*, Luchterhand, Köln, 2011, 9.Kapi. Rn.14.

② 该原则体现在§3 S.5 SGB VI,另参见 Ulrich Becker, Thorsten Kingreen, Stephan Rixen, *Besonderes Verwaltungsrecht*, B.3, Heidelberg, 2013, p. 1021.

准保障的要旨。

自愿建立的年金保险保护包含两类情形。第一种是自愿保险。原则上,所有满16周岁且无保险义务的人都可以自愿参加保险(§7 Abs. 1)。这一规定无疑提供了原则上十分宽广的自愿保险的入口。不过,为了防止双重或过量的照顾,对这种自愿保险亦存在限制,例如,已经领取年金的人就不应再积累年金期待了(§7 Abs. 2)。与疾病保险不同,在年金保险中的自愿保险中不仅可以选择是否成立保险关系,也可以选择保险关系的内容,如保费额度,这也意味着可以选择保障水平。第二种自愿建立的年金保险被称为自愿义务保险(§4 SGB VI)或依申请的义务保险。即在满足法定要件时,可以依申请而成立保险义务。这种保险的特别之处(也是区别于自愿保险之处)在于,预护关系的产生取决于被保险人,但是该关系的内容,尤其是保费额由法律规定。

在满足特定要件时,保险保护还有可能回溯性地获得,以更好地实现年金保险的保障作用。其中十分重要的一类情形是夫妻离婚时的照顾平衡(Versorgungsausgleich)(§8 SGB VI)[①]以及基于夫妻或生活伴侣合意的年金分割(Rentensplittung)(§§8,120a ff. SGB VI),正如上文所言,其实质上是年金期待的移转。

在年金保险中值得注意的一种保障需求在于对"二次风险"(sekundärer Risiken)[②]的保障。也就是说,当发生疾病或失业情形时,一方面发生了收入的中断,另一方面也发生了预护的损失。由于年金保险中预护利益的积累是以工资收入的保费缴纳为依托的,故工资收入的中断自然意味着预护利益积累的中断。为了避免这种预护损失,德国年金保险法为那些在疾病或失业情形下获得收入替代给付(如疾病金、失业金)的人群亦规定了保险义务(§3 S. 1 Nr. 3)。

此外,法律规定的人群还可以依申请免除自己的保险义务(§6 SGB VI)。这类人群中最重要的一类即那些依法获得行业性照顾机构成员权的人。

总而言之,在德国年金保险法中,被保险人的范围以及其通过何种方式被纳入保险保护,均最终着眼于各类人群的保险保护需求[③]。从保护需求出发,法律详细区分不同人群,规定其或者基于法律直接规定的保险义务而自动进入保险关系,或者基于保险自由被法律直接免除保险义务,或者因享有保险资格而可以依申请进入保险关系,又或者可以通过自己的意思表示免除保险义务。

(二) 我国法上的被保险人

我国养老保险制度以被保险人群为标准,可以分为三部分:主要适用于职工的基本养老保险;适用于城乡居民的城乡居民基本养老保险;适用于机关事业单位工作人员的养老保险。《社会保险法》并无"保险人""被保险人"等概念,多以覆盖人群或统筹层次确定保险实施的管辖范围,"职工"及相关工作人员等政治学术语经常替代"被保险人"使用。

---

① 该制度的法律基础尤其在于对此的特别立法——《照顾平衡法》(VersAusglG)。

② Hans F. Zacher, in ders. (Hrsg.), *Die Rolle des Beitrags in der sozialen Sicherung*, Berlin, Duncker & Humblot, 1980, p. 26.

③ 对于保护需求的理解,见 Friedhelm Hase, *Versicherungsprinyip und sozialer Ausgleich*, Mohr Siebeck, Tübingen, 2000, p. 36ff.

1. 职工基本养老保险之被保险人

我国《社会保险法》第10条原则性地规定了基本养老保险被保险人群:职工应当参加基本养老保险,由用人单位和职工共同缴纳基本养老保险费。无雇工的个体工商户、未在用人单位参加基本养老保险的非全日制从业人员以及其他灵活就业人员可以参加基本养老保险,由个人缴纳基本养老保险费。另外,相关规范性文件单独规定了部分被保险人群,如农垦企业及其职工①、监狱企业及其工人②、社会组织专职工作人员③、社会力量所办学校等民办非企业单位及其职工④、实行企业化管理的事业单位及其职工⑤等。

2. 城乡居民基本养老保险之"居民"

2009年9月1日,国务院印发《国务院关于开展新型农村社会养老保险制度试点的指导意见》,2011年7月颁布实施《国务院关于开展城镇居民社会养老保险试点的指导意见》。在新型农村社会养老保险制度和城镇居民社会养老保险制度试行的基础上,2014年的《国务院关于建立统一的城乡居民基本养老保险制度的意见》原则上建立了统一的城乡居民养老保险制度,前两个国家政策相应失效。城乡居民养老保险制度是我国基本养老保险制度的兜底性制度,使得养老保险的保障从制度上覆盖了社会上所有成员。

根据《国务院关于建立统一的城乡居民基本养老保险制度的意见》,城乡居民基本养老保险的参保人群是:年满16周岁(不含在校学生)、非国家机关和事业单位工作人员且不属于职工基本养老保险制度覆盖范围的城乡居民。

有关这一被保险人群的规定需要进一步解释:如何解释"不属于职工基本养老保险制度覆盖范围"?此时,可能的解释至少包括:(1)制度上不具备职工基本养老保险的保险义务以及保险资格;(2)事实上没有参加职工基本养老保险。按照已失效的《国务院关于开展城镇居民社会养老保险试点的指导意见》,城镇居民社会养老保险的参保人群是年满16周岁(不含在校学生)、不符合职工基本养老保险参保条件的城镇非从业居民;按照《国务院关于开展新型农村社会养老保险试点的指导意见》,新型农村社会养老保险的参保人群是年满16周岁(不含在校学生)、未参加城镇职工基本养老保险的农村居民。可见,在原城镇居民社会养老保险制度中,采用的标准是是否具备基本养老保险的保险义务以及保险资格;而在原新农保制度中,采用的标准则是事实上是否参加了基本养老保险。二者相较,原新农保制度覆盖的人群更广泛,包括了虽在制度上具备保险义务或保险资格,但基于种种原因未参加保险的人群。

3. 机关、事业单位养老保险之工作人员

根据2014年《国务院关于机关事业单位工作人员养老保险制度改革的决定》,机关事业单位工作人员养老保险制度的适用范围为按照公务员法管理的单位、参照公务员法管理的机关(单位)、事业单位及其编制内的工作人员。可以看到,区分这些工作人员的关键在于是否具有

---

① 2003年《劳动和社会保障部、财政部、农业部、国务院侨务办公室关于农垦企业参加企业职工基本养老保险有关问题的通知》。

② 2005年《劳动和社会保障部、财政部、司法部关于监狱企业工人参加企业职工基本养老保险有关问题的通知》。

③ 2008年《劳动和社会保障部、民政部关于社会组织专职工作人员参加养老保险有关问题的通知》。

④ 2003年《劳动和社会保障部办公厅关于对社会力量所办学校等民办非企业单位参加城镇企业职工养老保险的复函》。

⑤ 2002年《人事部、劳动和社会保障部关于实行企业化管理的事业单位参加企业基本养老保险统筹后职工退休待遇问题的复函》。

编制,包括行政编制与事业编制。

根据《公务员法》第 2 条,公务员是指依法履行公职、纳入国家行政编制、由国家财政负担工资福利的工作人员。这类人员具有编制。《公务员法》并未将此前由国家财政负担工资福利但未被纳入国家行政编制的事业单位、人民团体和群众团体机关的工作人员包括在内,故 2006 年 4 月 9 日,《中共中央、国务院关于印发〈《中华人民共和国公务员法》实施方案〉的通知》中的附件五《参照〈中华人民共和国公务员法〉管理的单位审批办法》对参照公务员法管理的机关(单位)作出了原则性规定。

2006 年 8 月,原人事部出台了《关于事业单位参照公务员法管理工作有关问题的意见》,详细规定了符合"参公事业单位"的条件及其审批权限、程序等。以上法律、规章的出台系统规定了参公管理事业单位的审批和管理工作。2006 年 9 月下发了《关于印发参照公务员法管理的党中央、国务院直属事业单位名单的通知》;同时 2006 年 8 月,《工会、共青团、妇联等人民团体和群众团体机关参照〈中华人民共和国公务员法〉管理的意见》将包括中华全国总工会在内的 21 个人民团体和群众团体机关纳入参照公务员法管理的范围。在机关事业单位工作人员中,还包括工勤人员。一般而言,机关工勤人员具有编制;与事业单位签订劳动合同的工勤人员,不具有编制;签订聘用制合同的,具有编制。具有编制的工勤人员虽然不参照公务员管理,但仍属于被保险人群。不具有编制的工勤人员与事业单位签订劳动合同,不属于机关事业单位工作人员养老保险制度的被保险人员,但属于基本养老保险的被保险人。

三、财务

(一) 财务系统

德国年金保险自 1957 年的大年金改革以来就是通过随收随付制度运行财务的(§153 SGB VI),即以当前的工作世代支付保费满足当前退休世代的养老保障需求。正如前文所述,1957 年的年金动态化改革的理论之父威尔弗雷德·施赖伯依据的是一种社会政策上对"世代合同"的想象。在德国,这种随收随付财务的运行周期是一年。

我国《社会保险法》第 11 条第 1 款规定,基本养老保险实行社会统筹与个人账户相结合。按照这种制度设计,在社会统筹部分实行随收随付,但是在个人账户部分则实行完全积累。在完全积累的情形下,由劳动者自己缴纳保费满足未来自己的养老保障需求,故不存在社会成员之间的互济。完全积累制下的强制存款本应用于自身的保值增值,以确保未来能发挥足够的保障作用。但是,我国养老保险个人账户空账问题已经持续多年,并一直难以得到解决。在累积制下,为了确保足够的老年保障,基金的保值与监管就成为十分重要的问题。为了基金的保值增值,2015 年 8 月 17 日,国务院印发了《基本养老保险基金投资管理办法》。该办法规定,投资股票、股票基金、混合基金、股票型养老金产品的比例,合计不得高于养老基金资产净值的 30%。

根据德国法规定,年金保险的财源除了保费还有联邦补贴(§ 213 SGB VI)。其一方面用于承担"保险外给付"(§ 213 Abs. 3 SGB VI),这一部分国家补贴也被称为"附加性联邦补贴";另一方面用作一般性的支持(§ 213 Abs. 2, 2a, SGB VI),这一部分补贴被称为"一般性联邦补贴"。作为一种国家对其组织的义务保险的国家责任,联邦接管了"流动资金保障"

(Liquiditätssicherung),当保费费率被设定得过低,不足以支付当年应支付的给付金额,且保险人应首先建立的“可持续准备金”(§§216 f. SGB VI)亦不足以填补差额时,联邦应向年金保险提供与所缺金额相应的无息贷款,这被称为“流动性帮助”(Liquiditätshilfe)(§214)。年金保险中由税收支应的给付是可观的:2015 年保费收入 2 073 亿欧元,税收 677 亿欧元;2016 年保费收入 2 154 亿欧元,税收 697 亿欧元。[①] 也就是说联邦补贴占了约 1/4 的年金保险总收入。从该数据我们也能看出,德国年金保险本质上仍然是一个依赖保费的体系,因为约 3/4 的年金保险收入来源于保费。从这点意义上来说,德国的法定年金保险本质上仍未偏离其保险属性。

我国《社会保险法》也规定了由财政作为财源的情形:其一,该法第 13 条第 1 款规定的视同缴费年限期间的保费由政府承担;其二,第 13 条第 2 款规定,基本养老保险基金出现支付不足时由政府给予补贴;其三,第 65 条第 2 款规定,在社会保险基金出现支付不足时,由县级以上人民政府给予补贴。另外,在城乡居民养老保险中,政府补贴则是基金的主要财源。根据《国务院关于建立统一的城乡居民基本养老保险制度的意见》第 4 条第 3 款,地方人民政府应当对参保人缴费给予补贴,对选择最低档次标准缴费的,补贴标准不低于每人每年 30 元;对选择较高档次标准缴费的,适当增加补贴金额;对选择 500 元及以上档次标准缴费的,补贴标准不低于每人每年 60 元,具体标准和办法由省(区、市)人民政府确定。对重度残疾人等缴费困难群体,地方人民政府为其代缴部分或全部最低标准的养老保险费。政府对符合领取城乡居民养老保险待遇条件的参保人全额支付基础养老金,其中,中央财政对中西部地区按中央确定的基础养老金标准给予全额补助,对东部地区给予 50% 的补助。根据财政部公布的 2015 年全国社会保险基金预算情况,企业职工基本养老保险基金收入 28 519 亿元,其中保险费收入 22 407 亿元,财政补贴收入 4 291 亿元,财政补贴占总收入的约 15%;城乡居民基本养老保险基金收入 2 956 亿元,其中保险费收入 737 亿元,政府补贴收入 2 092 亿元,政府补贴占总收入的 71%。[②] 从税收收入的比例来看,城乡居民基本养老保险的保险属性并不明显。

(二) 保费

德国法定年金保险的保费费率和费基上限每年由联邦政府通过法规(Rechtsverordnung)确定。2018 年的保费费率为 18.6%。我国《社会保险法》并没有规定养老保险费率。企业职工基本养老保险的费率确定的原则规定在 1997 年《国务院关于建立统一的企业职工基本养老保险制度的决定》第 3 条以及 2005 年《国务院关于完善企业职工基本养老保险制度的决定》第 6 条中。根据上述规定,企业缴纳基本养老保险费的比例,一般不得超过企业工资总额的 20%(包括划入个人账户的部分),具体比例由省、自治区、直辖市人民政府确定。少数省、自治区、直辖市因离退休人数较多、养老保险负担过重,确需超过企业工资总额 20% 的,应报劳动部、财政部审批。从 2006 年 1 月 1 日起,个人账户的规模统一由本人缴费工资的 11% 调整为 8%,全部由个人缴费形成。《国务院关于完善企业职工基本养老保险制度的决定》第 3 条规定,

---

① 来自德国年金保险(DRV)的统计数据:https://www.deutsche-rentenversicherung.de/cae/servlet/contentblob/238692/publicationFile/61815/01_rv_in_zahlen_2013.pdf.

② 《关于 2016 年全国社会保险基金决算的说明》,载中华人民共和国财政部网站 http://m.mof.gov.cn/czsj/201711/t20171127_2757285.htm,访问日期:2018 年 12 月 20 日。

城镇个体工商户和灵活就业人员参加基本养老保险的缴费基数为当地上年度在岗职工平均工资，缴费比例为20%，其中8%记入个人账户。根据2014年《国务院关于建立统一的城乡居民基本养老保险制度的意见》第4条第1款，缴费标准目前设为每年100元、200元、300元、400元、500元、600元、700元、800元、900元、1 000元、1 500元、2 000元12个档次，省（区、市）人民政府可以根据实际情况增设缴费档次，最高缴费档次标准原则上不超过当地灵活就业人员参加职工基本养老保险的年缴费额，并报人力资源社会保障部备案。人力资源社会保障部会同财政部依据城乡居民收入增长等情况适时调整缴费档次标准。参保人自主选择档次缴费。根据2015年《国务院关于机关事业单位工作人员养老保险制度改革的决定》第3条，单位缴纳基本养老保险费的比例为本单位工资总额的20%，个人缴纳基本养老保险费的比例为本人缴费工资的8%，由单位代扣。此外，根据第8条，机关事业单位在参加基本养老保险的基础上，应当为其工作人员建立职业年金。单位按本单位工资总额的8%缴费，个人按本人缴费工资的4%缴费。与德国不同，由于实行部分累积制，我国养老保险并没有每年对费率进行调整。

在德国法定年金保险中，保费费基是总工资。德国社会法典规定了工资的法定定义，即工资是由一份工作（Beschäftigung）中所产生的所有持续性或一次性收入，而不论是否存在对于该收入的法律请求权，不论其以什么名义或形式被给付，亦不论其直接来自于工作还是与工作相关（§ 14 SGB IV）。此外，若一份工作的工资在450欧元至850欧元的“滑翔区间”（Gleitzone，§20 SGB IV）内——这意味着此时的工资超过了具有保险自由，从而不用缴纳保费的“小额工作”[①]的工资上限，但同时仍处于低工资范围内——对于工资并不完全地征收保费。通过滑翔区间的设置为低工资部门创造了工作岗位的激励，但是此时对年金保险而言却存在问题：由于降低的费基以更少的年金期待利益为代价，就违背了充足老年保障的目标。

我国养老保险作为费基计算的最重要概念无疑是“工资”。我国法律并未定义“工资”。按照现行政策规定，缴费工资就是按国家统计部门规定列入工资总额统计范围内发放的工资。工资总额是指各单位在一定时期内直接支付给本单位全部职工的劳动报酬总额。关于职工的哪些收入进入工资总额，国家统计局《关于工资总额组成的规定》第3、4条有明确规定：工资总额是指各单位在一定时期内直接支付给本单位全部职工的劳动报酬总额。工资总额的计算应以直接支付给职工的全部劳动报酬为根据。工资总额由下列六个部分组成：（1）计时工资；（2）计件工资；（3）奖金；（4）津贴和补贴；（5）加班加点工资；（6）特殊情况下支付的工资。有关工资组成的更具体的规定见《国家统计局〈关于工资总额组成的规定〉若干具体范围的解释》。此处规定的费基是雇主应承担的保费份额的费基。对于职工本人应承担的保费份额，《职工基本养老保险个人帐户管理暂行办法》规定，“职工本人一般以上一年度本人月平均工资为个人缴费工资基数（有条件的地区也可以本人上月工资收入为个人缴费工资基数）。月平均工资按国家统计局规定列入工资总额统计的项目计算，包括工资、奖金、津贴、补贴等收入”。

在缴费比例确定的前提下，为了保证一定的保障水平，同时也为了缴费水平与最终获得给付水平在不同收入人群之间的大致平衡，有必要确立保费费基的上下限。德国年金保险规定了保费费基的上限（§ 159 SGB VI），也就是说，保费义务只涵盖了该费基上限范围内的收入。

① 关于“小额工作”，见本书“社会保险法通则”部分。

相应地,也只有这部分负担保费义务的收入才是“被保险的收入”。从功能上看,保费费基的上限也就是年金给付水平的上限。在我国,根据《职工基本养老保险个人帐户管理暂行办法》,职工上年度月平均工资高于当地社会平均工资 300% 的部分不计算为缴费基数,只按当地社会平均工资 300% 计算缴费基数;职工上年度月平均工资低于当地社会平均工资 60% 的,须按当地社会平均工资 60% 计算缴费基数。

在德国社会保险法上,保费承担最重要的原则就是雇主与劳工各承担一半,年金保险法中便直接规定了这一点(§ 168 Abs. 1 Nr. 1)。在我国法上,用人单位则承担了大部分的保费负担;如果只考虑用于社会统筹的资金,则用人单位承担了全部的保费。

德国法上有关于退还保费的规定,这原则上只发生于缴纳保费后由于没有满足“一般等待期间”(5 年)导致年金请求权并未成就的情形(§ § 210 ff. SGB VI)。由于我国社会保险法上规定了养老保险与医疗保险的保费续缴制度,可以赎买等待期间,所以这种情形较少。在上文所述的养老保险关系依法终止的情形下,仅能退还个人账户部分,不能退还已经缴入统筹账户的保费。

四、给付

(一) 保险事故

德国年金保险所保障的保险事故包括三类:老年、劳动能力降低(残障)、死亡;相应地,有三类年金给付。这三类风险在中国年金保险制度中也有相应的保障。

1. 老年

德国社会法典规定了不同的退休年龄以及相应的不同的老年年金种类(§ § 35 ff. SGB VI)。这些年金种类包括常规老年年金与特别老年年金。达到 67 岁时,当事人具有常规老年年金的请求权。长期被保险人满 67 岁、严重身心障碍者满 65 岁、长期从事井下工作的矿工满 62 岁、特别长期被保险者满 65 岁时,可以分别请求相应的特别年金。此外,德国法上规定了弹性退休制度,在满足法定前提要件时允许提前领取年金(§ 36 S. 2,37 S. 2 SGB VI)。提前领取年金在两种情形下是被允许的:长期被保险人可以自满 63 岁时提前领取年金,严重身心障碍者可以自满 62 岁时提前领取年金。不过,提前领取年金将伴随着持续的年金请求权的缩减,在达到常规退休年龄之前每提取一个月,年金额减少 0.3%(§ 77 Abs. 2 S. 1 Nr. 2 lit. a SGB VI)。对于提前领取年金还有收入的限制性规定,在达到常规退休年龄,即 67 岁前,提前领取年金的前提是不超过 6 300 欧元的月收入上限(§ 34 Abs. 2 SGB VI)。

我国《社会保险法》第 16 条第 1 款规定了老年这一保险事故(即达到法定退休年龄),但并未规定具体的法定退休年龄。职工与机关、事业单位工作人员的退休年龄还是沿用养老保险社会化改革之前的规定,即 1978 年的《国务院关于工人退休、退职的暂行办法》与《国务院关于安置老弱病残干部的暂行办法》。根据上述规定,退休年龄包括两类:一般退休年龄与提前退休年龄。后者包括特殊工种的提前退休年龄与丧失劳动能力的提前退休年龄。根据《国务院关于工人退休、退职的暂行办法》第 1 条,工人的一般退休年龄为男年满 60 周岁,女年满 50 周岁;对于从事井下、高空、高温、特别繁重体力劳动或者其他有害身体健康的工作的,适用特殊工种的提前退休年龄，为男年满55周岁、女年满45周岁；由医院证明并经劳动鉴定委员会确认，完全丧失劳动能力的适用提前退休年龄，为男年满50周岁，女年满45周岁。根据《国务院关于安置老弱病残干部的暂行办法》第4条，干部的一般退休年龄为男年满60周岁，女年满55周岁；经过医院证明完全丧失工作能力的适用提前退休年龄，为男年满50周岁，女年满45周岁。

此时需要进一步明确：其一，如何判断被保险人属于工人还是干部？其二，如何判断是否适用特殊工种的提前退休年龄？其三，如何判断丧失劳动（工作）能力？

干部身份属于原来计划经济体制下的人事管理制度。在劳动部与人事部合并之前，由劳动部门管理档案的员工为工人身份；由人事部门管理档案的员工为干部身份。虽然两个部门合并为人力资源和社会保障部之后已无此划分，但是在今天，干部身份尤其在事业单位与国家机关中仍然扮演着相当重要的作用，不仅与职业生涯发展有关，也与户口取得有关。当然，干部身份被公务员、事业编事业单位工作人员两类职业人员所替代，但"干部"身份印痕以及承载的人事关系仍然存在。判断是否具有干部身份需要借助个人档案，重要的文件包括档案里的转正定级表以及干部聘任书等。在企业中，干部和工人身份的界别被管理岗和非管理岗的区分所替代。一般企业会制定相关规定，明确公司中哪些岗位属于管理岗位，哪些属于非管理岗位，该文件应由职工代表大会通过，并告知所有员工。实践中也倾向于考虑本人意愿，允许在劳动合同中约定退休年龄。多数情形下，管理岗位或技术岗位的劳动者愿意推迟退休，甚至个别人员推迟退休的年龄会超过国家规定的退休年龄。

什么样的工作属于从事井下、高空、高温、特别繁重体力劳动或者其他有害身体健康的工作？在1985年颁布《关于改由各主管部门审批提前退休工种的通知》之前，由劳动人事部统一审批提前退休工种，该通知颁布之后改为分别由国务院各有关主管部门审批。在如水利电力、化学工业、药品行业、石油工业、轻工业、造船工业等行业都有各自行业提前退休工种的具体规定。1985年《关于改由各主管部门审批提前退休工种的通知》规定了审批提前退休工种的有关规定、标准和注意事项。此时尤其应注意相关的三个国家标准：GB4200—84《高温作业分级》、GB3869—83《体力劳动强度分级》、GB3608—83《高处作业分级》。对从事这些提前退休工种的年限要求散见于各行业规章中。按特殊工种退休条件办理退休的职工，从事高空和特别繁重体力劳动的，必须在该工种岗位上工作累计满10年；从事井下和高温工作的，必须在该工种岗位上工作累计满9年；从事其他有害身体健康工作的，必须在该工种岗位上工作累计满8年。根据《劳动和社会保障部关于制止和纠正违反国家规定办理企业职工提前退休有关问题的通知》第2条第4款，设有特殊工种的企业，每年要向地市级劳动保障部门报送特殊工种名录、实际用工人数及在特殊工种岗位工作的人员名册及其从事特殊工种的时间。

丧失劳动能力或工作能力并可以适用提前退休年龄退休的，在实践中简称为病退。根据《劳动和社会保障部关于制止和纠正违反国家规定办理企业职工提前退休有关问题的通知》第2条第3款的规定，企业职工因病或非因工致残完全丧失劳动能力的，统一由地市级劳动保障部门指定的县级以上医院负责医疗诊断，并出具证明。非指定医院出具的证明一律无效。地市级劳动鉴定委员会负责定期审核指定医院开具的诊断证明，作出鉴定结论。职工因病或非因工致残完全丧失劳动能力的鉴定标准，暂按《职工工伤与职业病致残程度鉴定标准》（GB/T16180-1996）第1-4条执行。与德国类似，在我国，由于劳动能力丧失而提前退休的，退休金也会相应减少，即每提前一年退休扣减退休金的 2%。

根据《国务院关于建立统一的城乡居民基本养老保险制度的意见》第 7 条，参加城乡居民基本养老保险制度的被保险人适用的退休年龄统一为 60 周岁。

根据《劳动和社会保障部关于制止和纠正违反国家规定办理企业职工提前退休有关问题的通知》第 2 条第 2 款的规定，对职工出生时间的认定，实行居民身份证与职工档案相结合的办法。当本人身份证与档案记载的出生日期不一致时，以本人档案最先记载的出生时间为准。

2. 劳动能力降低

德国年金保险法规定了完全劳动能力降低与部分劳动能力降低时的年金请求权（§ 43 SGB VI）。2001 年 1 月 1 日生效的《劳动能力降低年金改革法》对劳动能力降低制度进行了一次改革，其将过去并存的职业能力丧失（Berufsunfähigkeit）年金以及劳动能力丧失（Erwerbsunfähigkeit）年金修改为现在统一的劳动能力降低（Erwerbsminderung）年金。根据法定定义，职业能力丧失是指被保险人的劳动能力与具有相似教育与同等知识和能力的健康被保险人相比，下降到每天工作少于 6 小时（§ 240 SGB VI）。简单地说，所谓职业能力，是指继续进行过去已经掌握的工作的能力，而职业能力丧失并不意味着丧失从事其他工作的能力。经过这次改革后，从事过去所掌握的职业已经不再是法定年金保险所要达到的保障程度——而丧失职业能力这种风险现在被留给私人保障了。

根据德国社会法典的定义，部分劳动能力降低，是指由于疾病或身心障碍而在不可忽视的时间内，在一般劳动市场的条件下，不能每天至少工作 6 小时；完全劳动能力降低则为不能每天至少工作 3 小时。“在不可忽视的时间内”这一限制，意味着短期的劳动能力限制不足以成立年金请求权。另外，通过德国社会法院的判决还建立了一种基于“非全日制劳动市场的封闭性”的降低完全劳动能力的判断标准，即被保险人尽管每天可以工作 3-6 小时，但是没有非全日制工作岗位。与法院的这种立场相应，在确定部分劳动能力降低时总是要检验被保险人是否有或能获得符合其时间上的给付可能性的部分工时工作岗位。这种判断具体的劳动市场状况的方式称为“具体观察方法”[①]。与此不同，立法者针对剩余劳动能力至少每天 6 小时的情形则确立了“抽象观察方法”（§ 43 Abs. 3 SGB VI）。也就是说，在劳动能力多于每天 6 小时的情形下，规定不考虑具体的劳动市场状况，因为此时认为劳动者就其劳动能力而言不再依赖于劳动市场的状况获得工作；这一规定是为了避免“劳动市场年金”，即仅仅基于缺少合适的工作岗位而产生的年金——在这种情形下，劳动市场风险就应该由失业保险而不是年金保险来承担了。[②]

我国《社会保险法》第 17 条规定，参加基本养老保险的个人在未达到法定退休年龄时因病或者非因工致残完全丧失劳动能力的，可以领取病残津贴，所需资金从基本养老保险基金中支付。与之相对应的是《国务院关于工人退休、退职的暂行办法》与《国务院关于安置老弱病残干部的暂行办法》中规定的退职制度。与病退制度不同，退职没有一定的年龄限制，保障的是

---

① Franz Ruland, “der Einfluss der Rechtsprechung des Bundessozialgericht auf das Recht der gesetzlichen Rentenversicherung”, in Wulffen Matthias (Hrsg.), *Festschrift 50 Jahre Bundessozialgericht*, Heymanns, Köln, 2004, S.599.

② Ulrich Becker, Thorsten Kingreen, Stephan Rixen, in Dirk Ehlers, Michael Fehling, Hermann Pünder, *Besonderes Verwaltungsrecht*, Band 3, C.F. Müller, Heidelberg, 2013, §79 Rn 68.

劳动能力完全丧失的风险。判断劳动能力丧失的程度,参照的是2006年发布的国家标准《职工工伤与职业病致残程度鉴定标准》(GB/T 16180-2006)。标准共分10级,符合标准一级至四级的为全部丧失劳动能力,符合五级至六级标准的为大部分丧失劳动能力,符合七级至十级标准的为部分丧失劳动能力。根据1995年实施的《企业职工患病或非因工负伤医疗期规定》第7条,企业职工非因工致残和经医生或医疗机构认定患有难以治疗的疾病的,医疗期满,应当由劳动鉴定委员会参照工伤与职业病致残程度鉴定标准进行劳动能力的鉴定。被鉴定为一至四级的,应当退出劳动岗位,解除劳动关系,并办理退休、退职手续,享受退休、退职待遇。同时根据该规定第6条,如果在医疗期内医疗终结,不能从事原工作,也不能从事用人单位另行安排的工作的,应当由劳动鉴定委员会参照工伤与职业病致残程度鉴定标准进行劳动能力的鉴定。被鉴定为一至四级的,应当退出劳动岗位,终止劳动关系,办理退休、退职手续,享受退休、退职待遇。这两种情形下,劳动关系都终止。

《社会保险法》只规定了参加基本养老保险的个人劳动能力完全丧失时,由养老保险基金支付社会保险给付,但没有规定劳动能力并未完全丧失,只是部分丧失的情形。根据《劳动法》第26条与《劳动合同法》第40条,劳动者患病或者非因工负伤,医疗期满后,不能从事原工作也不能从事由用人单位另行安排的工作的,用人单位可以提前30日以书面形式通知劳动者本人后解除劳动合同,并给予经济补偿。同时,根据《劳动法》第29条第2项、《劳动合同法》第42条第3项及《企业职工患病或非因工负伤医疗期规定》第6条,在医疗期内,即便医疗已经终结,也不能解除部分丧失劳动能力的职工的劳动合同。可以看到,在我国法律体系内,只有完全丧失劳动能力的情形才可以得到社会保险的保障,而部分丧失劳动能力的风险则部分地由原企业通过解除劳动合同时的经济补偿承担,但是这种经济补偿是一次性的,并以解除劳动合同为代价;而解除劳动合同之后劳动者在劳动市场上因为劳动能力降低而承担的风险则由其自身承担。当然,此时失业保险也可以承担部分的保障功能。

与德国法相比,我国通过年金保险保障劳动能力降低风险的制度至少存在两点不同:其一,我国判断劳动能力降低的标准并未结合劳动市场状况判断劳动时间,而是参照《职工工伤与职业病致残程度鉴定标准》(GB/T 16180-2006),仅仅衡量身体机能。其二,我国对于劳动能力降低较轻的情形(部分丧失劳动能力)不由年金保险进行保障,而是部分由企业但主要由劳动者个人承担收入降低的风险。

3. 死亡

德国法规定了依赖死亡的被保险人生存的配偶可以获得寡妇鳏夫年金(§ 46 SGB VI),获得该死亡年金(遗属津贴)的前提是其不再结婚。这里还区分了一般性的死亡年金即小年金(Abs. 1),以及该配偶具有特定保障需求,如抚养儿童、达到一定年龄、劳动能力降低时可以获得的大年金(Abs. 2)。如果死亡发生时婚姻尚不足1年,则不存在请求权(Abs. 2a)。死亡的被保险人的孩子原则上可以请求孤儿年金至18岁,满足一定前提条件时请求权可以最多延长至满27岁(§ 48 SGB VI)。

我国《社会保险法》第17条规定,参加基本养老保险的个人,因病或者非因工死亡的,其遗属可以领取丧葬补助金和抚恤金。各地原有政策通常规定丧葬补助金和抚恤金由用人单位负担,故《社会保险法》的规定无疑可以直接减轻企业负担。然而实践中,对《社会保险法》相关规定的实际执行情况并不乐观,至少存在两方面的问题:其一,《社会保险法》没有规定丧葬补助金和抚恤金的标准。通常理解,“丧葬补助金”是职工死亡后安葬和处理后事的费用,“抚恤金”是职工死亡后给予其家属的经济补助和精神安慰。目前,各省市对于该两项给付的标准与给付的方式都缺乏明确规定,这将导致权益无法实现。例如,上海市明确由养老基金支付,但具体支付标准等仍在制定中;北京市则含糊地规定“按照国家的有关规定执行”;其他个别省市则解释为仍由用人单位承担。死亡给付的制度前身是 1951 年颁布实施的《劳动保险条例》,该条例生效至今,其在死亡事故发生时规定了“丧葬补助金”和“供养直系亲属救济费”,由企业支付。其中,“丧葬补助费”标准为 2 个月本企业的平均工资;“供养直系亲属救济费”为:其供养直系亲属 1 人者,为死者本人工资 6 个月;2 人者,为死者本人工资 9 个月;3 人或 3 人以上者,为死者本人工资 12 个月。另外,前文已述,根据《社会保险法》第 14 条,参加基本养老保险的当事人死亡时,其个人账户余额可以继承,这一规定某种程度上具有死亡给付的作用,但是,由于个人账户属于强制储蓄,并不具有再分配效果,故并不考虑遗属的保障需求,这也体现了当事人的死亡风险由个人承担。

可以看到,这些死亡给付并非年金,而属于一次性给付,并不能充分满足那些原本依赖死亡者维持生活的遗属的生活保障需求。不过,我国存在具有死亡年金功能的给付制度,即除丧葬补助金和供养直系亲属救济费外,部分地区还另外规定对遗属按月发给“生活困难补助费”,例如,上海市规定由养老保险基金支付,每月标准为 505 元;山东省规定由企业支付,根据不同地区每月标准分别为 360 元、320 元、280 元。《社会保险法》中的“抚恤金”范畴仅指《劳动保险条例》中规定的“供养直系亲属救济费”,还是包括也“生活困难补助费”? 这需要国家或地方政府进一步明确。

根据《国务院关于建立统一的城乡居民基本养老保险制度的意见》第 7 条,在城乡居民养老保险中,有条件的地方人民政府可以结合本地实际探索建立丧葬补助金制度。

(二) 年金给付

1. 概述

首先要说明的是,年金保险中的社会给付并不限于金钱给付。在德国法上,除了金钱给付,还规定了参与性给付(Leistungen zur Teilhabe),参与性给付是实物给付,主要用于预防劳动能力下降和 / 或用于对已经降低的劳动能力的恢复,适用“康复先于年金”的原则(§9 Abs.1 S.2 SGB VI)。参与性给付的情形,即被保险人因疾病或身心障碍,其劳动能力受到威胁或降低,并且预计通过给付可以避免该威胁,或可以本质上改善、恢复或避免劳动能力降低,抑或能够使被保险人获得工作岗位。年金保险的给付范围包括医疗康复给付与参与劳动生活的给付。我国的养老保险制度以金钱给付为主,并无参与性给付内容。

年金给付不同于一次性给付,其是在一定时间内的持续性金钱给付(一般为按月给付)。确定年金时需要区分两步:首先要检验是否成立基于某种原因的请求权,然后确定年金的额度。年金请求权的前提一般包括发生保险事故、满足等待期间以及各种不同年金规范要求的其他前提要件。

申请年金支付是否年金请求权成立的前提要件? 在德国法上,申请年金支付不是请求权成立的前提要件,但是支付年金必须经过申请这一程序,且年金申请必须在请求权成立后 3 个月之内提出;超过 3 个月提出申请的,则年金只能自申请之月起予以给付(§99 Abs.1 SGB VI)。

换言之,年金申请的回溯效果仅限于年金前提要件首次满足之后的 3 个月。我国养老保险制度对此并没有明确规定。实践中,各地对于未按时申报退休手续的法律后果规定不一,一般区分未按时申报退休手续的原因而有不同的法律后果。基于单位的原因,职工符合退休条件而未按时申报退休手续的,个人账户继续记载,但其延期时间不计算缴费年限,劳动保障部门按其到达正常退休年龄时批准退休,从办理退休手续的下月计发待遇。如正常退休年龄至批准退休期间调整待遇的,社会保险经办机构要按规定调整标准,基本养老金按增加后的标准计发,但不再补发。正常退休年龄至批准退休期间职工工资或生活费低于基本养老金标准的,差额部分由单位予以补齐。基于劳动保障部门的原因,职工退休延期的,按达到正常退休年龄时批准退休,从达到正常退休年龄的下月计发待遇。延期退休期间调整待遇的,社会保险经办机构按规定调整标准并补发调整的基本养老金。基于本人的原因,本人符合退休条件而未按时申报或者导致单位延误未按时申报退休手续,影响到享受退休待遇的,由本人自己负责。

2. 期间

德国年金法上的期间制度十分复杂,其详细规定于德国社会法典第六编第二章第五节中。如上文已述,在功能上存在对期间的重要区分:等待期间(Wartezeit)是最低期间,其作用在于年金的建立;期待期间(Anwartschaftszeit)的作用在于年金期待的积累,着眼于最终获得的年金额的提高。法技术上对年金法上期间获得的规定体现出对被保险人生涯过程的一种整体“衡量”。一方面,年金保险本质上是通过缴纳保费运行的制度,被保险人通过缴纳保费获取年金期待,在获得年金给付时具有决定性的意义;另一方面,正如前文所述,出于社会政策或平等原则的考虑,除了缴纳保费,被保险人也可以以其他方式向年金系统“作贡献”,或者基于其他原因获得年金利益。故在制度上通过详细的期间规定将被保险人的生涯历程“投射”到年金保险法上的期间,并进而换算为年金期待。

虽然年金保险法上存在大量基于保险外保费与支付间不存在对价关系的情形,但是年金保险本质上是一种基于保费缴纳的保险制度。所以梳理缴纳保费与期间的关系尤其重要,这也是德国社会法典对期间进行分类的出发点。按照德国社会法典的定义,年金法上的期间分为保费期间(Beitragszeit)、不交保费期间(beitragsfreie Zeit)以及参考期间(Berücksichtigungszeit)。其中,不交保费期间又包括作价期间(Anrechnungszeit)、归价期间(Zurechnungszeit)、替代期间(Ersatzzeit)。

通过缴纳保费可以获得“保费期间”。由于雇主从职工的工资中扣除职工应承担的保费并替其缴纳保费,职工并不总是能够自己一手掌握保费的缴纳信息。另外,由于保费的缴纳对于被保险人获得年金法上的地位有重要意义,故通过法律技术的安排,可以令雇主是否事实上为职工缴纳了保费变得并不重要,从而帮助职工对通过缴纳保费获得年金法上的地位拥有更多的控制力。根据德国社会法典的规定,如果职工能够使他人相信他所承担的保费份额已经从工资中被扣除(§28g SGB IV),那么保费就视作缴纳,相应的期间就认定为保费期间(§203 Abs.2 SGB VI)。基于不同原因不可能缴纳保费的期间称为作价期间,法律对其作出了具体的列举。作价期间在计算年金时只是有限地被考虑。归价期间是指,当保险事故提前发生时,一些法定期间可以归到当前年金法上的期间内,从而达到足够的保障。保费收取被阻碍的期间为替代期间。这些期间都被法律以不同的方式算入成立年金请求权的“等待期间”以及积累年金额度的“期待期间”中。

“视同缴费年限”同我国计划用工时期的“工龄制度”紧密联系，进入劳动政策调控的区域。对其的认定是社会养老保险争议的多发区。根据《劳动部关于基本养老金计发办法改革试点工作的通知》第7条第2项的规定，在实行职工个人缴费之前按照国家有关规定计算的连续工龄，可视同企业和职工个人的缴费年限。虽然该规定已经失效，但是其中关于视同缴费年限依照连续工龄认定的规定现在仍在被沿用。“工龄”是指职工以工资收入为生活资料的全部或主要来源的以年为单位[①]的工作时间。工龄的长短标志着职工参加工作时间的长短，也反映了其对社会和企业的贡献大小和知识、经验、技术熟练程度的高低。在我国养老保险改革之前，工龄是我国职工退休的一个条件。实行基本养老保险个人缴费制度以后，则改以实际缴费年限作为退休和计发养老保险待遇的依据，之前的连续工龄则视同缴费年限。从功能上看，无论是缴费年限还是工龄，都反映了被保险人对年金系统的贡献。工龄可分为“一般工龄”和“本企业工龄”。一般工龄是指职工从事生产、工作的总的工作时间。本企业工龄一般又称为“连续工龄”，是指职工在一个工作单位连续工作的时间。不过，连续工龄和本企业工龄在含义上有一些差别，即连续工龄不仅包括在本企业连续工作的时间，而且包括前后两个工作单位可以合并计算的工作时间。若没有可以合并的情况，连续工龄就是本企业工龄。1978年6月《国务院关于安置老弱病残干部的暂行办法》将“本企业工龄”改称为“连续工龄”。机关事业单位使用的“工作年限”的概念，实际上与连续工龄的含义和作用是相同的。工龄可以连续、合并、折算。对于工龄能否连续计算，有着十分复杂的规定。一般来说，工龄的连续计算规则与是否基于本人主观原因间断工作（如是否被除名、是否自动离职、是否被辞退）和本人的工作身份（如为临时工、季节工或固定工）有关。实践中多发的争议的是临时工、被除名职工的工龄计算。相关的规范性文件包括原劳动部工资局《关于临时工被录用为长期工后的工龄计算问题的复函》（中劳薪字第344号）、《劳动部办公厅关于除名职工重新参加工作后的工龄计算问题的复函》（劳办发〔1994〕376号）、《劳动人事部关于〈国营企业辞退违纪职工暂行规定〉若干问题解答》（劳人资〔1987〕31号，已失效）、《劳动部办公厅对“关于除名职工重新参加工作后工龄计算有关问题的请示”的复函》（1995年4月22日）等。由于连续工龄认定的复杂性以及其与年金权益的紧密关系，许多地方都事先公示视同缴费年限的认定依据，并经由专门的程序或交给特定部门认定，以实现其专业化与规则化，减少相关争议。

实践中存在所谓的“买断工龄”，这种现象主要出现在国有企业和集体企业。所谓“买断工龄”的做法，实质上是一种企业支付高额经济补偿，协商解除劳动合同，并约定企业不再协助当事人向社会保险经办机构申请办理退休的行为。换言之，买断工龄意味着企业用一次性支付经济补偿的方式替代年金给付。官方并无关于“买断工龄”的任何政策性文件和规范性法律文件。“买断工龄”的做法将职工“推向社会”，全然不顾其过去的“工龄”和缴费年限，以及劳动者日后生活的持续性。事实上，“买断工龄”后，部分当事人因缺乏年金给付，日后生活确实陷入了困顿，最终只能通过政府提供的低保度日，与其工作期间的生活状况相比，“替代”无从谈起，个人的工作积累和贡献被彻底抹杀了。因此，“买断工龄”之实务操作本质上是不合法的。

---

① 工作年限或连续工龄计算应按《国务院关于安置老弱病残干部的暂行办法》和《国务院关于工人退休、退职的暂行办法》的规定，即满一个周年才能算一年。

3. 年金计算

年金计算中的最高原则在于,年金额应与被保险人缴纳保费相挂钩,与其工资或劳动收入的额度相匹配,从而保障其一定的生活水准。正如前文所述,年金额的确定旨在追求一定的替代率。而建立收入水平与年金水平之间这种关系的桥梁正是本书社会保险通则部分简要介绍过的保费与给付之间的原则上的"对价性"。不过,正如前所述,这种对价关系并非严格意义上的数学上的等价关系,不能简单理解为职业生涯中缴纳的所有保费与之后可以获得的所有给付在数量上完全相等。

德国社会法典规定了详细的技术性的年金计算公式(§64 SGB VI),使得年金给付请求权可以直接依照法律产生,而不存在行政机关的裁量空间。年金公式为:

薪点 × 进入因数 × 年金种类因数 × 年金现值(aktueller Rentenwert)
= 月年金额(Monatsrente)

计算年金额的主要依据是被保险人的工资(Arbeitsentgelt)或工作收入(Arbeitseinkommen)。工资或工作收入除以社会法典第六卷附表一所规定的相应年份的平均工资(2018 年为 37 873 欧元)就得出了薪点(Entgeltpunkte)。薪点反映了被保险人工资与社会平均工资之间的比例。根据不同年金类别所服务的不同保障目的,则会乘以不同的年金种类因数(Rentenartfaktor),从而产生年金额的差别,故部分劳动能力降低年金与遗属年金会比老年年金稍低。领取养老金时间的长短则会通过进入因数(Zugangsfaktor)而被考量,如提前领取年金会获得更低的月年金额。从年金公式可以看出,决定年金额高低的关键其实在于年金现值。年金现值逐年按照德国社会法典规定的公式作调整(Anpassung)[①]。在十分技术性的年金现值调整公式背后往往是年金政策的一些考量,如将人口年龄结构变化纳入公式计算,又如避免年金下降。

我国《社会保险法》并没有规定具体的年金计算公式以及年金额调整公式,而只是原则性地规定了基本养老金计算及其调整应依据的因素。第 15 条第 2 款规定:"基本养老金根据个人累计缴费年限、缴费工资、当地职工平均工资、个人账户金额、城镇人口平均预期寿命等因素

---

① 年金现值额的调整公式如下:

ARt=ARt-1 × BEt-1/BEt-2 × (100-AVA2012-RVBt-1)/(100-AVA2012-RVBt-2)×[(1-RQt-1/RQt-2)× a+1]

其中,

ARt:每年 7 月 1 日起即可决定的年金现值;

ARt-1:去年的年金现值;

BEt-1:去年劳动者平均总工资;

BEt-2:前年劳动者平均总工资;

AVA2012:2012 年度私人老年保障比例;

RVBt-1:去年年金保险整体平均保费费率;

RVBt-2:前年年金保险整体平均保费费率;

RQt-1:去年领取年金者比例;

RQt-2:前年领取年金者比例。

通过以上公式可以得出:年金现值会随着总工资水平的变动而变动,不过同时也顾及保费费率的变动,这样年金现值就与全体社会的生产力建立了联系;年金现值会随着人口年龄结构变动而变动;年金现值还考虑到了私人老年保障比例的因素,这就导致由国家财政支持的第二层老年保障体系部分地承接了之前由法定年金保险履行的保障任务。Ulrich Becker,Thorsten Kingreen,Stephan Rixen,in Dirk Ehlers,Michael Fehling,Hermann Pünder,*Besonderes Verwaltungsrecht*,Band 3,C.F. Müller,Heidelberg,2013,§79 Rn 96.

确定。”第18条规定：“国家建立基本养老金正常调整机制。根据职工平均工资增长、物价上涨情况，适时提高基本养老保险待遇水平。”这样的规定赋予了社会保险经办机构在规定给付额时极其广泛的裁量权。现在我国计算基本养老金的方法规定于2005年《国务院关于完善企业职工基本养老保险制度的决定》第6条，“基本养老金由基础养老金和个人账户养老金组成。退休时的基础养老金月标准以当地上年度在岗职工月平均工资和本人指数化之月平均缴费工资的平均值为基数，缴费每满1年发给1%。个人账户养老金月标准为个人账户储存额除以计发月数，计发月数根据职工退休时城镇人口平均预期寿命、本人退休年龄、利息等因素确定”。根据该条规定，基本养老金的计算公式为：

统筹养老金＝(参保人员退休时当地上年度在岗职工月平均工资＋本人指数化月平均工资)÷2×1%

个人账户养老金＝参保人员退休时个人账户累计储存额÷计发月数

其中，当地是指本统筹区域，通常为省。本人指数化月平均工资的计算方法为：

本人指数化月平均缴费工资＝参保人员退休时上一年度全省职工月平均工资×本人平均缴费工资指数

其中，参保人员本人平均缴费工资指数是指从1997年起至退休上一年度本人历年缴费工资指数的平均值。参保人员当年缴费工资指数为本人当年缴费工资额与当年全省职工平均工资的比值。计算公式为：

$$本人平均缴费工资指数=(a_1/A_1+a_2/A_2+\cdots\cdots+a_n/A_n)\div N$$

公式中，a_1、a_2……a_n为参保人员退休前1年、2年……n年本人缴费工资额；A_1、A_2……A_n为参保人员退休前1年、2年……n年全省职工平均工资；N为企业和职工实际缴纳基本养老保险费的年限。

个人账户养老金计发月数表如表6-1：

表6-1　个人账户养老金计发月数表

退休年龄	计发月数	退休年龄	计发月数
40	233	52	185
41	230	53	180
42	226	54	175
43	223	55	170
44	220	56	164
45	216	57	158
46	212	58	152
47	207	59	145
48	204	60	139
49	199	61	132
50	195	62	125
51	190	63	117

续表

退休年龄	计发月数	退休年龄	计发月数
64	109	68	75
65	101	69	65
66	93	70	56
67	84		

我国统筹养老金为主要取决于个人收入水平的本人指数化月平均工资和完全不取决于个人收入水平的当地在岗职工月平均工资之平均数;而德国年金则完全取决于个人缴费水平与缴费经历。也就是说,我国统筹养老金的最终数额很大程度上取决于退休时当地平均工资的高低。这就导致在低工资水平的省份退休时,养老金水平也较低。根据德国法,无论在德国境内的任何地方退休(不考虑适用于东德地区的过渡性规定),可以领取的年金额都是一样的,这就很好地体现了年金请求权与年金期待的财产权地位;而在中国,人们在不同地方退休将导致领取的养老金额不同。与此相应,这种养老金计算方式导致的问题就是:一方面,从保险共同体的利益出发,人们倾向于在高工资水平的省份退休,这使得人员流动变得更加困难;另一方面,从个人利益出发,在不同地区工作,工作内容完全相同,缴费年限相同,如在工资较低省份退休,则面临权益的丧失——较高水平的缴费换来了较低水平的养老金给付。因此,应将个人年金权益同本人的缴费工资等级与缴费经历相连接,累积缴费年限与缴费积累(贡献)指数,而非因不同省份间具体工资额度的差异,导致所领取的年金存在巨大差异。或者说,与其本人的缴费积累(贡献)指数相结合,在不同省份所获得的年金给付一定与当地同样积累的当事人基本一致。

思考题:

1. 老年年金保险法上之老年与生物学上之老年有何差异?
2. 如何理解法定年金保险给付之收入替代属性?
3. 如何理解年金保险法上之“世代合同”?
4. 我国养老保险法制存在的问题有哪些?
5. 老年年金保险财务运作机制如何?为何随收随付系老年年金保险法制运作的基本法理?
6. 个人养老金账户制度是社会保险吗?如何理解个人账户之“账”?
7. 试从德国年金计算之公开性谈养老保险法制化问题。

第七章　健康保险法

第一节　健康保险与健康保险法

一、健康保险的概念与发展历程

（一）健康保险的概念

健康保险，是参保人员（包括用人单位）以缴纳保费为前提于发生疾病或伤害时获得医疗费补偿的社会保障制度。在日本及我国台湾地区，这一制度被称为“健康保险”，在德国被称为“疾病保险”，在我国则被称为“医疗保险”。

（二）健康保险制度发展历程

疾病外化为社会风险是健康保险制度产生的直接动因。在前工业化时代，对疾病进行救治的责任主要由家庭承担。一方面，由于医疗手段的制约和卫生条件的限制，经济负担因素在治疗疾病中影响甚微。另一方面，在农业社会，家庭是主要的生产单位，[①] 家庭成员之间根据是否占有生产资料而形成特定的供养关系，且农业社会以扩展家庭 [②] 为主要形态，具有较强的抚养能力，因此，疾病救治问题一般在庞大的家族组织内部被处理解决。现代化的发展对疾病及医疗产生了革命性的影响。一方面，随着诊断技术的发展，许多之前无法诊断和治疗的疾病浮出水面从而产生治疗需求，并且医疗技术现代化导致医疗费用飞速上涨。另一方面，在没有生产资料作为经济保障的背景下，家庭成员的疾病不仅意味着医疗支出的增加，还可能意味着家庭收入的中断；家庭中互负扶养义务主体的减少，导致家庭承受疾病经济负担的能力已无法与过去的传统大家庭相提并论。现代社会中，由于疾病发生的不可预见性与治疗的高昂花费，疾病带来的负担成为对经济安全最大的威胁，该风险已无法在家庭内部被内化解决，从而产生了社会化与分散化的外部解决需求。

疾病风险社会化经历了从自发疾病互助到法定社会保障的发展历程。自发的疾病互助可

---

① 参见［美］戴维·波普诺：《社会学》，李强等译，中国人民大学出版社 2003 年版，第 392 页。

② 扩展家庭，指一个家庭包括了三代或三代以上的成员。参见［美］戴维·波普诺：《社会学》，李强等译，中国人民大学出版社 2003 年版，第 394 页。

以追溯到中世纪欧洲的行会组织。行会组织的目的部分是社会性的，部分是互助性的，主要是相互保护和保障。[①] 工业化之前，行会组织对其成员罹患疾病后的帮助相当程度上是在替代家庭发挥功能，仍可被视为一种内化的处理疾病风险的机制，随后则逐渐进入了疾病风险社会化的领域。挪威、瑞典、新西兰、英国等，随着行会组织系统被弃用或者取缔，小农场主和工人自己成立了健康保险机构；丹麦于1861年颁布法令取缔行会系统后，医药行业开始游说保留与其相关的互助团体，并在建立最早的保险机制中起到了领导作用；在英国，健康基金主要由拥有固定工作的熟练工组成的地域团体发起，部分逐渐发展为全国性的组织并在各地设有分支。在早期的医疗互助机制中，医院并没有起到像现在一样的作用。在英国、挪威和瑞典，保险团体最初的目的在于为被保险人提供现金补偿以弥补疾病导致的收入中断，医疗服务往往由慈善医院免费提供（后来需经过经济情况调查），住院治疗和专科医师诊疗几乎均不被医疗保险所覆盖。[②] 德国是最先将健康保险法制化的国家。1883年俾斯麦颁布《疾病保险法》，确立了强制社会保险医疗法律制度，标志着社会保险制度的诞生。

（三）我国医疗保险制度的发展与现有体系

我国自中华人民共和国成立伊始就确立了健康保障相关制度。在城市，1951年颁布的《劳动保险条例》规定了对工伤、疾病与非因公负伤、养老、残疾、死亡等保险事故进行综合保险的制度，覆盖范围限于雇佣工人和人数在100人以上的大企业以及铁路、航运、邮电企业单位及其附属单位。1952年发布《政务院关于人民政府、党派、团体及所属事业单位的国家机关工作人员实行公费医疗预防措施的指示》和《国家工作人员公费医疗预防实施办法》，我国初步形成了城镇公费医疗制度和劳保医疗制度二元并存的局面。在农村，1955年挂牌成立的山西省高平县米山乡联合保健站被认为是中华人民共和国成立后我国最早出现的农村合作医疗制度。[③] 这一做法逐渐在全国推广，1958年村覆盖率达到10%，1979年村覆盖率达到90%，[④] 被世界卫生组织和世界银行誉为“以最少投入获得了最大健康收益”的“中国模式”。[⑤]

随着改革开放的深入与市场经济体制逐渐建立，在城镇，国有经济一统天下的局面被打破，企业成为自主经营、自负盈亏的市场主体，需要轻装上阵参与激烈的市场竞争；在农村，家庭联产承包责任制开始实行，集体组织的控制能力下降。这种社会经济背景的变化使当时既存的劳保医疗制度和农村合作医疗制度面临困境。我国现代医疗保险制度的重建是从城镇职工基本医疗保险开始的。1989年国务院制定《1989年经济体制改革要点》，决定在丹东、四平、

---

① 参见[美]J.W.汤普逊：《中世纪经济社会史》，耿淡如译，商务印书馆1997年版，第438页。

② See Brian Abel-Smith, “the Rise and Decline of the Early HMOs: Some International Experiences”, in *The Milbank Quarterly*, Vol.66, No. 4, pp. 696–699 (1988).

③ 参见孙淑云等：《新型农村合作医疗制度的规范化与立法研究》，法律出版社2009年版，第40–42页。

④ 参见周寿祺、顾杏元、朱敖荣：《中国农村健康保障制度的研究进展》，载《中国农村卫生事业管理》1994年第9期。这种农村合作医疗制度的村覆盖率在1962年达到46%，到1968年却急降到20%，其后因为以行政命令和政治动员的方式推行，覆盖率才转而上升。有学者认为正是这种行政命令和政治动员所导致的覆盖范围的扩大一定程度上掩盖了农村合作医疗制度自身存在的逆选择和医疗成本控制方面的制度缺陷。参见顾昕、方黎明：《自愿性与强制性之间——中国农村合作医疗制度嵌入性与可持续性发展分析》，载《社会学研究》2004年第5期。

⑤ 参见《1993年世界发展报告：投资与健康》，中国财政经济出版社1993年版，第210–211页。

黄石、株洲进行医疗保险制度改革试点；1992 年《劳动部关于试行职工大病医疗费用社会统筹的意见的通知》，主要针对国有企业和县以上城镇集体所有制企业的在职职工和离退休职工开展大病医疗费用的社会统筹；1994 年劳动部等四部委发布的《关于职工医疗制度改革的试点意见》提出建立覆盖城镇所有劳动者的、社会统筹医疗基金与个人医疗账户相结合的医疗保险制度的改革目标；1998 年 12 月《国务院关于建立城镇职工基本医疗保险制度的决定》最终确立了我国城镇职工基本医疗保险制度。2002 年《中共中央、国务院关于进一步加强农村卫生工作的决定》正式提出建立以大病统筹为主，以个人缴费、集体扶持和政府资助相结合为筹资模式的新型农村合作医疗制度。2007 年国务院公布《国务院关于开展城镇居民基本医疗保险试点的指导意见》，迈开了为城镇非从业人员建立基本医疗保险制度的步伐。2010年颁布的《社会保险法》(2018 年修订)从法律层面对由城镇职工基本医疗保险、城镇居民基本医疗保险和新型农村合作医疗共同构成基本医疗保险体系予以确认。2016 年国务院发布《国务院关于整合城乡居民基本医疗保险制度的意见》，正式提出整合城镇居民基本医疗保险和新型农村合作医疗两项制度的城乡居民基本医疗保险制度。截至 2017 年末，全国参加城镇基本医疗保险的人数为 11.77 亿人。[①] 目前，医疗保险作为我国医疗保障制度的重要组成部分，已在减轻公民医疗负担、增进公民健康福祉方面发挥了重要作用。

二、健康保险的特征

作为社会保险体系的组成部分，健康保险的运作方式是以保险技术实现医疗保障目标，因而具有社会性与保险性的双重属性。

（一）健康保险制度作为社会保障制度的特征

健康保险作为国家对国民履行健康保障义务的手段，应围绕如何为国民提供可负担的、适切的医疗服务进行制度设计，因而社会性应优先于保险性被视为健康保险制度的首要特征。与此同时，健康保险制度又具有明显区别于其他社会保障制度的显著特征。

1. 健康保险制度是以先行给付为条件的社会保障制度

该特征将健康保险与以资产调查为前提的医疗救助以及体现国家社会政策的社会补偿区分开来。社会保险的直接目的在于要求国民于经济状况较好时预先为将来可能面临的社会风险做防范，体现的是个人对自己风险负责的理念，与主要体现国家责任理念的医疗救助、预防接种补偿、对特定群体的医疗给付等其他医疗保障制度明显不同。但应注意的是，在某些实行强制保险的制度中，个人缴费虽可能构成“给付事件”而影响具体保险给付请求权的形成[②]，但通常不被作为否定被保险人资格的主要因素。亦即，被保险人欠缴保费仅导致征缴、追缴保费

---

① 参见《中华人民共和国 2017 年国民经济和社会发展统计公报》，载国家统计局网站 www.stats.gov.cn/tjsj/zxfb/201802/t20180228_1585631.html，访问日期：2018 年 11 月 21 日。

② 我国台湾地区学者钟秉正教授主张应当对“保险事件”与“给付事件”予以区分，保险事件为特定保险所针对的保险事故的发生，但保险事故的发生并不当然导致保险给付的具体请求权，该项请求权仍然有待后续条件的完成。在医疗保险中，疾病或伤害等保险事故的发生即为保险事件，然而是否有具体请求权，还应检视被保险人是否依照法律规定缴纳了保险费。参见钟秉正：《社会保险法论》，三民书局 2005 年版，第 117 页。

及依法对欠费行为进行处罚的效果，并不直接导致被保险人资格的丧失。[①]

2. 健康保险是以罹患伤病为保险事故的社会保障制度

该特征将健康保险与养老保险、工伤保险、生育保险以及失业保险等其他社会保险制度区分开来。保险理论上的可保风险应为不确定风险，即“是否发生不确定”与“何时发生不确定”。[②] 伤病属于自然人生涯中不可避免的事件，但特定个体在某一特定期间内是否发生伤病却处于不确定状态。健康保险制度正是利用参保人群在特定期间内伤病发生的不确定性将伤病风险在健康与不健康的人群之间进行分散，从而实现保险的意义。

3. 健康保险是以填补医疗费用支出为目的的社会保障制度

医疗技术的高速发展推动医疗费用的飞速增长，医疗费用已远远超过收入减损成为对公民经济安全最大的威胁。在某些情况下，二者的悬殊程度甚至可以使后者忽略不计。[③] 尤其在健康保险逐渐全覆盖的背景下，众多非职业人口加入健康保险成为被保险人，该群体于疾病发生时并不产生填补收入损失的需求，因此许多国家或地区并未将收入填补作为健康保险的给付内容。例如，我国台湾地区健康保险制度的保险给付限定为“由保险医事服务机构依本保险医疗办法，给予门诊或住院诊疗服务；医师并得交付处方签予保险对象至药局调剂”，目的在于收入损失填补的普通伤害补助费仍由《劳工保险条例》予以规定。[④] 我国现行医疗保险制度亦是围绕医疗费用的补偿设计的，并未涉及收入损失之填补。

4. 健康保险是以实物给付为内容的社会保障制度

健康保险制度的目标在于补偿医疗费用，因而既可以采取现金给付的方式，亦可以采取直接提供医疗服务的方式。为避免医疗机构为追求自身利益过度或不当提供医疗服务以至侵蚀保险财务，也为了提高基金使用效率以及确保保险基金安全，现代健康保险制度通常倾向于采取实物给付方式，即将向被保险人提供医疗服务作为主要给付内容，“其用意主要在于降低给付的成本，尤其要求保险人透过‘集体议价’的方式，为被保险人团体向给付提供者争取更符合经济效用的保险给付”[⑤]。

5. 健康保险是一种医疗资源分配与再分配的体制

健康保险采用实物给付方式，将医疗机构纳入制度体系并使其成为法律关系的主体之一，进而通过对医疗行为的控制与引导实现对医疗资源分配的影响。从医疗市场整体观察，健康保险制度的实施使得保险人代替单个的被保险人成为医疗服务的主要付费人，客观上挤占了纯粹私人医疗契约的存在空间；健康保险制度覆盖范围逐渐扩大，纯粹私人医疗契约的存在空间随之逐渐缩小。在特定区域内，保险人逐渐成为医疗服务的独买人，医疗机构若不能被纳入健康保险服务体系便难以生存。由此，保险人得以利用其垄断优势对卖方的服务行为施加影

---

① 我国台湾地区“健康保险法”并未将缴纳保险费作为投保资格的必要条件；台湾地区司法管理机构“大法官”第 472 号解释进而指出，惟对于无力缴纳保费者，政府应给予适当之救助，不得径行拒绝给付，以符宪制性规定推行健康保险，保障老弱残废、无力生活人民之旨趣。日本法上亦有扣缴滞纳保险费之相关规定，参见日本《国民健康保险法》第 63 条之二第 3 项。

② 刘宗荣：《保险法》，三民书局 1997 年版，第 12 页。

③ Margaret S. Gordon, *Social Security Policies in Industrial Countries: a Comparative Analysis*, Cambridge University Press, 1990, pp.204-205.

④ 参见我国台湾地区“健康保险法”第 31 条、“劳工保险条例”第 33 条。

⑤ 钟秉正：《社会保险法论》，三民书局 2005 年版，第 193 页。

响以促使医疗资源向保险人引导的方向流动，从而实现确保所有国民获得必需且适切之医疗服务的保障目标。

（二）健康保险作为保险制度的特征

保险机能的有效运作是社会保险制度良性发展的重要前提。现今世界许多国家和地区将社会保险作为社会保障制度的支柱，正是利用了保险机制自身所蕴含的“汇集众人力量分散风险的社会性”特质。

1. 健康保险是公法上的社会保险

健康保险是运用保险技术实现伤病风险社会化的社会保障制度，其本质目标在于确保所有参加者能够于罹患伤病时及时获得必需的医疗服务。基于此，健康保险具有普遍保障与基本保障的需求，因而与商业保险在保险强制性、保费计算方式、保险给付内容、财务运作方式及法律责任等方面存在较大差别。与此同时，健康保险虽然以保险技术为工具，但当保险技术的运用与健康保险的保障目标发生冲突时，则需要对保险技术在必要的限度内进行修正，以确保其与社会保障目标相契合。

2. 健康保险通常为非定额的人身保险

由于生命与身体的不可估价性，人身保险一般采取定额保险的形式，保险规则中关于复保险、保险代位以及超额保险等基于利得禁止原则所确定的规范对其并不适用。[①] 与定额保险不同，非定额保险受利得禁止原则及损失填补原则之规制，因而有复保险、保险代位以及超额保险规则之适用。健康保险主要是以填补医疗费用支出、减轻国民医疗负担为目的的保险制度，属于非定额的人身保险，因而可设置代位求偿制度，并允许被保险人就无法从社会保险中获得偿付的医疗费用寻求商业保险之补充。

3. 健康保险通常为强制性保险

社会保险之所以倾向于采用强制保险形式，主要基于以下考虑：其一，社会保险本质上是将特定范围内的社会成员通过外部强制力的作用形成互相连带的风险团体，为实现风险与财富的重新分配提供组织基础。因此健康保险内在地含有将更多的被保险人纳入覆盖范围的要求，以利用低廉的保费降低制度推行的阻力并将更多的低收入群体纳入保障范围。其二，健康保险以强制保险原则应对逆选择问题，避免形成“弱体保险”。商业保险一般采取对保前疾病不承保、向高风险群体征收高额保费甚至拒绝将该群体纳入保障范围等手段应对逆选择问题，实际上将保险需求最为强烈的弱势群体排除在外。社会保险基于生存权保障理念不能将该群体排除，因此采取强制保险方式应对，即将允许被保险人带病加保与强制其病愈后不得退出保险相呼应，强制涵盖各种风险层次的群体，总体上实现保险财务的平衡。

4. 健康保险通常为非储蓄性保险

健康保险的运作机理在于利用特定期间内承保的具体被保险人是否发生保险事故并不确

---

① 但是人身保险中也不排除非定额保险的存在。商业保险中的健康保险与伤害保险一般不仅以补偿医疗费用为目的，大多数情况下亦包括以被保险人身体健康为标的的给付内容，因此亦有学者认为健康保险与伤害保险属于生命保险与损害保险之外的第三类保险。参见［日］田中诚二、原茂太一：《保险法》，千仓书房 1999 年版，第 46 页。但社会医疗保险仅以医疗费用补偿为目标，定位于损害保险应无异议。

定的事实，将健康群体的保费集中并转移使用于患病群体，从而保证保险财务的安全运行。虽然强制保险原则将健康保险的数个期间单元连结起来呈现长期缴费的表象，但健康保险本质上仍属于短期保险或定期保险，保单不具有现金价值，被保险人于特定保险期间届满未发生保险事故的，保险人即不再承担保险给付的义务，也不发生保费退还的问题。但在我国现行医疗保险制度中，上述非储蓄性特征有两点应予注意：其一，依据我国当前制度设计，被保险人于退休后不再缴纳保费，应当认为其于退休前的缴费包含对其退休后保费的储蓄，因此将退休前缴费年资与退休后医疗保险给付相联系的做法具有中国特色，某种程度上讲，与随收随付之社会保险法律精神不符。其二，由于医疗保险个人账户为个人所有，只是使用受限，因此应当视为一种强制储蓄而非保险，若健康保险出于保险精算考量，此等医保个人账户因不属保险范畴而无法精算，亦无法实现个人风险分担的社会化。

三、健康保险法的特征

所谓法者，为"凭借强制力以为施行之保障的社会生活规范"[①]，健康保险法亦不外乎此。本书认为，健康保险法是指规范健康保险关系及其他相关社会关系的法律规范的总称。健康保险法通常具有如下特征：

(一) 健康保险法属于社会法的范畴

"社会法是调整在国家保障自然人基本生活权利过程中发生的具有国家给付性的社会关系的法律规范的总称。"[②] 这一定位以"保障自然人基本生活权利"作为整个法律部门的统摄，同时又以"具有国家给付性"划定该法律部门的边界，较为具体和准确地描述了社会法的内涵和外延。社会保险表面上虽非国家对于具有保障需求国民的直接给付，但仍属于实践社会权的重要组成部分，原因在于"社会权具体落实在宪法中，在赋予国民要求维持基本生存及生活的权利之外，更重要的是，国家必须积极架构各种保障制度，以预防新的弱势者产生"[③]。伤病是当今社会发生最为普遍与频繁的社会风险，对此类风险的预护在社会保险体系中就显得愈加重要。健康保险法即为因应此种保障需求而制定的法，因而具有社会法的典型特质。

(二) 健康保险法是公民社会权利保护法

其一，从保障作为人应享有的体面生活的角度，健康保险着眼于为人性尊严的实现提供所需的健康保障。人性尊严实现的最基础的条件在于生存，人的生存并不能等同于动物的生存，亦即人的生存并不是简单地活着，必须是健康地活着，在此基础上才能有尊严地、体面地活着。在此意义上医疗服务对于人具有了与食物、水等生活必需品同等的重要性，因而亦被纳入基本生存所需之范畴。由此连结至健康保险法所关注之健康权的保障，"在权利体系中增加健康权，

① 韩忠谟：《法学绪论》，北京大学出版社 2009 年版，第 17 页。

② 郑尚元、李海明、扈春海：《劳动和社会保障法学》，中国政法大学出版社 2008 年版，第 413-434 页。

③ 许庆雄：《宪法入门》，元照出版公司 2000 年版，第 137 页。

极大地凸现了人的价值……不仅如此，免于疾病还是战胜贫困的重要途径，要争取经济权利就必须使健康的权利得到保障”[①]。其二，健康保险法作为社会权利保护法，要求塑造被保险人的权利主体地位。早期济贫思想支配下的国家给付是作为防止贫民暴动、维护统治秩序的手段出现的，公民仅处于被动接受的地位，甚至接受给付者尚须忍受人格贬损之评价。作为将社会权予以具体化的法，健康保险法应当是权利法，须型塑出被保险人的权利主体地位并为之提供权利实现途径。

（三）健康保险法是体现国家干预的法

健康与特定个体的遗传因素、生活习惯、日常生活的注意程度等密切相关，一般认为其属于个人事务，在这个意义上健康权具有类似于物权的绝对权性质，其他人包括国家在内主要承担不损害、不干预的义务。[②]然而健康问题同时具有外部性：首先，从国家整体看来，公民健康问题事关国民身体素质，关系到经济发展是否具备充足、优良的劳动力，进而关系到国家的前途和命运。其次，人生活于广阔的社会环境中，健康往往不是某个个体能够完全掌控的事项；并且，疾病与财富呈现反向分布，往往是享受发展成果最少的人承担了最多的发展后果。健康问题的外部性构成国家权力介入的正当性基础。就保障方式而言，健康保险通过强制国民缴纳保费的方式要求其预先为可能遭遇的疾病或伤害风险做准备，是对国民财产支配自由以及个人生涯规划自由的干预，此种干预基于生存权保障的理念在合理的程度内被赋予合法的效果。

（四）健康保险法是通过国家责任实现社会连带的法

社会连带原理旨在确保将同一职域、地域甚至范围更广阔的整个社会纳入连带团体，社会保障制度便是将这种精神具体化的方式。它在职业领域的雇员之间、同一地域的居民之间、所得阶层之间甚至世代之间建立各种层次的连带关系，以实现成员之间的团结互助。社会保险连带是通过国家责任实现的。依照社会自身运行的逻辑，无论是以团体认同为前提的互助保险还是以个人利益为目标的商业保险，均无法将社会上所有具有保障需求的成员全部纳入连带团体。社会保险通过强制保险原则以及以薪资为基础的均一费率机制等，将通常被互助保险排除在外的非职业团体成员以及商业保险模式下参保意愿较低的低风险群体、无力购买保险的低收入群体均纳入保险覆盖范围，形成低风险者与高风险者、低收入者与高收入者共同组成的强制连带团体。强制社会连带的实现必然产生收入再（重）分配的效果，这一现象在实行现收现付和实物给付的健康保险中表现尤为突出。

（五）健康保险法是公私融合、以公法为主的法

社会法本质上规定的是国家与人民之间的关系，这一特质决定了其以公法为主的首要特征。依照美浓部达吉对于公法与私法关系的论述，二者在特定情况下得适用共通的规律，但“那

---

① 董文勇：《社会法与卫生法新论》，中国方正出版社 2011 年版，第 156 页。
② 董文勇：《社会法与卫生法新论》，中国方正出版社 2011 年版，第 155 页。

并不是私法的规律适用于公法关系，而系公法关系遵守与私法关系共通的规律”[①]。虽然健康保险本质上是国家对国民生存保障的一种手段，但由于采用了保险技术，形式上表现为被保险人保费的缴纳以及保险人保险给付的支出，即表现为一种财产关系，因此私法上财产关系的规律在一定范围内可以对其适用。如我国台湾地区实务上对于未依照规定加保的被保险人，虽然认为保险关系自加保条件具备时即成立，但保险人的保费请求权则以追及加保前两年为限，被保险人加保后对于两年之前的医疗费用亦无要求保险人给付的权利，此即对私法上诉讼时效规则的运用。与此同时，公法私法化现象在当下也已十分突出。以公法契约为例。契约因双方当事人意思表示一致而成立，蕴含了主体双方地位平等的理念，为传统私法的重要范畴。公法上对于契约的运用，使得相对人与行政主体得以作为法律关系的主体被同等对待，实质上反映出以行政权控制为核心的传统行政法理念的变化，是公法私法化的突出表现。此外，行政任务民营化、公私协力等均为公法私法化的表现。在健康保险法领域，被保险人与保险人可能以公法契约的方式形成保险关系，而保险人与作为辅助机构的医疗服务机构之间亦可能通过公法契约构建双方之间的关系。可见，以健康保险法为代表的社会保险法恰恰是公法私法化之重点实践领域。

第二节 健康保险之法律主体

健康保险之法律主体，是指在健康保险法律关系中享有权利、承担义务的主体。健康保险作为国家履行对国民社会保障义务的手段，首先表现为国家与国民之间围绕公民社会权的实现而产生的法律关系。在该层面，国家与国民分别为健康保险的法律主体。在社会保险中，由于国家并非采取直接给付方式履行社会保障义务，导致该层面的法律关系仅在抽象层面展开，国家与国民的抽象的权利义务在具体的健康保险法律关系中以更加具体的形式表现出来。在健康保险制度中，法律关系首先表现为保险人与被保险人之间的权利义务关系，这是由健康保险采用保险技术决定的；其次，为促进保险基金的有效利用，现代健康保险制度通常采用实物给付方式，由此医疗服务机构被纳入健康保险法律关系并承担一定的权利与义务，成为健康保险的法律主体之一；再次，各级政府基于健康保险制度的设计对特定主体或保险基金承担补助义务，也可能成为健康保险具体权利义务的承担者；最后，雇主（或用人单位）基于与被保险人之间的雇佣关系，对被保险人的参保缴费承担特定义务，也应为健康保险的法律主体之一。基于上述，健康保险的法律主体主要包括保险人、被保险人、医疗服务机构、各级政府及被保险人之雇主。

一、健康保险之保险人

保险技术的使用要求健康保险运行遵循财务平衡原则，亦即应主要以保费收入因应保险给付的支出，因而保险财务应独立于一般国家财政，具有自给自足的封闭性特征。这就要求由

---

① [日]美浓部达吉:《公法与私法》，黄冯明译，中国政法大学出版社 2003 年版，第 218 页。

具有独立权利能力的主体对保险基金承担财政责任。故而,居于健康保险保险人地位之主体不仅应当是社会给付义务的承担者,还应当是对应于公民缴费义务之权利享有者;除此之外,基于保险的财务平衡原则,保险人还应当是对保险基金运营承担财务责任之经营责任者。基于此,健康保险的保险人应当是以保险基金作为责任财产并具有运营保险基金权利能力的主体。各国在健康保险制度建构与完善中,无不将保险人作为制度设计的重要内容之一。

(一) 德、日以独立于国家的公法人担当保险人的立法例

1. 德国疾病保险的保险人

德国疾病保险的保险人是各种类型的疾病保险基金。这些疾病保险基金多数在1883年《疾病保险法》颁布前即已存在,法律的颁布将原属于劳工自助互助的机制转化为国家给付制度,同时赋予了疾病保险基金公法上的主体地位。① 德国的疾病保险基金属于公法上的社团法人,政府② 依据法律规定对其进行法律监督与委办事项的业务监督。对内,疾病保险基金与其成员之间存在公法上的成员关系,其最高权力机关为由劳资双方同数代表组成的行政管理委员会,构成疾病保险自治的组织基础;③ 在保险法律关系的架构中,由于被保险人自符合法定条件时即取得疾病保险给付请求权,因而学理上通常认为二者之间存在公法上的法定债之关系。④ 对外,疾病保险基金通过集体协议的方式与保险医师协会建立公法契约关系。作为公法契约的当事人,疾病保险基金与保险医师协会通过联邦层面的《联邦医疗服务基本协定》与州层面的《医疗费用协定》,分别对保险医师及其医疗行为应当遵守的义务、医疗服务审核过程及法律效果、特定期间内的"整体诊疗报酬"等权利义务内容进行约定。⑤

2. 日本健康保险的保险人

日本健康保险的保险人亦主要由独立于国家的公法人担当。日本行政法理论中的公法人主要包括国家、地方公共团体及其他公共团体三种类型。⑥ 在日本现行健康保险体制中,基于承保群体的不同,保险人主要呈现如下几种类别:健康保险组合、全国健康保险协会、(国家公务员、地方公务员、私立学校教职员)共济组合、国民健康保险组合、市町村。其中,市町村是国民健康保险的保险人,属于地方公共团体⑦,其他几种保险人均被相关法律明确规定为公法人。⑧ 学理上通常认为这些保险人属于公共组合,具有社团法人的性格。⑨ 保险人与被保险人(被

---

① 孙迺翊:《论社会保险制度之财务运作原则》,载《政大法学评论》2008年总第101期。

② 目前具体对疾病保险基金进行监督的行政机构主要包括联邦卫生部、联邦保险局以及各邦的最高行政单位。参见林芸芸:《德国多元保险人对全民健保民营化的借鉴》,台湾地区卫生事务主管部门1999-2000年委托研究计划,第54-55页。

③ 郭明政、蔡茂寅:《健保局改制后之法律问题研究》,台湾地区卫生事务主管部门1998年委托研究计划,第27页。

④ 郭明政:《社会保险法律关系争议问题之探讨》,载林明锵、葛克昌主编:《行政法实务与理论》(一),元照出版公司2003年版,第476-477页。

⑤ 张道义:《德国健康保险法'联邦医疗服务基本协定'的规范分析》,载《台北大学法学论丛》2002年第51期。

⑥ [日]冈田雅夫:《行政法学と公权力の观念》,弘文堂2007年版,第134-136页。

⑦ 日本行政法上的地方公共团体是以国家领土的一部分为基础,直接依据宪法享有自治权,并以住民作为其成员的统治团体。参见:[日]南博方:《行政法》,有斐阁2004年版,第19页。

⑧ 日本《健康保险法》第7条之3、第9条,《国民健康保险法》第14条,《国家公务员共济组合法》第4条,《地方公务员共济组合法》第4条,《日本私立学校振兴、共济事业团法》第3条,《船员保险法》第4条。

⑨ [日]手岛孝、中川义朗:《基本行政法学》,法律文化社2005年版,第40页。

视为社团法人的组合员)之间存在公法上的成员关系,并且通过内部组织结构的设置为组合员参与组合事务创造条件。如上述保险人内部均设置有组合会、运营委员会或运营审议会等作为组合的权力机关,并同时设置董事、理事、监事等作为执行机关与监督机关。其中,权力机关的成员通常均由雇主、被保险人及专家学者代表共同组成。[①] 由于保险人被赋予了法律上的权利能力,因而能够对外建立法律关系,主要表现为与保险医疗机关的保护委托关系[②]、与社会保险诊疗报酬支付基金或国保联合会之间的公法委任关系。[③]

(二) 我国台湾地区以行政机关担当保险人的立法例

我国台湾地区健康保险采用以台湾当局治理为主轴的模式[④],由台湾地区行政管理机构下属的卫生事务主管部门设立的健康保险局(简称"健保局")作为单一保险人。健保局于制度施行之初采用企业会计,并设置"经理"职务,因此被认为属于公营金融机构;但其内部依照行政机关采用科层式结构[⑤],拥有独立的组织条例、编制预算及印信关防等,学理上认为其应为一行政机关。我国台湾地区行政管理机构于 2006 年修订"健康保险局组织条例",正式将健保局定位为行政机关。从权力配置角度观察,健保局并非独立行使保险人职能,还有采合议制之监理委员会与费用协定委员会,其成员均由保险付费者、医疗服务提供者、专家学者及政府代表组成。其中,前者负责监理保险业务并提供保险政策、法规之研究及咨询事宜,后者则主要负责协定及分配总额预付制下的医疗给付费用[⑥],同时承担健保财务支出层面之监督职责。[⑦] 健保局与监理委员会、费用协定委员会同属台湾地区卫生事务主管部门下设之机构,学界认为此种权利配置结构导致游戏规则制定者"台湾地区卫生事务主管部门"、球员(健保局)与裁判(监理委员会、费用协定委员会)同一,因而屡受诟病。[⑧]

由于并未设置利益相关人民主参与程序,健保局作为台湾当局设置的行政机关,其行为责任自然应由作为行政主体的台湾当局来承担,而不应转嫁至健康保险的付费者。因此,具体操作中由当局财政填补健康保险运营亏损的做法虽然饱受诟病但也顺理成章。然而这种模式事实上否定了保险财产独立,也就抹杀了采用保险技术实现医疗保障目标的初衷。事实上,我国台湾地区健保体制改革的未来方向便是将健保局改制为具有独立权利能力的公法人。[⑨]

---

① 如日本《健康保险法》第 7 条之 18、第 18 条等。

② [日]田村和之:《保险医疗机关の指定の法性格》,载[日]津田宪司主编:《社会保障判例百选》,有斐阁 2000 年版,第 50–51 页。

③ 参见[日]脇田滋:《社会保险诊疗报酬支付基金の法的性质》,载[日]津田宪司主编:《社会保障判例百选》,有斐阁 2000 年版,第 55 页。

④ 李玉君:《二代健保组织体制改革之评析》,载《台大法学论丛》2008 年第 37 期。

⑤ 健保局设置承保处、财务处、医疗管理处、企划处、资讯处、稽核室与秘书室等内部处室。

⑥ 参见我国台湾地区"健康保险法"第 4 条、第 48 条,"健康保险监理委员会组织规程"第 3 条。

⑦ 郝凤鸣:《健康保险监理组织体制之法律规范》,台湾地区健康保险监理委员会 2000 年委托研究计划,第 17 页。

⑧ 李玉君:《二代健保组织体制改革之评析》,载《台大法学论丛》2008 年第 37 期。

⑨ 李玉君:《二代健保组织体制改革之评析》,载《台大法学论丛》2008 年第 37 期。

（三）我国医疗保险之经办机构[①]

我国现行医疗保险制度并无保险人之概念，常被纳入讨论范畴的是医疗保险的经办机构。

1. 我国的医疗保险经办机构性质上属于执行行政事务的事业单位

我国社保经办机构是在政府机构政事分离改革的背景下设立的。所谓“政事分开”，行政管理学者将其解释为“彻底改变事业单位作为政府附属物的状态和以政代事的局面，将政府承担的具体的技术性、服务性的社会职能剥离出来，同时将事业单位承担的行政职能回归到政府部门。简而言之，政事分开就是指政府作为提供公共服务的‘政治决定’的提供者与事业单位作为提供公共服务的具体事务的承担者分开”[②]。具体到社会保险事务，1993年《国务院批转国家体改委关于一九九三年经济体制改革要点的通知》提出，“社会保险实行政事分开，社会保险管理部门从宏观上进行政策、制度、标准管理；社会保险经办机构具体承办社会保险业务并承担资金保值、增值责任”。从该条之规定可见，社会保险事务亦被区分为“政”与“事”两部分，其中包括决策在内的管理权限由社会保险管理部门承担，而决策的执行则由经办机构负责。因此，我国社会保险经办机构应属于政事分离背景下承担“技术性、服务性”职能的行政事务执行主体。

2. 对我国医疗保险经办机构的检讨

根据《社会保险法》第8条及其他相关法律法规对经办机构职能的规定，医疗保险经办机构的主要职责包括以下几个方面：(1)医疗保险登记；(2)医疗保险费数额的核定与征收；(3)与定点医疗机构签订协议并进行协议管理；(4)医疗费用的审查支付；(5)医疗保险基金预决算草案的编制；(6)医疗保险相关信息的收集与提供。分析医疗保险经办机构的上述职能可见，医疗保险经办机构并非医保基金的产权人，不对医保基金的运营承担财务责任，无论是保费的筹集还是医疗费用的支付，医疗保险经办机构均非基于权利义务归属者的地位与参保人员、被保险人以及定点医疗机构发生法律关系。于此前提下，医疗保险经办机构只能基于政府行政管理职权的分配而承担特定的行政管理职能，不具有医疗保险保险人的能力。

事实上，在我国目前的医疗保险组织架构中，医保基金虽然存储于财政专户，但医疗保险经办机构并非实质意义上的产权人，亦不对该项财产的运营使用承担责任。医疗保险经办机构作为行政事务的管理者，其行为责任由作为行政主体的国家以政府财政予以承担。我国《社会保险法》第65条即规定了县级以上人民政府在社会保险基金出现支付不足时给予补贴的义务，承认了政府作为保险运营责任承担者的地位。然而这种理论上貌似周延的制度设计忽略了社会保险给付与其他非缴费制的社会保障给付的本质区别，这也正是我国医疗保险制度在保险人缺位的状态下尚能够运行经年的重要原因。为保障制度的持续运营，按照制度的内在逻辑，塑造出真正的保险人应当是我国医疗保险制度未来发展的方向。

---

① 2018年《中共中央关于深化党和国家机构改革的决定》确定成立医疗保险局。由于医疗保险局的“三定”方案尚未正式公布，本部分内容仍就医保经办机构展开探讨。

② 于德刚、张玉强：《政事分开的必要性及实施原则探讨》，载《前沿》2003年第12期。

二、健康保险之被保险人

健康保险虽采用保险机理，但其内在的法理基础在于公民生存权之保障，因此于法律构造上必然表现出若干与商业保险之区隔，于法主体方面即表现为投保人作为法律关系当事者地位之弱化，被保险人成为社会保险法律关系之当然主体。

（一）健康保险被保险人的用语解析

健康保险的被保险人指参加健康保险并于疾病、伤害等保险事故发生时有权从保险人处获得保险给付者。我国社会保险制度并未采用“被保险人”之称谓，而以“参保人员”代之。[①]但在制度相对成熟的国家和地区，均采用“被保险人”的用语。日本健康保险制度即将保险人与被保险人作为健康保险法律关系的主要主体[②]，对保障对象径以“被保险人”称之；我国台湾地区将保障对象综称为保险对象，包括被保险人及其眷属。由于眷属应随同被保险人办理投保及退保，学理上一般认为其与保险人之间并不存在独立的保险关系，仅被保险人为健康保险中相对于保险人一方之法律关系主体。[③]

我国当前关于社会保险制度的法学理论研究尚不充分，尚未形成规范的、可被普遍接受的法学概念体系。目前法学研究中使用的相关用语部分为对相关政策用语的径行采纳，“参保人员”此一概念即如此。我国社会保险制度自始便以政策先行为路径，制度发展中重点关注其社会保障性，而对其保险性重视不够，采用“参保人员”的用语而非“被保险人”就是突出体现。

（二）健康保险被保险人的类型

1. 健康保险被保险人类型化之法理基础

虽然各个国家或地区均在谋求健康保险全覆盖的目标，但在健康保险具体运作中则通常对被保险人进行类型化。健康保险被保险人类型化的法理基础主要为以下两个方面：其一，被保险人类型化是平等保障理念的内在要求。健康保险是主要以保费作为财源的保障制度，保费则以量能负担为原则进行征收。要实现保险给付内容与标准的结果公平，则需要国家在形式上对不同负担能力的被保险人予以区别对待，不同社会成员具体社会处境的差异构成社会法区别对待的正当基础。其二，被保险人类型化系国家通过社会保险实施特定社会政策的基础。国家通常希望于健康保险运行中以保险费为媒介实现特定的社会政策，如通过健康保险实现社会救助、对老年人或儿童的特别保护政策、社会优抚等。为准确实施上述社会政策，则需要预先对被保险人进行类型化。

---

① 如《社会保险法》第 29 条、《北京市城镇居民基本医疗保险办法实施细则》第 2 条、《广州市城镇职工基本医疗保险试行办法》（已失效）第 2 条、《上海市城镇职工基本医疗保险办法》（已失效）第 2 条等。

② 参见［日］本沢巳代子、新田秀树编：《トピック社会保障法》，信山社 2007 年版，第 2–5 页。

③ 参见我国台湾地区“健康保险法”第 7 条、第 13 条。关于眷属在健康保险法律关系中之地位，虽然依照现行法律规定，其须依附于被保险人，与保险人之间不存在独立之保险关系，然而学理上针对此一问题已然展开检讨，主张废除被保险人与保险对象之区隔，而统一以“被保险人”待之。参见蔡维音：《社会国之法理基础》，正典出版文化有限公司 2001 年版，第 176–178 页。

2. 健康保险被保险人类型化的立法例

(1) 日本健康保险被保险人的分类。日本在20世纪60年代实现了健康保险的全民化,其特征在于要求不同类型的被保险人分别通过不同的健康保险制度参保。根据日本现行健康保险体制,被保险人主要被区分为职域健康保险被保险人与地域健康保险被保险人两种类型。

第一,职域健康保险的被保险人及其被抚养人。日本职域健康保险以各个行业的稳定就业者为承保对象,通常以被保险人法定范围内的工作报酬作为缴费基数计算量能负担之保费数额。职域健康保险的被保险人根据就业类别可以区分为健保组合承保的被保险人、全国健康保险协会承保的被保险人、国家公务员共济组合承保的被保险人、地方公务员共济组合承保的被保险人、私立学校教职员共济组合承保的被保险人、船员被保险人六个类别,通常均允许被抚养人自相应健康保险获得保险医疗服务。职域健康保险属于经济负担能力较强的保险团体,相关法律并未规定财政的法定负担或补助义务;该类保险团体享有较大范围的自治权限,通常能够自主决定被使用者与事业主之间的保费分担比例或自行决定增加附加给付。

第二,地域健康保险承保之被保险人。日本地域健康保险是指以被保险人住所为基础确定参保保险人的健康保险类别,主要包括组合掌管国民健康保险、市町村掌管国民健康保险及后期高龄者医疗三个类别。其中,国民健康保险组合系由同一区域内从事同种事业或行业者组成的组织,其所承保的被保险人包括参加该组合的从事同种事业或行业者及其被使用人;[①]市町村所承保的被保险人为在该区域有固定住所但无法通过其他保险类别获得保障之国民[②],包括因达到退休年龄而丧失其他类别保险被保险人资格的前期高龄者;后期高龄者医疗是专门针对75周岁以上的高龄者所设置的独立的健康保险,是国家老年医疗政策的体现。地域健康保险团体的经济负担能力通常较弱,财政按照保险给付支出的一定比例予以法定负担或补助。后期高龄者医疗是国家实行老年医疗保障政策的一种方式,法律直接规定了国家财政应按照保险支出的既定比例予以负担,其余部分则由该团体成员缴纳的保费及其他保险团体按照既定比例转移支付的后期高龄者支援金予以负担。

(2) 我国台湾地区健康保险被保险人类型化之立法例。我国台湾地区的健康保险制度将原本分散于公保、劳保、农保等十三种社会保险项目中的伤病风险予以整合,纳入统一健康保险制度,被保险人类型基本沿袭了原有保险项目被保险人的分类。现行“健康保险法”共将被保险人划分为以下六个类别:[③]

第一类包括:政府机关、公私立学校之专任有给人员或公职人员;公、民营事业、机构之受雇者;前二目被保险人以外有一定雇主之受雇者;雇主或自营业主;专门职业及技术人员自行执业者。该类保险对象主要是在各类事业单位(即用人单位)正规就业者以及专门技术人员,通常为收入较高且稳定者。

第二类包括:无一定雇主或自营作业而参加职业工会者;参加海员总工会或船长公会且为会员之外雇船员。该类保险对象同为以一定方式就业者,但通常非处于稳定的劳动关系中,亦不具有固定之雇主,因而通常以相应之行业团体为投保单位参加健康保险。

---

① 参见日本《国民健康保险法》第13条第1项、第3项、第4项。

② 参见日本《国民健康保险法》第5条。

③ 参见我国台湾地区“健康保险法”第8条。

第三类包括：农会及水利会会员，或年满 15 岁实际从事农业工作者；无一定雇主或自营作业而参加渔会且为甲类会员，或年满 15 岁实际从事渔业工作者。

第四类包括：应服役期及应召在营期间逾 2 个月之受征集及受召集在营服兵役义务者、军事学校军费学生、经主管部门认定之无依军眷及在领恤期间之军人遗族；服替代役期间之役龄男子。

第五类是合于社会救助法规定之低收入户成员。

第六类包括：荣民、荣民遗眷之家户代表；第一类至第五类及本类前目被保险人及其眷属以外之家户户长或代表。该类系兜底类别，不具有其他类型被保险人身份者均归属于此类，以确保无人被遗漏于健康保险覆盖范围之外。

上述第一类至第三类、第六类被保险人的眷属应当随同被保险人加保。根据“健康保险法”第 2 条之规定，可以眷属身份加保的眷属的范围为：被保险人的配偶且无职业者；被保险人之直系血亲尊亲属且无职业者；被保险人二亲等内直系血亲卑亲属未满 20 岁且无职业，或虽年满 20 岁但无谋生能力或仍在学就读且无职业者。

我国台湾地区健康保险被保险人类型是财政保费补助的基础。地方各级政府对保险对象保费的分担，是对原有各类保险中既存的地方各级政府负担保险费做法的承继，同时也存在政策考量，即企图借由台湾当局补助保费的形式换取民众对健康保险强制保险原则的接受。基于此，被保险人依法所需负担的保费除在其与雇主之间进行分担外，各级政府财政亦给予一定比例之补助。其中补助比例最高者为第五类被保险人，即合于社会救助条件的被保险人，其应负担之保费全部由各级政府财政予以补助；而第一类被保险人，除公民营事业、机构之受雇者及其他有一定雇主之受雇者由各级政府财政负担保费的 10% 外，其余并不从政府财政获得保费补助。①

3. 我国医疗保险的参保人员类型

城镇居民医疗保险与新型农村合作医疗（简称“新农合”）合并后，我国医疗保险由城镇职工医疗保险与城镇居民医疗保险两个项目共同构成，该两项医疗保险项目所承保之参保人员即构成我国现行医疗保险参保人员的主要类型：

(1) 城镇职工医疗保险承保之参保人员。城镇职工医疗保险所承保者主要是在各类用人单位正规就业的劳动者以及无雇工之个体工商户、未在用人单位参加城镇职工医疗保险的非全日制从业人员及其他灵活就业人员。此外，许多统筹地区的公务员及参照公务员管理的事业单位的工作人员亦由接受公费医疗转变为通过城镇职工医疗保险获得医疗保障，成为城镇职工医疗保险之参保人员。

(2) 城镇居民医疗保险承保之参保人员。2007 年《国务院关于开展城镇居民基本医疗保险试点的指导意见》将城镇居民医疗保险的参保范围表述为“不属于城镇职工基本医疗保险制度覆盖范围的中小学阶段的学生（包括职业高中、中专、技校学生）、少年儿童和其他非从业城镇居民”。新农合与城镇居民医疗保险合并后，新农合的参加人也成为城镇居民医疗保险的参保人员，主要是具有统筹地区农村户籍且未参加城镇职工医疗保险者。

---

① 我国台湾地区各级财政对各类被保险人保费补助之具体比例参见本章第三节相关内容。

我国医疗保险参保人员类型,也体现了依据不同群体负担能力进行分类的特点。城镇职工医疗保险的参保人员通常为拥有稳定收入者,保费采用以收入为缴费基数的定率负担方式,由参保人员与用人单位按照一定比例予以分担;城镇居民医疗保险的参保人员被预设为经济负担能力较弱者,通常采用了定额负担方式,并实行个人缴费与政府补贴相结合,但政府补贴通常以参保人员数量为计算基础,属于对整体保险财务的补贴而非对特定参保人员的补贴。

三、健康保险之医疗服务机构

在私法医疗关系中,医疗服务机构以医疗服务提供者的面貌出现,以与患者之间的私法契约为基础,依据自身所掌握的专业知识提供治疗方案、医疗服务或药品,并于医疗事故发生后成为医疗责任之承担者。在健康保险制度中,随着实物给付的保险给付方式逐渐被接受,医疗服务机构接受健康保险保险人的委托代为向被保险人提供作为保险给付的医疗服务,因而不可避免地进入健康保险法律关系,成为健康保险法律关系的重要主体之一。

(一) 医疗服务机构进入健康保险法律关系的方式

1. 通过缔结集体协议的方式进入健康保险法律关系的立法例

医疗服务机构(或医师)通过缔结集体协议方式进入健康保险法律关系的代表国家是德国。第一次世界大战前,保险人直接雇用医师向其保险团体成员提供医疗服务;战后,由于医师的激烈抗争,保险人接纳医师团体作为缔约对象。目前,1933 年成立的保险医师公会是唯一有权与保险人订立集体协议的主体。该类集体协议主要存在于两个层面:一为联邦层面,由联邦保险医师公会与联邦保险人协会作为当事人订立《联邦医疗服务基本协定》,其功能为从原则上确定双方的权利和义务;二为州的层面,由各州保险医师公会与相应的保险人协会订立《医疗费用协定》,主要功能为确定当事人之间包括“整体诊疗报酬”在内的具体权利和义务。上述集体协议的性质属于公法契约。

保险医师并非集体协议的当事人,其作为医师协会的成员向被保险人提供保险医疗服务。对保险医师资格的审查由保险医师特许委员会承担。保险医师特许委员会是由各州保险人联合会及保险医师公会联合设立的独立自主的行政机构,其成员由相同数量的保险医师与保险人代表组成。经该委员会审查合格的医师成为保险医师公会的成员。保险医师虽非保险医疗委托法律关系的当事人,但其基于与保险医师公会之间的团体—成员关系而负担依照既定给付范围与标准为被保险人提供保险医疗服务的义务。

2. 通过接受指定的方式进入健康保险法律关系的立法例

医疗服务机构(或医师)通过接受指定进入健康保险法律关系的代表国家是日本。日本健康保险对医疗服务提供者采取双重指定,即不仅保险医疗机构须经厚生劳动大臣指定,而且在保险医疗机构就职的医师,只有在厚生劳动大臣处登录者才具有提供保险医疗服务的资格。

日本有权对保险医疗服务提供者资格进行确认的为厚生劳动大臣。厚生劳动大臣依据医院、诊所或者药局的申请进行资格审查,经审查通过者被指定为保险医疗机构;同时,依医师及药师的申请进行资格审查，经审查通过者作为保险医师或保险药师进行登录。[①] 保险医疗机构及保险医师、保险药师自接受指定或登录之日起即承担对被保险人的疗养给付义务。[②] 日本学理上通常认为，厚生劳动大臣的指定及登录行为属于为被保险人的利益代替所有保险人与医疗服务机构缔结关于提供保险医疗服务的公法契约行为，具有利益第三人(被保险人)之性质。[③]

3. 通过特约方式进入健康保险法律关系的立法例

医疗服务机构通过特约方式进入健康保险法律关系的代表是我国台湾地区。我国台湾地区“健康保险医事服务机构特约及管理办法”（以下简称“特约管理办法”）第 2 条明确规定，保险人应本于平等及信赖保护原则管理保险医事服务机构，此原则构成特约关系之基础。我国台湾地区医疗服务机构与健保局建立特约关系可分为两个阶段：一为资格审查阶段。即医事服务机构检具相关文件向健保局提出特约申请，健保局则对提出申请之医事服务机构是否符合法定条件进行审查，并视审查结果作出驳回申请或核定之决定。[④] 二为缔约阶段，健保局通知经审查合格者前来依核定之特约类别签订特约。[⑤]

关于特约的法律性质，我国台湾地区行政管理机构在制度实行之初多倾向于将其认定为私法契约，但 2001 年台湾地区司法管理机构发布 533 号解释文，以健保局为行政机关、与医事服务机构缔结特约属于执行法定职权行为、缔约目的是促进居民健康与增进公共利益、法律依据为公法且保险人享有行政优益权等为由，明确将特约关系定性为行政契约。

4. 我国定点医疗机构法律地位的解析

我国医疗机构若欲以定点医疗机构的身份为参保人员提供医疗服务并从医疗保险经办机构处获得费用偿付，需要经过资格审查、确定定点以及签订《定点医疗服务协议》等步骤。第一阶段为资格审查，即医疗机构向主管行政机关提出申请要求确认其定点资格，主管行政机关审查其是否符合定点医疗机构的条件，并作出是否确认的决定；[⑥] 第二阶段为确定定点，即参保人员从主管行政机关公布的具有定点资格的医疗机构中进行选择，医疗保险经办机构再根据参保人员的选择统筹确定可作为定点的医疗机构[⑦]，亦即并非所有具有定点资格的医疗机构都必然被确定为定点医疗机构；第三阶段为签订《定点医疗服务协议》，即医疗保险经办机构要与定点医疗机构签订包括服务人群、服务范围、服务内容、服务质量、医疗费用结算办法、医疗费用支付标准以及医疗费用审核与控制等内容的协议。[⑧]

我国当前行政法理论围绕行政行为展开，并未引入法律关系概念。因而无论是主管行政

---

① 参见日本《健康保险法》第 65 条、第 71 条。

② 参见日本《健康保险法》第 70 条、第 72 条。

③ 参见[日]田村和之:《保险医疗机关の指定の法性格》，载[日]津田宪司主编:《社会保障判例百选》，有斐阁 2000 年版，第 50–51 页。

④ 审查内容主要包括是否为合格之医事服务机构、是否经台湾地区卫生事务主管部门评鉴合格以及是否具有“特约管理办法”第 4–6 条明定不予特约之情形。

⑤ 参见我国台湾地区“特约管理办法”第 7 条。

⑥ 参见劳动和社会保障部 1999 年发布之《城镇职工基本医疗保险定点医疗机构管理暂行办法》第 7 条。

⑦ 参见《城镇职工基本医疗保险定点医疗机构管理暂行办法》第 8 条，2000 年《劳动和社会保障部关于印发城镇职工基本医疗保险定点医疗机构和定点零售药店服务协议文本的通知》第 1 条。

⑧ 参见《城镇职工基本医疗保险定点医疗机构管理暂行办法》第 11 条，2007 年发布之《劳动和社会保障部、国家发展和改革委员会、财政部等关于城镇居民基本医疗保险医疗服务管理的意见》第 3 条第 8 项。

机关确定定点医疗机构的行为,还是医疗保险经办机构对定点医疗机构的管理行为,均在管理与被管理的概念上展开,定点医疗机构作为具体行政行为的相对人,须通过行政复议或行政诉讼的方式获得救济,难谓具有医疗保险法律关系主体的地位。

(二) 医疗服务机构的权利、义务与责任

作为保险医疗服务提供者的医疗服务机构通常基于健康保险法律关系承担一定的义务,并享有一定的权利。医疗服务机构承担的义务通常包括核验被保险人身份、按照与保险人约定或保险人指定的规则提供保险医疗服务等;医疗服务机构享有的权利主要是从保险基金中获得医疗服务费用偿付。

关于医疗服务机构的责任,主要争议是,医疗服务机构接受保险人委托向被保险人提供医疗服务,若发生医疗事故,责任主体如何确定?关于该问题,有学者以“双重契约”进行解释,即保险人与医疗服务机构缔结的基本的、框架性的有利于不特定多数第三人的契约,与被保险人与医疗服务机构缔结的个别医疗契约并存,[①] 因而发生医疗事故时,责任主体仍为医疗服务机构而非保险人。但美国已有判例认为,如果保险人违反对被保险人所负担的义务,如在挑选医疗服务提供者时未尽到合理注意义务,或管理行为对医疗服务提供者的行为产生实质影响,如与医疗服务提供者签订人头费用过低的协议,则保险人应对相应的后果承担赔偿责任。[②]

四、健康保险的其他相关主体

(一) 国家及各级政府

国家是社会保障义务的最终承担者。在抽象的医疗保障法律关系中,国家和国民是法律关系的主体,国家应通过适当的方式为国民提供医疗保障。在健康保险中,国家主要承担构建制度以及为制度运行提供兜底责任的义务。在具体的健康保险法律关系中,政府往往并不直接参与健康保险的具体运行。但在许多制度中,政府被法律课以对特定被保险人群体或特定保险人的保费或基金的补助义务。如果被课以上述义务的政府怠于履行,则对应的权利主体可以通过公法上的给付之诉要求其履行。

(二) 雇主(用人单位)

雇主(用人单位)虽然在健康保险制度中基于法律规定承担一定的义务并享有一定的权利,但并不是健康保险法律关系的当事人。

首先,从形式上分析,无论从履行投保手续的动机还是保费负担主体角度,雇主(用人单位)与商业保险中的投保人均存在较大差异。详言之,社会保障法上劳动者健康照护义务的承担者主要为国家而非雇主(用人单位),雇主(用人单位)为其所雇用的劳动者办理投保等程序性事项实为履行法律规定的强制性义务,而并非基于雇主责任分散的需求。换言之,用人单位对

---

① 参见[日]真柄久雄:《保护委托の法的性格》,载[日]成田赖明编:《行政法の争点》,有斐阁1990年版,第302页。

② See California Court of Appeal, 2005 WL 2742807.

于劳动者之一般健康事故并不具有保险利益[1]，亦不具有为劳动者购买保险之投保人立场。从投保人承担保费的角度观察，健康保险中保费缴纳义务人并不限于雇主（用人单位），具有被保险人身份之劳动者往往亦承担缴纳一定比例保费的义务，在域外某些制度中政府甚至对就业者的健康保险保费也有一定程度的补贴。可见，健康保险的保费义务人可能为投保单位、被保险人甚至政府等多元主体，但显然不能得出上述三者共同作为投保人之结论。可见，社会保险法上的雇主（用人单位）并非居于商业保险中投保人之地位，因而并非当然成为健康保险法律关系之当事人。

继而，从更深层次的法理角度解析，健康保险法律关系虽形式上表现为保险关系，但实质上具有社会保障法律关系之属性。与保险人相对的法律主体不仅是保险关系中的当事人，亦应具有社会保障中被保障主体之身份。生存权是自然人专属之权利，作为生存权保障之法，社会保险法所保障之对象亦应以自然人为限。于此意义上，雇主（用人单位）不具有被保障主体之自然属性，不应成为社会保险法律关系之当事人。事实上，社会保险以强制保险为原则，符合强制保险要件之主体或负有必须参保之义务，或直接于法定要件成就时当然成为相关保险制度之被保险人，投保行为之于保险关系成立并非必然具有法律意义。比较法上，我国台湾地区有关解释认为，社会保险关系乃成立于保险人与被保险人两造之立场，作为投保单位之雇主并非保险关系当事人，因而亦不能援用私人保险中要保人（即投保人）地位去界定其权利义务。[2]

第三节　健康保险财务

一、健康保险财务之保费负担

（一）保费义务的法律性质

在实行强制投保原则的国家或地区，被保险人自其符合法律规定的被保险人条件时即负担保费义务并可请求保险给付。如德国《社会法典》第 40 条即规定，社会给付请求权的发生时点为法定要件成就之时，与行政决定的作成时间无关；[3] 我国台湾地区《健康保险法》第 14 条第 1 项规定，保险效力之开始，自“合同法”第 8 条及第 9 条所定资格成就之日起算，被保险人即负有缴纳保险费之公法上金钱给付义务。学界通常将保费义务的法律性质解释为公法之债，但对公法之债的成立原因，则有行政契约说与法定之债说的争论。持行政契约说者认为，具有参保资格者之申请参保行为为要约，保险人之确认行为为承诺，保险人为承诺后，二者成立行政契约性质的保险关系；投保义务人在投保前，仅有投保义务而无缴费义务；保险关系成立后，保费义务溯及被保险人符合条件时生效。持公法上法定之债观点者认为，保险关系自被保险

① 若以保险利益予以考察，则医疗保险与工伤保险显著不同。工伤保险所保障的工伤事故本身即为用人单位应当承担责任的事项，用人单位就工伤投保明显具有责任分散之属性，因而工伤保险中用人单位对劳动者应具有保险利益。

② 我国台湾地区司法管理机构第 568 号“大法官”解释协同意见书。

③ 沈政雄：《现代给付行政之行为形式与法律关系》，台湾政治大学 2008 年博士学位论文。

人符合法定条件时成立，投保义务人的投保行为及保险人的确认行为仅具有对既存法律关系或法定事实确认的效果，并不创设新的权利义务；被保险人自符合法定条件时当然承担缴纳保费义务，投保义务人不履行投保手续仅发生督促履行及行政处罚的法律效果，不影响保险关系的成立。[①]

（二）保费负担的基本原则

健康保险保费的负担通常以有限度的量能负担为原则。所谓量能负担，即以被保险人的负担能力为基础确定保费负担水平，通常表现为以一定时期的收入为基数按照一定的费率确定应缴保费数额。有限度的量能负担，即对按照量能负担确定的保费设定上限，主要针对高收入者，如我国台湾地区和日本均设置有最高投保薪资等级。

有限度的量能负担原则是健康保险同时具有社会性与保险性特征的集中体现。健康保险的社会连带机理，要求健康的、富裕的被保险人要为身体状况较为虚弱的、贫穷的被保险人的风险买单。前者作出此种牺牲的条件是他日其沦为弱者后亦能从其他团体成员处获得帮助，因此社会保险性质的健康保险的保费负担不能采用商业保险中的依受益负担的原则，而应采用量能负担原则。与此同时，健康保险的保险性要求对量能负担原则予以限制。量能负担原则是实现财富再分配的有效手段，健康保险目标的实现需要一定程度的收入再分配，因此有量能负担原则的适用空间；但健康保险本质为风险的再分配，收入再分配只是风险再分配的实现手段，这就决定了适用量能负担原则应有限制，即高收入者依据量能负担原则所负担的保费与其预期可获得的保险给付利益之间不应显著不合理。如果高收入者依据量能负担原则所负担的保费能够从商业保险市场获得更加丰厚的保障水准，那么即可认为健康保险保费负担与可预期收益之间存在不合理的差距，此即为量能负担原则对健康保险适用的界限。

（三）保费负担之个人负担与家庭负担

保费的个人负担是指以单个被保险人为单位计算保险费，而家庭负担则是指以家庭为单位计算保险费。在社会保险制度中，采取家庭负担方式的主要目的在于将家庭负担保费总额控制在可负担的范围内。各个国家或地区通常采取两种方式处理保险费家庭负担过重之问题：一种为对受被保险人抚养的家属免征保险费，即一人缴费全家受益。如德国秉承该国《基本法》第6条“家庭保护”的意旨，被保险人非专职的配偶或生活伴侣以及未成年或罹患身心障碍以及尚在就学的子女可以免缴保费，允许通过其家长参保的健康保险获得保障；[②]日本健康保险将保险对象分为被保险人及被抚养人。被抚养人无须另行缴纳保费，可以依法领取家属疗养费、家属访问看护疗养费、家族移送费、家族埋葬费以及家属生产育儿津贴等保险给付。[③]另一种则为对赋课家属数量设置限制，家属数量高于此限额的即不再缴费。如我国台湾地区健康

① 郭明政：《社会保险法律关系争议问题之探讨》，载林明锵、葛克昌主编：《行政法实务与理论》（一），元照出版公司2003年版，第476-477页。

② 德国《社会法典》第5编第10条。

③ 日本《健康保险法》第3条第7项、第52条。

保险，眷属依照被保险人适用的投保金额及保险费率计算保费，但眷属超过3口者以3口计。[①]然而此种方式存在施行之难点，主要表现为眷属缴费基数如何确定的问题。我国台湾地区将眷属缴费基数等同于其所依附的被保险人，实践中存在无收入眷属保费反而高于有工作但收入相对较低者的问题。

我国城镇职工医疗保险（简称"城镇职工医保"）以个人负担为原则，而城镇居民医疗保险（简称"城镇居民医保"）及此前的新农合[②]则通常采用家庭负担的方式。[③]我国城镇职工医保中并未设家属风险分散机制，城镇职工医保参保人员的亲属应根据其自身身份参加相应的城镇职工医保、城镇居民医保或者新农合，并依照相应的要求另行缴纳保费。事实上虽然城镇职工医保所覆盖之群体多为具有稳定收入之群体，但参保人员与用人单位共同负担之保费中仅半数左右进入社会统筹，保费收入因应在职职工的保险给付支出尚显不足，自然无力另行分担职工家属的风险。除此之外，我国暂时尚未实行鼓励生育的人口政策，因此政府财政亦不会基于家属抚养经济压力为保险基金提供补助。城镇居民医保及新农合系采行家庭负担原则。实践中，家庭负担通常意味着参保人员须以户籍为单位共同加入相应医疗保险，主要目的乃在于在自愿参保之大前提下，避免出现家庭中仅老年人、儿童参保而青壮年不参保的现象，以保证保险团体中成员的多样性并充分实现风险之分散。可见，我国城镇居民医保及新农合之家庭负担系对自愿参保原则的限制，并不含有家族抚养社会化的内涵，实际也并未发挥防止家庭保费负担过重的功能。

（四）雇主（用人单位）分担保费的法理基础

雇主（用人单位）不是健康保险法律关系的当事人，但通常基于法律规定承担为被保险人分担保费的义务。如我国台湾地区"健康保险法"第27条规定，该法第8条第1项第1款第1目被保险人及其眷属自付30%，投保单位负担70%；私立学校教职员之保险费，由被保险人及其眷属自付30%，学校负担35%……第8条第1项第1款第2目及第3目被保险人及其眷属自付30%，投保单位负担60%……日本《健康保险法》第161条第1项规定，健康保险的保险费原则上由被保险人及其雇主各负担50%。我国《社会保险法》第23条规定，职工应当参加职工基本医疗保险，由用人单位和职工按照国家规定共同缴纳基本医疗保险费。

关于雇主（用人单位）承担保费分担义务的法理基础，一方面，雇主（用人单位）并非与被保险人具有同质风险者，因此其分担保费并非基于广泛之社会连带；另一方面，雇主（用人单位）并非被保险人疾病或非因公负伤的责任主体，因此其分担保费并非基于雇主责任之分散。有学者认为，雇主（用人单位）分担保费之义务是基于特别生活关联性之"照顾义务"，即劳动者最主要的活动是在雇主的支配指挥下进行的，劳动者的健康和生活安定是雇主的责任所在，也是利益所在，雇主分担保费的法理基础即在于其与劳动者共同经营之劳动关系。

---

① 我国台湾地区"健康保险法"第18、19条。

② 当前我国并非所有地区均完成了城镇居民医保与新农合的合并，因此本书仍保留新农合相关的内容。

③ 参见2007年《国务院关于开展城镇居民基本医疗保险试点的指导意见》第2条第5项、卫生部等2003年《关于建立新型农村合作医疗制度意见的通知》第1条第1项。

二、健康保险财务之财政支持

健康保险主要以参保人缴纳保费形成的保险基金作为主要财源，通常以独立于国家或地区行政系统的方式运行。国家或地区在制度运行中的责任多表现为监督与维护保险机制在法定范围内运行，并不直接作为健康服务提供者承担制度运营责任。基于此，健康保险财务相对于国家或地区财政应当具有一定的独立性，国家或地区财政如若对保险运营进行财政支持，则应表现为两个具体法律主体之间的法律关系，不应出现国家或地区财政与保险财务间的混同。而国家或地区对健康保险的财政支持基于不同的理由表现为不同的形式。

（一）健康保险事务执行经费的负担

健康保险的事务执行经费由财政予以负担是实行健康保险国家或地区的普遍选择。如日本全国健康保险协会及健保组合的健康保险事务执行费用，由国库在预算范围内根据保险团体内被保险人数量予以负担①，由市町村作为保险人运营的国民健康保险的事务执行费用则亦由国家负担。② 我国台湾地区健康保险由具有行政机关性质的健保局作为运营主体。“健康保险法”规定保险人为办理本保险所需之人事及行政管理经费，以当年度医疗费用总额 3.5% 为上限编列预算办理，所需之设备费用及周转金由财政拨付。③ 我国《社会保险法》规定社会保险经办机构的人员经费以及经办社会保险所发生的基本运行费用、管理费用由同级财政依照国家规定予以保障。与此同时，亦明确提出社会保险基金不得用于支付人员经费、运行费用及管理费用。④

健康保险作为一种独立于或相对独立于国家或地区财政的保险事业，若从制度的保险性角度考察，则经费负担应与商业保险同等对待，即作为经营成本由保险人自己承担，并最终通过保险产品价格转嫁给消费者。然而在以生存权保障为法理念的社会保障制度背景下，国家或地区是健康保险事业的责任主体，运行保险的责任应当由国家或地区承担，即便实践中保险运营责任的具体承担者为独立于国家的公法人，亦认为其不过是代行国家或地区的社会保障责任而属于“代行机关”，保险事业维持、运行的必要经费自然应当由国家予以承担。⑤ 此种强调国家或地区责任的社会保险理念为日本学界之主流观点，亦为支配我国大陆地区及台湾地区现行医疗保险的主流思想。

近年来，学界对社会保险制度所蕴含的社会连带的理念，逐渐突破保险团体成员之间经济方面的团结互助而向保险运营方面的自治管理发展。基于此，社会保障的责任主体便不再限于国家或地区，公法人性质的保险人亦得独立作为履行社会保障责任的主体而不再代国家或地区履行社会保障之职责⑥，此时保险人的运营经费则须自己承担而非由国家或地区负担。由

① 日本《健康保险法》第 151、152 条。

② 日本《国民健康保险法》第 69 条。

③ 我国台湾地区“健康保险法”第 68 条。

④ 《社会保险法》第 69 条第 2 款、第 72 条第 2 款。

⑤ ［日］籾井常喜:《社会保障法·劳动法实务体系 18》，综合劳动研究所 1972 年版，第 131 页。

⑥ ［日］倉田聰:《社会保险の构造分析:社会保障における“连带”のかたち》，北海道大学出版社 2009 年版，第 24–27 页。

社会连带理念支配并以团体自治为核心系德国社会保险制度之显著特征，此种模式之社会保险制度不仅在财务方面独立于国家财政，而且在保险的运营与管理方面亦要求国家与其保持一定距离，因而德国疾病保险的保险人作为自我管理、自我支持与自我筹资的机构，自行负担运营经费，但数额通常不超过筹资总额的5%。[①]

（二）财政对健康保险财务之负担或补助

对健康保险财务的补贴或补助属于立法或行政得裁量是否给付以及给付数额的事项。从现行制度来看，主要表现为对被保险人保费的补助与对保险给付支出的补助两种形式，至于此种财政支持究竟系必须承担之负担抑或为可裁量给付之补助，则需视不同类型财政支持之法理基础予以具体考量。

1. 我国台湾地区由财政直接分担被保险人保费的立法例

我国台湾地区健康保险制度系将岛内居民纳入统一保险团体以实现医疗保障目标的医疗保险，其保险对象以职业为标准被区分为6类14目，“健康保险法”以此为基础分别确定了不同类型保险对象得从台湾当局财政获得保费分担的比例，并同时将保费分担义务在不同级别财政之间进行了明确划分。

我国台湾地区学界及实务界曾就财政补助保险对象保费的性质进行过激烈的讨论，以社会连带与量能负担的视角解释财政对健康保险保费补助的观点为实务及学界之主导观点。[②]但亦有学者对上述观点提出质疑，认为各级财政并非自然人，无危险分担的需求，且将财政主管部门纳入连带团体极易导致人民诉求高比例补助而使保险制度丧失自助互助的空间，除此之外亦可能导致保险人与被保险人地位混同而出现制度上的混乱。[③]在此基础上，另有学者提出“以保险费为媒介之社会给付任务转移”的观点，即认为对被保险人的保费补助系台湾当局履行社会救助、社会福利等社会保障任务之表现，因而其法理基础并非社会保险，不应从社会连带、量能负担等社会保险原理中寻求依据。[④]基于此，在解释财政补助保费的行为时，首先应当明确补助的对象为被保险人，保费补助并非等同于保费免除；其次，被保险人是否应当从财政获得保费补助应当视该被保险人与特定级别财政主管部门间之生活关系关联性而定。

我国台湾地区学者将健康保险财政补助保费之法理基础区分为以下几个方面（详见表7-1）：(1)基于社会促进，主要涉及对第1类第1目中之私校教职员及第2目与第3目、第2类、第3类、第4类、第6类保险对象保费之补助；(2)基于社会救助，主要涉及对第5类保险对象保费之补助；(3)基于准雇主照顾，主要涉及对第1类第1目、第4类第2目、第6类第1目保险对象保费之补助；(4)基于社会补偿，主要涉及对第6类第1目保险对象之补助。

我国台湾地区的健康保险制度是将原本分散于公保、劳保、农保等13种社会保险项目中的伤病风险予以整合的结果，各级财政对保险对象保费之分担系对业已存在的各级财政负担保费的传统的承继，同时也存在政策考量，即企图借由财政补助保费的形式换取民众对健康保

---

① 赵立新：《德国日本社会保障法研究》，知识产权出版社2008年版，第126页。

② 我国台湾地区司法管理机构释字第550号“大法官”解释协同意见书。

③ 孙迺翊：《论社会保险制度之财务运作原则》，载《政大法学评论》2008年总第101期。

④ 张桐锐：《重分配与社会互助》，载《台湾本土法学杂志》2005年总第76期。

险强制纳保原则的接受。同时,这种以职业别或身份别作为补助标准的方式实际蕴含着台湾当局借由社会保险制度推行其他社会福利政策或经济政策任务的内容。我国台湾地区健康保险政府财政对保险对象保费的法定补助制度是与其一元化的健康保险制度相对应的,健康保险应属一"混合式"制度,其以风险分摊自助互助机制为主干,透过政府保费补助糅合各个不同政策目的的单向性给付,以达居民均能加入风险分摊团体、获得基本医疗照顾的目的[①]。

表 7-1　我国台湾地区健康保险保费分担情况一览表

<table>
<tr><th colspan="3" rowspan="2">保险对象类别</th><th colspan="3">负担比例(%)</th></tr>
<tr><th>被保险人</th><th>投保单位</th><th>财政</th></tr>
<tr><td rowspan="5">第一类</td><td>政府机关、公私立学校之专任有给人员或公职人员</td><td>本人及眷属</td><td>30</td><td>70(私校教职员35)</td><td>0(主管教育行政机关35)</td></tr>
<tr><td>公、民营事业、机构之受雇者</td><td>本人及眷属</td><td rowspan="2">30</td><td rowspan="2">60</td><td rowspan="2">省:台湾10
直辖市:台湾5市5</td></tr>
<tr><td>其他有一定雇主之受雇者</td><td>本人及眷属</td></tr>
<tr><td>雇主或自营业主</td><td>本人及眷属</td><td rowspan="2">100</td><td rowspan="2">0</td><td rowspan="2">0</td></tr>
<tr><td>专门职业及技术人员自行执业者</td><td>本人及眷属</td></tr>
<tr><td rowspan="2">第二类</td><td>无一定雇主或自营作业而参加职业工会者</td><td>本人及眷属</td><td rowspan="2">60</td><td rowspan="2">0</td><td rowspan="2">省:台湾40
直辖市:市40</td></tr>
<tr><td>参加海员总工会或船长公会为会员之外雇船员</td><td>本人及眷属</td></tr>
<tr><td rowspan="2">第三类</td><td>农会及水利会会员,或年满15岁以上实际从事农业工作者</td><td>本人及眷属</td><td rowspan="2">30</td><td rowspan="2">0</td><td rowspan="2">省:台湾60县(市)10
直辖市:台湾40市30</td></tr>
<tr><td>无一定雇主或自营作业而参加渔会为甲类会员或年满15岁以上实际从事渔业工作者</td><td>本人及眷属</td></tr>
<tr><td rowspan="2">第四类</td><td>在营服兵役义务者、军事学校军费学生、无依军眷及在领恤期间之军人遗族</td><td rowspan="2">本人</td><td>0</td><td>100</td><td>0</td></tr>
<tr><td>服替代役期间之役龄男子</td><td>0</td><td>0</td><td>100(台湾地区内政事务主管部门)</td></tr>
<tr><td>第五类</td><td>合于社会救助法规定之低收入户成员</td><td>本人及眷属</td><td>0</td><td>0</td><td>省:台湾社政主管机关35县(市)65
直辖市:市100</td></tr>
<tr><td rowspan="2">第六类</td><td>荣民、荣民遗眷之家户代表</td><td rowspan="2">本人及眷属</td><td>眷属30</td><td>0</td><td>退除役官兵辅导委员会100(眷属70)</td></tr>
<tr><td>其他家户户长或代表</td><td>60</td><td>0</td><td>台湾地区:40</td></tr>
</table>

※ 根据我国台湾地区"健康保险法"第8条、第27条整理绘制。

① 孙迺翊:《论社会保险制度之财务运作原则》,载《政大法学评论》2008年总第101期。

2. 日本由国库按保险基金支出一定比例予以负担或补助的立法例

日本健康保险制度由国库按照保险基金支出一定比例对保险基金予以负担或补贴。相关法律法规将国家财政对健康保险财务的支持明确区分为国库负担与国库补助。其中，国库负担系国库必须依法负担的补充性给付义务，通常认为属于政府的法定义务，其对象主要为市町村国保及后期高龄者医疗。日本学界通常认为“社会健康保险，原应全体国民透过保险费之缴纳，个人责任及各层社会连带所应承担之最大限度负担皆以尽善，如有不足时，国家等责任主体应负责补足”。[①] 国库补助则是政府基于特定政策目标所为之补助，通常认为属于裁量补助[②]，其对象主要是协会掌管健康保险与组合国民健康保险，目的也是弥补被保险人保费负担能力的不足，但国库补助的权利保障密度要显著弱于国库负担（详见表 7–2）。

表 7–2 日本医疗保险国库负担及国库补助情况一览表

<table>
<tr><td rowspan="3" colspan="2">保险类别</td><td rowspan="3">支出项目</td><td colspan="2">国库负担</td><td colspan="2">国库补助</td></tr>
<tr><td>中央政府负担</td><td>地方公共团体负担</td><td>中央政府补助</td><td>地方公共团体补助</td></tr>
<tr></tr>
<tr><td rowspan="6">健康保险</td><td rowspan="3">协会掌管健康保险</td><td>疗养相关支出</td><td></td><td></td><td>164‰–200‰</td><td></td></tr>
<tr><td>财政调整相关支出（前期高龄者纳付金、后期高龄者支援金及介护纳付金）</td><td></td><td></td><td>164‰–200‰</td><td></td></tr>
<tr><td>特定健康诊察费用</td><td></td><td></td><td>预算范围内为部分补助</td><td></td></tr>
<tr><td rowspan="3">组合健康保险</td><td>疗养相关支出</td><td></td><td></td><td></td><td></td></tr>
<tr><td>财政调整相关支出（前期高龄者纳付金、后期高龄者支援金及介护纳付金）</td><td></td><td></td><td></td><td></td></tr>
<tr><td>特定健康诊察费用</td><td></td><td></td><td>预算范围内为部分补助</td><td></td></tr>
<tr><td rowspan="3">国民健康保险</td><td rowspan="3">市町村国保</td><td>疗养相关支出</td><td>34%</td><td></td><td></td><td></td></tr>
<tr><td>财政调整相关支出（前期高龄者纳付金、后期高龄者支援金及介护纳付金）</td><td>34%</td><td></td><td></td><td></td></tr>
<tr><td>保健师所需费用及其他</td><td></td><td></td><td>预算范围内部分补助</td><td></td></tr>
</table>

① 蔡秀卿：《日本国民健康保险法制上权限划分与费用负担》，载《台北大学法学论丛》2002 年第 51 期。

② 蔡秀卿：《日本国民健康保险法制上权限划分与费用负担》，载《台北大学法学论丛》2002 年第 51 期。

续表

保险类别		支出项目	国库负担		国库补助	
			中央政府负担	地方公共团体负担	中央政府补助	地方公共团体补助
国民健康保险	组合国保	疗养相关支出			32%	
		财政调整相关支出（前期高龄者纳付金、后期高龄者支援金及介护纳付金）			32%	
		特定给付额、特定纳付费用额			特定比例	
		保健师所需费用及其他			预算范围内部分补助	
国家公务员共济组合		疗养相关支出				
		保费	50%			
		特定健康诊察费用			预算范围内部分补助	
地方公务员共济组合		疗养相关支出				
		保费	50%			
		特定健康诊察费用			预算范围内部分补助	
私立学校教职员共济组合		特定健康诊察费用及其他			预算范围内部分补助	
		经费				预算范围内部分补助
船员保险		疗养相关支出			预算范围内部分补助	
后期高龄者医疗制度		疗养相关支出	25%	都道府县：1/12 市町村：1/12	预算范围内部分补助	
		高额医疗费负担对象支出	25%	1/4（都道府县）	部分补助（市町村及都道府县）	

※ 本表根据日本《健康保险法》《国民健康保险法》《国家公务员共济组合法》《地方公务员共济组合法》《私立学校教职员共济法》《船员保险法》《高龄者医疗确保相关法》中之相关法条整理绘制。

日本政府财政对保险财务的补助是与政府对保险事业的积极干预紧密联系在一起的。日本的健康保险制度具有显著的行政主导特点。保险人虽具有独立于国家的法人格，但保险制度的各项运行细则均由政府统一规定。除组合健康保险及各类共济组合由于不需政府财政补助而享有相对较多的制度运行裁量权外，政府均通过国库负担或补助对保险人发挥强力的统治力。[1] 由于政府对保险事业的运营发挥着重要作用，因而要求其对保险财务承担部分责任也符合权责相一致的要求。

3. 我国各级财政对各项医疗保险的支持

我国现行制度中政府财政对医疗保险事业的支持主要包括对特定参保人员之补贴以及县级以上人民政府在保险基金支付不足时的补贴两种方式。

我国现行医疗保险制度中有权获得政府补贴的主要是城镇居民医保与新农合。《社会保险法》第25条第2款、第3款分别规定了城镇居民医保实行个人缴费与政府补贴相结合以及符合社会救助条件的参保人个人缴费部分政府予以补贴的财政支持制度；2003年《国务院办公厅转发卫生部等部门关于建立新型农村合作医疗制度意见的通知》也规定了中央和地方各级财政每年要安排一定专项资金对新农合予以支持。《社会保险法》并未规定相关政府补贴的数额或其计算方法、补贴的性质等内容。2007年《关于开展城镇居民基本医疗保险试点的指导意见》规定，城镇居民医保每年可按照人均不低于40元的标准从政府获得补贴。在此基础上，低保对象中的重度残疾的学生、儿童的家庭缴费部分还可从政府获得人均不低于10元的补贴，其他低保对象、丧失劳动能力的重度残疾人以及低收入家庭60岁以上的老人家庭缴费部分可从政府获得不低于60元的补贴。上述补贴主要由地方政府承担，其中西部地区的补贴由中央政府负担50%。[2]2012年初人力资源和社会保障部已将政府财政对城镇居民医保的补贴标准提高至每人不低于240元，同时酌情提高个人（家庭）缴费数额。上述标准实际为政府补贴之最低标准，实践中许多地区的补贴数额往往高于上述标准。[3] 2003年《国务院办公厅转发卫生部等部门关于建立新型农村合作医疗制度意见的通知》将地方政府对新农合补助的标准确定为每人每年不低于10元，除此之外中央政府对中西部地区除市区以外的农民按人均10元的标准予以补助。随着社会经济的发展，这一补助标准也在逐年上升。

我国《社会保险法》同时规定了县级以上人民政府在社保基金出现不足时的补贴义务，即通常所谓的财政“兜底责任”。[4] 社会保险制度区别于其他社会保障制度的最重要的特征便在于其财务运行独立于一般财政，主要以保费收入作为保险给付之财源。基于此，保险费与保险给付之间应当有一联动关系，保险给付的支出不足时，主要应以调高保费的形式予以因应，这也是目前其他国家或地区健康保险所追求之方向。例如，日本健康保险法已取消了财政对健康保险财务的兜底补贴，规定健康保险组合经营难以为继的须解散，厚生劳动大臣亦可命令其解散，解散后权利义务由协会继承；[5] 我国台湾地区“健康保险法”第19条第2项明确规定政府财政仅负责健康保险开办前两年的盈亏补助，两年后则不负责；虽然事实上基于政治压力及民众抵制等因素，健康保险并不能及时实现保费之调整，但实践中主要通过对健康保险事业提

---

① ［日］倉田聰:《医疗保险の基本构造:ドイツ疾病保险制度史研究》,北海道大学图书刊行会1997年版,第2-5页。

② 参见国务院2007年《关于开展城镇居民基本医疗保险试点的指导意见》“二参保范围和缴费水平”中的“(五)缴费和补助”。

③ 如北京市城镇居民医保政府补助数额为每人每年460元,参见《北京市城镇居民基本医疗保险办法》第7条;重庆市城乡居民医保补助标准为300元,载http://www.chinanews.com/jk/2012/02-15/3671960.shtml,访问日期:2012年6月11日。

④ http://news.sina.com.cn/c/2011-08-03/014422923275.shtml,访问日期:2012年6月11日。

⑤ 日本《健康保险法》第26条、第28条、第29条第2项。

供借贷的方式而非直接补助来填补赤字，亦体现了将健康保险财务独立于财政体制的决心。[①]因此，对于我国《社会保险法》关于政府财政对社保基金运营兜底责任的规定，应予以反思。

（三）财政对健康保险外部负担之补助

健康保险之“外部负担”，顾名思义即保险人非基于承保风险所为之给付。“通说见解认为：保费具有社会重分配的效果，且其用途受保险目的之限定，仅得用于该项社会保险制度承保之社会风险发生时所为之支出，如果保险人受财政之委托，透过保险之给付途径实施其他社会政策，就此所为之支出与其承保之风险无关，对该项社会保险而言即属于‘外部负担’……”[②]

1. 基于治疗法定传染病之外部负担

特定类型传染病的治疗，属于国家履行维护社会公共卫生义务的表现。具有健康保险被保险人身份者罹患依法应由国家负担治疗费用的特定类型传染病的，如果法律规定应由健康保险基金先予支付，此种支付即属于健康保险的外部负担，应由国家财政补足而不得分摊于所有被保险人。我国《传染病防治法》第 62 条规定通过医疗救助方式对患有特定传染病的困难人群减免医疗费用，此种减免应由国家财政予以负担而不得由医疗保险基金予以补足。

2. 基于接种防疫之外部负担

接种防疫为疾病预防性质的医疗服务内容，我国《传染病防治法》第 15 条第 2 款明确规定免费为儿童提供国家免疫规划项目范围内的预防接种。因此，如果法律规定免疫规划范围内的预防接种首先由健康保险基金支付，即属于医疗保险的外部负担，属于国家负担事项，政府财政需要对基金的此部分支出予以负担。

3. 基于流行性疾病治疗或重大灾害事故之外部负担

流行性疾病的爆发或者重大灾害事故所导致的多数被保险人罹患疾病或受到伤害，从事故性质角度而言属于健康保险承保之伤病事故并无疑义，惟在发生上述事故时国家基于其维护社会共同卫生的职责而负有相应义务。与此同时，健康保险财务的平衡并未将此种短时间内高额之医疗费用支出纳入精算范围，以致极易导致保险财务于短时间内陷入支付不足的困境。对于此种困境当然也可以通过政府对健康保险财务之兜底责任获得解救，但如果能够将国家财政对保险基金基于上述事项支出之部分负担予以法定化，可能更加有助于保险运营中国家责任的厘清，从而更加符合健康保险法治化的要求。

三、健康保险财务之财务调整

在存在复数保险人的制度中，不同性质或不同地域保险人所承保的保险对象不仅可能在经济负担能力方面存在差别，在风险结构方面也可能存在较大差异。如果保险人之间财务互相独立，那么风险结构较优保险团体的成员往往负担更低的保费并获得较高标准的保险给付，而风险结构不佳保险团体的成员则需要负担更高的保费并且保险给付标准亦可能远远低于前

---

① 孙迺翊：《论社会保险制度之财务运作原则》，载《政大法学评论》2008 年总第 101 期。

② W. Leisner, *Sozialversicherung und Privatversicherung*, 1974, S. 102, 108; P. Klause, *Fremdlasten der Sozialversicherung*, VSSR8 (1980), S. 115. 转引自孙迺翊：《论社会保险制度之财务运作原则》，载《政大法学评论》2008 年总第 101 期。

者，造成不同保险团体之间保费负担与保障水平的差距，与社会保险平等保障的意旨相违。健康保险财务调整通过保险人之间的社会连带实现平衡保险团体之间风险结构的目的，是国家干预健康保险财务的一种方式。目前，德国、日本均实行一定形式的保险人间财务调整。

（一）德国疾病保险的财务调整

德国疾病保险制度以承保被保险人的职业及身份作为保险人（即疾病基金）的分类标准，不同疾病基金之间的风险结构存在较大差别，这一差别直接导致了不同疾病基金被保险人保费负担的巨大差异。如 20 世纪 80 年代后期，负担最重的疾病基金的被保险人每月需要负担保费 310.8 马克，而负担最轻的疾病基金的被保险人每月仅需负担 126 马克，保险费率负担最高者达到 16.8%，最低者则仅为 8%。[①] 针对此种疾病基金间保费负担的巨大差距，德国遂以财务调整制度予以应对。

德国疾病保险的财务调整制度的实施可以分为两个阶段。第一阶段为 1993 年《社会法典》修订之前。此阶段的财务调整以州疾病基金联合会为实施主体，以“疾病基金支出保险给付费总额除以其所属被保险人之总所得”算出的“需要率”为对照基准，由联合会自愿决定是否进行财务调整；1989 年修法时将州联合会的自愿调整修正为强制调整，但财务调整的具体要件、程序及调整方法等内容仍委由州联合会于规约中自行决定。[②] 此种财务调整模糊化了疾病基金的财务运营责任，从而弱化了疾病基金运营的成本意识，反而导致了医疗费用的上升。第二阶段则为 1993 年《社会法典》修订之后以风险结构调整为中心的财务调整制度。该阶段的财务调整以疾病基金间的自由竞争为背景。由于保险给付的均一化，此种以争取被保险人为核心的竞争实为保费价格竞争，同时亦为经营效率的竞争，而风险结构的差异恰恰成为影响疾病基金公平竞争的重要因素。基于此种背景，1993 年修订的《社会法典》导入全新的风险结构调整制度，目的即在于保证所有参与竞争的疾病基金基本能够维持相对平衡的风险结构进而仅就运营效率展开公平竞争。[③] 其具体方法为，根据某特定疾病基金所有被保险人的年龄、性别、家属数量以及收入等因素确定该疾病基金的风险系数，并以此系数为依据强制保险基金由风险结构较优者向风险结构较差者流动。[④]

（二）日本健康保险的财务调整

日本健康保险的财务调整是围绕高龄者医疗问题展开的。虽然健康保险并非以年老为保险事故的社会保险项目，但高龄者发生疾病或伤害事故的概率远远高于青壮年群体，因而保险团体中高龄成员占比的差异实为健康保险团体风险结构差异的主要原因。与此同时，健康保险的运作在一定程度上亦包含有社会其他成员分担高龄者疾病或伤害事故的意涵。于此意义上，健康保险的财务调整制度可视为整个社会应对老年人医疗问题的一种方式。日本健康保

---

① Klaus Preiser, Axel Weber, “Beitragssatzunterschied in der GKV-Ursachen und Konsequenzen”, *AuS*, 1988, S. 38 ff. 转引自［日］倉田聰：《医疗保险の基本构造：ドイツ疾病保险制度史研究》，北海道大学图书刊行会 1997 年版，第 273 页。

② 参见德国当时的《疾病保险法》第 414 条 b 第 2 项 1 文，以及 1993 年修订前的《社会法典》第 5 编第 266 条。转引自［日］倉田聰：《社会保险の构造分析：社会保障における “连带” のかたち》，北海道大学出版社 2009 年版，第 264–265 页。

③ ［日］倉田聰：《社会保险の构造分析：社会保障における“连带”のかたち》，北海道大学出版社 2009 年版，第 269–270 页。

④ ［日］倉田聰：《医疗保险の基本构造：ドイツ疾病保险制度史研究》，北海道大学图书刊行会 1997 年版，第 287–288 页。

险以职业及身份为标准被区分为不同的保险制度，导致不同保险团体之间风险结构差异极大，尤其是就业人口在达到退休年龄后大量流入市町村国保，导致市町村国保高龄者占比远远高于其他保险团体。正是在这种制度背景下，日本健康保险的财务调整制度得到了充分的发展。日本健康保险的财务调整制度经历了由退职者健康保险制度与老人健康保险制度到前期高龄者健康保险制度与后期高龄者健康保险制度的发展历程，此发生过程亦为财务调整方式逐步精细化及各方主体所负担之责任逐渐明晰化的过程。现行高龄者健康保险制度，对于前期高龄者，以不同保险团体前期高龄者加入率为依据，以前期高龄者纳付金与交付金为形式，实现资金从前期高龄者加入率低的团体向加入率高的团体流动；而对于后期高龄者，则将其作为一个独立的保险团体，由所有保险人依照一定比例提取的后期高龄者支援金以及公共财政资金共同供应。

我国不同医疗保险制度间并无财务上调整的制度设计，但不同保险制度间在风险结构方面显然存在显著差距，导致不同制度的给付水平存在差异。目前，我国对于风险结构较差的城镇居民医保和新农合是通过财政补贴的方式予以纠正的，而能否通过不同保险制度间的财务调整实现风险结构的均衡，则需要在借鉴其他国家和地区经验的基础上开展深入研究。

第四节 健康保险给付及其分类

一、确定健康保险的给付范围的一般原则

在采取实物给付的制度中，保险给付的内容为保险医疗服务。“一般而言，社会保险法所欲规范的乃‘何项医疗上之给付属于保险给付’的问题，至于‘疾病与医疗需求性之间的关系’则属于医学的范畴，纵使这之间同时涉及法律上的定义亦然。”[①] 从各国及地区实践来看，法律法规均规定了确定保险医疗服务范围的基本原则及具体内容；与此同时，虽然法律无法解决疾病与医疗需求性之间关系的问题，但通常对作出此种医学决定之程序制定有具体规则。

（一）德国疾病保险给付的经济性原则

德国《社会法典》第 5 编第 12 条第 1 项规定，疾病保险的给付应当符合充分性、目的适合性及经济性的要求；超过必要不可欠程度的医疗服务不予给付。非属必要不可欠，或者不经济的给付，被保险人不得请求，给付提供者不得实施，疾病基金亦不得许可。德国学理上将该条归纳为广义的经济性原则，并作为确定疾病保险给付范围的实质标准。德国疾病保险给付的经济性原则是一个有机的整体，由充分性、必要不可欠性、目的适合性与狭义经济性四个要件共同构成。其一，充分性要件要求保险医师提供治疗的种类与范围应为治疗效果提供充分的机会，该要件在确定疾病保险给付范围时居于首要地位，只有在满足此要件的前提下才有考量其他要件的余地；其二，必要不可欠性要件要求疾病保险给付应当控制在不可避免、必然的限

① E. Eichenhofer, Sozialrecht, 4. Auflage, 2003, Rz. 361. 转引自钟秉正：《社会保险法论》，三民书局 2005 年版，第 122 页。

度内，目的在于排除无效率的给付；其三，目的适合性要件着眼于诊疗效果，要求应针对患者病症采用经实践证明有效的诊断及治疗方法、医药品等；其四，狭义经济性要件要求如果对同一治疗成果存在若干种诊疗方法，应选择其中最廉价者。上述要件相互关联、相互配合、不可分割。其中，充分性、必要不可欠性及目的适合性均以医学上的一般认知为前提，是对疾病保险给付范围的第一次考量；狭义经济性则在满足上述三项要件的前提下，导入了费用与效果对比的成本考量，属于对疾病保险给付范围的第二次考量。①

虽然德国《社会法典》规定了确定疾病保险给付范围的一般原则，但为了在实践中操作便利，特别委员会制定有给付范围一览表（EBM），将给付范围进行具体化。特别委员会是由联邦医疗服务协定的当事人，即由疾病保险人团体与保险医师团体同数代表组成的共同自治组织，对于特定医疗服务内容是否应被纳入疾病保险给付范围采取全体成员一致同意的方式。由于未采用多数决方式，学者通常认为该特别委员会之决定接近于契约的缔结。②

与此同时，尚未列入 EBM 的诊疗项目也并非绝对被排除在疾病保险的给付范围之外。如果某特定诊疗项目暂未被列入 EBM，但保险医师认为符合广义经济性原则，则由经济性审查委员会进行实质审查。经济性审查委员会设在地区一级，由保险人及保险医师同数代表共同组成。该委员会虽然依附于保险医师团体设立，但其成员在作出决定时的身份为具有医学及疾病保险给付法专业知识者，不受其所属团体意志约束。有学者认为经济性审查委员会对医疗服务内容之审查极其类似于司法机关的中立裁判活动。③经济性审查委员会对于审查方法的选择、非经济性治疗追加费用的认定以及具体审查方法中基本指标的设定等内容享有广泛的裁量空间，社会法院仅在委员会使用与目的不适合之裁量方法的限度内对委员会的决定进行有限审查。④

（二）日本健康保险给付的必要及妥当适切性原则

日本《保险医疗机关及保险医疗养担当规则》第 2 条第 2 项规定，保险医疗机关及保险医师应当为患者提供妥当适切的医疗服务；第 12 条规定，保险医师应当对患者进行适切的诊断，并应以患者健康的保持增进为目的提供妥当适切的医疗服务。可见，日本健康保险给付范围系以必要及妥当适切为判断标准。至于妥当适切之认定标准，日本法理上并未呈现如德国一般之详尽阐释，在保险诊疗范围确定方面实际并未过多强调经济性或效率性原则。

为操作便利，法律法规授权厚生劳动大臣通过制定《疗养担当规则》与《诊疗报酬点数表》对给付范围予以具体化。虽然由行政主体承担了健康保险给付范围具体化的职责，但同时规定了厚生劳动大臣向中央社会保险医疗协议会咨询的程序。中央社会保险医疗协议会由各类健康保险的保险人代表、保险（牙）医师及保险药剂师代表及公益代表共 20 人组成。日本学界通常认为此种咨询程序的设计是在过去以承包契约形成保险医疗委托关系的背景下，医师代表与保险人代表进行交涉、妥协或合意程序的遗存，对于理解日本健康保险具有非常重要的意

---

① ［日］笠木映里:《公的医疗保险の给付范围》，有斐阁 2008 年版，第 70-71 页。

② ［日］笠木映里:《公的医疗保险の给付范围》，有斐阁 2008 年版，第 82-83 页。

③ ［日］笠木映里:《公的医疗保险の给付范围》，有斐阁 2008 年版，第 150 页。

④ 参见德国《社会法院法》第 54 条第 2 项 2 文。

义。[1] 目前几乎所有合理的医疗服务均被纳入健康保险的给付范围，仅明确将研究阶段的医疗技术、以美容为目的的整形手术等特别医疗项目排除在外。[2]

（三）我国台湾地区健保给付的治疗必要性原则

我国台湾地区"健康保险法"第 2 条及第 31 条第 1 项规定，保险对象于保险事故发生后可从特约医事服务机构获得门诊及住院治疗等保险医疗服务。该法并未明确规定保险医疗服务范围的具体标准，仅于第 39 条列举了非属给付范围的项目[3]，并于第 51 条第 1 项规定，医疗费用支付标准及药价基准由保险人及保险医事服务机构共同拟订，并报请主管机关核定。关于此授权规定，"大法官"第 524 号解释认为：健康保险为强制性之社会保险，有关台湾居民之福祉至钜，故对于因保险所生之权利义务应有明确之规范，并有法律保留原则之适用。若法律就保险关系之内容授权以命令为补充规定者，其授权应具体明确，且须为被保险人所能预见。"基于此，第 39 条的立法用意即在于"明确规范给付范围"；主管机关依照该条第 12 项所公告的不给付诊疗服务及药品，应当"参酌同条其他各款相类似之立法意旨，对于不给付之诊疗服务及药品，事先加以公告"。由于司法实务上认可了保险给付内容适用法律保留原则，因而除法律或依明确授权制定的命令被排除的项目外，均应属于健康保险的给付范围。为操作便利，我国台湾地区卫生事务主管部门制定有"健康保险医疗办法"及"健康保险医疗费用支付标准与药价基准"，通过"正向表列"的方式规定了健康保险可以支付的医疗服务的范围。

上述三个制度中健康保险给付范围的确定均设置有利益相关人参与的环节。事实上，确定某特定医疗服务是否被纳入医疗保险的给付范围，仅依靠医学专业知识以及经济学的成本效益博弈并不能获致妥适的结果。在确定健康保险给付范围过程中增加利益关系人的参与环节，意味着将具体的给付范围的形成交由各方利益关系人博弈，能够从程序上确保给付范围可以被各方主体接受。除此之外，随着医学科技日新月异之发展，新的治疗方法及药材不断问世，疾病谱的变化亦导致了伤病诊疗需求的变动。基于此，健康保险制度亦需要随时解决新的医疗服务内容应否被纳入保险给付范围的问题。该问题涉及如何处理患者健康保持增进与保险给付支出增长之间的关系，无法仅通过专业知识的运用获得妥当的答案。因此，毋宁将此问题交由各方利益关系人共同决定，如此方有可能获得被各方所接受的结果。

（四）我国医疗保险给付范围之检讨

我国社会保险制度向来强调保障水平与社会经济发展水平相适应，将"广覆盖、保基本、多层次、可持续"作为制度发展完善的基本方针，因而在医疗保险给付范围的确定方面亦应解释为以基本保障为原则。《社会保险法》第 31 条即规定医疗机构应当为参保人员提供合理、必要的医疗服务。在具体实践中，我国分别规定了药品、诊疗项目及医疗服务设施的给付范围的标

---

① ［日］笠木映里：《公的医疗保险の给付范围》，有斐阁 2008 年版，第 27 页。

② ［日］高仓统一等：《市民社会と社会保障法》，嵯峨野书院 2002 年版，第 53 页。

③ 主要包括：药瘾治疗、美容外科手术、非外伤治疗性齿列矫正、预防性手术、人工协助生殖技术、变性手术；成药、医师指示用药；指定医师、特别护士及护理师；血液（因紧急伤病经医师诊断认为必要之输血不在此限）；人体试验；日间住院（精神病照护不在此限）；管灌饮食以外之膳食、病房费差额；病人交通、挂号、证明文件；义齿、义眼、眼镜、助听器、轮椅、拐杖及其他非具积极治疗性之装具；其他经主管机关公告不给付之诊疗服务及药品。

准。其中,药品的给付范围主要由“基本医疗保险药品目录”规定。根据原劳动和社会保障部等 1999 年发布的《城镇职工基本医疗保险用药范围管理暂行办法》,药品被纳入基本医疗保险药品目录的标准为临床必需、安全有效、价格合理、使用方便、市场能够保证供应。诊疗项目的给付范围主要由原劳动和社会保障部 1999 年发布的《关于城镇职工基本医疗保险诊疗项目管理的意见》予以规定。该意见将可纳入医疗保险给付范围的各种医疗技术劳务项目和采用医疗仪器、设备与医用材料进行的诊断、治疗项目的条件规定为:(1) 为临床诊疗必需、安全有效、费用适宜的诊疗项目;(2) 为由物价部门制定了收费标准的诊疗项目;(3) 为定点医疗机构为参保人员提供的定点医疗服务范围内的诊疗项目。服务设施的支付范围与标准主要由财政部等于 1999 年发布的《关于确定城镇职工基本医疗保险医疗服务设施范围和支付标准的意见》予以规定。该意见第 1 条即明确规定,可以由医疗保险支付的医疗服务设施是指由定点医疗机构提供的,参保人员在接受诊断、治疗和护理过程中所必需的生活服务设施,主要包括床位费及门(急)诊留观床位费等。上述文件同时规定了不予支付的医疗服务范围。其中,不予支付的药品类型主要包括不具治疗必需性的营养滋补类药品、血液制品、蛋白类制品(特殊适应症与急救、抢救除外)等;不予支付的诊疗项目主要是非临床诊疗必需、效果不确定的诊疗项目以及属于特需医疗服务的诊疗项目,同时规定对于临床诊疗必需、效果确定但容易滥用或费用昂贵的诊疗项目仅支付部分费用。

从上述基本医疗保险药品目录、诊疗项目目录及医疗服务设施支付范围与标准的相关规定来看,我国医疗保险给付范围系将“临床诊疗必需”作为重要的考量因素,但并非唯一标准。在上述相关规定中,均明示或暗示出诊疗项目或药品费用高低对给付范围确定的重大影响,如药品目录需要考量“同类药品中价格低”、诊疗项目目录需要满足“费用适宜”的条件等。这种双重标准的使用,导致在实践中如果“临床诊疗必需”与“费用适宜”发生冲突,则通常“临床诊疗必需”需为“费用适宜”让路,这显然与德国首先考量充分必要性,再就狭义经济性进行考量的思路不同。与此同时,对于不予支付以及仅支付部分费用的诊疗项目,上述规定要求各统筹地区可以增加但不得限缩,这与我国台湾地区严格限制不予支付项目的做法恰恰相反,体现了我国以基金安全而非参保人员生存权为导向的制度设计。进一步深入分析即可发现,《社会保险法》第 2 条将医疗保险之功能定位为在公民发生疾病或伤害之事故后向其提供物质帮助,而并非定位于向参保人员提供必需的医疗服务,并且对为参保人员提供物质帮助应达到何种程度并无明确规定,这决定了我国参保人员因欠缺权利内容的明确性而无法行使保险医疗给付请求权。因而,无论是《社会保险法》中“合理、必要”的规定,还是上述关于具体医疗给付内容的规定,均仅为行政主管机关具体确定医疗保险给付范围的参照标准,并不具有法律适用的效力。此种以基金安全为导向的设计必然导致医疗保险给付范围受制于医疗保险基金的筹资水平,进而导致筹资能力不同的区域间产生保障水平的差异;而更为严重的是,此种制度设计使得本应由国家基于生存权保障而承担之国家负担义务隐性化,事实上挤压了国家在医疗保险中承担责任的空间。

二、健康保险给付的分类

虽然现代健康保险制度普遍采取实物给付方式,即由保险人委托医疗服务机构向被保险人提供符合标准之医疗服务，但同时并未绝对禁止现金给付。因而，以给付形式为标准，健康保险给付可以区分为实物给付与现金给付两种类型。

（一）健康保险的实物给付

健康保险的实物给付主要表现为医疗服务机构受保险人委托向被保险人提供的医疗服务。上文对可由健康保险基金支付的医疗服务范围确定的一般原则进行了阐释。为了操作便利，各国和地区通常通过一定方式明确了基金支付的正向列表，同时也规定了不予支付或限制支付的列表。

1. 基金通常不予支付的医疗服务内容

被明确排除于健康保险给付范围的医疗服务内容通常主要包括以下类别：

（1）对于伤病诊疗非属必要的服务内容。通常包括以下项目：① 以美容为目的的药品、诊疗项目。如日本将以美容为目的的整形手术排除于各类医疗保险的给付范围；[①] 我国台湾地区"健康保险法"第 39 条第 1 项规定，美容外科手术、非外伤治疗性齿列矫正均不被纳入健康保险的给付范围。② 以预防保健为目的的服务项目。但目前出现了将特定范围的预防保健项目纳入健康保险给付范围的趋势，如德国疾病保险要求保险人对一定年龄以上的女性被保险人进行乳腺癌、宫颈癌检查，对一定年龄以上的男性进行前列腺癌预防检查，对所有一定年龄以上被保险人进行的结肠、直肠癌肠镜检查。[②] 日本健康保险则要求保险人对一定年龄以上的被保险人定期进行健康检查，并为其提供健康咨询。③ 营养滋补药品或制品。如日本《保险医疗机关及保险医疗养担当规则》第 20 条第 4 项规定，血液、电解质及血液代用剂的补液须在必要的情形下使用；我国台湾地区"健康保险法"第 39 条第 4 项及第 6 项将成药、指示用药及血液均作为健康保险的非给付项目。④ 非具有积极治疗性的装具或器械。如我国台湾地区"健康保险法"第 39 条第 11 项规定，义齿、义眼、眼镜、助听器、轮椅、拐杖等非具积极治疗性的装具均非健康保险的给付项目。⑤ 特需服务。如日本相关法规规定，如果被保险人选择更优的治疗环境，则无法从医保基金获得给付，但在目前"混合诊疗禁止"规则松动的背景下，被保险人可以通过自行补足差额的方式获得更高质量服务；我国台湾地区"健康保险法"第 39 条第 5 项规定，指定医师、特别护士或者护理师，以及灌注饮食以外的膳食与病房费差额，不能从健康保险获得给付。

（2）因疗效不确定被排除于给付范围的药品、诊疗项目。通常包括以下项目：① 处于试验阶段的药品及诊疗项目。如日本《保险医疗机关及保险医疗养担当规则》第 20 条第 1 项规定，除非认为有诊疗上的必要，否则保险医师不得对被保险人施行以研究为目的的检查。我国台湾地区"健康保险法"第 39 条第 7 项规定，人体试验不属于健康保险的给付范围。② 不具有医学意义上的疗效的诊疗项目。如日本《保险医疗机关及保险医疗养担当规则》第 18 条即规定了特殊疗法的禁止，保险医师不得为被保险人实施特殊疗法及新疗法。

（3）因对应之病症不属于健康保险意义上的伤病而被排除于健康保险给付范围的药品或诊疗项目。此类被排除的内容主要包括药瘾治疗、人工生殖、不孕不育检查、变性手术、性功能

---

① ［日］高仓统一等：《市民社会と社会保障法》，嵯峨野书院 2002 年版，第 53 页。

② 赵立新：《德国日本社会保障法研究》，知识产权出版社 2008 年版，第 140 页。

障碍诊治、正常分娩等。事实上，由于伤病范围的确定涉及价值判断，因而各个国家或地区对于健康保险意义上伤病范围的认定存在差别，因而此类药品或诊疗项目的排除通常带有各个国家或地区的鲜明特色。

上述内容均为各个国家或地区医疗保险不予给付的医疗服务的主要类型。然而，由于我国在确定医疗保险给付范围时，将“费用适宜”作为标准之一，因而我国医疗保险不予给付的内容除上述类型外，还包括基于费用考量而排除给付的内容。如《关于城镇职工基本医疗保险诊疗项目管理的意见、医疗服务设施范围和支付标准意见的通知》将应用正电子发射断层扫描装置（PET）、电子束CT、眼科准分子激光治疗仪等大型医疗设备进行的检查、治疗项目，各类器官或组织移植的器官源或组织源，以及除肾脏、心脏瓣膜、角膜、皮肤、血管、骨、骨髓移植外的其他器官或组织移植，均作为医疗保险不予给付的项目。

2. 实行特殊给付方式的医疗服务内容

此类药品、诊疗项目或服务设施通常指疗效确定、诊疗必需但费用高昂或容易被滥用的医疗服务内容。为确保此类医疗服务内容仅在必要的情况下使用，避免医保基金的浪费，通常对其设置较为特殊的给付方式。

我国台湾地区健康保险对该类给付内容规定了事前审查制度。“健康保险法”第41条规定，保险对象请求的保险给付经保险人事前审查核定非属医疗必须之诊疗服务及药品者，不予保险给付。学者通常认为该条即健康保险事前审查制度之依据。需要实施事前审查的项目主要针对高危险、昂贵或易浮滥使用之医疗服务、特殊材料及药品而设，目的在于预防医事服务机构的不实申报及危险手术。若特约医事机构并未履行事前审查之申请而径行对保险对象使用上述项目，则其不仅不能自保险人处获得此项医疗费用之偿付，亦不得要求保险对象另行支付。①

我国现行医疗保险规定了特殊给付方式的医疗服务内容主要包括“乙类目录”药品以及医保基金仅支付部分费用的诊疗项目。根据《城镇职工基本医疗保险用药范围管理暂行办法》，属于医疗保险给付范围的乙类药品主要是指可供临床治疗选择使用的疗效好、同类药品中比“甲类目录”药品价格略高的药品。对于“乙类目录”药品，参保人员须首先自付一部分费用，然后再就剩余的部分按照医疗保险规定支付。从上述规定特殊给付方式的药品及诊疗项目的内容来看，该部分医疗服务在伤病诊疗必要性方面应当与被纳入医疗保险支付范围的其他药品或诊疗项目无异，要求参保人支付一定自付比例的目的在于通过需方控制的方式避免滥用。事实上由于此部分诊疗项目通常费用昂贵，在确属诊疗必需的情况下，要求参保人负担额外费用则可能导致其因医疗费用负担过重而无法获得必需的医疗服务，因而此种需方控制的给付方式的妥当性需要进一步考量。

（二）健康保险的现金给付

现代健康保险虽多采用实物给付之方式，由受委托之医疗服务机构代替保险人直接向被保险人提供伤病诊疗所必需的医疗服务，但通常均要求被保险人应至特定之医疗机构接受诊

---

① 参见我国台湾地区“健康保险法”第41条、“健康保险医事服务机构医疗服务审查办法”第20–24条。

疗。在某些特殊情况下,如果被保险人至特定医疗机构接受诊疗存在困难或难以获得及时救治,保险人亦可于事后直接对被保险人予以现金给付,此为对必要情况下医疗保险实物给付原则的例外规定。例如,日本《健康保险法》第87条规定,保险人如果认为对被保险人直接进行疗养给付存在困难,或者被保险人是在迫不得已的情况下于保险医疗机关以外的医院、诊所、药局等接受诊疗或药物的支给,则保险人可以采用支付疗养费的方式代替实物给付。我国台湾地区"健康保险法"第43条规定,保险对象因情况紧急,须在非保险医疗机构立即诊疗或分娩者,得检具相关证明文件,由投保单位向保险人申请核对医疗费用。

我国《社会保险法》未规定应通过何种方式向参保人员提供给付,但要求应由基金支付的部分医疗费用应当由经办机构与医疗机构、药品经营单位直接结算。因而,参保人员于定点医疗服务机构接受治疗或药品时,仅需支付依规定须自己负担的部分即可。对于参保人员未于定点医疗服务机构就诊如何获得保险给付的问题,《社会保险法》并未规定。实践中,多数统筹地区均肯定了参保人员于急诊情况下可于非本人定点医疗机构就诊并通过医保基金获得支付。[①] 此外,我国医疗保险由经办机构直接对参保人员于事后进行现金给付,还包括按规定转诊至统筹地区以外医疗机构就诊的情形。我国目前采取分立式的医疗保险体制,各统筹地区通常在本地区范围内指定定点医疗机构。[②] 但由于医疗资源在各地区分布极不均衡,可能出现参保人员需要至统筹地区之外医疗技术更为先进的医疗机构接受诊疗的情况。如果经过医疗机构及经办机构的审查,此种转诊确属必须,则允许参保人员至统筹地区之外的医疗机构接受诊疗,再于事后依照医疗保险的给付标准向参保人员为现金给付。应当认为,这是由确定医疗保险给付范围的诊疗必要性实质标准所决定的,也是现代医疗保险目标实现的内在要求。

三、健康保险的给付标准

(一) 健康保险给付的起付标准

健康保险给付的起付标准是以需方为着力点的成本控制机制。健康保险属于由第三人付费的医疗服务提供体制,在需方普遍缺乏费用意识的前提下,均倾向于过度使用医疗资源,导致医疗费用的非正常上涨。美国就将私人医疗保险的发展作为医疗费用上涨的主要原因之一[③],社会保险亦具有相同效果。通过设置起付标准要求患者自行负担起付标准以下之医疗费用,能够抑制被保险人过度使用医疗资源的冲动。除此之外,部分学者认为起付标准的设置还具有以下功能:避免保险基金对小额医疗费用的支付,减少管理成本;将小病治疗费用拦截在

---

① 如《北京市城乡居民基本医疗保险办法》第16条、《成都市城镇职工基本医疗保险办法》第15条第2项、《上海市城乡居民基本医疗保险办法》第15条第2款等。

② 日本由厚生劳动大臣代替所有保险人进行保险医疗机关的指定与保险医师的登录,因而被保险人选择医疗机构并无地域之限制;我国台湾地区健康保险属于一元化的保险体制,健保局作为唯一的保险人与医事服务机构建立特约关系,对保险对象就诊医疗机构之选择亦无地域之限制。

③ George E. Rejda, *Social Insurance and Economic Security*, New Jersey: Prentice Hall, 1998, pp.172-173, 176.

医保基金支付范围之外，保障医保基金集中保大病、保高额医疗费用功能的发挥。[①]

我国各项医疗保险制度均设有起付标准。1998年国务院发布之《关于建立城镇职工基本医疗保险的决定》要求城镇职工医保统筹基金的起付标准应设置在当地职工年平均工资的10%左右；由于当时城镇职工医保统筹基金仅支付住院医疗费用，因而此起付标准则主要针对住院医疗费用而设。随着越来越多的门诊治疗被纳入统筹基金的支付范围，实践中各统筹地区也为由统筹基金支付的门诊治疗费用设置了起付标准。[②]与此同时，由于城镇居民医保与新农合覆盖的参保人员普遍经济负担能力较差，起付标准的设置通常低于城镇职工医保。

起付线的设置对于抑制患者需求的作用并非绝对的。学者经过测算指出，当患者预期所需之医疗费用不会超过起付标准时，其消费行为与无保险者相同，不会产生过度消费医疗资源之动机；而当患者预期所需之医疗费用将超过起付标准时，起付标准几乎不能发挥抑制消费的作用。[③]基于此，对于起付标准所发挥的需方成本控制功能不能过分倚重。德国、日本及我国台湾地区均没有起付标准的要求。就我国的情况而言，由于起付标准数额的确定并未与个人或家庭收入挂钩，极有可能成为患者获得必要医疗服务的重大障碍。实践中，广州市于2009年取消了设置门诊特定项目起付标准，江苏省亦于2009年取消了设置学生儿童门诊医疗的起付标准。

（二）医疗费用共同负担

医疗费用共同负担，要求参保人员对起付标准以上至支付限额以下部分的医疗费用按照一定比例或固定数额予以分担，参保人员负担的此部分医疗费用在我国大陆地区及台湾地区均被称为自负额，日本则称其为一部负担金。被保险人对医疗费用的共同负担属于需方成本控制的一种方式，通过要求参保人员负担部分医疗费用确保其始终保有费用意识，从而自觉避免过度使用不必要的诊疗项目。此外，要求被保险人共同分担医疗费用还被视为实现医疗保障政策目标的重要工具。

第一，医疗费用共同负担的比例是衡量健康保险保障水平的重要指标。随着高科技医疗技术不断发展并不断被纳入健康保险的给付范围，医疗费用的急速上升已成为不可避免的趋势。在此背景下，仅依靠调高费率可能已无法完全因应医疗费用支出的增长，因而在确保被保险人能够获得必要的医疗服务的前提下适当调高被保险人的自付比例则成为必要的选项。除此之外，不同健康保险制度间被保险人自付比例是否相同也能够说明制度间的保障公平问题。

第二，被保险人对医疗费用共同负担比例具有引导被保险人员就医选择的政策功能。首先，对于不同级别之医疗机构设置不同的自付比例，能够引导参保人尽量选择基层医疗机构就医以避免医疗资源之浪费。其次，自付比例的区别设置还可以引导被保险人的其他医疗行为。

---

① 王晓燕：《我国社会医疗保险费用的合理分担与控制研究——基于系统动力学的视角》，经济管理出版社2010年版，第122页。

② 如北京市城镇职工医保，职工于一个年度内首次住院起付标准为1300元，第二次及以后住院之起付标准则设为首次住院起付标准的1/2，即650元；而门诊医疗费用的起付标准则以年度为单位计算，一个年度内累积门诊治疗费用达到1 800元即可计入统筹基金的支付范围。

③ Joseph P. Newhouse et al, "The Effect of Deductibles on the Demand for Medical Care Services", *Journal of the American Statistical Association*, 1980(75), pp.525-533.

如我国台湾地区“健康保险法”第35条即规定保险对象应自行负担之住院费用随住院日数的增加而调高，急性病房30日以内自付10%，而超过60日则需自付30%，体现引导患者减少不必要住院日数的政策取向。

第三，医疗费用共付比例的设置能够体现对不同群体保障政策的差异。如我国医疗保险通常对老年人与儿童设置了较低的共付比例。日本健康保险将70岁以上老年人负担金的支付比例确定为20%，低于70岁以下被保险人10个百分点。[①] 但与我国不同的是，日本老年人较低的自付比例亦设有例外规定，即老年人收入达到一定数额以上者即不应适用较低自付比例，体现了健康保险给付制度中的量能负担原则。

（三）保险基金的最高支付限额

健康保险基金的最高支付限额是指一个被保险人在一个保险年度内能够从健康保险基金获得医疗费用支付的最高数额，在我国被称为医疗保险支付的“封顶线”。国务院1998年《关于建立城镇职工基本医疗保险的决定》将城镇职工医保统筹基金的最高支付限额确定为当地职工年平均工资的4倍左右；至2009年中共中央、国务院发布的《医药卫生体制改革近期重点实施方案》则明确将城镇职工医保与城镇居民医保统筹基金的最高支付限额确定为当地职工年平均工资与居民可支配收入的6倍左右，将新农合统筹基金的最高支付限额确定在当地农民人均纯收入的6倍以上。事实上，由于上述最高支付限额以地域及相关人群年度收入作为计算基础，因而统筹地区之间、不同保险制度之间的最高支付限额存在较大差距。[②] 设置基金支付的最高限额属于我国医疗保险的特色，体现了我国医疗保险制度将基金安全目标的实现置于首位的价值导向。然而，限定基金支付的最高限额意味着医疗保险对于参保人员医疗费用的有限责任；在此前提下，医疗费用高速上涨的风险实际上由参保人员自己负担，不仅使医疗保险规范医疗服务机构的医疗行为、抑制医疗费用过度上涨的功能受到制约，而且可能导致经济能力较差之参保人员所需大额医疗费用无法获得保障。

事实上，制度发展相对成熟的国家或地区均未规定健康保险基金的最高支付限额；恰恰相反，这些制度均规定了被保险人自付医疗费用的最高限额。如日本《健康保险法》于第115条规定了高额疗养费制度，即被保险人在同一月内于同一保险医疗机关所负担的费用及其他应由自己负担费用之合计额，如果超过政令所确定的限额，则超过部分由保险基金予以支付。我国台湾地区“健康保险法”第35条规定了保险对象因同一疾病住院自行负担费用的最高金额，门诊诊疗则规定了定额负担制，对药品及检验、检查费用亦规定了最高负担上限。[③] 在现代社会，社会权保障已成为各个国家或地区社会保障制度构建的基本理念。虽然基金安全亦为社会保险制度永续运营的重要前提，但在基金安全与被保险人权利保障的价值选择中，毫无疑问

---

① 日本《健康保险法》第74条。

② 统筹地区之间的差距，如城镇职工医保年度最高支付限额在经济较发达的北京已达到30万元，上海则达到28万元，而经济较为落后的西部地区如桂林市则约为18万元；而制度间年度最高支付限额之差距，北京市城镇居民医保统筹基金年度最高支付限额，学生儿童为17万元，其余为15万元，可见显著少于城镇职工医保，昌平区新农合年度最高支付限额为18万元，基本与居民医保持平，亦少于职工医保。

③ 如2002年医学中心、区域医院、地区医院与基层院所就诊的定额负担为210元、140元、50元新台币，药品部分负担上限为500元新台币，检验、检查费用上限为300元新台币。

应将被保险人权利保障置于首选地位。就我国的情况而言,随着医疗保险基金最高支付限额的逐年提高,绝大部分参保人员的医疗费用能够在基金支付限额内获得偿付,我国设置医疗保险基金最高支付限额在更大程度上可能属于理念问题。如果医疗保险制度的价值导向未由基金安全转向参保人员生存权保障,那么医疗保险基金的最高限额制度只可能不断提高而不会完全取消,至于日本及我国台湾地区业已实施的被保险人最高支付限额制度则更加难以被接受。

思考题:

1. 如何理解健康保险的保险性?
2. 如何理解医疗服务机构在健康保险法律关系中的法律地位?
3. 如何理解健康保险保费义务的法律性质?
4. 确定健康保险给付范围的法理依据是什么?

第八章　工伤保险法

第一节　从侵权救济到劳动灾害保险

所谓工伤，简言之即因“工”而“伤”[①]，也可表述为劳动灾害、职业灾害或职业伤害，是指职业危险因素给处在劳动过程中的劳动者造成的伤害。[②] 面对这些伤害，法律的应对及其变革具有很强的时代特征。在浓缩的百年中，集中经历了从自甘冒险（契约约定）、侵权救济到劳动灾害保险，从民法到社会法的“华丽转身”。

一、侵权法调整的兴衰

（一）过失责任之适用

从工业革命开始及至19世纪中期，在工业事故领域占据统治地位的法理适用一直是传统侵权。在这一时期，资产阶级的自由、平等、博爱引领着整个宪法制度，当然也给当时主流法学的发展打上了深深的烙印。这是一种时代的烙印——尊重个性的解放与自由，强调平等与平权。当这一烙印深入到民法之中，契约自由必然是领军之笔。工厂主与劳动者之间的风险分配，自然也脱不开干系，无法逃离这股自由理念的洪流。在这一理念的掌控下，雇佣劳动自然被纳入平等主体之间的契约范畴，强调劳资双方的意思自治与缔约自由。[③] 此时，国家的目的仅限于“执行契约”，[④] 而非矫正契约。事实上，在这一时期（自由资本主义时期），国家的任何干预都极易遭到强烈的反弹，正如霍姆斯所言，如果“国家干预是一种恶，那么它在哪儿都不能变成善”[⑤]，在

---

① 即因工负伤。参见王全兴主编:《劳动法学》，高等教育出版社2008年版，第423页。

② 高崇慧主编:《劳动与社会保障法学》，清华大学出版社2015年版，第341页。其中既包括急性伤害（一般工伤），也包括慢性伤害（职业病）。

③ A.W. Brian Simpson, *Leading Cases in the Common Law*, Oxford University Press, 2001, pp.35–100. 此时，工业事故法之根基乃在于劳资双方的契约安排，而非基于国家所推行的各种标准。此时，劳动者以契约隐含之意自愿承担工伤风险，雇主负责的唯一前提乃他对伤害的造成存在过失。

④ Amy Dru Stanley, *From Bondage to Contract: Wage Labor, Marriage, and the Market in the Ege of Slave Emancipation*, Cambridge University Press, 1998, p.14.

⑤ Oliver Wendell Holmes, *The Common Law*, The Law book Exchange, Ltd., 1881, p.77; George P. Fletcher, “The Search for Synthesis in Tort Theory”, 2 *Law and Phil.*, 1983, pp.63–70.

雇佣契约层面亦然。此时,面对均无过错的雇主与劳动者,国家若伸手在他们之间转移成本,其结果无异于将国家的触角延伸到私人领域,是国家在广泛涉足私人领域的资源分配。[①]

在这一思想的影响之下,法国、奥地利、德国、瑞士等国均采过失责任主义。[②] 面对劳动者在工作过程中所遭受的意外伤害,只有原告能证明雇主或其他加害人对损害具有过失,且他们没有因自己的过错或过失促成这一伤害之时,才可能得到普通法下的损害赔偿。单纯的事故伤害应该留置在伤害出现的地方。[③] 这里所指的"事故"乃不存在过错的损害。此时,若伤害是不可避免的,即被告即便给予特别的注意仍无法阻止伤害的发生,被告的行为就不应受到非难,法律责任自然亦不应落在他(被告)的肩上。[④] 后来,判例进一步将其推进,引入被告的注意义务,即如果被告在未能行使"适当的谨慎"时没有"过错",那么这一伤害就是"一起单纯的事故",这是所有社会公众都会经常面对的伤害……在这些案件中,所出现的损失必须留置于他们最初发生的地方。[⑤] 这时期的工业事故法呈现出以下特征:

一方面,在劳动者面向上,若想获得工伤赔偿,原告必须首先举证雇主存在过失。在英国法上,这种过失往往意味着对注意义务的违反,也即将一般过失诉讼中的注意义务置于工业事故的舞台之上,使劳动市场中的雇主安全保护义务得以具体化。[⑥] 这种安全注意义务,通常乃经由雇佣契约形成的一种间接义务或附随义务。但在德国,当时的普通法(gemeines Recht)大多数邦国法(Partikularre-cht)却要求"雇主之故意或过失必须是损害发生的直接原因,方得基于不法行为,行使损害赔偿请求权"。此时问题乃在于近代工厂的雇主很少会直接参与生产过程,多数情形下,直接加害之人实际上乃共同劳动之人,以及接受雇主委任对劳动者实施命令、指挥的管理层人士。如果是因同僚过失导致原告受伤,则伤者尚需证明雇主在选任、监督上具有过失。[⑦]

另一方面,在雇主面向上,又存在着诸多的责任限制因素。此时的普通法往往会支持雇主诸多的抗辩事由,并以此来抗拒劳动者的侵权赔偿请求:

第一,因共同劳动者(同僚)过失而导致的工伤,雇主可以"共同雇佣法理"(a doctrine of common employment)抗辩,不负侵权之责。[⑧] 即在工业事故领域,直接排除一般意义上雇主替代责任的适用。而且共同雇佣关系的适用范围也并不仅限于同一工种或同一职位的其他劳动者,就连其他工种的劳动者也一并包含其中。英美国家甚至将其进一步扩展至从事监督管理职位之人。[⑨]

第二,劳动者若因本职工作中的固有危险而遭受损害,雇主还可以"业务固有危险法理"予

① Oliver Wendell Holmes, *The Common Law*, The Law book Exchange, Ltd., 1881, p. 77; George P. Fletcher, "The Search for Synthesis in Tort Theory", 2 *Law and Phil.*, 1983, pp.63-70.

② 王泽鉴:《民法学说与判例研究》(第 3 册),中国政法大学出版社 1998 年版,第 277 页。

③ Oliver Wendell Holmes, *The Common Law*, The Law book Exchange, Ltd., 1881, p. 84.

④ Brown v. Kendall, 60 Mass. (6 Cush.) 292, 296-297 (1850).

⑤ Shaw v. Boston and Worcester R.R., 74 Mass. 45, 67 (1857).

⑥ 黄越钦、王惠玲、张其恒:《职灾补偿论——中美英德日五国比较》,五南图书出版公司 1995 年版,第 53 页。

⑦ 黄越钦、王惠玲、张其恒:《职灾补偿论——中美英德日五国比较》,五南图书出版公司 1995 年版,第 120 页。

⑧ Hutchinson v. The York, Newcastle and Berwick Railway Co. (1850) 5Ex.343, 155 Eng. Rep.150.

⑨ 李满奎:《工伤保险的强制性及其实施路径研究》,法律出版社 2014 年版,第 17 页。

以抗辩,不负违反安全注意义务(违约)或侵权法上的过失责任。[①]

第三,当劳动者本身接受业务所伴随的危险时,雇主可以“危险容忍法理”(a doctorine of assumption of the risk)主张抗辩,唯一的例外乃雇主过失。当时的主流法学普遍认为:“工业事故法并非立基于国家所推行的标准,而是立基于当事人之间的私人契约设置。工人在签订契约之时,已经默示同意承担其中所隐含的工伤风险,只有在雇主存在过失时,对于因其过失所造成的劳动者人身伤害才不得免责。”[②]

第四,在共同过失的原则之下,只要受害人一方的任何错误行为——无论该过错是多么细微地促进了伤害,这位受害人都将无法获得损害赔偿。[③] 因为,“在过失的当事人之间……法律会将伤害后果安置在伤害发生的地方”。[④]

(二) 过失责任之困境与变迁

工业革命初期,在过失责任诸多的抗辩事由与责任限制因素之下,大多在工业事故中伤亡的劳动者及其家庭都无法获得相应的赔偿。但随着工业革命的深入,在工伤事故中雇主过错所占的比例持续下降,而“无法回避的工作风险”却异军突起,及至成为导致工伤的最核心事故。1902 年,马里兰州立法机构称“在危险行业中,至少有 95% 的伤亡事故应归咎于不可避免的职业风险”[⑤]。爱德华州的报告也指出工业事故的代价“在很大程度上是不可避免的”,“即便我们已经将所有可能的防护措施全都作好,现代工业还是一样会继续吞噬人们的生命与肢体,作为工业的代价”。[⑥] 因此,在相当一部分工业事故所带来的灾难中,我们无法将责任归咎于任何人。[⑦] 变革的现实,推动着不得不变革的法律:

首先,从 19 世纪中后期开始,以举证责任入手的严格责任与准严格责任已经渐渐浮出水面,法院开始通过限缩无过错事故的范围来缓解“无救济损失”所带来的难题。

其次,从 19 世纪中期开始,雇主责任法的制定也在西方主流资本主义国家中形成潮流,各国力图通过专门之立法废除或削弱普通法上的雇主抗辩,使受害劳动者在法庭中能与雇主处于对等的地位。

最后,随着“公共政策”理念的引入,古典侵权法的严谨结构在工伤事故领域开始逐渐崩塌,尤其显明于危险容忍法理的变迁之中。在这里,侵权法的适用最先受到新理念的冲击:一是家长主义的崛起。在这一理念的影响下,法学家们首先主张要厘定市民社会中个人自由的范围,就必须为侵权法下的个人权利、义务设定一个合理的界限,正如刑法中的自杀禁令乃为了保护生命而限制个人自由一般,过失损害的赔偿诉权同样不可让渡。“保护公民的生命乃国

---

① Seymour v. Maddox 1851 16 Q.B. 327, 117 Eng. Rep.904.

② Priestley v. Fowler, 150 Eng. Rep.1030, 1031 (Ex. 1837); A. W. Brian Simpson, *Leading Cases in the Common Law*, 1995, pp.100–134.

③ Thomas G. Shearman and Amasa A. Redfield, A Treatise on the Law of Negligence, Baker, Voorhis & company, 1988, pp. 44, 35–37.

④ Thomas McIntyre Cooley, A Treatise on the Law of Torts, Archibald Hall Throckmorton, Callaghan, 1930, p.672.

⑤ An Act to Creat a Co-Operative Insurance Found, 1902, Md.Laws 593–594, ch. 412.

⑥ E. H. Downey, History of Work Accident Indemnity in Lowa 2 (1912).

⑦ Crystal Eastman, Work-Accidents and Law, 1910, p. 86

家的最高利益之所在”，此时过错机制赋予每个公民的保护均“具有如此根本的价值，以至于国家不会允许它被放弃”。[①] 二是更多人开始相信，“自动放弃责任(追究之权)”实质上即代表着主体之间的不平等，这种不平等关系已经破坏了侵权法的经典框架。如果支持铁路与其雇员或乘客之间的免责契约，就是在“无视工人与老板之间的不平等状态”。[②] 在二者的共同作用之下，古典侵权法在调整工业事故之时的权威地位深受撼动。在新情况与新理念的触动之下，人们努力探寻着全新的解决之“法”。

二、引入保险制度的尝试

(一) 雇主责任险

19 世纪后半叶的欧洲，随着工业发展、事故猛增以及侵权法路径的变迁，资方的事故成本也在提升，与之相对应，劳动者的权利意识也逐渐觉醒，二者之间的矛盾在暗处积攒、延伸并日益尖锐化。这一切都推动了一种工业事故新品——雇主责任保险的亮相与普及。此时，雇主责任险的设立目的乃将普通法上或雇主责任法上的赔偿义务人从雇主转换为保险公司。在事故发生后，雇主只要及时通知保险公司就好。这种设计，实则仅化解了雇主的诉讼负担，并未绕过侵权诉讼的障碍，绝大多数的事故案仍需以诉讼方式画上句点。[③] 在法院判决劳动者胜诉之前，劳动者都必须自付一切医疗费用，旷日持久的收入中断更使他们难以集中财力承担诉讼的成本，事故后的艰难境况可想而知。

(二) 公司基金

雇主的另一项努力乃公司基金。这一制度的目的在于缓和普通法体系下伴随雇员伤害而出现的“不满、阶级情绪与不公正感”。在此，公司用责任保险费专项资金构建起事故赔偿基金，一旦发生工伤事故，无论公司是否具有普通法上的抗辩事由，都将照常赔付受伤的雇员，以建立起“公司与员工之间的良好关系”[④]，并促进劳资双方之间的和解，且培养雇员对企业的忠诚。

在操作中，绝大多数公司会要求劳动者在申请加入事故计划时，签署放弃诉权的书面证明，或者要求受伤成员在获取基金救济与提出侵权之诉之间作出选择——前者是具有确定性的基金给付，而后者则以诉讼风险为前提。很多公司还以加入基金、具备成员资格作为雇佣的前提条件，或者虽保持劳动者的加入选择权，却以最高年龄限定成员构成，并要求所有申请加入者进行体检。[⑤]

但问题在于，随着法律理念的转变，法院越来越倾向于拒绝执行雇佣合同中禁止工人诉权的条款，即便雇主们调整基金的受领方式，改成以放弃普通法诉权为受领条件，也仍很难阻止

---

① Thomas G. Shearman and Amasa A. Redfield, *A Treatise on the Law of Negligence*, Baker, Voorhis & company, 1988, p. 308.

② Seymour D. (Seymour Dwight) Thompson, *The Law of Negligence in Relations Not Resting in Contract: Illustrated by Leading Cases and Notes* [V.2][1880], Cornell University Library, 2009, p.1025.

③ Gilbert Lewis Campbell, *Industrial Accidents and Their Compensation*, Boston and N.Y.: Hughton Mifflin Co., 1911, p.68.

④ E.M.Atkin and H.M. Edwards, *Compensation to Injured Employees*, Plan of the New York Edison Compay, 1910, pp. 5–6.

⑤ Twenty-third Annual Report of the Department of Labor, 272, 394; and Willoughby, Workme's Insurance, 316, 286.

工人在受领救济金后再行起诉。1898 年联邦层面的厄德曼法案，在面对工伤问题时甚至直接规定“救济金的领取不能成为否定诉权的理由”。

另一方面，我们也必须看到，雇主若想采取事故救济方案，还必须付出比其他同业竞争企业高出很多的经济成本，这很容易使它在竞争中处于劣势。与普通法下的责任规则相比，企业救济基金让公司增加了 5 倍左右的成本负担。[①] 因而，能负担得起这种基金的，大多是那些“没什么竞争压力”的公司，即占据垄断或自然垄断地位，能够第一时间将成本转化成价格，转嫁给消费群体的企业，如铁路、钢铁行业。在竞争激烈甚至过剩的行业里，则举步维艰。在这些行业里，任何一家公司都有可能为取得竞争优势而削减伤害救济金，这种“背德”行为又会传染给整个体系，致使其他公司也无法继续执行昂贵的事故基金计划。“竞争将使行业内的道德情感堕落到最糟糕之人的生存水平”，如果没有统一的法律规则来监管负隅顽抗的少数企业，即便是“特定工业中大多数的公司”也都无法实现真正的变革。[②]

（三）合作保险及其转型

面对侵权诉讼背景下难以避免的悲惨遭遇，劳动者也开始主动探寻应对工伤事故的其他出路。发轫中的保险机制，无疑是工人的上上之选。但同时期内飞速发展的人寿保险却没能拿出面向工人阶级的保险产品。原因很简单：在保险公司眼中，工人们生活的安全卫生条件与工作所面临的事故危险，必将使保险人面临“严重的风险”。

这条路的另一个出口是合作保险。1868 年，美国的第一家合作保险协会——联合工人兄弟会成立，并将自己定位为劳工组织，从促进“人与人之间的权利与正义的理念”出发，为提供“一个联合体来保护‘工人’利益免受侵犯”而设立[③]，并最终发展为由工人和中产会员组成的互助保险组织。在 19 世纪最后 20 年当中，到 19 世纪 90 年代，合作保险已经成为人寿保险市场上的主要保险形式，并在生命保险与伤残救济中扮演着至关重要的角色，甚至很可能是事故伤亡中系统赔偿的主要来源，以至于平均每 3 位美国工人中就有 1 位加入其中。[④]

像联合工人兄弟会这种全国性的协会，其基层组织——地方分会也都由 50–150 名会员组成，这些地方分支内部成员之间往往彼此熟识，也更容易建立起社会团结规范，近距离地监管、监督保险事务的执行。每当协会需要筹措资金以应对保险请求指示，成员都会分摊固定数目的金额，如 1 美元，这一方面彰显了救济协会弟兄之间的友爱与互惠，另一方面，也避免了储备巨额基金所潜在的腐败现象。而会费则不分年龄、身体状况与职业差别，人人皆同。也许从短期看来，这种平等会费会促进逆向选择，因为年轻的、低风险的会员需要补贴年长的、高风险的会员，这可能会导致部分低风险的年轻成员选择离开。但从长远看来，这种运作却能更有效地刺激会员长期留在既定的协会中——即便年轻时分担多一点，但这种分担会在将来获得收益，即每一个会员，随着该劳动者年龄的增长，风险成本都会逐渐提高，在平等会费之下，其年轻时

---

① Report to the Legislature of the State of New York by the Commission Appointed under Chapter 518 of the Laws of 1909 to Inquire into the Question of Employers' Liability and Other Matters: First Report, March, 19, 1910, p.160.

② John B. Andrews, "Legal Protection for Workers in Unhealthful Trades", 2 *ALLR*, 1912, pp. 356, 357.

③ Walter Basye, History and Operation of Fraternal Insurance, 1919, pp.9–10.

④ David T. Beito, From Mutual Aid to Welfare State: Fraternal Societies and Social Services, 1890–1967, 2000, p.14.

代所多承担的保险投入最终将转换并传递到年长之时，分摊工作年龄的后半段里逐年升高的保险成本。

但随着合作保险的进一步发展，新兴协会的增多，原有的保险协会也不得不面对新协会所带来的冲击与挑战。这种冲击最先体现在对年轻、健康的低风险会员的争抢上。固有的合作保险协会开始担心现有的低风险会员退会，因为对于那些年轻会员而言，离开一个老旧的高风险保险共同体会为他们有效地减轻保险成本。随着这些成员的分裂，进入低成本的新协会，新协会的数量迅速增加，到 1888 年，美国的合作保险协会数量已经达到 1 200 多家。这导致原有的协会相继解散——随着低风险成员的不断转移，从一风险共同体到下一个风险共同体，再到下一个……风险波浪的反复循环就此一步步拆解着轰轰烈烈的合作保险运动。[①]

到 20 世纪初，保险合同法的发展又在这一拆解运动上来了一把推波助澜——面对所有条文模糊的合同，法院会一视同仁地按照“不利于合同拟定者”的原则解释条款。[②] 在这一步的发展中，针对的显然主要是商业保险公司，而非合作保险协会。在商业保险与司法正义的较量里，一方面是法院解释的严苛化，另一方面则是专业律师对这种严苛判决趋势的回应——他们不断改进保单，将其拟定得更加复杂。但合作保险协会显然很难获得像商业保险公司那样的律师“看顾”，他们必然无力抵抗这场合同拟定与司法解释的互动漩涡，并深陷其中。之前，合作协会具有开除会员的权限，而且如果协会想对保险条款进行修改，修改后的条款还可以一并溯及适用于所有现存成员。但在新规则下，这样的权力显然会受到法院在实体与程序上的双重限制。这种限制严重地破坏了合作保险协会在道德风险与逆向选择上的监督控制能力。合作保险也随之逐渐走向没落。

但有着相同特征的英国合作保险机构——“友联会”却在同一时间走上了另外一条转型之路，最终成为英国社会保险项目的关键奠基石。当然，这与英国政府一路的培养和扶持密不可分。事实上，19 世纪末 20 世纪初，英国社会保障政策的着眼点即在于尽可能地限制国家行政机关的作用，并同时发展自治机构与政府机关之间的合作关系。也就是在美国合作保险走向衰落的同时，英国的友联会成功转型为“特许协会”，并在 1911 年《国家保险法》的授权之下，成为向雇佣工人提供疾病、伤残、生育和医疗保险的非营利性机构。[③] 德国也是在混乱的工人保险与雇主保险中逐渐发展出自己的一套社会保险体制的。甚至丹麦、法国、比利时和瑞士也都走过同样的公私合作体制之路。

三、工伤保险的兴起

从合作保险到公司基金，我们可以看到 19 世纪中期到 20 世纪初劳资双方在与工业事故的对抗之中所作的尝试与付出的努力。但失败的现实让劳资双方日益清楚地看见私权力量的

---

① John Fabian Witt, *The Accidental Republic: Crippled Workingmen, Destitute Widows, and the Remaking of American Law*, Harvard University Press, 2004, p.93.

② Frederick H. Cooke, *The Law of Life Insurance Including Accident Insurance and Insurance by Mutual Benefit Society* 3, New York, Baker, Voorish, 1891, pp.3-4.

③ A. I. Ogus, “Great Britain”, in Peter A. Kohler and Hans F. Zacher eds., *The Evolution of Social Insurance 1881-1981: Study of Germany, France, Great Britain, Austria, and Switzerland*, Martin Partington, 1982, pp. 150, 185.

深刻局限。在自下而上的一系列探索接连破产之后，自上而下的国家干预成为必行之路。具有公法倾向的工伤保险成为一种全新的选择。尤其当近代化国家不得不面对工业化进程中数量急剧膨胀的这一支“伤残大军”与日益崛起的工会力量之时[①]，这种变革更是显得尤为迫切。

19世纪70年代，既无任何有效保障，又无社会地位、政治权利的德国工人首先开始团结起来，开展所谓的工人运动，并在政治化的过程中引发了早期的“红色危机”。[②]德国政治局势一度紧张，巴黎公社式的革命似乎一触即发。在这种境况之下，当局被迫率先采取行动，努力缓解社会矛盾，于1884年颁布了世界上第一部《工伤保险法》。[③]

这是一条公法路径的开辟，将公法模式与保险机制结合在一起，联手跨越那条哽住私法之路的鸿沟——过错问题。也只有这条路径，才有希望把劳动关系从这种紧张的社会关系上完全解放出来。因此，俾斯麦要建立的是一种公法意义上的无过错补偿制度(而非私法侵权上的严格责任，实践已经证明通过严格责任来获得扩大的雇主责任，并不能消除雇主与雇员之间在法律上的对立，反倒是由此带来的诉讼膨胀，进一步增加了劳资双方之间的阶级对立状态及社会摩擦，由雇主责任强化所产生的事故成本激增，也已使企业内部的和平几乎无法维系[④])，它决心绕过诉讼的缠累，走出罗马法在过错问题上的束缚，构建起一个强有力的工伤保障体系。这一体系将覆盖企业内出现的所有事故，无论是雇主过错、雇员本人过错还是他们以外的第三人过错，甚或没有任何人引起的偶发性事件，都将一并包含其中。只要工人是因事故而失去劳动能力，就应当获得工伤待遇。因为只有不分事故原因，才能真正通过保险为工人提供全面的保障，使其不因事故在失去劳动能力的同时也失去生活来源，在发生死亡事故时也不会留下无依无靠的家属。[⑤]对于雇主而言，它是必须自掏腰包的强制保险。这就从根本上杜绝了私人保险里的道德风险与逆向选择，使得雇主可以统一将保险成本打入生产成本之中——既拉平了竞争，又可以“防止最坏的雇主拖住整个行业的后腿”。[⑥]

继德国之后，英美等西方国家也陆续走上工伤保险之路。即便在很多历史文献中，它曾因颠覆传统侵权法原则而被贴上“革命性”“激进性”和“集体主义”的标签，甚至有人批评它是“走向黑暗”的“疯狂立法”，但它在整个工业事故解决进路上的飞跃式成就在已过的历史中得到了丰富的印证。

四、社会法面向的转型

第二次世界大战后，西方各国的工伤保险制度逐渐向社会保障面向靠拢，围绕全新的经济环境，配合经济与社会结构的改变，先后作出较大幅度的调整。英国通过1946年《国民保险(工

① John Fabian Witt, *The Accidental Republic: Crippled Workingmen, Destitute Widows, and the Remaking of American Law*, Harvard University Press, 2006, p.24.19世纪80年代，西方社会已经发现，在和平时期，工业化进程中所造成的伤亡人数已经超过了此前的战争浩劫。

② Wicker, Soziale Sicherung bei Arbeitsunfällen und Berufskrankheiten, S92.

③ 林嘉主编:《劳动法和社会保障法》，中国人民大学出版社2011年版，第338页。

④ 黄越钦、王惠玲、张其恒:《职灾补偿论——中美英德日五国比较》，五南图书出版公司1995年版，第122-123页。

⑤ Wickenhagen, Anlagenband, S 17. 参见蔡和平:《中德工伤保险法律制度比较研究》，北京大学2004年博士学位论文。

⑥ Fred C. Swedtman, "Voluntary Indemnity for Injuried Workmen", 1 *ALLR* 1911, p.49.

业事故）法》的制定，率先将其纳入新的社会安全制度之中，使其成为国民保险制度的一环。德国、日本也先后在 19 世纪 60 年代对各自的工伤保险制度作了全面的修正，使工伤保险的整体重心从劳动法向社会法方向倾斜。

在此之前，工伤保险大多被理解为劳动法上雇主个人（事故补偿）责任的保险化，或利用保险制度将集团化之雇主责任予以扩大化、彻底化。[①] 所谓的工伤保险，不过是为"担保劳动基准法上雇主的事故补偿责任"而制定的[②]，因此，两法在补偿内容之上始终保持着高度的一致性。但这一波的修法却使问题的中心与争议的焦点摆到了天平的另一边：在英国，保费虽仍由雇主及劳动者缴纳，但国家也必须负担一部分运营基金，大约为 1/6。而在日本，变革则进行得更加彻底，经过劳工团体坚持到底的斗争与谈判，加上 60 年代石绵肺事件的发生，[③] 最终实现了 20 世纪 60、70 年代的几次大规模修法，使社会保障化理念深入其脊髓：

第一，国库负担之引入。1960 年修法，在重度伤残（一至三级伤残）和长期伤病的保险给付中，引入国库分担；1965 年又进一步将其扩张到所有种类的给付类型，包括保险运营的事务性支出。

第二，保险给付年金化的引入与扩大化。1960 年修法，首度在重度（一至三级）伤残和长期（经过 3 年治疗未愈）伤病中引入年金给付。1965 年将其进一步扩大到七级残障的遗属补偿，长期伤病之给付也修改为"疗养费"加"年金"两个部分。1976 年专门针对长期伤病设立伤病补偿年金。1974 年，伤残赔偿一次性给付、遗属赔偿一次性给付及预付遗属赔偿一次性给付开始随工资指数变化而浮动。更显其生活保障本质。

第三，适用对象向劳动者以外甚至工业事故以外的范围继续扩张。1960 年修法，开始引入特别加入的新规定，即便不是纯粹的劳动者，如中小企业主、工头和工匠也可以加入工伤保险，这种适用范围的扩大，已经开始呈现出生活保障的特征。1968 年更将强制适用范围扩大到 5 人以上的全部企业。1974 年开始设立针对遗属的特别给付金制度。1973 年，上下班途中的通勤事故也被纳入工伤补偿体系。

第四，劳动者享受保险待遇权利的强化。1965 年修法取消了过去"可因雇主责任（如未办理加保手续或拖欠保费）而拒绝支付保险待遇"的规定，即便雇主不加保或不按时缴费，也不会影响劳动者的工伤待遇给付。

第五，赔偿范围也从金钱给付扩展到劳动福利事业的相关项目，包括康复设施的配套及运营、辅助器具的支付等促进工伤康复的项目，特别支付款及工伤培训费项目、对工伤职工或其遗属的支援项目、与确保劳动安全卫生有关的项目、垫付拖欠工资等。

事实上，这些扩张都已远远超出传统劳动保护层面的工伤补偿架构的特质。从给付种类到给付内容，再到给付形式，都在逐渐回应这种超脱——使其在功能上不局限于对工伤劳动者的损害填补，而是跨越这种单纯的填补，渡到"保障受灾劳动者及其家族基本生活"的彼岸。[④]

---

① ［日］水野勝：《労災補償制度の理論的課題》，载《日本労働法学会誌》1990 年第 76 卷。

② 此为日本旧劳灾保险法第 1 条立法目的之原文。

③ ［日］关西劳災職業病研究会：《労災職業病鬥爭小史》，株式會社アットワークス、2006 年版，第 52–116 页。

④ 郑晓珊：《工伤保险法体系——从理念到制度的重塑与回归》，清华大学出版社 2014 年版，第一章。

第二节 社会保险项下劳动灾害之认定

一、工伤认定之一般理论与域外经验

（一）业务与风险之间的诸多“可能性”

生活中的风险存在着无数种可能,其可资参考的衡量标准、分类因素自然也不计其数。然而在本书所探讨的这个小领域里,基于“工”与“伤”的隐含之意,“业务”因素的凸显自然不可避免。在“风险”与“业务”的交织错落里,以下几种风险占据了主流:

第一种的风险是与业务有直接关系的风险。这一类风险几乎包含了人们通常在第一时间所能想到的与“工伤事故”有关的绝大部分风险。这些风险与业务之间的关联性是“显而易见”的。从工厂到煤矿,再到运输系统,甚至建设工程……这样的风险可能存在于现代工业社会的每一个环节,等待在每一个细小的“错误”背后,如出故障的生产设备、工作场所里不知名的陨落物、夹入齿轮的手指以及易燃易爆的原材料等,所有这些不仅是社会公众在第一时间所能想到的与工业事故紧密相关的场景,恐怕也恰恰是最初的立法者脑海中所浮现的“工伤”背景。[①]与此相应,那些明显基于工作原因而感染的疾病(也就是那些因工作环境而频繁接触的特殊物质所引发的疾病)当然也被列于其中。无论从哪一个角度考察,基于风险本身与业务天然固有的紧密联系,将其纳入“工伤”之保护范畴都将是毫无疑问的。

第二种风险则是纯粹的劳动者个人风险。这一类型的风险对于个人的归责是如此的纯粹,以至于即便最终的事故就是发生在工作过程中的,也无法将后果归罪于“业务”。例如,劳动者的自然死亡,或者因为其自身固有疾病而导致的死亡,即便死亡的后果同样发生在“工作过程中”,这样的发生时间与场合上的巧合并不足以成为将其归入“工伤”的理由。

第三种风险情况将略显复杂,我们称之为“中性风险”。这种类型的风险往往穿梭于前两种风险之间,既看不出明显的工作关联,也找不到确切的个人特质。对于这种风险类型的描述往往贯穿在大量的、充满争议的案件之中。例如,一个在工厂大院里努力工作的劳动者,被一只突然袭来的疯狗咬伤了,或是被无法预测的闪电击中,被远处玩弹弓的小孩射中,被凶手误认而错杀,甚至只是被飞虫蛰瞎眼睛……再或者造成伤害的事故本身就是原因不明的,自然也无法妥善归类。比如,我们只能看到故事的结果——一个工人从在建楼宇上摔落到厂区院子里,已经死亡。但是死亡的原因为何我们不得而知,风险的归属显然也难以判定。

除了上述三种情况,还有另外一类较为棘手的风险——混合型的风险。在这种类型的风险之下,伤害的成因里混杂着个人因素和业务因素。其中最为典型的例证即近些年在日本争议得“风起云涌”的“过劳死”工伤认定,一种混合着个人因素——基础性疾病和业务因素——过重负荷的特殊工伤类型。

---

① Arthur Larson, *Worker's compensation law: cases, materials and text*, Matthew Bender, 1997, p.32.

（二）域外经验：认定基准之考量

从以上风险类型着手，我们并不难判断工伤保险所能吸纳的风险范围：第一类“与业务有直接关系的风险”乃其固有定位之所在；第二类个人风险则是典型的排除适用因素；第三类折中型风险与第四类的混合型风险则是工伤理念不断更新、拓展而衍生出的可涵盖范围，对于其边界的划定虽尚存可争议之处，但若从工伤保险发展的历史脉络与总体方向观之，工伤对于这两类风险的吸纳与消化则是趋势所指。然而，对于“业务”这个词汇，到底可以吸纳多少风险？吸纳到什么程度？更确切地说，即由雇主的资力来承受的范畴①到底要用一个什么样的标尺来衡量其维度？

对于这个维度，域外立法大多援引“起因性”与“遂行性”这两大元素作为判断基准。

1. 业务遂行性基准

业务遂行性，是指劳动者依劳动契约在雇主命令、支配状态下提供劳务。这是判断劳动者所受伤害是否具有可补偿性的第一道标准，也恰恰是劳动关系的本源之所在。② 也就是说，劳动者的“行为”必须是在“执行职务”，始有发生工伤（职业灾害）可言。至于执行职务的内涵，各国在实务上大多采取相对从宽的解释立场，除其故有之意，还可以拓展到业务上附随的必要、合理行为，比如如厕、饮水等生理行为以及工作中的反射性行为等。即便仅仅在雇主的支配管理下而并非从事业务的场合，如在公司食堂吃饭、在休息室休息、乘坐雇主提供的通勤专用车上下班时等，也都涵盖在工伤保护的范围之内。只要属“支配”之下，法律并不要求劳动者必须停留在雇主的事业场所范围之内，如出差、外勤、运送货物以及会见客户等，虽超出雇主的事业场所，仍隶属于“工作过程”中。尤其是在出差的情形之下，除顺便处理私人事务外，“工作遂行”的范围甚至可以覆盖到从住所或工作场所出发一直到归回（住所或工作场所）的全过程。但对于上下班途中的事故伤害，日本法上则严格将其与一般工伤（业务灾害）区别开来，另外采取一套完备、独立的认定体系。

美国法院更是绕过难以判定的“职务”限制，而直接采用“in the course of employment”（工作过程中）这种更为直观的表述，突出地强调伤害发生的时间与地点因素，即时间应当是在工作时间内，而地点乃劳动者为履行工作职责或从事其他附带行为所可能停留的合理地点。同时，它对行为的要求也相对宽松：只要求其行为的目的是与工作有关的即可。值得留意的是，它并非要求劳动者必须正在从事“工作行为”（当然，大多数时候确实如此），而仅仅要求伤害应“起源”（arise）于工作过程中（in the course of employment）；且使用“起源”而不是“发生”一词，这就将可能存在的滞后性伤害也一并包含其中。

2. 业务起因性基准

起因性乃判断业务与伤害之间密切关系的另一个重要维度。所谓密切关系，是指“伤害”必须为“劳动者基于劳动契约在雇主的支配之下（行为）所伴随之危险的现实化”，且这种“伴

---

① 此处雇主的资力来承受的范畴并不限于雇主的赔偿与补偿责任，在纵深方向上甚至涵盖了由雇主缴费所支撑的工伤保险所能吸纳的风险范畴。

② ［日］河野顺一：《労働災害通勤災害理論と実際》，中央经济社 2002 年版，第 4 页。

随性”与“现实化”乃基于经验法则的判断。① 另外，在作此考量时，必须先行判断的乃作为因果关系之原因前提而存在的“事故”是否具有业务性质。在此基础上，日本法将业务起因性放置于“业务上外”认定过程中最为核心的地位，以至于对遂行性（过程性）的判定只不过是为辅助起因性有无之判断而存在的一种工具而已。② 当然，这也正是日本法不同于美国法认定理念之所在，后者更突出“过程中”因素的辐射范围。③

值得指出的是，法律上对于起因性的衡量随着时代的变迁，也在呈现出一种逐渐“柔化”的趋势。这种“柔化”在美国法院的主导理念上体现得尤为明显。

20 世纪初，工伤领域最先占据主导地位的乃特殊风险规则（Peculiar-Risk Doctrine）。在该规则下，可补偿的伤害必须是那些源自“职业本身所固有之特殊危害”的伤害。也就是说，即便出于工作要求，劳动者必须长期面对酷热、严寒、闪电等工作环境，并因而大大增加了他遭受高温、低温、闪电伤害的风险，当他真正因此而受伤（中暑、冻伤、被雷电击伤）的时候，也还是无法得到工伤补偿。理由很简单——“每一个人都必须面对同样的天气”。

随着时间的推移，特殊风险理论日渐被人们遗忘，并由增加风险规则（Increase-Risk Doctrine）取而代之。依据这个新规则，在确定因工作而增加的风险时，不仅需要算那些“工作本身所固有的特殊风险”，就连那些“本质上并非专属于该工作的风险”也要一并算进来。当工作增加了劳动者遭受“某种伤害”的危险之时，工伤保险应对他所受到的“这种伤害”给予补偿。④

之后崛起的实际风险规则（Actual-Risk Doctrine）的保护性更强，认定标准也更加宽松。在这一规则的指引下，只要一项风险确实属于业务风险，大多数法官就不会去计较一般公众是否会面临同样的危险。即只要工作曾使劳动者处在一种实际的危险情境之中，他又因该危险而受到伤害，工伤保险即应补偿。在这里，我们并不需要考虑该“危险”是不是具有“（业务上的）特殊性”，也不需要考虑有没有危险程度的增加。这种实际风险规则的引入，使工伤保险的覆盖范围成功地扩展到“街道风险”领域，同时也将更多的自然灾害工伤囊括入保护之列。⑤

当下盛行的位置风险规则（Positional-Risk Doctrine）与实际风险亦具有异曲同工之效。运用这一规则时，劳动者如果要证明某一事故伤害源于工作，他只需证明“要不是由于工作条件或工作职责使他呆在那个地方（the position where he was injured，即事故发生地），这场灾难就不会落在他身上”即可。

从特殊风险到增加风险，再到实际风险与位置风险，一路走来，我们可以清晰地看到美国法在因果规则上的柔化与宽松取向。这种演进之态，究其动力，最终乃对工伤补偿法案本身的价值目标与立法目的追求，就像密歇根州《工伤补偿法》序言里所提到的：本法之目的，在于针对与雇主之责有关的劳动者伤害及死亡事件，促进受灾劳动者的福利保护。立法的政策取向，

---

① ［日］河野顺一：《労働災害通勤災害理論と実際》，中央经济社 2002 年版，第 5 页。即伴随着劳动者提供劳务时所可能发生之危险已经现实化，且该危险之现实化为经验法则一般通念上可认定者，是业务内在或通常伴随的潜在危险的现实化。另参见我国台湾地区“高等法院”1998 年劳上字第 5 号判决，我国台湾地区“高等法院”2005 年度劳上字第 17 号判决，以及我国台湾地区“最高法院”2006 年台上字第 1805 号判决。

② ［日］河野顺一：《労働災害通勤災害理論と実際》，中央经济社 2002 年版，第 5-6 页。

③ 谢增毅：《“工作过程”与美国工伤认定——兼评我国工伤认定的不足与完善》，载《环球法律评论》2008 年第 5 期。

④ Bauer's Case，314 Mass. 4，49 N.E.2d 118（1943）.

⑤ Moran's Case，234 Mass. 566，125 N.E. 591；*Dennis v. White*，（1917）L.R. App. Cas. 479.

在于针对那些“与工作相关”的事故，向受害的劳动者提供有效的、体面的、确定的保险给付。这里，立法只要求伤害是“与工作相关”的，而不要求“工作”必须是导致“伤害”的近因，只要工作为伤害提供了“机会”（条件），工伤即应予保护，甚至不问雇主过错与否。究其实质，乃将现代工业事故的相关支出计入产品成本，由该产品的最终消费者最后承担。[①]

3. 起因性与遂行性之间的协调——以“总量理论”为中心

在两项要素之间的具体关系上，美国法院还引入了一种类似于“动态系统论”的总量理论。诚然，立法者在两项要素之间所选用的关联词乃“and”，且是以复数方式存在的。不难理解，其中每一项因素的适用都应当是独立考察、独立满足的。[②] 多数时候，这样的考察并无不妥。但此时有一点我们必须铭记：即便考察是双向的，补偿概念本身涵盖的范畴却是“统一的”，即“与工作相关联”的伤害。在这样的前提之下，一项因素的不足，有时候是还可以用另一项因素的强势来弥补。这种弥补即带来另一种柔化与拓展之法——“总量理论”[③]，即在“可补偿”的认定里，必须保证有一定“总量”的“工作关联”存在（总量控制）：如果“起因性”的“量”很小，但是“遂行性”的“量”很大，那么只要二者相加的总和能够达到法律要求的那个必要的最低点，伤害即应当是“可补偿”的；后者小而前者大，只要总量“达标”，结果亦然；但如果这两种因素都过于薄弱，以至于相加之和仍然很小的话，总量恐难“达标”，补偿请求当然也难以得到认可。

这种总量平衡可以在一系列外出伐木工人或出差的劳动者在工棚或旅馆休息时发生事故的案件中得到印证。事故发生在申请人熟睡之时，此时虽业务遂行性（过程性）因素降至最低，但如果给这个低点加上一个强有力的业务起因“量”，如因同事的胡作非为[④]或因被困在失火的旅馆中无法逃出而导致伤害[⑤]，那么这个强悍的业务起因“量”将会把业务关联性的“总量”拉到“成功线”以上，从而达成最终的工伤补偿。但如果是在一个柔弱的业务起因关联之下，如某销售员在宾馆的浴室跌倒[⑥]，再加上一个不太强大的遂行性（过程性）因素——当时他并未从事任何工作事项，那么两个因素的总和之“量”显然过低，无法满足工伤补偿认定的要求。但在同样的情形之下，一旦遂行性的业务关联“量”有所提升，如该受灾劳动者是 24 小时电话待命的，那么伤害的可补偿性之“量”显然高过不是 24 小时电话待命的情形。与之相反的，是对“强过程”“弱起因”的处理，这不禁让我们回想起先前所提到的“位置风险”，以及原因不明的“中性风险”。在这样的例证之中，“工作过程中”（遂行性）是毋庸置疑的——劳动者正在工作。但是“起因性”因素却非常薄弱，因为伤害的原因或源头——或者是一颗“迷失的子弹”，或者是一只“咬人的疯狗”，再或者仅仅是从建筑物上（工作场所）不明原因的摔落，甚至是被陌生人所袭击——跟工作没什么直接关联。唯一可将这些伤害与工作连接在一起的因素就是“工作职责令受灾劳动者停留在那个‘倒霉的’地方”，如果他不在那里，显然也不会遭受这样的事故伤害。不过，潜藏在这些案件中的“过程性”（遂行性）因素是如此之强，以至于劳动者能因此得

---

① Arthur Larson, *Worker's compensation law: cases, materials and text*, Matthew Bender, 1992, p.36.

② Ward & Cow v. Krinsky, 259U.S. 503, 42S.Ct.529, 66 L.Ed.1033, 28A.L.R.1207 (1922).

③ 本条目下关于总量理论和迟延伤害理论的相关论述，请参见 Arthur Larson, *Worker's compensation law: cases, materials and text*, Matthew Bender, 1997, pp.188–205.

④ *Kaiser Lumber Co. V. Industrial Comm'n*, 181Wis.513, 195N.W.329 (1923).

⑤ *Souza's Case*, 316 Mass.332, 55 N.E.2d 611 (1944).

⑥ *Davidson v.Pansy Waist Co.*, 240 N.Y. 584, 148 N.E.715 (1925).

到工伤补偿已经变成越来越普遍的结局了。

4. "起因"—"遂行"二维认定标准对我国工伤立法的影响

以"起因"—"遂行"为标准的二维认定理论同样也影响着我国的工伤立法。事实上，即便只是从《工伤保险条例》的文字中间，我们也可以粗浅地寻到这样的端倪——其要件仍然取决于事故伤害的"时间范围、空间范围及其与工作是否存在因果联系"[①]，其中既包括"在工作时间和工作场所内"因"工作原因"所受到的事故伤害；也包括在与工作紧密相关的时间里，在"工作场所中"从事与业务具有一定相关度的活动（工作时间前后的准备性或者收尾性活动中，以及上下班途中）之时劳动者所遭受的事故伤害。在第 14 条的 7 个下设款项之中，我们也不难发现，立法者所强调的无外乎"工作过程"（即在工作时间与工作场所内）与"工作原因"两大因素。典型的传统业务灾害需要两点齐备，也就恰恰是最初立法者在脑海中勾画工伤图景时所最先矗立的那一幕；而在日渐宽松和包容的图景里，慢慢融入的"柔和"因素则是过程性与起因性的相互渗透与软化，即用起因性的充足来弥补过程性的不足，如工作时间前后的预备性与收尾性工作中所发生的事故；或是用过程性的充足来弥补起因性的不足，如工作时间和工作场所内因履行职务所受到的暴力等意外伤害；再或者，两种因素的考量上均存在着某种不足，但出于保护劳动者的需要，而将其纳入工伤范畴，如上下班途中的交通事故伤害。但这种"柔化"归根到底仍然是以"过程性"与"起因性"为基础拓展而来的。

二、适用主体之认定

《工伤保险条例》第 2 条规定："中华人民共和国境内的企业、事业单位、社会团体、民办非企业单位、基金会、律师事务所、会计师事务所等组织和有雇工的个体工商户（以下称用人单位）应当依照本条例规定参加工伤保险，为本单位全部职工或者雇工（以下称职工）缴纳工伤保险费。中华人民共和国境内的企业、事业单位、社会团体、民办非企业单位、基金会、律师事务所、会计师事务所等组织的职工和个体工商户的雇工，均有依照本条例的规定享受工伤保险待遇的权利。"在此，对于适用《工伤保险条例》的用人单位，我们不妨将其分为两类加以讨论：

（一）企业、民办非企业单位、社会团体、基金会、律师事务所、会计师事务所等组织及其职工和有雇工的个体工商户及其雇工

我国境内的企业，包括国有企业、集体企业、私营企业、中外合资企业、中外合作企业、外商独资企业等各类企业，社会团体、基金会、律师事务所、会计师事务所等组织和有雇工的个体工商户，以及与上述企业、组织建立劳动关系（包括事实劳动关系）的职工、雇工，都属于工伤保险法律法规的适用范围。

值得注意的是，无营业执照或者未经依法登记、备案的企业、组织以及被依法吊销营业执照或撤销登记、备案的企业、组织，其职工、雇工受到事故伤害或者罹患职业病的，或者用人单位使用童工造成童工伤残、死亡的，由该企业、组织按照不低于《工伤保险条例》规定的工伤保

---

① 程琥:《工伤保险前沿问题审判实务》，中国法制出版社 2014 年版，第 238 页。

险待遇的标准向伤残职工（雇工）或者死亡职工的近亲属给予一次性赔偿，包括受到事故伤害或者罹患职业病的职工（雇工）或童工在治疗期间的费用和一次性赔偿金，具体办法参照人力资源和社会保障部2010年修订的《非法用工单位伤亡人员一次性赔偿办法》执行。

（二）国家机关及参照《公务员法》管理的事业组织和与之建立劳动合同关系的职工

根据与国家机关及参照《公务员法》管理的事业单位、社会团体之间关系的不同，其工作人员可以分为两类：

一类是与国家机关及参照《公务员法》管理的事业单位、社会团体建立劳动关系的工作人员，如工勤人员等。这类工作人员一旦发生工伤，应当按照《工伤保险条例》的相关规定处理。

另一类是公务员及参照《公务员法》管理的事业单位、社会团体中依法履行公职、被纳入国家行政编制的工作人员。对于这类工作人员的工伤待遇，按照《工伤保险条例》第65条，应由所在单位支付费用。由于这些单位的经费来源于国家的财政拨款，实际上，他们的工伤待遇也就等于是由财政来负责提供的。至于国家机关工作人员的工伤认定、工伤待遇标准等具体办法，《工伤保险条例》授权国务院社会保险行政部门会同国务院财政部门予以规定。

三、工伤情形之认定

（一）典型工伤情形

对于典型的"应当认定为工伤的"情形，《工伤保险条例》首先采用列举的形式予以明确，主要包括以下几种情形：

第一，在工作时间和工作场所内，因工作原因受到事故伤害的，应当认定为工伤。在这里，还隐含着以下几点细节处理需要明确[①]：

(1) 工作原因上的工伤推定。因时间和场所已然明确，业务关联紧密，所以法律对工作原因的认定更倾向于采用相对宽松的态度，即对于职工在工作时间和工作场所内受到伤害，如果用人单位或者社会保险行政部门没有证据证明是非工作原因导致的，就应当认定为工伤。

(2) 工作行为上的扩张性理解。即职工参加用人单位组织或者受用人单位指派参加其他单位组织的活动受到伤害的，也应当认定为工伤。但参加与工作无关的活动除外。

(3) 对工作场所的广义处理。它不仅限于职工日常固定的工作场所及其附属建筑，如厂房、车间、单位食堂、单位澡堂、单位洗手间等，还包括受用人单位指派从事工作的其他场所。[②]不仅如此，在工作时间内，职工来往于多个与其工作职责相关的工作场所之间的合理区域因工受到伤害的，也应认定为工伤。

(4) 其他与履行工作职责相关，在工作时间及合理区域内受到伤害的，都应认定为工伤。

第二，工作时间前后在工作场所内，从事与工作有关的预备性或者收尾性工作受到事故伤

---

① 参见《最高人民法院关于审理工伤保险行政案件若干问题的规定》第4条及《人力资源社会保障部关于执行〈工伤保险条例〉若干问题的意见（二）》（人社部发〔2016〕29号）第4–6条之规定。

② 林嘉主编：《劳动法和社会保障法》，中国人民大学出版社2011年版，第344页。

害的，应当认定为工伤。职工从事工作是一个连续的过程，根据工作性质的不同，在工作前后的一段合理时间内，经常需要从事诸如搬运、准备、清洗、整理、维修、堆放、安全贮存、收拾工具、材料乃至工作服装等预备性或收尾性工作。虽然此时职工还没进行实际工作，但是这些前期或后期活动是为了让实际工作得以顺利进行而实施的，并为实际工作的顺利进行提供了一定的条件，与工作存在直接联系，因此，职工在工作场所内从事这些活动所受到的事故伤害理应被认定为工伤，这也符合最大限度保护劳动者的国际惯例。在这一项目中，我们需要关注：其一，该行为必须"与工作有关"，即具有业务关联性；其二，在实施预备性与收尾性活动时，职工必须处在"工作场所内"；其三，时间上必须紧邻"工作时间"，或前或后，并处于合理范围之内。

第三，在工作时间和工作场所内，因履行工作职责受到暴力等意外伤害的，应当认定为工伤。因履行工作职责受到暴力等意外伤害是指受到暴力等意外伤害与履行工作职责之间具有因果关系。这一规定包含了两类情形：其一，在工作时间和工作场所内，职工因履行工作职责而与第三人发生冲突，受到第三人暴力侵害的情形，如保安人员受到窃贼的暴力袭击；其二，在工作时间和工作场所内，职工因履行工作职责而遭受意外伤害，如厂区失火、房屋倒塌抑或从事高空工作的劳动者遭遇雷击等。

第四，患职业病的，应当认定为工伤。职业病是指劳动者在职业活动中，因接触粉尘、放射性物质和其他有毒、有害物质等而引起的疾病。它适用于广义的工伤概念[①]，但又不同于一般工伤事故，它并不具有事故所独有的"突发性"（accidental）特质，反而是一种慢性侵害的结果，是劳动者长期接触职业性有害物质而产生的后发性结果，如长期在高噪音的环境中工作导致的噪声聋就属于职业病，而由于一次爆炸导致的耳聋则属于事故伤害。但并非所有与职业有关的慢性疾病都能够被认定为工伤。在我国，只有法定的职业病才能够被纳入工伤范畴。根据2016年修订的《职业病分类和目录》，职业病共包括了10大类132种疾病（含4项开放性条款）。相较于2002年目录，新增了18种，对2项开放性条款进行了整合，对16种职业病的名称进行了调整。另外，考虑到列举模式的局限性，我国《职业病防治法》第44条第2款还特别规定了推定为职业病的情形，即只要没有证据否定职业病危害因素与病人临床表现之间的必然联系，在排除其他致病因素后，应当诊断为职业病。

第五，因工外出期间，基于工作原因受到伤害或者发生事故下落不明的，应当认定为工伤。这里，对于"因工外出期间"的认定，应当考虑职工外出是否属于用人单位指派的因工作外出，遭受的事故伤害是否工作原因所致。其中：(1)职工受用人单位指派或者因工作需要在工作场所以外从事与工作职责有关的活动期间，应属于"因工外出期间"。(2)职工受用人单位指派外出学习或者开会期间，应属于"因工外出期间"。(3)职工因工作需要的其他外出活动期间，也应属于"因工外出期间"。(4)职工基于工作原因驻外，有固定的住所、有明确的作息时间，工伤认定时按照在驻在地当地正常工作的情形处理。(5)职工因工外出期间从事与工作或者受用人单位指派外出学习、开会无关的个人活动受到伤害的，不应认定为工伤。[②]

---

① 谢德成主编：《劳动法与社会保障法》，中国政法大学出版社2017年版，第311页。

② 参见《最高人民法院关于审理工伤保险行政案件若干问题的规定》第5条、《人力资源社会保障部关于执行〈工伤保险条例〉若干问题的意见（二）》（人社部发〔2016〕29号）第5条之规定。

第六，在上下班途中，受到非本人主要责任的交通事故或者城市轨道交通、客运轮渡、火车事故伤害的，应当认定为工伤。这里，“上下班途中”既包括时间概念，也包括空间概念[①]，对此应采扩张性理解：(1) 在合理时间内往返于工作地与住所地、经常居住地、单位宿舍的合理路线的上下班途中；(2) 在合理时间内往返于工作地与配偶、父母、子女居住地的合理路线的上下班途中；(3) 从事属于日常工作生活所需要的活动，且在合理时间和合理路线的上下班途中；(4) 在合理时间内其他合理路线的上下班途中。对“本人主要责任”的认定则应当以有权机构出具的事故责任认定书、结论性意见和人民法院生效裁判等法律文书为依据，但有相反证据足以推翻事故责任认定书和结论性意见的除外。前述法律文书不存在或者内容不明确，社会保险行政部门就上述事实作出认定的，人民法院应当结合其提供的相关证据依法进行审查。

第七，法律、行政法规规定应当认定为工伤的其他情形。

（二）视同工伤之情形

工伤保险所保护的对象原本仅限于工作伤害，即与工作紧密相关的伤害，这种相关性既可以是直接的，也可以是间接的，但必须有一定量的业务关联始得为之。然而，在有些特定情况下，立法者有时也会站在一个更高的角度对整个社会的利益与风险分配作出一些特殊调整，包括将某些游离于工作风险之外的事故伤害划归工伤保险加以化解。这时，因为业务关联量的匮乏，我们很难直接将他们与典型的工伤情形并列，因此法律故意选取了“视同工伤”之措辞，以区别于传统工伤，作为工伤保险的非典型性保护内容。根据《工伤保险条例》第 15 条之规定，这些“视同工伤”的特殊情形主要包括：

第一，职工在工作时间和工作岗位，突发疾病当场死亡或者在 48 小时之内经抢救无效死亡的，视同工伤。换言之，如果职工在工作时间和工作岗位，突发疾病，经过抢救，但存活超过 48 小时之后才死亡的，则不能视同工伤。在这里，工作关联仅体现于时间、地点层面，而将工作原因做模糊性处理——事实上立法者并不要求这种“突发疾病”是因工作而发，而是直接模糊掉这个原因要素，只靠死亡时间——“当场死亡”或短时间(48 小时)内死亡，来控制死亡与工作之间的弱度关联[②]，并借此推定其应“视同工伤”。如果超出 48 小时之底线，这种推定将失去“工作原因”的底线支撑，自然无法得到工伤保险之庇佑。

第二，在抢险救灾等维护国家利益、公共利益活动中受到伤害的，应视同工伤。维护国家利益，是指为了减少或者避免国家利益遭受损失，职工挺身而出。在这样的行动中，他们所受到的伤害应当被视为工伤。而维护公共利益，则是指为了减少或者避免公共利益遭受损失，职工挺身而出。[③]同样地，他们因此而遭受的人身伤害也会被纳入工伤保险。在这两种情形下，《工伤保险条例》并没有规定任何形式的业务关联边界——既不需要在工作时间，也不需要处于工作场所，更不需要所谓的工作原因。该行为理论上并不属于工伤范畴，之所以将其纳入工伤保险之给付领域，乃源于法律对公共风险所作出的典型的重新分配。

第三，职工原在军队服役，因战、因公负伤致残，已取得革命伤残军人证，到用人单位后旧

① 方乐华、吴晓宇编著：《劳动法与社会保障法：案例与图表》，法律出版社 2013 年版，第 374 页。

② 参见李海明：《依“48 小时条款”之病亡的工伤定性》，载《法学》2016 年第 10 期。

③ 王显勇、杨军、李海明：《社会保障法》，北京大学出版社 2014 年版，第 178 页。

伤复发的,应视同工伤。此时,工伤职工享受除一次性伤残补助金以外的工伤保险待遇。这种情况也属于明显欠缺工作关联的“视同工伤”类型,原本不宜被纳入工伤行列,但在这种情况下,职工乃为国家利益——因战或因公而受到伤害的,伤残的后果,包括后续的旧伤复发风险,实不应由职工个人承担,乃属国家之责任。此时,法律将旧病复发的风险放入工伤保险的框架内视同工伤,一方面乃立足于对伤残军人基本权益的又一重保障,另一方面也是国家对社会风险的再一次重新分配。长久来看,有关军人因战、因公受伤,其转业后之旧伤复发,治疗费用当出自医疗保险,其工作中断之社会补偿当由军人保障法制予以救济。

(三) 工伤排除之情形

虽然,工伤保险选取的乃典型的无过错补偿之路,但这种原本立足于劳动者保护的归责原则,其到最终层面的适用之时,必定是有其边界的——即便保险给付并不要求劳动者在整个事故伤害的造成中无可指摘,也并不代表它就一定可以吸纳劳动者的任何过错。如果劳动者的行为本身即为法律乃至社会道德所不容,且这种境地在一定程度上由劳动者自愿甚至故意而为之,那么随之而来的不利后果理应由行为人自己承受,即便是在大幅度的劳动者保护理念下,也不能将其纳入工伤给付之范畴。

因此,紧接着前文“应当认定为工伤”与“视同工伤”的例举与描述之后,《工伤保险条例》第 16 条又继续推进,指出了“不得认定为工伤或视同工伤”的三种情形,即将符合第 14、15 条,但存在某些特殊情形的伤害,从工伤保险的保护范畴里剔除出去,我们称之为工伤排除条款。这些条款所涉及的情形,虽表面上看来是因履行工作职责所致,具有紧密的业务关联性,即符合工伤的表面特征,但实际上却被排除在工伤保险的保护之外。立法上将以下情况罗列其中:(1)故意犯罪的;(2)醉酒或者吸毒的;(3)自残或者自杀的。

这种排除条款的设计,客观上使得工伤保护的范围在体系上更加完整,逻辑性也更为增强(如图 8-1)。

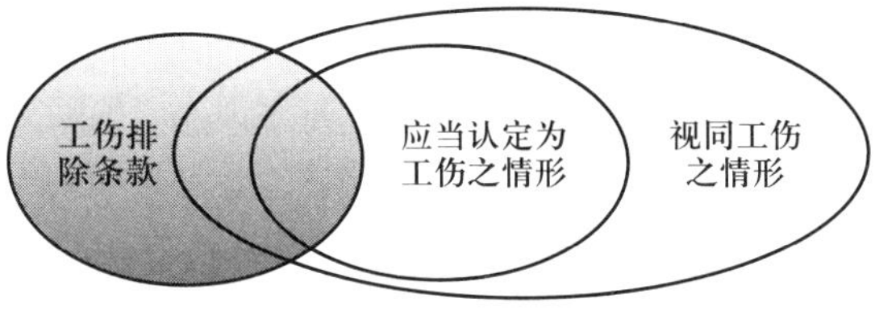

图 8-1 工伤范围图解

在这样的图解里,真正能够得到工伤保护的伤害与疾病乃集中在大椭圆以内、阴影以外的部分。在这里,法律构建了一个完整而严谨的“工伤构成——排除工伤事由——工伤成立”[①] 思维过程,并以此最终完成对工伤保护范围的厘定。

换一角度观之,“工伤构成——排除工伤事由——工伤成立”的思维过程之中,还会出现一定的排列组合情形,即以“伤害事实”为顶点,以“业务关联”和“排除事由”之关联为底角的一个三角形结构(如图 8-2)。

在这样的结构里,存在三种可能:其一,“伤害事实”仅仅与“业务”有关,而与“排除事由”无关(即仅具有左半边,没有右半边),此时乃典型的“业务伤害”范畴,自当给予工伤保护。其二,“伤害事实”仅与“排除事由”有关,而与“业务”无关(即仅有右半边,没有左半边),因为完全没

① 向春华:《工伤理论与案例研究》,中国劳动社会保障出版社 2008 年版,第 121 页。

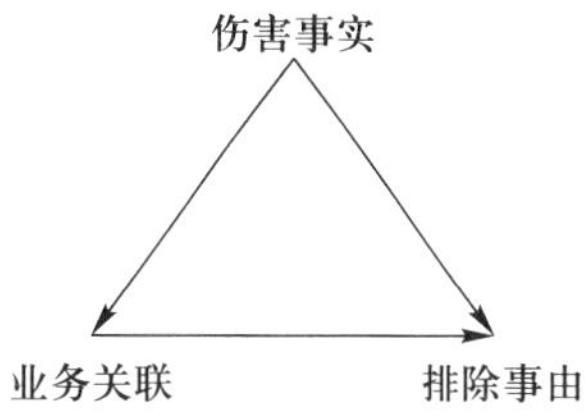

图 8–2　工伤保护范围之确认结构图解

有“业务关联性”，所以自然也不存在工伤的可能，更无须讨论是否需要工伤保护。其三，“伤害事实”与“业务”和“排除事由”均有关联（双边均在），只有在此种情况下讨论排除事由才有意义。此时，如果不存在该事由，则工伤成立；而如果加上该事由，则“伤害事实”因这种事由的存在而整体被排除在工伤保护范围之外。这也正是“工伤排除条款”设置的基本前提之所在，下文亦仅就该前提之下的“排除事由”加以分析、讨论。

首先，“排除事由”必须是可归责于劳动者的事由。

其次，“排除事由”必须达到足以干扰“伤害事故”与“业务”之间关联性的程度。工伤之所以称之为工伤，乃在于劳动者所受到的伤害与业务是具有紧密关联性的——在业务的执行过程中发生，且因业务而起。排除事由之所以能达到“排除”的效果，往往也在于它在一定程度上影响了这种关联的紧密程度。例如，醉酒和吸食毒品（毒瘾发作）会直接导致行为人辨识能力的减弱，而这种辨识能力的减弱则往往是造成事故的最直接的原因。例如，大巴司机醉酒驾车（亦为故意犯罪）造成交通事故，并且自身受伤。醉酒显然是事故造成的主要原因，甚至也是事故责任认定中最重要的因素之一，而他的工作职责却退到了一个“条件”的地位。这一点在通勤灾害中会体现得更加明显，对于醉酒导致的上下班途中事故灾害，日本法院认为其超出了通勤之“内在危险”（现实化）[1] 的范畴，而认定为不具有起因性要件。同时，对于普通的自杀，虽然也是发生在劳动过程中，却更容易归因于劳动者自身的情感问题或生活问题。同时，自杀往往也关系到每个人自身心理承受能力的差异，不仅难以认定“业务”是其唯一原因，甚至连“重要”或“共同”原因都很难确定。但对于特殊的自杀类型，例如，能够以一定的标准量化出“以业务为因”的自杀情形——过劳自杀，法律则应当承认其作为工伤的保护价值。

最后，“排除事由”中必含有劳动者一定程度之主观恶意。虽然，工伤保险对于雇主课以典型的无过失责任，并且在这样的无过失责任背后，还另行规定了在劳动者方面，并不适用“过失相抵”（过失相杀）。亦即即便劳动者在工作过程中存在普通的过错或过失，如建筑工人没有按照劳动安全要求佩戴安全帽，或者卡车司机没有按照要求系好安全带，并由此造成工伤事故或者事故损害结果的扩大化的，工伤保险并不会因此而“不给付”或“减少给付”。这也是工伤保险区别于侵权归责之处——过错和疏忽置于工伤保险领域之内，在大多数情况下并不具有实际性意义[2]，对劳、雇双方而言皆然。但保险所能容纳的“过失相抵”之禁止，毕竟是有限度的，即在一般过失以内。如果将劳动者的故意与重大过失（劳动者主观上具有恶意的行为）也包括在内，显然有违工伤保险之本意——对雇主应当承担之责任的应然考量。并且，如果劳动者主观上具有追求某种结果的主观故意（如自杀），或者对这种（损害）结果在应当预见或已经预见的基础上有一种消极意义上的放任（如醉酒后从事高空作业等危险工作），那么这种故意或者重大过失给劳动者自身带来的损害，很明显已经超出了雇主所能控制、支配的范围，劳动者自身的“有责性”无法免除。这里的“有责性”有些时候甚至已经达到了一种刑法上的“非难可能

---

① 关于固有风险的现实化请参见下一章关于“起因性”的论述。

② Arthur Larson, *Worker's compensation law: cases, materials and text*, Matthew Bender, 1997, p.1.

性”[①] 的程度，如第 1 款的“故意犯罪的”；第 2 款的“醉酒”情形中，如果劳动者的工作为机动车驾驶，那么醉酒工作则也应归属到故意犯罪的行列。也就是说，此处工伤保护之“排除”条款乃建立在劳动者自身对损害结果的造成存在相当程度的“主观恶意”之上，且这种恶意的程度已经超出一般过失，达到故意至少是重大过失之范畴。

但需要注意的是，在工伤排除条款的适用过程中必须把握以下方法：(1)“故意犯罪”的认定，应当以司法机关的生效法律文书或者结论性意见为依据。(2) 在认定“醉酒或者吸毒”以及“自残或者自杀”等情形时，应当以有权机构出具的事故责任认定书、结论性意见和人民法院生效裁判等法律文书为依据，但有相反证据足以推翻事故责任认定书和结论性意见的除外。前述法律文书不存在或者内容不明确，社会保险行政部门就上述事实作出认定的，人民法院应当结合其提供的相关证据依法进行审查。

四、工伤认定之程序

工伤认定应当遵循法定程序，该程序乃以客观公正、简捷方便、向社会公开作为其基本原则。经过对立法的一系列梳理，我们可以将这一程序的全景展现如图 8–3 所示：

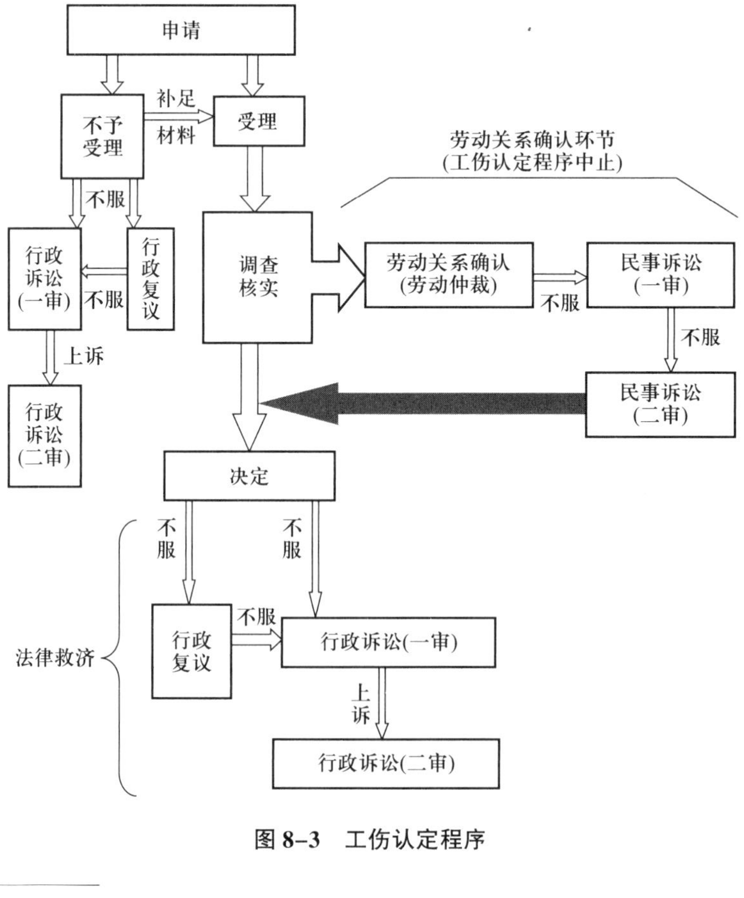

图 8–3　工伤认定程序

---

① 张明楷：《刑法学》，法律出版社 2007 年版，第 204 页。

根据该图，我们可将其流程具体分解为“申请—受理—调查核实—决定—救济”五个环节，分述如下：

（一）申请

1. 时限

（1）两种时限。申请乃认定的起点，也是工伤保险程序的启动要素。《工伤保险条例》第 17 条规定，职工发生事故伤害或者按照职业病防治法规定被诊断、鉴定为职业病，所在单位应当自事故伤害发生之日或者被诊断、鉴定为职业病之日起 30 日内，向统筹地区社会保险行政部门提出工伤认定申请。遇有特殊情况，报经社会保险行政部门同意，申请时限可以适当延长。用人单位未按上述规定提出工伤认定申请的，工伤职工或者其近亲属、工会组织在事故伤害发生之日或者被诊断、鉴定为职业病之日起 1 年内，可以直接向用人单位所在地统筹地区社会保险行政部门提出工伤认定申请。用人单位未在规定的时限内提交工伤认定申请，在此期间发生的符合《工伤保险条例》规定的工伤待遇等有关费用由该用人单位负担。

曾经从事职业病危害作业，当时没有发现罹患职业病，离开工作岗位后被诊断或鉴定为职业病的，包括办理退休手续后，未再从事职业病危害作业的退休人员以及劳动和聘用合同期满后或者本人提出而解除劳动或聘用合同后，未再从事职业病危害作业的人员，他们可以自诊断、鉴定为职业病之日起 1 年内申请工伤认定。

这里有两种时效：一种是针对用人单位的申请时效——它必须在事故伤害发生之日或者被诊断、鉴定为职业病之日起 30 日内，申请认定工伤。只有在遭遇特殊情况，并履行特定的报批程序之后，才能够延长。立法之所以设计这种严格的短期时效，一方面是为了督促用人单位尽快履行申请之责，以使受灾劳动者能够在第一时间获得工伤救济。另一方面，也在一定程度上照顾到认定过程中对事故情况调查核实的难度。实践中，越是接近事故发生的时间，现场、证据的保持与搜集也就越为完整，相应的认定错误的概率也就越低。

另一种时效是适用于工伤职工及其近亲属和工会组织的申请时效，最长为 1 年。当用人单位未按规定提出工伤申请之时，法律另外赋予了处于弱势的职工及其近亲属以及工会组织补救的机会，或者说获得工伤保护的机会。现实中，并不是所有的用人单位在发生工伤事故之时，都能够主动提出申请。尤其是当用人单位没有为劳动者投保之时。此时，如果劳动者获得工伤认可，则所有的补偿重担最终都将落在用人单位一肩之上，用人单位必须按照《工伤保险条例》规定的工伤保险待遇项目和标准支付费用。[①] 出于成本考量，它难免会尽力阻碍工伤认定程序的进行，拒绝申请、隐藏对劳动者有利的证据，摆出甚至利用优势条件打造出有利自身的证据。[②] 为了防止用人单位这种逃避责任的行为，《工伤保险条例》特意规定了受害人方的申请权，并考虑到劳动者的弱势而将申请时效加以延长，为他们留出相应的时间，来组织材料、

---

① 《工伤保险条例》第 62 条。

② 此处《工伤认定办法》第 17 条将举证责任分配给了用人单位一方，当用人单位举证不能时，社会保险行政部门将依据受伤害职工提供的证据或者调查取得的证据，作出工伤认定决定，并由用人单位按照《工伤保险条例》规定的项目和标准承担工伤待遇支付的法律后果。

搜集证据,以对抗认定环节里的真正"较量"。

(2) 时限的中断。发生工伤事故或发现职工罹患职业病后,法律规定的申请人基于某些特殊原因(不属于职工或者其近亲属自身的原因)无法在规定的期限内提出工伤认定申请的,前述时限也可能会为之而中断,即被延误的时间并不计算在工伤认定申请时限内。可以引发这种中断的情况包括:① 不可抗力。② 人身自由受到限制,如职工由于被国家机关依法采取强制措施等人身自由受到限制而不能申请工伤认定的。③ 属于用人单位原因的。④ 社会保险行政部门登记制度不完善,如申请人正式提交了工伤认定申请,但因社会保险机构未登记或者材料遗失等原因造成申请超时限的。⑤ 当事人对是否存在劳动关系申请仲裁、提起民事诉讼的。⑥ 其他符合法律法规规定的情形。

2. 管辖

(1) 地域管辖。职工受到事故伤害或者患职业病后,在参保地进行工伤认定、劳动能力鉴定,并按照参保地的规定依法享受工伤保险待遇;未参加工伤保险的职工,应当在生产经营地进行工伤认定、劳动能力鉴定,并按照生产经营地的规定依法由用人单位支付工伤保险待遇。

(2) 级别管辖。《工伤保险条例》17 条第 1 款规定应向"统筹地区社会保险行政部门"提出认定申请。结合第 11 条"逐步实现省级统筹"的说法,我们很容易得出应向参保所在地省级社会保险行政部门提交申请的结论。但这显然不切实际,如果是直辖市可能还算方便,若是在新疆、西藏等地域辽阔的省级单位,要求全区的受灾劳动者都千里迢迢地赶去乌鲁木齐或拉萨专门认定工伤,则颇有劳民伤财之嫌。因此,第 17 条第 3 款笔锋一转,强调"按照第 1 款规定应当由省级社会保险行政部门进行工伤认定的事项,根据属地原则由用人单位所在地的设区市级社会保险行政部门"具体管辖。而实践中,更有一些城市直接将认定之权授予区级行政主管部门,如广州的番禺区与增城市(县级市),以解决较大城市郊区、郊县工伤申请与调查的双向困难。

3. 申请材料

申请之时,还必须提交相应的书面材料,包括:一是《工伤认定申请表》,表中应当包括事故发生的时间、地点、原因以及职工伤害程度等基本情况。二是与用人单位存在劳动关系的证明材料,包括劳动、聘用合同文本复印件或者与用人单位存在劳动关系(包括事实劳动关系)、人事关系的其他证明材料;三是医疗机构出具的受伤后诊断证明书或者职业病诊断证明书(或者职业病诊断鉴定书)。工伤认定申请人提供材料不完整的,社会保险行政部门应当一次性书面告知工伤认定申请人需要补正的全部材料。申请人按照书面告知要求补正材料后,社会保险行政部门应当受理。

作为形式上的要件,以上三点都是启动工伤认定所必需的。只有当时效、管辖、材料三项结合的时候,工伤认定程序才会继续向下运转,进入受理阶段。

(二) 受理

工伤认定申请人提交的申请材料符合要求,属于社会保险行政部门管辖范围且在受理时限内的,社会保险行政部门应当受理。

社会保险行政部门收到工伤认定申请后,应当在 15 日内对申请人提交的材料进行审核,材料完整的,作出受理或者不予受理的决定;材料不完整的,应当以书面形式一次性告知申请人需要补正的全部材料。社会保险行政部门收到申请人提交的全部补正材料后,应当在 15 日内作出受理或者不予受理的决定。

社会保险行政部门决定受理的，应当出具《工伤认定申请受理决定书》；决定不予受理的，应当出具《工伤认定申请不予受理决定书》。

（三）调查核实

1. 调查核实的范围

社会保险行政部门受理工伤认定申请后，根据审核需要可以对事故伤害进行调查核实。在这里，立法采用“可以”的措辞，当然也意味着“可以”不进行调查，如面对已经依法取得职业病诊断证明书或者职业病诊断鉴定书的工伤认定申请。但若职业病诊断证明书或者职业病诊断鉴定书不符合国家规定的要求和格式的，认定部门可以要求出具部门重新提供。

认定过程中的调查范围颇广，办案人员可以根据需要，进入有关单位和事故现场；可依法查阅与工伤认定有关的资料，询问有关人员并作出调查笔录；可以记录、录音、录像和复制与工伤认定有关的资料；调查核实工作的证据收集参照行政诉讼证据收集的有关规定执行。以上调查核实，应当由两名以上工作人员共同进行，并出示执行公务的证件，有关单位和个人应当予以协助。用人单位、工会组织、医疗机构以及有关部门应当负责安排相关人员配合工作，据实提供情况和证明材料。若对于接受申请的认定部门而言，部分证据的调集仍有困难的，他们还可以根据需要，委托其他统筹地区的社会保险行政部门或相关部门调查核实。

当然，社会保险行政部门工作人员调查核实时，还必须对获悉的情况承担相应的保密义务，其中既包括保护有关单位商业秘密以及个人隐私，也包括为提供情况的有关人员保密。如果社会保险行政部门工作人员与工伤认定申请人有利害关系的，该利害关系人还应当回避。

2. 举证责任分配

在举证责任上，《工伤保险条例》为劳动者设计了倾斜性的保护条款：当职工或者其近亲属认为是工伤，而用人单位不认为是工伤之时，由该用人单位承担举证责任。用人单位拒不举证的，社会保险行政部门可以根据受伤害职工提供的证据或者通过调查取得的证据，依法作出工伤认定决定。

3. 劳动关系确认与工伤保险责任承担主体之确认

工伤保护的前提是劳动关系的存在，只有被纳入劳动关系之中的劳动者的业务性伤害，才有可能被列入工伤补偿之范畴。如果社会保险行政部门受理工伤认定申请后，发现劳资双方对是否存在劳动关系这一重要前提存在争议且无法确认的，那么整个认定程序就不得不被暂时“搁置”，办案人员应告知当事人可以向劳动人事争议仲裁委员会申请仲裁。在此期间，作出工伤认定决定的时限中止，并书面通知申请工伤认定的当事人。劳动关系被依法确认后，当事人应将有关法律文书送交受理工伤认定申请的社会保险行政部门，该部门自收到生效法律文书之日起恢复工伤认定程序。[①]

---

① 工伤认定本身，不论从业务的起因性和过程的遂行性，皆与认定工作有关。事实上，一个没有劳动关系存在的劳动者无从进行职业劳动；相反，一个从事职业劳动的劳动者，却陷入了劳动关系存否的纠葛中。现实生活中，劳动者申请认定工伤，用人单位提出不存在劳动关系之异议，程序立即转至劳动仲裁。此等程序完全违背逻辑，认定工伤的过程本身就是确认劳动关系的过程，如不存在劳动关系，当事人的伤亡立即成为自杀或他杀，成为刑事案件。显然，我国工伤认定的法定程序完全可以吸收对劳动关系的认定从而使程序更加简化。

对于特殊用工形式，司法解释还专门针对劳动关系(即承担工伤保险责任的单位)的确定作出了若干解释，其中包括：

(1) 职工与两个或两个以上单位建立劳动关系，工伤事故发生时，职工为之工作的单位为承担工伤保险责任的单位。

(2) 劳务派遣单位派遣的职工在用工单位工作期间因工伤亡的，派遣单位为承担工伤保险责任的单位。

(3) 单位指派到其他单位工作的职工因工伤亡的，指派单位为承担工伤保险责任的单位。

(4) 用工单位违反法律、法规规定将承包业务转包给不具备用工主体资格的组织或者自然人，该组织或者自然人聘用的职工从事承包业务时因工伤亡的，用工单位为承担工伤保险责任的单位，其承担赔偿责任或者社会保险经办机构从工伤保险基金支付工伤保险待遇后，有权向相关组织、单位和个人追偿。

(5) 个人挂靠其他单位对外经营，其聘用的人员因工伤亡的，被挂靠单位为承担工伤保险责任的单位，其承担赔偿责任或者社会保险经办机构从工伤保险基金支付工伤保险待遇后，有权向相关组织、单位和个人追偿。

(四) 决定

社会保险行政部门应当自受理工伤认定申请之日起60日内作出工伤认定的决定，出具《认定工伤决定书》或者《不予认定工伤决定书》。对于事实清楚、权利义务明确的工伤认定申请，应在15日内作出工伤认定的决定。作出工伤认定决定需要以司法机关或者有关行政主管部门的结论为依据的，在司法机关或者有关行政主管部门尚未作出结论期间，作出工伤认定决定的时限中止。

自决定作出之日起，应当在20日内将决定文书送达受伤害职工(或者其近亲属)和用人单位，并抄送社会保险经办机构。工伤认定结束后，社会保险行政部门应当将工伤认定的有关资料保存50年。

(五) 救济

职工或者其近亲属、用人单位对不予受理决定不服或者对工伤认定决定不服的，可以依法申请行政复议或者提起行政诉讼。①

因工伤认定申请人或者用人单位隐瞒有关情况或者提供虚假材料，导致工伤认定决定错误的，社会保险行政部门发现后，应当及时予以更正。如果已经进入到诉讼阶段，社会保险行政部门也可以在诉讼中依法予以更正。

工伤认定依法更正后，原告不申请撤诉，社会保险行政部门在作出原工伤认定时有过错的，人民法院应当判决确认违法；社会保险行政部门无过错的，人民法院可以驳回原告的诉讼请求。

---

① 目前，我国工伤认定之法律救济存在人为制造逻辑循环的制度缺陷，即对于工伤认定之行政审判，人民法院有关的司法裁决并不必然产生相应的法律后果，仅仅是完成程序而已。例如，在人社部门不认定工伤的情形下，人民法院行政审判裁决人社部门的工伤认定结果不正确，人民法院的裁决可以推定为认定工伤，但司法裁决并不产生工伤认定的结果。劳动者往往需申请人社部门的重新认定。由此，程序形成循环。

第三节　劳动能力鉴定

一、劳动能力鉴定的内涵与定位

劳动能力鉴定又称职业伤害造成的失能鉴定。[①] 工伤保险的被保险人在工伤医疗期间被治愈，或者伤情处于相对稳定状态，或医疗期满仍不能从事工作的，依法进行劳动能力鉴定，评定伤残等级，并定期复查伤残情况。[②] 这一意见或证明通常在工伤认定环节之后，是在相关机构认定劳动者所受伤害或所罹患的疾病确属工伤（职业病），符合工伤保险给付范畴之后，再进一步对其所造成的具体损害（伤残程度）进行的一种专业性评定，最终根据该评定结果来核定被灾劳动者应当享受哪一层级的工伤待遇。由于劳动能力鉴定系专业鉴定，当事人对鉴定结果不服的，只能申请重新鉴定，而不能通过行政复议或行政诉讼予以救济。因劳动能力鉴定程序系工伤保险法制之一环，其制度架构就是为了实现社会法之目的，其制度价值在于使职业伤害由雇主责任转向社会保险补偿，因此，劳动能力鉴定不应向劳动者收费，亦不应向雇主收取鉴定费用。如果将这一过程图形化，则可表达为：（职业病诊断与鉴定——）工伤认定——劳动能力鉴定——工伤待遇核定——工伤待遇发放。从这一流程不难看出，本章所讨论的这一劳动能力鉴定环节，乃连接工伤认定与保险待遇核定与发放的桥梁，亦是核定保险给付标准的基础。

在这座桥梁之上，我们要厘定内容，其实质乃工伤带来的某些能力的丧失或削弱，既包括劳动者身心状态的下降所导致的能力削弱，也包括由此所引发的进一步损害——因劳动能力的降低而失去的改善将来生活的机会，或者说在劳动力市场上赚取收入能力的降低或丧失。后者乃以获取新工作的可能性为理论基础的，也就是说是以个人剩余的赚钱能力为理论基础的。

当然，并不是所有的工伤事故都需要进行劳动能力鉴定。正如其名，大多数时候，只有在受害人的劳动能力或生活自理能力受到无法恢复的损伤之时，也就是存在伤残的情况下，才会启动这一鉴定程序。如果劳动者只是简单的跌倒，刮伤膝盖，经过简单的治疗与休息之后完全可以恢复原状，不会因此而影响到自身的工作能力或职业能力的，显然用不着做这种鉴定。因跌倒而引发的医疗待遇以及停工期间的薪水等保险待遇，在经历工伤认定环节后，便可直接确定。也就是说，这一鉴定是与工伤而导致的特定的残疾情况紧密挂钩的，这也就必然给鉴定申请的时间安上了一个临界点。根据《工伤保险条例》第 21 条，这个时间点应当卡在“职工发生工伤，经治疗伤情相对稳定后存在残疾、影响劳动能力”之时。

首先，我们必须关注的是“经治疗伤情相对稳定后”，其是指劳动者的原发性损伤已经得到修复或治愈，身体的功能性障碍已经获得恢复，且情况稳定以后。例如，骨折已经达到复位愈合，医疗过程已经终结，损伤和医疗过程中引起的并发症已经得到控制，肢体或神经的功能恢

---

① 郑尚元：《工伤保险法律制度研究》，北京大学出版社 2004 年版，第 89 页。

② 郭捷主编：《劳动法与社会保障法》，中国政法大学出版社 2007 年版，第 276 页。

复已处于相对稳定和静止的阶段。

其次，必须是“存在残疾”，有“影响劳动能力”的具体情形。这也是劳动能力鉴定启动的必要条件。事实上，与该鉴定相连接的工伤待遇仅止于《工伤保险条例》第35、36、37条所规定的伤残待遇，之前的医疗待遇无须鉴定，之后的工亡待遇亦无从鉴定。

最后，《工伤保险条例》对这一程序之规定，所用的措辞是“应当”而非“可以”。也就是说，在存在前述情形之时，劳动能力鉴定是启动后续工伤待遇核定与给付的必要前提，受害人若要取得伤残待遇，就无可选择，也无从绕过，只能遵循该程序。

二、劳动能力鉴定的标准

根据我国国家标准GB/T16180-2006《劳动能力鉴定职工工伤与职业病致残等级》的相关规定，这一鉴定应主要依据“工伤致残者于评定伤残等级技术鉴定时的器官损伤、功能障碍及其对医疗与护理的依赖程度”，同时应“适当考虑了由于伤残引起的社会心理因素影响，对伤残程度进行综合判定分级”。这种分级不仅要考虑伤者的劳动功能障碍程度，还会涉及他们的生活自理障碍程度。其中，劳动功能障碍分为10个伤残等级，最重的为一级，最轻的为十级。生活自理障碍分为三个等级：生活完全不能自理、生活大部分不能自理和生活部分不能自理。具体分类如下：

一级为器官缺失或功能完全丧失，其他器官不能代偿，存在特殊医疗依赖，或完全或大部分护理依赖。

二级为器官严重缺损或畸形，有严重功能障碍或并发症，存在特殊医疗依赖，或大部分护理依赖。

三级为器官严重缺损或畸形，有严重功能障碍或并发症，存在特殊医疗依赖，或部分护理依赖。

四级为器官严重缺损或畸形，有严重功能障碍或并发症，存在特殊医疗依赖，或部分护理依赖或无护理依赖。

五级为器官大部缺损或明显畸形，有较重功能障碍或并发症，存在一般医疗依赖，无护理依赖。

六级为器官大部缺损或明显畸形，有中等功能障碍或并发症，存在一般医疗依赖，无护理依赖。

七级为器官大部分缺损或畸形，有轻度功能障碍或并发症，存在一般医疗依赖，无护理依赖。

八级为器官部分缺损，形态异常，轻度功能障碍，存在一般医疗依赖，无护理依赖。

九级为器官部分缺损，形态异常，轻度功能障碍，无医疗依赖或者存在一般医疗依赖，无护理依赖。

十级为器官部分缺损，形态异常，无功能障碍，无医疗依赖或者存在一般医疗依赖，无护理依赖。

三、鉴定机构与鉴定程序

《工伤保险条例》第 23 条规定:“劳动能力鉴定由用人单位、工伤职工或者其近亲属向设区的市级劳动能力鉴定委员会提出申请,并提供工伤认定决定和职工工伤医疗的有关资料。”其中,省市两级劳动能力鉴定委员会分别由同级社会保险行政部门、卫生行政部门、工会组织、经办机构代表以及用人单位代表组成。《工伤保险条例》也同时要求劳动能力鉴定委员会应建立医疗卫生专家库。列入专家库的医疗卫生专业技术人员应当具备下列条件:(1)具有医疗卫生高级专业技术职务任职资格;(2)掌握劳动能力鉴定的相关知识;(3)具有良好的职业品德。

在程序上,劳动能力鉴定的启动首先需要由适格的当事人申请。根据《工伤保险条例》第 23 条的规定,这个申请人既可以是用人单位,也可以是工伤职工或者其直系亲属,由他们直接向设区的市级劳动能力鉴定委员会提出。申请的同时,还需要提供相应的申请资料,如劳动能力鉴定申请书、工伤认定决定书和工伤(职业病)医疗的有关资料等。当事人的申请若符合法定条件,程序就会被推进到鉴定环节。这一环节将关涉鉴定的组织、期限、再次鉴定、复查和回避等一系列制度。

首先,是组织鉴定。按照《工伤保险条例》第 25 条第 1 款的规定,设区的市级劳动能力鉴定委员会收到劳动能力鉴定申请后,应当从其建立的医疗卫生专家库中随机抽取 3 名或者 5 名相关专家组成专家组,由专家组提出鉴定意见。设区的市级劳动能力鉴定委员会根据专家组的鉴定意见作出工伤职工劳动能力鉴定结论;必要时,可以委托具备资格的医疗机构协助进行有关的诊断。

其次,在期限上,设区的市级劳动能力鉴定委员会应当自收到劳动能力鉴定申请之日起 60 日内作出劳动能力鉴定结论,必要时,作出劳动能力鉴定结论的期限可以延长 30 日。劳动能力鉴定结论应当及时送达申请鉴定的单位和个人。此时,如果申请鉴定的单位或者个人对设区的市级劳动能力鉴定委员会作出的鉴定结论不服的,还可以在收到该鉴定结论之日起 15 日内向省、自治区、直辖市劳动能力鉴定委员会提出再次鉴定申请。省、自治区、直辖市劳动能力鉴定委员会作出的劳动能力鉴定结论为最终结论。

再次,为了切实保障工伤待遇的实效性,当工伤职工的伤残情况有所变化,尤其是恶化之时,《工伤保险条例》还专门补充了劳动能力的复查鉴定条款,规定自劳动能力鉴定结论作出之日起 1 年后,工伤职工或者其近亲属、所在单位或者经办机构认为伤残情况发生变化的,可以申请劳动能力复查鉴定,并以此来防止一定待遇适用终身的僵化效果,切实并切“时”地保障工伤职工的合法权益。

最后,《工伤保险条例》第 27 条还特别规定了劳动能力鉴定中,适用于劳动能力鉴定委员会组成人员和参加鉴定之专家的回避制度,如果他们“与当事人有利害关系”,则应当回避。

第四节　工伤保险基金

一、工伤保险基金之筹集

工伤保险基金，顾名而思义乃为实现工伤保险制度而建立的基金，属于社会保险基金中的一种专项基金，系工伤保险制度运行的物质基础。它由国家强制要求用人单位缴纳的工伤保险保费积累而成，专项用于对工伤事故和职业病的事前预防、事后治疗、康复以及经济补偿。从世界各国的具体实践看来，主要的筹集方式大抵有以下几种：其一，雇主完全负担模式。此乃具有典型性的工伤保险基金筹集模式，C.Arthur Williams 的研究数据显示，该模式在 96 个接受调查的目标国家中采用比例高达 71%。我国也采用此种模式。其二，雇主负担与财政补贴相结合，主要适用于财政宽裕、经济发达的工业国家，如德国、日本。其三，雇主与劳动者共同负担模式，如英国及日本法规定的上下班途中的通勤事故保险，目前适用范围已经很小。其四，雇主、劳动者和政府三方共同负担之模式。当然，因为仍涉及劳动者自身的缴费负担，该模式遭受到的批判之声亦较强烈。从应用比例上来看，第一种模式显然为主流，而需要劳动者适当负担保费的第二、三两种模式加起来也只占到整体比例的 16%，至于政府参与基金投入的其实也并不多，只占到整体比例的 26%。

表面看起来，以雇主承担为绝对主流的基金筹集方式似乎很人性化，很能够体恤在劳动关系中处于弱势地位的劳动者一方。但在经济学分析中，我们则会发现，雇主总通过各种方式将这一负担中相当可观的一部分通过工资的降低转嫁到劳动者身上，恰如其他社会保险税费、租金等商业开支所遭遇的命运一样。 在此，企业参保必然增加人工成本开支，而增加多少则要视劳动力的供给和需求弹性而定。图 8-4 是企业缴纳保费后的人工成本变化情况。

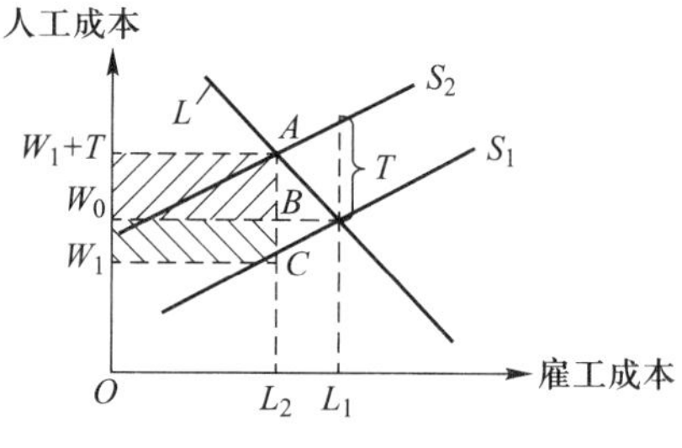

图 8-4　缴纳保费后的人工成本变化及费用分担

图 8-4 中，W_0 为企业未参保时的人工成本。由于企业每雇用一个工人就必须为其缴纳保费 T，所以企业缴费后的人工成本上升为 W_1+T，雇用人数同时下降为 L_2，总体保费负担为 $T\times L_2$。但由于雇工的即期工资由过去的 W_0 下降至 W_1，所以，真正由企业负担的保费为阴影 $ABW_0(W_1+T)$ 部分，并非全部的 $ACW_1(W_1+T)$ 部分，另外一部分阴影面积下的保费由劳动者承担了。企业与劳动者之间的负担率要视二者的弹性而定，劳动力供给弹性越小则企业承担越少。在完全自由竞争的劳动力市场中，劳动力供过于求，企业缴纳的保费可以通过压低劳动者工资来转嫁，企业人工成本支出不会有太大变化。

二、工伤保险缴费基数、费率的确定与调整机制

（一）缴费基数之确定

在整个工伤保险体系中，缴费基数具有一种独特的纽带作用，紧紧维系着“收”“支”双向。一方面，它决定着雇主的缴费数额，是基金收入的重要标尺。另一方面，在支出层面，它又牵涉劳动者实际能够享受得到的具体待遇，即工伤补偿之数额。尤其是实践中，工伤保险经办机构在核定某个特定劳动者所能享受的工伤保险补偿待遇之时，并不会以劳动者的实际工资收入作为核定标准，而是以缴费工资，即工伤职工因工作遭受事故伤害或者患职业病前12个月平均月缴费工资为准。此外，我国所选择的缴费基数其实并非每个劳动者个人的实际工资，而是以用人单位为整体，以“本单位职工工资总额”作为实际缴费基数，并用该基数乘以单位缴费费率，形成缴费数额。按照《工伤保险条例》第64条，该“工资总额”应是指“用人单位直接支付给本单位全部职工的劳动报酬总额”。

（二）费率与其调整机制之确定

《工伤保险条例》第8条规定：“工伤保险费根据以支定收、收支平衡的原则，确定费率。国家根据不同行业的工伤风险程度确定行业的差别费率，并根据工伤保险费使用、工伤发生率等情况在每个行业内确定若干费率档次。行业差别费率及行业内费率档次由国务院社会保险行政部门制定，报国务院批准后公布施行。统筹地区经办机构根据用人单位工伤保险费使用、工伤发生率等情况，适用所属行业内相应的费率档次确定单位缴费费率。”在以上表述中，我们可以抓出几个核心概念：其一，行业差别费率；其二，行业内费率档次；其三，企业浮动费率。

首先，行业差别费率是指根据某一行业的风险水平，单独确定其工伤保险费率，其目的是要在工伤保险基金分担上，对工伤事故发生率不同的行业实行差别性负担，以保证该行业工伤保险基金的收支平衡，并适当促进其改进劳动保护措施，降低工伤补偿成本。行业差别费率的确定基础是不同行业的工伤风险值，行业不同，劳动者所面临的工伤风险程度（如工伤死亡率）往往也会有所不同，如从事金融业的劳动者与从事采矿业的劳动者相比，其遭遇工伤事故导致伤残或死亡的概率明显要小得多，而金融企业为这一风险所要付出的保险成本（保费）自然也应当比采矿业小得多，这是保险机制的基本原理使然。如果不管风险程度，统一采用统一费率，其结果只能导致低风险行业(企业)的逆向选择，最终淡出该风险共同体，拒绝参与该风险分担。因此，《人力资源社会保障部 财政部关于调整工伤保险费率政策的通知》（人社部发〔2015〕71号）规定，工伤保险之承保人（经办机构）将参照《国民经济行业分类》（GB/T 4754—2011），将不同行业按照其工伤风险程度，由低到高分为八类，分别执行不同的行业基准费率，即依次控制在该行业用人单位职工工资总额的0.2%、0.4%、0.7%、0.9%、1.1%、1.3%、1.6%、1.9%左右。

其次，在大的行业类别确定之后，我们还需要在大的行业类别内部设定若干个不同的费率档次，通过费率档次的设计将费率安排进一步细化、精确化，每个企业按其所属类别适用其应当负担的适当的费率档次。

最后，在确定完企业所适用的费率档次后，还需要进一步综合考虑不同企业的工伤保险费

使用、工伤发生率、职业病危害程度等情况，才能最终确定各个企业的缴费费率，也即所谓的浮动费率（又称为经验费率或实绩费率）。在适用之时，工伤保险部门首先要对企业在某一特定时期内的安全卫生状况和工伤保险费用支出情况进行评估，并根据评估结果适当调整该企业下一年度的工伤保险费率。如果该企业的工伤事故、职业病发生率及工伤保险基金的使用总额超过控制指标，就应当在所属行业标准费率档次的基础上适度提高费率；若低于控制指标，则应当适度降低费率。根据《人力资源社会保障部 财政部关于调整工伤保险费率政策的通知》之规定，经办机构每1–3年应重新确定用人单位是否应在所属行业不同费率档次间进行浮动。对符合浮动条件的用人单位，每次可上下浮动一档或两档。其中，一类行业可分为3个档次，即在基准费率的基础上，可向上浮动至120%、150%；二类至八类行业则分为5个档次，即在基准费率的基础上，可分别向上浮动至120%、150%或向下浮动至80%、50%。这种浮动费率的实质乃以经济利益为驱动力，以工伤保险参保企业缴费的数量变化为杠杆，把企业的安全卫生控制、工伤、职业病预防成本与工伤保险成本紧密结合在一起——以保险成本的（费率）浮动推动工伤预防措施的改善，促使企业为降低费率、节约成本开支而尽力改善工作场所的安全卫生条件，降低工伤、职业病风险，并以此来调节工伤保险之保险人、参保企业及职工三方之间的复杂利益关系，建立多方共赢的良性循环，并充分发挥工伤保险对社会经济发展的“安全网”与“减震器”作用。

三、工伤保险基金的运营、监管与责任

第一，根据《工伤保险条例》第46条，工伤保险基金运营之责的主要承担者应当是工伤保险经办机构，它肩负着从保费征收、登记、记录、调查、统计到待遇核定，一直到基金支出等全方位、各环节的运营职责，甚至包括与保险辅助人，如医疗、康复、辅助器具配置等相关机构沟通、联系并签订相关服务协议等。

第二，根据《工伤保险条例》第51条，社会保险行政机构应“依法对工伤保险费的征缴和工伤基保险基金的支付情况进行监督检查”。与此同时，“财政部门和审计机关依法对工伤保险基金的收支、管理情况进行监督”。此外，《工伤保险条例》还规定：“任何组织和个人对有关工伤保险的违法行为，有权举报。社会保险行政部门对举报应当及时调查，按照规定处理，并为举报人保密。”“工会组织依法维护工伤职工的合法权益，对用人单位的工伤保险工作实行监督。”

第三，在责任层面，《工伤保险条例》则主要抓住了基金的收与支两大块。在基金征收上，强调用人单位的强制参保、强制缴费之责，针对不予参保与欠缴保费的行为实施严格的控制，并提高其违法成本。对于应当参加工伤保险而未参加的用人单位，“由社会保险行政部门责令限期参加，补缴应当缴纳的工伤保险费，并自欠缴之日起，按日加收万分之五的滞纳金；逾期仍不缴纳的，处欠缴数额1倍以上3倍以下的罚款”。未参保期间，其职工发生工伤的，由该用人单位按照《工伤保险条例》规定的工伤保险待遇项目和标准支付费用。如用人单位不支付前述项目，依《社会保险法》第41条，可“从工伤保险基金中先行支付。从工伤保险基金中先行支付的工伤保险待遇应当由用人单位偿还”。用人单位不偿还的，由社会保险经办机构向其追偿。用人单位参加工伤保险并补缴应当缴纳的工伤保险费、滞纳金后，由工伤保险基金和用人

单位依照规定支付新发生的费用。在基金的支出上，《工伤保险条例》强调专款专用，任何单位或者个人不得将工伤保险基金用于投资运营、兴建或者改建办公场所、发放奖金或者挪作其他用途。任何单位或者个人违反规定挪用工伤保险基金，"构成犯罪的，依法追究刑事责任；尚不构成犯罪的，依法给予处分或者纪律处分。被挪用的基金由社会保险行政部门追回，并入工伤保险基金；没收的违法所得依法上缴国库"。

目前，现实生活中已经出现工伤保险骗保案件，此类案件的发生直接侵蚀了工伤保险基金的安全，当事人除应当受到刑事处罚外，基于工伤保险基金安全运行之需要，经办机构作为保险人应当被赋予相应的法律人格，以追回被骗保的相关给付。

第五节　劳动灾害保险给付及其标准

一、劳动灾害保险给付的定义与定性

本书所要讨论的劳动灾害保险给付，如选用《工伤保险条例》中的用语，应当表述为工伤保险待遇，由《工伤保险条例》第五章作出详细规定，它具体包括了"职工因工作遭受事故伤害或者患职业病进行治疗的"医疗待遇（第30–33条）、停工留薪期内的工资福利待遇（第33条）、工伤伤残待遇（第35–37条）以及工亡待遇（第39条）。《工伤保险条例》并没有对"工伤保险待遇"一词作出精确定义，正如前文所提到的，它只是根据不同情况确定具体的待遇标准与待遇范围。

对于其制度性格，学界主张更是众所纷纭。费用补偿说主张，工伤保险待遇就是对工伤职工及其家属支付一定的经济补偿和医疗救治费用。[①] 损失补偿说主张，它是指劳动者因工受到伤害、患职业病或死亡时，其本人或遗属能够从国家、社会得到必要的物质补偿。因为肢体、器官的损伤或丧失生命这种对劳动者个人的巨大损失，既不可以任何形式"换回"，又不能像财物一样作价赔偿，因而，工伤发生后，其仅仅是一种"补偿"，主要以现金形式体现。[②] 物质帮助说主张，它应属于社会性的物质帮助，既不属于赔偿（民事）范畴，也不再是计划经济背景下的"吃劳保"等具有强制雇主责任色彩的公职待遇或国家待遇，而是典型的社会保险待遇，是国家依法建立的社会保障制度中物质帮助的一种，即社会保险经办机构根据工伤职工所受到的人身（身体或精神上的）伤害程度、劳动能力降低等参数，确定给予工伤职工的物质帮助。这种帮助"体现了以社会存在和社会发展为本位的基本理念，并不以待遇的支付人——社会保险经办机构和工伤职工的诉求为本位，构架了社会公平和正义，疏离了个别公平或正义"[③]。

以上观点都从一定的侧面反映了工伤保险待遇的制度属性。然而作为一种制度，工伤保险本身的演变与历史传承却铸就了这一典型的复合构造：一方面，在劳动法面向上，工伤补偿仍保留有个别资本责任的色彩，具有劳动法上雇主责任之替代的功能，在此背景下，劳动者因

---

① 徐康平主编：《劳动工伤事故保险与损害赔偿保险》，人民法院出版社2002年版，第306页。

② 孙树菡主编：《工伤保险》，中国人民大学出版社2000年版，第64页。

③ 郑尚元：《工伤保险法律制度研究》，北京大学出版社2004年版，第112–113页。

工而致之伤必得填补。此亦即工伤补偿的损害填补面向。另一方面，我们也必须看到只有个别资本还不够，“工伤的发生乃源于资本主义经济体制本身之因”，个别之力并不足以抵挡，必须“以超越于总资本之上的国家担负起防止、补偿的最终责任”[①]，此即工伤保险的社会法面向。前者是从劳动者保护立场出发，在劳动契约层面上重构的个别雇主义务，仅限于与劳动条件相应的补偿，具有损害填补之功用，同时也在一定程度上兼具生活保障之色彩；[②]而后者则旨在损害填补之余，由国家对因无法工作（劳动能力损毁、灭失）致使生活陷入困境或受到威胁的劳动者提供物质上的帮助，以保障其基本生活（乃至体面生活），此举的根据在于生存权之维护[③]，且发轫于工伤保险制度内部的社会本位渴求。因此，在结构上，工伤保险也必须同时兼顾左右：不仅要考虑到以劳动力保全政策之具体化形式存在的个别雇主责任，还必须涵盖社会法上的所得保障政策，二者不可偏废，此即工伤补偿所特有的复合构造。[④]

二、劳动灾害保险给付之结构

（一）劳动灾害保险给付的类别结构

劳动灾害保险给付，按照不同的标准，通常可以分为不同的类别。若以给付形式为标准，可以分为医疗服务待遇和现金补偿待遇。其中现金补偿待遇又可依现金补偿之时间上的连续性而分为暂时性辅助、永久性伤残抚恤和遗属抚恤。若以现金补偿待遇享受的时间点为标准，则可分为一次性待遇和永久性待遇等。[⑤]

这里，我们要讨论的劳动灾害保险给付类别结构主要针对我国现行的《工伤保险条例》，从医疗、伤残、工亡几个方面入手，具体绘制其结构图表（见图 8-5），以求一目了然。

（二）劳动灾害保险给付之主体结构

从《工伤保险条例》的内容观之，工伤补偿（待遇）的支付主体应当有两个：其一，工伤保险基金；其二，雇主（用人单位）。这也就是说，即便在全国上下所有企业都参保的理想情形下，工伤保险也仍然不是一种完全保险，而最多只能说是某种形式的半保险，一旦发生工伤事故，雇主同样难以完全脱身。此时，雇主需要承担的给付责任主要包括：(1) 停工留薪期内，原工资福利待遇及护理（费用）。(2) 五、六级伤残职工，用人单位难以安排工作的，由用人单位按月发给伤残津贴。标准为：五级伤残为本人工资的 70%，六级伤残为本人工资的 60%。伤残津贴实际金额低于当地最低工资标准的，由用人单位补足差额。(3) 一至六级伤残职工的社会保险费用。(4) 一次性伤残就业补助金。五至十级伤残职工，经职工本人提出，该职工可以与用人单位解除

---

① ［日］桑原昌宏:《労災保険法改訂中間報告の検討》月刊いのち 271 号，第 3 页以下。转引自［日］水野勝:《労災補償制度の理論的課題》，载《日本労働法学会誌》1990 年第 76 卷。

② ［日］桑原昌宏:《労災保険法改訂中間報告の検討》月刊いのち 271 号，第 3 页以下。转引自［日］水野勝:《労災補償制度の理論的課題》，载《日本労働法学会誌》1990 年第 76 卷。第 248 页。

③ ［日］水野勝:《労災補償制度の理論的課題》，载《日本労働法学会誌》1990 年第 76 卷。

④ ［日］水野勝:《労災補償制度の理論的課題》，载《日本労働法学会誌》1990 年第 76 卷。

⑤ 郑尚元:《工伤保险法律制度研究》，北京大学出版社 2004 年版，第 113 页。

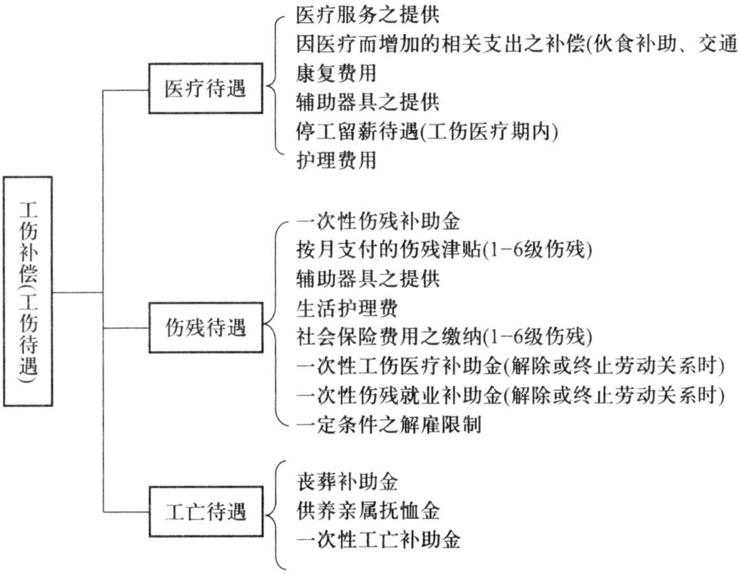

图 8-5 我国劳动灾害保险给付类别结构

或者终止劳动关系,并由用人单位支付一次性伤残就业补助金。(5)职工因工外出期间发生事故或者在抢险救灾中下落不明的,从事故发生当月起 3 个月内照发工资,由用人单位负责。

如果依照《工伤保险条例》规定应当参加工伤保险的用人单位没有依法参保的话,那么其职工一旦发生工伤事故,就将由用人单位按照《工伤保险条例》规定的相关项目和标准支付图 8-5 所示的全部待遇。用人单位参加工伤保险并补缴应当缴纳的工伤保险费、滞纳金后,由工伤保险基金和用人单位依照《工伤保险条例》的规定支付新发生的费用。其中"新发生的费用",是指用人单位职工参加工伤保险前发生工伤的,在参加工伤保险后新发生的费用。

三、劳动灾害保险给付之具体内容

(一) 工伤医疗给付(工伤医疗待遇)

工伤医疗给付是指劳动者在工伤医疗期内所享有的工伤待遇,系工伤患者治疗期间的相关待遇。如图 8-5 所示,主要包括医疗服务之提供,因医疗而增加的相关支出之补偿(伙食补助、交通、食宿费用),康复费用、辅助器具之提供,以及停工留薪待遇以及护理费之负担这五大部分。

1. 医疗服务之提供

《工伤保险条例》第 30 条第 1、2、3 款规定:"职工因工作遭受事故伤害或者患职业病进行治疗,享受工伤医疗待遇。职工治疗工伤应当在签订服务协议的医疗机构就医,情况紧急时可以先到就近的医疗机构急救。治疗工伤所需费用符合工伤保险诊疗项目目录、工伤保险药品目录、工伤保险住院服务标准的,从工伤保险基金支付。工伤保险诊疗项目目录、工伤保险药品目录、工伤保险住院服务标准,由国务院社会保险行政部门会同国务院卫生行政部门、食品药品监督管理部门等部门规定。”

2. 因医疗而增加的相关支出之补偿

该补偿包括住院治疗的伙食补助费，以及经医疗机构出具证明，报经办机构同意，工伤职工到统筹地区以外就医所需的交通、食宿费用。这部分费用由工伤保险基金负责支付。

3. 康复费用、辅助器具之提供

康复是工伤医疗的重要一步，为减轻工伤所带来的劳动、生活障碍，使劳动者早日重归工作岗位，基金将支付由此产生的相应费用。同时，工伤职工因日常生活或者就业需要，经劳动能力鉴定委员会确认，可以安装假肢、矫形器、假眼、假牙和配置轮椅等辅助器具的，所需费用也将按照国家规定的标准从工伤保险基金中支付。

4. 工伤护理费用之负担

在工伤医疗期内，该费用由用人单位自行承担，基金不予给付。与下文所涉的停工留薪待遇一样，二者虽写在《工伤保险条例》之中，却皆非严格意义上的工伤保险待遇，而应属于雇主强制责任之范畴，或者说是雇主强制责任的某一变种。当然，这也正是工伤保险“半保险”性的一大残留。

5. 停工留薪待遇

《工伤保险条例》第 33 条第 1、2、3 款规定：“职工因工作遭受事故伤害或者患职业病需要暂停工作接受工伤医疗的，在停工留薪期内，原工资福利待遇不变，由所在单位按月支付。停工留薪期一般不超过 12 个月。伤情严重或者情况特殊，经设区的市级劳动能力鉴定委员会确认，可以适当延长，但延长不得超过 12 个月。工伤职工评定伤残等级后，停发原待遇，按照本章的有关规定享受伤残待遇。工伤职工在停工留薪期满后仍需治疗的，继续享受工伤医疗待遇。”

6. 争议行为期间不停止医疗待遇给付

依据《工伤保险条例》第 31 条规定，社会保险行政部门作出认定为工伤的决定后发生行政复议、行政诉讼的，行政复议和行政诉讼期间不停止支付工伤职工治疗工伤的医疗费用。

工伤医疗给付系工伤保险给付之一类，按照医疗救治之填补原则，劳动者在罹患工伤和职业病不幸后，对其医学治疗实行损失填补原则，应给予当事人完全补偿。治疗过程的支付由工伤保险基金负担，基金负担治疗支出由治疗水平和治疗档次决定，医学系发展中的学科，治疗亦分相应的层次。我国系发展中国家，医药水平与发达国家相比存在一定差距，因此，在病患治疗上存在国内、国外的差距，在我国医疗保险、工伤保险制度实施过程中，皆存在对药品目录和医疗服务目录的限制，换言之，不属于该目录的药品使用和服务支出须自行负担。如此，工伤患者在治疗过程中，客观上存在“自费”的可能，也就是不属于工伤保险报销的范围，工伤保险并不能实现对工伤患者的充分填补。在此情形下，由劳动者自己承担不幸，还是在工伤保险基金负担之外，雇主仍须担当相应责任？这已经成为一个难题。

（二）伤残给付（伤残津贴）

伤残给付是指劳动者因工负伤，医疗终结后仍留有残障无法恢复，经劳动能力鉴定委员会鉴定具有一定等级的伤残，而后再由工伤保险经办机构或雇主根据鉴定结论所载明的伤残程度和劳动能力下降程度向劳动者提供工伤待遇。主要包括一次性伤残补助金、按月支付的伤残津贴、生活护理费用、辅助器具之提供、社会保险(养老保险、医疗保险)费用之缴纳、一次性工伤医疗补助金、一次性伤残就业补助金以及一定条件之解雇保护。

1. 一次性伤残补助金与按月支付的伤残津贴

一次性伤残补助金是指劳动者因公负伤或罹患职业病后,由工伤保险基金出资,根据劳动能力鉴定委员会所确认的伤残程度向受灾劳动者给付的一次性现金补偿待遇。它既体现了社会对工伤劳动者的抚慰与同情,亦能够对劳动者日后的生活起到一定的补贴作用。

相对于伤残补助金的一次性给付而言,伤残津贴则更具有社会保障给付的年金性色彩。从《工伤保险条例》原文看来,它是一项永续性或者说终身性的伤残待遇,直至伤残劳动者符合退休条件,依法享受基本养老保险待遇(且养老金不低于该津贴)之时,工伤保险基金方停止给付。一方面,它具有明显的损害填补性,尤其是按伤残等级(也即劳动能力损失之等级)之高低,以等级为系数乘以本人工资之一定比例为公式加以计算,更加明显地实现了对工伤所导致之劳动能力丧失的填补面向——损害既然不同,填补当然有异。另一方面,津贴的年金模式,则更加深刻地反映出工伤补偿不同于民事赔偿之处——体现了工伤待遇的生存保障本色,尤其是待遇数额会随着统筹地区“职工平均工资和生活费用变化等情况适时调整”,更避免了民事赔偿“一锤子买卖”面对时代变迁、生活水平变化的僵硬处理之不足。既可以切实保障伤残劳动者的基本生活,又能使他们一同分享社会进步、经济发展的真正成果,使补偿不致因通货膨胀而缩水,反因人们生活水平提高而有所增加。这亦是工伤补偿之社会法面向中的重要一环。

2. 生活护理费

与医疗期内由雇主负担护理费用不同,工伤劳动者评定伤残等级后,经劳动能力鉴定委员会确认需要生活护理的,其护理费用当由工伤保险基金按月支付。生活护理费按照生活完全不能自理、生活大部分不能自理、生活部分不能自理三个不同等级支付,其标准分别为统筹地区上年度职工月平均工资的50%、40%或者30%。

3. 辅助器具之提供

工伤职工因日常生活或者就业需要,经劳动能力鉴定委员会确认,可以安装假肢、矫形器、义眼、假牙和配置轮椅等辅助器具,所需费用按照国家规定的标准由工伤保险基金支付。

4. 社会保险费之缴纳

其中为一至四级伤残的,应直接由用人单位和职工个人以伤残津贴为基数,缴纳基本医疗保险费。为五至六级伤残的,用人单位应首先考虑为其安排适当的工作。如果难以安排,则应由用人单位按月发给伤残津贴(比例如表8-1),并按照规定为其缴纳应缴纳的各项社会保险费。

5. 一次性工伤医疗补助金与一次性伤残就业补助金

五至十级伤残意味着劳动者并没有完全丧失劳动能力,工伤或职业病只夺去了他们某一部分的劳动能力,并不完全妨碍其就业,他们仍可重返就业市场,重归工作岗位。但相对于其他健全、健康的劳动者而言,他们总有所失:一是择业范围的相对缩小以及获取薪酬之能力的相对减弱;二是伤残可能带来其他多余的潜在医疗性支出,成为后续生活中的隐形经济负担。为弥补这一部分损失,《工伤保险条例》特别规定了一次性伤残就业补助金与一次性伤残医疗补助金作为雇主与工伤劳动者解除或终止劳动关系的前提条件。前者由雇主自行负担,而后者则由工伤保险基金承担。

表 8-1 一次性伤残补助金与按月支付的伤残津贴一览表

伤残等级	补偿标准	
	一次性伤残补助金	按月支付的伤残津贴
一级	27 个月本人工资	本人工资的 90%
二级	25 个月本人工资	本人工资的 85%
三级	23 个月本人工资	本人工资的 80%
四级	21 个月本人工资	本人工资的 75%
五级	18 个月本人工资	本人工资的 70%,且其实际金额不得低于当地最低工资标准(难以安排工作的)
六级	16 个月本人工资	本人工资的 60%,且其实际金额不得低于当地最低工资标准(难以安排工作的)
七级	13 个月本人工资	无
八级	11 个月本人工资	无
九级	9 个月本人工资	无
十级	7 个月本人工资	无

6. 解雇限制

伤残总会带来劳动能力的折损以及择业范围的相对限缩,这必然使劳动者在未来的就业市场上处于更为不利的地位。为保护其就业权,《工伤保险条例》特别规定了对伤残职工的一些解雇限制之策。一方面,针对五至六级伤残的劳动者,《工伤保险条例》明确规定要保留与用人单位之间的劳动关系,并由用人单位安排适当工作。解除或终止劳动关系的道路只有一条,即只能由劳动者本人主动提出。也就是说,终止劳动关系是且只是劳动者的权利,而保留劳动关系则是用人单位不可逃避的法定义务。另一方面,对于七至十级伤残,立法则考虑到工伤对劳动能力的削弱程度相对较低,而减轻了雇主解雇限制的级别。劳动关系可因劳动、聘用合同期满而终止,或者因职工本人提出解除劳动、聘用合同而解除。只是解除之时,雇主必须全额支付一次性伤残就业补助金。

7. 死亡待遇之间的选择

一至四级工伤职工死亡,其近亲属同时符合领取工伤保险丧葬补助金、供养亲属抚恤金待遇和职工基本养老保险丧葬补助金、抚恤金待遇条件的,由其近亲属选择领取工伤保险或职工基本养老保险中的一种。

我国伤残津贴的名义替代率客观上是很高的。以一级伤残为例,其长期津贴之替代率达到了 90%,几乎与其本人工资一致。现实生活中,当事人本人工资并非法定概念,存在如下问题需要明确:其一,本人工资是所有劳动报酬的集合还是只是基本工资部分并不明确,使得长期津贴的给付容易存在水分。其二,本人工资系受伤前一个月的工资还是前一年月平均工资?津贴支付经年之后,如遇通货膨胀、社会平均工资上升的,“本人工资”如何对待?这些问题始终是伤残津贴给付制度的“伤疤”,期待未来长期伤残津贴标准能够与当事人工资档次挂钩,而非与实际金额挂钩,如此,才能保障当事人分享社会发展的成果。

（三）工亡给付（工亡待遇）

工亡给付，即工亡待遇，是指劳动者因工死亡后，社会保险经办机构支付给其供养亲属的相关待遇。这里的因工死亡，既包括工伤事故所造成的直接死亡，也包括伤残职工在停工留薪期内因工伤导致的死亡，以及一至四级伤残职工在停工留薪期满后的死亡。依据《工伤保险条例》第 39 条之规定，工亡者之近亲属可获得的补偿待遇主要包括丧葬补助金、供养亲属抚恤金和一次性工亡补助金这三项。其中，丧葬补助金为 6 个月的统筹地区上年度职工月平均工资；一次性补偿属于对工亡劳动者丧葬费用的一次性资助。供养亲属抚恤金按照职工本人工资的一定比例发给由因工死亡职工生前提供主要生活来源、无劳动能力的亲属。标准为：配偶每月 40%，其他亲属每人每月 30%，孤寡老人或者孤儿每人每月在上述标准的基础上增加 10%。核定的各供养亲属的抚恤金之和不应高于因工死亡职工生前的工资。供养亲属的具体范围由国务院社会保险行政部门规定。在定性上，此种给付更类似于一至四级伤残待遇中的伤残津贴，年金形式的给付兼具损失填补与供养亲属之生存保障的双重性格。而一次性工亡补助金标准则采用典型的“一条线拉齐”政策，全国统一为上一年度全国城镇居民人均可支配收入的 20 倍，以一次性补偿的形式肩挑对工亡劳动者亲属的补偿、抚慰、生活保障等多重意义。若从形式与数额观之，则与民事侵权赔偿中的死亡赔偿金亦似有异曲同工之效。

除了明确的事故死亡之外，也不能排除宣告死亡的可能。依《工伤保险条例》第 41 条之规定，职工因工外出期间发生事故或者在抢险救灾中下落不明的，从事故发生当月起 3 个月内照发工资，从第 4 个月起停发工资，由工伤保险基金向其供养亲属按月支付供养亲属抚恤金。生活有困难的，可以预支一次性工亡补助金的 50%。职工被人民法院宣告死亡的，按照本条例第 39 条职工因工死亡的规定处理。

上文提及，我国工伤保险给付之工亡给付，分丧葬补助金、供养亲属抚恤金和一次性工亡补助金。出于事故之后尽快“下事”之策略，我国工亡一次性补助金额度高昂，相当于全国城镇居民上年度人均可支配收入的 20 倍，是一个定量。目前，额度在 70 万元人民币左右。该补偿金额过高，存在赶快“下事”之嫌，大量挤占了工伤保险基金。相反，长期伤残津贴、供养亲属抚恤金等年金类给付标准与当事人工伤事故发生前的本人工资挂钩，且工资存在不确定性，因而，给付标准并没有因名义替代率的提高而使当事人或其亲属受益，甚至因时间的推移，在本人工资不变的情形下，伤残津贴、工亡津贴走样，还会贬损工伤保险制度之制度优势与价值。因此，降低一次性给付标准，增强长期津贴之刚性是工伤保险补偿的真正意义所在，亦是其制度优势所在。[①]

（四）劳动灾害保险给付之停止

根据《工伤保险条例》第 42 条之规定，工伤职工有下列情形之一的，停止享受工伤待遇：其一，丧失享受待遇条件的；其二，拒不接受劳动能力鉴定的；其三，拒绝治疗的。

---

① 参见向春华：《收入保持与工伤保险补偿给付体系之调整》，清华大学 2018 年博士学位论文。

四、工伤保险责任单位之确定

在绝大多数情况下,工伤保险责任理应由劳动者为之服务的用人单位承担。但是,当遭遇特殊用工形式之时,判断责任承担的主体也可能成为一个棘手的问题。在我国,针对这一问题,《最高人民法院关于审理工伤保险行政案件若干问题的规定》明确指出:

第一,职工与两个或两个以上单位建立劳动关系,工伤事故发生时,职工为之工作的单位为承担工伤保险责任的单位。

第二,劳务派遣单位派遣的职工在用工单位工作期间因工伤亡的,派遣单位为承担工伤保险责任的单位。

第三,单位指派到其他单位工作的职工因工伤亡的,指派单位为承担工伤保险责任的单位。

第四,用工单位违反法律、法规规定将承包业务转包给不具备用工主体资格的组织或者自然人,该组织或者自然人聘用的职工从事承包业务时因工伤亡的,用工单位为承担工伤保险责任的单位。用工单位明确的,承担工伤保险责任的单位承担赔偿责任或者社会保险经办机构从工伤保险基金中支付工伤保险待遇后,有权向相关组织、单位和个人追偿。

第五,个人挂靠其他单位对外经营,其聘用的人员因工伤亡的,被挂靠单位为承担工伤保险责任的单位。此时,被挂靠单位明确的,承担工伤保险责任的单位承担赔偿责任或者社会保险经办机构从工伤保险基金中支付工伤保险待遇后,有权向相关组织、单位和个人追偿。

五、劳动灾害保险给付与第三人侵权赔偿之竞合

在一些时候,工伤事件本身很可能是基于第三人原因产成的,此时,除了劳动灾害保险给付之外,还将涉及第三人支付问题[①],即工伤职工还可以第三人侵权为由行使民法上的诉权,即侵权之诉。前者是社会法上的补偿,后者是民法上的赔偿。二者之间既有共性,也有差别。

(一) 共性:损失填补面向

"使被害人重新处于如同损害事故未曾发生之时"[②] 的复原、填补功能乃民事责任最为主要的功能之一,亦与工伤保险背后的损害填补价值遥相呼应。这种填补之效也恰是工伤制度本身所固有的劳动法因素之所在[③],由劳动法(劳动基准法)上的雇主责任演化而来,故仍残留有"劳动契约上个别雇主义务"的部分色彩,着重于对"劳动力的损毁、灭失程度相对应的社会价值进行填补"[④]。后经由保险制度的引入,使雇主责任走出个体领域而步向集团化,责任范围也

---

① 向春华:《社会保险请求权与规则体系》,中国检察出版社 2016 年版,第 408 页。

② 曾世雄:《损害赔偿法原理》,中国政法大学出版社 2001 年版,第 7 页。

③ [日]水野勝:《労災補償制度の理論的課題》,载《日本労働法学会誌》1990 年第 76 卷。

④ [日]吾妻光俊:《労働法〈続〉》,青林書院 1956 年版,第 86 页。

逐步扩大并彻底分散开来[①]，就连保险费用亦被作为成本附加于产品价格之上，并经由销售转嫁给消费者，在整个社会层面进行风险分散。[②]但无论如何演变，在损害填补这样一个内核之上，补偿与赔偿的功用与追求仍是共通的，以至于在这一点上，社会保险几乎已对传统侵权法形成替代之势。[③]即便在具体的赔偿（补偿）项目名称、计算标准以及计算方式上，二者仍略有出入，也并不影响它们在整体功能上的一致与重叠。

第一，民事赔偿里的丧葬费与工亡待遇里的丧葬补助金，皆是用于安葬死者的费用，计算方法上也都以上一年度所在地区月平均工资的6倍为标准，差异仅在于民事赔偿选取的标准地为“受诉法院所在地”，而工伤补偿则采“统筹地区”，以省为标准，二者在大多数案件中是一致的。

第二，民事赔偿里的死亡赔偿金与一次性工亡补助金，也都是针对亡故近亲属得以预期的财产损失作出的填补，皆采上一年度城镇居民可支配收入的20倍加以计算。不同亦仅在于标准地区的选取，民事赔偿仍为“受诉法院所在地”，而工伤则选取“全国”作为标准，更强调同命同价。个案的计算上会有些许差别，但作为损失填补手段，在功能与价值上二者殊途同归。

至于被扶养人生活费，虽最高人民法院发布的《关于适用〈中华人民共和国侵权责任法〉若干问题的通知》规定“计入死亡赔偿金”，但其与工亡职工供养亲属抚恤金在填补“扶养丧失”和“未来收入”损失上的价值也颇为相似。在损害填补层面，作用仍“大同而小异”。

（二）个性：生存保障面向

然而，在填补损害这一共性背后，工伤保险所独有的生存保障理念，作为社会法的基本价值追求与法理支柱[④]，却远远超出民事赔偿理念之外。当然，也正是这一理念的转变，才使得工伤保险与作为母体的民事侵权在漫长的演变岁月里渐行渐远。尤其是20世纪60年代以降，工伤俨然已逐步走出纯粹劳动保险（雇主责任保险）的范畴，而迈向社会保障化。[⑤]

也就是说，工伤补偿责任本身即应当是一种复合性的产物，它既杂糅了劳动法性格，又融入了社会保障法的特质，二者相互“重叠”：一方面，在劳动法面向上，工伤补偿仍保留有个别资本责任的色彩，因公而致之损必得填补；但另一方面，我们也必须看到只有个别资本还并不足够，“工伤的发生乃源于资本主义经济体制本身之因”，个别之力并不足以抵挡，必须“以超越于总资本之上的国家担负起防止、补偿的最终责任”[⑥]，此即工伤保险的社会法面向。前者是从保护劳动者立场出发，在劳动契约层面上重构的个别雇主义务，仅限于与劳动条件相应的补

① ［日］西村健一郎：《労災保険「社会保障化」と労災補償．民事责任》，载《日本労働法学会誌》第36卷。

② Joseph W.Little, Thomas A. Eaton, Gary R.Smith, *Cases and Materials on Workers' Compensation*, 3rd ed, West Publishing Co., 1993, p.58.

③ Mechael Faure and Ton Hartlief, “Social Security versus Tort Law as Instruments to compensate Personal Injuries: A Dutch Lwa and Economics Perspective, at Tort and Insurance Law”, Vol.3, *SpringerWien*, 2003, p.241.

④ ［日］荒木誠之：《社会保障法》，青林書院1988年版，第64页。

⑤ ［日］荒木诚之：《労災補償と社会保障》，载《民商法雑誌》第54卷第2号。

⑥ ［日］桑原昌宏：《労災保険法改訂中間報告の検討》月刊いのち271号，第3页以下。转引自［日］水野勝：《労災補償制度の理論的課題》，载《日本労働法学会誌》1990年第76卷。

偿，具有损害填补之功用，同时也在一定程度上兼具生活保障之色彩；[①] 而后者则旨在损害填补之余，由国家对因无法工作（劳动能力损毁、灭失）致使生活陷入困境或受到威胁的劳动者提供生活保障，此举的根据乃在于对生存权之维护。[②] 因此，在结构上，工伤保险也必须同时兼顾左右：不仅要考虑到以劳动力保全政策之具体化形式存在的个别雇主责任，还必须要涵盖社会法上的所得保障政策，二者不可偏废，此即工伤补偿所特有的复合构造。[③] 在这种构造与理念的差异之下，工伤补偿与民事赔偿的"出手"必然存在差异：

首先，在计算上，伤残津贴、供养亲属抚恤金、生活护理费虽看似采固定标准（以工资的一定比例计算），但若拉长视角观察，劳方实际所得的待遇却并非"死"数，而是由统筹地区社会保险行政部门根据职工平均工资和生活费用的变化等情况适时进行调整的"活"数。这也正是造成工伤补偿与民事赔偿数额差距甚大的直接原因。侵权法单纯强调填补，因而在计算上，必然以"今时今地"的所得损失、护理人员误工损失作为标准，并计若干年。这里就必然深藏着一个巨大的隐患。以被扶养人生活费为例，假设受害人死亡于 1992 年，当年的城镇居民人均年消费性支出仅为 2 356 元（农村居民人均年生活消费支出为 718 元）[④]，即便赔到最上限月均也不足 200 元。最长并计 20 年，总和亦不过 47 112 元（农村居民为 14 360 元），显然远不够维持被扶养人从 1992 年到 2011 年的正常生活，甚至最低生活。而在工伤保险待遇中，供养亲属抚恤金的计算却会随着经济发展而不断调整，为计算方便，我们不妨简单拟定工亡劳动者工资等于全国平均工资，那么这个在 1992 年仅为 2 711 元 / 年（225 元 / 月）的标准 [⑤]，到 2011 年已经高涨到 42 452 元 / 年（3 537 元 / 月），抚恤金自然也随之增长。此时，孰高孰低，当不言自明。

其次，在形式上，因公致残和因公死亡的待遇给付大幅采用年金形式，按月发放。也许在很多民法学者眼中，这个"按月发放"无外乎一种变相的分期付款，不如一次性赔偿那么爽快，期限利益亦归属于社保基金，甚至隐含有为保护基金安全而限制遗属权利的倾向。然我们若将视野放长、放宽，则会发现"按月发放"背后真正的生存权保障之意：其一，在这里，社保基金实则承担了经济发展、工伤家庭生活消费需要随之提高，以维持其正常生活的最终风险，必须根据每个阶段的实际情况适度调整（实为提高）给付标准。而所谓的期限利益，对基金而言，乃必担之风险。但在侵权结构中，这个风险早已从侵权人处转移（转嫁）到了受害人处，行为人只要按最初侵权时的工资标准、生活标准和消费标准进行一次性填补，此后十几年甚至二十年里，扶养成本、护理成本相继提高的可预知风险，必由受害人自己来承担。其二，按月发放实际上还代表着一种社会法面向的制度理性，以生存保障这一根本价值为核心，在一定程度上限制私法角度的个人理性、选择自由。如在侵权制度下，也许受害人或其遗属一次性获得了几十万甚至上百万元的民事赔偿，在当下堪称巨额。此时，他可能一股脑地拿这笔钱去做风险投资，奢侈消费，甚至巨资赌博，在短时间内挥霍殆尽，日后生活又将陷入窘迫，甚至无以维系，社会矛盾、社会问题难免重新浮现。而按月发放的年金设计，则通过补偿形式控制了这种个人盲目

---

① [日]桑原昌宏：《労災保険法改訂中間報告の檢討》月刊いのち 271 号，第 3 页以下。转引自[日]水野勝：《労災補償制度の理論的課題》，载《日本労働法学会誌》1990 年第 76 卷，第 248 页。

② [日]水野勝：《労災補償制度の理論的課題》，载《日本労働法学会誌》1990 年第 76 卷。

③ [日]水野勝：《労災補償制度の理論的課題》，载《日本労働法学会誌》1990 年第 76 卷。

④ 《中国统计年鉴》，载国家统计局官网 http://www.stats.gov.cn/ndsj/information/zh1/i021a，访问日期：2012 年 8 月 1 日。

⑤ 《中国统计年鉴》，载国家统计局官网：http://www.stats.gov.cn/ndsj/information/zh1/d241a，访问日期：2012 年 8 月 1 日。

选择的现实风险,以制度理性保障受灾劳动者及其遗属有生之年必能维持基本生活。

再次,在时间维度上,工伤保险待遇也并不像侵权赔偿般仅以20年为最长赔偿上限①,只要受灾劳动者或其年长遗属仍然活着,工伤待遇就必须随着生命的延续一直保持给付状态,它可能是25年,也可能是35年,甚至更长,哪怕被扶养人活到90岁、100岁,工伤待遇也会一直保持按月发放,保障其老有所养,远超侵权赔偿所能及。

最后,在资金保障方面,国家亦要站在最后"兜底者"的位置之上,在统筹地区出现重大事故、储备金不足支付之时,随时准备垫付。② 这是一种典型的国家责任,以强大的国库作为后盾来弥补个别资本的有限性,保障受灾劳动者及其遗属的基本生存,这也恰是社会国的基本理念所在。

(三) 反思与取舍

当我们一层层穿越表象,深入到工伤保险给付请求权与侵权赔偿请求权之"争"的背后,才会发现真正的较量绝非仅为数额,而是两种理念、两个法域、两种权利之间的权衡——工伤保险所代表的社会法、社会权、生存保障理念与传统侵权所代表的私法、私权利、损害填补功效之间的较量。二者在历史上或许有千丝万缕的联系,而在现实里却难以简单"并行"或鲁莽"取舍"。

一方面,在这一较量里,我们要抓住二者的共性——在工伤制度发轫与蝉变的进程中残留的侵权法因子,即损失填补。③ 在这一功能上,侵权赔偿与工伤补偿的作用是重叠的,显然二者不可兼得,需要反复填补。

另一方面,我们也必须看到二者之间显著的差别——以工伤保险给付为代表的社会权本就是"以国家的介入来加以保障的权利"④,这一介入,必使它有别于传统私法范式,而兼有浓厚的公法色彩。

首先,从法律层面诸社会制度的充实化和权力保障来看,它旨在满足对公民的生存保障及社会正义的要求⑤,甚至以社会连带理念为基础,以超过基本生存所需的标准形成给付⑥,以保障其主体人格的发展⑦。使受灾劳动者不致因劳动能力下降或丧失而失去"生存空间",更不致因身体的残疾而被社会所遗弃。⑧ 这两点都是私法理念下的民事赔偿所无力顾及的。

其次,作为社会权的一部分,工伤保险给付也会在一定程度上受制于其他现行法、诸社会

---

① 《最高人民法院关于审理人身损害赔偿案件适用法律若干问题的解释》第21、25、28条。

② 《工伤保险条例》第13条。

③ 从侵权法开始,经由雇主责任法(盛行于19世纪中晚期)到劳动基准法上的补偿责任,再到超脱于劳动基准法个别雇主责任之外、具有生存保障特质的工伤保险制度(初成于第二次世界大战之后)。

④ [日]内野正幸:《社会権の歴史的展開》,信山社1992年版,第6页。

⑤ Th.Tomandl, Der Einbau sozialer Grundrechte in das positive Recht(1967), S.46. 转引自[日]内野正幸:《社会権の歴史的展開》,信山社1992年版,第66页。

⑥ [日]菊池馨実:《社会保障の法理念》,有斐阁2000年版,第137页。

⑦ [日]倉田聡:《社会保険の構造分析——社会保障におけう"連帯"のかたち》,北海道大学出版社2009年版,第52页。"社会保障目的不仅在于基本财富的分配(也即物质需求的满足),这只是从物理现象层面把握生活保障而已;除此之外,我们还应从保障主体人格发展的视角对其加以全面理解。"另参见[日]菊池馨实:《社会保障の法理念》,载《法学教室》第253号。

⑧ 郑尚元:《工伤保险法的法律地位》,载《中国社会保障》2003年第10期。

制度、国家财力、经济情势等因素，具有相对性格。① 尤其当价值之间存在“冲突”之时，社会权的实现甚至可能直接带来对其他自由权的侵害②。恰如工伤保险遭遇侵权赔偿之时，表面观之，这似乎仅仅是“当劳动者人身权益在工作中遭遇侵害时，他可否于并存的两项请求权中择一主张”的问题，但深入其后，却是社会保险的“强制性”本质之思。它不仅以“强制纳保”及“强制缴费”的规定，强制个人分担法定的社会风险，而且在特定事故发生在特定身份的当事人身上之时，民事求偿之路亦会受到工伤保险制度的阻碍：在一般工伤事故中，工伤保险通过立法直接限缩民事赔偿的适用，受害劳动者只能请求工伤给付，不能请求雇主给予民事赔偿，除非雇主故意为之③；即便事故是由雇主以外的第三人侵权所致，工伤保险亦应为优先适用之法。这不仅取决于工伤保险的及时性、有效性，更取决于劳动者的特殊身份与特殊保护。更深层次的缘由，乃在于该制度背后潜藏的生存保障价值与功能，以制度理性取代个人理性，以适当的强制、选择自由的限制，来保障受灾劳动者与其家庭得以长久“维持”其基本生存，乃至体面地生存。④

当这两项权利“撞车”时，最高人民法院针对不同情形分别作出了如下解析：

第一，职工基于第三人的原因受到伤害，社会保险行政部门以职工或者其近亲属已经对第三人提起民事诉讼或者获得民事赔偿为由，作出不予受理工伤认定申请或者不予认定工伤决定的，人民法院不予支持。

第二，职工基于第三人的原因受到伤害，社会保险行政部门已经作出工伤认定，职工或者其近亲属未对第三人提起民事诉讼或者尚未获得民事赔偿，起诉要求社会保险经办机构支付工伤保险待遇的，人民法院应予支持。

第三，职工基于第三人的原因导致工伤，社会保险经办机构以职工或者其近亲属已经对第三人提起民事诉讼为由，拒绝支付工伤保险待遇的，人民法院不予支持，但第三人已经支付的医疗费用除外。

第六节　工伤预防与职业康复

一、工伤预防

工伤保险制度的推行，使雇主得以从不确定的工业事故风险中解脱出来，但这种解脱很可能伴随着另外一种道德危机，即在卸任赔偿之责的同时，雇主们对事故预防、对安全措施投入的积极性也在同步减退。最终，受害者只能是弱势的劳动者。因此，在实施工伤保险的同时，我们还必须一并加强对事故的预防，只有将补偿与预防合二为一，才有可能真正达到保护劳动

---

① Th.Tomandl，a.a.O.，S.9. 转引自［日］内野正幸：《社会権の歴史的展開》，信山社 1992 年版，第 66 页。

② Hans Huber，Soziale Verfassungsrechte?（1948），in E. Forsthoff（hrsg.），Rechtsstaatichkeit und Sozialstaatlichkeit（1968），S1，Ś.8f. 转引自［日］内野正幸：《社会権の歴史的展開》，信山社 1992 年版，第 66 页。

③ See Arthur Larson，*Workers' Compensation Law*：*Cases*，*Materials and Text*，second edition，New York：Matthew Bender，1992，p.524.

④ 郑晓珊：《工伤补偿与民事赔偿的整合进路——从方向抉择到细节处理》，载《甘肃政法学院学报》2015 年第 3 期。

者之根本目的。在此,我们将这种预防分为宏观与微观两个层面分别介绍。

(一) 宏观层面之工伤预防

1. 费率杠杆之预防效应

费率杠杆可以说是工伤保险体系内最为直接、有效的制度“武器”,可以直接用以刺激雇主群体在工伤预防之上进行积极的投入。它的作用发挥机理在于根据不同行业的事故风险概率及行业内不同企业(投保单位)之间的事故发生频率实行行业差别费率与行业内差别费率档次,并在一定时期内对不同企业的工伤保险缴费费率进行浮动调节。与此相对应,高风险的行业与事故发生频率高的企业,其保险费率亦会较高;低风险的行业与事故发生频率低的企业,其保险费率也会相对较低,并以这种保费支出上的差异,激励用人单位采取积极措施,消除可能导致事故发生的隐患,降低事故发生的危险。

此时,工伤保险的费率设计要经历三个阶段:其一,是拟定总体规模。这一步操作的基础在于对全国范围内工伤保险基金收支情况的整体调查数据,了解各统筹地区的基金现状。其二,拟定各个行业的基准费率,即在摸清底数的情况下,根据以支定收、收支平衡的原则,按照不同行业的工伤风险程度确定不同的差别费率。其三,确定行业内费率档次,即在确定基准费率的基础上,根据不同行业各个企业的工伤保险费使用情况、工伤发生率情况等在每个行业内确定若干费率档次,再以此为基准确定不同行业的费率档次。企业的缴费费率由统筹地区经办机构根据该企业的工伤保费使用情况、工伤发生率情况等,套用所在行业的相应费率档次确定。[①] 这种具有竞争性的费率,使企业的缴费与其自身的工伤事故发生率直接挂钩,具有很强的奖惩意识,事故频发则费率亦高(具有惩罚性质),事故较少则费率也低(具有奖励性质)。此时,企业为了降低自身的经营成本,减少保费支出,大多会主动采取积极的防护措施,努力降低工伤事故及职业病的发生率,以求在费率浮动中能争取到比较有利的位置,以较低的缴费实现成本的节约。费率杠杆的工伤预防效应亦直接体现于斯。

2. 基金提取以应对预防支出

从保险基金中提取一定比例作为事故预防基金乃工伤保险与事故预防相结合的另一条重要途径,各国立法亦多践行此路。例如,加拿大诺沃斯高地亚圣即会从每年的工伤保险费中提取 5% 作为专项的预防经费,交给劳工部职业安全卫生局具体管理和使用;德国的同业公会也会从每年的基金收入中提取 5%-8% 的资金用于预防;在澳大利亚新南威尔士州,这一比例甚至高达 50%。根据我国《工伤保险条例》第 12 条之规定,目前我国工伤预防费用的提取比例、使用和管理的具体办法,由国务院社会保险行政部门会同国务院财政、卫生行政、安全生产监督管理等部门另行规定,在规定出台之前,实践中提取比例大概占到工伤保险基金的 5%-10%。该部分资金主要用于以下几项具体工作:其一,劳动安全卫生检查执法的检测检验;其二,企业特种生产设备及大型危险性设备的检测检验;其三,生产场所的粉尘、毒物、高温、体力劳动强度等安全卫生条件的检测、化验;其四,劳动安全卫生科学技术研究;其五,新建、扩建、技改和引进项目的劳动保护“三同时”涉及的审查和竣工验收工作;其六,针对各类人员的劳动安全卫

---

① 孙树菡主编:《工伤保险》,中国劳动社会保障出版社 2007 年版,第 119-120 页。

生培训和面向社会的宣传教育；其七，安全生产、工伤保护的日常宣传，表彰和奖励安全生产与工伤保险工作方面的先进集体和个人及做出突出贡献的有功人员，等等。[①]

（二）微观层面之工伤预防

微观层面，工伤保险与工伤预防之间的连接应体现在内外两个方面：在外，注重相关部门对企业行为的监督与规制，具有一定的刚性；在内，则更倾向于通过市场机制的柔性作用，引导企业积极推进自身的职业安全卫生工作。

1. 外力推动

靠外力推动的工伤预防措施，其推动力大多来自于各个官方或半官方性质的相关部门。如《安全生产法》第 8 条第 2 款即规定："国务院和县级以上地方各级人民政府应当加强对安全生产工作的领导，支持、督促各有关部门依法履行安全生产监督管理职责，建立健全安全生产工作协调机制，及时协调、解决安全生产监督管理中存在的重大问题"。第 9 条第 2 款规定："……县级以上地方各级人民政府有关部门依照本法和其他有关法律、法规的规定，在各自的职责范围内对有关行业、领域的安全生产工作实施监督管理。"同时，《职业病防治法》亦明确，"县级以上地方人民政府卫生行政部门、劳动保障行政部门依据各自职责，负责本行政区域内职业病防治的监督管理工作……应当加强沟通，密切配合，按照各自职责分工，依法行使职权，承担责任"。在具体的责任分配上，"县级以上地方人民政府统一负责、领导、组织、协调本行政区域的职业病防治工作，建立健全职业病防治工作体制、机制，统一领导、指挥职业卫生突发事件应对工作；加强职业病防治能力建设和服务体系建设，完善、落实职业病防治工作责任制。乡、民族乡、镇的人民政府应当认真执行本法，支持职业卫生监督管理部门依法履行职责。"其中，卫生监督管理部门负责组织制定并公布有关防治职业病的国家职业卫生标准，开展重点职业病监测和专项调查，对职业健康风险进行评估，并负责对职业病防治的宣传教育，普及职业病防治的知识，以及定期对本行政区域的职业病防治情况进行统计和调查分析等；职业病危害预评价、职业病危害控制效果评价则由安全生产监督管理部门负责，职业卫生技术服务机构依法从事职业病危害因素检测、评价工作，接受安全生产监督管理部门的监督检查。安全生产监督管理部门应当依法履行监督职责。

与此同时，相关职业安全卫生标准的确立，也为具体行业、具体劳动者群体的工伤预防提供了具有可操作性的依据，对于工伤预防措施的开展和改进具有很大的现实意义。从中华人民共和国成立初期最早的《工厂安全卫生规程》《防止矽尘危害工作管理办法》到 20 世纪 80 年代推出的一系列行业性安全监察条例（如《锅炉压力容器安全监察暂行条例》《矿山安全条例》《矿山安全监察条例》等），一直到近年来被批准的数百个国家安全卫生技术标准，这些具体标准的贯彻实施，不仅在很大程度上推动了劳动安全卫生工作的发展，从另一侧面也为工伤预防事业的规范化奠定了坚实的制度基础。

---

① 刘铁民主编：《面向新世纪的中国劳动安全卫生——二十一世纪安全生产宏观战略研究》，中国社会出版社 2000 年版，第 124 页。

2. 内功修炼

一方面，作为一项“标准”，近年来以职业健康安全管理体系（OHSMS）[①] 为代表的各种规范体系的兴起，代表着一种崭新的趋势。其以市场化的引导手段推动职业安全卫生法规和制度的贯彻执行，使职业安全卫生管理由被动行为变为主动行为，促进职业安全卫生管理水平的提高。以职业安全卫生管理体系为例，它是全部管理体系的一个组成部分，包括为制定、实施、实现、评审和保持职业安全卫生方针所需的组织机构、规划、活动、职责、制度、程序、过程和资源。其基本思想是实现体系持续改进，通过周而复始地进行“计划、实施、监测、评审”活动，使体系功能不断加强。它要求实施职业安全卫生管理体系时始终保持持续改进的意识，对体系进行不断修正和完善，最终实现预防和控制工伤事故、职业病及其他损失的目标。

另一方面，在“个案”层面，对企业自身工伤事故防止计划之制订的引导也当成为另一种新兴趋势。工伤、职业病预防推动机构（包括工伤保险之相关部门、劳动安全卫生相关部门）应通过适切的管理工具或相关方法，以系统化观念加强企业的安全卫生认知与自主管理能力，并针对个案引导甚至教导企业以系统化的方式拟订符合自身情况的工伤防止计划，以利其日后落实推动并妥善管理，使潜在的危险得以消弭或控制，进而提升其事故管理技术，并有效降低工伤事故发生的概率。[②]

二、职业康复

职业康复，是针对工伤劳动者的专项康复活动。其中康复（rehabilitation）一词原意为“复原”，即恢复原来的权利、资格、地位、尊严等。当中心词落到伤残者身上时，时代的需求则将重点更多地落在使其能够重返社会之上，即以各种措施减轻残疾的影响，并使残疾人重返社会。为实现这一核心价值，工伤劳动者之特定康复就必然不是某一个特定点上的问题，而是一个连续的过程，由一系列的因素连接互动而成，不仅包括医疗救治、医疗康复，还将包括功能性复健、职业重建以及社会康复一系列相互衔接的复杂过程。需要“综合运用现代医学、教育、职业、社会等多种手段，对工伤残疾人进行治疗、疗养、训练、护理、慰问、教育，并以辅助手段尽可能地补偿、恢复伤残人员所丧失或削弱的功能，使工伤残疾人恢复正常人应具备的生活、工作能力和心理状态”[③]，并能够顺利地重返社会，重返职场。

医疗康复，是职业康复的首要环节，是其他康复内容的基础。这一环节的主要目的在于借由医学诊断、治疗、护理、训练等多种技术措施，让伤病劳动者恢复其身体所能恢复的最大功能，解除其身体及心理上的病症，尽可能使其能够独立应对日常生活。康复手段包括物理治疗、功能治疗、语言治疗、心理治疗、认知治疗、娱乐治疗及音乐治疗等。

---

① OHSMS（Occupation Health Safety Management System）是 20 世纪 80 年代后期在国际上兴起的现代安全生产管理模式，它与 ISO9000 和 ISO14000 等标准化管理体系一样被称为后工业化时代的管理方法。2001 年，国家经贸委开始在国内展开相应的试点工作，并于同年 12 月正式发布了《职业安全健康管理体系指导意见》和《职业安全健康管理体系审核规范》将其固定下来。

② 张智奇：《事业单位如何厘定职业灾害防止计划之研究》，台湾地区行政管理机构劳工委员会劳工安全卫生研究所课题 2006 年 3 月，第 1–4 页。

③ 徐康平主编：《劳动工伤事故保险与损害赔偿》，人民法院出版社 2002 年版，第 448 页。

在完成医疗康复之后，劳动者将走进功能性复健(functional restoration)，也即产业复健(industrial therepy)环节。这一环节是一个典型的管理过程，即根据评估的需求给予劳动者适当、正确及适时的服务，其目的在于使伤病劳动者尽快恢复到伤病之前的就业状况或使其重返伤病前的生活形态，也即回到原用人单位从事原来的工作或是调整替代工作，同时预防工伤事故的再度发生。[1]根据劳动者的病症严重程度不同，功能性复健方案的复杂程度也会有所不同，可能涉及功能性卫生教育(functional healthh education)、功能性运动训练(functional exercis)、工作适应(work conditioning)以及工作强化(work hardening)等复健项目。[2]

在功能性复健后，劳动者还可能面对必要的职业重建。当然并非所有的工伤劳动者都需要职业重建。事实上，只有那些因工伤或职业病而遗留下永久性残疾，且无法回到原用人单位工作或无法执行原来职务的劳动者才会面临艰难的职业重建。此时，他们可能需要培养第二专长、寻找其他公司从事原来的工作或是调整至不同的工作岗位。面对他们的就业需求，职业重建计划应有针对性地向其提供服务，主要包括职业辅导评定、职业训练、就业服务、就业安置、职业咨询、就业媒介、职务再设计等。这也是典型的职业康复环节。

最后，社会康复也是不可缺少的一步。它更强调伤病劳动者在社区生活中的适应性和经济上的独立性，要求兴建各种社会福利性设施、无障碍实施，并组织工伤劳动者从事一些积极的社会活动，避免其与社会发生疏离，使他们尽快重新适应不同的社会生活环境。与其相适应的服务项目有心理社会适应、社区生活独立训练、长期照护以及辅助器具的给予(包括交通工具的改造及提供)等。

思考题：

1. 从侵权法到社会保险法之演绎的角度，工伤保险制度是如何形成的？
2. 如何理解工伤认定之业务起因性与业务遂行性？
3. 我国工伤认定范围合理吗？视同工伤问题何在？
4. 劳动能力鉴定制度之法制价值如何？
5. 我国工伤保险给付(待遇)存在的问题有哪些？
6. 谈工伤保险给付与第三人侵权赔偿之竞合关系。
7. 如何理解工伤保险之费率调节与工伤预防之实现？
8. 为什么说工伤康复制度系工伤保险法制之重要组成部分？

---

① See Key GL, *Industrial therepy*, St.Louis: Mosby, 1995.

② See Key GL, *Industrial therepy*, St.Louis: Mosby, 1995.

第九章　失业保险法

第一节　失业保险的法制展开

一、失业与失业保险

（一）失业与就业

失业问题从中世纪开始出现直到工业社会初期，主要被认为是个人的人格缺陷所致，当时的国家并不介入这一范畴，大约到了20世纪初期，当时的英国政府第一次将失业定性为社会风险的一种，从而将失业定义为一种持续性的或者暂时的工作失能（Arbeitsunfähigkeit）[①]。

在了解失业保险之前，有必要对失业保险中"失业"的概念进行定性。而与失业相对应的概念，就是"就业"。根据国际劳工组织（ILO）的定义，就业是指一定年龄段内的人们所从事的为获取报酬或为赚取利润所进行的活动。凡在特定年龄以上，在规定的时间里，具有下列情形的，就称为"就业"：(1)正在从事有报酬或有收入的职业；(2)有职业但临时没有工作的，如基于疾病、事故、劳动争议、故障等原因而临时停工；(3)自营职业者，即雇主和个人经营者，或正在协助家庭而不领取报酬的成员，在规定时期内，从事正常工作时间的1/3以上者。此外，上述"就业"要与家务劳动、军队服役、在校学习、无报酬收入的义务劳动、生产自救和以工代赈的劳动相区别。[②]

相应地，失业（Unemployment）是指有劳动能力，能接受现行工资水平但仍然找不到工作的现象。ILO的定义为凡在特定的年龄以上，在特定的时间里属于下列情况的，称为"失业"：(1)无工作，即不在有报酬的就业或自营职业中；(2)其本人当前具备劳动能力；(3)正在寻找工作，即正在采取各种方式寻找工作。[③]

从整个社会来看，通常把一定年龄阶段的人口称作劳动年龄人口，其中一部分处于工作状态的，称为就业者，一部分处于可以工作且在寻找工作而尚未找到的，称为失业者。在全球化的影响之下，劳动者失去手中的工作也越来越司空见惯，从20世纪90年代的"下岗"到如今的

---

① Eichenhofer, 2003: Sozialrecht, 4.Aful., 2003, Rz.446.

② 朱家甄、张塞主编：《中国社会保险工作全书》，中国统计出版社1995年版，第49-50页。

③ 朱家甄、张塞主编：《中国社会保险工作全书》，中国统计出版社1995年版，第49-50页。

“待业”“啃老”一族，都是在劳动年龄范围内的劳动人口不在就业状态的情形。论其区别，则十分明显：下岗是有就业意向的人非基于自身原因而失去本来正常的工作岗位和机会；而单纯的待业与啃老则有很明显的消极就业倾向，这类人不属于真正的失业群体，他们被称作不在劳动人口或者不在劳动者，主要指的是不愿工作或者不寻找工作的人口部分。注意此时并不区分其有无劳动能力，而仅仅根据其有无工作意愿进行判断。

失业指的并不是失去工作能力，所以劳动者因为伤残无法继续从事原岗位工作的，并不意味着失业，因为其在原企业可以选择更换其他可以从事的岗位。失业主要针对的是失去了工作机会，因此并不包括劳动者休息、休假甚至无薪休假的情形，因为这只是暂时中断或中止工作，在休假结束后劳动者愿意且能够重新进行工作。①

根据不同的原因和标准，可以将失业划分为各种不同的类型。主要的分类有：

1. 根据主观上愿意就业与否，分为自愿失业与非自愿失业

所谓自愿失业，是指劳动者不愿接受现行的工作条件和收入水平而未被雇用所造成的失业。由于这种失业是劳动者主观不愿意就业造成的，所以被称为自愿失业。这种失业无法通过法律手段和政策来消除，因此不是失业保险所研究的范围。另一种是非自愿失业，是指有劳动能力、有工作意愿但仍然找不到工作的情形。这种失业是客观原因造成的，可以通过政策性调整手段予以消除。失业保险中所讲的失业就是指非自愿失业。

2. 非自愿性失业又可以分为摩擦性失业、结构性失业、周期性失业、季节性失业和技术性失业

摩擦性失业是指生产过程中难以避免的、由于转换职业等而造成的短期、局部失业。这种失业的性质是过渡性的或短期性的。它通常起源于劳动的供给一方，因此被看作是一种求职性失业，它在任何时候都存在。常见的如迁居、首次跨入劳动者行列等，都会导致摩擦性失业。②

结构性失业是指劳动力的供给和需求不匹配所造成的失业。其特点是既有失业也有职位空缺，失业者或者没有合适的技能，或者居住地点不当，因此无法填补现有的职位空缺。③结构性失业在性质上是长期的，而且通常起源于劳动力的需求方。结构性失业是由经济变化导致的，这些经济变化引起特定市场和区域中的特定类型劳动力的需求相对低于其供给。

周期性失业是指在经济周期中的衰退或萧条阶段，因社会总需求下降而造成的失业。当经济发展处于一个周期中的衰退期时，社会消费能力下降导致需求不足，因而厂商的生产规模也缩小，从而导致较为普遍的失业现象。

季节性失业是指气候状况有规律的变化对生产、消费产生影响而引起的失业，常见于农业、建筑业等具有鲜明季节特征的行业中的劳动者，其在行业旺季就业，在行业淡季失业。

技术性失业则是技术更新换代导致的行业变化，因先进技术取代人力以及改善生产方法和管理而导致的失业。

失业的原因与失业的类型有密切联系，但是需要注意的是，失业的出现只是劳动者以外的客观因素导致的，与劳动者工作能力的好坏无必然联系。我国 20 世纪 90 年代初的公有制企

---

① 杨通轩：《就业安全法理论与实务》，五南图书出版公司 2012 年版，第 139 页。

② ［美］保罗·A. 萨缪尔森、威廉·D. 诺德豪斯：《经济学》，萧琛等译，商务印书馆 2013 年版，第 545 页。

③ ［美］保罗·A. 萨缪尔森、威廉·D. 诺德豪斯：《经济学》，萧琛等译，商务印书馆 2013 年版，第 542 页。

业的改制过程使一大批“4050人员”[①]几乎在同一时间失去工作和生活来源，而这种失业通常与他们个体技术水平、文化程度、工作态度和身体状况等职业能力无关。[②]另外，失业也并非一定是因为经济衰退，各国的经验已经表明，与大众普遍固有的观念相悖，劳动市场的明显恶化趋势和良好的经济上行情况可能会并存。[③]

失业是市场经济发展过程中不可避免的现象，其存在有着正反两方面的作用。正向来看，一定数量的失业者的存在，不仅为生产发展提供了充足的人力资源储备，同时为了实现就业，这些人将适应技术进步和市场经济结构调整对劳动力的需求，从而促进和响应科技的革新和经济结构的变迁。失业可能性的存在也让在职劳动者更好地规划其职业生涯和追求。但是，失业对于劳动者个体来说会带来挫败和沮丧，甚至经济不安全，失业状态也是劳动力未被市场充分利用的一种状态，其本身带来了大量社会劳动力资源的闲置与浪费。较高的失业率则会使大量失业者面临经济不安全的情况，从而带来社会不安全。而且失业问题的严重性在于，不仅要解决失业者的再就业问题，还要面对因为收入消失而引起的个人及家庭的生活维持问题。[④]

失业问题不仅具有经济性，还具有社会性。因此其影响也一般被分为社会影响和经济影响两方面。“高失业率不仅是个经济问题，而且是个社会问题。之所以是经济问题，是因为它意味着要浪费有价值的资源。之所以称其为重要的社会问题，是因为它会使失业人员面对收入减少的困境而痛苦挣扎。在高失业率时期，经济上的贫困令人无法承受，影响着人们的情绪和家庭生活。……高失业时期的经济损失是现代经济中有据可查的最大损失。它们比微观经济中垄断引起的效率损失或关税和配额引起的效率损失都要大许多倍。失业的经济成本显然相当之大，但长时间持续非自愿失业给人们造成的精神损失无法用个确定的美元数额来充分地加以表达。事实一再证明，失业会给人们酿成种种悲剧。……心理学研究指出，解雇所造成的创伤绝不亚于亲友去世或学业失败。”[⑤]

因为广泛存在的失业风险演变成为一种社会安全风险，作为一种社会问题而出现，因此失业问题理应由社会法予以调整。德国社会法学家贝克尔（Becker）曾概括社会基本规则（Die soziale Grundregel）为“个人必须在市场经济中借由其财产以及劳动力之投入，以维持其生机，一旦此基本规则有所动摇，则又需要借由社会政策加以解决，这一基本规则的动摇便是社会法的出发点”[⑥]。

---

① “4050人员”是指处于劳动年龄段中女40岁以上、男50岁以上，本人就业愿望迫切但因自身就业条件较差、技能单一等，难以在劳动力市场竞争就业的劳动者。其中，相当一部分是原国有企业的下岗人员，他们为改革作出了贡献，但随着年龄增长，就业愈益困难，因此国家对他们实行了更加优惠的政策，特殊扶持。

② 郭于华、常爱书：《生命周期与社会保障——一项对下岗失业工人生命历程的社会学探索》，载《中国社会科学》2005年第5期。

③ H.Gorgens, “Kapitalrentabilität bei derzeitiger massenarbeitslosigkeit so hoch wie bei fruherer Vollbeschäftigung”, In *WSI-Mitteilungen*, 1995(10), p.639.

④ 台湾社会法与社会政策学会主编：《社会法》，元照出版公司2015年版，第200页。

⑤ [美]保罗·A.萨缪尔森、威廉·D.诺德豪斯：《经济学》，萧琛等译，商务印书馆2013年版，第539页。

⑥ Becker, Ulrich, “Sozialmodell und Menschenbild in der Hartz-IV-Gesetzgebung”, in Behrends, Okko/Schumann, Eva (hrsg.), *Gesetzgebung, Menschenbild und Sozialmodell im Familien-und Sozialrecht*, 2008, S.57 f..

（二）失业保险

失业保险，其实是对劳动者失业情形出现之保护。它是社会保险的一种，旨在保障在职劳工遭遇非自愿性失业时，透过保险方式为其提供失业给付，以维持其最低生活安全及避免造成社会问题。①

劳动者如果有工作能力和工作意愿，却失去了工作岗位和机会，这就是非自愿性失业，这不仅是个人的挫败，会导致个人自信心受挫、职业生涯受阻，同时也是个人与家庭经济不安全的主要原因。对于这种经济上的不安全，世界各国大都提供失业保险或者失业救助，暂时替代劳动者的薪资所得，以维持基本生活品质。② 这种社会保险性质的给付，主要目的就是在最大程度上形成失业者的所得替代，虽然不可能完全与在职劳动时收益一样，却可以作为暂时性的周转，为劳动者继续寻找新的职业或者培养新的职业技能解决后顾之忧。

失业风险在进入工业社会生活时就开始存在，是每一个国家和社会都会面临的一种风险，其原因在于，工业化过程中大部分的劳动者失去了生产工具，而只能凭借其自身的体力劳动或者专业技术谋生。一旦世界范围内或者地区之中的经济情况下行或者产业结构调整，甚至雇主因为调整盈利目标而改变其投资策略，都会给一部分劳动者带来失业和经济上的危机，这种危机逐渐扩大，致使风险成为社会性的风险。因此，在世界社会保障类目之中，继工伤保险（职业灾害保险）、疾病与医疗保险、老年保险之后，形成了社会保险体系的第四个支柱——失业保险。③ 失业保险在传统的学理上被视为是一种劳动者的储蓄，因此失业保险给付就成为劳动者个人的延展工资（deferred salary）。因此在北欧国家，失业保险是自愿性的由工会与雇主双方自主管理的社会伙伴关系。即使在失业保险属于强制性保险的欧陆国家，失业保险也有高度的组合主义传统，劳雇双方有着相当的主导权。失业保险的保费收缴与给付分配有别于国家税收的资源再分配机制。④

失业保险除了具有其他社会保险共有的特征之外，还有一些较为特殊的特征，比如：

1. 保障对象的特定性

失业保险的保障对象一般来说要求具备在劳动年龄范围内、具有劳动能力和具有就业意愿这三项条件，其他社会保险一般无此详细的区分。此外还要求必须为非自愿性失业，自愿性失业不享受失业保险待遇，这是各国失业保险制度之通例。⑤

2. 保障前提的非劳动性

适用失业保险的前提是劳动者失业，劳动者本身仍然具有劳动能力和就业意愿。如果劳动者再次就业，失业保险待遇旋即丧失并且保险期间也要根据情况重新计算；而其他社会保险的纳保期间往往具有连续性。

3. 失业给付的限期性

享受失业给付不仅需具备一定的条件，如需要登记并满足等待期间，同时还限定了给付期

---

① 柯木兴：《社会保险》，台北社会保险学会2000年版。转引自黄越钦：《劳动法新论》，中国政法大学出版社2003年版，第427页。

② 林万亿：《社会福利》，五南图书出版公司2010年版，第166页。

③ 林万亿：《社会福利》，五南图书出版公司2010年版，第166页。

④ Clegg, Daniel, "From Liberal Statism to Statist Liberalism: The Transformation of Unemployment Policies in Europe", *Welfare State Transformations*, Palgrave Macmillan UK, 2008.

⑤ 郭捷等：《劳动法学》，高等教育出版社2014年版，第479页。

限。失业保险仅作为过渡性的给付项目，维持的是劳动者失业后到重新就业之前的损失替代，仅在期限内享受。若超过法定期限仍然处于失业状态，失业保险给付便不能再享受，而只能转向社会救助等其他方式。

4. 保险方式的两重性

失业保险不仅包含金钱部分的生活保障，还包括为失业者重新就业所提供的就业促进的服务部分。“失业保险的实施必须与职业训练及就业服务等相辅而行，互为配合，而构成完整的就业安全体系。”[①] 这构成了消极的救济和积极促进相结合的双重功能，正是在这个意义上，失业保险有时又被称作“就业保险”或者“雇佣保险”[②]。其他社会保险则针对单一风险进行预防或保障，并无诸如就业促进的积极性功能。

5. 经济调节方式的二元性

作为一种社会政策性手段，失业保险有其调整经济生产部门的作用，这种对经济生产的调整是两方面的。在经济繁荣时期，社会生产增加，由于失业保险费从劳动者收入中支出，所以劳动者的消费总支出也相应地减少，对于社会生产的扩张有抑制作用，可以避免盲目扩充。[③] 而在经济萧条的时候，劳动者可以借失业保险的收入而维持其基本的消费能力和购买力，可以维持社会化基本生产，不至于因为恶性循环而使经济状况更加萧条，有一定程度上促进生产复苏的作用。例如，美国在 1935 年的时候开办失业保险，对于当时陷入大萧条的美国经济有着很明显的稳定作用；而日本从 1947 年正式施行失业保险，对其战后经济的发展也有着极为重要的促进作用。

二、世界失业保障法制之思源

社会保险法的几大项目起源几乎都在德国，可是失业保险却不然。最初德国在俾斯麦政府利用国家社会主义创设社会保险时，首先公布的三项重要基本社会保险法令针对的是疾病、意外、老年保险，而失业保险则基于财政上的理由未能被包括在内。[④] 因此，失业保险法直到 20 世纪初才开始出现，相较于其他社会保险立法发展而言起步较晚。

最早的失业保险方式是自愿式的，由工人自己缴费，一旦工人失业便可部分地获得补助。1901 年比利时的根特市是最早对于这类自愿基金给予补助的城市，因此制度的雏形又叫根特制度（Ghent System）。1911 年英国开始把失业问题与保险问题合成一个问题解决，根据其法律规定，失业者得请求补助，这是人类史上第一次在国家层面实行失业保险制度。[⑤]

第一次世界大战后，欧洲大陆开始普遍实行失业保险。1919 年，首先从意大利开始，1920 年奥地利、1927 年德国强制参加失业保险；而法国则偏重于救济与补助方面；比利时则尝试用私法上奖励的方式促使公民参加失业保险。在瑞典，工会自行组成私营的失业保险机关。

---

① 柯木兴：《社会保险》，三民书局 1993 年版，第 305 页。

② 郭捷等：《劳动法学》，高等教育出版社 2014 年版，第 480 页。

③ 梁宪初、冉永萍：《社会保险》，五南图书出版公司 2002 年版，第 198 页。

④ Zollner, Germany, in Kohler-Zacher (eds.), *The Evolution of Social Insurance*, 1982, pp.1-92.，转引自黄越钦：《劳动法新论》，中国政法大学出版社 2003 年版，第 349 页。

⑤ Ogus, Great Britain, , in: Kohler-Zacher (eds.), *The Evolution of Social Insurance*, 1982, pp.150-264.

1917年苏联开始实行失业保险，到了1930年，由于否定共产主义国家存在失业的认知问题，又取消了这一制度。

第二次世界大战期间，英美国家发展出一种有别于传统社会保险理念的社会安全概念。其于1935年在英国首次出现，美国随即发扬，旨在改变美国传统的放任自由主义政策。该社会安全法案首次提出其目的在于援助需要救助的人，法案中的工人特别保障只以专属于工人之危险为限（失业），其他则不论职业，只以个人身份决定是否有受保障之需要。①

其后，劳动法和社会法在此迎来了分水岭——1952年的国际劳工组织（ILO）社会安全最低基准公约详细提供了社会安全九大领域中的最低基准规范，失业给付赫然在列。关于失业保险部分是这样规定的：各公约国应以各该国之法令规定，对能工作并可以工作而不能获得适当就业以致收入中断的人提供失业给付。为防止滥用，应限定被保护者的资产标准并确定给付期限，并要求使用就业服务。此外，因劳资争议导致停工而失业者或者无正当理由自动离职者不适用。

自此，失业保险在各国以法律或者政策性的手段存在着，并呈现良好的发展局面，同时，国际劳工组织也根据情势的不断变化推进着新的国际标准，在就业和失业保护方面的国际标准先后有1934年的《失业条款公约》和《建议书》、1935年的《失业（青年人）建议书》、1944年的《收入保障建议书》、1952年的《社会保障（最低标准）公约》、1964年的《就业政策公约》和《建议书》、1975年的《人力资源开发公约》和《建议书》和1984年的《就业政策(补充条款)建议书》。并在1988年，为了进一步解决失业问题在全世界各个国家的广泛存在和青年人的择业问题，并希望通过以包括社会保障在内的一切适当手段来促进充分、生产性和自由选择的就业，制定了新的国际标准——《就业促进与失业保护公约》。该公约主要解决了1934年《失业条款公约》中标准的老化过时问题，提出了促进灵活就业的新举措，并分为两个方面提出了要求：一为“职业指导、培训和重建能力”即就业促进方面，二为“确保社会保障制度向非自愿失业者提供就业帮助和经济支助”。这宣告了包括就业促进在内的失业保障制度在世界范围的正式确立。

进入21世纪后，失业保障制度面临着新的情势与新的问题，也因此面对着诸多新的挑战。尤其是随着国际贸易的增加和贸易壁垒的不断打破，跨国大公司不断形成，劳动力市场全球化逐步建立，使得在劳动力市场竞争中，跨国经营的多国籍企业与本国大企业在进行利益的比较与权衡之后，很容易移往海外劳动力成本较低的地区，从而造成本国失业劳工增加，甚至形成严重的社会治安问题。有关就业安全与就业促进的问题，对于新时期劳资关系的发展尤为重要。②

失业保险制度，其实原则上也是劳动法和社会法互补关系的一种体现，二者之间的此消彼长是历史的必然。③ 毕竟，之前各国历史上存在过的资遣费、退休金、失业保险、失业救济等各种类型，都起源于对劳动者的保护，进而扩及社会群众，但其适用主体依然是失去工作的劳动者。因为不管是失业还是退休，本身一定会对劳动者的经济生活产生较大的影响，为了维持劳动者基本的生活水准，才有要求雇主支付资遣费以及退休金的制度。但是，有的时候，可能是因为要件不符合（条件过多或者某种所需的法律文件无法获得或者不易获得）或者雇主一方资力不

---

① 黄越钦：《劳动法新论》，中国政法大学出版社2003年版，第353页。

② 黄越钦：《劳动法新论》，中国政法大学出版社2003年版，第8页。

③ Giancarlo Perone, Social Security and Care and workers Social Needs, 1991, Social Security in Europe, Bruylant, Brussel, p. 256.

够,并非所有劳动者都能享受到上述所谓针对劳动者的协议或者优惠政策。因此,开办失业保险能够弥补这个过程中的不足,这种互补关系在法制体系发生重大调整、发生裂罅时特别有用。①

失业保险和社会救助之间的关系,以及失业者生活维持与就业促进这两方面的区分,是随着法制的不断推进而逐渐明晰的。以最早发展社会保险制度的德国为例,俾斯麦时期的社会保险体系便没有涵盖失业保险,而与失业相关的保障仅为 1918 年制定的《失业者救济令》中对一般性贫民救济的特别规定,直到其于 1927 年制定了《工作推介与失业保险法》,才引进了全国性的社会保险来替代救助制度,以解决失业者的生活维持问题,这也是首次以一部法典来处理失业者之生活维持与(再)就业问题。②这一基本架构在1969年的《工作促进法》和1997年《社会法典》第三编中都得以保留,但同时第三编中有关失业扶助的规定还是带有类似社会救助的性质。③2005 年生效的《社会法典》第二编"求职者之基本保障"也对失业者的社会救助给付作了规定,并同时删除了原定于第三编的失业扶助规定。自此,失业者的社会救助与失业保险区分开来。

三、我国失业保险制度之充实

就我国的失业保险法制进展而言,20 世纪 50 年代我国便提出要建立社会保障制度,但彼时的规划中并没有失业保险一项。1950 年,当时的政务院发布了《政务院关于救济失业工人的指示》和《政务院关于救济失业教师与处理学生失学问题的指示》,这被认为是第一次对失业采取保障措施,虽然人群仅包括工人和教师两大群体,但起到了社会保障的作用。需要注意的是,这里的"救济"不属于失业保险的范畴,更多的是社会救助的延伸。参照苏联于 1930 年取消失业保险时的观念,当时的理论认为社会主义国家是不存在失业这一现象的,因此失业保险这一理念在20世纪80年代前在我国从未出现过。甚至在1957年,当时的政府宣布消灭了失业,此后便更无人谈及失业保险内容。

随着社会主义建设的进一步进行,失业这一现象便随着经济结构调整和经济体制改革逐渐出现,社会主义制度下的失业问题该如何解决也进入了立法者的视野,并逐步认识到社会主义制度下的失业并非资本主义中的剥削失业,而是工业化和市场经济的产物。1986 年国务院发布《国有企业职工待业保险暂行规定》,明确了失业保险制度在我国的确立。1993 年,国务院对该暂行规定中的待遇水平、保险对象以及待业保险基金的筹集、管理和使用作了修订,重新颁布了《国有企业职工待业保险规定》④。1999 年国务院颁布《失业保险条例》,名称中从"待业"到"失业"的转变恰恰意味着体制转换的完成,也是体制转换的重要辅助手段。⑤1999 年的《失业保险条例》扩大了失业保险保障的对象和范围,对失业保险费率及征缴进行了调整,规定了职工个人的缴费义务,明确了失业保险基金的统筹层次,调整了失业保险基金的发放标准,

---

① 黄越钦:《劳动法新论》,中国政法大学出版社 2003 年版,第 360 页

② 台湾社会法与社会政策学会主编:《社会法》,元照出版公司 2015 年版,第 200 页。

③ Schulin, Bertram/Igl.Gerhard, 1999 ; Sozialrecht, 6 Aufl., 1999。

④ 王东进主编:《中国社会保障制度的改革与发展》,法律出版社 2001 年版,第 209 页。

⑤ 郑尚元:《劳动法和社会法专论》,法律出版社 2015 年版,第 198 页。

也划分了失业保险的管理部门和经办机构，基本上正式构建起了市场经济体制下我国的失业保险法律制度。2000年，当时的劳动和社会保障部发布了《失业保险金申领发放办法》，成为配套性的规范性法律文件。2007年全国人大常委会通过了《就业促进法》，其中明确规定“国家建立健全失业保险制度，依法确保失业人员的基本生活，并促进其实现就业”，并对全国范围内失业人员的就业保障问题从政策支持、服务和援助等多方面进行了规定。

2010年《社会保险法》将失业保险列入其第五章，对失业保险总的框架性结构进行了规定，其法制意义极为重要，然而内容则较之域外社会保险内容稍显单薄，而且并未对法律实施的细节作出更多规定。随后人力资源和社会保障部在2011年通过了《实施〈中华人民共和国社会保险法〉若干规定》，在第四章中对非自愿失业、缴费时间计算和积极就业的内容作了补充规定，与之前未失去效力的法律一起，构成了我国失业保险法律制度的内容。随后，2015年对《就业促进法》进行了修订，设立职业中介机构的要求先向原工商行政管理部门登记后再向劳动行政部门申请行政许可。2018年对《社会保险法》的修改，并未涉及失业保险制度的内容，但将已撤并的工商行政管理部门的职权移交新成立的市场监督管理部门。

21世纪以来，世界范围内面临着经济情势的变化，世界经济的下滑也冲击着保险财政的保值增值，随着职业转换越来越快和就业方式的多元化，超高龄化社会的到来势必造成更多的失业问题，如何保障重点人群失业后的生活问题，以及促进其尽早进入就业状态，是政策制定时需要考虑的重点问题。[①] 随着社会的发展和改革的不断深化，失业保险制度必将进一步完善，成为重要的民生支柱。

第二节 失业保险法概述

失业保险法是指调整失业保险关系的法律规范的总称，即调整国家建立失业保险基金，对因失业而中断生活来源的劳动者，在法定期间内提供失业保险金以维持其基本生活而产生的社会关系的法律规范的总称。

失业保险法，作为社会保险法的重要组成部分，与其他社会保险法一样，有着强制加保原则、基本生活保障原则、保险原则、社会适当性原则、财务自给自足原则等基本原则。

失业保险法的主要内容包括失业保险法律关系主体，失业保险法律关系的产生、变更和消灭，失业保险基金的来源，失业保险给付的项目、标准和程序，以及失业保险的管理监督和救济等。

一、失业保险法的立法目的

关于失业保险法的立法目的，1998年制定的《失业保险条例》第1条阐述为：“为了保障失业人员失业期间的基本生活，促进其再就业，制定本条例。”劳动机会的丧失是一个社会问题，失业保险为因应失业这一社会问题而由政策走向法律。[②] 失业保险法的立法目的体现为以下

---

① ［日］野川忍：《劳动法原理的再构成》，成文堂2012年版，第249页以下。

② Becker, Ulrich, “Sozialmodell und Menschenbild in der Hartz-IV-Gesetzgebung”, in Behrends, Okko, Schumann, Eva (hrsg.), *Gesetzgebung, Menschenbild und Sozialmodell im Familien-und Sozialrecht*, 2008, S.57 f..

几个方面。

（一）规范失业保险制度

毋庸置疑，失业保险作为社会保险的一种，具有社会保险的属性，即利用社会的力量来防范和因应风险及其可能带来的经济安全问题和生活困境，以保障个人和家庭的基本生活为目的，集合个人与群体力量预防社会风险的危害。失业保险法律制度的制定和实施，涉及保险人、被保险人、受益人、用人单位和政府等多方主体之间相互的权利义务关系，因此现代法治国家都用法律予以规范，以确定政府与保险关系法律主体之间的义务与责任范围，赋予失业保险经办机关设立和运作的依据，并说明请领保险给付的条件与给付标准。“失业保险法即关于因参加失业保险而发生权义关系之法律。该法规范当事人间权利与义务之内涵及其关联性，赋予当事人得以享有特定利益之权利，并课以当事人履行一定作为之义务。”①

（二）保障失业者及其家庭的基本生活

现代工业社会，劳动人口无法完全避免失业风险之威胁，任何时期必有部分工作人口因劳动力供需失衡而被排除在劳动力市场之外。②失业保险法的制定就是为了保障失业人员在失业期间的基本生活。而对于劳动者来说，由于人的社会性往往并非单个个体生活，考虑社会经济安全的时候，还要连带考虑受该劳动力扶养支撑的家庭的生活水平，即便是在21世纪的中国，一家几口人依靠单一青壮年男性劳动力的情况依然不鲜见。这时，劳动者一旦不幸遇到非自愿性失业，如果符合失业给付的请领要件，便拥有了一种可获得相当金额的给付的权利③，以弥补因失去工作机会且处于失业状态下无法获取工资或足够维持家庭基本生活水平的收入的损失，维持和提升失业者在该种情况下的购买力。④失业保险法作为关于失业给付的法律规范，是以维持失业者的基本生活为目的的。至于这个基本生活的目的，原则上应与“最低生活需求”区分开来。对于最低生活需求的保障，应该是社会救助法解决的问题，而失业者的基本生活，理应指在就业状态下生活的最低限度，即覆盖生活所必需之衣食住行费用。⑤

（三）促进再就业

失业保险法的重要作用之一就是它有促进失业者重回劳动市场的功能。因此，失业保险法的目的，不仅有劳动者的生活和雇佣安定的保障，还有失业的预防、雇佣机会的增多、劳动能力的提升和开发以及劳动者福利的增进。⑥宏观上的劳动市场政策一般强调这几者同时适用的必要性，这与传统的基于国民生活保障目的的社会保障法有着不同的特点。⑦但是就主要观

---

① 郝凤鸣：《论失业保险制度之立法原则》，载《中正大学法学集刊》1998年第1期。

② 柯木兴：《社会保险》，台湾社会保险学会1997年版，第295页。

③ 满足给付要件后便可领取一定金额的给付，至于该种给付是否属于期待权，由于目前失业保险法争讼不多，暂时没有形成通说。

④ 杨通轩：《就业安全法理论与实务》，五南图书出版公司2012年版，第156页。

⑤ 钟秉正：《社会保险法论》，三民书局2005年版，第133页以下。

⑥ [日]西村健一郎：《社会保障法》，有斐阁2003年版，第386页。

⑦ [日]荒木诚之：《社会保障法读本》，有斐阁2002年版，第153页。

点来看，关注社会保险法的“公民追求其生活稳定的保障的前提”和许多就业保障措施并不相违背，将这些纳入同一部就业保障法也是可行的。[①] 因此，在除了维持被保险人失业期间的基本生活之外，还通过对给付条件的限制和规定，要求其积极求职，接受职业介绍和职业培训，如不接受当地人民政府指定部门或者机构介绍的适当工作或者提供的培训，则停止失业保险给付。这样就需要请领保险给付的被保险人接受职业培训和就业服务，一方面提升其竞争力，增加其技能以促进其转型，从而拓宽就业面以更好地满足劳动市场的需要；另一方面则通过扩宽信息渠道，通过一定的就业服务如职业介绍、咨询、规划辅导等，打破信息不对称问题，协助失业者重回就业状态。这样，从纵向和横向两个维度，使得失业劳动者的再就业问题得到较为圆满的解决。因此，失业保险法除失业保险给付之外，还积极发挥就业促进的功能，从而实现失业保险法的最终目的——使劳动者摆脱失业状态，重新就业。

二、失业保险法律关系

（一）失业保险法律关系的定义

失业保险法律关系，就其广义来说，是指规范性法律文件在调整以保障生活和促进就业为目的的失业保险及相关领域的过程中，所涉及各方主体间的权利与义务关系。就其狭义来说，是指由失业保险法调整的失业保险活动参与人之间的权利、义务关系。[②]

失业保险法律关系的发生，究竟是基于法律行为（行政契约或者行政处分）而发生的意定之债，还是基于一定生活事实符合法定要件而发生的法定之债，是学界争论的焦点问题。《失业保险条例》第 2 条第 1、2 款规定：“城镇企业事业单位、城镇企业事业单位职工依照本条例的规定，缴纳失业保险费。城镇企业事业单位失业人员依照本条例的规定，享受失业保险待遇。”《社会保险法》第 44 条规定：“职工应当参加失业保险，由用人单位和职工按照国家规定共同缴纳失业保险费。”也就是说，失业保险法律关系的发生是基于一种法定的保险事实，符合法律规定的要件即可成立失业保险法律关系。这种失业保险是社会保险，自然属于公法上的法律关系，与商业保险为私法上的契约关系显然不同。[③] 当然，学界也有综合认为其为公法上的契约关系的，认为被保险人和保险人之间构成一种公法意义上的契约关系。[④] 社会保险的关系也可以理解为一种法定之债，也就是公法上或者说行政法上的债的关系。[⑤]就我国的社会保险来看，社会保险法律关系中的失业保险关系源于法律的直接规定，参加保险的当事人或者受益人无须与保险人订立契约，该失业保险法律关系中当事人参加保险的法定要件、获得社会保险给付的法定要件，皆因法律规定而形成。而且这些法律关系中的一方主体是带有公法人性质的保

---

① ［日］菊池馨实：《社会保障法》，有斐阁 2014 年版，第 285 页。

② 郑尚元、李海明、扈春海：《劳动和社会保障法学》，中国政法大学出版社 2008 年版，第 481 页。

③ 台湾社会法与社会政策学会主编：《社会法》，元照出版公司 2015 年版，第 203 页。

④ 林明锵：《行政契约法论——以德国行政契约为中心试评“法务部”“行政程序法”1994 年 4 月草案》，载林明锵：《行政契约法研究》，翰芦图书出版有限公司 2006 年版，第 32 页。

⑤ 郭明政：《社会保险法法律关系争议问题之探讨》，载葛克昌、林明锵主编：《行政法实务与理论》(一)，元照出版公司 2003 年版，第 479 页。

险人。[①] 就成立方式而言，我国失业保险法律关系更接近于法定之债。

（二）失业保险的法律主体

1. 保险人

《失业保险条例》第 3 条规定，我国的失业保险主管部门采用分级管理制度。其中，全国范围内的失业保险工作的主管部门为国务院劳动保障行政部门，省级以下县级以上地方行政区域内的失业保险工作由各级人民政府劳动保障行政部门主管。依照其社会保险属性，失业保险的开办人应为劳动保障行政部门，我国目前为人力资源和社会保障部门。其具体职责为：贯彻实施失业保险法律、法规；指导社会保险经办机构的工作；对失业保险费的征收和失业保险待遇的支付进行监督检查。

此外，就具体事项而言，《失业保险条例》规定，劳动保障行政部门按照国务院规定设立的经办失业保险业务的社会保险经办机构依照《失业保险条例》的规定，具体承办失业保险工作。社会保险经办机构提供社会保险服务，负责社会保险登记、个人权益记录、社会保险待遇支付等工作。这样的规定将保险开办人与业务承办人分离，交给一个暂时未定级别、未定性质的"社会保险经办机构"，则显得模糊不清，难以将国家保护的保险人角色突出出来。失业保险当然属于社会保险经办机构依法经办社会保险业务的范围，但是社会保险法之所以为行政给付法，关键在于其保险人的特殊性上。"国家于社会保险中与依据社会法而产生的作为义务，率皆由公法上的行政组织予以实现，例如：社会保险人根据德国社会法典第四篇（社会保险通则）第二十九条第一项为具有公法上义务的公法人。"[②] 日本则规定"雇佣保险的保险者是政府"[③]。我国社会保险经办机构的法律地位应为保险人，但当前在法律制度上尚未被"正名"，尚属于归类性、定义性的名称，而非人格性名称，未来社会保险法制完善之后，社会保险经办机构可直接称呼为"某省某市社会保险局"或"某省某市医疗保险局"。并且，该机构应有独立完整的组织法，负有相应的法律职责，承担相应的权能。而且，现今所有社会保险经办机构皆定性为"事业单位"，并非政府授权组织或法律授权的专业行政组织。[④] 因此其保险人的地位就没有那么明确了。

就具体业务范围来看，除提供社会保险服务，负责社会保险登记、个人权益记录、社会保险待遇支付等工作的基本职能之外，在失业保险工作上，社会保险经办机构还具体履行下列职责：负责失业人员的登记、调查、统计；按照规定负责失业保险基金的管理；按照规定核定失业保险待遇，开具失业人员在指定银行领取失业保险金和其他补助金的单证；拨付失业人员职业培训、职业介绍补贴费用；为失业人员提供免费咨询服务；国家规定由其履行的其他职责。

保险基金的管理和失业保险待遇的核定及相应现金给付的发放都是由社会保险经办机构负责的，其虽然并非行政部门，但是目前已经有保险人之实。对比我国台湾地区，其"就业保险

---

① 郑尚元：《社会保险之认知——与商业保险之比较》，载《法学杂志》2015 年第 11 期。

② 谢荣堂：《社会行政法概论之一》，载《华岗法粹》2004 年第 32 期。

③ 参见日本《雇佣保险法》第 2 条第 1 项。实际上日本的雇佣保险法授予厚生劳动大臣权限，依次再委任给都道府县劳动局长和公共职业安定所长，见日本《雇佣保险法》第 81 条。

④ 郑尚元：《社会保险法定位——社会保险法与相邻法律关系探析》，载《法治研究》2015 年第 5 期。

法”对失业认定机关(在我国台湾地区为公立就业服务机构)与保险给付核发机关(劳工保险局)之间的权责划分得十分明确。[①] 涉及加保资格和给付条件的部分由保险人承担,并且最后核发保险给付也由保险人负责,这样方能更好地体现出其社会保险属性。

2. 被保险人

失业保险法律关系中的被保险人,也就是失业保险保障的对象,包括失业保险覆盖范围内的每一个个体,他们同时也是依照《失业保险法》有权获得失业保险给付及其他失业保险待遇的当事人。当然,被保险人也可以被理解为投保义务人,因为其同时为需要依法缴纳保险费的个体。原则上,失业保险的被保险人有投保义务,但是该义务可以基于法律的特殊规定而免除,如根据我国《失业保险条例》第 6 条,城镇企业事业单位招用的农民合同制工人本人无须缴纳失业保险费,但其依然属于被保险人,可以享受失业保险待遇。我国台湾地区则规定 15 岁以上 65 岁以下的受雇劳动者在满足所属地区户籍和身份限制时均有参加就业保险的义务,并且与劳工保险的投保义务人保持一致,以人格、经济和组织上的三重从属性的劳动关系作为判断标准,解决实务问题。这一点与德国《社会法典》中“失业保险”一编的思路是一致的。[②]

就概率上而言,每一个人都可能遭遇非自愿性失业的问题。失业保险创设的初衷,是为遭遇失业风险并暂时性失去职业收入的人提供维持生活水平的保障,因此,其保障对象理应覆盖全体劳动者。但是通常而言,大部分国家的失业保险只涵盖私部门的受雇劳动者,不包括公务人员,理由是公务人员的工作保障较为稳定。[③] 我国曾有一种观点认为:“公务员就业稳定,失业风险很小,可以实行单独的失业保险方法。另外,一些事业单位行使的是行政职能,管理方法与公务员完全相同,也没有必要将他们纳入失业保险的范围。”[④] 但是综合来看,如果对公务员单独设立失业保险制度,则意味着单独的资金管理和运营,极易导致制度专门化、资金池单列化以及差别待遇带来的社会舆论压力,因此将其纳入统一的失业保险更适合我国国情。

而所谓自雇者[⑤],原则上也不应被涵盖在被保险人范围内。但是也有国家将其纳入保险范围,如丹麦的《失业保险法》规定在过去的 18 个月内有给付报酬的工作、自雇、参加职业训练或者出席职业训练课程的人都可以加入其中。[⑥] 原因是该国执行一个叫做“让更多人处于就业状态”(More People at Work)的改革,以此来避免有人将失业保险的功能和社会救助的作用混为一谈的说法,该改革强调用多种方式让公民更直接地进入工作就业状态,而非仅仅给予社会援助。[⑦]

---

① 台湾社会法与社会政策学会主编:《社会法》,元照出版公司 2015 年版,第 204 页。

② Klaes, Stefanie, Ralf Kreikebohm (Hrsg.), “Sozialgesetzbuch, Gemeinsame Vorschriften für die Sozialversicherung—SGB IV”, *Deutsches Verwaltungsblatt*, 2015, 130(11), pp.698-699.

③ 林万亿:《社会福利》,五南图书出版公司 2010 年版,第 167 页。

④ 胡晓义主编:《走向和谐:中国社会保障发展 60 年》,中国劳动社会保障出版社 2009 年版,第 317 页。

⑤ 自雇,或称自雇人士,其工作的雇主就是自己。此类劳务提供者承担商业风险,不受劳动法律所保障,不能享受员工福利、有薪公众假期、工伤赔偿、退休金等。自雇者要申报营业牌照,为其收入申报利得税、营业税。有些自雇人士是自由职业者。而公司、商店的老板也是自雇人士的一种,但他们不是自由职业者。

⑥ Daguerre, A., “Active Labour Market Policies and Welfare Reform: Europe and the US in Comparative Perspective”, *Macmillan*, 2007.

⑦ Larsen, F. and Mailand, M., “Danish Activation Policy: the Role of the Normative Foundation, Institutional Set-up and Other Drivers”, in A. Serrano Pascual and L. Magnusson (eds), *Reshaping Welfare States and Activation Regimes in Europe*, Brussels: Peter Lang, 2007, pp. 99-126.

此外,世界范围内,农业工人和家庭手工业工人是经常被排除在失业保险范围以外的群体,因为这类人的登记注册问题、缴纳保险费的问题以及收入如何确定的问题,都会造成管理上的麻烦。临时性、补贴性、偶然性或者季节性的劳动者,通常也不属于失业保险保护的范围,因为他们即使被包括在内,也需要根据其缴纳保费的多少和失业之前就业期限的长短,来确定其究竟是否符合失业保险待遇的请领条件;再或者,在当年的季节内,他们从事的工作不是正常的就业。[①] 有些国家将初入职场且找工作不顺利的年轻待业者也纳入失业保障范围,如比利时,而大部分国家都不包括中等以上学校毕业生,可能考虑到其根本没有工作过,何来失业一说? 此外,如果全部涵盖,势必在一定程度上减少年轻人工作的积极性,因为其容易滋生"旱涝保收"的慵懒思想。

综观各国失业保险立法的内容,在失业保险产生之初期,由于当时经济社会发展水平并不很高,加之政府管理控制手段并不先进,为便于行政,保障对象大多只涵盖有稳定职业、暂时失去工作的有薪劳动者(payed workers),而并不包括职业和收入波动性强、受外界影响大的季节性工人、农业工人、短期帮佣和家庭雇佣等,而且往往将收入极为稳定的国家公职人员和自享收益的自雇者排除在外。

当然,随着社会经济的不断发展和科技的进步,失业人员出现的比例和所处行业发生了变化,世界范围内的趋势是将保障对象的范围逐步扩大,当然同时辅以一些限制条件和资产审查等环节,避免其对失业保险的依赖。就目前来说,各国法律规定仍有显著不同,如日本的《雇佣保险法》规定了 4 种类型的被保险人,分别为一般被保险者、高年龄继续被保险者、短期雇用特例被保险者和日雇劳动被保险者。除此之外,还规定了 7 种适用例外,如年龄高于 65 周岁的,一周内工作时间不足 20 小时的,以及季节用工、船员、学徒等,以确保失业保险生活保障作用的发挥。[②]

具体到我国失业保险法上的被保险人,根据《失业保险条例》,城镇企业事业单位、城镇企业事业单位职工依照该条例的规定,缴纳失业保险费。城镇企业事业单位失业人员依照该条例的规定,享受失业保险待遇。其中,城镇企业,是指国有企业、城镇集体企业、外商投资企业、城镇私营企业以及其他城镇企业。此外,还规定,省、自治区、直辖市人民政府根据当地实际情况,可以决定该条例适用于本行政区域内的社会团体及其专职人员、民办非企业单位及其职工、有雇工的城镇个体工商户及其雇工。目前来看,其范围的规定较为明确,对城镇企业的所有制没有限制,不限于国有制企业,对于事业单位的职工也同样适用。事业单位在我国公众观念上也具有类似"铁饭碗"的性质,而将失业保险扩及事业单位,无疑是一种进步。此外,给予地方政府足够的自治权,使其可以根据地区经济发展状况而将失业保险的保障对象扩及"本行政区域内的社会团体及其专职人员、民办非企业单位及其职工、有雇工的城镇个体工商户及其雇工",虽然没有从国家层面上统一,但这也是失业保险保障对象逐步扩大的前兆,如果新的社会问题出现,势必在法律修订时将具体的保障对象落实到修改后的制度之中。

---

① 联合国国际劳工组织主编:《社会保障基础》,王刚义、魏新武译,吉林大学出版社 1989 年版,第 98 页。

② [日]菊池馨实:《社会保障法》,有斐阁 2014 年版,第 286–287 页。

三、失业保险关系转迁

转迁是指转移、流动和迁移。《失业保险条例》第 22 条规定，城镇企业事业单位成建制跨统筹地区转移、失业人员跨统筹地区流动的，失业保险关系随之转迁。这在制度上对于跨地区流动的人的失业保险的规定，与其他社会保险并无二致。但在法律实践的具体细节上，有以下几点需要注意：

1. 转移后的发放和待遇问题

失业人员失业前所在单位与本人户籍不在同一统筹地区的，其失业保险金的发放和其他失业保险待遇的提供由两地劳动保障行政部门进行协商，明确具体办法。协商未能取得一致的，由上一级劳动保障行政部门确定。

2. 失业保险费用移转问题

失业人员失业保险关系跨省、自治区、直辖市转迁的，失业保险费用应随失业保险关系相应划转。需划转的失业保险费用包括失业保险金、医疗补助金和职业培训、职业介绍补贴。其中，医疗补助金和职业培训、职业介绍补贴按失业人员应享受的失业保险金总额的一半计算。

3. 省级内跨统筹地区迁移

失业人员失业保险关系在省、自治区范围内跨统筹地区转迁的，失业保险费用的处理由省级劳动保障行政部门规定。

4. 转移后的申领凭证

失业人员跨统筹地区转移的，凭失业保险关系迁出地经办机构出具的证明材料到迁入地经办机构领取失业保险金。

四、法律责任

（一）被保险人责任

被保险人责任主要涉及不符合领取条件的人骗保的问题。《失业保险条例》第 28 条规定，不符合享受失业保险待遇条件，骗取失业保险金和其他失业保险待遇的，由社会保险经办机构责令退还；情节严重的，由劳动保障行政部门处骗取金额 1 倍以上 3 倍以下的罚款。同时还进一步规定，如果经办机构发现不符合条件，或以涂改、伪造有关材料等非法手段骗取失业保险金和其他失业保险待遇的，应责令其退还；对情节严重的，经办机构可以提请劳动保障行政部门对其进行处罚。

（二）保险经办人责任

保险经办人责任主要为两个：一个是违反规定发放失业保险的；另一个是滥用职权、徇私舞弊或者玩忽职守导致失业保险基金损失的。《失业保险条例》第 29 条规定："社会保险经办机构工作人员违反规定向失业人员开具领取失业保险金或者享受其他失业保险待遇单证，致使失业保险基金损失的，由劳动保障行政部门责令追回；情节严重的，依法给予行政处分。"

（三）挪用失业保险基金责任

《失业保险条例》第31条规定，任何单位、个人挪用失业保险基金的，追回挪用的失业保险基金；有违法所得的，没收违法所得，并入失业保险基金；构成犯罪的，依法追究刑事责任；尚不构成犯罪的，对直接负责的主管人员和其他直接责任人员依法给予行政处分。其实很多时候，我国目前的失业保险基金都是处于大范围内的不断增长状态。近年来，我国失业保险基金增长迅速。根据人力资源和社会保障部发布的《2017年度人力资源和社会保障事业发展统计公报》，2017年全年失业保险基金收入1 113亿元，年末失业保险基金累计结余5 552亿元。体量如此庞大的失业保险基金，容易成为贪污挪用的目标，如举国轰动的上海市原市委书记陈良宇上海社保基金挪用大案。在2017年《最高人民检察院关于贪污养老、医疗等社会保险基金能否适用〈最高人民法院最高人民检察院关于办理贪污贿赂刑事案件适用法律若干问题的解释〉第一条第二款第一项规定的批复》中，养老、医疗、工伤、失业、生育等社会保险基金可以认定为"两高"办理贪污贿赂案件司法解释中规定的"特定款物"，一旦贪污这些款物将受到从重处罚。[①] 这一批复明确了贪污社会保险基金入刑的范围和标准，有助于缓解贪污社保基金案件频发的现状，也有助于震慑不法分子，强化对社会保险基金的保护。

第三节　失业保险给付制度

一、失业保险基金

失业保险基金是依法用于各类失业保险支出的专项基金，是失业保险制度的物质基础。[②] 一般而言，失业保险基金筹集的主要渠道为企业缴费、个人缴费、国家财政补贴三部分，而其他筹措渠道则包括失业保险基金的利息收入以及其在法律规定范围内合法投资运营产生的收益部分。我国失业保险基金由下列各项构成：① 城镇企业事业单位、城镇企业事业单位职工缴纳的失业保险费；② 失业保险基金的利息；③ 财政补贴；④ 依法纳入失业保险基金的其他资金。

失业保险是国家建立的社会保险，但并不是说要由政府承担所有的费用。在大多数国家，失业保险基金中政府只承担部分费用，较为常见的是由政府对失业保险基金予以补贴，或者在基金出现赤字时由政府承担保底责任。[③] 例如，日本在费用承担上，分别规定了1/4、1/3和1/8的国库负担原则，同时规定了雇佣保险事业的运营费用等由国库负担。[④]

失业保险基金必须有个人缴纳部分，劳动者个人为了应对自己的失业风险，自然应当支付一定的成本，而且个人缴费也能够起到激发其危机意识和劳动者自我保护与职业促进的作用，

---

① 李球璐：《最高检：贪污社保基金将从重处罚》，载新华网 http://news.xinhuanet.com/politics/2017-08/15/c_129680816.htm，访问日期：2018年12月20日。

② 郑尚元、李海明、扈春海：《劳动和社会保障法学》，中国政法大学出版社2008年版，第484页。

③ 郑秉文、和春雷主编：《社会保障分析导论》，法律出版社2001年版，第111-113页。

④ ［日］菊池馨实：《社会保障法》，有斐阁2014年版，299页。

收费方式为单位代扣代缴。目前，我国法定费率规定为，城镇企业事业单位职工按照本人工资的 1% 缴纳失业保险费，例外是城镇企业事业单位招用的农民合同制工人本人不缴纳失业保险费。

失业保险基金的单位缴纳部分，更多地被视为对劳动者支付的社会成本，因为如果没有失业，单位也无法从劳动力市场获得劳动力，因此作为社会必要支付的一部分，单位缴费理所应当，且多数情况下用人单位的缴费比例比雇员要高，有关法定费率的规定为，城镇企业事业单位按照本单位工资总额的 2% 缴纳失业保险费。

目前来说，我国失业保险基金不断扩大，滚存增多。失业保险基金积累不断扩大的原因较多，例如，职工工资增速较快致使缴费基数不断扩大；新增参保人员的数量高于新增失业人员的数量，而失业人员享受待遇的资格是有条件的，所以，基金收入大于基金支出；失业保险基金支出范围还比较窄小，除保障生活的支出外，促进就业只能用于职业培训和职业介绍两项补贴；此外，事业单位参保之后形成的隐性转移支付也是导致失业保险基金增长的主要原因之一。①

《失业保险条例》规定，失业保险基金在直辖市和设区的市实行全市统筹；其他地区的统筹层次由省、自治区人民政府规定。依据《社会保险法》的规定，失业保险基金应逐步实行省级统筹。

《失业保险条例》规定，省、自治区可以建立失业保险调剂金。失业保险调剂金是由省、自治区的失业保险经办机构集中一部分基金统一使用，作为对失业保险基金不敷使用的统筹地区给予补助和支持的资金。只有省、自治区有资格建立失业保险调剂金。失业保险调剂金以统筹地区依法应当征收的失业保险费为基数，按照省、自治区人民政府规定的比例筹集。统筹地区的失业保险基金不敷使用时，由失业保险调剂金调剂、地方财政补贴。失业保险调剂金的筹集、调剂使用以及地方财政补贴的具体办法，由省、自治区人民政府规定。失业保险调剂金的筹集需要遵守以下两个原则：一是以统筹地区依法应当征收的失业保险费为基数，而不是以实际征收的失业保险费为基数。这是为了避免失业保险基金受到实际征收情况的影响，也避免个别地方为少交失业保险调剂金而放松对失业保险费的征缴工作。二是要按一定比例筹集，该比例由省、自治区人民政府规定。

关于费率调整，除上述法定费率外，我国法律还规定省、自治区、直辖市人民政府根据本行政区域失业人员数量和失业保险基金数额，报经国务院批准，可以适当调整本行政区域失业保险费的费率。作为社会保险的一种，失业保险的费率应该以大数法则进行精算，以更好地体现其社会保险的属性。② 我国现在已经开始阶段性地调整失业保险费率，如 2015 年《人力资源社会保障部　财政部关于调整失业保险费率有关问题的通知》要求，从 2015 年 3 月 1 日起，失业保险费率暂由现行条例规定的 3% 降至 2%，单位和个人缴费的具体比例由各省、自治区、直辖市人民政府确定。2017 年《人力资源社会保障部　财政部关于阶段性降低失业保险费率有关问题的通知》规定，从 2017 年 1 月 1 日起，失业保险总费率为 1.5% 的省（区、市），可以将总费率降至 1%，降低费率的期限执行至 2018 年 4 月 30 日。在省（区、市）行政区域内，单位及个人

---

① 郑秉文：《中国失业保险基金增长原因分析及其政策选择——从中外比较的角度兼论投资体制改革》，载《经济社会体制比较》2010 年第 6 期。

② 郑尚元：《社会保险之认知——与商业保险之比较》，载《法学杂志》2015 年第 11 期。

的费率应当统一，个人费率不得超过单位费率。具体方案由各省(区、市)研究确定。各地降低失业保险费率，要充分考虑失业保险待遇按时足额发放、提高待遇标准、促进失业人员再就业、落实失业保险稳岗补贴政策等因素对基金支付能力的影响，结合实际，认真测算，研究制定具体方案，经省级人民政府批准后执行，并报人力资源和社会保障部、财政部备案。通过这一政策，将费率调整到1%，的确可以进一步减轻企业负担，增强企业活力，促进就业稳定。2018年《人力资源社会保障部 财政部关于继续阶段性降低社会保险费率的通知》要求，实施失业保险总费率1%的省(区、市)，延长阶段性降低费率的期限至2019年4月30日。

关于失业保险基金的管理，失业保险基金必须存入财政部门在国有商业银行开设的社会保障基金财政专户，实行收支两条线管理，由财政部门依法进行监督。存入银行和按照国家规定购买国债的失业保险基金，分别按照城乡居民同期存款利率和国债利息计息。失业保险基金的利息并入失业保险基金。失业保险基金专款专用，不得挪作他用，不得用于平衡财政收支。失业保险基金收支的预算、决算，由统筹地区社会保险经办机构编制，经同级劳动保障行政部门复核、同级财政部门审核，报同级人民政府审批。失业保险基金的财务制度和会计制度按照国家有关规定执行。购买国债的失业保险基金，其稳定性好，保值效果明显，是较为稳妥的投资方式，其实对于多元化投资方式的尝试也未尝不可，只是要与其他社会保险基金协同运作。

二、失业保险给付条件

失业保险法对什么样的人才能领取失业保险待遇，进行了严格的限定。世界各国或地区在失业保险待遇享受方面都进行了一定的限制，如资产审查、等待期间等。由于涉及“就业—失业”的状态转换过程，所以涉及的条件较为复杂，比如有的是在失业前要满足的，如具有劳动能力并且已参加失业保险满一定期间；有的是在失业后要满足的，如登记和积极找工作的限制等。如我国台湾地区采取“积极的失业”，整体而言，从等待期、期待权、投保年资(Referenzzeit)、领取失业给付的期间等来看，我国台湾地区失业劳工领取失业给付的条件是较为严格的。[①] 而相对地，德国的要求和限制反而比较低，如其失业给付没有等待期间的限制。[②] 日本则只是规定了离职之前雇佣保险期间满6个月以上。[③]

就我国失业保险的规定来看，失业保险待遇的给付条件主要有以下三点：

(一) 纳保期间

这是失业前要满足的要求，即必须要按照规定参加失业保险，所在单位和本人已按照规定履行缴费义务满1年。这个条件是典型的“先履行义务，再享受权利”的例子，如果没有义务便有权利，势必滋生蛀虫，而且失业保险的社会保险性也就不存在了，正如不能等得了大病再去办理商业保险一样，失业保险有一种预防的性质，劳动者在失业之前必须尽其一定期限的缴费

① 杨通轩:《就业安全法理论与实务》,五南图书出版公司2012年版,第139页。

② Eichhorst W, Kuhn A, Thode E, et al. “Traditionelle Beschäftigungsverhältnisse im Wandel”, *Access & Download Statistics*, 2010,56f.

③ 梁宪初、冉永萍:《社会保险》,五南图书出版公司2002年版,第206页。

义务,才能获得享受待遇的权利。这同时也说明了,没有工作的人和没有按规定缴纳保费满 1 年的,不能享受失业保险待遇。这个要求主要是为了保证被保险人在一定期间内和保险共同体有所关联,但是规定的年限又不像养老保险那么长。①

(二) 失业原因

失业原因必须是“非因本人意愿中断就业”。如果是自愿性失业,其后果当然由本人承担,经济性的风险也由本人面对,而不能通过社会保险的方式由社会分摊。另外,这里的中断就业,不是指形式上的停止工作而继续领取薪资或福利待遇,而是指事实上的终止(Tatsächliche Beendigung)。

我国《失业保险金申领发放办法》第 4 条规定:“……非因本人意愿中断就业的是指下列人员:(一)终止劳动合同的;(二)被用人单位解除劳动合同的;(三)被用人单位开除、除名和辞退的;(四)根据《中华人民共和国劳动法》第三十二条第二、三项与用人单位解除劳动合同的;(五)法律、行政法规另有规定的。”此处有几点值得注意:

第一,终止劳动合同指的是劳动合同已终止而劳动者并不希望该情形发生,主要包括《劳动合同法》第 44 条第 1、4、5 项的规定。如劳动合同期满,用人单位被依法宣告破产,以及用人单位被吊销营业执照、责令关闭、撤销或者用人单位决定提前解散等。这一点在我国地方立法中也常有提及。②

第二,被用人单位解除劳动合同,这里不过问过错方在于谁,强调的是使劳动者进入失去就业的状态。

第三,劳动者依法与用人单位解除劳动合同的情形,如用人单位以暴力、威胁或者非法限制人身自由的手段强迫劳动,甚至可能上升到刑法构成强迫职工劳动罪③,劳动者进入失业状态当然属于非自愿;而用人单位未按照劳动合同约定支付劳动报酬或者提供劳动条件的,劳动者自然有权利解除劳动合同,当然数额巨大的,可能上升到刑法构成拒不支付劳动报酬罪。此处的“未按照约定支付劳动报酬”,对于支付的时间、频率、方式都没有统一规定,留下了较大的意思自治的空间,由劳雇双方约定,若有违反,则依法解除,不属于自愿离职范畴。这与我国台湾地区的法律实践也大致相同。④

当然,此处还有一些没有完全覆盖的情形,如停薪留职,虽然岗位也许依然存在,但是并不受领薪酬,除非劳动者另有其他工作或者收入,此时是否属于失业保险的覆盖范围实属难以界定。一般而言,我们认为停薪留职,只是暂时中止劳动关系而非终止,自然不涉及“失业”的状态。但是德国联邦社会法院认为,这种情形应当有限制,如果在 3 周之内,则劳动关系为暂时性的中断并属于持续的存留状态,但是超过 3 周的则结束该状态,劳动者进入失业状态。⑤

---

① Schulin, Bertram/Igl.Gerhard, 1999 ; Sozialrecht, 6.Aufl.1999.

② 薛思媛:《非本人意愿中断就业情形有哪些?》,载《天津社会保险》2015 年第 5 期。

③ 龚义年:《“用人单位”的刑法意义探讨》,载《西南政法大学学报》2009 年第 6 期。

④ 杨通轩:《就业安全法理论与实务》,五南图书出版公司 2012 年版,第 140 页。

⑤ Bundessozialgerichts (BSGE), 33, 254, 258,不过原文对“三周”这一时间界定也存在疑虑。

（三）主观要件

这里的主观要件指的是“已办理失业登记，并有求职要求的”。其中蕴含了两方面的内容：一是有工作能力（arbeitsfahig）；二是具有继续工作的意愿（Verfügbarkeit arbeitsbereitschaft）。

劳动者必须有工作能力。这一点虽然在《失业保险金申领发放办法》中没有直接规定，但是显而易见，只有要求具有劳动能力的个体方能领取失业保险，才能达到失业保险促进就业的积极作用，否则，若无劳动能力又非处就业状态且没有生活来源的，应当进入社会救助的范畴，而非由社会保险承担。请领之时，只有有工作能力才可能有求职要求，不然则为无稽之谈。具有劳动能力的条件也意味着失业人员应达到法定的劳动年龄，且未超过法定退休年龄。

劳动者必须办理失业登记。在许多国家或地区的失业保险给付之中，都要求失业人员进行失业登记或者名字不同而实质相同的再就业登记或者求职登记等。在德国法上，失业不仅表示劳动者非处于劳动关系中，还要求其有努力地结束失业状态和积极接受劳工局工作介绍的态度（§138 SGB Ⅲ）。[①] 通过失业登记，首先可以使得失业者明确自身地位，积极寻求逃离失业状态的方法，国家也可以通过这一步骤掌握失业人员的情况，如年龄群体、住所地分布等，以便在一定程度上采取政策倾斜等优惠扶助措施和预防失业措施。同时，还可以通过材料核验对其受领资格予以确认，进一步协助其寻找工作。这里值得注意的有以下几点：其一，登记是否必须为亲自登记？对此，虽然法律上没有强调，但是如果因伤病而失能不能去登记，自然不构成失业保险请领资格。其二，登记需要多久完成？也就是说，多久不登记则自动失去领取失业保险的资格。我国台湾地区“就业保险法”规定，失业劳工可以在两年内办理求职登记而取得失业给付，而且，自从求职登记之日开始，保险给付得请领的两年请求权消灭时效也会开始起算。也就是说，劳动者如果在两年内没有去登记，就会产生失去权利的效果，而无法请领失业给付。[②] 我国立法上有必要设计一个期限，如失业之日起，3 个月或者 6 个月内办理求职登记。[③] 其三，是否有必要引入“职业介绍先行原则”？即像德国一样，采取“积极的失业”政策，以促进就业。[④] 这一点法制上依然在探索。其四，关于登记时间，可否提前登记？目前我国的规定是，在终止或者解除劳动合同之日起 15 日内用人单位才会把名单告知失业保险经办机构，即使解除的事实早已确定，只要尚未取得终止或解除劳动合同的证明，劳动者仍然不可以先行去登记。

有求职要求，是指失业人员在领取失业保险金期间应该积极求职，接受职业训练和培训。当然此处也没有考核的指标，只是主观上要求劳动者仍有继续工作的意愿，如果无正当理由拒不接受当地人民政府指定的部门或者机构介绍的工作的，则会丧失请领权。关于这个规定是否妥当，学界仍有争议。有人认为其过于原则化，缺乏可操作性。[⑤] 失业人员在领取失业保险

---

① Vgl.Waltermann，2004，§12，Rn. 413ff.

② 林炫秋：《二〇〇九年修正“就业保险法”评析》，载《月旦法学杂志》2009 年总第 172 期。

③ 李惠宗：《没有起算点的消灭时效期间？——从“就业保险法”第一一条及第二四条谈法律漏洞填补的界限》，载《台湾本土法学》2007 年总第 92 期。

④ Buttner T，Prey H，“Does Active Labor-Market Policy Affect Structural Unemployment? An Empirical Investigation for West German Regions，1986 to 1993”，*Brazilian Journal of Otorhinolaryngology*，1997，73（6），pp.803-815.

⑤ 范围：《我国失业保险法律制度的问题及其完善——从〈失业保险条例〉到〈社会保险法（草案）〉》，载《人口与经济》2010 年第 5 期。

金期间，按照规定同时享受其他失业保险待遇。这就是说，失业人员在领取失业保险金期间求职的，可以按规定享受就业服务减免费用等优惠政策，也就是享受就业促进的优待。

三、失业保险给付的内容

根据我国《失业保险条例》，失业保险待遇主要有以下五种：

（一）失业保险金

失业保险金作为最主要的失业保险待遇，是由社会保险经办机构通过资格审查按照规定的期限和标准支付给符合条件的失业人员的基本生活替代费用。关于给付的所得替代率，各国或地区差异很大，多的如瑞典为 80%，丹麦为 80%；少的如希腊为 40%。大多数国家介于 50%-80% 之间，如美国、法国大约为 57.4%-75%[①]，德国为 60%-67% 之间[②]，而英国已经从 50% 下降到了 16%。[③] 而就给付期限来说，短的有 6 个月的，如我国台湾地区、匈牙利等；1 年为普遍倾向，如德国；较长的有丹麦，提供 4 年的失业保险给付。但是值得注意的是，给付期间较长的国家，会将给付金额随时间的增加而递减。有些国家给付时间长短会与其他配套政策联动，如英国从 1996 年开始将原来 1 年的给付期间缩短为半年，但是相应地开办了求职津贴（Jobseeker Allowance）。我国失业保险金的标准，由省、自治区、直辖市人民政府确定，不得低于城市居民最低生活保障标准。

（二）医疗待遇

失业人员在领取失业保险金期间，参加职工基本医疗保险，享受基本医疗保险待遇。失业人员应当缴纳的基本医疗保险费从失业保险基金中支付，个人不缴纳基本医疗保险费。

（三）领取失业保险金期间死亡的失业人员的丧葬补助金和抚恤金

该内容是中国特有的一个支付项目，与死亡抚恤金类似但又有不同，限定向死亡的失业人员的遗属支付。

（四）领取失业保险金期间接受职业培训、职业介绍的补贴

补贴的办法和标准由省、自治区、直辖市人民政府规定。

（五）国务院规定或者批准的与失业保险有关的其他费用

关于工作收入扣除，我国现行法律没有作出规定。我国台湾地区“就业保险法”第 17 条规

---

① Daguerre A，“Active labour market policies and welfare reform：Europe and the US in comparative perspective”，*Macmillan*，2007，pp. 25-54.

② Sinn H W，“Redesigning the welfare state ：Germany's current agenda for anactivating social assistance”，*Ifo Economic Policy*，2006.

③ Clegg，Daniel，“From Liberal Statism to Statist Liberalism：The Transformation of Unemployment Policies in Europe”，*Welfare State Transformations*，Palgrave Macmillan UK，2008.

定:“被保险人于失业期间另有工作,其每个月工作收入超过基本工资者,不得请领失业给付;其每月工作收入未超过基本工资者,其该月工作收入加上失业给付之总额,超过其平均月投保薪资百分之八十部分,应自失业给付中扣除。但总额低于基本工资者,不予扣除。”[①]这个规定的好处在于它鼓励失业者主动寻求工作或者自己努力改变没有收入的状态,而不是只等领取失业保险金。但是为防失业期间的收入大于失业前的报酬而影响就业介绍,通过但书对总额低于基本工资的不予扣除,以保障失业期间另有工作的人的最低收入水准。[②]而且此处的另有工作和工作收入,均是指劳动者因提供劳务而获取报酬的事实,不以形式上是否为雇佣、承揽或者其他劳动类型为限制,也不以收入的名目如工资、薪资等为限。[③]

四、失业保险的给付期限与终止

(一) 失业保险的给付期限

关于失业保险给付期限,一般为两年,且与累计缴费时间挂钩。

根据我国《社会保险法》的规定,失业人员失业前用人单位和本人累计缴费满 1 年不足 5 年的,领取失业保险金的期限最长为 12 个月;累计缴费满 5 年不足 10 年的,领取失业保险金的期限最长为 18 个月;累计缴费 10 年以上的,领取失业保险金的期限最长为 24 个月。重新就业后,再次失业的,缴费时间重新计算,领取失业保险金的期限与前次失业应当领取而尚未领取的失业保险金的期限合并计算,最长不超过 24 个月。

德国法上的请领期限,也是根据投保年资决定的,至少为 6 个月,至多为 12 个月,且规定 45 岁以上的最多可以领取至 32 个月。[④]日本则为 90 日到 300 日不等,视被保险人的被保险期间和年龄而定。[⑤]

关于发放和领取方式,失业保险金应按月发放,由经办机构开具单证,失业人员凭单证到指定银行领取。

(二) 失业保险的给付终止

我国《失业保险条例》第 15 条和《社会保险法》第 51 条对失业保险待遇的终止作出了规定。《失业保险条例》第 15 条规定,失业人员在领取失业保险金期间有下列情形之一的,停止领取失业保险金,并同时停止享受其他失业保险待遇:(1) 重新就业的;(2) 应征服兵役的;(3) 移居境外的;(4) 享受基本养老保险待遇的;(5) 被判刑收监执行或者被劳动教养的;(6) 无正当理由,拒不接受当地人民政府指定的部门或者机构介绍的工作的;(7) 有法律、行政法规规定的其他情形的。

---

① 台湾社会法与社会政策学会主编:《社会法》,元照出版公司 2015 年版,第 210 页。

② 台湾地区行政管理机构劳工委员会 92 年 10 月 17 日劳保 1 字第 0920058088 号函。

③ 台湾地区行政管理机构劳工委员会 96 年 11 月 9 日劳保 1 字第 0960140467 号函,转引自台湾社会法与社会政策学会:《社会法》,元照出版公司 2015 年版,第 211 页。

④ Eichenhofer E, Wenner U, “Kommentare S. SGB V, Kommentar”, *Luchterhand*, 2012.

⑤ 参见[日]有泉亨、中野彻雄:《雇佣保险法、劳灾保险法》,日本评论社 1983 年版,第 53–90 页。

其中5、7两项虽然在2010年通过的《社会保险法》第51条中并未被提及，但因《失业保险条例》并未被废止，故在此一并讨论。就以上情形观之，其中第1项“重新就业的”，由于脱离了失业保险的成立要件中的“中断就业”情形，而且达到了失业保险法的最终目的，被保险人走上了获取薪资的正常职业生活，自然无需再对其发放失业保险金，也无需享受其他失业保险待遇。

第2项“应征服兵役的”，基于服兵役的特殊属性，在服兵役期间其生活水平当然可以得到保障，甚至无需考虑吃穿用度并可以获得相应兵役津贴，自然停止失业保险待遇。

第3项“移居境外的”，无论国籍是否发生变化，其生活不发生在中华人民共和国境内，自然无需受到该法的庇护，而应终止其待遇。需要注意的是，如果是境内的工作场所或者居所变化，则失业保险关系可以随之迁移并累计计算保险年资，不影响保险待遇的发放。

至于第4项“享受基本养老保险待遇的”失业人员，其失业保险法律关系也径行消灭。虽然前一条规定了“失业人员在领取失业保险金期间，按照规定同时享受其他失业保险待遇”，仍不可以与基本养老保险待遇同时享受。这涉及失业给付请领的限制问题——社会保险不重复保障的原则。我国现行的法律中没有对失业保险请领的年龄作出限制，也是因为退休年龄并不统一，因性别、职业等属性而各有不同。我国台湾地区的“就业保险法”第5条规定，年满65岁不得参加本保险，但是对于65岁之前非自愿离职符合失业给付请领条件的，并没有规定其年逾65岁不得请领失业给付。只要自非自愿离职时起，未曾超过该法规定的2年请求权期限，且符合失业给付请领条件的，就可以申请失业给付而不受年龄超过65岁的影响。[①]但是如果符合这种情况的劳动者已经处于领取当地的劳工保险中的老年给付项目或者因年满65周岁直接领取了老年给付[②]，这时他们的身份就转换为退休人员或者因达法定退休年龄而属于需强制退休人员，这时便适用社会保险不重复保障原则，不能够再核发失业给付。同时，如果这类劳动者在请领失业给付的期间内，又申请领取老年给付的，也不再核发失业给付。[③]

至于第5项“被判刑收监执行或者被劳动教养的”，则可以从两个角度来思考，一个是失业保险法律关系是否消灭？另一个是这种停止究竟是终止还是中止？当然，劳动教养制度已经于2013年12月28日由全国人大常委会依法废止，同时规定“在劳动教养制度废止前，依法作出的劳教决定有效；劳动教养制度废止后，对正在被依法执行劳动教养的人员，解除劳动教养，剩余期限不再执行”。但是这类群体倘若在收监执行或者被劳动教养后，被用人单位解雇，而在释放后或解除劳动教养后属于非自愿失业状态；或者在收监执行或者劳动教养前便已经处于失业保险领取期间，在收监执行或者劳动教养结束后，仍处于失业状态的，除了申请社会救助外，能否领取失业保险给付，享受失业保险待遇？需要注意的是，作为社会保障制度中的失业保险，并不因为被保险人身份的变化而变化，只是由于被保险人触发了停止给付的法定事由导致暂时性的中止，除死刑和无期徒刑外，该法定事由将随着被保险人

---

① 台湾社会法与社会政策学会主编:《社会法》，元照出版公司2015年版，第210页。

② 属于我国台湾地区居民年金制度中的一种，暂时独立于劳工保险老年给付，年龄满65周岁可得领取老年给付，属于社会保险项目。

③ 台湾地区行政管理机构劳工委员会1992年8月29日劳保1字第0920039348号函。

被释放而消失，这时失业保险法律关系理应存续，这也是社会保障持续性的一个体现，只要符合条件，就可申请领取给付。关于刑满释放或者解除劳动教养人员能否享受失业保险待遇的问题，原劳动和社会保障部于2000年在回复重庆市劳动局《关于刑满释放后解除劳教人员能否享受失业保险待遇的请示》时作出规定，只要满足《失业保险条例》规定的条件，“在职人员因被判刑收监执行或者被劳动教养，而被用人单位解除劳动合同的，可以在其刑满、假释、劳动教养期满或解除劳动教养后，申请领取失业保险金。失业保险金自办理失业登记之日起计算。失业人员在领取失业保险金期间因被判刑收监执行或者被劳动教养而停止领取失业保险金的，可以在其刑满、假释、劳动教养期满或解除劳动教养后恢复领取失业保险金。失业人员在领取失业保险金期间，按照规定同时享受其他失业保险待遇。失业保险金及其他失业保险待遇标准按现行规定执行”①。据此可见，不管之前是否处于领取失业保险金期间，只要被保险人符合失业保险待遇领取资格，便可以恢复领取，该失业保险法律关系也由中止转为恢复。

五、失业保险给付程序

（一）单位的证明、告知和报备程序

单位应承担出具劳动关系不复存在的证明文件义务、权利告知义务和名单报备义务。即城镇企业事业单位应当及时为失业人员出具终止或者解除劳动关系的证明，告知其按照规定享受失业保险待遇的权利，并将失业人员的名单自终止或者解除劳动关系之日起15日内告知社会保险经办机构。

（二）失业者的登记程序

城镇企业事业单位职工失业后，应当持本单位为其出具的终止或者解除劳动关系的证明，及时到指定的社会保险经办机构办理失业登记。失业保险金自办理失业登记之日起计算。

（三）审核认定和告知程序

经办机构自受理失业人员领取失业保险金申请之日起10日内，对申领者的资格进行审核认定，并将结果及有关事项告知本人。经审核合格者，从其办理失业登记之日起计发失业保险金。

（四）失业保险的发放程序

失业保险金由社会保险经办机构按月发放。社会保险经办机构为失业人员开具领取失业保险金的单证，失业人员凭单证到指定银行领取失业保险金。单证的《失业保险金申领表》的

---

① 《劳动和社会保障部办公厅关于对刑满释放或者解除劳动教养人员能否享受失业保险待遇问题的复函》（劳社厅函〔2000〕108号）。

样式,由原劳动和社会保障部统一制定。值得注意的是,根据 2018 年 12 月 14 日公布的《人力资源社会保障部关于修改部分规章的决定》规定,对于申领失业保险金应填写《失业保险金申领表》并提交的材料部分,现在集中于本人身份证明、所在单位出具的终止或者解除劳动合同的证明及失业登记,删去了原来关于“求职证明”的要求。

(五)领取期限届满的通知程序

对领取失业保险金期限即将届满的失业人员,经办机构应提前 1 个月告知本人。

(六)争议和纠纷解决程序

在我国,失业人员因享受失业保险待遇与经办机构发生争议的,可以向主管该经办机构的劳动保障行政部门申请行政复议。日本则引入雇佣保险特别审查制度,对决定有异议的,得向劳工保险审查会提出再审请求。[①] 德国则由社会法院负责审判有关失业保险等公法上的争议;三级社会法院、高等社会法院与联邦社会法院可以逐级上诉。[②]

第四节 就业促进与失业保险

一、失业保险的就业促进功能

早期失业保险制度的功能仅限于生活保障,随着失业保险制度的日益完善,失业保险的理念发生了由消极地保障生活到积极地促进就业的变化。将失业保险与就业促进结合起来,使失业保险成为促进就业的手段之一,“就业是最好的保障”等观念成为共识。在确保失业者基本生活的前提下,帮助失业者尽快就业,稳定在职者的岗位,发挥失业保险的就业促进功能,成为失业保险的发展方向。

在第二次世界大战之前,由于主要以一时的失业和摩擦性失业为防范对象,因此失业津贴具有消极的、补充的性质。[③] 但是由于资本逐渐集中、寡头垄断出现,停滞性的失业和慢性失业现象逐渐严重,因此战后世界范围内的失业对策,从对失业者的生活保障逐渐转向防止、降低失业人口本身,以求展开充分、完全的雇佣政策。如日本由 20 世纪 50 年代的失业保险法转变为 1984 年的雇佣保险法,德国由 20 世纪 20 年代的失业救助到 1969 年的就业促进法,以及我国台湾地区从 1999 年的劳工保险失业给付到 2003 年的“就业保险法”,都从给付优先的手段过渡到以就业促进为目标的进程中来。我国《失业保险条例》第 1 条就明确了失业保险保障失业人员失业期间的基本生活,促进其再就业的目的。但在现实中,失业保险制度主要发挥了有限的生活保障功能,就业促进的功能并未得到有效发挥。

---

① [日]窪田隼人、佐藤進:《现代社会保障法入门》,法律文化社 1996 年版,第 352–353 页。

② 翁岳生:《行政法与现代法治国家》,台湾大学法学丛书 1990 年版,第 494 页。

③ [日]荒木诚之:《社会保障法》,青林书院 1988 年版,第 165–166 页。

二、就业促进的目的

(一) 求职者的能力开发

在国家层面,为了促进就业,促进经济发展与扩大就业相协调,促进社会和谐稳定,应把扩大就业放在经济社会发展的突出位置,实施积极的就业政策,坚持劳动者自主择业、市场调节就业、政府促进就业的方针,多渠道扩大就业。其中,扩大就业的一个重要方面就是求职者的能力开发。失业人员失业后,如果能够迅速通过职业训练提升个人能力,则有助于其重回劳动市场。如我国台湾地区通过求职交通津贴、职业训练生活津贴、创业贷款利息补贴、就业媒介媒合津贴等方式,鼓励失业者积极参加职业训练,对于职业训练期间的生活费、求职交通费都予以补助。① 在就业促进方面,主要是指专业训练,即针对转业、离职失业等人群的特别训练,以及培养第二专长的职业训练,确保劳动者具有更高的能力以便及时回归劳动力市场。②

(二) 用人单位的用工安定

用工安定主要针对的是经济不景气时,企业减少解除合同,避免短时间内出现大量失业人员的状况。例如,我国台湾地区规定,主管机关于经济不景气致大量失业时,得鼓励雇主协商工会或劳工,通过缩减工作时间、调整薪资、办理教育训练等方式,避免裁减员工;并得视实际需要,加强实施职业训练或采取创造临时就业机会、办理创业贷款利息补贴等辅导措施;必要时,应发给相关津贴或补助金,促进其就业。这个办法的好处在于可以保障本国或本地的就业率和企业用工稳定,是一种灵活的措施。同时,还可以避免因为劳动力价格不同,大量雇用外国或外地劳工而导致本国国民或本地区居民失业的状况,如德国联邦就业总署可以通过对外国劳工进入的限制和控制或者对就业市场的研究和非法工作的监控,达到维持用人单位用工安定和员工职业稳定感的双重保障。③

三、失业保险促进就业的方式

(一) 对用人单位实行浮动费率

我国现行的失业保险费实行的是统一费率制,即所有用人单位均按相同的费率缴纳失业保险费。而浮动费率则是按照用人单位的就业稳定记录,即根据上一年度发生于本单位的失业情况或离职的失业者领取失业保险金情况,对其缴费率实行浮动。发生失业越多或失业者领取失业保险金越多,则缴费率越高;反之,则缴费率越低,以此抑制用人单位的解雇行为,起到稳定就业的作用。

---

① 台湾社会法与社会政策学会主编:《社会法》,元照出版公司 2015 年版,第 201-202 页。

② 黄越钦:《劳动法新论》,中国政法大学出版社 2003 年版,第 401 页。

③ Schmidtassmann E., *Besonderes Verwaltungsrecht*, Springer-Verlag GmbH & Co. KG, 2008, pp.123-142.

（二）支持就业培训

用失业保险基金支持就业培训，可以提高劳动者的就业能力，是非常有效的直接促进就业方式。2017年《人力资源社会保障部 财政部关于失业保险支持参保职工提升职业技能有关问题的通知》的做法即其一种。

（三）支持职业介绍

用失业保险基金支持职业介绍，提供就业信息服务，有利于失业者顺利就业。

（四）稳定就业

如我国实施的失业保险支持企业稳定岗位政策，对采取有效措施稳定职工队伍的企业给予稳定岗位补贴，所需资金从失业保险基金中列支。稳定岗位补贴主要用于职工生活补助、缴纳社会保险费、转岗培训、技能提升培训等相关支出。

思考题：

1. 失业保险有哪些特征？
2. 简述我国失业保险的保险人和被保险人。
3. 简述我国失业保险基金的组成部分。
4. 简述我国失业保险基金的给付程序。
5. 我国失业保险的给付项目有哪些？
6. 失业保险待遇的标准如何确定？
7. 论述失业保险给付条件。
8. 失业保险促进就业的方式有哪些？

第十章 长期照护保险法

长期照护保险法是福利国家进入老龄化社会以后,随着经济结构的转变、社会共同体的重构、家庭结构的瓦解、人口老龄化以及个人现代性等因素的推进与发展,长期照护风险从传统的家庭内部风险发展为普遍性社会风险而逐步建立起来的一种带有明显社会法色彩的社会保障制度。虽然我国已经步入老龄化社会,但长期照护保险法对我国而言尚属正在学习与探索的新生事物。因此,在立足本国国情的基础上,学习与借鉴西方发达国家长期照护保险法律制度成为必要。从国外立法与司法实践经验看,长期照护保险法律制度的基本理论主要包括长期照护保险法的基本特征、基本原则、基本内容和权利保障制度。

第一节 长期照护保险法概述

渐趋衰老是人生正常发展过程中不可逆转与回避的自然规律,而人口老龄化[①]进程中呈现的高龄化现象则是医疗科学进步和人们生活水平与质量不断提升的必然结果。随着世界上越来越多的国家和地区进入老龄化社会,老年人长期照护领域的供需矛盾日益尖锐,对国家和地区社会发展、家庭生活以及社会制度等各个方面都将产生十分深远的影响。

2016年5月27日,习近平在中共中央政治局就我国人口老龄化的形势和对策举行第三十二次集体学习时指出,人口老龄化是世界性问题,对人类社会产生的影响是深刻持久的。必须着力完善以老年人长期照护保障为核心的老龄政策制度。[②]这是我国最高层首次以公开的形式对未来老龄政策制度的健全和完善提出的行动指南和纲领指导。

长期照护保险法律制度是福利国家进入老龄化社会后,为应对这一普遍性社会风险而逐步建立和发展起来的。不得不指出的是,长期照护保险法律制度是与老龄化密切相关的,而老龄化则是工业化推动城镇化进程、社会结构变迁和人口结构变化并伴随出生率和死亡率双降的一种重要产物。由于我国进入工业化的时间比西方发达国家要晚100多年,这就决定了西方发达国家进入老龄化社会的时间要比我国早许多,这些国家在包括长期照护保险在内的

---

① 须特别说明的是,长期照护需求虽然在老龄化人口中比例更大,但并非老年人特有的需求,而是任何年龄段都有可能发生的。老龄化人口比例日益增加是人口老龄化的重要表征,而老年人成为失能个体的概率相较一般群体而言更大,所以谈及长期照护问题时往往以老年人群体为重点研究对象,但这并不意味着老年人与长期照护存在着必然相等的关系。

② 《习近平在中央政治局第三十二次集体学习时强调 党委领导政府主导社会参与全民行动,推动老龄事业全面协调可持续发展》,载《人民日报》2016年5月29日,第1版。

社会保障制度体系方面比我国更为成熟和完善。因此,面对我国虽然已经进入老龄化社会、但至今尚未建立起一部以长期照护保险为主要内容的基本法的客观现实,本节有关长期照护保险和长期照护保险法相关的理论和制度建构的内容将在不脱离我国国情的前提下,主要以与我国制度土壤较为接近的德国和日本两个国家的相关制度和理论研究成果为参鉴。

一、长期照护保险法产生的社会背景

老年人长期照护制度的正式建立可以追溯到20世纪70年代英国的社区照护政策。时至今日,几乎所有的工业化国家都制定了与长期照护相关的政策来应对日益严峻的老龄化问题。其中,荷兰在1968年推出了社会长期照护保险,成为世界上第一个建立长期照护保险制度的国家。德国和日本分别在1995年和2000年将长期照护保险列为其五大社会保险体系中的重要险种[①]。此后,世界卫生组织、欧洲联盟、经济合作发展组织等均将长期照护问题作为其重大社会政策发展的方向之一。究其主要原因,这是工业化推动引发的经济结构、社会结构、家庭结构、人口结构以及个人价值观念等社会立体式、全方位的变迁与变化背景下的必然产物。我国《老年人权益保障法》第30条第1款规定:“国家逐步开展长期护理保障工作,保障老年人的护理需求。”2016年3月全国人大批准的《国民经济和社会发展第十三个五年规划纲要》提出“探索建立长期护理保险制度,开展长期护理保险试点”。2016年6月,《人力资源和社会保障部办公厅关于开展长期护理保险制度试点的指导意见》指出试点的目标是探索建立以社会互助共济方式筹集资金,为长期失能人员的基本生活照料和与基本生活密切相关的医疗护理提供资金或服务保障的社会保险制度,力争在“十三五”期间,基本形成适应我国社会主义市场经济体制的长期护理保险制度政策框架。

(一)经济结构的转变

经济结构是一个由许多系统构成的多层次、多因素的复合体。其中,产业结构的转变构成了经济结构变迁的重要组成部分。产业结构的转变是发展中国家与发达国家经济发展区分的一个核心变量,同时也是一个国家加快发展的本质要求。

技术进步和主导产业的双轮推动将直接影响到一国的生产与消费的方方面面,且会对一国的产业结构乃至经济结构带来巨大的冲击。尤其是一国从传统的劳动密集型产业结构转向资本技术密集型的产业结构对劳动力的质量提出了更高的要求,这就必然要求从事或希望从事现代产业的劳动力主体在知识、技术和能力等方面进行相应的转变。对劳动力群体而言,观念的转变不仅会影响到自身的职业能力高低,也将对与之有关的婚姻、生育、家庭、就业领域和就业地点等方面引发一系列的连锁效应,并进而带动社会结构、家庭结构、人口结构以及妇女地位与角色等的转变。

---

① 新版·社会福祉学习双书编集委员会:《社会保障论》,全国社会福祉协议会2004年版,第29页。

（二）社会共同体的重构

共同体是一个与人类社会一样久远的概念存在，对于维系现代社会的稳定发挥着不可或缺的重要作用。社会性是人的本质属性，作为个体的人，只有通过与他人的合作才能获得生存所需要的资料，而且也只有在与他人的交往过程中才能确立自身存在的社会意义。因此，个体乃至群体总是要结成“共同体”来维系自身的生存和发展。从宏观层面看，社会秩序与社会变迁是研究社会存在与发展无法回避的两大重要主题。其中，个体与共同体、共同体与更大社会组织或结构之间的协调与稳定是社会秩序的核心；而社会变迁则主要表现为传统共同体的瓦解和新共同体的建构这一动态过程。

在传统农业文明社会，以一家一户为基本生产单位的生产方式虽然不能构成传统社会中的共同体，但以血缘和地缘为纽带而自发形成的村落或家族共同体却成为维系社会秩序的重要组织形态。也就是说，院落、家族和乡土是传统农业文明社会共同体的重要标签。然而，在工业革命和科学技术的推动下，传统、宗法和田园诗般的生产生活方式被冲击得支离破碎，逐步形成了以“社会分工”为典型特征的有机团结的现代社会形态。“生产模式转变引发整体社会的质变，进而产生一连串不同以往的社会风险。”① 在这一社会变迁洪流中，传统以家庭、家族和院落为基本单位和载体的代际养老模式功能也渐趋式微，在新的社会共同体成熟之前，以什么样的纽带来维系社会转型时期的社会秩序稳定也就成为一个迫切的时代课题。这一问题，即使对于已经从农业社会过渡到现代工业化社会的西方发达国家而言，也并不意味着不再有在社会变迁带来社会秩序重构背景下如何处理和协调新的社会共同体的现实考量。

（三）家庭结构的瓦解

产业结构的调整与变化主要表现为三大产业结构从传统的第一产业占较大比重的产业状态，转变为第二产业尤其是第三产业就业人口急剧增加这一明显“高度集中化”的现状，直接决定了传统意义上的以青壮年劳力为代表的人员开始从农村转移到城镇，成为现代产业领域的雇佣劳动者。虽然有部分人也会将自己的孩子甚至父母一块带到城镇生活，但受城市生活的高成本限制，大部分农村家庭在这一产业结构调整过程中自然形成了一种“本应受到照顾的老年人和儿童群体留守在农村，而最有能力的青壮年劳力却在远离乡土的地方工作”的畸形家庭结构，造成了如“空巢老人”“留守儿童”等社会转型时期的社会现象。尤其是当老年人遭遇失能等明显不能生活自理的情形时，传统照护体系由于受制于空间上的距离而无能为力，这一畸形家庭结构的弊端更是凸显。

另外，随着女权主义和两性平等观念的生根发芽，妇女的地位日益提高，妇女参加工作的比率也日益提升，这也使得传统以家庭为单位的非正式照护体系功能日益弱化。

（四）人口老龄化与失能

所谓人口老龄化，是以老年人群体人口在总人口中所占百分比作为标准而进行的定性或

① 台湾社会法与社会政策学会主编：《社会法》，元照出版公司 2015 年版，第 5 页。

定量研究。根据国际公认的标准,一般把 60 岁以上的人口占总人口比例达到 10% ,或 65 岁以上人口占总人口的比例达到 7%,作为国家或地区进入老龄化社会的标准。如果说 20 世纪是人口暴涨的时期,那么 21 世纪则是人口老龄化的时代。伴随人口老龄化趋势,高龄化发展趋势也非常迅猛,这进一步加深了人口老龄化的发展。从一定意义上说,人口老龄化的浪潮对社会伦理和法律制度、经济结构及经济增长、国民收入分配、劳动生产率和产业结构调整等都会产生巨大的影响。

与此同时,由于女性在经济、社会和精神上的自主性(高学历化、就业率上升、完婚化、独身化)越来越强,加之育儿费用和家庭生活成本的增加等,直接或间接地导致了生育率下降这一少子化趋势越来越明显。少子化的趋势与老龄人口比率的提高都进一步决定了未来社会老龄化形势的日益严峻。

需要特别指出的是,人口老龄化与失能的风险明显是呈正相关关系的。联合国报告显示,在目前全球 75 岁以上的人口当中,只有 10% 的人成功地保持着健康的体魄,其余大都在遭受着各种疾病和伤残的折磨。[①] 对于这部分群体来说,正式照护体系或非正式照护体系始终都是维护他们正常生活、实现自身人格尊严的第一需要。

(五)个人现代性的挑战

经济结构和产业结构的调整与转型,在引发社会变迁和社会秩序重构的同时,也使得一个时代的人的人格和价值观同步发生着变化。美国学者英克尔斯认为:人们身上所有的特质基本上反映了他们所在社会制度的性质。也就是说,个人变迁更多是由制度的现代性引起的。

我国台湾学者杨国枢在《中国人的心理与行为:本土化研究》一书中通过社会实证调研后提出,个人传统性有五个因素:"遵从权威、孝亲敬祖、安分守成、宿命自保和男性优越。"而个人现代性也包括五个因素:"平权开放、独立自顾、乐观进取、尊重感情和两性平等。"[②] 由此我们可以看到,传统文化理念所极力推崇和维护的五大因素受到了现代制度文明所倡导的新五大要素的挑战。可以说,集体无意识的民族文化是国人道德基因的形成本源,但在近现代西方思潮大力冲击传统文化的背景下,传统文化对工业化文明时代的影响渐趋式微,导致现代国人普遍带有传统性和现代性并存的特质,这既符合社会转型的特征,也与现代化社会的改革相一致。这一个人现代性的变化必然会对传统社会保障制度模式带来冲击,尤其在如何对待以老年人为中心的养老保障制度模式上表现得更为明显。

(六)长期照护保险法的建立

虽然几乎所有的工业化国家甚至大部分的发展中国家都不同程度地建立了与长期照护相关的保障制度,成为社会福利制度的重要组成部分。但截至 20 世纪末,全世界范围内只有荷兰、奥地利、德国、以色列和日本 5 个国家以基本法的形式将与长期照护相关的制度措施建立起来。这就意味着,上述国家改变了以往受制于国家财政预算的窘况,以社会保险项目的形式赋予了

---

① 施魏巍:《发达国家老年人长期照护制度研究》,知识产权出版社 2012 年版,第 39 页。

② 杨国枢:《中国人的心理与行为:本土化研究》,中国人民大学出版社 2004 年版,第 379-412 页。

公民在必要时从国家获得相应服务的权利。

从上述 5 个国家的长期照护保险立法实践看,所有这些国家的长期照护服务都会覆盖全部有长期照护需求的人口。无论承担长期照护服务体系的机构或部门是单独的还是复合的,长期照护保险都是作为一个独立的项目与其他保障服务相区别。总体而言,每个国家都有一套相对完备的法律制度体系来确保长期照护服务的质量,法律法规和相关质量标准制定得越详细,将越有利于监管效果和质量的提升。可以说,长期照护保险法律法规和质量标准是积极发挥长期照护保险制度功能的基石和保证。

二、长期照护、长期照护保险与长期照护保险法的概念

(一) 照护还是护理?

我国现有基本法律中并没有将长期照护保险作为一个规范的法定术语统一使用,有关规范性法律文件中与之比较接近的一种提法,是依附于医疗保险和商业保险的长期护理保险,国内许多学者甚至一些官方机构也习惯以"长期护理"这一用语作为规范用词,类似概念可以从一些国务院部门规章和地方规范性文件中找到。如率先试点长期医疗护理保险的山东省青岛市人民政府,针对长期医疗护理保险制度专门发布的《关于建立长期医疗护理保险制度的意见(试行)》(青政办字〔2012〕91 号)、《关于长期医疗护理保险医疗护理服务实行标准化管理的通知》(青人社办字〔2016〕81 号)、《青岛市长期护理保险暂行办法》(青政发〔2018〕12 号);2014 年,国家发展和改革委员会等十部委联合发布的《关于加快推进健康与养老服务工程建设的通知》(发改投资〔2014〕2091 号)提到"长期护理""健康护理"等内容;日照市人民政府针对长期医疗护理保险制度也专门发布了《关于完善长期护理保险制度的意见》(日政办发〔2017〕87 号)。理论界在对该问题的研究过程中也各持己见、称呼不一。

事实上,对于如何规范使用和定义"长期照护保险"以及相关内容的假设和讨论,大多以日本和德国为代表的在长期照护保险法律制度已经相对比较成熟的国家的相关经验、理论为基础和前提。下面将针对这一基础概念及相关理论予以讨论与界定。

基于我国学者在研究长期照护保险法律制度中对使用"照护"还是"护理"一词存在规范性差异,因此在讨论长期照护保险概念之前,有必要首先将该两个词语予以分别解释并简单比较二者之间的异同,以为后面在理论研究和立法实务中能够形成统一、规范的意见提供必要的论证。对于在长期照护保险问题上到底是用"照护"还是用"护理"这个二选一的命题,我们有必要从现有主要国家或地区的实际用语并结合问题本身寻找答案。

1. 以美国为代表的英美法系国家立法用词

美国将长期照护保险称为"Long-Term Care Insurance"[①],此处的"Care"原意有"关怀、关

---

① Harris-Kojetin L, Sengupta M, Park-Lee E, Valverde R, *Long-Term care services in the United States: 2013 overview, National health care Statistics reports*, No 1, Hyattsville, MD: National Center for Health Statistics, 2013.

心”和“照看、照顾、照料”[①] 的意思。而护理的英文是“Nursing”,是由拉丁文 *Nutricius* 演变而来的,原意为抚育、扶助、保护、照顾等。[②] 相比较“Care”而言,“Nurse”的专业色彩更强。如果将“长期护理”翻译为英文的话,“Long-term Nursing”更为妥帖。因此,结合“Long-Term Care Insurance”词组的原意及现实语境,将之翻译为“长期照护保险”更符合该制度的建构原意。

2. 以德国为代表的大陆法系国家立法用词

德国长期照护保险的德文为“Pflegeversicherung”,其中“Versicherung”为“保险”[③] 的意思,而 Pflege 单词原意却包括“照顾、护理、关照”[④]“护理、照顾、照料、照应”[⑤] 等多重意思。事实上,德国的长期照护始于 1974 年德国老人扶助协会(Kuratorium Deutsche Altershilfe)针对老年人疾病住院治疗以及通过法定健康保险承担费用的专家鉴定书,并于 1988 年在《德国健康改革法》中引入照护需求之给付,最终于 1994 年通过《对于照护需求风险的社会保障法》。可以看出,最初的“Pflegeversicherung”仅仅限定为健康医疗保险中的护理性保险设定。然而,随着德国长期照护对象和服务内容的不断丰富,包括料理家务、购买家具等内容都已经被涵盖在长期照护保险服务中。在新的长期照护语境下,若再简单将其直译为“长期护理保险”难免有照猫画虎之嫌,且难以涵盖该德文所传递的全面信息,而意译为长期照护保险则更为科学和规范。

3. 日本《介護保険法》之“介護”词义

之所以将日本单独列出,是基于日本特殊的地理位置和社会文化传统。日本文化深受东西方两重文化的影响,且与我国的文化交流源远流长,加之日本是全世界老龄化程度最高的国家,其在老年人长期照护方面的研究和立法都较为成熟,我国台湾地区受其影响比较大,大陆学者在研究该问题时多引用我国台湾地区和日本的相关资料。因此,明确日文中“介護”的规范语境对于科学理解相关制度和法条具有重要意义。日文“介護”的平假名为“かいご”,最初含义的确被解释为“护理”(Nurse)[⑥],然而,由于该辞典最初在 1989 年出版,日本的《介護保険法》是在 2000 年正式实施的,虽然该辞典经过了 1995 年第二版修订(2000 年版仍是第二版),该词的中文解释含义却没有变化。而现行可以查到的《当代日汉汉日大辞典》和《现代日汉例解词典》分别将“介護”即“かいご”解释为“护理,照料”[⑦] 和“看护”[⑧],而不再单纯解释为“护理”的意思。同时,现在日本长期照护服务中不仅包括专业护理,还涵盖了家务、购物和交通等内容。可以看出,将“介護”解释为“护理”应该是日本最初的制度设计原意,或者说是日本在学习他国(如德国的“Pflegeversicherung”)时率先直译使用的一种规范用法,但后来随着该制度在国内的不断健全和完善,“介護”一词也随之扩大了其基本内涵。

---

① [英]霍恩比:《牛津高阶英汉双解词典》,李北达编译,商务印书馆、牛津大学出版社 2002 年版,第 381-382 页。

② 达庆东、徐青松主编:《护理法导论》,复旦大学出版社 2009 年版,第 18 页。

③ 《新德汉词典》,上海译文出版社 2010 年版,第 1451 页。

④ 《朗氏德汉双解大辞典》(修订版),外语教学与研究出版社 2011 年版,第 1374 页。

⑤ 《新德汉词典》,上海译文出版社 2010 年版,第 1003 页。

⑥ 《日汉大辞典》,上海译文出版社 2002 年版,第 345 页。

⑦ 黄幸主编:《当代日汉汉日大辞典》,北京大学出版社 2008 年版,第 130 页。

⑧ 林巨树主编:《现代日汉例解词典》,张继彤等译,外语教学与研究出版社 2010 年版,第 305 页。

4. “照护”还是“护理”？——一个应该的规范选择

我国在研究和建构长期照护保险法律制度过程中，选择和使用规范用语时，不应单纯地通过“直译”，而应在理清其原意的基础上，结合其语境复合选择。也就是说，需要从其基本语义和社会语境两个角度进行科学定夺。

(1) 对其中“照”“护”和“理”三个单字的语义理解。按照《汉语大字典》对“照”① 一字的解释，有“看顾；照料”之意；“护”字有“监视；监督”“救助；保护”② 和“护理、守护”③ 的意思；而“理”④ 则较为专业，强调“医治”的目的。

(2) 对“照护”和“护理”两个词语原意的理解。“护理”是指“配合医生治疗、观察和了解病人的病情，并照料病人的饮食起居等；或保护管理，使其不受损害”⑤。“照护”是指“照料护理”⑥。也就是说，“照护”比“护理”一词的外延更大，不仅有“护理”之意，还有“照料”(即“关心、料理”⑦“照护、料理”⑧ 或“照顾、料理”⑨) 之意，这一广义内涵与现代长期照护的实践范畴基本是一致的。

从上述对相应单字和单词的词源语义及语境分析，结合现代长期照护理论和其制度功能实践可知，现在所说的“长期照护”源于最初的“长期护理”，而“长期护理”在经过实践发展和制度体系的不断丰富后，慢慢被“长期照护”取而代之。至于理论界有学者“自由”使用的“长期看护”“长期照料”或“看护护理”等用词更是与此处所讨论之问题相去甚远。

(二) 国内外对长期照护概念的不同观点

目前，国内对长期照护保险中的“保险”一词的理解几无分歧，故此处主要对长期照护概念予以比较、评析与界定。

1. 国外有关长期照护的代表性观点

(1) 世界卫生组织(WHO)关于“长期照护”(Long-term care)⑩ 的观点认为：长期照护是由非正式提供照护者(家庭、朋友和 / 或邻居)和 / 或专业人员(卫生、社会和其他)开展的活动系统，以确保缺乏完全自理能力的人能根据个人的优先选择保持最高可能的生活质量，并享有最大可能的独立、自主、参与、个人充实和人类尊严。⑪

---

① 汉语大字典编辑委员会编纂：《汉语大字典》(第 4 卷)，四川辞书出版社、崇文书局 2010 年版，第 2380–2381 页。

② 汉语大字典编辑委员会编纂：《汉语大字典》(第 7 卷)，四川辞书出版社、崇文书局 2010 年版，第 4287 页。

③ 《汉语大词典》(下卷)，上海辞书出版社 2007 年版，第 6691 页。

④ 《汉语大字典》(第 2 卷)，四川辞书出版社、崇文书局 2010 年版，第 1194–1195 页。

⑤ 《现代汉语辞海》(中)(最新修订版)，中国古籍出版社 2011 年版，第 431 页；中国社会科学院语言研究所词典编辑室编：《现代汉语词典》，商务印书馆 2005 年版，第 579 页；商务印书馆辞书研究中心修订：《新华字典》，商务印书馆 2001 年版，第 411 页。

⑥ 中国社会科学院语言研究所词典编辑室编：《现代汉语词典》，商务印书馆 2005 年版，第 579 页；商务印书馆辞书研究中心修订：《新华字典》，商务印书馆 2001 年版，第 1723 页。

⑦ 《现代汉语辞海》(下)(最新修订版)，中国古籍出版社 2011 年版，第 1355 页。许少锋编：《近代汉语大词典》(下册)，中华书局 2008 年版，第 2361 页。

⑧ 《汉语大词典》(下卷)，上海辞书出版社 2007 年版，，第 4154 页。

⑨ 《现代汉语大词典》，汉语大词典出版社 2000 年版，第 2501 页。

⑩ 世界卫生组织原文中使用了“照顾”一词，为统一和规范起见，本书仍使用“照护”。

⑪ *Towards an international consensus on policy for long-term care of the ageing*, World Health Organization, 2000, p.6.

(2) 美国健康统计中心(NCHS)[①] 认为,长期照护是指"满足那些由于慢性病、损伤、身体疾病、认知或精神能力障碍或其他的健康方面存在问题而导致自我照护能力受限制的老年人或其他成年人的需要,包括一系列的健康、个人照护和辅助服务等。长期照护服务包括:日常生活辅助类活动(Activities of Daily Living,简称 ADLs),如穿衣、洗浴和如厕;工具性日常生活活动(IADSs),如用药管理和家务;以及身体恢复性训练。长期照护服务帮助人们将身体功能和生活水平尽可能保持或提高到最佳状态,也包括获得他人帮助、专用设备和辅助设施的服务"[②]。

(3) 美国学者罗莎莉·A. 凯恩(Rosalie A. Kane)和罗伯特·L. 凯恩(Robert L. Kane)提出的长期照护定义得到国内外的普遍认可,其内容与美国官方组织的定义相似,即长期照护系指针对丧失或未曾拥有日常生活功能者,长期性地提供医疗、个人生活照顾与社会服务等,其所服务领域涉及社会照顾与医疗照护层面。[③]

(4) 欧洲经合组织(Organization for Economic Co-operation and Development,简称 OECD)在其《经合组织卫生工作文件》中认为,长期照护包括一系列服务:功能性能力(Functional Capacity)下降,存在躯体(Physical)或认知(Cognitive)障碍,需要他人长时间的帮助来完成日常基本活动(ADLs),如洗澡、穿衣、进食、上下床(椅)、浴室辅助性活动等。这一状况决定了被长期照护者需要获得一些基本医疗服务,如伤口换药、疼痛管理、药物、健康、监视、预防、康复和姑息(Palliative Care)治疗服务,还包括如家务、饮食和与交通有关的日常基本辅助类的低级别服务。[④]

(5) 日本学者认为,长期照护是指由专门的照护福祉人员根据法律规定,对那些身体上或精神上存在障碍的人给予日常生活中如入浴、排泄、饮食以及其他照护的帮助或指导的服务[⑤]。关于长期照护[⑥],日本《照护保险法》规定,为提高国民医疗保健水平、增进国民福利,在以社会连带为核心的基本养老保险制度的基础上,对那些随着年龄增长而导致身心变化、引发各类疾病的人,在洗澡、如厕、饮食等方面需要必要的看护或功能性训练,或需要专业护理、疗养等其他医疗时,为保持他们的人格尊严和生活独立,国家有义务为其提供一系列的照护帮助和服务。[⑦]

2. 国内有关长期照护的代表性观点

如前所述,国内在有关长期照护的研究众说纷纭、莫衷一是,对"长期照护"一词各持己

---

① 国内学者大都引用美国健康保险学会(Health Insurance Association of American,HIAA)对长期照护下的定义,即:"在一个比较长的时期内,持续地为患有慢性疾病(譬如早老性痴呆等认知障碍)或处于伤残状态下(即功能性损伤)的人提供的护理。它包括医疗服务、社会服务、居家服务、运送服务及其他支持性的服务。"(参见荆涛、阎波、万里虹:《长期护理保险的概念界定》,载《保险研究》2005 年第 11 期。)

② Harris-Kojetin L,Sengupta M,Park-Lee E,Valverde R,*Long-Term care services in the United States,2013 overview*,*National health care Statistics reports*,No 1,Hyattsville,MD:National Center for Health Statistics,2013,p.2.

③ Kane,R. A. & Kane,R. L.,*Long-term care:Principles,programs and policies*,New York:Springer Publishing co.,1987.

④ Fujisawa,R. and F. Colombo, "The Long-Term Care Workforce:Overview and Strategies to Adapt Supply to a Growing Demand",*OECD Health Working Papers*,No.44,OECD Publishing,2009,p.14.

⑤ [日]北田信一:《介護保険》,ナツメ社 2001 年版,第 20 页。

⑥ 与其他国家以功能性障碍为区分标准不同,日本以年龄为界分标准,长期照护服务主要针对 40 岁以上尤其是 65 以上老年人。

⑦ 该定义根据日本《照护保险法》(2014)总则篇第 1 条规定总结而来。

见。无论怎样,其概念指向和主要内容多有交叉,目前国内理论界主要以“长期护理”“长期照料”“长期照护”三个规范概念为主,同时还有如“长期看护”“长期照顾”和“看护护理”等理论研究用语,可谓百家争鸣、百花齐放。虽然就理论研究而言,不反对学术研究的多元主义,但对于我国未来将要提升到立法层面的老年人照护保险制度来说,没有科学、系统和规范的理论作为引导和铺陈,会让许多研究的理论和实践效果大打折扣,同时,也必然会因将来立法形式上的定分止争而形成背后学术理念上的“堰塞湖”。

（三）长期照护、长期照护保险与长期照护保险法

综合国内外对长期照护概念内涵与外延的界定,我们可以给长期照护、长期照护保险和长期照护保险法下这样一个定义:所谓长期照护,是指依照法律规定,由适格照护主体向丧失或未曾拥有日常生活功能的人提供的包括医疗、日常生活与社会服务等明显具有长期性特性的社会保障服务。长期照护保险系指依据法律规定,由保险人或保险人所委托之机构或个人对参加长期照护保险,出现丧失或未曾拥有日常生活功能情形的人,提供医疗服务、日常生活照顾和社会服务等长期照护服务的一项社会保险制度。长期照护保险法是指调整长期照护关系以及与之密切相关的其他社会关系的法律规范的总称。

三、长期照护保险法的基本特征

（一）长期照护保险法具有一般保险法的特性

1. 允许多元化的社会保险模式选择

通过对美国、德国和日本等代表性国家长期照护保险法律制度的考察可知,长期照护保险的运作方式与政府采取哪种保险制度模式有关。如美国采取的是以医疗保险(Medicare)和医疗救助(Medicaid)为主体的商业保险制度模式,德国和日本采取的是以中央政府为主导的社会保险制度模式。因此,长期照护保险可以定位为商业保险或社会保险性质,也可以定位为商业保险和社会保险的混合性质。

2. 具有与一般保险相同的本质特性,即合同性、共济性和社会保障性

虽然商业保险与社会保险属不同性质的社会保障手段,但二者之间也有许多共同点。其中,具有合同性这一点毋庸置疑,在长期照护保险的共济性和社会保障性方面表现最为突出的是德国和日本的长期照护保险制度。德国将长期照护保险视为全体社会的共同任务,要求各联邦、乡镇、照护机构以及照护保险合作社等团结合作,并由家庭、机构式照护与短期照护提供补充,以通过照护人员、家属、邻居及自助团体的努力共同促进人道主义照护。日本长期照护法也同样体现了该点[①],在社会连带、团体共济的理念和原则指导下,日本逐渐建立起了《照护保险法》《老年人保健法》《国民年金法等社会保障制度》。[②]

---

① 日本《照护保险法》第1条,该条明确规定了其基于社会连带的立法理念。

② [日]堀 勝洋:《社会保障法總論》,东京大学出版会1999年版,第99-101页。

（二）长期照护保险法具有典型的伦理性

早在 2 400 多年以前，《希波克拉底誓言》就指出，医学工作者应该以“我愿尽余之能力与判断力所及，遵守为病家谋利益之信条”[①] 作为自身的行为准则，并对医学工作者的职业道德操守提出了其他要求。之所以强调长期照护保险具有典型的伦理性，是基于长期照护实践的客观需要，这涉及长期照护服务提供人员应有的道德品质以及长期照护过程中形成的道德思想、观念和理论等。其伦理性要求长期照护服务提供主体能够以利益至上原则、不伤害原则、关爱原则、有利原则、尊重原则、平等和公正原则、甘于奉献原则等作为行为准则，要像传统家庭照护一样注意尊重和保护长期照护对象的隐私与情感。[②] 具体理由如下：

首先，从长期照护保险产生的社会背景看，长期照护保险是一种以社会伦理理念辅助家庭伦理理念的制度。工业化的发展进程将我国传统以家庭为载体的养老、照护模式逐步瓦解，并形成以平权开放、独立自顾、积极进取、尊重情感和男女平等为显性特征的个人现代化人格。这势必要求以政府为主导的政治主体积极建构新的法治型调整方式，来取代日渐衰弱的以血缘为表征的传统社会保障调整模式。现阶段，在自由主义工业化、消费主义和马尔萨斯主义等的多重夹击下[③]，由于我国老龄化程度不断加深，使得我国在社会保障制度缺位的情况下，“空巢老人去世无人知”“失能老人‘占床’现象”等新闻频频见诸报端，这在折射我国传统照护模式捉襟见肘的同时，也意味着长期照护问题已经不是传统意义上的家庭可以单独解决的了，政府有责任将这种发展为普遍性社会风险的养老和照护问题从传统的家庭伦理照护模式发展为新的社会照护模式。长期照护保险在功能设计和目标实现上因带有明显的家庭伦理和社会伦理特性，而与一般性商业保险和现有社会保险产生了较大区别。

其次，从长期照护保险的给付期限看，长期照护保险具有明显的人身附条件性。作为社会保障制度核心的养老保险制度，其成功与否关系到一个国家福利水平的高低，也关系到一个国家福利制度建构成功与否。长期照护保险与现有社会保险制度体系中的养老保险和医疗保险具有较大相似性，都是工业化社会以后，基于社会结构的变迁、家庭和人口结构的变化而逐渐建立起来的一种社会保障制度，都兼具长期性和持续性的基本特征。然而，养老保险制度是在参加养老保险的被保险人退休之后，以支付退休金的形式保障其日常的基本生活。对于长期照护对象群体而言，他们不仅需要充分的金钱和物质方面的支持，还需要借助他人的生活照料或专业护理等服务才能维持基本生活，这是养老保险制度无法满足的。也就是说，长期照护保险虽然在性质上与养老保险或医疗保险制度类似，但其给付期限却与长期照护对象身体或精神状态密切相关，而且带有一定的人身性和私密性，难以像普通保险那样以支付保险金的方式简单实现保险目标。

最后，从长期照护保险的给付内容和方式看，其是集实物、金钱和人性关怀为一体，兼有专业护理和非专业照护特征的综合服务。由于长期照护保险对象中老年人群体比重较大，而老

---

① 赵爱英、张恭、钟会亮主编：《护理伦理与护理法规》，华中科技大学出版社 2012 年版，第 141 页。

② 魏万红、杨春香主编：《护理伦理学》，郑州大学出版社 2011 年版，第 5-6 页。

③ 李志强：《孝道危机时代下空巢老人权益的法律保护》，载《河北学刊》2015 年第 1 期。

年人的老化问题则呈现多元化和复杂化，牵涉到生理老化、社会老化及心理老化[①]等问题，而且地域、文化等方面的特殊情形导致老年人群体的长期照护更为棘手。因此，长期照护保险与现有社会保险制度中的五大险种最大的不同就在于其给付内容和方式不同。德国的长期照护保险给付方式相对比较灵活，采取金钱、实物和服务混合的方式。[②]在这方面，日本的长期照护保险给付方式则较为严格和规范，对经过审核符合条件的长期照护对象提供各个等级除现金外的实物或劳务形式的照护，主要包括居家照护和机构照护。其中，居家照护又分为访问型照护（家务协助、入浴、护理、康复、治疗指导）、门诊型照护（日常护理、门诊康复）；机构照护包括短期入住照护（短期入所生活护理、短期入所疗养护理）、居住型照护和长期机构照护。机构根据长期照护对象的需要提供各种福利、保健和康复医疗工具和设施。[③]这种有别于其他保险险种的特别社会保障制度，不仅可以传递传统家庭照护的人伦价值，而且将现代社会保障制度功能予以合理化整合，为更好地维护长期照护群体的人格尊严提供了新的制度保障。

（三）长期照护保险法具有典型的社会法属性

"社会法的产生是推行福利国家政策，保护社会中处于弱势地位的社会主体的结果"[④]，而社会团结则是社会法所追求的价值目标之一。社会团结是社会的基础，以社会团结为理念建构的社会保障制度是社会福利制度的重要组成部分，但一个国家的社会保障制度体系是否完善，对其整体福利水准的高低具有重要影响。长期照护保险是一种与养老保险和医疗保险密切相关却又具有自身独特功能和体系架构的社会保障制度，由于各个国家的福利制度水平不同，这就决定了长期照护保险模式的多元化。整体来说，长期照护保险从产生伊始就具有了与一般保险相比更为明显的社会法属性和有机社会团结性。

首先，从长期照护保险的主体构成看，长期照护保险更强调国家和社会在保险中的责任承担。因美国是一个联邦制国家，在各州之间统一规范包括长期照护保险在内的社会保险问题非常困难，因此采取商业保险模式运行长期照护保险，政府仅对那些无力承担保险费却符合长期照护情形的群体进行社会救助。其他如实行普享模式的斯堪的纳维亚半岛国家，以及以德国和日本为代表实行社会保险制的国家，都积极强调社会法内含的社会连带理念，国家和社会作为重要的主体，在长期照护保险良性运行过程中发挥了重要作用。

其次，从长期照护保险的筹资来源看，长期照护保险实行强制性与自愿性相结合，以最大化覆盖社会群体为目标。从现有主要的社会保障制度模式看，即使以美国为代表的商业保险制度模式，也同社会救助模式一样，对那些无力承担长期照护保险保费却符合长期照护情形的群体实施积极的社会救助。实行普享模式的国家有权获得长期照护补助的范围是100%。而在德国，国家规定每一个德国居民都必须参保以抵御长期照护风险，并且所投保的保险公司必须与其所参加的商业医疗保险公司一致。由于商业长期照护保险没有年龄和健康状况条件的限制，这就从最大限度地覆盖了相关群体。当然，对于那些收入较高，希望加入私人长期照护

---

① 施魏巍：《发达国家老年人长期照护制度研究》，知识产权出版社2012年版，第145页。

② Heinrich Griep，Geribert Renn，*Pflegesozialrecht*，3.Aufl，Nomos Verlagsgesellschaft，2002，S.119.

③ ［日］服部 万里子：《介護保険のしくみ》，日本実業出版社1999年版，第27页。

④ 郑尚元：《社会法的存在与社会法理论探索》，载《法律科学（西北政法学院学报）》2003年第3期。

保险的群体来说，德国也对该类群体专门规定了相应的资产标准要求，高于其标准者便可以自愿选择。而日本，由于老龄化程度相比较其他国家而言更为严重，在长期照护保险的制度设计上更多倾向于40岁以上的中老年群体(40岁以下的人群是否应参保，目前正在讨论中)，对于40岁以上群体基本完成了全覆盖。这一制度运行模式与社会法所包含的“社会给付”运行理念不谋而合。

最后，从长期照护保险的财务收支看，长期照护保险更关注长期照护适格主体的对待结果。1942年英国《贝弗里奇报告》为英国乃至西欧勾画了一幅福利主义国家的蓝图，并成为西欧福利制度的指导原则。该报告一反“需求—供给”的社会(市场)政府均衡理念，将积极消灭“五大巨人”(Five giants)即贫困、疾病、无知、肮脏和慵懒作为其重要任务和目标[①]，并建议为此建立一套包括社会保险在内的健全的社会保障制度体系。此后，1946年英国颁布了《国民保险法》和《国民医疗保健法》，在1948年颁布《国民救济法》之后，英国宣布进入“福利型”国家时代。可以说，这是凯恩斯主义在社会保障制度领域成功应用的典型范例。其中最为重要的理念是将社会保险视为综合性社会发展的一部分，将一切问题都放到社会系统网络中统筹协调。因此，各国建立和完善长期照护保险制度不仅基于社会连带理念，更从社会整体和系统的制度建构层面积极对待。实行普享模式的斯堪的纳维亚半岛诸国自不必多说，采取社会保险模式的日本，其长期照护保险的资金中50%由国库和都道府县、市町村或特别区承担。德国的长期照护保险制度建构就是基于不同收入群体和地域不均衡发展之间的关系，而采取强制与自愿相结合、税费与收入成正比的原则，但在最终对长期照护对象的给付结果上则采取一视同仁的政策。显然，与社会法价值内核相一致的长期照护保险所体现出的社会团结这一现代化文明理念，不仅有助于保障包括长期照护群体在内的弱势群体的基本生存权和平等权，而且对于捍卫社会底线正义[②]、提升社会整体福祉水准都具有重要意义。

四、长期照护保险法的基本原则

根据德国和日本现行长期照护保险法之立法经验和实践，长期照护保险法应遵循照护自决、照护自愿、居家照护优先、实物给付优先、照护品质和多元互助六大基本原则。

(一) 照护自决原则

照护自决原则，要求长期照护保险法必须从维持需要照护者的人性尊严出发，以确保其作为社会成员一分子所应享有的一切权利。[③] 也就是说，这一原则要求长期照护保险的给付理应从被照护者自身需求的角度考虑，尽可能地以符合其应有的自主、自决的方式为其提供照护帮助，并以促使照护需求者恢复精神、智力与身体正常为首要目标。

照护给付的目的在于通过为照护需求者提供帮助、消除照护需求者因自身障碍而不能自

---

① Derek Fraser, *The Evolution of the British Welfare State, A History of Social Policy since the Industrial Revolution*, MacMillan, 1984, pp.287-290.

② 景天魁:《底线公平:和谐社会的基础》,北京师范大学出版社 2009 年版,第 203 页。

③ [日]小川正亮:《權利としての社会保障》,勁草书房 1983 年版,第 120 页。

理之现实困扰，并进而消除因此而对照护提供者之生存依赖。因此，在长期照护保险制度立法过程中，必须时刻注意这一基本原则，并借由立法之优势将这一原则体现在相应的立法机关和照护服务主体之行为中。通过现行法律法规与相应的法律解释，将预防和康复作为照护保险之首要和最高目标，通过采取一切预防、疾病治疗与康复等措施，为实现照护需求者自立生活、人性尊严和追求幸福创造一个适宜的社会制度环境。

（二）照护自愿原则

照护自愿原则是长期照护保险立法之基本目的，也是该法基本原则的精髓。该原则主要强调照护需求者对照护服务提供主体和照护方式有自由选择的权利。

从德日两国长期照护保险立法实践看，照护需求者只要在不违反法律法规、社会公共利益和他人合法权益的前提下，可以对照护服务提供主体进行自由选择。并且在选择之后，仍可以根据自身需求、按照相应的程序在不同的照护服务提供主体之间进行自由变换。在照护方式上，照护需求者亦可以独自或由适格主体帮助其在居家照护、社区照护、机构照护等合法照护方式中自由选择。立法同时规定，为保证照护需求者自愿原则的实现，照护服务机构有义务向照护需求者公开以上信息以保证照护需求者知情权的实现。否则，照护需求者在对上述制度欠缺了解的前提下，根本无法保证其作出正确判断，照护自愿原则也就成了一句空话。可以说，照护自愿原则与自决原则是密切相关、相辅相成的。没有自愿原则就不可能做到真正的自决，没有自决为目标和指导也就无所谓自愿。只有在保证照护需求者能够充分享有自愿原则的前提下，才能真正为维持照护需求者人格尊严之自决原则提供可靠保障。

（三）居家照护优先原则

以“居家照护为主、社区照护为依托、机构照护为补充”的长期照护模式已经得到包括我国在内的大多数国家的一致认可。这一照护模式要求长期照护保险给付优先支持居家照护。对老年人照护的“在地老化”目标就是对这一原则的通俗、形象诠释。所谓“在地老化”，是指人在老化的过程中，尽可能地将照护需求者维持在其原有的生活环境中，以避免改变原有的生活环境和生活习惯，并利用当地的资源来照顾当地有照护需求的老年人。

只有当居家照护、社区照护和短期照护无法满足照护需求者的需要时，才考虑完全机构式照护。当然，这作为基本原则必须与其他原则协调一致，也就是说，虽然该原则作为长期照护保险立法的基本原则之一，但如果照护需求者自愿直接选择完全机构式照护而放弃其他照护方式，照护服务主体自然不应该与照护需求者的自愿与自决相违背。

（四）实物给付优先原则

虽然长期照护保险给付的方式不仅包括实物给付，还包括金钱给付、照料服务给付以及混合给付等多种给付类型，但实物给付原则在长期照护保险中具有十分重要的地位。

依据长期照护保险合同的规定，当被保险人发生保险规定的事件时，保险人须承担赔偿责任。此时，保险人以现金方式给付的，称为现金给付；以物的方式给付的，称为实物给付或非现金给付，实物给付在长期照护保险中主要包括辅助用具、家装改造等。一般情况下，商业保险多倾向于前者；社会保险更倾向于后者。相对于现金给付，实物给付具有现金给付无可比拟的优点和效果。其一，被保险人或其家属在接受长期照护保险服务时无须事前预备现金或相应费用，直接接受照护服务主体提供的包括服务在内的实物给付即可，非常简单、便捷且有效。其二，实务给付可以让保险人与被保险人之间避免因照护服务内容及费用评估而产生的繁琐交涉与协商，大大减轻了被保险人的相关负担；其三，也是非常重要的一点，就是实物给付能够最大化地防止道德风险的发生，因为符合长期照护服务提供条件的被保险人往往是已经失能之人，如果其家属或相关服务提供主体在领取保险金后不将保险金用于被保险人，那么被保险人将无法享受到应有的医疗或照护等服务。反之，由保险人直接提供被保险人失能后所需要的服务或用品将会更加有目的性和针对性。

（五）照护品质原则

由于长期照护需求者往往是已经失能到生活不能自理甚至心智已经低于常人之人，他们往往不能与正常人一样，同他人尤其是长期照护服务提供者之间进行有效交涉和沟通，如何保证这种场域下长期照护保险两方主要当事人（即保险人与被保险人）之间的有效合作，是长期照护保险立法必须重视和解决的重要问题。

从西方已建立长期照护保险法的国家经验看，如何确保照护需求者人性尊严实现、确保其能够获得人道与自决的对待是长期照护保险立法的核心。在服务质量的保证方面，立法不仅要求长期照护服务提供者有义务接受来自外部的质量规范，而且要求照护服务者建立内部包括质量循环检查制度在内的质量体系，以增强长期照护服务提供者提供服务质量反馈的能力及制定标准。[①] 如德国政府通过加强和完善协助及照护需求个人权利宪章立法、照护品质维护法、照护品质保障社会法条款规定、照护责任、外部品质监控、机构内部照护品质专业标准、增进消费者资讯的照护品质透明化方案以及究责机制等措施来保证长期照护服务的品质。[②] 另外，对于照护基金和授权提供照护服务主体之间有关服务内容、服务费用、质量保证和监督以及第三方评估等，立法也都进行了详细的规定。

（六）多元互助原则

对长期照护需求群体提供长期照护服务是一项涉及政治、经济和文化等社会方方面面的系统性工程，单纯依靠政府、社会或家庭等任何一方都是有失偏颇的，必须通过立法和其他手段动员全社会的力量参与到长期照护工作中来。德国在向被保险人征收长期照护保险费时奉行社会连带原则，要求所有应保险风险由所有被保险人共同承担，而不论被保险人所缴保费之多寡。这也从一定程度上说明了长期照护保险制度内在的多元化与社会化主体参与要求之必然。

在长期照护保险制度运行过程中，政府应该在妥善处理正式照护和非正式照护两者关系的基础上，积极协调医疗部门和社会福利部门之间的关系，打破传统健康照护和社会照护的界限，对各种照护服务项目实行统一管理。同时，政府应该将自身角色从照护服务的提供者转向照护服务的引导者、规划者和监督者，充分挖掘中央和地方有利于长期照护保险发展的积极意

---

① 裴晓梅、房莉杰主编：《老年长期照护导论》，社会科学文献出版社 2010 年版，第 20 页。

② 林美色：《长期照护保险：德国荷兰模式析论》，巨流图书公司 2011 年版，第 299-306 页。

愿，通过大力培育和发展照护服务市场等供给侧改革，为长期照护服务提供多种可供选择的方式，以真正建立符合自决目标和原则的"居家照护为主，社区照护为依托、机构照护为补充"的科学有效照护服务体系，从而更好地满足长期照护需求者的合理需求。

第二节　长期照护保险法的基本内容

一、长期照护保险法律关系

长期照护保险法律关系，是指长期照护保险法律制度规范调整的、在长期照护保险参与者之间形成的权利义务关系。任何法律关系都包括了主体、内容、客体三大要素，长期照护保险法律关系也不例外，也分为长期照护保险法律关系的主体、长期照护保险法律关系的内容和长期照护保险法律关系的客体三部分。

（一）长期照护保险法律关系的主体

长期照护保险法律关系的主体至少应当包括三方当事人，即被保险人、长期照护服务提供者和保险人。

1. 被保险人

长期照护保险法律关系之被保险人，是指承担长期照护保险费用缴纳义务，在发生长期照护保险法规定的法定事项时，有权利从保险人处请求获得保险给付之人。

如何确定长期照护保险被保险人，将直接关系到该类群体是否应该承担缴纳长期照护保险费用的义务以及是否有权利获得保险给付。德国长期照护保险基于"长期照护保险附随于疾病保险原则"和"长期照护保险为国民保险"这一理念而将全体人民作为保险对象，具体又根据不同群体的特点分为法定长期照护保险强制义务投保者①、其他法定长期照护保险被保险人、眷属保险、自愿续保者和私人长期照护保险被保险人五大类，根据"照护保险依随健康保险"的原则，赋予符合法定健康保险和私人健康保险的被保险人成为长期照护保险之被保险人之资格，近乎全民皆保。日本在长期照护保险被保险人的资格设计上，是以年龄为重要标准的。根据日本《照护保险法》第 9 条的规定，市町村内有住所的 65 岁以上之人为第一号被保险人，市町村内 40 岁以上不满 65 岁的医疗保险加入者为第二号被保险人。

我国长期护理保险试点将长期处于失能状态的参保人群列为保障对象，原则上主要覆盖职工基本医疗保险参保人群。

2. 长期照护服务提供者

由于保险人并非照护服务的实际提供主体，保险人会依据法律和相应契约的要求，将照护服务事宜委托给符合法定条件的第三人（如照护服务机构、养护之家或个人）来履行照护服务义务。照护需求者会根据法律规定和合同约定，在达到须照护状态时，根据自决和自愿原则，

① 林美色：《长期照护保险：德国荷兰模式析论》，巨流图书公司 2011 年版，第 158 页。

通过照护服务市场自由选择照护服务主体。长期照护服务提供者则基于被保险人之利益与预期信赖,与被保险人之间针对有关照护服务的种类、内容以及其他必要事项制订合理的照护计划。

德国将长期照护服务提供者分为照护人力及照护机构两大类。其中,照护人力又分为专业照护人力、个人管理者、照护咨询者、居家照护人力、个别照护人员、照护员以及非专业照护人力;而照护机构又分为居家照护机构、机构式照护机构以及照护辅具提供者。①

3. 保险人

如何确定保险人,是长期照护保险立法必须慎重考虑的问题。长期照护保险法中的保险人与一般商业保险保险人不同,其不仅要求具有一般保险人的功能和作用,还要求担负起社会福利行政主体的责任,因为保险人需要具体负责照护认定标准与审查、保险给付、费用负担等重要事项。因此,长期照护保险法中的保险人既不能与传统商业保险中的保险人混淆,又需要协调好行政机关担任保险人时的行政功能与保险功能之间的关系。

日本长期照护保险法将保险人资格赋予市町村与特别区②,而德国长期照护保险制度组织体制继受已有的健康保险制度组织体制,将长期照护保险人资格依附各健康保险合作社,建立照护保险合作社。也就是说,虽然德国照护保险合作社依附于已有的健康保险合作社建立,其地位却是独立的。

(二) 长期照护保险法律关系的内容

1. 保险人与被保险人之间的法律关系

根据长期照护保险法律制度的规定,保险人与被保险人之间建立保险关系。保险关系并非仅指在保险事故发生时的关系,在事前、事中与事后三个阶段都会发生不同类型的保险法律关系。这类关系主要包括保费收缴关系、管理关系、给付关系和附随义务关系等。

在日本长期照护保险法律制度中,保险人不仅承担上述功能,还要求作为保险人的市町村制订和执行以每5年为一期、每隔3年须重新评估的"市町村照护保险业务计划"③,该计划要求保险人在掌握需要支援或被照护对象的实际情况的同时,掌握未来保险给付之需求,以为制定政策提供实际参考。另外,保险人在对被保险人资格审查、应缴纳保费金额以及保险给付等具体业务方面也会与被保险人产生各种法律关系。

2. 保险人与长期照护服务提供者之间的法律关系

由于在长期照护保险法律关系中,保险人并非长期照护服务的实际提供者。因此,保险人必须从照护服务市场中选择并委托此类业务内容给适格主体,以保证长期照护服务之给付能够顺利履行。因此,保险人与长期照护服务提供者之间存在一种契约关系,即所谓的供给契约关系。④

---

① 林美色:《长期照护保险:德国荷兰模式析论》,巨流图书公司2011年版,第255页。

② 日本《照护保险法》第3条规定:市町村及特别区,根据法律的规定,进行照护保险;市町村及特别行政区,在政令规定的地方,须设立特别会计。

③ 日本《照护保险法》第117条。

④ 林美色:《长期照护保险:德国荷兰模式析论》,巨流图书公司2011年版,第265页。

然而,虽然德国和日本为了促进照护服务主体之间的有效竞争、提高照护服务质量和水平,均选择将照护服务以市场化的方式运作,但也不能绝对防止可能的道德风险等消极后果的产生。因此,保险人必须加强对长期照护服务提供者的管理和监督,而且这一管理和监督必须始终贯穿于事前、事中和事后三个阶段。具体而言,保险人事前的管理和监督主要是进行各种政策的制定和工作指导与建议;在事中阶段,保险人有权对长期照护服务提供者进行合理监督和检查,以及根据被保险人向保险人提出的各类申诉与请求对长期照护服务提供者进行有效质询与处理;在事后阶段,如果保险人认为有必要,有权要求长期照护服务提供者提交有关照护服务事务之文件以便进行监督,如果发现长期照护服务提供者存在弄虚作假或其他不正当行为,保险人除有权要求长期照护服务提供者全部或部分返还已支付的照护服务费外,还可以对长期照护服务提供者进行必要的行政处罚。

3. 被保险人与长期照护服务提供者之间的法律关系

被保险人与长期照护服务提供者之间的法律关系,是基于被保险人之自决与自愿等原则,由被保险人从照护服务市场中选择并与之签订照护服务契约的一种具有明显私法性质的法律关系。

长期照护服务契约不仅需要对给付的种类、内容和范围等事项进行约定,还要约定长期照护服务的存续期间、变更或解除的情形、给付提供的类型或方式以及相关资料的保存等事项。具体来说,长期照护服务提供者根据需要照护之被保险人的信赖,需要制订包括照护服务的种类、内容或其他必要事项等内容的照护计划,并基于该计划中相关服务的提供、沟通协调或联络机制的建立以及其他便利条件的提供等业务进行安排。如果长期照护服务需求者认为长期照护服务提供者提供之服务存在瑕疵、违法甚至有损被保险人利益的行为,被保险人则有权以此主张损害利益赔偿;如果照护服务提供者的行为触犯刑法,则需要承担相应的刑事责任。

(三) 长期照护保险法律关系的客体

长期照护保险法律关系的客体,即长期照护保险法律关系主体权利和义务所共同指向的对象。长期照护保险法律关系,与一般的法律关系或一般的保险法律关系一样,都需要确定其客体。否则,只有主体与内容的长期照护保险法律关系是不合理、不科学的。

如果说保险法律关系的客体是一种保险利益,那么长期照护保险法律关系则同样是基于保险利益客体的存在,而在被保险人与保险人之间签订的长期照护保险契约。在这种法律关系中,如果说保险主体是利益的人格化,保险内容是利益的规范化,那么保险客体就是利益的客观化。其中,保险利益具有与保险标的明显不同的内涵,保险标的强调保险人对被保险人实物、金钱或服务的给付,而保险利益则主要是为了限定被保险人的风险范围和保险人可能承担的责任风险程度,以确保被保险人发生保险标的风险后可以获取的保险给付以及保险人因此承受的保险"赔偿"。因此,长期照护保险法律关系的客体并非人或物本身,而是被保险人基于自身的健康存在而具有的合法利益。如果被保险人对其并不存在保险利益,那么保险合同将成为一种非法、无效或不能履行之合同。同时,只有明确了长期照护保险法律关系的客体,才能合理规避这一法律关系维系过程中可能出现的赌博行为、道德风险,确定保险事故情形发生时保险人承担的给付范围与具体内容。

二、长期照护保险之财务运行

长期照护保险财务的运行主要包括保险费的缴纳、保险资金的运行和保险资金的管理三大方面。由于长期照护保险法律制度中,财务制度是否健全直接影响和决定着长期照护保险法律制度能否顺利运行和长期照护保险需求者利益的实现,所以在已经建立长期照护保险法律制度的国家中,都将财务运行作为一项核心课题进行规划和管理。

(一) 基本原则与主要筹资模式

长期照护保险区别于一般性的商业保险,具有社会保险的普遍性特征,即社会连带主义特征。这一本质特征决定了长期照护保险的保险费缴纳与给付是一种非对等关系,也就是说,被保险人的经济能力是缴纳保费数额的标准,而非个人可能出现的长期照护风险概率以及需要得到的照护服务内容。

公平原则与效率原则的科学协调始终是长期照护保险制度建构与完善的核心考量。从发达国家长期照护保险制度运行的经验看,筹资来源一般都是制定社会政策的核心问题,由于长期照护服务费用问题非常严峻,各国都在如何处理长期照护保险法律制度的公平与效率关系上进行着持续的探索与努力。也就是说,由于不同国家的国情不同,各国在对待长期照护保险法律制度的建立和运行过程中,对国民收入与资源分配上的分配标准和干预程度具有明显不同。但无论以哪种方式和方法对待长期照护问题,其核心都聚焦于实现抵御长期照护这一普遍性社会风险、维护长期照护需求者人格尊严这一基本目标的前提下,更好地优化资源配置、以较小的成本获取最优的收益。

从现有制度实践经验看,全世界长期照护保险筹资与运行模式主要分为三大类[①],即以税收为筹资来源的长期照护制度模式、商业长期照护保险制度模式和长期照护社会保险制度模式。

所谓以税收为筹资来源的长期照护制度模式,是指不遵循一般保险的权利义务对等原则,长期照护资金主要由中央和地方政府承担,个人不承担或承担很少一部分的照护费用,由政府向适格主体发放补贴或提供服务,或直接购买并提供长期照护服务给长期照护服务需求主体。这一模式主要以英国、瑞典和奥地利等国家为代表。

商业长期照护保险制度模式遵循自愿和权利义务对等原则,在参保人需要照护时,由保险人参照与被保险人之间所签订的保险合同,提供照护补助或服务。该模式主要以美国为代表。

长期照护社会保险制度模式在强调权利与义务对等原则的基础上,强化政府的积极作用,突出强制性和互济性的特点,要求法定范围的公民必须参加,以实现参保人群之间共担风险的效果。德国和日本是这一模式的典型代表国家。

值得注意的是,虽然每个国家都有相对比较突出的长期照护保险筹资模式,但并不意味

① 施魏巍:《发达国家老年人长期照护制度研究》,知识产权出版社 2012 年版,第 50 页。

着其仅有一种模式,而是遵循以某种模式为主、多种模式并存这样一种制度建构。比较各国长期照护保险制度中有关筹资模式的特点与利弊,结合我国已有社会保险制度的特点可以看出,德国与日本尤其是日本的长期照护社会保险模式制度的实践和经验更值得我国学习和借鉴。

(二) 保险费的缴纳

保险费是长期照护保险制度维系与运行的核心,也是社会保险固有与独特的财政手段。一般来说,长期照护保险费由被保险人、雇主与第三人缴纳的保费、国家辅助和其他收入组成。具体比例与负担由各国根据本国国情确定,如德国要求长期照护保险由负有投保义务的雇主和受雇者共同承担保费的半数[①],被保险人缴纳之保费数额与其所得高低成正比,但其所受领之给付则全民一致。[②] 而日本则将被保险人分为第一号被保险人和第二号被保险人,不同身份的被保险人承担不同的缴费比例与数额。下面以日本《照护保险法》有关保险费缴纳的规定为例对各类被保险人保险费缴纳制度进行说明。

1. 被保险人的分类与保费负担

(1) 缴纳对象与缴纳方法。根据日本《照护保险法》第 9 条的规定,市町村内有住所的 65 岁以上的人为第一号被保险人,市町村内 40 岁以上不满 65 岁的医疗保险加入者为第二号被保险人。由于日本《照护保险法》强调高龄者须连带地分摊保费原则,且第一号被保险人的收入与经济水平无法与第二号被保险人相提并论,因此在将第一号被保险人进一步细分为五个等级的基础上,分别规定了各个级别群体不同的保险费等级。该类被保险人保险费通过市町村所定的基准额乘以政策所定的标准比例确定。[③]

在征收的方法上,保险费的征收分为特别征收和普通征收两种。其中,特别征收是通过照护保险人向各国民年金保险人收取第一号被保险人应缴纳保费的方式完成的,主要包括国民年金之老年基础年金、厚生年金之老年年金和其他退休年金三类。[④] 而普通征收是除特别征收外,由保险人即市町村直接向被保险人本人、家长或配偶征收的方式。从以上两种征收方式的人群比例看,约有八成是通过特别征收完成的,剩余约两成是通过普通方式完成的。

由于第二号被保险人是市町村内 40 岁以上不满 65 岁的医疗保险加入者,因此对于此类被保险人的收费,原则上并入各医疗保险人协助的范围,而不由市町村收取。[⑤] 该类被保险人的保险费由医疗保险人依据医疗保险法和地方税法确定不同的缴纳比例,以照护纳付金的名义合并收入。

(2) 减免与滞纳措施。虽然照护保险费以被保险人缴纳保费为一般原则,但如果被保险人不能或难以缴纳保费,继续要求其缴纳将造成其生活难以为继的,可以依法对其采取减免或延缓缴纳保费的措施。[⑥] 这类情形主要包括:① 因地震、洪水火灾或其他自然灾害,造成住宅、收

---

① 林美色:《长期照护保险:德国荷兰模式析论》,巨流图书公司 2011 年版,第 202 页。

② 林美色:《长期照护保险:德国荷兰模式析论》,巨流图书公司 2011 年版,第 158 页。

③ 日本《照护保险法施行法》第 38 条。

④ 日本《照护保险法》第 131 条、日本《照护保险法施行法》第 40 条。

⑤ 日本《照护保险法》第 129 条第 4 项。

⑥ 日本《照护保险法》第 142 条。

入或其他财产明显受损的；② 家庭中主要劳动力死亡或因身心遭受重大伤害而长期住院，造成家庭收入明显减少的；③ 家庭中主要劳动力因为企业停产、停业或失业而造成家庭收入明显减少的；④ 家庭中主要劳动者因干旱、霜冻等灾害致使农业、渔业受损而收入明显减少的。在被保险人因遭受此类情形而难以甚至无法缴纳保费的情况下，法律赋予市町村根据相关条例规范进行具体减免或延缓处理的权力。

因长期照护保险费与一般社会保险费一样，都具有明显的强制性特点，因此，为保证被保险人能够及时缴纳保费而不至于对保险运行造成不必要的财政压力，日本《照护保险法》除规定对负有缴纳照护保险费义务的被保险人，在受到催告仍然不缴纳者给予税收滞纳处罚外，还将被保险人之故意甚至恶意滞纳行为与给付结果相联系。对于故意或恶意滞纳，在保险人催告后仍然不予及时缴纳的被保险人，保险人有权要求其出示保险证，给予暂时性"被保险人资格证明书"并在其上记录给付方式变更的说明，甚至给予暂时拒绝或全部拒绝照护服务给付的最终惩罚。

德国《社会法典》第十一编第 25 条也对免缴长期照护保险费问题作出了明确的规定，即随被保险人加保之眷属中，若配偶、同居伴侣无工作，或每月仅有小额收入 400 欧元或收入低于 360 欧元，免缴保费；18 岁以下或满 18 岁但 23 岁以下无工作子女或未满 25 岁之在学子女，免缴保费；领取待产津贴、父母津贴者，亦免缴保费。①

2. 政府负担

虽然日本与德国都主要采取长期照护社会保险制度模式，但与德国强调雇主与雇员分别半数负担保费不同，日本政府出于强调国家在长期照护保险制度中的保障责任、减轻市町村负担等因素的考量，将政府作为照护保险资金的重要来源主体。根据日本《照护保险法》的规定②，除被保险人应当承担保险费比例的 50% 外，中央政府、都道府县和市町村应当依法分别承担照护保险费用的 25%、12.5% 和 12.5%③。这一比例的规定不仅体现出照护保险的一般保险性特征，也突出了照护保险的社会性本质，具有明显"混合照护"的特征。④

在我国开展的长期护理保险试点，通过优化职工医保统账结构、划转职工医保统筹基金结余、调剂职工医保费率等途径筹集资金，并逐步探索建立互助共济、责任共担的长期护理保险多渠道筹资机制。当前试点地区的基金筹集过度依赖医疗保险基金，未来应建立完善的长期护理保险筹资机制，明确被保险人及其用人单位的缴费义务与缴费标准，确立国家财政的补贴标准。

（三）保险费的运行与管理

以保费为核心的财务制度是长期照护保险制度良性运行的重要保障。对于照护保险费的管理与调度处理，将直接决定着这一制度的持续性与代际连带责任公平的价值评价。从一般社会保险的筹资方式与运行模式看，社会保险主要采取现收现付制、完全积累制和部分积累制

---

① 林美色：《长期照护保险：德国荷兰模式析论》，巨流图书公司 2011 年版，第 203 页。

② 日本《照护保险法》第 122、123、124 条。

③ ［日］北田信一：《图解杂学介护保险》，ナツメ社 2001 年版，第 73 页。

④ ［日］二宫厚美：《新自由主义的构造改革のなかの社会保障》，载《法と民主主义》2002 年第 366 号，第 6 页。

三大类,如何在保证充分满足当年应支出需求的同时,对未来可能出现的财政赤字或通货膨胀进行合理应对,是所有建立长期照护保险法律制度的国家一直在讨论和摸索的问题,而这一问题与所有的社会保险制度运行过程中面对的问题的本质是一样的。

根据德国《社会法典》第四编有关财产运行的条款规定,德国为保证长期照护保险资金的安全和效率,要求照护保险合作社在践行目的拘束(营运财产仅能履行法定或章程所规定的任务、行政费用、补足准备金以及注入平准基金)原则和经济节约(以最少的财产实现最大的目标或尽可能最大化地利用既有财产)原则,在力求安全和稳健的前提下,对不同的财产采取不同的投资策略,以实现对照护保险资金的科学、有效运行与管理。日本《照护保险法》《地方自治法》和《国民健康保险法》等法律相关条款也对照护保险资金的运行与管理进行了特别的规定。根据日本《照护保险法》第3条第2项的规定,有关照护保险费的收入和支出,须设立照护保险特别会计制度[①],并将照护保险费的收入和支出区分为照护保险业务和照护保险给付两项,让保险人单纯地执行有关照护保险业务,而将有关照护保险支付与审查等事项交由社会保险费用支付基金或国民健康保险团体联合会执行[②],同时将支付基金的管理、支付费用的执行以及照护费用协商等业务集中处理,在保证保险人业务简单、专一化的同时,强化对保险业务的监督。

在我国的长期护理保险制度试点中,长期护理保险基金参照现行社会保险基金有关管理制度执行。对基金单独管理,专款专用。

三、长期照护保险之给付

在长期照护保险法律制度中,有关照护给付的内容和规定是最为复杂的。因为对于被保险人来说,除了关心缴纳多少保费外,更多的是考虑其能否获得以及获得多少照护给付。对于照护给付制度的设计,主要包括需要照护认定和保险给付两大环节。

(一) 需要照护认定

需要照护认定,是指根据照护保险法的规定,保险人基于被保险人或他人提出的需要照护申请,根据法定权限对被保险人是否具有照护必要进行判定,被保险人根据保险人对其认定的状态和需要照护的等级而决定是否需要照护的一种法定行为。由于需要照护认定是被保险人能否接受照护以及接受何种程度的照护的法定前提条件,所以这一环节对于需要照护的被保险人而言至关重要。

1. 认定机关

为科学、合理地确认提出照护申请的被保险人的客观状态和可能需要照护的等级,必须通过独立、专门的第三人根据法定标准进行有效鉴定。日本成立照护认定审查会执行认定业务,德国将这一业务授权给健康(疾病)保险医事鉴定服务处。从两国的机关和人员设置看,都要求认定机关人员必须包括但不限于有关保健、医疗、福利以及社工等专业人员。

---

① 日本《照护保险法》第3条第2项。

② 日本《健康保险法》第43条、日本《船员保险法》第28条。

2. 认定程序

根据日本《照护保险法》的规定，被保险人须在提供有关保险证明的前提下向保险人提出照护需求申请，如果被保险人没有能力提出，可以委托其家属或他人代行提出。同时，根据日本《照护保险法》的规定，对于第一号被保险人，无论基于何种原因均可以向保险人提出照护需求申请；而对于第二号被保险人，则只有法律规定的初老期[①]痴呆、脑血管疾病、脊柱管狭窄症以及闭塞性动脉硬化症等15种特殊疾病[②]方可提出申请。照护认定审查会根据被保险人的申请，委派市町村所属人员进行第一次审查，再由医师、社会福利专家等组成的认定审查会进行第二次也是最终的审查判定。

德国《长期照护保险法》相较而言较为简单，健康保险医事鉴定服务处仅就法定的被保险人日常事务之功能障碍，扶助需要的种类、范围，以及可能存续的期间进行专业鉴定，并就以下事项提出最终的建议和看法[③]：(1)医学上康复给付；(2)照护给付的种类与范围；(3)个案照护计划；(4)照护津贴申请案中居家照护的确保。而最终决定是否提供以及提供何种方式和内容的给付的权力则由照护保险合作社行使。

（二）保险给付

1. 保险给付的一般要件

长期照护保险是为应对和消弭照护需求风险建立的，因此，照护给付的目的是扶助照护需求者，使其能够在自主和自决的基础上维系符合人性尊严的生活。

对于有照护需求的被保险人，如需得到照护认定和保险给付，须符合和履行一般给付要件，即：(1)投保长期照护保险；(2)符合法定期间[④]；(3)有实际照护需求；(4)向照护保险人提出申请。

2. 保险给付的种类与方式

德国将长期照护给付服务项目分为居家照护给付、部分机构式照护给付、全机构式照护给付三类。其中，居家照护给付最为复杂和综合。德国的居家照护给付项目包括居家照护实物给付[⑤]、对自觅照护服务人员所发给之津贴、居家咨询照护及费用、混合给付、照护者无法照护时的替代居家照护、照护辅具与技术性协助器材和住宅环境的改善等[⑥]。从日本《照护保险法》的实践经验看，保险给付的种类主要包括预防给付（要援助状态相关的保险给付）、照护给付（要照护状态相关的保险给付）和特别给付（为了防止或减轻要照护状态或要援助状态的恶化，由市町村根据地方实际自行提供的保险给付）[⑦]三种，如表10-1[⑧]所示。

---

① 初老期是指45岁以上不足65岁的年龄段。

② ［日］服部 万里子：《介护保险のしくみ》，日本实业出版社1999年版，第85页。

③ Udsching, Soziale Pflegeversicherung: Kommertar, § 2.Rn.4 (2000).

④ 此处的法定期间是指被保险人从投保到取得给付请求权所必须经过的时间。

⑤ 在居家照护给付方面，照护需求者有权获得基本照护及由居家照护协助者提供之家事照顾。居家照护协助者每天至照护需求者家中，对其提供个人身体照护（包括洗澡、洗头、刷牙、梳发、刮胡子、大小便清理）、营养摄取、身体活动（包括起床、就寝、穿衣、脱衣、站立、行走、爬阶梯等）等基本照护（Grundpflege），买东西、煮菜、清扫屋子、更换床单等例行性日常生活事务之家事打理，或提供居家疾病照护、提供照护需求者及其家人咨询服务等。

⑥ 林美色：《长期照护保险：德国荷兰模式析论》，巨流图书公司2011年版，第166–169页。

⑦ 日本《照护保险法》第18条。

⑧ 厚生省：《厚生白书》1998年版，第239页。

表 10-1　日本照护保险给付的种类

种类	居家照护服务（在宅サービス）	机构照护服务（施設サービス）
照护给付	家事援助 访问盥洗照护 居家护理、康复 日间照护 居家疗养管理指导 日间照顾 短期收容 失智症对应型共同生活照护 付费入院疗养照护 福利用具购买与借贷 住宅修缮费	照护老人福利机构 照护老人保健机构 疗养型病床群 失智型患者疗养医院 照护强化医院
预防给付	同上（失智症对应型共同生活照护除外）	—
特别给付	市町村根据相关条例自行制定服务	—

与德国将保险给付的方式规定为现金支付和实物给付这一混合给付方式不同，日本照护保险的主要给付方式基本上都是以实物给付为主，只有在福利用品的购买或住宅修缮费方面可以享受现金给付。其中需要护理的被保险人须承担所享受照护费用的 10%，其余 90% 的费用由照护保险资金承担。[①]

在我国的长期护理保险试点中，长期护理保险基金按比例支付护理服务机构和护理人员为参保人提供的符合规定的护理服务所发生的费用。根据护理等级、服务提供方式等制定差别化的待遇保障政策，对符合规定的长期护理费用，基金支付水平总体上控制在 70% 左右。

第三节　长期照护保险法之权利保障

所有的法律关系都可以归结为"权利"和"义务"这一对法学应然的范畴，这一范畴足以用来分析和解释即使是最为复杂的法律利益问题。[②] 如何将理论中应然的权利转化为个体的实然权利，是每一个部门法必须正视和解决的核心问题。否则，如果权利得不到保障和实现，则立法就成了一句空话。长期照护保险法中的权利保障就是以"缴纳保险费—请求保险给付"这一"权利—义务"关系为法理基础产生和设计的。对被保险人而言，如何保障其在履行缴纳长期照护保险费义务后实现照护保险给付的权利，将关系到其生存权与人格尊严的最终实现。

一、权利保障概述

所谓权利保障，通过考察已建立长期照护保险法律制度的国家和地区的法治实践经验，主

① 日本《照护保险法》第 40-62 条。

② 沈宗灵：《现代西方法理学》，北京大学出版社 1992 年版，第 146-147 页。

要可以分为程序权利保障、给付请求权利保障与救济权利保障三个方面。在现有立法的基础上，实现“有法必依、执法必严、违法必究”这一法治建设目标，保障权利主体的合法权益的实现，是各国长期照护保险立法的一个十分重要的环节。虽然我国在2011年已经建成中国特色社会主义法律体系，但尚未建立长期照护保险基本法，所以权利保障的第一步也是最为重要的一步，就是结合我国国情，尽快建立和颁布保护有长期照护需求人群合法权益的基本法，在健全和完善中国特色社会主义法律体系的同时，为该类群体合法权益的实现提供现实的立法保障。[①]

长期照护保险法所称之权利，理应包括参与决定权、给付请求权和司法救济权等主要内容。其中，参与决定权主要是指被保险人有权依据自决和自愿等基本原则，对照护服务有知情和发表意见以及自由选择照护服务提供者的权利；给付请求权是指向被保险人提出照护需求申请、自由选择照护服务提供者并选择适当水准照护服务的权利；司法救济权不仅指仲裁与诉讼的权利，还包括请求行政监察和行政复议权等。由此可以看出，基于被保险人处于明显从属地位的客观事实，各国立法大都规定了多元化的处理机制以保障其权利的合法实现。

二、行政保障

从行政保障的角度看，主要是为保障长期照护法律关系主体中被保险人权利的充分实现，在被保险人与保险人和照护提供者之间发生法律关系的过程中，赋予被保险人必要的信息知情权、陈述权和申诉异议权等保障性权利。

（一）事前权利保障

为减少或预防未来争议的发生，立法应当加强对被保险人提供事前权利保障的条款设置。这一阶段的权利保障主要包括被保险人自决权与自愿权这一自由选择权的保障、保险确认与保险给付过程的积极参与权的保障两部分。

1. 被保险人自由选择权的保障

被保险人自由选择的前提就是要保证被保险人对照护保险制度相关内容与信息享有充分的知情权。[②]这就要求在立法过程中，加强对掌握相关信息的保险人以及照护服务提供者在处理与被保险人关系过程中的主动公开与告知的力度，以保证被保险人及其家属或第三人能够据此作出正确的判断。具体来说，主要包括照护保险费用的缴纳、减免与滞纳，照护保险的申请流程、照护认定，保险给付的种类、内容与方式，照护保险业务计划的做成、申诉处理、诉讼程序，以及相关照护服务提供者资料占有与公开等。同时，对于失智型或身心障碍者等被保险人，立法应在建立相应的辅助制度帮助其知情权得到保障的基础上，作出最有利于其合法权益的科学判断。

2. 被保险人积极参与权的保障

长期照护的认定与保险给付是照护需求者缴纳照护保险费后最为关心也是最为关键的问题。根据日本《照护保险法》对照护认定一般流程的规定，当照护需求者认为自身有照护需求

---

① 李志强:《论我国老年人长期照护保险立法的必要性》,载《社会福利(理论版)》2015年第10期。

② ［日］本沢巳代子:《公的介護保険ードイツの先例に学ぶ》,日本评论社1998年版,第169页。

时，需要首先向照护认定审查会提交照护需求申请，经过照护认定审查会认定后方能决定能否享受以及享受哪种程度的照护服务。同时，在照护需求者接受照护需求之前，照护服务提供者需要根据被照护者的实际情况制订具体的照护计划。因此，只有赋予被保险人积极参与的权利，才能保证其在照护认定审查会进行照护认定以及照护服务提供者制订照护计划的过程中参与并陈述意见，以作出对被保险人科学的照护认定判断，并进而制订和提供最有利于照护需求者实际照护需求的照护计划和内容。

（二）事后权利保障

当被保险人认为有照护需求而向照护认定审查会提出申请，以及照护需求者接受实际保险给付的过程中遭遇权益损害时，如何保证其合法权益得到及时、有效的维护是照护权利保障的重要内容。虽然被保险人可以通过司法救济等途径保护需求权益，但毋庸置疑的是，其相较行政救济方式，司法救济的效率性难以得到保证。因此，为保证这一涉及被保险人生命与健康的重要问题能够得到及时、有效的解决，有必要设置并赋予被保险人行政申诉权、行政复议权等权利保障条款[①]，以保证被保险人权利受到损害时能够得到及时的救济。

三、司法保障

在照护认定和保险给付过程中，如果被保险人认为保险给付不合法，或照护服务提供者未依照照护服务计划提供适当服务内容，而解除与之签订的照护服务契约的，要纠正具有公权力色彩的照护认定审查会的不当行为，获得照护服务提供者的民事损害赔偿，除行政途径外，法律还赋予被保险人通过司法救济途径维护其合法权益的权利。

（一）行政诉讼

被保险人与保险人之间依据法律规定建立保险关系。保险关系并非只有在保险事故发生时才存在，而是包括了保费关系、期待关系和给付关系。二者在形式上具有明显的权利义务依赖关系，也就是说被保险人负有缴纳保费的义务，保险人享有收取保费的权利，被保险人据此获取保险人对自身的风险承担，在保险事故发生时，被保险人享有法定的给付请求权，保险人负有给付的义务。然而，从长期照护保险隶属于社会保险以至社会保障的本质来看，长期照护保险具有明显的强制性和国家保障性，保险人与被保险人之间的权利、义务均是国家法律强制赋予的，被保险人与保险人之间的保费比例或数额，以及保险给付的内容、条件与水平也是由国家法律明文规定的，这就意味着保险人与被保险人之间的契约关系具有明显的公法色彩。[②]同时，国家规定了保险人履行保险给付义务之外的附加性义务，包括告知义务、回复义务以及保护被保险人个人资料、商业秘密等义务。因此，在被保险人履行义务或请求保险人履行给付义务的过程中，如果被保险人认为保险人的行为违法或侵害了其合法权益，自然有权通过行政

---

① ［日］田村和之：《情报公开·不服申立て》，载《ジユリスト》1996 年第 1094 号，第 42 页。

② 郭明政：《社会保险法律关系争议问题之探讨》，载葛克昌、林明锵主编：《行政法实务与理论》(一)，元照出版公司 2003 年版，第 477–479 页。

复议或行政诉讼的方式请求公力救济。

（二）民事诉讼

照护服务提供者接受保险人之委托对有照护需求的被保险人履行照护服务义务，与被保险人之间形成了典型的民事契约关系，这就决定了照护服务提供者在履行照护服务义务过程中与被保险人之间发生的争议属民事争议，被保险人可以据此通过民事诉讼维护自身合法权益。

在照护服务提供者履行照护服务过程中，由于其不适当履行告知、咨询回复义务，不能按照照护需求者的实际情况履行符合法律规定的一般或特殊要求的照护服务等，甚至在履行照护服务过程中对照护需求者权益造成损害的，照护需求者就有权通过民事诉讼的方式要求照护服务提供者承担继续履行或损害赔偿①的后果。

另外，德国对照护机构与照护基金之间的争端处理问题设置了仲裁机构解决机制。仲裁机构由照护基金邦协会与照护机构主体所属之邦层级协会共同设立，并由照护基金邦协会与居家照护服务站及养护之家协会代表组成，仲裁机构成员还包括一位私人疾病基金保险协会代表及一位跨地区社会救助主体者代表。仲裁程序所产生之费用由照护费用协商双方当事人共同分担。②

四、其他权利保障制度

长期照护保险不同于一般社会保险制度，其面向的群体为身体、精神或智力有残障而难以自我维系正常生活的人。如果按照一般的行政、民事或刑事诉讼的方式对其进行权益救济，不仅耗时、耗力，而且其自身情况决定了其在现实生活中几乎难以行使上述权利，加之享有全天候的照护服务是这类群体的迫切需求，如何能够在简单、便捷、效率的前提下解决争议，是建立长期照护保险制度必须解决的一个重要课题。从国外立法和司法实践看，赋予照护需求群体尽可能多的多元权利维护机制是有效保护该类群体合法权益的必然选择。③除上述行政保障与司法保障作为主要权利保障制度外，目前国外还有申诉制度、行政监察制度和代理人制度作为保障长期照护需求者权益的主要制度设计。

（一）申诉制度

所谓申诉制度，是指有照护需求的被保险人对照护服务提供者在履行照护服务过程中出现的不当或违法行为，以书面或口头的形式向法定部门投诉，以维护其合法权益的一种简易制度。从法律性质角度看，有照护需求的被保险人与照护服务提供者之间的法律关系不具有公权力性质，无法通过行政复议或诉讼等手段实现权利救济。因此，在照护服务提供者在提供照

---

① 国民生活センター:《介护事故例と补偿实态》(その2)介护事故の补偿例と裁判例》,载《赁金と社会保障》2000年第1281号,第36–58页。

② 林美色:《长期照护保险:德国荷兰模式析论》,巨流图书公司2011年版,第193页。

③ [日]佐藤进、河野正辉:《介护保险法》,法律文化社1999年版,第130页。

护服务过程中出现不当行为甚至违法行为,有违双方协议甚至损害有照护需求的被保险人的合法权益时,快速、及时地解决其中的争议或问题,是及时、有效维护被保险人合法权益、保障其日常正常生活需求的现实要求。[①]

从照护服务运行的实践看,由于照护服务提供者可能会存在服务态度恶劣、方式方法粗鲁、照护时间偏短甚至虐待被照护者等情形,通过仲裁或诉讼的救济途径虽然最终会得到正义的裁判,但由于此类方式往往耗时耗力,对被照护者而言,即使最终胜诉也将失去实际效用。而申诉制度具有简单、便捷的特点,恰好能够弥补这一缺陷。申诉人可以通过自己或他人,以书面或口头的形式投诉,接到申诉的相关部门可以在接到被保险人投诉的第一时间快速处理,以有效维护被保险人的合法权益。

(二) 行政监察制度

行政监察制度是一种与申诉制度相关联的制度,行政监察机关可以依法对照护服务提供者进行主动监察,或根据申诉人的投诉进行有针对性的监察。监察官制度源于 1809 年《瑞典宪法》第 96–100 条有关司法监督官的规定。第二次世界大战以前,其作为《瑞典宪法》体制下特别创设的一种制度,仅在北欧诸国施行,第二次世界大战以后,这一制度逐渐在全世界推广开来。

第二次世界大战以后,随着发达国家、福利国家的诞生,福利国家的理念越来越渗透到包括生活环境的改善、国民医疗健康和保险、生活保护等社会福利领域,并成为行政国家的重要组成部分。随着行政职能的不断膨胀,即使在三权分立的国家也难以对不断膨胀且日益专门化、特殊化的行政机关进行有效监督和制衡,而作为行政机关重要组成的行政监察机关凭借其对问题处理的快速与便捷,以及相对于司法诉讼而言更小的救济成本负担优势,越来越受到社会大众的欢迎。与此同时,这一监察制度也被引入到企业活动等非公权力机构领域,在处理社会弱势群体、消费者、残疾人、高龄者和公司职员等权利保障方面发挥着越来越重要的作用。相较于行政救济和司法救济,行政监察制度不仅能够以中立的角色妥善处理问题,而且其可以在提供高效、便捷服务的同时,积极发挥预防和科学说服的机制优势,大大弥补了行政救济和司法救济的制度缺陷。在瑞典、美国和日本等国家,行政监察制度也因此被引入到了有长期照护需求群体的权利保障领域。[②]

(三) 权利代理制度

权利代理制度,与民法中的监护制度在实质上是一致的。作为民事法律制度中的一项重要制度设计,监护制度在保护未成年人和处于特殊情况下的成年人的合法权益方面发挥着重要的功用。尤其是随着老龄人口的增加,需要监护的心神丧失、失智或失能老年人口的数量也急剧增加,如何更好地保护这类以失智或失能老年群体为核心的人群的合法权益,是现在和未

---

① [日]佐藤 进、河野正辉:《新现代社会福祉法入门》,法律文化社 2000 年版,第 291 页。

② [日]北场 勉等:《介护保险下における苦情対応及び不服申立に关する调查研究》,日本社会事业大学 2001 年版,第 9–18 页。

来很长一段时间内亟待解决的一项重大课题。以德国和日本为代表的大陆法系国家[①],都已经相继建立了具有明显公法化和社会化色彩的相对比较完善的成年人监护制度或权利代理制度,为有效实现有照护需求者的自决权和人格尊严,提供了相对灵活和具有可操作的权利制度保障。

随着社会结构的转型和社会制度的变迁,以社会法的思维健全和完善民法中的监护制度仍然是未来有待努力的方向。例如,监护人对一般被监护人和有长期照护需求的被监护人之间如何区分?作为法定代理人的主体权限与义务如何确定?如何对其行为进行有效的法律规范?在被照护者法定代理人缺失的情况下如何确定其权利代理人?该类代理人的资质如何规范,权益如何保障?等等,这些问题都需要在未来健全和完善民法监护制度尤其是成年人监护制度的过程中予以细化并系统地解决。

思考题:

1. 长期照护保险法产生的社会背景是什么?
2. 简述长期照护、长期照护保险、长期照护保险法的概念。
3. 长期照护保险法的基本特征有哪些?
4. 长期照护保险法的基本原则有哪些?
5. 长期照护保险法律关系是什么?
6. 长期照护保险财务运行的主要原则是什么?
7. 长期照护保险财务运行的主要筹资模式是什么?
8. 长期照护保险法的权利保障内容有哪些?

① 李昊:《大陆法系国家(地区)成年人监护制度改革简论》,载《环球法律评论》2013年第1期。

第十一章　社会救助法

第一节　社会救助的概念

一、社会救助的法学定义

社会救助是公的扶助[①],是 social assistance[②],是社会救济。[③] 这些类似的概念有时候可以替代适用,但又有细微的差别,并在不同的立法例中有着各自的内涵与外延。日本有《生活保护法》,根据菊池馨实的定义,公的扶助是指,不以缴费为要件,不问陷入生活贫困的原因,在处于最低生活水平以下时,在不到最低生活水平的限度内的补足给付。[④] 我国台湾地区有"社会救助法",有定义社会救助的通说,即"社会救助又称作社会扶助、国民救助,是以集体之力量对陷入生活困境者的一种扶助措施。在现代福利国家,社会救助作为社会安全制度之重要内容,其以弥补社会保险及其他福利服务之不足为目的,作为社会保障之最后防护网,接纳其他社会安全措施所遗漏之保障对象,将社会财富分配予经济上之相对弱者,助其脱离困境。在运作方式上,社会救助具有(1)须经过资产调查;(2)补充性原则;(3)无因性之给付;以及(4)财源系来自于国家税收等四项特征"[⑤]。我国尚未颁布《社会救助法》,但于 2014 年颁布实施的《社会救助暂行办法》对社会救助进行了综合性的规定和制度搭建。因此,在法律文本上,我国有狭义的社会救助与广义的社会救助之分。狭义的社会救助仅指《社会救助暂行办法》规定的社会救助,广义的社会救助还包括司法救助和对流浪乞讨人员的救助等符合社会救助定义的特别救助。

从已有之定义来看,目前法学界并没有定义社会救助的一般范式,各个定义差异较大。(1)张荣芳在马克思主义理论研究和建设工程重点教材《劳动与社会保障法》中的定义是比较简单的,即"社会救助是指国家对依靠自身努力难以满足基本生活需求的公民给予的物质或服务帮助。社会救助是从传统的贫困救济演变而来(的),我国自古以来就有类似的赈灾措施"[⑥]。(2)王

---

① 日文汉字即"公的扶助"。参见[日]菊池馨实:《社会保障法》,有斐阁 2000 年版,第 203 页。

② 例如,美国社会保障法中的"assistance program"、英国著述中的"means-tested assistance"。

③ 从我国《宪法》第 45 条第 1 款中有关"有从国家和社会获得物质帮助的权利"以及国家发展这些权利所需要的"社会救济"事业的描述来看,如果为社会救助寻找宪法文本基础的话,社会救助与这里的社会救济最相一致。

④ [日]菊池馨实:《社会保障法》,有斐阁 2000 年版,第 203 页。

⑤ 郝凤鸣主编:《新学林分科六法——社会法》,新学林出版股份有限公司 2008 年版,导读第 1 页。

⑥ 《劳动与社会保障法学》编写组:《劳动与社会保障法学》,高等教育出版社 2017 年版,第 356 页。

显勇的定义:“社会救助是指人们在其不能维持最低限度的生活需求时,根据有关法律规定,有权要求国家和社会按照法定标准向其提供最低生活需求的资金和实物救助的一种社会保障制度。”[①](3)赖力静的定义:“社会救助是政府对经济面临困境的贫穷人群给予基本物质保障的社会救助制度,动用的是国家财政收入,强调国家调节对国民收入的分配和再分配,承担对社会困难群体的扶助责任和义务。”[②](4)一本介绍外国社会救助的简明册子的定义是:“社会救助是指以政府或各种社会团体为主体,通过国民收入的再分配或转移资源的方式,运用资金、实物、服务等手段,向个人、家庭或群体在由于自身、自然或社会原因,暂时或永久失去劳动能力、生活发生困难或需要帮助时给予现金、物质或其他方式的帮助,暂时或长期保障其基本生活的一种社会保障制度。”[③] 这些定义在主体上有“国家”“政府”乃至“社会团体”之区别,在内容上有“帮助”“救助”“扶助”之区别,但似乎均难做到内涵精细、外延周详。这与我国社会救助立法尚不发达、相关法学理论有待发展的背景有关。

本书认为,社会救助是政府、法院等公权力机构根据法律或政策的规定对符合条件的贫困者依其申请给予其有限度的帮助的行为,以及围绕该行为所形成的制度。社会救助的核心是对贫困者的扶助,但因时代、国情、国别乃至视角的不同而在具体特征与内容上有所差别。例如,王显勇秉承我国台湾地区学者江亮演等的观点,从时间性、财源、办理单位、动机、观念、解决方式、性质、目的、对方反应、工作人员、人权、给付、对象、时机、手续、被救愿望等方面指出了救助和救济的不同。[④] 然而,从我国社会救助与救济的制度来看,其中诸多区别点并不吻合,救助与救济的制度区分意义并不大。特别是从《宪法》第 45 条第 1 款[⑤] 来看,“社会救济”才是宪法上的术语,我国大陆地区学者定义社会救助时习惯使用“帮助”大约也同样源于此款中的“获得物质帮助的权利”。

二、社会救助的外延

从我国的制度来看,社会救助的外延有宽窄之分。从《社会救助暂行办法》中的社会救助项目与内容来看,社会救助主要包括最低生活保障、特困人员供养、受灾人员救助、医疗救助、教育救助、住房救助、就业救助、临时救助等 8 项制度以及社会力量参与,“这是我国第一次以法律制度形式明确社会救助制度体系的内容”[⑥]。但是在《社会救助暂行办法》之外,还有法律援助与司法救助、城市生活无着的流浪乞讨人员救助等专项立法。“我国已经逐步形成了以最低生活保障、特困人员供养、自然灾害救助为基础,以医疗、教育、住房等专项救助制度为支撑,

---

① 王显勇、杨军、李海明:《社会保障法》,北京大学出版社 2014 年版,第 42 页。

② 李海明主编:《劳动与社会保障法》,北京师范大学出版社 2017 年版,第 170 页。

③ 冯英、聂文倩编著:《外国的社会救助》,中国社会出版社 2008 年版,第 1-2 页。

④ 王显勇、杨军、李海明:《社会保障法》,北京大学出版社 2014 年版,第 42 页。

⑤ 《宪法》第 45 条第 1 款规定:“中华人民共和国公民在年老、疾病或者丧失劳动能力的情况下,有从国家和社会获得物质帮助的权利。国家发展为公民享受这些权利所需要的社会保险、社会救济和医疗卫生事业。”

⑥ 《李立国在“两部门介绍〈社会救助暂行办法〉”上的回答》,载 http://www.gov.cn/xinwen/2014-03/17/content_2640309.htm,访问日期:2018 年 12 月 20 日。

以临时救助为补充的城乡社会救助体系框架。”[①] 与社会保险不同，社会救助并不拘泥于特定险种或社会风险；也与社会福利不同，社会救助并不拘泥于特定群体。因此，从不同维度中形成了立体的社会救助体系。

从救助主体来看，社会救助包括政府救助、司法救助、社会力量参与的救助。社会救助可包括所有济贫以及具有济贫效果的行为与制度。在救助方式上，其与社会优抚、社会福利、社会补偿等的界限并不绝对。在社会保障模式上有以英美为代表之社会安全型、以北欧为代表之社会民主型、以德法为代表之社会保险型[②]，在不同模式下社会救助的地位和外延显然有所不同。我国台湾地区学者引介德国学说，将社会法区分为社会预护、社会补偿、社会扶助与促进。[③] 此时的社会补偿、社会扶助是以有因给付和无因给付来区分的。[④] 然而从具体的制度整理来看，社会救助及津贴包括社会救助、敬老福利生活津贴、中低收入老人生活津贴、特殊境遇妇女家庭扶助；社会补偿包括犯罪被害人保护、不当刑事案件补偿、药害救济；福利服务包括老人福利、儿童及少年福利、身心障碍者权益保护。[⑤] 然而，我国大陆立法并没有严格区分社会补偿与社会救助，学说上也有把犯罪被害人补偿法律制度纳入社会救助之体例。[⑥] 从社会救助以贫困为给付要件来看，各个风险种类以及弱势群体之社会保障制度均有社会救助之部分，例如，养老保险中对贫困者缴费之补贴具有社会救助之属性。倘若犯罪被害人之补偿也考虑贫困之因素，自然也会具有社会救助之属性，这要看将来在犯罪被害人补偿制度设计上是否以及在多大程度上考虑贫困因素。

从救助种类或事项来看，社会救助包括最低生活保障、医疗救助、教育救助、住房救助、就业救助等。医疗救助、教育救助、住房救助和就业救助均为满足特定的经济困难而进行的社会救助。最低生活保障标准是参考上年度当地居民人均食品消费指标，并适当考虑必需的衣物、水电燃煤等因素制定的标准，最低生活保障的主要内容是衣食救助。在社会事项上，既有社会保险，也有社会救助。在我国有关衣食、医疗、教育、住房、就业等社会保障上，以缴费为基础的社会保险为主要保障形式，以贫困认定为前提的社会救助为补充保障形式。在事项救助上，不仅有认定贫困的标准，在救助目标上也会设定标准，以补为主。

从救助群体来看，社会救助包括特困人员供养、受灾人员救助、法律援助与司法救助、城市生活无着的流浪乞讨人员救助等。这些救助均为针对特定人群在特定情况下的困难而进行的社会救助。针对弱势贫困群体的社会给付，既有社会福利、社会优抚，也有社会救助。供养、灾害、纠纷、流浪等特别情况下的群体，不仅属于弱势群体，而且处于经济困难状态，所给予的社会救助没有设定要达到的救助目标，不以“脱贫”为目的，而以服务给付、负担减免为主。

从救助方式来看，社会救助包括金钱给付、服务给付、综合给付。日常生活救助主要是金钱给付，对特困人员的供养、对流浪乞讨人员的救助主要是服务给付，自然灾害救助主要是综合性救助。

---

① 《劳动与社会保障法学》编写组：《劳动与社会保障法学》，高等教育出版社 2017 年版，第 357-358 页。

② 郝凤鸣主编：《社会法》，新学林出版股份有限公司 2008 年版，导读第 2 页。

③ 郝凤鸣主编：《社会法》，新学林出版股份有限公司 2008 年版，导读第 6 页。

④ 郝凤鸣讲，社会救助是社会补偿的中心。然而又指出，社会救助的特征是无因性给付。该说之转换和逻辑分类均尚不统一。

⑤ 郝凤鸣主编：《社会法》，新学林出版股份有限公司 2008 年版，第 3 页。

⑥ 郑尚元、李海明、扈春海：《劳动与社会保障法》，中国政法大学出版社 2008 年版，第 558-564 页。

第二节　社会救助的历史沿革

一、从济贫到福利

济贫或慈善是社会救助的源头，近代西方社会救助的核心也是济贫法律制度，尤其以英国济贫法的产生与发展最为典型。英国整个社会救助的发展可划分为7个阶段，即社会救助制度萌芽时期、初创和奠基时期、济贫法精神付诸实践的时期、实施普及性救济时期、社会救助制度最终确立时期、建设福利国家新阶段、“福利国家”改革阶段。[①]17世纪前期的济贫法救济逐步扩大并关注对流民与贫民的管理与救助，济贫税开始推行；17世纪后期的济贫法提供多种救济方式，劳动救济与济贫法管理受到重视；18世纪英国广泛建立贫民习艺所，出现医疗救济；19世纪初期，英国济贫法以院内救济为基本原则，效果并不好，而对院外救济有严格限制，但仍不断扩展；19世纪中期新济贫法颁布实施，成为英国济贫法制度的重要转折点；19世纪后期，英国济贫法作为国民保险制度的补充得以继续存在；20世纪前期，随着现代社会保障制度的逐步完善，英国济贫法走向结束。[②]其中，1601年济贫法（《伊丽莎白济贫法》）奠定了英国整个济贫法制度的基础，但在内容上与之前的济贫制度大体一致，“只不过对值得救济者的救济有所扩大，对身体健全的有劳动能力者的劳动救济更加强调，而对于流民与恶丐的严厉惩罚依然基本延续16世纪济贫法制度的传统与措施”[③]。其中，1834年《新济贫法》是在工业革命导致传统手工业者大量失业造成贫困，英国出现了关于济贫问题的激烈争论的背景下出台的，其核心理念是惩戒和规管穷人，严格审查救济对象的资产与财产状况，严格限制救济对象的人身自由。[④]由此可见，济贫意义上的社会救助与现代意义上的社会救助在理念与表现形式上有很大不同。

英国现代意义上的社会救助制度是在第二次世界大战后建立的。1948年英国的《国民救助法》正式建立了其社会救助制度。根据该法，社会救助工作由国民救助局统一管理，用于救助的各种支出均由议会批准拨款承担；获得国民救助的基本条件是个人不能解决其基本需要或个人收入不足以解决其基本需要；对申请者进行家庭收入状况调查，防止福利欺诈。1948年的国民救助待遇高于失业救助，但由于增速缓慢、申领耻辱感等，在60年代早期不申领社会救助的问题突出。[⑤]《1966年社会保障法》将国民救助计划改名为补充补贴计划，由补充补贴委员会负责管理，保留家庭经济状况调查。申领补充补贴者主要是老年人和失业人员。补充补贴的方法既依靠对家庭经济状况的调查，也依靠地方官员斟酌决定并加以灵活管理。《1986年社会保障法》将补充补贴改名为收入支持，家庭津贴变成了家庭信贷，在此之前住房津贴就已经取代了原来的房租减免。这种改革的目的是简化管理并避免“贫困陷阱”，将社会救助津贴

① 冯英、聂文倩编著：《外国的社会救助》，中国社会出版社2008年版，第19页。

② 童星：《评〈英国济贫法制度史〉》，载《社会保障研究》2015年第1期。

③ 丁建定：《论17世纪英国的济贫法制度》，载《社会工作（学术版）》2011年第4期。

④ 刘苏荣：《战后英国社会救助制度研究》，云南大学2011年硕士学位论文。

⑤ 刘苏荣：《战后英国社会救助制度研究》，云南大学2011年硕士学位论文。

变革为收入支持、家庭税收抵免和住房津贴。1996年,求职者津贴制度取代了失业救济补贴,求职者津贴和收入扶持构成了当前英国社会救助制度的核心。1999年,工作家庭税收抵免取代了家庭税收抵免,而在2003年,工作税收抵免又取代了工作家庭税收抵免。政府对社会救助申请者所设置的限制性条款越来越严格,英国政府在2008年绿皮书中称,那些长期靠领取社会救助津贴生活的公民今后将以出卖劳动力的方式获取社会福利。[①] 由此可见,现代意义上的社会救助制度产生于福利社会,又在福利制度改革中趋于衰弱。

二、社会救助的现代化与地方化

以英国社会救助制度为样本,工业化国家普遍建立起了类似的社会救助制度,国家救助贫困者的责任也被法定化、制度化,此可称为社会救助的现代化。但是,社会救助与社会优抚、社会福利具有明显的制度替代作用,并在社会救助的现代化过程中因为国情与民族的差异而出现差异化发展,使得社会救助制度的形式类似却承载着差异化的内容,此可称为社会救助的地方化。以下以美国、日本为例,介绍社会救助制度的地方化问题。

美国社会救助相关立法主要包括《社会保障法》《公共福利修正案》《经济机会法》《个人责任与工作机会协调法案》,具有社会救助功能的项目众多且复杂,主要的社会救助项目有抚养未成年儿童的家庭补助、补充保障收入、医疗补助、食品券、一般救助、住宅救助、紧急公共救助。其中《个人责任与工作机会协调法案》结束了60多年的联邦政府向低收入家庭支付社会补助金的历史。[②] 由此,对穷人的援助成为临时性的,有关食物、儿童营养的补充福利计划资金也被削减。决策者认为穷人宁愿依赖救济也不要工作,而事实上很少有人完全依赖福利而不工作,"很多人认为政府资金和服务大多给了穷人,但事实上大部分政府补贴都给了非穷人"[③]。在美国,穷人没有得到任何特殊待遇,而责怪穷人的理论、文化却影响广泛。联邦政府要消除贫困就必须认识到贫困的全国性问题,并制订三类扶贫计划:失业者或收入低下者需要足够的培训、有保障的工作、能满足基本生活需求的最低收入;残疾人需要政府补助;贫困儿童需要教育和发展机会。[④] 通过工作或培训进行社会救助是英美社会救助制度发展的一个重要趋向,其制度理念是针对工作与福利关系形成的,其社会背景是刻板印象下的族群认识。

日本的社会救助是在明治维新之后逐渐建立的,并在第二次世界大战后在美国的推动下形成了现在的社会救助体系。日本先后颁布《生活保护法》《儿童福利法》《残疾人福利法》《精神病患者福利法》《老年福利法》《母子福利法》,构成了日本公共扶助的"福利六法"体系。截至2013年10月底,日本共计有216.4万民众领取社会救助金,其中45%为老年人[⑤],养老金不

---

① 刘苏荣:《战后英国社会救助制度研究》,云南大学2011年硕士学位论文。

② 冯英、聂文倩编著:《外国的社会救助》,中国社会出版社2008年版,第52–53页。

③ [美]斯坦利·艾岑、玛克辛·巴卡·金、凯利、艾岑·史密斯:《美国社会问题》,郑丽菁、朱毅译,电子工业出版社2016年版,第199页。

④ [美]斯坦利·艾岑、玛克辛·巴卡·金、凯利、艾岑·史密斯:《美国社会问题》,郑丽菁、朱毅译,电子工业出版社2016年版,第217–219页。

⑤ 王端:《日本领取社会救助金人数达到历史最高值》,载网易新闻 http://money.163.com/14/0109/17/9I5OSC3O00254TI5.html,访问日期:2018年12月20日。

足以维持生活的老年人家庭在增加。日本社会救助法的问题与英美有明显的差异，主要是人口老龄化与经济形势、就业形势的互相叠加所造成的社会救助给付压力问题。

三、我国社会救助的沿革与现状

我国历史上不乏有关社会救助的记载，在灾害救助方面有食物与货币救助、放贷性救助、以工代赈、减免性救助、医疗救助等，这些救助形式构成了政府救助的主要部分，也有针对不同贫弱者群体的社会救助。① 但是，现代意义上的社会救助制度却是在西方制度的影响下出现的。民国政府在 1915 年仿照英国的《伊丽莎白济贫法》颁布了《游民习艺所章程》，1928 年颁布《管理各地方私立慈善机构规则》，1929 年颁布《监督慈善团体法》，1930 年推行救灾准备金制度。这些做法具有明显的法制化倾向。1943 年颁布的《社会救济法》以及之后的一系列配套规定逐渐形成了一套民国时期的济贫法律法规体系。② 民国时期的社会救济立法象征着中国社会救助制度由传统向近代法治化转型的萌芽。③ 有学者认为，《社会救济法》改写了我国历史上靠命令等弹性制度予以救济的历史，通过工赈、金融救济和对难民的组训等方法改变了以往"授人以鱼"的纯粹救济方式，更多地倾向于"授人以渔"，凸显了"教养结合，以教为主"的思想。④ 而这恰是西方济贫法根深蒂固的思想。

中华人民共和国成立初期，社会救助是稳定社会、恢复生产的重要政策内容。在 1949 年 10 月到 1950 年 11 月间，中共中央、政务院发布了《关于生产救灾的指示》《中共中央关于举行全国救济失业工人运动和筹措救济失业工人基金办法的指示》《中共中央关于上海失业工人临时救济的指示》《中共中央关于临时救济失业工人问题给中南局并各中央局的指示》《中共中央关于救济失业工人的指示》《政务院关于救济失业工人的指示》《中共中央关于失业救济问题的总结及指示》。⑤ 社会救助的主要形式是以工代赈、临时性生产自救等针对失业人员的救助。此外，针对妓女、烟民、乞丐等旧社会弱势群体的改造和救助是特殊时期社会救助的内容。在社会主义改造完成后，计划经济时代的社会保障是以就业为核心的单位保障，社会救助主要针对孤老残幼病、精简退职老职工、麻风病人以及其他城乡贫困户，救助形式主要是临时救助。在农村则形成了由农村集体负责救助的"五保"供养，即对无法定扶养人、无劳动能力、无可靠生活来源的老年人、残疾人和孤儿进行的"保吃、保穿、保住、保医、保葬(保教)"的"五保"制度。⑥ 总之，中华人民共和国成立初期以及其后形成的与计划经济相适应的社会救助是以恢复工作和就业为主的社会救助，而对固定对象的定期定量的救助则是辅助性的。"每年城镇固定的救济对象有 60 万人左右。几十年来，社会救助工作的开展，为保障社会弱者的基本生活权益、促进社会的稳定发挥了积极作用。"⑦ 这样的救助规模与现今的社会救助规模是不可相比的。

---

① 林莉红、孔繁华:《社会救助法研究》，法律出版社 2008 年版，第 160–163 页。
② 林莉红、孔繁华:《社会救助法研究》，法律出版社 2008 年版，第 168 页。
③ 蒋悟真、詹国旗:《社会救助立法的近代转型及其启示》，载《江西财经大学学报》2012 年第 6 期。
④ 张益刚:《民国社会救济法律制度研究》，华东政法大学 2007 年硕士学位论文。
⑤ 林莉红、孔繁华:《社会救助法研究》，法律出版社 2008 年版，第 169 页。
⑥ 林莉红、孔繁华:《社会救助法研究》，法律出版社 2008 年版，第 173 页。
⑦ 全国干部培训教材编审指导委员会组织编写:《社会保障制度建设》，人民出版社、党建读物出版社 2006 年版，第 307 页。

改革开放后，根据民政工作会议建立最低生活保障线制度的精神，地方政府开始摸索城镇居民最低生活保障线制度。“上海、厦门、福州、青岛等城市率先制定和实施了城镇居民最低生活保障线，为各地制定和实施最低生活保障线摸索了经验。”民政部官员指出，“建立最低生活保障线制度是适应社会主义市场经济发展的需要，是加强社会保障的重要措施，也是社会救济工作规范化、法制化的必由之路”[①]。此后，1997 年，国务院发布《国务院关于在全国建立城市居民最低生活保障制度的通知》；1999 年，国务院颁布《城市居民最低生活保障条例》；2007 年，国务院发布《关于在全国建立农村最低生活保障制度的通知》；2012 年，国务院发布《关于进一步加强和改进最低生活保障工作的意见》；2016 年，国务院办公厅转发民政部等部门的《关于做好农村最低生活保障制度与扶贫开发政策有效衔接指导意见的通知》。最低生活保障制度已经成为覆盖城乡、保障基本生活的重要社会救助制度。

伴随着最低生活保障制度（以下简称“低保制度”）的日趋完善，社会救助的内容也日益丰富，社会救助制度也不断得到完善。2003 年，国务院颁布《城市生活无着的流浪乞讨人员救助管理办法》；2003 年，国务院颁布《法律援助条例》；2006 年，国务院修订并实施《农村五保供养工作条例》；2010 年，印发《国务院办公厅关于加强孤儿保障工作的意见》；2010 年，国务院颁布《自然灾害救助条例》；等等。此外，民政部发布了落实社会救助制度的诸多规范性文件。

2012 年国务院《关于社会救助工作情况的报告》认为，社会救助初步实现了救助范围覆盖城乡、制度框架基本建立、操作程序科学规范、困难群众应保尽保的目标。具体而言，最低生活保障制度覆盖城乡，困难群众应保尽保；农村五保供养制度顺利转型，供养对象衣食无虞；孤儿保障制度全面建立，城市“三无”各有保障；自然灾害救助机制不断健全，灾民安置及时稳妥；流浪未成年人保护政策日益完备，流浪乞讨人员救助逐步加强；医疗救助快速发展，困难群众医疗负担有所减轻；临时救助稳步推进，救急救难作用初步显现。2013 年，国务院建立全国社会救助部际联席会议制度。2014 年国务院发布《社会救助暂行办法》。《社会救助暂行办法》虽然立法层次不高，但是作为国务院的行政法规仍为社会救助提供了制度框架和法律依据。

第三节 基本生活保障

基本生活保障是社会救助法律化、常态化、权利化的重要体现。基本生活保障分为日常生活救助和特别生活救助。日常生活救助主要是针对贫困者衣食生活水平的救助，特别生活救助则主要是针对贫困者在医疗、教育、住房、就业等方面面临特别支出时的救助。两者并无实质区别，主要是出于基本生活保障制度发展中保护内容的轻重缓急之考量。

一、基本生活保障的法律特征

著述中描述社会救助的法律特征的侧重点有所不同。有强调其目的、定位和定性的，例如，有人认为社会救助的特征包括三个：社会救助的目的在于维护公民的基本生存权、社会救助权

① 张杰：《关于建立最低生活保障线制度的探索》，载《社会工作研究》1994 年第 6 期。

利义务具有单向性、社会救助具有保底性。[①] 有强调社会救助的行为特征的，例如，日本与我国台湾地区法学著述对社会救助的特征描述更侧重于社会救助行为意义上的特征。社会救助制度意义上的特征可以纳入社会救助的原理与原则，而其行为意义上的特征则更多是针对基本生活保障的法律特征而言的。此时，所谓基本生活保障的法律特征，即基本生活保障的申领要件，构成了基本生活保障的基本法理。

（一）须由贫困者申请

社会救助以贫困者申请为给付前提。尽管国家有义务发展社会救助事业，并有义务让属于潜在申请者的贫困者知晓社会救助项目及其申请事宜，但是社会救助之给付并非主动给付。与此不同，具有慈善性质的民间救济、具有福利性质的普惠给付等往往不以申请为要件。以贫困者申请为前提有利于维护贫困者的尊严、尊重贫困者的选择，但以申请为要件也应该积极履行政府的告知义务以避免贫困者权利落空，并消除社会救助以缴费或对价为要件的印象。此外，社会救助应该与不以缴费为要件的养老金（包括老年养老金和无劳动能力残疾人的年金）制度配合发展，才能强调以贫困者申请为要件的社会救助，否则在积极的精准扶贫政策下，仍然应当强调政府对贫困者的主动识别。

（二）须对是否贫困进行审查

社会救助旨在保障贫困者获得帮助的权利，是一种扶贫济困行为。在制度设计上，社会救助坚持托底线、救急难、可持续，与其他社会保障制度相衔接，社会救助水平与经济社会发展水平相适应。在社会救助之实施上，社会救助机构对贫困的审查与认定有实质审查和形式审查之分。无论何种审查，社会救助均须调查申请者的资产状况。在对贫困状况进行调查的时候，应该注意适当保护申请者的隐私。

（三）须为扶贫济困行为

社会救助给付是扶贫济困行为，这与社会救助的审查标准是相辅相成的。社会救助是一种有限度的帮助，遵循补充性原则。不能以纯粹的贫困线下补足给付来认知社会救助的制度设计，而应该在整个社会保障体系中理解社会救助的补充性地位。但是，随着社会救助目的的多元与制度的发展，对于社会救助在法律上的经济补足性也应有所反思，尤其在社会保险制度不完善的情况下，社会救助承担的社会功能会有所扩展。社会救助不问贫困的原因，但注重救济的效果。“精准扶贫”是扶贫济困行为中的新理念。如果社会救助没有精准扶贫的理念，那么社会救助就会成为一种纯粹的经济给付而缺乏扶贫济困的意义。因此，社会救助在实施过程中会有跟踪评估制度，并实行动态的资格审查。

（四）须为政府财政支付或负担

社会救助以政府财政支付为主，也有间接性财政负担。前者如最低生活保障给付，后者如

---

① 《劳动与社会保障法学》编写组：《劳动与社会保障法学》，高等教育出版社 2017 年版，第 357 页。

司法救助中的诉讼费用减免。虽然社会救助实践中提倡社会力量参与社会救助,社会力量在减少贫困方面可以发挥很大的作用,但是非以政府财政支付为内容的社会救助有可能属于民间救助,属于慈善行为。政府通过委托、承包、采购等方式向社会力量购买的服务属于间接的政府财政支付,属于社会救助。因此,社会救助属于公的扶助,强调其资金来源于税收,既不来源于缴费,也不来源于善款。

二、日常生活救助

(一) 最低生活保障制度与我国日常生活救助法制的发展

基于生活水平保障的社会救助主要是日常生活救助,在我国的制度形式主要是最低生活保障。自 1999 年《城市居民最低生活保障条例》以下简称《低保条例》颁布实施以来,我国的城市居民最低生活保障(以下简称"低保")制度已经成为我国社会救助领域中极为重要、极为基础的制度,也是立法层次最高的社会救助法律制度。建立城市低保制度的实践可追溯到 1993 年的上海,之后经过民政部的大力推广,城市低保制度写入"九五"计划,并以国务院通知的形式以 1999 年为截止日期要求普及城市低保制度。[①] 得益于民政部之业务执掌,城市低保工作长期贯彻着"应保尽保"的政策。随着城市低保工作的进展和制度的演变,有关城市低保的研究呈现出从浅到深、从谋划到技术、从问题到对策、从描述到解析的研究趋势,且如此之研究渐成气候,并在社会学、经济学视角下出现了不同的声音。其中,在低保效果或待遇水平的认识上,有观点认为我国的低保制度实施中出现了养懒汉的现象[②]。相反的观点认为我国的低保标准比较低,尚不足以养懒汉,进而有观点认为我国低保待遇的附加值远远大于低保待遇本身,进而有关于低保对象的医疗、住房等方面救助的摸索。在低保给付过程中,尽管对其存在的问题有着共同的认识,如存在人情保、随意保、骗保等问题[③],但是原因分析与对策建议显得分散与模糊,规范的法学研究比较少,有关《低保条例》的规范分析尚未展开。

《低保条例》第 1 条明示该条例定位于规范城市居民最低生活保障制度,保障城市居民基本生活。而事实上,《低保条例》的实践是在特定的背景下展开的,与立法第 1 条有着较大的差异。

首先,《低保条例》是企业改革分流催生的,定位于收入保障。在 20 世纪 90 年代,"在短短几年中,就在城市中迅速形成了以失业人员、下岗职工、停产半停产企业的职工和一部分被拖欠养老金的退休人员以及他们的赡养人口为主体的城市贫困群体"[④]。低保制度的建立正是为了救助城市新生而又数量可观的贫困群体,也无怪乎之后有学者分析城市低保对象时会发现有劳动能力者所占比例甚高。因此,低保制度的出发点是应急性的,即为解除企业改革分流出来的人员及其家庭的生活问题,具有补贴收入的性质。如从《重庆市城市居民最低生活保障

---

① 许琳主编:《社会保障学》,清华大学出版社、北京交通大学出版社 2005 年版,第 193-194 页。

② 章彬、高向东:《城市低保与就业问题的经济分析》,载《江淮论坛》2007 年第 3 期。

③ 杨山鸽:《试论北京市低保资格审核的规范化》,载《北京社会科学》2011 年第 3 期。

④ 王海燕、修宏方、唐钧:《中国城乡最低生活保障制度:回顾与评析》,载《哈尔滨工业大学学报(社会科学版)》2011 年第 2 期。

暂行办法》的规定来看,低保覆盖了企业执行最低工资标准,银行贷款、财政贴息、部门及企业自筹一部分生活费的困难企业职工生活费发放,社会保险机构发放离退休金、失业保险金,以及原有的城市"三无"人员救济等内容。当该项应急措施逐渐稳定下来后,有些内容便独立为其他制度,如最低工资制度、养老保险过渡制度、失业保险制度等,而维持既定标准线的收入补贴则同原有的针对"三无"人员的救济被整合为城市低保制度,并保留了这一政策的最大特色,即收入保障(维持)。就此而言,低保制度是为有劳动能力的人设计的一项制度,这不仅使得低保制度与促进低保对象就业联系在一起,而且使得低保制度在设计上仅仅考虑低保对象的收入水平。从法律规范来分析,新闻报道中开宝马车领低保者可能恰恰是没有任何收入的无业者。

其次,《低保条例》是由行政部门执掌推进的,定位为民政工作。民政部从地方经验中发现了低保的制度价值和政策意义,并大力推动了《低保条例》的出台和落实。而且民政部门并没有拘泥于《低保条例》,而是在城市低保制度的基础上发展了分类救助、专项救助等《低保条例》中没有的内容。从民政部门的视角来看,低保制度已经被拓展为社会救助制度。因此,当下的《低保条例》定位于民政工作,并有如下倾向:其一,不太区分低保制度与社会救助制度,理论研究中也笼统地关注低保及相关事项,如与廉租房制度联系在一起。其二,研究城市低保制度却忽视《低保条例》,极少有关于《低保条例》的规范分析,传统的法规范分析在低保制度研究中备受冷落。依托《低保条例》的文本解释并不能满足民政工作的需要,民政部门没有动力去更改低保制度的基础性设计,而是致力于社会救助体系的构建与拓展。其三,最初的低保制度没有在较高的法治环境中实施,其后的多种社会救助制度与低保制度互相作用,使得低保制度呈现较强的政策性、较弱的法制性。

在如此定位下,《低保条例》旨在保障的最低生活产生了异化。随着国企改革的顺利进行与社会结构的急剧转型,低保制度从原来的"将有限的资金用到最需要的人身上"[①]逐步异化为"过低的标准、过度的适用"。把保障基本生活转化为补贴底线收入,看似具有简化操作的优势,但在法理上却不妥。一方面,过低的保障线会弱化生活保障的效用,最终会使真正需要低保者的生活难以得到保障;另一方面,以收入为参照系则意味着就业或劳动收入并不能满足生活所需,这不符合现代人权的基本观念。

那么该如何定位我国的低保制度呢?大致有两种选择:一种是缩小低保制度的社会功能和适用范围,将低保制度定位为真正的最后安全阀;另一种是扩大低保制度的社会功能和适用范围,将低保制度发展为分享经济成果的福利机制。就前种立法例而言,日本的生活保护法即规定生活保护以生活贫困者活用自己可以利用的资产、能力或其他为要件,且民法上的抚养义务及其他法律规定的扶助优先于生活保护,且在实践中理解极为严格。[②]就后种立法例而言,法国的家庭给付作为所有由家庭补贴发放的给付,不仅不断增加并多样化,而且公共权力没有

---

① 中国城市居民最低生活保障政策研究课题组:《中国城市低保政策评析——以辽宁省的个案研究为例》,载《东岳论丛》2005年第5期。

② 邹文星:《日本生活保护法第4条对修改中国〈城市居民最低生活保障条例〉的启示——对加藤案件和中鸠案件的探讨》,载《环球法律评论》2005年第5期。

能够确定一个内在一致的家庭政策的中枢。[①] 给付多样化往往会导致定位上的模糊,法国的家庭给付与我国的低保给付在这一点上甚为相似。我国的低保制度的抽象定位是前种,是狭窄的小低保;具体操作是后种,是放宽的大低保。从与《低保条例》的立法宗旨保持一致的角度出发,应该缩小低保制度的社会功能和适用范围,明确保障最低限度生活的目标以及其在社会救助体系中的补充地位。

(二)日常生活救助给付的基本范畴

日常生活救助是对贫困者衣食生活的社会救助。其目的主要是为贫困者提供一定的社会生活水准。其给付手段主要是金钱给付,也常见食物或实物券给付。日常生活救助给付是无对价给付,不以缴费为前提。在我国,日常生活救助给付又称为低保待遇。《低保条例》第2条第1款规定:"持有非农业户口的城市居民,凡共同生活的家庭成员人均收入低于当地城市居民最低生活保障标准的,均有从当地人民政府获得基本生活物质帮助的权利。"此规定正是对日常生活救助给付原理的规范描述。其基本范畴是申领人、家庭经济状况、低保标准。以下以低保待遇的现行制度为基础介绍日常生活救助的基本原理。

1. 申领人的内涵

低保待遇的申领人在《低保条例》中仅限于持有非农业户口的城市居民。但是无论从制度发展还是从制度原理来看,低保待遇的申领人是自然人居民,不应区分城乡居民,也不限于本国国民。本国国民不在国内居住者,则意味着其日常生活并不在特定的行政辖区内,则为社会救助行政给付所不及。外国人在本国获得日常生活之居住地时也应享有申领低保待遇之资格。日本法上通过判例确认了一定范围内外国人的申领资格。[②] 日常生活救助的申领人资格基础是行政辖区内合法居住,其法理基础是对人权的平等保护。

低保待遇的申领人限定为贫困人员。在传统的社会救济观念中,低保一定是"最低"的,仅限于无生活来源、无劳动能力的社会孤老残幼,这部分人数量有限且相对固定,并逐步形成特困人员供养或五保供养的保障对象。低保待遇的申领人则是家庭人均收入低于当地保障标准的居民,这使得低保的观念发生了稍微的变化,即低保实质为收入保障、生活保障,故而会将部分收入微薄的群体纳入低保待遇申领人的范围。

低保待遇的申领人为个人,但是低保标准是根据家庭人均收入确定的。因此,低保实质上为家庭生活保障。低保以家庭共同生活为基本假设,其制度设计与婚姻家庭的财产制度密切联系在一起。从制度理性上讲,低保待遇的申领人应该是家庭,低保制度应是一种家庭补贴计划。因此,低保不仅不以无劳动能力、无就业为条件,而且其制度假设是有家庭收入的。目前,低保并不明确为家庭收入保障计划,若强调对贫困人员最低生活的保障,结果会出现家庭收入与贫困人员之间的错位,如家庭无收入者却可能有很好的积蓄或财产。因此,《社会救助暂行办法》规定,"国家对共同生活的家庭成员人均收入低于当地最低生活保障标准,且符合当地最低生活保障家庭财产状况规定的家庭,给予最低生活保障"。这一规定有两点值得肯定:其一,将低保的给付条件从单纯的当地低保标准修改为两个条件限制:共同生活的家庭成员人均

① [法]让-雅克·迪贝卢、爱克扎维尔·普列多:《社会保障法》,蒋将元译,法律出版社2002年版,第120-121页。

② [日]菊池馨实:《社会保障法》,有斐阁2000年版,第209页。

收入低于当地低保标准，以及符合当地低保家庭财产状况规定；其二，在定义上明确低保待遇的给付对象是家庭，而非个人。

共同生活者对日常生活救助而言则必然为一个整体。任何制度均不可能割裂共同生活者之间的财产联系，识别共同生活的家庭成员的范围便成为界定申领人的重要议题。法律上的家庭包括基于婚姻法的家庭和基于继承法的家庭。一般基于婚姻法的家庭仅包括夫妻以及子女，但是基于继承法的家庭范围要大于狭义的家庭。低保制度中的家庭成员范围则相对狭窄。低保以保障人的生活为目的，共同生活成为定义家庭的根本要义。因此，在逻辑上，这里的家庭出发点不是血缘的，而是生活的。在实践中，认定家庭成员的重要依据是户籍管理中的户。民政部印发的《最低生活保障审核审批办法（试行）》列举了共同生活的家庭成员的范围。地方政府在实施低保制度时会对共同生活的家庭成员的范围进行列举。例如，《北京市城乡居民最低生活保障审核审批办法（试行）》即对共同生活的家庭成员进行了一一列举。根据该办法规定，共同生活的家庭成员包括：(1) 配偶；(2) 父母和未成年子女；(3) 父母和已成年的未婚子女，包括在校接受全日制学历教育的成年子女；(4) 父母双亡且由祖父母或者外祖父母作为监护人的未成年或者已成年但不能独立生活的孙子女或者外孙子女；(5) 其他具有法定赡养、抚养、扶养义务关系并长期共同居住的人员。不计入共同生活的家庭成员包括：(1) 在部队服现役的义务兵；(2) 连续 3 年以上（含 3 年）脱离家庭独立生活的宗教教职人员；(3) 在看守所羁押和在监狱内服刑的人员；(4) 民政部门根据相关原则和有关程序认定的其他人员。

2. 家庭经济状况的界定

家庭经济状况是社会救助制度中行政部门审查的重点，也是社会救助制度与社会保险、社会优抚与福利制度的一个重要区别。家庭经济状况包括申请人及其家庭成员拥有的全部可支配收入和家庭财产。《最低生活保障审核审批办法（试行）》对家庭经济状况中的家庭可支配收入和家庭财产进行了列举。

家庭可支配收入是指扣除缴纳的个人所得税及个人按规定缴纳的社会保障性支出后的收入，主要包括工资性收入、家庭经营净纯收入、财产性收入、转移性收入等。其中，工资性收入指因任职或者受雇而取得的工资、薪金、奖金、劳动分红、津贴、补贴以及与任职或者受雇有关的其他所得等。家庭经营净（纯）收入指从事生产、经营及有偿服务活动所得，包括从事种植、养殖、采集及加工等农林牧渔业的生产收入，从事工业、建筑业、手工业、交通运输业、批发和零售贸易业、餐饮业、文教卫生业和社会服务业等经营及有偿服务活动的收入等。财产性收入包括动产收入和不动产收入。动产收入是指出让无形资产、特许权等收入，储蓄存款利息、有价证券红利、储蓄性保险投资以及其他股息和红利等收入，以及集体财产收入分红和其他动产收入等。不动产收入是指转租承包土地经营权、出租或者出让房产以及其他不动产收入等。转移性收入指国家、单位、社会团体对居民家庭的各种转移支付和居民家庭间的收入转移，包括赡养费、扶养费、抚养费，离退休金、失业保险金，以及社会救济金、遗属补助金、赔偿收入，接受遗产收入、接受捐赠（赠送）收入等。

家庭财产主要包括银行存款和有价证券，机动车辆（残疾人功能性补偿代步机动车辆除外）、船舶，房屋，以及债权等。

只有家庭可支配收入和家庭财产状况均低于规定的认定标准时，申请人的家庭经济状况才符合申领要求。家庭经济状况是变动的，也是不确定的。家庭经济状况的认定标准应尽量详细,但若过于详细也可能导致与常识判断产生差异,这意味着家庭经济状况之认定应有抽象条款兜底才更加合理。以小型汽车为例,虽然某个家庭有小型汽车,但若小型汽车本身残值较低且是家庭谋生的重要工具,该家庭仍可能处于非常贫困的状态。因此,若以拥有小型汽车作为排除条件,则应对小型汽车的性质进行认定,只有该小型汽车具有高档消费品的性质时才可作为排除条件。从实践的角度看,刚性标准简单易操作,对申领家庭也会起到指引作用,故地方政府多对家庭经济状况有尽量详细的列举。

低保家庭收入状况、财产状况的认定办法,由省、自治区、直辖市或者设区的市级人民政府按照国家有关规定制定。以北京市为例,根据《北京市社会救助家庭经济状况认定指导意见(试行)》,对家庭经济状况的认定有以下四个方面的标准或要求:

第一,家庭收入认定标准。即家庭月收入应低于低保标准。

第二,家庭财产认定标准。即家庭拥有应急之用的货币财产总额,人均应不超过 24 个月城市低保标准之和。应急之用的货币财产总额包括现金、存款、有价证券等,商业保险,公司、企业等个人名下注册资金等,以及当地区县民政部门规定的需要记入认定范围的其他货币财产。

第三,家庭财产存在以下情况之一的,则不符合条件:(1)家庭成员名下拥有机动车辆,包括大型汽车、小型汽车、普通摩托车(不含残疾人专用摩托车);(2)家庭成员名下承租的公有住房和拥有的私有住房总计达到两套及以上(房屋累计建筑面积低于 50 平方米或人均使用面积低于 10 平方米的除外);(3)有其他非生活必需的高档消费品。

第四,家庭经济状况认定核对时段要求。民政部门应对申请人家庭自申请当月起的前 12 个月的家庭经济状况进行核对,核对期内的家庭收入平均分摊到月计算。对新申请的家庭,自申请之日起,在审批过程中任一时点核对出的家庭成员名下的现金、存款以及有价证券等,均认定为其家庭财产。对已享受待遇的家庭,在任一时点核对出的家庭成员名下的现金、存款及有价证券等,均认定为其家庭财产。

3. 低保标准

低保标准,也可称为低保线,是对最低生活水平的量化。一般而言,社会生活中存在一个大致的最低生活水平所需的认知,如收入多少可以维持当地最低生活水平的支出等。如果将大致的认知转化为刚性的最低生活水平线,就需要用科学、统一的方法和程序赋予特定的收入线以权威,并将其作为最低生活保障待遇给付的参照系。行政部门将按照共同生活的家庭成员人均收入低于当地低保标准的差额,按月发给低保金。

在原理上,低保标准具有以下特质:其一,具有统计意义上的科学性,即按照当地一定生活的支出项目进行统计分析后得出一个精确的物价数,将其作为低保标准。例如,北京市从 2013 年到 2017 年的低保标准分别为每月 580 元、650 元、710 元、800 元、900 元。这个数是确定的,是经过调查和统计测算出的。其二,体现常识意义上的人性尊严,即低保标准的确定前提与过程均受到模糊因素的影响,其本质上应与常识一致,并体现人之尊严。一般来说,经济水平越高,公民权利越受尊重,体面生活越会成为生活保障的标准,体面生活的水准也会随之得到提升。其三,具有法律的权威性和适用性,即由授权的政府部门颁布的低保标准具有法规范性,且在相应的行政管辖范围内具有普遍的适用性。

根据《社会救助暂行办法》的规定,低保标准由省、自治区、直辖市或者设区的市级人民政府按照当地居民生活必需的费用确定、公布，并根据当地经济社会发展水平和物价变动情况适时调整。低保标准由民政部门会同财政、统计、物价等部门制定，其中的当地居民生活必需主要是指衣食住费用，并适当考虑水电气费用以及未成年人的义务教育费用。制定低保标准的依据一般包括：(1) 维持居民的最低生活需求所需要的物品的种类和数量；(2) 生活必需品所需要的费用；(3) 市场综合物价指数，尤其是生活必需品的价格指数；(4) 居民的平均实际收入和消费水平；(5) 经济发展状况和财政收入状况；(6) 其他社会保障标准。

（三）日常生活救助金的申领程序

1. 申请

在低保行政实务中，符合申领低保的权利人首先提出申请，在经过主管行政机关审查批准后，方可申领低保待遇。此时，低保待遇的申领人被行政机关称为低保对象。

申请享受城市低保待遇，由户主向户籍所在地的街道办事处或镇人民政府提出书面申请，并出具有关证明，填写《城市居民最低生活保障待遇审批表》。由于居民委员会（简称“居委会”）是群众的自治组织，它不能代表政府接受保障对象的申请，因此由户主向户籍所在地的街道办事处或镇人民政府提出书面申请。但在实际工作中，由于居委会直接和居民打交道，比较熟悉和了解居民的生活状况，因此申请人也可以通过居委会向街道或者镇人民政府提出低保金的申请。同时，居委会受街道办事处或镇人民政府的委托，可以承担具体的事务性、服务性工作。申请人填写的《城市居民最低生活保障待遇审批表》主要包括：“家庭成员”“居住地”“身份”“工资收入”“其他各类收入”“家庭人均收入”以及“居委会意见”“街道办事处意见”“民政局意见”等内容。

人户分离和户口不在同一地点的困难家庭在申请低保金时会涉及管辖问题。在学理上，在实际居住地申领较为公平。但是，从实践来看，在户籍所在地申领则更为有序。因此，对于人户分离的困难家庭，按照属地管理的原则，应在户籍所在地提出申请，申请人户口所在地与实际居住地的街道办事处或镇人民政府应加强联系和沟通，共同做好申请低保待遇家庭有关情况的核实工作。申请人居住地的街道办事处或镇人民政府要协助做好调查取证工作，并将有关证明提供给申请人户口所在地的街道办事处或镇人民政府。共同生活的家庭成员户口不在同一地点的，只能由其中一人提出申请，其他成员应提供由其户口所在地街道办事处或镇人民政府出具的有关证明。

2. 调查、审核与变更

居委会受街道办事处或镇人民政府的委托，在接到城市低保待遇申请书后，首先要查看申请人填写的表格内容是否清楚，有关的材料是否齐全，是否具备申请低保金的资格等。居委会还要根据申请人所填写的内容及有关情况进行初步审查，对认为符合享受城市低保待遇的，在申请人的申请表上签署意见，并将申请表和有关证明材料上报街道办事处或镇人民政府做进一步的调查和审核；对不符合享受城市低保待遇的，应耐心解释，并建议申请人退回申请。申请人如不同意居委会意见，可以直接向街道办事处或镇人民政府提出申请。街道办事处或镇人民政府按规定严格核实申请享受低保待遇家庭的收入情况和困难程度并取证后，签署审核意见，对符合条件的报送所在县（市、区）民政局审批；对不符合条件的，退回其申请并说明理由。街道办事处或镇人民政府一般应在收到申请之日起 20 天内，签署审核意见。县（市、区）民政局接到已签署街道办事处或镇人民政府审核意见的保障对象申请书后,对符合条件的申请人予以审批,审批时限一般不超过 10 天。获得批准的,通过街道办事处或镇人民政府发给保障对象城市低保金领取证。不予批准的,应当书面通知申请人,并说明理由。审批后,县(市、区)民政局要按时将汇总的保障对象名单报上一级民政部门备案。

城市低保制度实行动态管理。县(区、市)民政局、街道办事处、镇人民政府或居委会要定期对领取低保金家庭的收入变动情况和实际生活水平进行调查和审核。贫困家庭收入发生变化时,其享受的低保金需进行相应调整。因此,领取低保金的困难居民,当家庭成员、收入等情况发生变化时,应主动到申领机关办理调整或停发城镇居民最低生活保障金手续。领取低保金的家庭应当如实反映其收入的变化,接受街道办事处、镇政府或居委会的核查。停发对象须填写《城市居民最低生活保障金停发表》,通过居委会交户口所在地街道办事处或镇人民政府,并退回《领取证》;需要调整低保金额的保障对象应重新填写《申请表》,再次申报审批。保障对象因户籍迁移或行政区域变更发生变动的,应及时到迁出和迁入地申领机关办理低保有关变更手续。一般转移范围在本县(市、区)范围的,由街道办事处或镇人民政府办理转移手续,并报县(市、区)民政局备案,跨区、县的,由区、县民政局办理转移手续。

三、特别生活救助

(一) 特别生活救助的种类

日常生活救助以假设的基本生活保障标准为生活水平线,通过金钱给付满足申领人一般的生活开支需求。在申领人生活出现大的支出需求时,则辅之以特别生活救助以满足申领人在医疗、教育、住房、就业等方面的生活开支。特别生活救助也称为专项社会救助,具有非常态性、不确定性、复杂性。对申请者个体而言,特别生活救助具有非常态性,其一般在生活发生特殊困难的情况下根据具体需求申请救助,相应的社会救助也根据具体需要而专项化,如医疗救助、教育救助、住房救助、就业救助等。特别生活救助的制定与实施具有政策性,其救助的条件、内容、水平具有很大的不确定性,这是我国特别生活救助法制化程度低的表现。从特别生活救助与其他制度的关系来看,特别生活救助给付往往与其他给付具有竞合关系,因此特别生活救助的制度设计并不像日常生活救助那样简单,其给付原理比较复杂。

医疗救助是特别生活救助中针对医疗支出的辅助性、补贴性社会救助。在医疗责任个人化、医疗保障机制多元化的背景下,医疗救助是最后的补贴性给付。医疗救助给付是在基本医疗保险、大病保险以及其他补充医疗保险支付后,根据个人及其家庭的经济状况而对个人支付部分的补贴。其定位于其他社会保障的补充、个人责任的辅助。从比较法的角度来看,医疗保障属于基本人权的范畴,医疗服务具有明显的公共服务性,相应的医疗责任也以免费医疗、国家和社会责任为追求。

教育救助同样以有限的国家责任为前提,不仅没有免费教育之观念,义务教育也限于特定的年龄段和特定的给付内容。因此,针对贫困者的教育救助也成为亟待系统化、法制化的特别生活救助事项。目前,不同教育阶段的救助范围和救助逻辑有很大不同。在义务教育阶段,一些具有救助意义的给付表现为福利给付,如地方政府推行的课间营养餐;在非义务教育阶段,救助的形式则比较多元，如学费减免、助学贷款、助学金、生活补助、勤工助学等。在教育不是普惠福利的情况下，针对穷人的教育救助必然是低水平的、零碎的。其不能形成如日常生活救助那样常态给付的标准化教育救助的原因，可能在于我国对教育的认识。倘若认为高等教育属于一种“奢侈”教育，认为系统的教育救助对中产带来不公，那么教育救助的制度供给将日益形式化。

住房救助作为专项救助，在逻辑上应发生于日常生活救助之前，因为没有住房就意味着流浪，意味着相应的日常生活救助无从实施。但是，在福利国家，住房救助属于住房保障的范畴，其强调的住房权（the right to housing）是指适足住房的权利，是有尊严地生活的权利。在我国住房政策不断改革的过程中，福利住房政策向商品房过渡，其间体现住房保障与救助的经济适用房、限价房、公共租赁住房、住房租赁补贴、农村危房改造等均没有形成稳定的法制。在此意义上，住房救助异化为反向不公，真正的住房救助应该并入日常生活救助，并表现为贫困者的房租支出。

就业救助是特别生活救助，更应该是活用劳动力、减少直接生活水平保护性给付的重要替代。特别是在科技发展、养老年金化的背景下①，非常有必要强调就业救助的溢出价值，否则一旦出现日常生活救助的过度发展和福利化，势必出现负效应。然而，就业救助又面临着政府过度作为、救助理念落后等方面的批评。就业救助的现有形式主要是对低保家庭中有劳动能力并处于失业状态的成员的贷款贴息、社会保险补贴、岗位补贴、培训补贴、费用减免、公益性岗位安置等。若其不接受就业救助，则可能会消减其日常生活救助金，乃至取消申领日常生活救助金的资格。

（二）特别生活救助的外延问题

特别生活救助的外延是开放的，不仅所涉及的事项是开放的，执掌部门也是开放的。一方面，除了专项的、类型化的特别生活救助外，还有尚未类型化的特殊情况下的临时救助。临时救助属于社会救助中的兜底救助，申请人可以在不符合基本生活保障、没有专项社会救助的情况下，申请临时救助。另一方面，其他部门执掌的相对独立的特别生活救助也是存在的，特别如法律救助。

法律救助与其他社会救助的最大不同在于其主管部门与给付主体。我国的法律救助主要包括法律援助和司法救助。申请民事法律援助需要两个条件：其一，申请人是经济困难的公民；其二，申请人须基于特定类型的案件，如依法请求国家赔偿，请求给予社会保险待遇或者低保待遇，请求发放抚恤金或救济金，请求给付赡养费、抚养费、扶养费，请求支付劳动报酬，以及主张因见义勇为行为产生的民事权益等类型的案件。司法救助有两个不同的含义，代表了司法救助的两种不同方式：一种是诉讼费用的缓交、减交、免交，另一种是解决当事人生活急迫困难的救济措施。前者主要依据《最高人民法院关于对经济确有困难的当事人提供司法救助的规定》；后者主要是国家司法救助，其主要依据《关于建立完善国家司法救助制度的意见（试行）》。国家司法救助制度完善以后，在性质上属于社会补偿制度的内容，只是更体现出社会公平正

① 张兴：《技术进步、就业与养老保障》，社会科学文献出版社 2017 年版，第 171-172 页。

义、促进社会和谐稳定、维护司法的权威和公信等目标。故而,其具体之法理应在社会补偿制度中展开。

四、生活水平保障的现实问题与因应

(一) 身份平等与农民的生活水平保障

生活水平保障的法理在于人权保障,其应对所有国民给予平等的保障。一般而言,地域经济水平的差异会导致保障水平的差异。但是,基于身份的差别对待则会造成制度歧视。目前,我国基本生活保障面临的最大身份歧视是对农民的差别待遇。虽然最终要建立统一的城乡低保制度,但是目前的低保制度仍然是城乡分离的。最低生活保障的法律渊源主要是《低保条例》以及《社会救助暂行办法》第二章"最低生活保障"。由于农村特殊的经济情况和就业环境,农村的低保制度建立比较晚,在保障水平、制度实施上均有别于城市低保制度。

实践中,农民之生活水平核定因地制宜,各地做法有明显的差异。个别的东部经济发达地区,已经实现了城乡一体化,并无明显的区别对待;而广大的中西部地区,不仅保障水平低,其生活水平核定也较为困难,因而更多依靠民主评议来确定申领人。从这个角度看,生活水平保障首先应建立在普遍的较高的生活水平基础之上,否则生活水平保障就会成为个别人的过度福利。

(二) 权利保障与基本生活保障的法治化

基本生活保障给付不是恩赐,而是政府的义务,其对应着贫困者的权利。申领请求的权利化有赖于基本生活保障的法治化。在"管理"低保对象的思维下,有人提出加大对低保对象多元化收入的监控力度,加强对隐形就业的清理主动性和力度,采取严格的社区公示、旁听审批,要求低保户参加公益劳动、政策学习等。[①]诸种建议多已践行并得到了积极的评价。然而,这对符合低保资格者却构成了守法负担,申领低保不得不承受巨大的被管压力和舆论压力,其理念之陈旧令人担忧。在这个过程中,低保对象的隐私、名誉被忽视或侵犯,生活、自由被限制或侵害。而奇怪的是,恰恰是沿着这样的路径,延伸出低保申领者的身份化,申领者一旦拥有了低保身份,不但可以享受低保救助金,还会获得身份所赋予的其他特权,如医疗补助、教育补贴等优惠及福利。[②]

从执法者的角度来看,低保中的难题是资格认定问题。城市低保工作的现实困境主要表现在难以确定共同生活的家庭成员,收入核实困难,低保基层服务机构的力量单薄而任务繁重、经费及待遇差,进而在审核程序和信息化管理上均有待落实和完善,该等问题引发了低保领域中的贪污贿赂、渎职乃至诈骗。[③]生活水平保障给付是一种控制性或计划性执法,而不是审查性执法,执法的尺度不是由法律设定的,而是由政府设定的。当前述带有明显社会责难的

---

① 李春燕:《城市居民最低生活保障制度管理研究——以武汉市武昌区为个案》,华中科技大学2006年硕士学位论文。

② 崔凤、杜摇:《城市最低生活保障"身份化"探析》,载《江海学刊》2010年第6期。

③ 吕珈慧:《城市低保工作的现实困境及刑事法律风险研究》,载《中国民政》2011年第3期。

问题与低法治的给付行为叠加在一起时，给付不公的刻板印象被不断强化。本书认为，应明确低保制度为最后的安全阀，明确其在相关法律中的合理地位；推进低保调查与给付的专业性、法治化以及低保权益救济与争议处理的司法化，把低保问题纳入法治的框架。①

（三）基本生活保障在社会救助法中的地位

完善生活水平保障制度需要重新厘清其与社会救助法的关系。从实际情况来看，低保立法是社会救助立法的先行者，低保制度兼容相关的社会救助制度乃至社会法制度，呈现对象识别上的收敛性、保障内容上的扩张性。而随着社会立法的推进和完善，低保制度会呈现保障范围上的扩张性和保障内容上的收敛性。同时，低保实践甚至有与社会福利制度混搭的倾向，只是在社会福利立法声音孱弱的情况下，这种混搭不被注意而已，应该本着保障最低生活的思路将低保制度限制在适当的范围内。

在具体制度的设计上，一方面应当提高最低生活保障的给付水平；另一方面应当剥离专项救助、临时救助为独立的社会救助或社会福利制度，在此基础上可明确低保制度的补充性地位。当下应当尽快纠正低保制度在社会救助制度中基础性地位的思维，理顺其与相关社会法制度的关系。其一，低保给付是综合性、补充性给付，当下社会救助中的临时给付、单项给付不应当建立在低保基础上，而是独立的社会救助项目或社会福利、社会优抚制度。其二，低保是基本生活保障，应可维持基本的衣食住行，却不应当对衣食住行进行具体区分，也不宜继续保留家庭教育费用，低保的起点应当从家庭转移到个人，将以个人的生活保障为起点的制度设计与基本养老制度保持相应的衔接与区分，同时应界定“生活保障”中的“共同生活”。低保不等于将给付低成鸡肋，亦不宜成为模糊的一系列给付。低保给付的“低标准”应该是足够的基本生活救助，应该高于目前的标准，但必然低于目前基于低保资格的一系列给付的综合。理论上，诸多专项救助并非社会救助之基本目标，如医疗救助本应该是医疗保险事宜，教育救助本应该是义务教育事宜。《社会救助暂行办法》延续了社会救助的既有框架，低保对象、特困人员供养的受救助人可进一步申请医疗救助、教育救助、住房救助、就业救助，此种实践也是《社会救助法》难以出台的一个原因。

第四节　特困人员供养与无家可归者救助

一、特困人员供养

（一）特困人员供养的原理

特困人员供养是从农村“五保”供养制度发展而来的，并成为与低保制度并列的基本生活保障方式。农村“五保”供养制度是我国社会保障的重要部分。在政策的鼓励下，甚至还出现

① 李海明：《低保条例的理念与制度思考》，载《中共中央党校学报》2015 年第 1 期。

了通过“五保村”来集中供养“五保”老人的做法，其虽似一时热情，却表明“五保”供养有着深深的社会伦理基础。① 在实务中，申领人只能根据自己的情况选择申请低保待遇或者特困人员供养。特困人员供养所保障的人员是贫困者中的贫困者，供养的给付方式比较多样，主要是生活消费保障，而不是收入保障。特困人员供养在给付性质上属于基本生活保障。在基本生活保障良性运作的情况下，特困人员同样会获得与基本生活保障水平相当的日常生活救助金。在此意义上，并无区分经济困难人员与特困人员之必要。现有特困人员供养制度的存在主要是基于历史的制度延伸。

但是，从生存救助的角度来看，特困人员供养在性质上是一种综合的社会照护制度。特困人员不仅经济上极为困难，而且无所依靠，往往需要生活上的照护。所谓“供养”，一般指赡养长辈、供奉神佛。故而供养制度有着明显的“家”内制度的色彩。从我国农村“五保”供养制度的发展来看，其早先也是通过农村集体力量来帮助照顾最缺乏生产能力的弱势群体的。② 在集体供养转化为国家责任之后，特困人员供养并没有被基本生活保障制度吸纳，而是独立发展为一种特殊的社会救助制度。与基本生活保障相比，特困人员供养具有社会照护的色彩，也与社会福利制度存在一定的重叠。在此意义上，特困人员供养的性质是多元的，而不单单具有狭义之社会救助（日常生活救助）的性质。

（二）特困人员的概念

特困人员限于老年人、残疾人和未满 16 周岁的未成年人，其所针对的人群是不考虑具有劳动能力的低收入者的。根据现有规定，特困人员是指无劳动能力、无生活来源且无法定赡养、抚养、扶养义务人，或者其法定赡养、抚养、扶养义务人无赡养、抚养、扶养能力的老年人、残疾人以及未满 16 周岁的未成年人。在识别特困人员时，其需要同时满足三个条件：其一，无劳动能力；其二，无生活来源；其三，无私法上的供养人。这里的“无劳动能力”中的“劳动能力”的含义比劳动法上的“劳动能力”要宽泛，“无劳动能力”应理解为无法通过劳动来获得收入。这里的“无生活来源”不仅是指无收入来源，还包括无可供变现以维持生活的财产。这意味着特困人员供养主要是指农村的特困人员，因为农村特困人员的房产往往无变现的价值，而城市无生活来源的贫困者则可能通过房产获得生活来源。“无私法上的供养人”主要是指无家庭保障的人员，这意味着特困人员主要是鳏寡孤独者。

国务院颁布的《关于进一步健全特困人员救助供养制度的意见》（国发〔2016〕14 号）以及民政部颁布的《特困人员认定办法》（民发〔2016〕178 号）将特困人员之识别标准转化为更具有刚性的认定细则，并明确了无劳动能力、无生活来源、无私法上供养人的具体情形。

无劳动能力的情形有：(1)60 周岁以上的老年人；(2) 未满 16 周岁的未成年人；(3) 残疾等级为一、二级的智力、精神残疾人，残疾等级为一级的肢体残疾人；(4) 其他情形。

无生活来源是指收入总和低于当地最低生活保障标准，且财产符合当地特困人员财产状况规定。收入包括工资性收入、经营净收入、财产净收入、转移净收入等各类收入，不包括城乡居民基本养老保险中的基础养老金、基本医疗保险等社会保险和高龄津贴等社会福利

① 陈文庆：《社会救助伦理研究》，人民出版社 2017 年版，第 2 页。

② 宋士云：《新中国农村五保供养制度的变迁》，载《当代中国史研究》2007 年第 1 期。

补贴。

法定赡养、抚养、扶养等义务人无履行义务能力是指如下情形:(1)具备特困人员条件的;(2)60周岁以上或者重度残疾的最低生活保障对象,且财产符合当地特困人员财产状况规定的;(3)无民事行为能力、被宣告失踪或者在监狱服刑的人员,且财产符合当地特困人员财产状况规定的;(4)省、自治区、直辖市人民政府规定的其他情形。

未满16周岁的未成年人同时符合特困人员救助供养条件和孤儿认定条件的,应当纳入孤儿基本生活保障范围,不再认定为特困人员。

(三) 供养的内容

供养是综合的生活照护,具体包括提供基本生活条件、对生活不能自理的给予照料、提供疾病治疗、办理丧葬事宜。供养应当与城乡居民基本养老保险、基本医疗保障、最低生活保障、孤儿基本生活保障等制度相衔接。以北京为例,特困人员供养的内容如下:

提供基本生活条件,包括供给粮油、副食品、生活用燃料、服装、被褥等日常生活用品和零用钱。可以通过实物或者现金的方式予以保障。

对生活不能自理的给予照料,包括日常生活、住院期间的必要照料等基本服务。

提供疾病治疗,包括全额资助参加城乡居民基本医疗保险的个人缴费部分。医疗费用按照基本医疗保险、大病保险和医疗救助等医疗保障制度规定支付后仍有不足的,由救助供养经费予以支持。

对于特困人员死亡后的丧葬事宜,集中供养的由供养服务机构办理,分散供养的由乡镇人民政府(街道办事处)委托村(居)民委员会或者其亲属办理。丧葬费用从救助供养经费中支出。

对符合规定标准的住房困难的分散供养特困人员,通过配租公共租赁住房、发放住房租赁补贴、农村危房改造等方式给予住房救助。对在义务教育阶段就学的特困人员,给予教育救助;对在高中教育(含中等职业教育)、普通高等教育阶段就学的特困人员,根据实际情况给予适当教育救助。

二、无家可归者救助

(一) 无家可归者救助原理

从宪法的角度来看,流浪是迁徙的自由,这项权利可从公民、平等和人权等普遍宪法概念中解读出来。但是,新中国刚成立时,针对国民党散兵游勇、妓女和社会无业游民的收容工作开始制度化,并在20世纪80年代成为针对家住农村流入城市乞讨人员、城市居民中流浪街头乞讨人员以及其他露宿街头生活无着人员的收容、遣送制度。1982年,国务院发布《城市流浪乞讨人员收容遣送办法》。1991年,国务院发布《关于城市遣送工作改革问题的意见》。2003年,国务院发布《城市生活无着的流浪乞讨人员救助管理办法》,并废止了收容遣送制度。有关流浪的法理阐释也正是在此背景下展开的。

乞讨者,乞丐也。中国自古就是丐业发达之邦,乞丐问题的存在既是客观的历史事实,又是长期困扰中国社会的一大弊病,尤其到了近代,乞丐在秉承传统谋生方式的同时,其行乞职业化特征明显加强。[①] 但是，城市治理与乞讨自由的均衡对乞讨行为必然会进行限制。在限制乞讨行为的背景下，对乞讨者的救助与管理成为一项重要的社会救助制度。

在美国有《离家出走与无家可归青少年法案》《麦金尼—文托教育计划》和《查菲寄养照料独立计划》三部救助流浪青少年的法律。这三部法律囊括了流浪青少年基本生活照顾、教育服务以及预防性措施。[②] 从应然的角度看，特困人员供养的对象是老年人，而无家可归者救助的对象是青少年。两者均属于异常清晰的救助，难以通过简单的日常生活保障金进行救助。

（二）概念辨析：无家可归者与流浪乞讨人员

无家可归者仅仅是无家可归之人，并不应该被污名化。[③] 无家可归者应有权获得庇护之所，如不应禁止其睡在路边或桥下，此种权利的宪法努力就是不停地与治安权力相对抗。[④] 无家可归者主要是居无定所的青少年，通过隐私保护与教育救助让无家可归者接受教育，成为无家可归者救助的重要内容。[⑤] 我国制度中所使用的流浪乞讨人员的内涵与无家可归者极为类似，但凸显了另外两个特征：流浪状态、职业乞讨。特别是将流浪作为乞讨的手段与策略，使得整体群体俨然成为一个特殊的职业群体。乞讨者基本上都属于职业乞丐，并延伸出代理型职业乞丐。[⑥] 因此，从制度比较来看，流浪乞讨人员的制度背景主要是治安权力的实施与限制，而对无家可归者的制度建构却未从基本术语上有任何体现。从长远来看，对流浪乞讨人员的社会救助应更名为对无家可归者的社会救助。

（三）流浪乞讨人员救助的特点与内容

流浪乞讨人员救助是一种生存救助、窗口性救助，需要行政机关通过宣传引导流浪乞讨人员获得救助，并根据流浪乞讨人员的情况实施不同救助。

第一，对流浪乞讨人员的救助应具有主动性。从治安与惩戒的角度来看，行政权力天然具有管理流浪乞讨人员的主动性。但是在“救助管理”取代“收容遣送”的背景下，救助理念虽得到更新，救助效果却不佳，目标与现实发生偏离。[⑦] 从法理上讲，任何政府均不应对无家可归者采取被动救助的原则。从我国的现实来看，政府仍然应该积极识别流浪乞讨人员，不仅要提供救助站内的临时救助，还要以救助站为窗口开放综合的社会救助。

第二，救助站救助的临时性。救助站救助是一种临时的社会救助，应该遵守临时、便利、及时之原则。除为流浪乞讨人员提供食品、临时住处、疾病医疗外，应识别其是否为无家可归者。对职业乞丐应加强管理，对代理型职业乞讨应加以取缔并给予相应的治理措施。救助站不应

---

① 黄召凤：《论近代中国乞丐职业化的特征及影响》，载《安顺学院学报》2016 年第 4 期。

② 何芳：《“流浪儿”在美国：社会救助的制度、实践与启示》，上海人民出版社 2013 版，第 170–171 页。

③ Burroughs, James B.Homeless. “Georgetown Journal on Fighting Poverty”, Vol.2, *Issue* 2 (Spring 1995), pp.283–283.

④ Baker, Donald E. “Anti-Homeless Legislation: Unconstitutional Efforts to Punish the Homeless”, *University of Miami Law Review*, Vol. 45, Issue 2–3 (November-January 1990–1991), pp.417–466.

⑤ Champagne, Farrah, “Educating Homeless Youth. Children’ s Rights Litigation”, Vol.16, *Issue* 2 (Winter 2014), pp.17–21.

⑥ 张云昊：《乞丐人群的分类、形成机制及对策》，载《南京人口管理干部学院学报》2007 年第 3 期。

⑦ 李迎生、吕朝华：《“救助管理”取代“收容遣送”之后——城市流浪乞讨人员救助管理制度运行的实证分析》，载《公共管理高层论坛》2006 年第 2 期。

该成为职业乞丐往返家乡的车站。

第三，对无家可归者的针对性社会救助。在经过站内的临时救助后，应对无家可归者实施长期安置。主要安置方式是与特困人员供养制度相衔接，让无家可归者不再流浪，并使其获得基本的生活保障。可根据无家可归者的情况，将其转入政府设立的福利院、养老院、敬老院、精神病院等公办福利机构供养。对未成年人应通过由儿童福利机构抚养、教育救助等方式使其摆脱流浪乞讨之境遇。

第五节　自然灾害救助

一、自然灾害救助的法理

（一）自然灾害救助的法律特征

灾害可分为自然灾害和人为灾害，其中人为灾害包括交通事故灾害、工伤事故灾害、建筑事故灾害、产品事故灾害、医疗事故灾害、卫生灾害、火灾等。[①] 这种区分的标准是灾害发生的原因中是否有人为因素。以火灾为例，商场设备老化漏电而造成的灾害属于人为灾害，天气极为炎热造成的森林大火则为自然灾害。我国自然灾害种类很多，国家 2012 年颁布、2013 年实施的《自然灾害分类与代码》中规定的自然灾害包括气象水文灾害、地质地震灾害、海洋灾害、生物灾害、生态环境灾害五大类，标志着我国自然灾害分类进入标准化时代。[②] 这些自然灾害所造成的损害往往较大，再加上我国自然灾害频发，因此我国的自然灾害救助工作实际上是一项常规化的工作。《自然灾害救助条例》的内容涵盖了救助准备、应急救助、灾后救助和救助款物管理等方面。我国的自然灾害状况和自然灾害救助工作决定了自然灾害救助不同于一般社会救助的属性。

1. 自然灾害救助是灾害触发性的行政行为

一般社会救助以贫困者申请为原则，行政机关被动审查贫困者情况。而自然灾害救助行为是因灾情而发生的主动行为。与灾情相适应，自然灾害救助行为具有突发性、应急性、裁量性等特征。[③] 因此，自然灾害救助行为是否妥当的一个重要表现是政府的反应是否及时、有效。自然灾害预防和救助体制也是围绕灾害展开的。

2. 自然灾害救助是系统性的救助行为

一般社会救助以基本生活水平保障为原则，基本生活水平标准法定，给付形式单一，标准明确。而自然灾害救助至少包括灾害预防、应急救助、灾后恢复[④]，应急救助的基本生活保障只是自然灾害救助中的一种形式。尽管以保障受灾人基本生活水平为内容的救助与一般社会救

---

① 郑功成：《灾害经济学》，商务印书馆 2010 年版，第 3 页。

② 张宝军、马玉玲、李仪：《我国自然灾害分类的标准化》，载《自然灾害学报》2013 年第 5 期。

③ 全晓丽：《自然灾害救助的行为特点与立法规制》，载《长春理工大学学报（社会科学版）》2012 年第 10 期。

④ Dari Mattiacci.G Faure M G. "The Economics of Disaster Relief", *Law & Policy*, 2015, 37(3), pp.180–208.

助具有很大的相似性，甚至可将之纳入基本生活保障的范围，但是此种意义上的自然灾害救助将严重弱化政府的作用，也与我国自然灾害救助的定位不符。作为系统性的自然灾害救助，其并不应局限于保障受灾人基本生活，而是建立一整套自然灾害应急综合救治系统。国家成立应急管理部，把防灾减灾救灾作为其重要工作内容，而不是将自然灾害救助系统地纳入民政工作，也说明了自然灾害救助内容的综合性、系统性。灾害事件的系统化治理是一个普遍性规律，如职业灾害防治也包括事前、事中、事后的救治措施，自然灾害救助更是如此。

3. 自然灾害救助是以抽象行政行为为基础的综合行政行为

自然灾害救助遵循“对事不对人”的原则，是以灾害评估为基础的财政给付行为。自然灾害行政救助中有两个重要的架构性追求：追求行政救助管理体制的统一性；追求财政责任的制度化。[①] 故而，自然灾害救助并不是具体行政行为的累加，而是抽象行政行为的具体化落实。政府应该针对特定的自然灾害启动具体的行政救助措施，由工作人员根据指令作出具体的行政救助行为，如转移安置受灾人、调拨物资人员展开救助。

4. 自然灾害救助是规模化的人权行动

自然灾害的受灾者具有人数多、人员集中等特征。以 2008 年汶川地震为例，灾民有 4 000 多万，死亡及失踪人数达 8 万之多，转移安置 1 500 万人。[②] 如此巨大规模的自然灾害所需的社会救助也是一个巨大的工程。而且对受灾者来说，其承受灾害的能力非常有限，所受的伤害也很难自我恢复。如果没有相应的制度保障，必将产生群体性的受灾人员。这意味着自然灾害救助是现代国家义不容辞的政治责任、法律义务，自然灾害救助体制的缺失会在灾害发生时带来巨大的人权灾难。

（二）自然灾害救助的责任主体

从历史的角度来看，自然灾害救助可以是国家或政府行为，也可以是民间行为，而且很长一段时间主要是社会互助行为。自然灾害救助经历了很长一段时间的道德叙事期。以美国为例，联邦灾害救助总是以对受灾人的道德责问为基础的，而福利国家的建立后才有了政府的救济责任。[③] 因此，自然灾害救助之重要法理在于建构公法上的自然灾害救助制度，明确政府的救助责任。自然灾害救助法律关系的意义恰在于明确政府与受灾人之间的权力职责、权利义务。政府应有专设部门负责自然灾害救助，该部门不应是针对个人申请而存在的民政部门，而是具有灾害救助准备、应急救助措施实施、灾后重建恢复等各项职能的综合部门。我们目前的自然灾害救助中，涉及基本生活保障功能的由民政部门负责，自然灾害救助则由政府协调安排。应急管理部的成立有助于推动自然灾害救助工作的协调机构实体化。总之，政府是自然灾害救助的责任主体，具体承担自然灾害救助工作的机构则因政府职能部门的调整而有所变化。我国自然灾害频发，自然灾害救助工作是重要的政府职责，将政府的自然灾害救助部门专

---

① 周孜予、全荃：《自然灾害行政救助制度：反思与重构》，载《学术交流》2015 年第 9 期。

② 陈珊：《我国自然灾害事件下社会救助法制体系研究——基于汶川地震的实证分析》，中国政法大学出版社 2013 年版，第 120 页。

③ Landis M L. Fate, “Responsibility, and Natural Disaster Relief: Narrating the American Welfare State”, *Law & Society Review*, 1999, 33(2), pp.257-318.

门化有利于相关职能的整合,也有利于各项自然灾害救助工作的管理与完善。

二、政府的自然灾害救助义务

政府的自然灾害救助义务包括灾害发生前的常备义务、灾害发生过程中的应急义务、灾害发生后的恢复义务。

(一)常备义务

政府有义务建立自然灾害救助体制,以备不时之需,此即政府的常备义务。政府在自然灾害救助中应该有常备机制,政府有义务制定适合当地情况的自然灾害救助应急预案。一旦发生自然灾害,政府能够根据应急预案启动预警响应,采取响应措施。为确保应急预案实施,政府有义务维持响应的常备人物、物资和设施。申言之,根据预案,政府之常备义务至少应有如下表现:其一,政府应常备自然灾害救助应急组织指挥系统,并进行定期演习;其二,政府应常备自然灾害应急队伍、物资和设施,确保及时的应急反应能力和机制;其三,政府应当对当地的自然灾害有相应的救助措施,特别是灾后救助措施。

(二)应急义务

灾中救助是自然灾害救助的核心组成部分。在法律上,政府是否履行灾中救助义务的核心是政府的常备机制能否发挥作用。政府之目标也主要是减少灾害所造成的损失。以汶川地震为例,政府履行应急救助义务是有前提条件的,即政府有能力实施救助措施。因此,应急救助不仅是政府的义务,也是政府的职责与权力。因此,在具体的救助行动中,从对受灾人的效果来看可能具有侵益性[①]。在应急救助过程中,防灾减灾成为应急救助的重要目标,政府在灾害发生过程中的作为也时常伴随着不同价值之间的冲突。此时,应遵循弱势群体优先、生命权优先的原则。例如,应当优先疏散老人、妇女、儿童,优先转移人员。根据灾害发生的过程,政府的应急义务包括预警响应义务、救助给付义务、救助管理义务。预警响应义务主要是指根据灾害预警启动政府灾害救助机制,如向社会发布灾害风险警告、开放应急避难场所等。救助给付义务主要是指灾害过程中对受灾人员的具体救助,包括政府对受灾人实施的各种救助措施。这些措施包括紧急转移安置受灾人员,紧急调拨、运输自然灾害救助应急资金和物资,及时向受灾人员提供食品、饮用水、衣被、取暖、临时住所、医疗防疫等应急救助,保障受灾人员基本生活等。救助管理义务则是更广泛的救助活动,例如抚慰受灾人员,处理遇难人员善后事宜;组织受灾人员开展自救互救;分析评估灾情趋势和灾区需求,采取相应的自然灾害救助措施;组织自然灾害救助捐赠活动。

(三)恢复义务

灾后救助款物的给付是政府履行恢复义务的重要基础。灾后救助款物给付的规范与法治

① 全晓丽:《自然灾害救助的行为特点与立法规制》,载《长春理工大学学报(社会科学版)》2012年第10期。

化也是减少灾后恢复中权力滥用、贪污腐败的重要保证。自然灾害救助款物遵循专款(物)专用、无偿使用的原则。一般而言,自然灾害救助款物应当用于受灾人员的紧急转移安置,基本生活救助,医疗救助,教育、医疗等公共服务设施和住房的恢复重建,自然灾害救助物资的采购、储存和运输,以及因灾遇难人员亲属的抚慰等支出。除了限制救助款物的用途外,还应该完善救助款物的筹集制度,落实政府的灾害物资储备责任。

灾后恢复在自然灾害救助中具有长期性。其中的难点在于如何恢复以及对恢复水平的评价。自然灾害对生命和财产的损害巨大,在技术上不可能恢复原样。政府所承担的恢复义务主要是灾害区域或受灾人员的生产和生活秩序的回归。恢复义务包括恢复重建和恢复救助。其中,恢复重建包括停止应急状态、进行损失评估、制订重建计划、恢复正常社会秩序、提供公共设施;恢复救助包括补偿、抚慰、抚恤、安置、心理干预等。① 政府之恢复义务应该法律化,遵守政府灾害恢复性给付的公开、公平、公正原则。

思考题:

1. 何为社会救助法上之“社会救助”?
2. 社会救助法制中最低生活保障之范围如何?
3. 如何界定家庭收入状况?
4. 分析我国城市低保、农村低保法制化。
5. 如何救助无家可归者?现行制度中存在的不足有哪些?
6. 如何理解灾害救助之法制化?

---

① 张小明:《公共危机事后恢复重建的内容与措施研究》,载《北京科技大学学报(社会科学版)》2013 年第 2 期。

第十二章　社会补偿法

第一节　社会补偿之理念与法律制度形成

一、社会补偿概念

社会补偿，是基于社会连带理念，对于战争、意外事件、犯罪行为等特定因素给个人造成的损害，在传统侵权损害赔偿制度及其他保险制度无法救济的情形下，以社会整体力量补偿受害人的损失，使当事人不致因上述特定因素造成的伤害影响其基本生活的一种特殊社会保障制度。亦有观点认为："'社会补偿'是国家对人民因为战争、政治事件、公权力等造成的损害予以填补，因为，即使国家合法行使公权力，或虽无违法行为，但未善尽职责，以致人民受有损害，在社会正义的考量下，国家透过立法方式，对该损害予以填补。社会补偿原理建立在'共同体责任'的基础上，也是对受特别损害者之损害予以衡平，由国家以税收提供此项给付。"① 另有观点认为："基于社会连带之理论，对于个人因战争、犯罪行为等特定因素所造成之损害，不应将其视为个人之受害或损失；相反地，应视个人所承受之损害为社会整体之负担，因而需透过全体社会共同分担方式，提供该受损害之个人相当给付以填补其损失。因此社会补偿乃在特定的原因下，提供个人一定给付以弥补其损失之社会保障制度。且由于社会补偿强调透过社会整体来分担个人损失，在财源上则系透过税收，并由政府编列预算之方式加以支应。"② 社会补偿制度系社会保障制度之分支，与社会保险制度（也称社会预护制度）、社会救助制度、社会促进制度（也称社会福利制度）一体构成社会安全体系，构成完整的社会保障制度。社会补偿制度属于新近产生的社会保障制度，一般来讲，系其他社会保障制度无法提供给付，而当事人客观上需要给付的情形。20世纪70年代后，该制度兴起于西欧，之后，西法东渐之风将之吹至东亚，日本于1980年制定《犯罪被害者等给付金支给法》（也就是《犯罪受害人补偿金给付法》），我国台湾地区于1998年颁布"犯罪受害人保护法"。社会补偿制度产生的时间不长，其法理成熟度及概念沉淀相对幼稚，自然存在不少需要商榷之处，亦需要更加缜密的推敲和实践的检验。

我国现阶段使用了"补偿"概念，尤其是征地补偿概念之使用较为普及，但是，实质上的补

---

① 台湾社会法与社会政策学会主编：《社会法》，元照出版公司2015年版，第42页。

② 郝凤鸣主编：《社会法》，新学林出版股份有限公司2008年版，第E1页。

偿法制尚未出现，“补偿”与“赔偿”概念纠缠。从文字表意上，既然存在两个概念，说明二者之间肯定存有区别。“为保护被害人，为因应社会经济发展，在台湾地区逐渐创设了无过失补偿制度，并健全社会安全保障，形成了三个阶层的赔偿或补偿体系。最基层系社会安全保障，如健康保险；在其上者为无过失补偿制度，如劳工职业灾害保险、预防接种受害救济、药害受害救济、强制汽车责任保险、犯罪被害人保护等；居于顶层的则是侵权行为法。”[①] 王泽鉴教授以图 12-1 形象地展现了其间的关系。

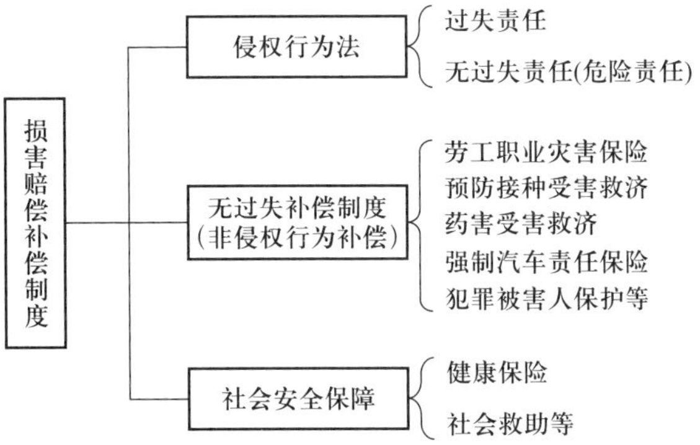

图 12-1　损害赔偿补偿制度体系

“补偿”概念的使用初始即与传统民事损害赔偿分道而行，补偿多与“国家行为”“行政补偿”紧密结合在一起，换言之，概念的使用溢出了传统民法范畴。在日本，国家补偿的概念出现在第二次世界大战时期，日本军国主义政府对于战争造成的国民损害以“不是依据对损害进行国家补偿这一观念而发出的”理念，“但可以推测的是：即使是补偿主义，也不主张在战时对战争损害给予损害赔偿，而主张合法行为下的损失补偿，或者不问侵害合法性的结果责任下的补偿”[②]。日本立法刻意回避战争责任，使用补偿概念替代赔偿概念，有其相应的政治目的。但是，客观上，国家补偿概念由战争因素拓展至其他领域有其正面的价值。“‘国家补偿’一词在战后实定法如《战伤病者战没者遗属等援护法》第 1 条、《战伤病者特别援护法》第 1 条中被使用。前者制定于 1952 年，“国家补偿”一词在战后没多久就被使用于与战争灾害相关的法律，反映出在此领域，该词已在《明治宪法》下，比照救济主义而被使用了，并在实务上固定下来。”[③] “国家补偿”被固定下来，形成特定的法律概念和语境，既是国家或政府摆脱战争之民事赔偿责任，或是尽量减轻经济负担的一种举措，同时，也是政府对战争受害者的一种抚慰或生活安排的措施。至于国家补偿是否等同于今日社会法上之社会补偿，从经济角度存在类似的情形，为之后社会补偿制度的建立，为搭建另一种类的社会保障制度起到了铺垫作用。即使今日国家补偿既包含财产损失之补偿，也包含人身伤害（亡）之补偿，而社会补偿更加体现为生存权补偿的理念。

① 王泽鉴：《侵权行为法》（第 1 册），中国政法大学出版社 2001 年版，第 25 页。
② ［日］宇贺克也：《国家补偿法》，肖军译，中国政法大学出版社 2014 年版，第 2 页。
③ ［日］宇贺克也：《国家补偿法》，肖军译，中国政法大学出版社 2014 年版，第 2 页。

二、损失补偿、国家赔偿及社会补偿的区别

“损失补偿系指因国家之无违法或其他延误之行政公益活动，使人民权利（财产权）受有损失时，国家对之所为之填补制度。”[①] 损失补偿，顾名思义，其前提是损失的客观存在，救济的方法是补偿方法。“补偿”系新型法律制度之创制，传统法律中只有损害赔偿制度，在特定情形下，国家的行为并无明显的违法性或在法律形式上甚至是合法的，如发动战争一般来说都是“合法”行为，至少说从国家间战争角度，每个参战国皆履行了国内法制程序，战争造成的伤亡、造成的国民财产损失却是客观的，于此，创建了“国家补偿”制度。

（一）国家补偿与国家赔偿的区别

1. 合法与否

国家补偿，或行政上之损失补偿重心在于受害人之权利救济，国家行为之违法性不足或违法性链条较长（如犯罪率高、国际关系未处理好、没有采取足够措施预防突发事件）等；而国家赔偿制度，系赔偿范畴，强调公权力行使之违法性。

2. 受害人及受害结果

国家赔偿针对的是公权力之违法行为导致了当事人的受害，通常情形下，系公权力行使导致自然人人身自由、生命健康权利之损害，由此而生国家赔偿。而国家补偿之受害人，既可能是自然人亦可能是机构，其补偿的既可能是财产损失，亦可能是人身伤害（亡）。

3. 侵害行为之动机

国家赔偿产生之侵害行为，其行为动机并非故意之侵害。换言之，国家赔偿与行使公权力之间存在偶然结果，只有在违法属性被认定的情形下才产生国家赔偿。而国家补偿，其损害结果的发生系国家之有目的、有预见之行为，甚至可以表述为“故意”致害。

4. 国家行为与损害结果之因果关系

国家赔偿强调公权力行使中之违法行为与损害结果之间的因果关系，而且这种因果关系必须是直接的因果关系。国家补偿中，国家行为并无违法之存在，行为与损害结果并无因果关系，即使有些行为导致了损害结果的发生，即存在因果关系，亦因国家行为之合法而不产生损害赔偿。

5. 诉讼及管辖

国家赔偿一般依照民事诉讼程序由民事审判组织裁判；而国家补偿一般依据行政程序法展开。

6. 赔偿与补偿之范围和额度

国家赔偿一般依据损害赔偿的原理对当事人予以赔偿，采完全赔偿原则及填补原则；而国家补偿则采相当原则。[②]

我国《国家赔偿法》已经实施多年，已经存在丰富的社会实践经验，而国家补偿立法尚未启动，只能通过域外法律窥视一斑。就国家补偿而言，亦分为国家补偿和行政补偿，前者在战争

---

① 叶百修：《损失补偿法》，新学林出版股份有限公司 2011 年版，第 6 页。

② 叶百修：《损失补偿法》，新学林出版股份有限公司 2011 年版，第 8–9 页。

补偿领域较多，后者则体现为政府为公共利益而致当事人经济上受到损害等。

（二）社会补偿与国家补偿的区别

1. 制度建构的目的不同

社会补偿制度系新产生的社会保障制度之一，是针对其他社会保障制度之缺漏而创建的，其建立的基础在于社会连带理念，目的在于保障特定人群的基本生活安全。而国家补偿制度并无此目的，或许基于战争原因，其与对当事人的援助有重叠部分，但后者不属于社会保障体系之组成部分。

2. 补偿的对象不同

社会补偿的对象是自然人，多数情形下，是生活因特定情形受到严重影响的人群，甚至可以被认定为弱势群体。如犯罪被害人及其遗属、药害当事人及其家属等。国家补偿，如战争补偿，对象范围要广泛，且不以当事人经济状况为补偿给付的考量因素，换言之，即使当事人不属于“弱势群体”，国家一样补偿。

3. 补偿的损失存在差异

社会补偿全部为当事人生命健康之补偿，因此补偿的产生没有财产补偿内容；而国家补偿既包含生命健康之补偿，也包含财产损失之补偿。

（三）社会补偿与社会救助之间的异同

社会补偿与社会救助皆为社会保障法制之重要内容，皆是社会安全网之重要组成部分，皆是保障人民基本生活秩序的民生类法律制度。

社会救助法制建构的最终目的在于构建社会保障之最后安全网，多针对低收入或无收入人群展开，系典型无因性给付之社会保障，凡法定低收入或无收入者皆可申请。其请求权之形成与社会给付义务皆为法律规定，不论是申请人还是政府皆无任何过错与事由。

社会补偿系依据法律规定在特定情形下对于特定受害人给予的社会补偿。从宏观视角，不论是犯罪受害人补偿、药害补偿还是特定事件补偿，其补偿皆因社会秩序紊乱而产生，政府乃至社会从某种意义上讲，有一定的失职行为。当然，该制度的创建，从根本上来说，出于对受害人进行救济之本位，但社会补偿制度乃事后救济之最后手段。

三、社会补偿之法理

“德国社会补偿之基础来自《社会法典》第一编第5条：‘基于国家整体（staatliche Gemeinschaft）对于特别牺牲之补偿或基于照顾法上的原则（versorgungsrechtliche Grunddatze）而生之其他理由，人民就其所遭受之健康损害，对下列事项拥有请求权：(一)用以维持、改善以及恢复其健康与工作能力之必要措施；(二)适当之经济照顾。受害者之遗属亦得请求适当之经济照顾。’”[①] 德国社会补偿法显现的是典型的保障当事人生活可以持续、保障其生存权的法

---

① 台湾社会法与社会政策学会主编：《社会法》，元照出版公司2015年版，第316页。

律属性。与之前介绍的混沌的国家补偿、社会补偿之纠结不清相比,德国《社会法典》所作的规定,厘清了社会补偿与国家补偿之间的关系,主要体现在以下几个方面,其一,补偿用以填补个人之身体健康损害,而非财产损害;其二,给付的基础在于国家对人民之最后担保义务之履行;其三,补偿法体现了生活照顾法的属性。

与日本战后使用补偿概念替换赔偿概念、推卸战争责任不同,20 世纪 50 年代,德国在其颁布的《战争被害人照护法》中,全面反思并对战争承担了所有责任:对于其他国家给予国际法上的战争赔偿,而对于国民,政府亦未回避战争责任,其照护法的适用范围从对国民尤其是战争受害者的生活照护领域逐渐拓展至非战争受害领域,形成了社会补偿法的范畴。“德国早在1950 年即通过战争被害人照护法(Bundesversorgungsetz;BVG),而后则以此一照护法为基础,逐步发展出现有‘社会补偿制度’之各项法制。”①

社会补偿的理论基础须多视角地切入,一般而言,有若干理论支撑社会补偿制度之建构:其一,国家责任理论。即国家具有保护人民之义务,违反该义务,即应承担责任。但该责任与一般法理上的责任并不完全匹配。例如,在战争时代,战争皆由国家发起,战争导致被害人伤亡,国家未尽到保护义务,理应承担补偿责任;而在和平年代,国家独占司法权、刑罚权,持有攻击性武器并承担遏制私力报复、维持治安之职责,国家有维持安全、防止犯罪、使公民免于被害之责任。因此,战争受害者及犯罪受害者获得相应的社会补偿乃国家责任的间接体现。其二,社会福利理论。现代国家的任务之一,即构建社会保障体系,以保障人民的基本生活之持续,尤其是在法定情形如收入减少、无收入或生活发生重大变故等情形下,当事人具有获得相应物质帮助的权利。社会补偿系社会福利之一,系社会福利政策向战争受害、犯罪受害、药物过敏(副作用)受害等领域的延伸,既弥补了其他法律制度的空白,亦对受害人及其家属予以适当补偿,以维持其生活之继续。其三,生存照顾理论。生存照顾源于援助弱势群体之理念,并对社会补偿制度提供了理论支撑。对于战争受害者及其家属、犯罪被害人及其家属以及药害受害人及其家属而言,社会补偿具有明显的生活照顾的功能,对其中没有生活来源或生活状况较差的受害人及其家属更是如此。社会补偿之具体制度与社会救助制度有一定的相似性,盖因两者均以生存照顾理论为基础,社会补偿制度的建构与发展有利于拓展生存照顾理论的实践。其四,危险分担理论。不论是战争受害、犯罪受害还是药害,所获得的社会补偿,皆是社会整体分担被害人风险的一种体现,即当事人在上述特定情形下的受害,既是个人不幸,亦是社会不幸,社会补偿制度系风险分担的一种选择。② 当然,社会连带理论是社会补偿制度最为坚实的理论支撑,社会作为一个整体,每个个体均是社会整体的组成部分,每个个体的受害实际上是社会整体的受损,亦是社会不安定的潜在因素,对于个体不幸的社会补偿,乃对社会整体受损的补正。

四、社会补偿的种类

社会保障体系包括不同的保障类型,有保险型,如五大社会保险;有社会救助,包括常规救

① 台湾社会法与社会政策学会主编:《社会法》,元照出版公司 2015 年版,第 316 页。

② 施一帆:《犯罪被害人之刑事诉讼地位与补偿法制》,台湾成功大学法律学系 2004 年硕士论文。

助与特别救助。前者制度运行的基础在于当事人参加保险,成为被保险人,从而获得相应的保险给付,获得生活的保障;后者是指对于生活陷入困境的低收入人群或无收入人群,社会予以经济上的救助,使其能够维持最基本的生活。至于针对老年人、妇女和儿童的社会特别福利,只有他们符合相应的法定要件,才能获得相应的行政给付。社会补偿制度的创建是社会保障体系织密安全网过程中的新型制度,亦是其他社会保障体系的补充。如同其他类型的社会保障制度,社会补偿之行政给付亦需要符合法定要件,需要在发生法定事故时请领行政给付。"相较于'社会补偿'以特定原因受到损害为前提,'社会促进与社会救助'以请领人是否有保障需求为前提,不考虑造成保障需求的原因。社会促进建立在机会均等与相同社会生活开展可能性的基础上,社会救助则基于保障弱势族群基本生活的社会思想而生。"①就已经存在的社会补偿的类型看,社会补偿主要包括战争受害补偿、犯罪受害人补偿、药害补偿等。

(一) 战争受害补偿

战争会造成军人、平民伤亡,会造成无数的创伤。战争过后,伤残的军人、寡妇和遗孤的生活都是任何时代当政者必须面对的难题。第二次世界大战后,德国、日本在已经产生的社会保险制度的基础上,社会法发展的触角延伸至对战争伤亡人员及其家属的补偿领域,因为这些人员不属于职业灾害保险补偿的对象,但是,国家和社会不能无视这部分人生活的可持续。基于此,德国颁布了《战争被害人照护法》,旨在保障战争中遭受不幸人群的基本生活;日本颁布了《战伤病者战没者遗属等援护法》《战伤病者特别援护法》,《原子弹医疗法》《被炸者援护法》等②,这些法律制度的实施对于安定社会、扶助弱者、弥补战争创伤甚至承担战争责任起到了重要的作用。从社会法视角看,这些伤残人员、战争遗孤的生活必须得到保障,国家通过税收及相关财源对其进行适当补偿,是此类法律的宗旨,也是社会保障制度的必要组成部分。

此外,本书认为,对于和平时期的军事演习、军事行动导致的伤亡(包括军人和平民)都应予以社会补偿。

(二) 犯罪受害人补偿

犯罪受害人补偿法制是被普遍认可的社会补偿法,犯罪受害人之权利救济本属于刑法与刑事诉讼范畴,一般来讲,刑事诉讼制度皆以被告之权利保障为中心展开,使其能够得到公正审判,使法官能够准确适用法律;至于犯罪受害人的权利救济,相较于被告(犯罪行为人),显得偏少,多数情形下通过对犯罪之惩罚而得到心理上的抚慰;至于经济上的救济,则转至民事诉讼范畴,而刑事附带民事赔偿诉讼,限于当事人责任能力,限于刑事侦查未得结果等各类因素,其权利救济可能落空。20 世纪 60 年代后,英国率先制定《犯罪受害人补偿法》,之后,美国效仿之。德国于 20 世纪 70 年代后颁布此类法律,现已入编《社会法典》。犯罪受害人补偿,亦是因应法律制度之漏洞而生。当其他法律救济陷入死局时,该法是弥补法律缺漏的重要制度支撑,是保护犯罪受害人权益的利器。

---

① 台湾社会法与社会政策学会主编:《社会法》,元照出版公司 2015 年版,第 37 页。

② [日]宇贺克也:《国家补偿法》,肖军译,中国政法大学出版社 2014 年版,第 2 页。

（三）药害补偿

与战争受害、犯罪被害一样，药害补偿法作为社会补偿法之一，其制度根基在于无过失补偿，即补偿主体并无过失可言，而是立足于补偿受害人，从权利救济立场出发。现代医疗制度，不仅包含着医疗技术的现代化，亦包含着医疗药品的现代化，大量新药的上市是无数科研成果的积淀，药品，尤其是西药，是生物化学合成的有机组合，其中必然有一定的副作用。对于不同个体，其副作用反应不一。因此，合法药品上市，造成特定的药害虽然是偶然因素，但大数概率的偶发导致的受害人伤残却是客观存在的，受害人在此等情形下，无法获得制药企业的赔偿，亦不可能请领其他种类的社会保险给付，除特殊情形外，亦不一定为需要获得社会救助的低收入人群。于此，社会补偿法制对于药害这种特殊合法致害作出了相应的制度安排，即通过社会整体补偿受害人，以体现社会之公正。

（四）其他类型的社会补偿

社会保障法制建构是一个织密社会安全网的过程，社会补偿如同社会保险、社会救助、社会福利（促进）一样，它本身并不禁锢在某几个领域。对特定事项的补偿，亦随着社会的发展与进步，以及突发情形之产生而需增加相关补偿项目。“从现行社会法相关规定，属于社会补偿之内容者，包括：为抚平历史事件所产生之缺憾，对‘二二八事件’被害人之补偿……对‘九二一地震’受灾户之补助、对‘SARS 事件’的损失补偿，以及对因接受预防接种而受害所得请求之救济，均属社会补偿范围。”[①] 我国 2003 年爆发了大规模传染性非典型肺炎（SARS，简称“非典”）事件，非典患者几千例，虽然染病人数并不太多，但造成了社会恐慌以及非典之后的后遗症，使患者后续的治疗、生活、工作皆受影响。我国并未出台对非典患者的后续补偿政策，从客观上讲，出台对非典患者后续的生活、医疗的相关补偿法规是非常必要的。关于预防接种受害之补偿，一般来讲，预防接种有两种类型：一类是强制性的预防接种，即当事人接受预防接种不仅是自身身体健康所必需，亦是对大众健康的支持，预防接种是其义务；另一类是自愿性预防接种，即当事人根据自身情况，进行特别的预防接种。预防接种受害者是伤害的一种，是在合格疫苗接种前提下的不良反应所致，对于疫苗生产厂家来说，不生损害赔偿之债，对于当事人来说却发生了不幸。在此情形下，通过社会补偿手段对受害人予以权利救济是最佳选择。“目前，世界上有一些国家已经建立起了专门的预防接种异常反应补偿制度，通过多种不同的渠道筹集补偿资金，并采用相对于诉讼更为优化的程序为异常反应受害者提供救济。”[②]

此外，意外伤害亦应由社会补偿填补当事人损失。2014 年 12 月 31 日晚，上海市外滩新年夜突发踩踏事件，死 36 人，伤 49 人。这些受害者既无过错，获得侵权损害赔偿又于法无据，因无法落实谁是侵权人。这样的活动亦非政府组织的公共活动，故无法归责于政府。但于死者、伤者而言，实乃人生之大不幸。据传，最后政府在受伤者治疗、死者补偿上还是出了大力的。我们不禁要问，政府行为之法律依据何在？如果事先有此类的社会补偿法律，依据法定标准予以补偿，死者、伤者亦能心安。再者，这起事件发生在经济发达的上海市，如果发生在西北财政

① 台湾社会法与社会政策学会主编：《社会法》，元照出版公司 2015 年版，第 42 页。

② 徐骞越：《论我国预防接种异常反应救济之完善》，清华大学 2017 年硕士学位论文。

状况较差的省份又当如何？若国家以法律的形式确定社会补偿制度，规定补偿基金来源于国家财政及其他资金，就不会发生这种不幸中的不幸。

（五）农民承包土地、住房（宅基地）之征收补偿

战争受害补偿、犯罪受害人补偿、药害补偿以及特别事件之损害补偿皆因当事人受到身体伤害（亡），而在其他救济手段不济的情形下，为实现社会公正及维持当事人及其家属的基本生活，采社会补偿形式对当事人的权利予以救济。而农民承包土地、住房（宅基地）被征收，客观上存在损失，但不是身体上的伤害，更不至于丧失生命，对此应如何救济？本书认为，应将该征收补偿作为社会补偿的内容，根本原因在于：其一，中国农民所获得的承包土地是按照分配制形式形成的生存依赖，具有明显的生存权属性，生存权不能赔偿[①]；其二，其他国家和地区有关土地征收皆以行政法上之补偿而展开，有些情形下，在补偿财产权的前提下，兼顾生活权之补偿。[②]社会法属于社会行政法，社会补偿法在性质上属于社会行政法的范畴，我国目前农地征收补偿，多是在获得政府批准的情形下，由开发商直接对价农民，既不体现征收的特性，更无补偿实质。政府在农民土地征收补偿过程中成了"甩手掌柜"，实质上是免除了其社会法上之补偿义务。因此，农民承包土地、宅基地之征收补偿属于社会补偿范围。

五、社会补偿的特征

社会补偿系社会保障体系的有机组成部分，属于产生时间不长的社会保障制度。社会补偿法是具体的、生动的实体法律，如犯罪受害人补偿法、药害补偿法、特别事件补偿法等皆是弥补其他社会保障法制缺漏的重要法律。社会保险法、社会救助法、社会福利（促进）法皆有自身的立法宗旨，皆有各自的功能与定位，相应地，社会补偿法亦有自身的功能与定位。

（一）补偿主体皆为行政机构

社会补偿系基于社会连带主义而建构的一类社会保障制度，社会保障制度的核心即国家责任与社会行政给付，没有政府在其中运作，扮演主导角色，便不会产生这样的制度，当事人便不可能具有相应的权利。社会补偿主体必然是政府或其授权组织，而补偿对象则是受害人或其家属（法定范围）。就社会补偿法制的内容看，社会补偿主体应分别由不同的政府部门或其授权组织予以实施，例如，战争受害补偿在美国是退役军人服务部，我国应当为民政部门；目前，我国对军人补偿是以抚恤的形式体现的，民政部门有相关政策，但国家尚未立法；而犯罪受害人补偿应由法院或其授权组织实施，从业务分工和权力平衡原则角度看，由司法部门组织对犯罪受害人补偿更中立一些；药害补偿则应由卫生（药品）部门予以实施；其他的社会补偿亦应分别由相关的部门组织实施。

---

① 郑尚元：《土地上生存权之解读——农村土地承包经营权之权利性质分析》，载《清华法学》2012年第3期。

② 叶百修：《损失补偿法》，新学林出版股份有限公司2011年版，第30-35页。

（二）补偿财务来源于税收及通过其他渠道形成的补偿基金

社会补偿需要一定的财源，没有相应的资金作支撑，这样的制度便不可能存在。由于社会补偿系透过社会整体来分担当事人的损失或对受害人予以救济，一般来讲，在财源上须透过税收并由政府通过编列预算的形式形成一定的补偿基金，对当事人予以经济上的补偿。但是，完全来源于税收，则没有必要形成社会补偿，如政府全额补偿则为政府补偿。政府编列预算是必要的，但财源必须采多元渠道。我国台湾地区“犯罪被害人保护法”第 4 条规定：“因犯罪行为被害而死亡者及遗属或受重伤者，得申请犯罪被害补偿金。前项犯罪被害补偿金，由地方法院或其分院检察署支付，所需经费来源如下：一、‘法务部’编列预算；二、监所作业者之劳作金总额提拨部分金额；三、犯罪行为人因犯罪所得或其财产经依法没收变卖者。”此外，我国台湾地区“药害救济法”第 5 条规定：“为办理药害救济业务，主管机关应设药害救济金，基金之来源如下：一、药物制造业者及输入业者缴纳之征收金；二、滞纳金；三、代位求偿之所得；四、捐赠收入；五、本基金之孳息；六、其他有关收入。”从上述规定看，社会补偿基金是该制度运行的物质基础，没有基金，社会补偿便是无源之水。

（三）社会补偿之受害人具有社会法上之请求权

请求权置于法律制度建构的基础上，没有相应的法律制度规定，便无请求权的生成。社会补偿法所创建的社会补偿制度，实质上是为受害人提供的一种社会福利。我国目前尚未建构此类法律制度，在类似犯罪受害人在罪犯无力赔偿或犯罪嫌疑人无法落实的情形下，受害人最多获得社会的同情，获得一些不定额的社会捐赠等，当事人没有权利向政府相关机构主张补偿，在无法得到补偿的情形下更不得申请行政复议和提起诉讼。而在建构上述制度的国家和地区，犯罪受害人、药害当事人向政府相关机构请领补偿是其权利，其请求权不仅包含实体法上之请求权，亦包含程序法上之请求权。“苟对该法益之保护远逊于财产权之保护者，似与宪法上法治国家及社会国家原则有所不符。因而德国联邦普通最高法院为弥补此种国家责任之漏洞，乃在早期裁判上针对接种伤害事件，创造出‘公益牺牲请求权’（Aufopferungsanspruch），以为救济。”[①] 社会补偿之请求权基于不同的社会补偿法律制度，战争受害补偿、犯罪受害人补偿、药害补偿、特别事件受害补偿等皆各有法，如此，社会补偿法上之请求权始得成为当事人的权利。

（四）社会补偿是一种社会福利

社会补偿给付如同社会保险给付、社会救助给付以及社会福利（促进）对于老年人、妇女、儿童的行政给付一样，是社会安全网的一角。社会保险之老年人、残疾人和遗属给付，失业给付，职业伤害给付，以及疾病给付等是在保险精算的基础上形成的保险性社会福利，即当事人事先通过保险缴费的形式形成共同基金，在发生保险事故后，保险人对当事人予以保险给付；社会救助给付是当事人符合低收入户的标准，相关行政机构予以行政给付。上述皆是广义上

① 叶百修：《损失补偿法》，新学林出版股份有限公司 2011 年版，第 20 页。

社会福利的组成部分,旨在当事人遇年老、残疾、遗孤、失业、职业伤害、疾病等情形下能够有相应的收入;低收入户人群则通过社会救助的形式获得基本生活保障,我国俗称“低保”,亦即最低生活保障。而社会补偿的对象不符合上述保险给付、社会救助给付之情形,无法通过社会保险、社会救助等获得救济。而当事人又遇到不幸,甚至影响了其生活,此时,社会补偿制度作为新型社会保障形式应运而成,其是社会安全网的一角,是社会保障制度的有机组成部分。

（五）社会补偿基于社会连带主义而生,以社会整体力量分担受害人的风险与损失

社会补偿不是个别赔偿,亦不是对个人所受损失的绝对填补,因此,没有对价与谈判,而只有法定标准。符合何种伤害情形则予以何种标准的补偿。社会补偿之标准亦因国情、国力而有所不同。在发达国家,因其人均收入较高,其补偿标准相应提高。我国属于发展中国家,社会补偿标准应符合中国国情,应以“适当”为原则,亦需与其他社会保障给付如社会保险给付、社会救助给付相衔接。

第二节　犯罪受害人补偿法律制度

一、犯罪受害人补偿制度之缘起与犯罪受害人补偿立法之必要性

刑事法律制度的最大功能,亦即其立法宗旨在于“惩罚犯罪,保护人民”。于前者,即惩罚罪犯,我国刑事法律,包括实体法与程序法皆发挥了相当社会功效,而保护人民之落实或到位程度似有折扣。客观地讲,广义的犯罪受害人保护并非完全依赖于刑事法律制度,其他法律制度如民事法、社会法亦在保护人民。但是,以下诸案例的结论是:我国现有法律制度尚存在严重的制度空白和法制短板。

第一,马加爵杀人案件、邱兴华杀人案件——犯罪受害人民事索赔落空。马加爵为云南大学化学院学生,2004 年 2 月 13 日杀死 1 人、2 月 14 日杀死 1 人、2 月 15 日杀死 2 人,被杀者全部为其大学同学,2004 年 3 月 15 日其在海南落网,2004 年 4 月 24 日被昆明市中级人民法院判处死刑,剥夺政治权利终身,2004 年 6 月 17 日被依法执行死刑。马加爵杀人案引发社会广泛关注,法学界、社会学界、教育界都在思考该案发生的来龙去脉及发生惊天大案的各种原因。值得忧虑的是受害人家属的权利救济问题。受害人家属能否获得相应的民事赔偿?答案是不能。因为当事人没有民事赔偿能力。“在对马加爵的一审判决中,法院已经确认马加爵承担民事赔偿责任。但是,相伴而来的问题是,马加爵是否有能力赔偿?根据法庭调查结果,马加爵只有一台电脑,而他的家人明确表示没有能力代为赔偿。”[①] 记者提问已经使用了“补偿”概念,谁来补偿?

2006 年 7 月 14 日晚,陕西汉阴县发生特大杀人案,共有 10 人遇害。2006 年 8 月 19 日,犯罪嫌疑人邱兴华被抓获,2006 年 10 月 19 日一审判处死刑,当事人不服,提出上诉;2006 年

① 刘晓燕:《拿什么来补偿被害人家庭——马加爵案采访手记》,载搜狐网 http://news.sohu.com/2004/04/27/35/news219963579.shtml,访问日期:2018 年 12 月 20 日。

12 月 28 日，陕西省高级人民法院终审维持一审判决，其随即被执行死刑。“据汉阴警方介绍，邱兴华杀人案中的其他受害人家庭都是社会底层的弱势人群。在邱归案后，5 名被害人家属分别向法院递交了民事诉状，要求邱兴华赔偿，但邱在法庭上一句‘我愿意赔，但我没钱’的回答让他们大失所望。”①

上述两大刑事案件，刑事附带民事赔偿落空的特征非常相似：罪犯贫困，经济能力极其有限，被害人家属众多。在这样的案件中，刑事附带民事赔偿诉讼落空、判决如同法律白条几乎是人所共知。被害人家属无法获得任何经济上的赔偿，无疑受到了二次伤害，对于社会稳定，对于正能量的社会价值观都有相当的戕害。

第二，乌鲁木齐暴恐事件、昆明暴恐事件。2009 年 7 月 5 日 17 时许，乌鲁木齐市发生严重打砸抢暴力犯罪案件，死 197 人，伤 1 700 余人，震惊世界。之后，对此群体暴力犯罪案件，除惩罚犯罪之外，官方对于受害人予以了抚恤。新疆维吾尔自治区第十一届人民政府第二次全体会议上传出消息，在乌鲁木齐“7·5”事件中无辜死难的，对其家属抚恤补贴金额提高至 42 万元。新疆维吾尔自治区政府主席努尔白克力 20 日表示，因社会各界捐款较多等因素，自治区政府决定对无辜死难者家属的抚恤补贴金额从先前公布的 20 万元提高到 40 万元人民币，其中 20 万元抚恤金由政府财政支出，20 万元补贴来自于社会捐款；另外，还有 1 万元的丧葬补助金和 1 万元的慰问金。② 至于受伤者，尤其重伤者如何处置，未看到相关报道。

2014 年 5 月 22 日 7 时 50 分许，乌鲁木齐市沙依巴克区公园北街早市发生一起爆炸案。案件共造成 39 名无辜群众遇难，94 人受伤。案件发生后，新疆自治区和乌鲁木齐市有关部门迅速处置现场、安置伤员，中共中央作出批示并派工作组赶赴新疆。国际社会对乌鲁木齐暴力恐怖事件进行了强烈谴责。2014 年 5 月 23 日，案件告破。实施此案暴恐团伙共有 5 名成员，4 名现场实施犯罪的暴恐分子当场被炸死，参与策划的另一名暴恐团伙成员于 5 月 22 日晚在新疆巴州被抓获。2014 年 12 月 9 日，乌鲁木齐市中级人民法院对“5·22”暴恐案一审宣判，被告人阿卜力孜·达伍提等共 8 人被判死刑。

“3·1”昆明火车站暴力恐怖案，指的是 2014 年 3 月 1 日 21 时 20 分左右，在云南省昆明市昆明火车站发生的一起以阿不都热依木·库尔班为首的新疆分裂势力一手策划组织的严重暴力恐怖事件。该团伙共有 8 人（6 男 2 女），现场被公安机关击毙 4 名、击伤抓获 1 名（女），其余 3 名落网。此案共造成平民 29 人死亡、143 人受伤。

随着国际上恐怖主义的蔓延，类似上述案件亦不可能是终结。除了严厉打击恐怖组织，遏制恐怖主义在中国的滋生外，对于上述受害人的权利救济，传统刑事附带民事赔偿诉讼显得无能为力，新疆乌鲁木齐“7·5”事件对受害人家属给予了相应的“抚恤”，政府开始介入对受害人的补偿。

第三，犯罪侦查遇到障碍或长期未破案之被害人及其家属之权利救济问题。不少刑事案件，当事人被害或受重伤后，案件侦查遇到了障碍，或形成悬案，或长期挂案。此时，被害人的赔偿问题不可能被提及，按照先刑后民的审判规则，当事人的权利救济必然陷入僵局。

综上，对我国犯罪受害人补偿制度进行立法非常急迫。

---

① 《邱兴华案民事赔偿成“法律白条”》，载《新京报》2007 年 1 月 5 日，第 A17 版。

② 《乌鲁木齐 7.5 事件》，载新浪网 http://www.sina.com.cn，访问日期：2009 年 7 月 22 日。

二、犯罪受害人补偿之法律主体

（一）补偿对象：犯罪受害人及其遗属

自然人因遭受犯罪行为侵害，导致生命、身体受到损害的，该自然人属于犯罪受害人。犯罪受害人既包括所有具有本国国籍的自然人，亦包括虽不具有本国国籍但犯罪行为发生在境内（含具有本国国籍之船舶、航空器内）的自然人。我国尚未展开犯罪受害人补偿立法，立法保护当事人时，一般来说，应内外一致。我国对外开放程度越来越大，更多的外国人来到中国工作、学习、旅游、探亲等，若因犯罪致害失去生命或健康，理应与我国公民一样得到相应的社会补偿。

遗属既是一个自然概念，也是一个法定概念，须由法律确定一定的亲属范围。我国台湾地区"犯罪被害人保护法"第 6 条规定："得申请遗属补偿金之遗属，依下列顺序定之：一、父母、配偶及子女；二、祖父母；三、孙子女；四、兄弟姊妹。前项第二、三、四款所列遗属，申请第 9 条第一项第三款所定补偿金者，以依赖被害人扶养维持生活者为限。"犯罪受害人补偿法属于社会法，其法制建构的目的是维护社会安全，保障人民生活安定。确定犯罪受害人遗属，既考量了亲属法、继承法等因素，亦考量了扶养关系：配偶是被害人的生活伴侣，是相互负有扶养义务的当事人；父母子女是被害人的直系一等亲，通常依赖被害人扶养。但是遗属补偿金不是遗产，它的请领须以遗属对被害人存在生活依赖为条件，如果被害人上述遗属生活境遇很好，完全不依赖被害人生活，则该遗属就不属于补偿的范围。同样，对于祖父母、孙子女、兄弟姐妹之生活依赖，该法要求更加严格，如果这些遗属生活能够自理，自当不属于补偿之遗属。

（二）补偿主体

社会补偿是国家补偿，犯罪受害人补偿应由何机构补偿更加妥当？一般来说，应由司法机关予以补偿。我国台湾地区"犯罪被害人保护法"第 4 条规定："因犯罪行为被害而死亡者之遗属或受重伤者，得申请犯罪被害补偿金。前项犯罪被害补偿金，由地方法院或分院检察署支付；所需经费来源如下：一、'法务部'编列预算；二、监所作业者之劳作金总额提拨部分金额；三、犯罪行为人因犯罪所得或其财产经依法没收变卖者。"犯罪受害人补偿的主体可定为国家公立授权机构，但是否为法院值得商榷。我国司法执行机构置于人民法院内部，长期存在着执行难问题，审判与执行分离一直是学界讨论的话题。本书认为，独立的执行机构只负责判决裁定的执行，不负担判决裁定正确与否的判断，只有与人民法院主体职能——审判业务分离之后方能彻底实现。犯罪受害人补偿建立相应的基金，人民法院不宜直接管理此类基金，而应由专门的执行机构执行，也便于在补偿被害人之后国家求偿权的实现。

犯罪受害人补偿金之给付，须向法定补偿机构主张，换言之，对于当事人主张请求权，相关机构需要对其请求进行审查或审议。我国台湾地区"犯罪被害人保护法"第 14 条规定："地方法院及其分院检察署设犯罪被害人补偿审议委员会（以下简称审议委员会），掌理补偿之决定及其他有关事务。高等法院及其分院检察署设犯罪被害人补偿复审委员会（以下简称复审委员会），就有关犯罪被害人补偿事务，指挥监督审议委员会，并受理不服审议委员会之复议时间及径为决定事件。复审委员会及审议委员会均置主任委员会一人，分别由高等法院或其分院检察署检察长、地方法院或其分院检察署检察长兼任；委员六人至十人，由检察长遴选检察官及其他具有法律、医学或相关专门学识之人士，报请‘法务部’核定后聘兼之；职员由检察署就其员额内调兼之。”补偿请求之审议涉及适用法律问题、专业知识，如医学知识、社会保障专业知识等，需要独立审议、公正审议、专业审议，因此，设置这样的审议委员会和复审委员会，较之补偿机构直接决定补偿与否，更加科学与公正。我国未来立法，犯罪受害人补偿一样需要设置审议委员会与复审委员会，而非由相关机构直接决定是否补偿。

三、犯罪受害人补偿之法定要件

（一）犯罪受害补偿仅限于死亡与重伤两类

因补偿对象之差异，犯罪受害人补偿金，亦因补偿对象不同而分别设置重伤补偿金与遗属补偿金。换言之，犯罪受害人补偿的范围与其法制建构的宗旨一致，一方面旨在对于受害人及其家属之“救急”；另一方面在于国家对于犯罪受害人之不幸承担社会责任。因此，补偿对象仅限于犯罪之重伤与死亡当事人，凡是轻伤受害者则不得补偿。由此，犯罪致人身伤害者须依法医鉴定为重伤，甚至从失能视角，亦应以失能鉴定为依据，作出是否补偿的医学判断。除犯罪受害人死亡之补偿外，受害人重伤，除医疗保险给付外，当事人家属尚难承担个人负担部分者，须对当事人予以补偿；当事人失去工作能力的，亦须对其补偿。一般而言，重伤的界定须依据刑法的规定确定相应的范围。

（二）犯罪受害人补偿须以受害人或其遗属经济必要为限，对犯罪受害人社会补偿之申请须进行资产和收入调查

犯罪受害人补偿法理之一在于保护生活理论，旨在使当事人不致因犯罪之突发事件而致生活困顿。保护生活理论主张，因国家财源与救助之必要性考量，若犯罪被害人虽因他人之犯罪行为而受有损害，惟其本身有承受损害之能力时，即犯罪被害人未因该犯罪行为而陷于生活上之困难者，社会安全及该犯罪被害人之生活未因而遭受危险，并无由国家予以救助之必要，此时则例外不予以补偿，立法例有奥地利联邦犯罪被害人扶助法、荷兰犯罪被害人补偿法、韩国犯罪被害者救助法等。由此说明，犯罪受害人补偿定位须以当事人生活必要为前提，因此，须对受害人或其遗属之经济状况进行资产和收入调查。换言之，当事人申请犯罪受害人补偿须以经济必要为限度，只为“雪中送炭”，而非“锦上添花”。

（三）须与其他权利救济相衔接

犯罪受害人之权利救济渠道有若干，首先是民事侵权损害赔偿之救济，依据刑事附带民事诉讼赔偿之法理，当事人可循《侵权责任法》主张侵权损害赔偿。如果侵权损害赔偿充分，换言之，赔偿额远大于犯罪受害人补偿金者，自然不予补偿；民事损害赔偿不充分或落空者，可获得相应的犯罪受害人补偿之补差。其他社会保险、社会救助等行政给付亦应在犯罪受害人补偿金额度范围内扣除。一般而言，犯罪受害补偿多数发生在罪犯无经济赔偿能力，或者刑事案件

未予侦破无法确定犯罪嫌疑人,当事人刑事附带民事赔偿有可能落空的情形。如当事人获得相关社会保险给付,当事人亦不得申请犯罪社会补偿,例如,第三人造成的人身伤害被认定为工伤者,可以获得工伤保险补偿,而不得申请犯罪受害人补偿法上之补偿。

(四) 须以当事人申请为原则,实行申请主义

犯罪受害补偿之行政给付须以当事人申请为原则,只有当事人申请才可以展开相应程序。当事人在法定期限内须要式申请社会补偿,相关机构受理其申请后,经审查符合相关法定要件者,始得补偿。犯罪受害人本人或其遗属属于当事人,可以提出申请。逾期申请视为放弃获得补偿的权利。

(五) 不予补偿的法定情形

一般而言,社会补偿乃申请人维系生活之必要,以生存为本位。但是,该法制之创建亦与道德、公序良俗相衔接,即凡申请人加害被害人或其他符合申请资格者,皆丧失申请补偿的权利。被害人对其被害有可归责之事由的,可能丧失全部补偿或适当扣减补偿。

(六) 须在相关管辖地及法定时效内申请

我国台湾地区"犯罪被害人保护法"第15条第1项规定:"申请犯罪被害补偿金者,应以书面向犯罪地审议委员会为之。"因此,犯罪受害人补偿以犯罪地管辖为原则,只有在以下特定情形下,才由上级补偿审议委员会指定管辖:(1)犯罪地不明者;(2)应受理之委员会有争议者;(3)无应受理之委员会者。没有管辖制度,自然无法定位补偿申请之机构,管辖地的确定是犯罪受害人补偿的法定要件之一。此外,申请社会补偿须在法定时效内提出,我国台湾地区"犯罪被害人保护法"第16条规定:"前条申请,自知有犯罪被害时起已逾二年或自犯罪被害发生时已逾五年者,不得为之。"社会补偿一方面体现"救急"特色,体现当事人生活持续之必要,当事人主动申请须在法定时效内提出;另一方面,从补偿机构运作和证据收集各方面看,对于社会补偿申请须有一定的时效限制。

四、犯罪受害人补偿金及其财务来源

犯罪受害人补偿系由社会分担个人风险的特定社会保障制度之一,其基本原理乃国家借助公力筹措社会补偿基金,以应对个人突发之不幸。因此,犯罪受害人补偿基金之形成与积累,系社会补偿法制运作的物质基础,没有社会补偿基金则不可能对受害人进行社会补偿。

因犯罪受害人补偿对象仅限于犯罪受害人及其遗属,补偿事因起自犯罪,由此,犯罪受害人补偿基金的形成大致包括:(1)将犯罪受害人补偿编列入财政预算。政府司法部门应建构完整的法务统计与大数据依据,通过历年犯罪比例、刑事附带民事诉讼之执行率、犯罪受害人生活状况回访等因素,确定预算编制额度。(2)监狱企业劳动改造创收提取比例。劳动改造系我国惩罚犯罪、改造罪犯的有力措施。劳动创造财富,罪犯之劳动同样创造财富,我国存在许久的监狱企业,每年均能够创造出相应的财富,从中提取一定比例的资金注入社会补偿基金,补偿被害人,既是保障受害人生活之必要,亦是罪犯赎罪社会化之体现。(3)犯罪罚没提拨比例。

目前,我国所有惩罚刑事犯罪的经济措施,多表现为没收非法所得,而罚金刑运用较少。客观上讲,没收非法所得并非“罚”之范畴,该犯罪所得本没有合法性,而真正意义上的刑事罚金应当是针对犯罪分子曾经的合法收入进行处罚,尤其是对于暴力、人身伤害类刑事犯罪之刑事罚金,不应全部充盈国库,而应提拨一定比例纳入犯罪受害人补偿基金,以期对于符合法定要件的犯罪受害人进行社会补偿。

五、犯罪受害人补偿金请求权及国家求偿(代位)权

犯罪受害人补偿法制是在犯罪受害人无法获得经济上的权利救济、生活发生困顿情形下的重要社会立法。其法制核心在于对犯罪受害人社会补偿金请求权的构建。十多年前,我国最高人民法院对于刑事被害人试图建构司法救助制度:“据新华社电,最高人民法院 7 日在部署 2007 年人民法院工作时提出,要完善司法救助制度,彰显司法人文关怀。‘研究建立刑事被害人国家救助制度’成为其中一项重要任务。”[①] 但是,我国刑事犯罪受害人社会救助制度至今未及形成,客观上讲,对刑事犯罪受害人之经济予以补偿,乃社会补偿法制的范畴,不属于社会救助范畴,更非“人文关怀”的彰显。只有法院一家体会犯罪受害人之苦痛,通过法院系统建构司法救助制度对犯罪受害人予以补偿,其他国家并未形成先例。最佳的路径选择乃由司法部门运作犯罪受害人补偿法制,在依法形成上文之犯罪受害人社会补偿基金的基础上,依照法定程序展开对受害人之补偿。从当事人视角,犯罪受害人社会补偿法制形成背景下,其权利之核心在于犯罪受害人补偿金请求权的塑造,换言之,当事人依照相关法律规定,有权申请补偿,有权在未获得补偿的情形下进行程序上的救济申请;犯罪受害人补偿机构应当作为该请求权之相对人,与申请人一起维护该法制程序之正义;该得到补偿者一定能够获得补偿;不该获得补偿者,不能享受该类社会补偿给付。我国台湾地区“犯罪被害人保护法”第 18 条第 1 项规定:“申请人不服审议委员会之决定者,得于收受决定书后三十日内,以书面叙明理由向复审委员会申请复议。”第 19 条规定:“申请人不服复审委员会之复议决定或迳为决定,或复审委员会未于第 17 条所定期限内为决定者,得于收受决定书或期间届满后三十日内,迳行提起行政诉讼。”换言之,犯罪受害人社会补偿请求权的构建至关重要。

犯罪受害人获得社会补偿后,丧失了对加害人(罪犯)之请求权,社会补偿机构依法获得了相应的求偿权,也就是代位求偿权。一般情形下,例如,罪犯存在隐匿财产在受害人刑事附带民事诉讼阶段未及发现,或刑事案件在多年后侦破,而受害人在法定期限内获得了社会补偿,受害人并不享有相关追诉的权利,而是由相关补偿机构行使代位求偿权。相对而言,犯罪受害人补偿机构获得代位求偿权,从性质上讲,是将补偿确定性赋予犯罪受害人,而将代位求偿权之不确定性留给了社会,犯罪受害人补偿机构之求偿权多数情形下是会落空的。

---

① 《刑事被害人有望国家救助 最高法院部署今年法院工作,提出完善司法救助彰显人文关怀》,载《新京报》2007 年 1 月 8 日,第 A4 版。

六、犯罪受害人补偿之法定程序

犯罪受害人补偿之法定程序包括：

（一）申请

犯罪受害人补偿金之申请，须以书面形式向相关补偿机构（犯罪地犯罪受害人补偿机构）提出申请，该申请须提交相关资料，由受害人本人或其遗属签字。所需资料包括：(1) 申请人姓名、性别、出生年月、身份证件复印件、法定住所。代理人代为申请的，须同时提交代理人之相关资料。(2) 申请补偿的种类。注明系死亡补偿金或重伤补偿金。(3) 申请的事实与理由。(4) 申请人非受害人本人的，注明与受害人之间的关系。(5) 补偿金支付方式及相关银行账户。(6) 是否获得社会保险补偿、侵权损害赔偿等。(7) 审议委员会名称及年月日等。

（二）审议

犯罪受害人补偿机构成立的补偿审议委员会是由相关专家及机构专职人员共同组成的专业委员会，秉持客观、公正、专业立场审议当事人之申请，认为符合犯罪受害人法定补偿要件的，作出补偿的决定；不符合条件的，作出不予补偿的决定。审议委员会针对当事人提交的申请材料，从资质到补偿的理由与事实进行全面的审查与商议，作出是否补偿的决定。

（三）复议

对于审议委员会作出的不予补偿的决定，当事人可以向相关犯罪受害人补偿复审委员会提出复议申请。申请复议的材料除申请人身份证明与申请补偿时一致外，对于补偿决定的不服的程度、复议的事实和理由、复审委员会及年月日等皆须通过书面形式提出。复审委员会在法定期限内，对于当事人的申请作出是否补偿的决定。

（四）行政诉讼

犯罪受害人补偿的性质属于社会行政给付，当事人认为犯罪受害人补偿之复议结果于自己不利的，可以提起行政诉讼。行政诉讼乃能否获得犯罪受害补偿的最后法定程序，属最后救济手段。

第三节　特别伤害补偿法律制度

除犯罪受害人补偿法制外，对于其他损害一样设定了相关无过失补偿制度。一般而言，这些损害的发生无法适用侵权损害赔偿救济，亦无法通过社会保险予以补救，只能申请社会补偿。目前，急需建构与完善的社会补偿立法包括以下几个方面：

一、药害补偿法

药害补偿法系典型的无过失补偿法制，其同样属于社会行政给付，即通过社会行政立法，由社会行政授权机构运作，形成药害补偿基金，对受害人予以补偿。

（一）立法宗旨与药害解释

为使正当使用合法药物而受害的当事人获得相应的救济，应建构相应的药害社会补偿法制。

所谓药害，是指药物不良反应致人死亡、残疾或引发次生重大疾病的法定情形。所谓正当，是指遵照医嘱（医药专业人员指示）使用药物，例如，过去使用盘尼西林皆须事先“皮试”，该程序就属于正当的用药程序。所谓合法药物，是指主管机关核发有药物许可证，依法生产、依法运输和流通的药物。我国历史上的中成药，其制作标准并无国家规范，随着中医科学化、标准化程度的提高，尤其是中成药制造、运输、销售逐步纳入国家标准体系，中药与西药一样可以纳入法律规制的渠道。所谓不良反应，则因人而异，世界上不存在绝对安全的药物，只是反应程度不一，合法的药物对于特定病人也可能存在不良反应。只有不良反应致害的，才可依据药害补偿法律获得补偿。补偿的情形，须为药害致死、致残或引发重大疾病。换言之，药害补偿应当是对当事人造成了重大伤害。如果药害所引发的后果不严重，不良反应只是一般的身体不适，并无后遗症，即使引发次生疾病也属于轻微疾病，则不予补偿。

（二）药害补偿基金

药害补偿系补偿社会化之体现，换言之，于制造商（药商）而言，其制造依法核准和合格药物，完全没有过错可言，赔偿自然属于无法可依；于受害人而言，损害客观存在，且很严重，无法获得救济，实乃“天理难容”，由此，药害补偿法制的创制乃社会安全网织密的体现。药害补偿之社会化，需要相应的补偿资金，药害补偿资金属于社会化后的补偿基金。关于药害补偿基金的来源，大致包括以下几种：(1) 药物制造商及药物经营者之一定比例的提拨；(2) 上述药商应缴纳费用之滞纳金；(3) 基金之孳息收入；(4) 社会捐赠；(5) 其他收入。相关药商药物销售额的提取比例应当由专业评审机构进行评审，并经过历年药害补偿数额大数据测定。

药害补偿基金需要由专门的授权机构经办，该机构应当为卫生健康主管部门授权的专业机构，专门负责收取药商销售额一定比例的资金，并管理药害补偿基金；专门负责办理补偿金之给付；处理其他相关业务。药害补偿基金管理的专门机构是负责药害补偿的专门机构，其定位为事业型社会行政给付机构。

（三）当事人申请补偿及相关机构办理补偿业务

药害致当事人死亡的，药害申请人为其法定继承人；药害致当事人致残或重病的，药害申请人为本人或其法定代理人。药害申请只能向药害发生地之药害补偿机构主张；申请人具有相应的药害补偿请求权，即符合药害补偿的法定要件的，可申请药害补偿。但药害发生有以下情形者不予补偿：(1) 有事实证明药害的发生系由药害受害人不当用药所致或由药物制造商、运输商或销售商、医师或他人的侵权行为所引发；(2) 因预防接种受害，依据其他专门法律予以救济；(3) 同一事由已获补偿（人身伤害商业保险赔付不影响申请补偿）；(4) 药害未达到严重程度者；(5) 因急救需超剂量用药产生不良反应致害，经家属签字者；(6) 未按医嘱或使用说明用药致害者；(7) 其他情形。

申请药害补偿的请求权自请求权人知道或应当知道药害发生之日起,3年内不行使的,该权利自动消灭。申请药害补偿请求权为社会法上之请求权,不得让与、担保与抵押,该权利之实现免征个人所得税与遗产税等。

药害补偿机构设立药害补偿审议委员会,该委员会遴选医学、药学、法学等专家及相关社会公正人士担任,其中法学及社会公正人士比例不得低于1/3。该审议委员会就当事人的申请,自接受申请90日内作出是否予以补偿的决定。

药害补偿金标准须专门规定,并随年份推移和通货膨胀等因素作出不同程度的调整。

(四) 药害补偿之法律救济程序

药害补偿之救济程序为行政复议与行政诉讼程序。药害补偿申请人认为审议委员会之审议决定不公正与认定事实不充分的,可以依法提起行政复议与行政诉讼。卫生与健康主管部门对于药害请求权人不服药害补偿决定而提起的行政复议,不仅从药害致死、致残之原因进行科学性审查(当然,其审查必然借助于医学专家之力量,对药害成因作出科学结论),亦应考量当事人是否符合药害补偿之法定要件,如是否获得了相应的侵权损害赔偿、是否获得了相应的社会保险补偿等,在此基础上,作出相应的行政复议决定。不服行政复议决定者,可提起行政诉讼。

二、社会性公共突发事件受害补偿法

(一) 公共突发事件的概念及其性质、特征与类型

公共突发事件,系官方使用的定型名词,系突然发生,造成或者可能造成严重社会危害,需要采取应急处置措施予以应对的自然灾害、事故灾难、公共卫生突发事件和其他社会安全事件。

公共突发事件具有以下特征:(1)突发性。即对能否发生,在什么时间、什么地点、以什么方式发生,以及发生的程度等都是始料未及的,难以准确把握。这主要来源于三方面因素:有些突发事件由难以控制的客观因素引发,有些爆发于人们的知觉盲区,有些爆发于熟视无睹的细微之处。(2)复杂性。公共突发事件往往是各种矛盾激化的结果,总是呈现出一果多因、相互关联、环环相扣的复杂状态。突发事件防治的组织系统也较复杂,至少包括中央、省市及有关职能部门、社区三个层次。(3)多变性。对于公共突发事件,若处置不当可加大损失,扩大范围,转为政治事件。(4)破坏性。以人员伤亡、财产损失为标志,公共突发事件的破坏性包括直接损害和间接损害,还体现在对社会心理和个人心理造成的破坏性冲击,进而渗透到社会生活的各个层面。(5)持续性。整个人类文明进程中,突发事件从未停止过,只有通过共同努力最大限度降低突发事件发生的频率和次数,才能减轻其危害程度及对人类造成的负面影响。无数次突发事件使人类反思人与自然的关系,使人类变得更加成熟,行为更加理性。突发事件一旦爆发,总会持续一个过程,表现为潜伏期、爆发期、高潮期、缓解期、消退期。持续性还表现为蔓延性和传导性,一个突发事件经常会导致另一个突发事件的发生。(6)可控性。控制指掌握住,使之不超出范围。从系统论看,控制是对系统进行调节以克服系统的不确定性,

使之达到所需要状态的活动过程。是人类改造自然、利用自然的重要内容和社会进步的重要标志。英国—香港研究小组使用模型评估不同公共卫生手段对 SARS 的控制情况。A 没有采取任何控制措施的发病情况。B 爆发后 30 天开始，把出现症状到入院治疗间隔平均缩短 2 天，可减少 19% 发病人数。C 在 B 基础上于第 45 天停止各区域间人员往来，减少 76% 发病人数。D 在 B 基础上于第 45 天减少 50% 人员相互接触和医院感染率，能够阻止疫情增长。E 在 D 基础上于第 55 天减少 70% 医院感染率，疫情能得到非常迅速控制。(7) 机遇性。突发事件存在机遇或机会，但不会凭空掉下来，需要付出代价。机遇的出现有客观原因，偶然性之后有必然性和规律性。只有充分发挥人的主观能动性，通过人自身的努力或变革，才能捕捉住机遇。但突发事件毕竟是人们不愿看到的，不应过分强调其机遇性。是机遇，也需要有忧患意识。①

一般而言，公共突发事件分为自然灾害、事故灾难、公共卫生突发事件以及其他社会安全事件。公共突发事件大多会造成人民群众生命、健康和财产的重大损失，对于公共突发事件之发生，公力介入乃现代政府依法治理社会之一环。当然，对于不同的公共突发事件，政府着手处理的方式有一定差异，对于受害人的补偿或救助也存在差异。对于自然因素导致的公共突发事件，如地震、水灾、风灾、旱灾，一般采社会救助之形式，对遭受灾害的当事人予以救助；而对社会因素导致的公共突发事件，一般采社会补偿形式，例如，前文所介绍之暴恐事件，作为大规模犯罪受害人，社会应当给予相应补偿。此外，对于类似公共卫生事件之受害（如“非典”受害）和公共秩序失序受害（如公共踩踏、社会骚乱致害），政府依法给予当事人之社会行政补偿，乃社会补偿法制之重要内容。同时需要指出的是，对于当事人之社会补偿，虽表现形式为经济性补偿，但作为社会补偿法之定位，不包含当事人财产损失之补偿，仅以当事人生命、健康和生存权保障为前提。

（二）社会公共卫生事件之补偿

1. 社会公共卫生事件受害人补偿及其立法宗旨

社会公共卫生事件，系突然发生，造成或者可能造成社会公众健康严重损害的重大传染病疫情、群体性不明原因疾病、重大食物和职业中毒以及其他严重影响公众健康的事件。社会公共卫生事件受害人补偿，系针对公共卫生事件造成伤害的当事人之社会补偿。我国 2003 年春夏之交发生的“非典”事件属于典型的社会公共卫生事件。“非典”事件，即 SARS 事件，是指严重急性呼吸综合征于 2002 年在我国广东顺德首发，并扩散至东南亚乃至全球，直至 2003 年中期疫情才被逐渐消灭的一次全球性传染病疫潮。在此期间发生了一系列事件，如引起社会恐慌，包括医务人员在内的多名患者死亡，世界各国对该病的处理，疾病的命名，病原微生物的发现及命名，联合国、世界卫生组织及媒体的关注等。“非典”事件造成了大量的人员伤亡，亦产生了诸多的后遗症。在此社会公共卫生事件前期，相关机构人员存在相应的疏忽和失职，导致疫情的扩散；事件发生后，我国政府强有力的社会动员能力，及时抑制了疫情扩散，并最终战胜了“非典”。但是，对于“非典”受害之死伤人员，尤其是医护人员以外的其他受害人员，包括留

---

① 《突发公共事件》，载百度百科，https://baike.baidu.com/item/突发公共事件/2999576?fr=aladdin#3_6，访问日期：2018 年 12 月 20 日。

有“非典”后遗症的人员，并未给予相应的社会补偿。

社会公共卫生事件受害人补偿制度，系社会补偿法制之组成部分，当受害人无法寻求侵权损害之赔偿，亦无其他社会保险给付时，政府应当予以行政给付以补偿受害人，不致使其生活因此陷入困顿；同时，对于公共卫生事件受害人之社会补偿，也彰显了社会连带与社会互助共济理念。基于此，当事人之个人不幸由社会共同分担，政府以社会补偿之形式对当事人给予相应之行政给付。

2. 我国社会公共事件补偿法制之缺位

2003 年 5 月 7 日，国务院第七次常务会议通过了《突发公共卫生事件应急条例》（国务院令第 376 号，已被修改），该条例是在“非典”时期颁布的一部有关社会公共卫生事件的行政法规，其基本内容为：第一章：“总则”。其中第 1 条规定：“为了有效预防、及时控制和消除突发公共卫生事件的危害，保障公众身体健康与生命安全，维护正常的社会秩序，制定本条例。”其基本定位于事件的预防、控制、消除事件的危害，保障公众身体健康与生命安全。第二章：“预防与应急准备”。第三章：“报告与信息公布”；第四章：“应急处理”。第五章：“法律责任”。第六章：“附则”。对于因公共卫生事件所遭受的生命、健康损害，家属或本人如何获得相应的救济？是否“死了就白死”“残了无人问”？答案不应为“是”。对于受害人之不幸，不只为当事人之不幸，亦为社会整体之不幸，须依托社会整体力量分担当事人之不幸。对于社会卫生公共事件之受害者，应依法予以社会补偿，使其本人或家属免遭二重不幸。

3. 社会公共卫生事件之补偿机构及其主管部门

卫生与健康主管部门目前承担的是社会公共卫生事件之预防、救治与应急处理等事务；该部门作为专业行政部门，对于社会公共卫生事件受害人，尤其是未获得任何社会保险给付和任何民事损害赔偿之受害人，须依法予以补偿。当然，依据社会保障不得双重保障原则，如受害人已获得相应的社会保险给付，则丧失社会补偿之请求权。卫生与健康主管部门并不直接处理社会公共卫生事件受害之补偿，而须透过专门事务机构，也就是成立专门的社会公共卫生事件补偿机构，专门受理并依法审议受害人（包括家属）之补偿申请，符合法定要件者，作出补偿之决定。

社会公共卫生事件受害人向相关机构提出补偿申请的，须在法定期限内，将相关申请材料提交补偿机构。补偿机构组织相关专家对当事人受害的情形、受害是否与特定社会公共卫生事件具有直接关系（如当事人主张之后遗症是否属于社会公共卫生事件救治后所遗留等）进行审查。

4. 社会公共卫生事件受害补偿基金

作为社会保障之组成部分，社会补偿必然依托于一定的保障基金而运转。社会公共卫生部门乃当代政府执政之重要组成部门，政府对于公共卫生的职责不止于预防与应急，不止于对于病患之救治，亦应对社会公共卫生事件受害者予以相应的社会补偿。类似“非典”受害者，除医护人员比照工伤或国家工作人员因公殉职而获得相应的制度安排外，其他受害人及其家属，尤其是遗孤的生活将难以继续，对此，社会补偿基金应给当事人以补偿。社会公共卫生补偿基金之资金来源，作为社会公共卫生事务之一环，本就应当纳入财政预算，只是预防、应急不能解决补偿问题，因此，财政编制相应的社会公共卫生事件补偿预算是基金的重要来源；此外，社会福利彩券收入、社会慈善捐赠、基金孳息皆为基金之来源。

5. 社会公共卫生事件受害人补偿之程序救济

社会公共卫生事件受害人补偿，如同其他类型社会补偿一样，属于社会行政给付范畴。受害人之受害补偿申请被否决后，可依行政复议程序申请行政复议，行政复议维持不予补偿决定的，可提起行政诉讼。该类行政诉讼属于社会行政给付诉讼的范围，行政诉讼为最终救济程序。

（三）社会公共秩序突发事件之补偿

社会公共秩序突发事件，并非有组织的政治活动造成的人身损害，而是群众性自发活动，往往表现为“乐极生悲”式的受害。社会公共秩序之突发事件，往往表现为社会公共秩序瞬时失去控制，并由此产生了重大的人员伤亡。而在此突发事件中，无法确定民事侵权责任，受害人依据民事法律制度无法获得权利救济；政府管理或公共控制领域存在一定程度的“失职”或“失误”。基于受害人权利救济本位，基于社会连带与互助共济理念，基于当事人生存权之保障，在此情形下，建构该领域社会补偿制度实为必要。

2014 年 12 月 31 日 23 时 35 分正值跨年夜活动，因很多游客市民聚集在上海外滩迎接新年，上海市黄浦区外滩陈毅广场东南角通往黄浦江观景平台的人行通道阶梯处底部有人失衡跌倒，继而引发多人摔倒、叠压，致使拥挤踩踏事件发生，造成 36 人死亡，49 人受伤。2015 年 1 月 21 日，上海市公布“12·31”外滩拥挤踩踏事件调查报告，认定这是一起对群众性活动预防准备不足、现场管理不力、应对处置不当而引发的拥挤踩踏并造成重大伤亡和严重后果的公共安全责任事件。黄浦区政府和相关部门对这起事件负有不可推卸的责任。调查报告建议，对包括黄浦区委书记周伟、黄浦区区长彭崧在内的 11 名党政干部进行处分。2015 年 1 月 21 日，上海市公布上海外滩踩踏事件遇难者家属将获 80 万元抚慰金。[①] 此次踩踏事故导致了大量的人员伤亡，受害者无辜受害，侵权者无从确认亦不可能确认，官方成立了“事故”调查小组，以“黄浦区政府和相关部门对这起事件负有不可推卸的责任”处分了官员。事实上，这种政府责任为间接责任，如为直接责任，当事人可申请国家赔偿。上海市政府以每名亡者 80 万人民币（政府救助抚慰金 50 万元、社会抚慰金 30 万元）对当事人家属予以救助；而对于伤者，尤其是残障者如何补偿未见官方公布。

上海踩踏事件属于典型的社会公共秩序紊乱或失序事件，所导致的伤害，无法通过传统法律制度获得相应的救济。上海市政府以“救助”和“抚慰”的形式统一安顿了亡者家属。如果从社会救助的法理看，这些亡者的家属，生活并未因逝者的离去而陷入困顿，这些踩踏事件亡者的家属也并非属于低收入群体，不符合社会救助之法理，不属于社会救助范畴。但上海踩踏事件之受害人，包括死者、伤者（尤其是之后残障者）理应获得相应的社会补偿，尤其是伤残者，未见对其“救助”的有关具体措施。[②] 对于上海踩踏事件的受害人予以经济上的补偿不属于社会救助范畴，而是社会补偿，是无过失补偿制度的集中体现。该类社会补偿不仅包括对于亡者家属的经济补偿，也包括对障疾者予以相应的经济补偿。

类似社会公共秩序突发事件补偿法制，其无过失补偿的法定要件包括：其一，事件的发生

---

① 《12·31 上海外滩踩踏事件》，载百度百科 https://baike.baidu.com/item/12·31 上海外滩踩踏事件 /16513 877?fr=aladdin，访问日期：2018 年 12 月 20 日。

② 即便是政府救助，也未见依据什么样的法律法规进行相应的救助。总体而言，该领域基本上于法无据。

属于“偶然”事故，而并非犯罪事件，犯罪受害人补偿同样属于社会补偿；其二，受害人无法通过侵权损害赔偿获得相应的赔偿，无法确定责任人；其三，受害人之受害存在“无辜”因素；其四，社会补偿并非政府失责，不属于国家赔偿范畴；其五，社会公共秩序突发事件受害人补偿立足于受害人补偿本位设计相关法律制度。

国家应急事件突发管理部门负责组织社会公共事件的预防、应急处理，亦负责善后之社会补偿，该部门授权相关专门机构，建立法定社会补偿基金，厘定损失与受害程度，依据法定程序展开相应补偿。

第四节　农民失地补偿法

一、中国农地的前世与今生：农地依赖及其社会保障内涵

中国农村土地集体所有制的形成有其政治、经济、社会基础。2013 年 11 月 13 日，凤凰网一期专栏——“无非一念救苍生：回顾中共土地制度的前世今生”梳理了中国共产党从 20 世纪 20 年代至今的土地政策与理念，其图文之翔实，叙述分析之入理，让所有对中国土地制度感兴趣的读者大饱眼福。从 1927 年至 1937 年之十年，没收地主土地分配给农民耕种是中共土地政策的主轴：至 1937 年全面抗战爆发，出于抗日统一战线建设之考量，不再没收地主土地，实行减租减息政策成为抗战时期中共土地政策的基本方针；1946 年后的国共内战时期，中共实行土地改革，实行耕者有其田的政策，赢得了广大翻身农民的支持，参军参战，保卫胜利果实，最终取得了全国胜利。

（一）土地从私有到公有的历史变迁

1946 年 5 月 4 日，中共发布《土地问题的指示》，即采取非暴力的手段从地主手中将土地无偿分配给无地农民耕种，取消历史上的佃种制度；从 1947 年 10 月 10 日中共颁布《土地法大纲》始至 1953 年合作化之前，中共实行土地改革，逐渐取缔了上千年的封建土地私有制度，实行“耕者有其田”的农地政策，逐渐将地主的土地分配至无地农民的手中。最后通过 1950 年 6 月颁布的《土地改革法》，以法律的形式确认了“耕者有其田”政策。[①]

从 1953 年至 1978 年，我国农村土地制与其他制度一起形成了土地公有制与生产劳动组织化、机构化，伴随着合作化与人民公社运动，农民分得的私有土地逐渐归公，形成了以传统村落社会为基础的农村集体经济组织，较大的自然村落形成了生产大队，较小的自然村落形成了组或生产小队，土地属于生产大队集体所有。虽然人民公社化运动中曾出现公社所有的短暂状态，但大多数情形下，土地属于“村”公有，且生产经营完全组织化、分配组织化，半军事、半企业性质的集体经济组织彻底改变了农村社会的私有制性质。与民国时期的村公所、乡公所相比，生产大队与人民公社实现了真正意义上的“公”。“农村土地政策的这种演变，既反映了中

① 胡穗：《中国共产党农村土地政策的演进》，中国社会科学出版社 2007 年版，第 64–91 页。

国在走社会主义道路的过程中选择土地集体化、公有制的历史必然性，又体现了中国共产党脱离生产力水平追求生产关系变革导致的农村土地政策演变的盲目性。因此，这既使中国的农村、农业、农民在现代化过程中取得了巨大成就，又使其付出了沉重的代价。”[①] 在劳动力素质偏低[②]的情形下，在农业生产力低下即农业科技落后的背景下，农业、农村、农民全部组织化、机构化，“一刀切”，客观上局部地区肯定存在破坏与制约生产关系的现象。

（二）土地集体所有与家庭承包经营

20 世纪 50 年代末一直存在“包产到户”的实践与理论论证，决策层对此一直存在争论，1978 年后，有关“包产到户”的提议再度放大，先从边远地区开始，一直到 1983 年，在各地落实家庭联产承包责任制问题上仍存在较大争议。最终，1984 年起，全国各地几乎全部落实了家庭联产承包责任制，集中经营与组织生产的模式走进了历史，唯一留存的是农地的集体所有，也就是土地的公有制未变。计划经济时期，农村集体经济之土地公有，组织生产、集体经营、共同劳动是农村集体经济的基本脉络。集体经营过程中，因受农业科技、农民综合素质、工业和农业生产力等因素的制约，集体经营之于农民生活保障并未体现出应然的优越性，公平制约了效率，生产关系紧张时期，农民填饱肚子都很困难。实行家庭联产承包经营，将集体土地承包给家庭，由家庭自主经营，短期内暴发出了巨大的种田积极性，粮食产量大幅度提高[③]，农地的生活保障性质更加突显。农民个体经营后，在中国大规模工业化、城镇化之前的 20 世纪 80 年代，农地几乎承载了农民的吃喝拉撒。之后，由农民工进城务工引发的民工潮，降减了农地的价值，但农地的生活保障价值仍是相当多地区尤其是欠发达地区农民的基本生活保障。自《农村土地承包法》和《物权法》实施后，我国确立了“农村土地承包经营权”，该权利背后折射出的是农民的就业权、收入保障权、生存风险保障权等一系列生存权。[④] 农地是农民最大的生活依赖。

二、工业化、城市化及相关基础设施建设扩张与农民失地补偿理念

（一）工业化、城市化及相关基础设施建设占用大量耕地与农民失地

自 20 世纪 80 年代初我国农村土地承包经营制度建立之后，农村释放出大量的劳动力，农民工开始进城务工。80 年代中期后，我国城市经济体制改革逐步展开，计划时期的国营企业逐渐市场化，与此同时，中外合资企业、中外合作企业、外商独资企业、民营企业等非公有制企

---

① 胡穗：《中国共产党农村土地政策的演进》，中国社会科学出版社 2007 年版，第 93 页。

② 中华人民共和国成立初期，为改造农村社会，推动农业集体化，与之伴生的、大规模的扫盲运动客观上提升了中国农民的素质，但农村的社会生产力水平乃至中国落后的科技水平，导致落后的生产力水平与拔高了的生产关系难以适应。与如今的承包经营一样，当年的人民公社化运动一样未“因地制宜”，一样“一刀切”。

③ 长期而言，个体劳动型的家庭承包经营乃中国上千年自耕农社会的翻版，社会生产力不可能因此承包而提升。近年来，农地荒芜现象、农村水利设施损坏现象已经彰显出家庭承包经营的弊端。国家开始实施土地“三权”分置，以求中国农业产业化、市场化及开拓农业出路。

④ 郑尚元：《土地上生存权之解读——农村土地承包经营权之权利性质分析》，载《清华法学》2012 年第 3 期。

业雨后春笋般发展,工业化占用了大量农地。20 世纪 90 年代中期后,国家确立了房地产业乃国民经济支柱产业的定位,房地产业代表了城市化的外在形象,城市"摊大饼"占用了大量农地。此外,我国高速公路、机场、水利设施等一系列基础设施建设,也占用了大量农地。这些农地包含了大量的耕地,也就是所谓的承包地。与之对应,在工业化、城市化大量占用农地的同时,失地农民出现了。"失地农民是指在城市化、工业化进程中,基于非农建设需要(农民住宅用地除外)被国家依法征收而失去或大部分失去农业用地份额的农民。从法学角度而言,失地农民是指因失去土地而失去土地上财产权利、就业机会的权利、基本生活保障的权利,以及与土地相关的一系列相关权利的一类特殊法律主体。"① 概言之,工业化、城市化与相关基础设施建设占用农地与农民失地是社会发展过程中的事实存在,在某种程度上,这种情势乃社会发展所必需。

(二) 农民失去生存依赖及其补偿

对于全部失去农地的农民来说,其本应失去的是农民的社会身份,但是,由农民转变为市民并不像计划经济时期由"农户"向"非农户"之户籍变更那样简单,其涉及的是一个系统性的社会工程改造问题。中国大部分农民为自给自足的自耕农,其土地占有的面积以及农产品的用途决定了上千年中国农业社会的存在方式,即"靠天吃饭、靠地养人"的生存方式,决定了大部分农民对土地的依赖。改革开放后,农村土地虽然保留了公有制,即农村土地的集体所有制,但由农民家庭承包经营,生产经营个体化、去组织化,农民对于承包土地的依赖程度较之计划经济时期明显提高。上述工业化、城市化和其他基础设施建设占用其承包经营土地后,直接影响其基本生活。目前存在的失地农民的上访案件,客观上反映了地方相关部门将其简单化处理的事实。"在中国农民的传统观念中,土地是农民的根,是农民生存的基本保障。随着社会文明的进步,它同样承担者政治、经济和社会生活等多种职能。农民一旦被剥夺了土地,就意味着失去了最基本的生产资料。随之而来的连锁反应,就会失去了就业的机会,就会失去了生活的来源。"② 个体化经营的家庭承包土地承载的基本生活保障使命,决定了其失去之后须按照基本生活保障的制度逻辑纳入社会保障的范畴之内。长久以来,人们的习惯用语几乎全部为"土地征收补偿",但究竟是何种性质的补偿?学界并无多少法学学术贡献,尤其是对于如何补偿更是没有思路。从上文分析看,农民失地的征收补偿属于公法范畴,其应定性为行政给付性质,属于典型的社会保障体系之组成部分。只有如此,失地农民的后续生活才能有所保障,社会秩序才不致紊乱。

三、对三峡水利工程建设之失地农民的补偿与安置:现行法制及其检讨

(一) 基于三峡水利工程建设后的移民安置及南水北调水利工程征地补偿之立法

三峡水利工程系我国投资最大的水利工程,因该工程之修建而需要大量的移民搬迁与安

① 李蕊:《失地农民权益保障》,知识产权出版社 2009 年版,第 4 页。

② 雷舰:《失地农民集体上访的逻辑——以鲁南 D 村为个案的实证分析》,华中师范大学 2013 年硕士学位论文。

置。早在1993年,国务院即颁布专门的行政法规——《长江三峡工程建设移民条例》,三峡水利工程的修建亦占用了包括耕地在内的大量农地,以此为基础,我国南水北调工程开工建设。2006年7月7日,国务院颁布《大中型水利水电工程建设征地补偿和移民安置条例》,该条例于2006年9月1日起施行,2013年12月7日国务院修订该条例(国务院令第645号),2017年4月14日国务院再次修订该条例(国务院令第679号)。该条例作为国务院行政法规,历经两次修订,足见官方对其之重视程度。该条例共分8章63条,其中,第一章总则;第二章移民安置规划;第三章征地补偿;第四章移民安置;第五章后期扶持;第六章监督管理;第七章法律责任;第八章附则。

如此规模的建设工程,占用农地规模空前,移民需要安置,占用农地需要补偿。移民后续生活如何安排?其基本生活如何保障?这些"棘手"问题,如果没有相应的法律规范与约束,没有相应的法律制度保障,必然导致社会秩序的紊乱,产生大量的社会问题,当然,也必然导致包括农民在内的移民的合法权益受到损害。移民搬迁中,对于体制内有职业者,移民搬迁无非是异地安置房产,保障其居住的权利问题;而对于非体制内的灵活就业人员,如从事零售或服务的小营业者,移民搬迁后其生意可能会受到直接影响;对于农民因该工程占用其承包土地、宅基地等,其基本生活秩序需要重建。不论是小营业者或农民,因其生活秩序需要重建,有关移民安置与补偿问题之立法则为必需。现就该条例的基本内容略述如下:

1. 移民安置规划之编制。该条例第6条第1款规定:"已经成立项目法人的大中型水利水电工程,由项目法人编制移民安置规划大纲,按照审批权限报省、自治区、直辖市人民政府或者国务院移民管理机构审批;省、自治区、直辖市人民政府或者国务院移民管理机构在审批前应当征求移民区和移民安置区县级以上人民政府的意见。"第15条第1款规定:"编制移民安置规划应当广泛听取移民和移民安置区居民的意见;必要时,应当采取听证的方式。"移民安置规划涉及移民生活秩序的重建,依照法定程序编制规划,编制规划时依照法定程序征求相关方意见是必要的,我国目前仅为听证程序。实质上,有关规划之编制应当听取各方专家意见,在草案出台后,项目主管部门应当与相关方进行谈判,并有相应的最终裁决程序之建构。规划中必然涉及征地补偿与安置资金的问题,该条例第16条第2款规定:"征地补偿和移民安置资金包括土地补偿费、安置补助费,农村居民的拆建、城(集)镇拆建、工况企业拆建以及专项设施迁建或者复建补偿费(含有关抵偿附着物补偿费),移民个人财产补偿费(含地上附着物和青苗补偿费)和搬迁费,库底清理费,淹没区文物保护费和国家规定的其他费用。"上述所涉移民安置规划,包括所有移民,甚至把相关机构的补偿与安置一并列入。但是,农民移民搬迁后住在哪里?其在新搬入地如何生存?这是农民移民搬迁最主要的问题。

2. 征地补偿之规定。该条例第22条规定:"大中型水利水电工程建设征收土地的土地补偿费和安置补助费,实行与铁路等基础设施项目用地同等补偿标准,按照被征收土地所在省、自治区、直辖市规定的标准执行。被征收土地上的零星树木、青苗等补偿标准,按照被征收土地所在省、自治区、直辖市规定的标准执行。被征收土地上的附着建筑物按照其原规模、原标准或者恢复原功能的原则补偿;对补偿费用不足以修建基本用房的贫困移民,应当给予适当补助。使用其他单位或者个人依法使用的国有耕地,参照征收耕地的补偿标准给予补偿;使用未确定给单位或者个人使用的国有未利用地,不予补偿。移民远迁后,在水库周边淹没线以上属于移民个人所有的零星树木、房屋等应当分别依照本条第二款、第三款规定的标准给予补偿。"

该条例第25条规定:“大中型水利水电工程建设占用耕地的,应当执行占补平衡的规定。为安置移民开垦的耕地、因大中型水利水电工程建设而进行土地整理新增的耕地、工程施工新造的耕地可以抵扣或者折抵建设占用耕地的数量。大中型水利水电工程建设占用25度以上坡耕地的,不计入需要补充耕地的范围。”

上述规定表明,我国目前征地补偿之耕地补偿采用现金补偿和等量耕地补偿的方式,并未根据被征地农民的家庭状况、农民的年龄和就业状况进行相应的社会法上之补偿。

3. 移民安置。该条例第27条规定:“大中型水利水电工程开工前,项目法人应当根据经批准的移民安置规划,与移民区和移民安置区所在的省、自治区、直辖市人民政府或者市、县人民政府签订移民安置协议;签订协议的省、自治区、直辖市人民政府或者市人民政府,可以与下一级有移民或者移民安置任务的人民政府签订移民安置协议。”

该条例第30条规定:“农村移民在本县通过新开发土地或者调剂土地集中安置的,县级人民政府应当将土地补偿费、安置补助费和集体财产补偿费直接兑付给该村集体经济组织或者村民委员会。农村移民分散安置到本县内其他村集体经济组织或者村民委员会的,应当由移民安置村集体经济组织或者村民委员会与县人民政府签订协议,按照协议安排移民的生产和生活。”移民安置实质上就是如何落实土地补偿费和安置补助费的支付问题,最终通过各类协议得以落实。

4. 后期扶持。该条例第40条规定:“水库移民后期扶持资金应当按照水库移民后期扶持规划,主要作为生产生活补助发放给移民个人;必要时可以实行项目扶持,用于解决移民村生产生活中存在的突出问题,或者采取生产生活补助和项目扶持相结合的方式。具体扶持标准、期限和资金的筹集、使用管理依照国务院有关规定执行。省、自治区、直辖市人民政府根据国家规定的原则,结合本行政区域实际情况,制定水库移民后期复制具体实施办法,报过五关批准后执行。”第42条规定:“国家在移民安置区和大中型水利水电工程受益地区兴办的生产建设项目,应当优先吸收符合条件的移民就业。”第45条规定:“各级人民政府及其有关部门应当加强对移民的科学文化知识和使用技术的培训,加强法制宣传教育,提高移民素质,增强移民就业能力。”

上述规定,一定程度上体现了社会法上补偿之形式。

(二) 立法检讨:关于现行法制理念与制度之检视

农地征收补偿概念其不是一个全新的语境,甚至“征地补偿”已经成为法学界的通用词汇,但是,农地征收补偿不是传统民法的买卖契约制度,亦非行政法纯粹意义上的财产之公用征收,而是基于特殊的水利水电设施建设的需要,基于农地的特殊性质,基于承包土地于农民而言之生存保障功能所实施的社会法上的社会补偿制度。我国水利水电设施工程建设专门立法以应对征地补偿事宜,有其历史意义,即针对三峡水利工程建设之移民搬迁与安置所立专门之法,其法制属性、公开程度乃至社会认知度并不高,相信多数人尚不认为这是立法,而将之认定为政府的一项“工作”。本书认为,我国的农地征收补偿法属于典型的社会保障法制,是保障失地农民基本生活持续的社会保障法,由此,本书对于上述《大中型水利水电工程建设征地补偿和移民安置条例》的法律性质及其缺憾检视如下:

第一,该条例的法律性质属于社会保障法,其具体法律制度表现为社会保障法之社会补偿法律。社会保障法系享有国民及准国民待遇之自然人之基本生活保障类法律的总称。前文所述社会保障分社会保险、社会救助、社会补偿、社会促进及特殊群体社会福利等类别。我国系典型的二元社会结构并且该结构将长期存在，即农业、农村与农民之“三农”社会与城镇社会将长期存在“二元”分割。在农业现代化、产业化以及大量农民市民化之前，大部分农民依赖土地作为基本生产资料不会改变[①]，因此，农民失地就意味着失去生存依赖，征地补偿必须以农民基本生活得以保障为前提。例如，浙江嘉兴市的“嘉兴模式”基本上就是依照社会保障法之原理处理土地征收补偿的，“该模式主要针对失地农民的社保问题而提出，所以又被称为：‘土地换社保’模式。它可以被简单地概括为‘三统’‘一分别’。‘三统’即政府统一实施征地、统一补偿政策、统一办理失地人员农转非和养老保险。‘一分别’即不同年龄段的安置对象分别进行安置，政府不再向村集体支付人员安置费，而是将所有费用转入到劳动社保部分的社保专户，直接落实到安置人员个人账户上。”[②] 只不过“嘉兴模式”不是国家立法。

第二，土地补偿应当以生存权保障与发展理念补偿失地农民，即土地补偿应当为“变量”补偿而非“恒量”补偿，不应“一次了断”。前述条例第 22 条规定的土地补偿费为土地征收前三年平均年产值的16倍，那么，对于60岁以上农民，甚至50岁以上农民，其不可能完成职业转型，16 倍年产值之补偿即使在未来不存在通货膨胀，其未来寿命超出 16 年、20 年、30 年者，谁来安排他们的晚年生活？换言之，16 倍土地年产值的补偿属于“一次了断”，虽然方法较为简单，但于失地农民而言，其后续生活将面临巨大挑战！从条例第 45 条之规定，也就是所谓的“后期扶持”的规定看，适龄就业之失地农民的就业能力的提升乃其生存保障的关键，失地补偿金应当部分注入失业保险基金，依法对失地农民进行转业培训；而对于已达 60 岁之失地农民，应当按照城市最低档养老保险金持续发放，保障甚至提升其生活水准。“笔者认为结合我国国情，失地农民社会保障制度的主要任务应该是基本保障失地农民‘生有所靠、病有所医、老有所养’。应该首先重点构建失地农民基本养老保险制度，在确保落实这一基本社会保险的前提下，逐步发展失地农民医疗和失业保险。”[③] 失地农民补偿既需要补偿农民当下生活的继续，亦需要补偿失地农民未来生活的安排；既需要现金补偿，亦需要非现金补偿。尤其对于适龄就业人员，应提供相应的职业培训与转业训练给付，提高其失地后的生活技能，工程完工后，优先录用符合就业条件的失地农民。为 45 岁以上 60 岁以下失地农民补缴养老保险，60 岁以上失地农民按照城市最低档养老保险费予以给付。保障生存权和坚持发展理念背景下的失地补偿法制是一部非常复杂的社会补偿法。

当然，土地补偿中不排除等量土地之补偿，在同样的耕地、同等耕作条件下，该类土地补偿最为简单。

第三，土地补偿费、安置费之给付，应当为行政给付，有些直接给付给失地农民，而相当部分应当转入社会保险基金账户，而不是由村委会等集体经济组织与县政府签订安置协议，再由该集体经济组织或村委会组织土地补偿费、安置费的转手发放，其中层层盘剥不说，更滋生了大量的基层腐败，这是制度不周延，法制并未符合法理所导致的制度尴尬。集体经济组织虽然

---

① 当然，国家实行农村土地“三权”分置后，部分农业将产业化、市场化，二元分割将在此基础上有所改变。

② 汪振江：《农村土地产权与征收补偿问题研究》，中国人民大学出版社 2008 年版，第 273 页。

③ 李蕊：《失地农民权益保障》，知识产权出版社 2009 年版，第 253 页。

说是集体土地的所有权人，但是农民承包其土地经营，乃所有农民都可获得的生存权利，依据《物权法》之规定，农民享有相应的用益物权，当然更主要的是其基于公平分配之生存权。失地农民在农地征收补偿过程中才是法律关系的主体，村委会或其他集体经济组织与县政府签订安置补偿协议实质上是法律关系之错乱。农地征收补偿法律关系，应当是建设工程（含筹建方及未来经营方）与即将失地或已经失地农民之间的社会补偿关系，其补偿不应通过协议确定补偿标准和补偿方式，补偿标准和补偿方式应当法定。

第四，失地农民权利救济程序之缺失。条例法律责任部分除规定了相关机构和人员滥用职权、玩忽职守的法律责任外，亦规定了移民拒绝搬迁的法院强制执行程序，以及相关人员违反治安管理法律、法规所应受的处罚，甚至构成犯罪所应承担的法律责任。但对于利益最攸关方之失地农民对征地补偿的标准、补偿方式不服的，应当如何寻求救济，条例未作任何规定。事实上，现实生活中有关征地补偿存在的不满与诉怨是客观存在的，因程序正义无法彰显而导致的信访、上访甚至闹访事件层出不穷。本书认为，农地征收系因国家大中型水利水电工程而起，工程的建设利国利民，对于防洪、灌溉、发电、航运皆有重大作用，农民应当配合工程征地。但是，农民不应因工程建设而利益受损，对于征地补偿、安置方案不合理，补偿费、安置费标准过低者，失地农民应当有权提起行政诉讼，该行政诉讼属于社会行政给付诉讼。人保部门应当主管所有征地补偿的事务[①]，成立专门机构负责农地征收补偿安置业务。该业务机构应当为行政部门，失地农民便是行政相对人。失地农民的权利救济程序之建构是实现征地补偿正义的最关键环节。“在德国，土地征收程序一般包括：事业的认定；应征收土地的确定；补偿金的确定；征收的完成。在救济制度方面，联邦行政法院审查征收程序的适法性及其法律依据的合宪性，而是否补偿以及在何种范围内补偿则由普通法院管辖”[②]。概言之，土地征收补偿法制本身既是实体法，亦是程序法，于失地农民而言，一旦欠缺程序救济，其权利受到侵害就非个案。

四、未来期待：农地征收补偿立法

（一）专项立法之针对性与一般立法之普适性：由水利水电设施占用农地之补偿到其他公用建设占用农地之补偿

前述条例的适用范围模糊。“大中型水利水电工程”并非一个社会生活中的通用概念，也不是一个常识，更非一个法律术语。关于“大中型水利水电工程”的法律定义，应当包含工程的规模和占用农地达到什么样的程度。经济发展过程中占用农地的各种工程项目繁多，而仅仅针对“大中型水利水电工程”为失地农民补偿进行立法不免以偏概全。事实上，占用农地的各类工程不计其数，如水利水电工程、机场、高速公路铁路、体育设施、行政事业单位发展以及更大规模的城市房地产开发，尤其是后者，政府通过以小额的成本征地以高昂的拍卖价出让土地的方式开发城市房地产，房地产开发商开发过程中占用农地的行为俨然一派商业

---

① 事实上，人保部农村养老保险司设置专门的征地补偿处室，说明相关部门已经意识到了失地农民的社会保障问题。但是，该机构层级较低，且除行政机构作为决策机构外，并无专门的业务处理机构。

② 王太高：《土地征收制度比较研究》，载《比较法研究》2004 年第 6 期。

行为，所有城市近郊区的征地无不是政府“算账”的结果，甚至出于土地财政之目的。其中，有些地区失地农民，尤其是失去宅基地和承包地的农民，获得了高额的一次性补偿。事实上，瞬间得到如此高额补偿，并未提高当事人个人素质和城市生存技能，重新陷入贫困者不乏其例。

因此，国家对于失地农民之补偿，既需要专门性立法，亦需要普适性立法。即不管什么样的征地皆应以同样的规则，基于生存和发展两个方面，客观、公正、公平地补偿当事人，尤其是在补偿标准的公正性、补偿方式的多样化方面，既要考虑眼前利益，亦要考虑长远发展，将适龄人员的就业权利保障、达到城镇退休年龄人员的养老保障以及受教育阶段的教育权利保障一并纳入补偿规划中，把补偿费、安置费用在合理之处才是最佳选择。应将农地征收补偿从“大中型水利水电工程”拓展到所有农地征收补偿领域。

（二）立法层次提升

目前，国家层面的农地征收补偿立法就是前文所述的《大中型水利水电工程建设征地补偿与移民安置条例》这一部国务院行政法规，其针对性强，覆盖面有限，最主要的是该条例作为国务院行政法规有其难以突破的障碍，尤其在处理征地补偿纠纷环节，其行政法规的局限性彰显无遗。因此，有关农地征收补偿之社会立法是非常必要的。应在总结上述条例经验的基础上，结合地方相关立法以及多年来有关征地补偿的案例积累，起草出一部适合国情、体现社会立法成果、反映“补偿”实质的《农地征收补偿法》，为政府有组织、有秩序、依法征地提供法律依据，为失地农民维护权益提供法律保障，为实体正义与程序正义的实现架构法律制度。因此，提升立法层次与扩大覆盖范围一样重要。通过立法，梳理出社会补偿立法之法理，反映该领域乃社会保障法制建构之本质。

（三）疏通权利救济程序通道

多年来，因征地补偿不合理、强制征收不予补偿乃至失地农民后续生活没有着落等，失地农民信访、上访事件不断，甚至因救济程序不通畅，形成了反复闹访。与此同时，由于征地补偿采取“一次了断”模式，县级政府与村集体经济组织或村民委员会签订征地补偿协议，补偿款常常由村级组织的相关领导转手发放，再加上补偿程序不透明，社会生活中截留、贪污、挪用征地补偿款事件屡屡发生，说明通过立法，建构公平、公正、透明的征地补偿程序、权利救济程序乃建设社会主义法治国家立法的重要内容。唯如此，征地补偿才能走上法治道路，征地才能更加公平，社会才能更加和谐，失地农民后续生活才会有所保障，失地农民才会提升职业技能，尽快融入非农社会。“在当代条件下，要使行政权力的行使服从于法治原则，只是由法官站在中立的立场上审查行政行为的法规适合性已经不够。作为这种控制的前提，国民平时就对行政行为实质合法性进行监视，并积极地把争议提交审判是非常有必要的。”① “征地补偿”之“征地”行为必然是行政权力的扩张或延伸，没有任何民间力量可以从事这种法律行为。征地是否合法在于政府，补偿是否到位、是否合理同样在于政府。严格意义上讲，国务院行政法规作为政

① ［日］棚濑孝雄：《纠纷的解决与审判制度》，王亚新译，中国政法大学出版社 1994 年版，第 253 页。

府征地的依据，其本身就存在"规则制定者与裁判者一体化"的嫌疑，如果再无司法审判参与争议与纠纷的处理，程序的瑕疵必然导致实体正义的不彰。完善征地补偿之程序立法是完善征地补偿制度必不可少的一环。

思考题：

1. 社会补偿的法理基础包括哪些？
2. 损失补偿、国家赔偿与社会补偿有哪些区别？
3. 社会补偿有哪些分类？
4. 何为犯罪受害人补偿？何为药害补偿？何为特别事件损害补偿？
5. 分析犯罪受害人补偿法制之必要性与紧迫性。
6. 我国农地征收补偿为何属于社会保障法范畴？
7. 评析我国现行《大中型水利水电工程建设征地补偿和移民安置条例》。

第十三章　社会福利法

第一节　儿童福利法

关于“儿童”这一概念，不同领域有不同的认识和理解。在儿童福利法中，儿童是指18周岁以下的人。这与我国《未成年人保护法》中关于未成年人范围的规定一致。该法第2条规定：“本法所称未成年人是指未满十八周岁的公民。”联合国《儿童权利公约》第1条规定：“儿童系指18岁以下的任何人，除非对其适用之法律规定成年年龄低于18岁。”对于儿童的称谓，除未成年人外，还有婴儿、幼儿、婴幼儿、少年、青少年等，分别指称不同时期的儿童，只要符合上述儿童的范围，均为本章所称的儿童。

儿童的生存、保护和发展是提高人口素质的基础，是人类未来发展的先决条件，是国家未来的希望，关系到国家的前途命运。儿童的身心尚未发展成熟，不具有完全的行为能力，对父母或其他监护人具有高度的依赖性，缺乏自我保护能力，易受侵害，社会参与机会极少，难以依靠自己的力量影响公共政策。联合国《儿童权利宣言》指出：“儿童因身心尚未成熟，在其出生以前和以后均需要特殊的保护和照料，包括法律上的适当保护。”儿童的可塑性极强，未来有巨大的发展潜力，儿童的教育需求较其他任何群体都更加强烈。儿童时期是人的生理、心理发展的关键时期，“儿童是人生的第一个阶段，儿童时期是个体人格发展的关键所在，所以世界各国的福利服务，大多以儿童为首要对象”[①]。为儿童提供必要的生存、发展、受保护和参与的机会和条件，最大限度地满足儿童的发展需要，发挥儿童潜能，将为其一生的发展奠定坚实的基础。增进儿童福利，保障他们健康成长，是国家和社会责无旁贷的义务。

关于儿童福利的含义，有广义和狭义之分。广义的儿童福利是针对全体儿童的普遍需求的所有直接或间接促进儿童成长和发展的活动和制度，又称发展取向的儿童福利、积极的儿童福利；狭义的儿童福利是指针对处于不幸境地的儿童采取的救助、保护、矫正、养护等措施，又称问题取向的儿童福利、消极的儿童福利。[②] 实际上，采用广义或狭义儿童福利常因国家和社会的发展阶段不同而不同，落后国家对儿童往往只能做到救助，发展中国家多采用狭义的儿童福利概念，发达国家更乐于采用广义的儿童福利概念。儿童福利具有满足儿童的需求、补充家庭的不足、维护儿童的权益、增进儿童的能力、启发儿童的爱心等功能。[③] 儿童福利法制完善的

---

① 江亮演、林胜义、林振裕：《社会政策与立法》，洪叶文化事业有限公司2004年版，第243页。

② 参见周震欧主编：《儿童福利》，巨流图书股份有限公司2009年版，第7-9页。

③ 林胜义：《儿童福利》，五南图书出版公司2012年版，第5-7页。

国家，几乎都经历了从补缺型到普惠型的发展过程，我国的现实条件也决定了经历这一过程的必然性。长期以来，我国关于儿童福利的理解是补缺型的，即儿童福利的对象限于处于困境中的儿童。随着社会的转型，我国传统的以家庭为主导的儿童福利保障模式面临着严峻的挑战，儿童的社会福利需求日趋强烈。2011 年国务院颁布实施的《中国儿童发展纲要(2011—2020 年)》启动了我国第三个促进儿童发展的国家行动计划。其中提出儿童福利的目标之一是“扩大儿童福利范围，推动儿童福利由补缺型向适度普惠型的转变”。2013 年《民政部关于开展适度普惠型儿童福利制度建设试点工作的通知》指出：“所谓‘适度普惠型’，是指逐步建立覆盖全体儿童的普惠福利制度。”研究儿童福利法，既要立足于当前，也应着眼于未来。为此，本节所称的儿童福利，既包含处于困境中的儿童的福利，也包括全体儿童的普遍性福利。就我国目前的儿童福利制度而言，大体上可归于补缺型，但也存在一些残缺的普惠型的制度，将来的发展趋势将是普惠型的儿童福利制度。“儿童福利政策从补缺型向普惠型的发展，带来相关法律制度体系的变革，这几乎是东西方儿童福利制度发展的共同规律。”[①] 本节所称儿童社会福利，是指国家和社会为满足儿童的生活需要，提高其生活质量，而提供各种服务、设施或津贴的制度。

儿童福利法是调整因儿童福利的提供和享受而发生的社会关系的法律规范的总称。儿童福利法以儿童为保障对象，以促进儿童身心健康发展、保障儿童权益、增进儿童福利为宗旨。当前，我国的儿童福利制度散见于各种法律法规之中，还不能满足儿童福利事业开展的需要。民政部起草的《儿童福利条例》已启动数年，《国务院 2016 年立法工作计划》将其列为研究项目，何时出台尚难预料。长远来看，我国应当制定一部专门的《儿童福利法》，对保障对象、实施主体、资金来源、保障方法和保障水平等作出系统规定，推动和规范儿童福利事业的发展。

我国儿童福利法的体系尚未确立，学说上对此问题的讨论也未及展开。依儿童福利体系确定儿童福利法体系，是一个相对稳妥的儿童福利法体系化的路径。对于儿童福利的体系划分，有的依儿童福利的对象分为一般儿童福利、不幸儿童福利和特殊儿童福利；有的依儿童福利需求的性质分为医疗卫生福利、教育福利、社会福利等；有的依儿童福利的功能分为支持性儿童福利、补充性儿童福利、替代性儿童福利和保护性儿童福利。[②] 有学者以儿童福利保护的利益为标准将儿童福利分为生存与发展、健康、教育、适当生活水准、残疾儿童特别照顾五个方面。[③] 利益不过是需求的满足，依照儿童福利保护的利益划分实与依照儿童福利需求的性质划分方法近似。上述各种划分各有其优缺点，依对象或性质划分，可能难以全面涵盖；依功能划分，虽然层次分明，但也存在具体归类的困难。因我国儿童福利的功能定位尚在发展中，儿童福利制度还很不完善，儿童福利的范围还较狭窄，儿童福利的内容还较有限，若依儿童福利的功能进行分类，有些类别会有较多空白，并不易了解我国当今的制度。就儿童福利法的学习而言，依儿童福利的性质或需求进行分类，较为简明且贴近现实，有利于掌握我国儿童福利制度的概貌。有学者将儿童需求划分为生活保障之需求、健康维护之需求、保护照顾之需求、教育辅导之需求和休闲娱乐之需求五个方面，颇有见地。[④] “儿童福利政策的核心目标是确保儿童

---

① 王雪梅：《儿童福利论》，社会科学文献出版社 2014 年版，第 42 页。

② 林胜义：《儿童福利》，五南图书出版公司 2012 年版，第 8 页。

③ 吴鹏飞：《儿童福利权体系构成及内容初探——以宪法人权理论为视角》，载《政治与法律》2015 年第 2 期。

④ 郭静晃：《儿童福利》，扬智文化事业股份有限公司 2009 年版，第 20 页。

身心健康成长。”[①] 儿童福利体系与儿童福利法体系亦应围绕该核心来建构，以满足儿童身心健康成长的需求。鉴于儿童自身的特点，其生存与发展的需求是多方面的，并不限于物质方面的需求，还包括其他的服务以及健康成长的环境等，具体包括生活保障、教育、健康、权益保护等方面，儿童福利法的体系亦可依此需求的性质来构建。按照儿童福利需求的性质，儿童福利法的体系大体可分为儿童生活保障制度、儿童教育制度、儿童健康制度、儿童权益保护制度等。

儿童福利法不应仅将儿童视为一个被动的、需要保护的对象，而应当将其作为一个独立的人对待，必须坚持儿童权利理念。儿童是权利主体而非客体，儿童不是父母或家庭的私有财产。儿童福利法应遵循儿童优先原则、儿童利益最大化原则、政府与家庭的作用相结合原则等。关爱儿童是人类的自然情感，但对儿童权利的认可却是进入现代以后的事。1924 年国际联盟通过了《儿童权利宣言》(《日内瓦宣言》)，确立了儿童权利的概念。1948 年联合国通过的《世界人权宣言》包含儿童权利的内容。1959 年联合国通过《儿童权利宣言》，扩展了儿童的权利。1989 年联合国通过的《儿童权利公约》，是第一个保障儿童权利的具有法律约束力的国际公约。我国已签署并批准该公约。《儿童权利公约》规定：“关于儿童的一切行动，不论是由公私社会福利机构、法院、行政当局或立法机构执行，均应以儿童的最大利益为首要考虑。”根据我国《未成年人保护法》的规定，儿童享有生存权、发展权、受保护权、参与权等权利，国家根据儿童身心发展特点给予特殊、优先保护，保障儿童的合法权益不受侵犯。其中，生存权是指儿童享有其固有的生命权、健康权和获得基本生活保障的权利；发展权是指儿童受教育和充分发展其全部体能与智能的权利；受保护权是指儿童不受歧视、虐待和忽视的权利；参与权是指儿童参与家庭和社会生活，并就影响他们生活的事项发表意见的权利。

以下主要立足于现行立法介绍我国的儿童福利法的主要内容。

一、儿童生活保障

(一) 孤儿替代性养护制度

在儿童生活保障方面，我国在制度上较为成型的是孤儿替代性养护制度。孤儿是指失去父母或查找不到生父母的未满 18 周岁的未成年人。孤儿是面临特殊困难的儿童，需要特别的关怀。对于孤儿的养护，家庭的功能已不能发挥，需要一种替代性的儿童福利，以替代父母对儿童的养育角色。《儿童权利公约》序言指出：“确认世界各国都有生活在极端困难情况下的儿童，对这些儿童需要给予特别的照顾。”“对于失依儿童的教养方式，早期以机构教养为主，后来由于儿童照顾理念的发展，倡导以家庭为儿童最佳生活场所，因而产生寄养服务与收养服务……儿童安置的考量依序为家庭寄养、家庭收养、机构安置。”[②] 我国孤儿生活保障体系还不够健全，保障水平有待提高。2010 年 11 月国务院办公厅发布的《关于加强孤儿保障工作的意见》规定，地方各级政府要按照有利于孤儿身心健康成长的原则，采取多种方式，拓展孤儿安置渠道，妥善安置孤儿。具体包括：

---

① 刘继同：《国家责任与儿童福利：中国儿童健康与儿童福利政策研究》，中国社会出版社 2010 年版，第 209 页。

② 林胜义：《儿童福利》，五南图书出版公司 2012 年版，第 169 页。

1. 亲属抚养

“我们仍然拥有依靠家族来抚养孤儿的优势,国家的介入应顺应家族抚养的需求,帮助家族履行抚养孤儿的责任。”[①] 亲属抚养是目前我国散居孤儿的主要养护方式。孤儿的监护人依照《民法总则》等法律确定。

2. 机构养育

机构养育是一种发展最早的儿童福利制度,是最古老的在家庭之外的儿童养育方式,能够完全替代家庭提供儿童养育服务。“机构照顾既然是一种集体、全天候、住宿型且与社区某种程度隔离的照顾方式,自然有其独特性。”[②] 对没有亲属和其他监护人抚养的孤儿,经依法公告后由民政部门设立的儿童福利机构收留抚养。有条件的儿童福利机构可在社区购买、租赁房屋,或在机构内部建造单元式居所,为孤儿提供家庭式养育。公安部门应及时为孤儿办理儿童福利机构集体户口。

3. 家庭寄养

对于家庭寄养与机构养育何者更有利于儿童的健康成长,一度存在论争。[③] 中华人民共和国成立之初,机构养育被认为是最佳的孤儿替代性养护方式,这种观念对我国孤儿养护制度有着广泛的影响,机构养育长期作为孤儿养护的主导方式。20 世纪 90 年代初期,我国开始了家庭寄养的试点,逐渐发展成为孤儿安置的一种重要方式。家庭寄养使孤儿进入家庭,成长于家庭,进而融入社会,在保护孤儿的心理健康和顺利完成社会化方面的优势明显,有利于孤儿的发展,并可减轻政府财政的负担。依照《国务院办公厅关于加强孤儿保障工作的意见》,由孤儿父母生前所在单位或者孤儿住所地的村(居)民委员会或者民政部门担任监护人的,可由监护人对有抚养意愿和抚养能力的家庭进行评估,选择抚育条件较好的家庭开展委托监护或者家庭寄养,并给予养育费用补贴,当地政府可酌情给予劳务补贴。2014 年 12 月 1 日,民政部公布的《家庭寄养管理办法》施行,其所称家庭寄养,是指经过规定的程序,将民政部门监护的儿童委托在符合条件的家庭中养育的照料模式。民政部门负责家庭寄养监督管理工作。未满 18 周岁、监护权在县级以上地方人民政府民政部门的孤儿,以及查找不到生父母的弃婴和儿童,可以被寄养。需要长期依靠医疗康复、特殊教育等专业技术照料的重度残疾儿童,不宜安排家庭寄养。寄养家庭应当同时具备下列条件:(1)有儿童福利机构所在地的常住户口和固定住所,寄养儿童入住后,人均居住面积不低于当地人均居住水平;(2)有稳定的经济收入,家庭成员人均收入在当地处于中等水平以上;(3)家庭成员未患有传染病或者精神疾病,以及其他不利于寄养儿童抚育、成长的疾病;(4)家庭成员无犯罪记录,无不良生活嗜好,关系和睦,与邻里关系融洽;(5)主要照料人的年龄在 30 周岁以上 65 周岁以下,身体健康,具有照料儿童的能力、经验,初中以上文化程度。每个寄养家庭寄养儿童的人数不得超过 2 人,且该家庭无未满 6 周岁的儿童。寄养年满 10 周岁以上儿童的,应当征得寄养儿童的同意。确立家庭寄养关系,应当经过申请、评估、审核、培训、签约程序。寄养儿童在寄养期间不办理户口迁移手续,不改变与民

---

① 王雪梅:《儿童福利论》,社会科学文献出版社 2014 年版,第 196 页。

② 林万亿:《社会福利》,五南图书出版公司 2010 年版,第 254 页。对于机构养育的利弊分析可参见该书第 254-256 页。

③ 刘继同:《国家责任与儿童福利:中国儿童健康与儿童福利政策研究》,中国社会出版社 2010 年版,第 136-137 页;姚建平:《国与家的博弈:中国儿童福利制度发展史》,格致出版社、上海人民出版社 2015 年版,第 104-106 页。

政部门的监护关系。

4. 依法收养

回归家庭是孤儿的最大福祉，收养是最有利于孤儿健康成长的安置方式，因而我国鼓励收养孤儿。收养孤儿按照《收养法》的规定办理。收养不同于寄养：(1)收养是一种永久性的安置，而寄养则是临时性的安置；(2)二者的法律关系和法律后果明显不同，收养使收养人成为监护人，而寄养则仍以民政部门为监护人；(3)寄养家庭能够领取养育费用补贴，而收养则无。2014年民政部颁布了《民政部关于规范生父母有特殊困难无力抚养的子女和社会散居孤儿收养工作的意见》，对社会散居孤儿收养工作的健康开展作出了规定。

（二）孤儿基本生活保障制度

国务院办公厅发布的《关于加强孤儿保障工作的意见》要求，为满足孤儿基本生活需要，建立孤儿基本生活保障制度。各省、自治区、直辖市政府按照不低于当地平均生活水平的原则，合理确定孤儿基本生活最低养育标准，机构抚养孤儿养育标准应高于散居孤儿养育标准，并建立孤儿基本生活最低养育标准自然增长机制。地方各级财政安排专项资金，确保孤儿基本生活费及时足额到位；中央财政安排专项资金，对地方支出孤儿基本生活费按照一定标准给予补助。民政部、财政部决定，自2010年1月起为全国孤儿发放基本生活费。为此，民政部、财政部发布了《关于发放孤儿基本生活费的通知》，规定社会散居孤儿申请孤儿基本生活费，由孤儿监护人向孤儿户籍所在地的街道办事处或乡（镇）人民政府提出申请；福利机构孤儿的基本生活费，由福利机构负责汇总孤儿信息并向所属民政部门提出申请。两种申请最终均由民政部门审批。县级财政部门将孤儿基本生活费直接拨付到孤儿或其监护人个人账户或福利机构集体账户。

二、儿童教育

儿童教育福利主要体现在义务教育方面，这是一种普惠型的儿童福利。义务教育是各级各类教育的基础，是民族振兴、社会进步的重要基石，是提高国民素质、促进人的全面发展的重要途径。现代各国大多实行强制性的免费义务教育。我国《义务教育法》规定，国家实行九年义务教育制度。义务教育是国家统一实施的所有适龄儿童、少年必须接受的教育，是国家必须予以保障的公益性事业。实施义务教育，不收学费、杂费。凡具有中华人民共和国国籍的适龄儿童、少年，不分性别、民族、种族、家庭财产状况、宗教信仰等，依法享有平等接受义务教育的权利，并履行接受义务教育的义务。凡年满6周岁的儿童，其父母或者其他法定监护人应当送其入学接受并完成义务教育；不具备条件的地区的儿童，可以推迟到7周岁。适龄儿童、少年免试入学。地方各级人民政府应当保障适龄儿童、少年在户籍所在地学校就近入学。父母或者其他法定监护人在非户籍所在地工作或者居住的适龄儿童、少年，在其父母或者其他法定监护人工作或者居住地接受义务教育的，当地人民政府应当为其提供平等接受义务教育的条件。禁止用人单位招用应当接受义务教育的适龄儿童、少年。根据国家有关规定，经批准招收适龄儿童、少年进行文艺、体育等专业训练的社会组织，应当保证所招收的适龄儿童、少年接受义务教育。国家将义务教育全面纳入财政保障范围，义务教育经费由国务院和地方各级人民政府依照《义务教育法》的规定予以保障。各级人民政府对家庭经济困难的适龄儿童、少年免费提供教科书并补助寄宿生生活费。

2001年以来，我国政府对农村义务教育阶段贫困家庭学生就学实施“两免一补”资助政策，即对农村义务教育阶段贫困家庭学生“免杂费、免书本费、逐步补助寄宿生生活费”，其中中央财政负责提供免费教科书，地方财政负责免杂费和补助寄宿生生活费。2015年国务院发布《关于进一步完善城乡义务教育经费保障机制的通知》，要求从2017年春季学期开始，统一城乡义务教育“两免一补”政策，对城乡义务教育学生免除学杂费、免费提供教科书，对家庭经济困难寄宿生补助生活费。免费教科书资金，国家规定的课程由中央全额承担，地方课程由地方承担；家庭经济困难寄宿生生活费补助资金由中央和地方按照5∶5分担。

2016年发布的《国务院关于加强困境儿童保障工作的意见》规定，对于残疾儿童，要建立随班就读支持保障体系，为其中家庭经济困难的，提供包括义务教育、高中阶段教育在内的12年免费教育。对于农业转移人口及其他常住人口随迁子女，要将其义务教育纳入各级政府教育发展规划和财政保障范畴，全面落实在流入地参加升学考试政策和接受中等职业教育免学费政策。支持特殊教育学校、取得办园许可的残疾儿童康复机构和有条件的儿童福利机构开展学前教育。支持儿童福利机构特教班在做好机构内残疾儿童特殊教育的同时，为社会残疾儿童提供特殊教育。完善义务教育控辍保学工作机制，确保困境儿童入学和不失学，依法完成义务教育。

三、儿童健康

《未成年人保护法》《母婴保健法》均确认了儿童健康权。然而，侵害儿童健康权的事件仍屡屡出现，儿童健康状况仍不容乐观。三聚氰胺奶粉事件、儿童血铅超标事件、疫苗事件等一再提示我们：“儿童健康权是儿童所享有的最基本权利，是儿童享有一切其他权利的基础之一，保障儿童健康权具有非常重大的现实意义。”①

我国自1978年开始实施计划免疫，即有计划地实施预防接种工作。预防接种制度是一项真正意义上的普惠型儿童福利制度。1980年，原卫生部颁发《预防接种工作实施办法》。1982年，原卫生部颁布《全国计划免疫工作条例》。1985年，我国提出“七五”期间分两步实现普及儿童免疫的目标。1986年，经国务院批准成立了全国计划免疫协调领导小组，并确定每年4月25日为全国儿童预防接种宣传日。国务院制定的《疫苗流通和预防接种管理条例》规定，国家对儿童实行预防接种证制度。在儿童出生后1个月内，其监护人应当到儿童居住地承担预防接种工作的接种单位为其办理预防接种证。接种单位对儿童实施接种时，应当查验预防接种证，并作好记录。儿童离开原居住地期间，由现居住地承担预防接种工作的接种单位负责对其实施接种。儿童入托、入学时，托幼机构、学校应当查验预防接种证，发现未依照国家免疫规划受种的儿童，应当向所在地的县级疾病预防控制机构或者儿童居住地承担预防接种工作的接种单位报告，并配合疾病预防控制机构或者接种单位督促其监护人在儿童入托、入学后及时到

① 吴鹏飞：《儿童权利一般理论研究》，中国政法大学出版社2013年版，第211页。

接种单位补种。我国将疫苗分为两类：第一类疫苗包括国家免疫规划确定的疫苗，省、自治区、直辖市人民政府在执行国家免疫规划时增加的疫苗，以及县级以上人民政府或者其卫生主管部门组织的应急接种或者群体性预防接种所使用的疫苗。该类疫苗由政府免费向公民提供，接种单位不得收取任何费用，公民应当依照政府的规定受种，第二类疫苗是指第一类疫苗以外的其他疫苗，由公民自费并且自愿受种。

针对一些贫困地区比较突出的农村学生营养不良问题，《国家中长期教育改革和发展规划纲要(2010-2020年)》提出，启动民族地区、贫困地区农村小学生营养改善计划。2011年，《国务院办公厅关于实施农村义务教育学生营养改善计划的意见》提出，从2011年秋季学期起，在集中连片特殊困难地区启动农村义务教育学生营养改善计划试点工作，中央财政为试点地区农村义务教育阶段学生提供营养膳食补助。2012年，教育部等15部门印发《农村义务教育学生营养改善计划实施细则》等5个配套文件。农村义务教育学生营养改善计划的实施，使受益儿童的体质、健康状况明显改善。

四、儿童保护

家庭、学校和社会对儿童的保护，是儿童健康成长、顺利完成社会化的重要保障。为保护儿童的身心健康，保障儿童的合法权益，促进儿童在品德、智力、体质等方面全面发展，我国《未成年人保护法》从家庭保护、学校保护、社会保护和司法保护四个方面规定了对未成年人的保护制度。

（一）家庭保护

家庭是绝大多数人最初的生活和成长环境，是社会中最基本的生活单位，其传统职能之一就是子女抚养和教育。进入工业社会以来，家庭的职能在弱化，但基于家庭成员之间在血缘、情感、经济、生活等方面的紧密联系，家庭仍然在儿童福利供给上承担着首要的义务，对儿童的影响直接而深远，对儿童的成长和发展至关重要。家庭的子女抚养和教育职能不可能为国家和社会完全取代，因而家庭保护是儿童保护的重要组成部分。根据《未成年人保护法》的规定，父母或其他监护人应当履行以下保护职责：

第一，父母或者其他监护人应当创造良好、和睦的家庭环境，依法履行对未成年人的监护职责和抚养义务。禁止对未成年人实施家庭暴力，禁止虐待、遗弃未成年人，禁止溺婴和其他残害婴儿的行为，不得歧视女性未成年人或者有残疾的未成年人。

第二，父母或者其他监护人应当关注未成年人的生理、心理状况和行为习惯，以健康的思想、良好的品行和适当的方法教育和影响未成年人，引导未成年人进行有益身心健康的活动，预防和制止未成年人吸烟、酗酒、流浪、沉迷网络以及赌博、吸毒、卖淫等行为。

第三，父母或者其他监护人应当学习家庭教育知识，正确履行监护职责，抚养教育未成年人。有关国家机关和社会组织应当为未成年人的父母或者其他监护人提供家庭教育指导。

第四，父母或者其他监护人应当尊重未成年人受教育的权利，必须使适龄未成年人依法入学接受并完成义务教育，不得使接受义务教育的未成年人辍学。

第五，父母或者其他监护人应当根据未成年人的年龄和智力发展状况，在作出与未成年人权益有关的决定时告知其本人,并听取他们的意见。

第六,父母或者其他监护人不得允许或者迫使未成年人结婚,不得为未成年人订立婚约。

第七,父母因外出务工或者其他原因不能履行对未成年人监护职责的,应当委托有监护能力的其他成年人代为监护。

(二) 学校保护

绝大多数儿童均在各类教育机构中接受教育,加强学校保护是儿童保护的重要方面。学校保护是指学校、幼儿园及其他教育机构依法对儿童进行教育,并对他们的身心健康和合法权益实施保护。根据《未成年人保护法》的规定,学校、幼儿园及其他教育机构对儿童应履行以下保护职责:

1. 学校的教育职责

学校应当全面贯彻国家的教育方针,实施素质教育,提高教育质量,注重培养未成年学生独立思考能力、创新能力和实践能力,促进未成年学生全面发展。学校应当尊重未成年学生受教育的权利,关心、爱护学生,对品行有缺点、学习有困难的学生,应当耐心教育、帮助,不得歧视,不得违反法律和国家规定开除未成年学生。学校应当根据未成年学生身心发展的特点,对他们进行社会生活指导、心理健康辅导和青春期教育。

2. 学校的人身保护职责

学校应当与未成年学生的父母或者其他监护人互相配合,保证未成年学生的睡眠、娱乐和体育锻炼时间,不得加重其学习负担。学校、幼儿园、托儿所的教职员工应当尊重未成年人的人格尊严,不得对未成年人实施体罚、变相体罚或者其他侮辱人格尊严的行为。学校、幼儿园、托儿所应当建立安全制度,加强对未成年人的安全教育,采取措施保障未成年人的人身安全;不得在危及未成年人人身安全、健康的校舍和其他设施、场所中进行教育教学活动;安排未成年人参加集会、文化娱乐、社会实践等集体活动,应当有利于未成年人的健康成长,防止发生人身安全事故。教育行政等部门和学校、幼儿园、托儿所应当根据需要,制定应对各种灾害、传染性疾病、食物中毒、意外伤害等突发事件的预案,配备相应设施并进行必要的演练,增强未成年人的自我保护意识和能力。未成年学生在校内或者本校组织的校外活动中发生人身伤害事故的,学校应当及时救护,妥善处理,并及时向有关主管部门报告。

3. 学校的管教职责

对于有严重不良行为的未成年学生,学校和父母或者其他监护人应当互相配合加以管教。无力管教或者管教无效的,可以按照有关规定将其送专门学校继续接受教育。

4. 幼儿园的职责

幼儿园应当做好保育、教育工作,促进幼儿在体质、智力、品德等方面全面发展。

(三) 社会保护

每个儿童都是社会群体的一员,其生存和发展必然受到社会的影响。儿童保护是一项社会系统工程,是全社会共同的义务。各级政府及其有关部门、有关的社会团体、企事业组织以及其他组织和个人,依法承担相应的尊重、保护、教育儿童的职责。《未成年人保护法》规定:“全社会应当树立尊重、保护、教育未成年人的良好风尚,关心、爱护未成年人。国家鼓励社会团体、企业事业组织以及其他组织和个人,开展多种形式的有利于未成年人健康成长的社会活动。”具体来说,社会保护包括以下几个方面。

1. 国家和各级人民政府的职责

各级人民政府应当保障未成年人受教育的权利,并采取措施保障家庭经济困难的、残疾的和流动人口中的未成年人等接受义务教育。各级人民政府应当建立和改善适合未成年人文化生活需要的活动场所和设施,鼓励社会力量兴办适合未成年人的活动场所,并加强管理。

国家鼓励新闻、出版、信息产业、广播、电影、电视、文艺等单位和作家、艺术家、科学家以及其他公民,创作或者提供有利于未成年人健康成长的作品。出版、制作和传播专门以未成年人为对象的内容健康的图书、报刊、音像制品、电子出版物以及网络信息等,国家给予扶持。国家鼓励科研机构和科技团体对未成年人开展科学知识普及活动。国家采取措施,预防未成年人沉迷网络。国家鼓励研究开发有利于未成年人健康成长的网络产品,推广用于阻止未成年人沉迷网络的新技术。地方各级人民政府应当积极发展托幼事业,办好托儿所、幼儿园,支持社会组织和个人依法兴办哺乳室、托儿所、幼儿园。国家依法保护未成年人的智力成果和荣誉权不受侵犯。

2. 企事业组织及其他社会组织和个人的职责

爱国主义教育基地、图书馆、青少年宫、儿童活动中心应当对未成年人免费开放;博物馆、纪念馆、科技馆、展览馆、美术馆、文化馆以及影剧院、体育场馆、动物园、公园等场所,应当按照有关规定对未成年人免费或者优惠开放。社区中的公益性互联网上网服务设施,应当对未成年人免费或者优惠开放,为未成年人提供安全、健康的上网服务。

禁止任何组织、个人制作或者向未成年人出售、出租或者以其他方式传播淫秽、暴力、凶杀、恐怖、赌博等毒害未成年人的图书、报刊、音像制品、电子出版物以及网络信息等。生产、销售用于未成年人的食品、药品、玩具、用具和游乐设施等,应当符合国家标准或者行业标准,不得有害于未成年人的安全和健康。需要标明注意事项的,应当在显著位置标明。

任何组织或者个人不得扰乱教学秩序,不得侵占、破坏学校、幼儿园、托儿所的场地、房屋和设施。中小学校园周边不得设置营业性歌舞娱乐场所、互联网上网服务营业场所等不适宜未成年人活动的场所。营业性歌舞娱乐场所、互联网上网服务营业场所等不适宜未成年人活动的场所,不得允许未成年人进入,经营者应当在显著位置设置未成年人禁入标志;对难以判明是否已成年的,应当要求其出示身份证件。禁止向未成年人出售烟酒,经营者应当在显著位置设置不向未成年人出售烟酒的标志;对难以判明是否已成年的,应当要求其出示身份证件。任何人不得在中小学校、幼儿园、托儿所的教室、寝室、活动室和其他未成年人集中活动的场所吸烟、饮酒。

任何组织或者个人不得招用未满 16 周岁的未成年人,国家另有规定的除外。任何组织或者个人按照国家有关规定招用已满 16 周岁未满 18 周岁的未成年人的,应当执行国家在工种、劳动时间、劳动强度和保护措施等方面的规定,不得安排其从事过重、有毒、有害等危害未成年人身心健康的劳动或者危险作业。

任何组织或者个人不得披露未成年人的个人隐私。对未成年人的信件、日记、电子邮件,任何组织或者个人不得隐匿、毁弃;除基于追查犯罪的需要,由公安机关或者人民检察院依法进行检查,或者对无行为能力的未成年人的信件、日记、电子邮件由其父母或者其他监护人代为开拆、查阅外,任何组织或者个人不得开拆、查阅。

学校、幼儿园、托儿所和公共场所发生突发事件时,应当优先救护未成年人。禁止拐卖、绑架、虐待未成年人,禁止对未成年人实施性侵害。禁止胁迫、诱骗、利用未成年人乞讨或者组织未成年人进行有害其身心健康的表演等活动。居民委员会、村民委员会应当协助有关部门教育和挽救违法犯罪的未成年人,预防和制止侵害未成年人合法权益的违法犯罪行为。

未成年人的合法权益受到侵害的,被侵害人及其监护人或者其他组织和个人有权向有关部门投诉,有关部门应当依法及时处理。

3. 政府有关部门的职责

公安机关应当采取有力措施,依法维护校园周边的治安和交通秩序,预防和制止侵害未成年人合法权益的违法犯罪行为。

县级以上人民政府及其民政部门应当根据需要设立救助场所,对流浪乞讨等生活无着未成年人实施救助,承担临时监护责任;公安部门或者其他有关部门应当护送流浪乞讨或者离家出走的未成年人到救助场所,由救助场所予以救助和妥善照顾,并及时通知其父母或者其他监护人领回。对孤儿、无法查明其父母或者其他监护人的未成年人以及其他生活无着的未成年人,由民政部门设立的儿童福利机构收留抚养。未成年人救助机构、儿童福利机构及其工作人员应当依法履行职责,不得虐待、歧视未成年人,不得在办理收留抚养工作中牟取利益。

卫生部门和学校应当对未成年人进行卫生保健和营养指导,提供必要的卫生保健条件,做好疾病预防工作。卫生部门应当做好对儿童的预防接种工作,国家免疫规划项目的预防接种实行免费;积极防治儿童常见病、多发病,加强对传染病防治工作的监督管理,加强对幼儿园、托儿所卫生保健的业务指导和监督检查。

县级以上人民政府及其教育行政部门应当采取措施,鼓励和支持中小学校在节假日期间将文化体育设施对未成年人免费或者优惠开放。

未成年人已经完成规定年限的义务教育不再升学的,政府有关部门和社会团体、企业事业组织应当根据实际情况,对他们进行职业教育,为他们创造劳动就业条件。

(四) 司法保护

司法保护是指公安机关、人民检察院、人民法院以及司法行政部门(即广义的司法机关),通过依法履行职责对儿童实施的保护。《未成年人保护法》规定,公安机关、人民检察院、人民法院以及司法行政部门,应当依法履行职责,在司法活动中保护未成年人的合法权益。

第一,未成年人的合法权益受到侵害,依法向人民法院提起诉讼的,人民法院应当依法及时审理,并适应未成年人生理、心理特点和健康成长的需要,保障未成年人的合法权益。在司法活动中对需要法律援助或者司法救助的未成年人,法律援助机构或者人民法院应当给予帮助,依法为其提供法律援助或者司法救助。人民法院审理继承案件,应当依法保护未成年人的继承权和受遗赠权。人民法院审理离婚案件,涉及未成年子女抚养问题的,应当听取有表达意愿能力的未成年子女的意见,根据保障子女权益的原则和双方具体情况依法处理。父母或者其他监护人不履行监护职责或者侵害被监护的未成年人的合法权益,经教育不改的,人民法院可以根据有关人员或者有关单位的申请,撤销其监护人的资格,依法另行指定监护人。被撤销监护资格的父母应当依法继续负担抚养费用。

第二，对违法犯罪的未成年人，坚持教育、感化、挽救的方针，遵循教育为主、惩罚为辅的原则。对违法犯罪的未成年人，应当依法从轻、减轻或者免除处罚。公安机关、人民检察院、人民法院办理未成年人犯罪案件和涉及未成年人权益保护案件，应当照顾未成年人身心发展特点，尊重他们的人格尊严，保障他们的合法权益，并根据需要设立专门机构或者指定专人办理。讯问、审判未成年犯罪嫌疑人、被告人，询问未成年证人、被害人，应当依照刑事诉讼法的规定通知其法定代理人或者其他人员到场。公安机关、人民检察院、人民法院办理未成年人遭受性侵害的刑事案件，应当保护被害人的名誉。对羁押、服刑的未成年人，应当与成年人分别关押。羁押、服刑的未成年人没有完成义务教育的，应当对其进行义务教育。解除羁押、服刑期满的未成年人的复学、升学、就业不受歧视。对未成年人犯罪案件，新闻报道、影视节目、公开出版物、网络等不得披露该未成年人的姓名、住所、照片、图像以及可能推断出该未成年人的资料。对未成年人严重不良行为的矫治与犯罪行为的预防，依照预防未成年人犯罪法的规定执行。

第二节　残疾人福利法

早期残疾人立法对于残疾的认识被称作“残疾的医疗模式”，也称为“个人模式”。“依据残疾的医疗模式，残疾被看作人的缺陷，使人在社会中不能以有意义的方式工作或发挥作用。”[①] 将残疾人“所遭遇的问题视为个人因失能所产生的直接后果”[②]。这种认识倾向于将残疾人作为“不正常的人”，是医疗、康复、救助的对象，其所面临的问题源于个人的某些特质，否认他们的权利，因而招致批评。近些年来，残疾人法律的改革反映出一种更具包容性的趋势，被称为“残疾的社会模式”。“这种新的趋势认为，对残疾人的排斥和隔离并非残疾本身所致，而更多的是由社会做出排斥残疾人的决定造成的。……因而，残疾不应被视为残疾人个人应该应对的问题，而应当对整个社会和环境进行调整以确保所有人都能够参与社会生活，这是一种新的思维方式。”[③] 此种认识是一种以权利为本的观念，将残疾人置于社会的背景中看待，残疾人问题的产生与外在社会有关，残疾人有权在社会生活的各个领域获得均等的机会。社会模式“将造成损伤者（生理、心理、智能）的经济、环境、文化障碍纳入考量。亦即，社会模式认为障碍不只由身体损伤造成，还由社会障碍造成。社会模式无意否定某些疾病或失序造成的损伤，引发障碍。但是更强调社会环境障碍造成的个人障碍。”[④]

我国《残疾人保障法》第 2 条第 1、2 款规定，“残疾人是指在心理、生理、人体结构上，某种组织、功能丧失或者不正常，全部或者部分丧失以正常方式从事某种活动能力的人。残疾人包括视力残疾、听力残疾、言语残疾、肢体残疾、智力残疾、精神残疾、多重残疾和其他残疾的人”。联合国《残疾人权利公约》规定：“残疾人包括肢体、精神、智力或感官有长期损伤的人，这些损伤与各种障碍相互作用，可能阻碍残疾人在与他人平等的基础上充分和切实地参与社会。”需

---

① 陈新民主编：《残疾人权益保障——国际立法与实践》，华夏出版社 2003 年版，第 2 页。

② 林万亿：《社会福利》，五南图书出版公司 2010 年版，第 275 页。

③ 陈新民主编：《残疾人权益保障——国际立法与实践》，华夏出版社 2003 年版，第 2 页。

④ 林万亿：《社会福利》，五南图书出版公司 2010 年版，第 278 页。参见江亮演等编著：《老人与身心障碍者福利》，台湾空中大学 2005 年版，第 226–242 页；黎建飞主编：《残障人法教程》，中国人民大学出版社 2016 年版，第 21–23 页。

要强调的是，界定残疾人不能仅将残疾人归结为医学上的不健全，更应强调从社会视角看待这一群体，“强调功能损伤所带来的限制和外界环境障碍和负面态度等不利因素相互作用对个体的影响”[①]。

世界上大约10%的人口即6.5亿是残疾人，他们是世界上最大的少数群体。[②]我国有8 500多万残疾人，涉及2.6亿家庭人口。残疾人是生存最为困难、最为弱势的群体。很多残疾人不能平等地参加社会生活，不能顺利得到其所需的教育，存在更多的就业障碍，基本生活缺少保障，被歧视和被边缘化，合法权益得不到有效维护，这些都是国家和社会必须正视并着力加以解决的问题。残疾人问题不仅是生命个体的健康问题，也是一个关系到平等与公平的社会问题。对残疾人问题的解决，仅仅停留在同情和关爱层面是远远不够的，还必须树立残疾人权利观念和平等理念，依靠完备的法律制度保障残疾人的权利和尊严，保障残疾人平等、充分地参与社会生活，共享社会物质文化成果。

残疾人福利法，是国家和社会为满足残疾人的生活需要，提高其生活质量，而提供各种服务、设施或津贴的制度。完善的残疾人社会福利，能够保障残疾人的基本生活权利，促进残疾人平等参与社会生活，维护残疾人的尊严与自由。我国残疾人福利体系尚不完备，覆盖面较窄，城乡区域差别较大，投入不足，服务设施和专业人才队伍匮乏，还不能满足残疾人的基本需求。为了维护残疾人的合法权益，发展残疾人事业，保障残疾人平等充分地参与社会生活，共享社会物质文化成果，1990年12月28日，全国人大常委会通过《残疾人保障法》。2008年4月24日，全国人大常委会修订《残疾人保障法》，就残疾人康复、教育、劳动就业、文化生活、社会保障、无障碍环境等方面的权益保障作出了规定。2008年6月26日，第十一届全国人民代表大会常务委员会决定，批准中国政府已签署的、由第61届联合国大会于2006年12月13日通过的《残疾人权利公约》。

一、残疾人康复

大多数残疾人有康复需求。康复是帮助残疾人恢复和补偿功能，增强生活自理和社会适应能力，平等参与社会生活的基础。联合国大会1993年通过的《残疾人机会均等标准规则》解释了康复的概念：“‘康复’一词系指达到下述目标的一个过程，它旨在帮助残疾人达到和保持生理、感官、智力、精神和（或）社交功能上的最佳水平，从而使他们借助于某种手段，改变其生活，增强自立能力。康复可包括提供和（或）恢复功能、补偿功能缺失或补偿功能限制的各种措施。康复过程不包括初始的治疗。它包括范围广泛的措施和活动，从较为基本的和一般性的康复，到针对具体目标的活动，例如职业方面的恢复。”《残疾人权利公约》第25条规定：“缔约国应当采取一切适当措施，确保残疾人获得考虑到性别因素的医疗卫生服务，包括与健康有关的康复服务。”确保残疾人获得康复服务，是我国作为公约缔约国应当履行的国际义务。2017年国务院通过的《残疾预防和残疾人康复条例》将残疾人康复解释为：“残疾人康复，是指在残疾发生后综合运用医学、教育、职业、社会、心理和辅助器具等措施，帮助残疾人恢复或者补偿

---

① 黎建飞主编：《残障人法教程》，中国人民大学出版社2016年版，第4页。

② 参见《残疾人现状》，载联合国网站 http://www.un.org/chinese/disabilities/convention/facts.htm，访问日期：2018年12月20日。

功能，减轻功能障碍，增强生活自理和社会参与能力。”

（一）残疾人的康复权利

国家保障残疾人享有康复服务的权利。残疾人康复工作是政府工作的组成部分，政府做好残疾人康复工作，有利于促进生产力的发展，有利于提高人权保障水平、促进社会的文明进步。各级人民政府和有关部门应当采取措施，为残疾人康复创造条件，建立和完善残疾人康复服务体系，并分阶段实施重点康复项目。国家采取措施为残疾人提供基本康复服务，支持和帮助其融入社会。禁止基于残疾的歧视。县级以上人民政府领导残疾人康复工作，将残疾人康复工作纳入国民经济和社会发展规划，完善残疾人康复服务和保障体系。

（二）康复工作的原则

康复工作应当从实际出发，将现代康复技术与我国传统康复技术相结合；以社区康复为基础，以康复机构为骨干，以残疾人家庭为依托，以实用、易行、受益广的康复内容为重点，优先开展残疾儿童抢救性治疗和康复；发展符合康复要求的科学技术，鼓励自主创新，加强康复新技术的研究、开发和应用，为残疾人提供有效的康复服务。

（三）康复机构的举办和康复工作的开展

残疾人康复工作不可能全部由政府包办，需要调动社会各方面的力量参与。县级以上人民政府根据本行政区域残疾人数量、分布状况、康复需求等情况，制定康复机构设置规划，举办公益性康复机构，将康复机构设置纳入基本公共服务体系规划。各级人民政府鼓励和扶持社会力量兴办残疾人康复机构，鼓励以多种形式举办康复机构。社会力量兴办的残疾人康复机构，也就是通常所说的民办残疾人康复机构，是社会福利社会化的表现，是残疾人福利事业的重要组成部分。社会力量举办的康复机构和政府举办的康复机构在准入、执业、专业技术人员职称评定、非营利组织的财税扶持、政府购买服务等方面执行相同的政策。各级人民政府应当将残疾人社区康复纳入社区公共服务体系。地方各级人民政府和有关部门，组织和指导城乡社区服务组织、医疗预防保健机构、残疾人组织、残疾人家庭和其他社会力量，开展社区康复工作。残疾人教育机构、福利性单位和其他为残疾人服务的机构，应当创造条件，开展康复训练活动。地方各级人民政府和有关部门根据需要有计划地在医疗机构设立康复医学科室，举办残疾人康复机构，开展康复医疗与训练、人员培训、技术指导、科学研究等工作。国家建立残疾儿童康复救助制度，逐步实现0–6岁视力、听力、言语、肢体、智力等残疾儿童和孤独症儿童免费得到手术、辅助器具配置和康复训练等服务；完善重度残疾人护理补贴制度；通过实施重点康复项目为城乡贫困残疾人、重度残疾人提供基本康复服务，按照国家有关规定对基本型辅助器具配置给予补贴。

（四）康复人才培养和康复知识普及

医学院校和其他有关院校有计划地开设康复课程，设置相关专业，培养各类康复专业人才。政府和社会采取多种形式对从事康复工作的人员进行技术培训；向残疾人、残疾人亲属、有关工作人员和志愿工作者普及康复知识，传授康复方法。

（五）残疾人康复器具

政府有关部门组织和扶持残疾人康复器械、辅助器具的研制、生产、供应、维修服务。

二、残疾人教育

残疾人的受教育权是残疾人受宪法保护的基本权利，对于残疾人融入社会，充分、平等地参与社会生活具有基础性、关键性的作用。《教育法》第 10 条第 3 款规定："国家扶持和发展残疾人教育事业。"第 39 条规定："国家、社会、学校及其他教育机构应当根据残疾人身心特性和需要实施教育，并为其提供帮助和便利。"此外，《义务教育法》《高等教育法》《职业教育法》《妇女权益保障法》《未成年人保护法》等法律也对残疾人教育作出了原则性规定。《残疾人保障法》设专章规定了残疾人康复。为健全和完善残疾人教育法律制度，推动特殊教育发展，国务院制定了《残疾人教育条例》。

（一）残疾人的受教育权利

国家保障残疾人享有平等接受教育的权利。各级人民政府将残疾人教育作为国家教育事业的组成部分，统一规划，为残疾人接受教育创造条件。政府、社会、学校应当采取有效措施，解决残疾儿童、少年就学存在的实际困难，帮助其完成义务教育。各级人民政府对接受义务教育的残疾学生、贫困残疾人家庭的学生提供免费教科书，并给予寄宿生活费等费用补助；对接受义务教育以外其他教育的残疾学生、贫困残疾人家庭的学生按照国家有关规定给予资助。

（二）残疾人教育方针

残疾人教育实行普及与提高相结合、以普及为重点的方针，保障义务教育，着重发展职业教育，积极开展学前教育，逐步发展高级中等以上教育。

（三）实施残疾人教育的要求

残疾人教育应当根据残疾人的身心特性和需要，按照下列要求实施：在进行思想教育、文化教育的同时，加强身心补偿和职业教育；依据残疾类别和接受能力，采取普通教育方式或者特殊教育方式；特殊教育的课程设置、教材、教学方法、入学和在校年龄，可以有适度弹性。

（四）残疾人教育机构的设置

县级以上人民政府应当根据残疾人的数量、分布状况和残疾类别等因素，合理设置残疾人教育机构，并鼓励社会力量办学、捐资助学。

（五）教育机构应履行的义务

普通教育机构对具有接受普通教育能力的残疾人实施教育，并为其学习提供便利和帮助。普通小学、初级中等学校，必须招收能适应其学习生活的残疾儿童、少年入学；普通高级中等学校、中等职业学校和高等学校,必须招收符合国家规定的录取要求的残疾考生入学,不得因其残疾而拒绝招收;拒绝招收的,当事人或者其亲属、监护人可以要求有关部门处理,有关部门应当责令该学校招收。普通幼儿教育机构应当接收能适应其生活的残疾幼儿。残疾幼儿教育机构、普通幼儿教育机构附设的残疾儿童班、特殊教育机构的学前班、残疾儿童福利机构、残疾儿童家庭对残疾儿童实施学前教育。初级中等以下特殊教育机构和普通教育机构附设的特殊教育班,对不具有接受普通教育能力的残疾儿童、少年实施义务教育。高级中等以上特殊教育机构、普通教育机构附设的特殊教育班和残疾人职业教育机构,对符合条件的残疾人实施高级中等以上文化教育、职业教育。提供特殊教育的机构应当具备适合残疾人学习、康复、生活特点的场所和设施。

(六) 职业教育和培训

政府有关部门、残疾人所在单位和有关社会组织应当对残疾人开展扫除文盲、职业培训、创业培训和其他成人教育,鼓励残疾人自学成才。2018 年,教育部、国家发展和改革委员会、财政部、中国残疾人联合会制定了《关于加快发展残疾人职业教育的若干意见》,提出以中等职业教育为重点不断扩大残疾人接受职业教育的机会,让完成义务教育且有意愿的残疾人都能接受适合的中等职业教育。

(七) 特殊教育师资的培养

国家有计划地举办各级各类特殊教育师范院校、专业,在普通师范院校附设特殊教育班,培养、培训特殊教育师资。普通师范院校开设特殊教育课程或者讲授有关内容,使普通教师掌握必要的特殊教育知识。特殊教育教师和手语翻译,享受特殊教育津贴。政府有关部门组织和扶持盲文、手语的研究和应用,特殊教育教材的编写和出版,以及特殊教育教学用具及其他辅助用品的研制、生产和供应。

三、残疾人就业

残疾人就业,是指符合法定就业年龄且有就业要求的残疾人从事有报酬的劳动。劳动就业对于改善残疾人的生活状况,提高其社会地位,使其平等参与社会生活,共享社会物质文化成果,具有重要意义。由于残疾影响和外界障碍,在劳动力市场竞争中,残疾人处于相对劣势的地位,较其他人群就业存在更多的困难和问题,就业率较低,国家有必要采取残疾人就业保护和就业促进措施。我国《残疾人保障法》设劳动就业专章对残疾人就业保障作出了规定,国务院制定了《残疾人就业条例》。

(一) 残疾人就业的方针

国家保障残疾人劳动的权利。各级人民政府应当对残疾人劳动就业统筹规划,为残疾人创造劳动就业条件。残疾人劳动就业,实行集中与分散相结合的方针,采取优惠政策和扶持保护措施,通过多渠道、多层次、多种形式,使残疾人劳动就业逐步普及、稳定、合理。

（二）集中就业

集中就业，是指政府和社会举办残疾人福利企业、盲人按摩机构和其他福利性单位，集中安排残疾人就业。国务院制定的《残疾人就业条例》规定："集中使用残疾人的用人单位中从事全日制工作的残疾人职工，应当占本单位在职职工总数的25%以上。"建立残疾人福利单位，集中安排残疾人就业，是解决残疾人就业的一种有效方式，也是各国广泛采用的做法。集中就业能够较大数量地解决残疾人就业，便于对残疾人进行职业培训，提供适合的设施设备，减少残疾人在普通企业中可能遇到的歧视。县级以上地方人民政府及其有关部门应当确定适合残疾人生产、经营的产品、项目，优先安排残疾人福利性单位生产或者经营，并根据残疾人福利性单位的生产特点确定某些产品由其专产。政府采购，在同等条件下应当优先购买残疾人福利性单位的产品或者服务。

（三）分散就业

分散就业能够更为灵活地安排残疾人就业，便于残疾人融入社会。分散就业的一个重要制度是按比例安排残疾人就业制度。按比例安排残疾人就业，是世界各国解决残疾人就业问题的普遍做法，也是联合国、国际劳工组织等所提倡的方法。我国《残疾人保障法》规定，国家实行按比例安排残疾人就业制度，国家机关、社会团体、企业事业单位、民办非企业单位应当按照规定的比例安排残疾人就业，并为其选择适当的工种和岗位。国务院制定的《残疾人就业条例》规定，用人单位安排残疾人就业的比例不得低于本单位在职职工总数的1.5%。用人单位安排残疾人就业达不到其所在地省、自治区、直辖市人民政府规定比例的，应当缴纳残疾人就业保障金。残疾人就业保障金纳入财政预算，专项用于残疾人职业培训以及为残疾人提供就业服务和就业援助。国家鼓励用人单位超过规定比例安排残疾人就业。国家对安排残疾人就业达到、超过规定比例或者集中安排残疾人就业的用人单位和从事个体经营的残疾人，依法给予税收优惠，并在生产、经营、技术、资金、物资、场地等方面给予扶持。对申请从事个体经营的残疾人，有关部门应当优先核发营业执照，免除行政事业性收费。地方各级人民政府应当开发适合残疾人就业的公益性岗位。对从事各类生产劳动的农村残疾人，有关部门应当在生产服务、技术指导、农用物资供应、农副产品购销和信贷等方面给予帮助。

（四）就业服务

政府有关部门设立的公共就业服务机构，应当为残疾人免费提供就业服务。残疾人联合会举办的残疾人就业服务机构，应当组织开展免费的职业指导、职业介绍和职业培训，为残疾人就业和用人单位招用残疾人提供服务和帮助。

（五）反歧视

在职工的招用、转正、晋级、职称评定、劳动报酬、生活福利、休息休假、社会保险等方面，不得歧视残疾人。残疾职工所在单位应当根据残疾职工的特点，提供适当的劳动条件和劳动保护，并根据实际需要对劳动场所、劳动设备和生活设施进行改造。

四、残疾人的文化生活

（一）残疾人享有文化生活权利

国家保障残疾人享有平等参与文化生活的权利。各级人民政府和有关部门鼓励、帮助残疾人参加各种文化、体育、娱乐活动，积极创造条件，丰富残疾人的精神文化生活。

（二）开展残疾人文体活动应遵循的原则

残疾人文化、体育、娱乐活动应当面向基层，融入社会公共文化生活，适应各类残疾人的不同特点和需要，使残疾人广泛参与。

（三）丰富残疾人的精神文化生活的措施

政府和社会应采取下列措施，丰富残疾人的精神文化生活：通过广播、电影、电视、报刊、图书、网络等形式，及时宣传报道残疾人的工作、生活等情况，为残疾人服务；组织和扶持盲文读物、盲人有声读物及其他残疾人读物的编写和出版，根据盲人的实际需要，在公共图书馆设立盲文读物、盲人有声读物图书室；开办电视手语节目，开办残疾人专题广播栏目，推进电视栏目、影视作品加配字幕、解说；组织和扶持残疾人开展群众性文化、体育、娱乐活动，举办特殊艺术演出和残疾人体育运动会，参加国际性比赛和交流；文化、体育、娱乐和其他公共活动场所，为残疾人提供方便和照顾；有计划地兴办残疾人活动场所。

（四）鼓励、帮助残疾人从事创造性文化活动

政府和社会鼓励、帮助残疾人从事文学、艺术、教育、科学、技术和其他有益于人民的创造性劳动。

（五）倡导助残的社会风尚

政府和社会促进残疾人与其他公民之间的相互理解和交流，扶助残疾人事业和宣传残疾人事迹，弘扬残疾人自强不息的精神，倡导团结、友爱、互助的社会风尚。

五、残疾人的生活保障

目前我国 8 500 万残疾人中，还有 1 230 万农村残疾人尚未脱贫，260 万城镇残疾人生活十分困难，城乡残疾人家庭人均收入与社会平均水平差距还比较大。残疾人作为我国公民，享有公民所能享有的全部社会保障权利。同时，残疾人作为一类特殊群体，还享有一些特殊的社会保障权利。《残疾人保障法》规定："国家保障残疾人享有各项社会保障的权利。政府和社会采取措施，完善对残疾人的社会保障，保障和改善残疾人的生活。"

（一）社会保险补贴

社会保险对于残疾人的生活保障具有重大作用，而一些残疾人负担社会保险费存在困难。对此，《残疾人保障法》规定，对生活确有困难的残疾人，按照国家有关规定给予社会保险补贴。2015 年发布的《国务院关于加快推进残疾人小康进程的意见》要求，帮助残疾人普遍参加基本养老保险和基本医疗保险。落实贫困和重度残疾人参加城乡居民基本养老保险、城镇居民医疗保险、新型农村合作医疗个人缴费资助政策，有条件的地方要扩大资助范围、提高资助标准，帮助城乡残疾人普遍按规定加入基本医疗保险和基本养老保险。

（二）生活补贴和护理补贴

《残疾人保障法》规定，对生活不能自理的残疾人，地方各级人民政府应当根据情况给予护理补贴。为此，一些地方出台了护理补贴制度。为解决残疾人特殊生活困难和长期照护困难，2015 年 9 月发布的《国务院关于全面建立困难残疾人生活补贴和重度残疾人护理补贴制度的意见》提出从残疾人最直接最现实最迫切的需求入手，着力解决残疾人因残疾产生的额外生活支出和长期照护支出困难，做到应补尽补，确保残疾人两项补贴制度覆盖所有符合条件的残疾人。自 2016 年 1 月 1 日起全面实施的困难残疾人生活补贴和重度残疾人护理补贴制度，是国家层面创建的第一个残疾人专项福利补贴制度，是一项具有里程碑意义的制度创新。其中，困难残疾人生活补贴主要补助残疾人因残疾产生的额外生活支出，对象为低保家庭中的残疾人，有条件的地方可逐步扩大到低收入残疾人及其他困难残疾人；重度残疾人护理补贴主要补助残疾人因残疾产生的额外长期照护支出，对象为残疾等级被评定为一级、二级且需要长期照护的重度残疾人，有条件的地方可扩大到非重度智力、精神残疾人或其他残疾人，逐步推动形成面向所有需要长期照护残疾人的护理补贴制度。长期照护是指因残疾产生的特殊护理消费品和照护服务支出持续 6 个月以上时间。两项补贴采取现金形式按月发放，标准由省级人民政府根据经济社会发展水平和残疾人生活保障需求、长期照护需求统筹确定，并适时调整。两项补贴不计入城乡最低生活保障家庭的收入。

（三）残疾人供养

地方各级人民政府对无劳动能力、无扶养人或者扶养人不具有扶养能力、无生活来源的残疾人，按照规定予以供养。国家鼓励和扶持社会力量举办残疾人供养、托养机构。民政部门在城市举办的社会福利院、儿童福利院、精神病院，统称社会福利事业单位，是国家福利事业的组成部分。社会福利事业单位收养的人员是城市中无家可归、无依无靠、无生活来源的孤老残幼、精神病人。国务院制定的《农村五保供养工作条例》规定，农村五保供养，是指依照本条例规定，在吃、穿、住、医、葬方面给予村民的生活照顾和物质帮助。老年、残疾或者未满 16 周岁的村民，无劳动能力、无生活来源又无法定赡养、抚养、扶养义务人，或者其法定赡养、抚养、扶养义务人无赡养、抚养、扶养能力的，享受农村五保供养待遇。

（四）社会扶助

县级以上人民政府对残疾人搭乘公共交通工具，应当根据实际情况给予便利和优惠。所谓“便利和优惠”,主要是指购票优先、设立专座和收费优惠。残疾人可以免费携带随身必备的辅助器具,如轮椅、拐杖等。盲人持有效证件免费乘坐市内公共汽车、电车、地铁、渡船等公共交通工具。盲人读物邮件免费寄递。国家鼓励和支持提供电信、广播电视服务的单位对盲人、听力残疾人、言语残疾人给予优惠。各级人民政府应当逐步增加对残疾人的其他照顾和扶助。

六、无障碍环境

无障碍环境是残疾人走出家门,参与社会生活、融入社会的需要,也会使健全人受益,是社会文明进步的重要标志。无障碍环境包括物质环境无障碍和信息交流无障碍。《残疾人权利公约》第 9 条第 1 款规定:“为了使残疾人能够独立生活和充分参与生活的各个方面,缔约国应当采取适当措施,确保残疾人在与其他人平等的基础上,无障碍地进出物质环境,使用交通工具,利用信息和通信,包括信息和通信技术和系统,以及享用在城市和农村地区向公众开放或提供的其他设施和服务。”我国《残疾人保障法》设专章规定了无障碍环境,2012 年国务院发布了《无障碍环境建设条例》。

(一) 国家和社会应当创造无障碍环境

国家和社会应当采取措施,逐步完善无障碍设施,推进信息交流无障碍,为残疾人平等参与社会生活创造无障碍环境。各级人民政府应当对无障碍环境建设进行统筹规划,综合协调,加强监督管理。国务院制定的《无障碍环境建设条例》规定,“无障碍环境建设,是指为便于残疾人等社会成员自主安全地通行道路、出入相关建筑物、搭乘公共交通工具、交流信息、获得社区服务所进行的建设活动”。

(二) 无障碍设施建设

无障碍设施的建设和改造,应当符合残疾人的实际需要。新建、改建和扩建建筑物、道路、交通设施等,应当符合国家有关无障碍设施工程建设标准。各级人民政府和有关部门应当按照国家无障碍设施工程建设规定,逐步推进已建成设施的改造,优先推进与残疾人日常工作、生活密切相关的公共服务设施的改造。对无障碍设施应当及时维修和保护。公共交通工具应当逐步达到无障碍设施的要求。有条件的公共停车场应当为残疾人设置专用停车位。国家鼓励和扶持无障碍辅助设备、无障碍交通工具的研制和开发。视力残疾人携带导盲犬出入公共场所,应当遵守国家有关规定,公共场所的工作人员应当按照国家有关规定提供无障碍服务。

(三) 无障碍信息交流

国家采取措施,为残疾人信息交流无障碍创造条件。各级人民政府和有关部门应当采取措施,为残疾人获取公共信息提供便利。国家和社会研制、开发适合残疾人使用的信息交流技术和产品。国家举办的各类升学考试、职业资格考试和任职考试,有盲人参加的,应当为盲人提供盲文试卷、电子试卷或者由专门的工作人员予以协助。公共服务机构和公共场所应当创造条件,为残疾人提供语音和文字提示、手语、盲文等信息交流服务,并提供优先服务和辅助性服务。组织选举的部门应当为残疾人参加选举提供便利;有条件的,应当为盲人提供盲文选票。

根据《无障碍环境建设条例》的规定，县级以上人民政府及其有关部门发布重要政府信息和与残疾人相关的信息，应当创造条件为残疾人提供语音和文字提示等信息交流服务。设区的市级以上人民政府设立的电视台应当创造条件，在播出电视节目时配备字幕，每周播放至少一次配播手语的新闻节目。公开出版发行的影视类录像制品应当配备字幕。设区的市级以上人民政府设立的公共图书馆应当开设视力残疾人阅览室，提供盲文读物、有声读物，其他图书馆应当逐步开设视力残疾人阅览室。残疾人组织的网站应当达到无障碍网站设计标准，设区的市级以上人民政府网站、政府公益活动网站，应当逐步达到无障碍网站设计标准。电信业务经营者提供电信服务，应当创造条件为有需求的听力、言语残疾人提供文字信息服务，为有需求的视力残疾人提供语音信息服务。电信终端设备制造者应当提供能够与无障碍信息交流服务相衔接的技术、产品。

第三节 老年人福利法

在不同的时代、不同的国家、不同的领域，对老年人的界定有所不同。我国《老年人权益保障法》规定“老年人是指六十周岁以上的公民”。根据国家统计局《2017 年国民经济和社会发展统计公报》，截至 2017 年年末，全国总人口中，60 周岁及以上人口为 2.41 亿，占总人口的比重为 17.3%；65 周岁及以上人口为 1.58 亿，占总人口的比重为 11.4%。预计到 2020 年，全国 60 岁以上老年人口将增加到 2.55 亿人，占总人口比重提升到 17.8% 左右，未来 20 年我国人口老龄化形势将更加严峻。相较于其他年龄群体，老年人面临着更多的生存风险，如医疗风险、照护风险、收入风险等。老年人的需求主要包括经济支持需求、医疗保障需求、生活照料需求、精神慰藉需求和社会参与需求。[①] 老年是正常人生命历程的必经阶段，老年问题既是老年人个人和家庭的问题，也是一个社会问题。“本来老人生活是家庭内的问题，但因社会变迁，家庭适应有困难者增多，而非把老人问题当作社会问题，由社会安全制度以及其他各种福利措施来对应不可。”[②] 老有所养，安度晚年，是老年人的权利，国家和社会对其实现负有义务。在人口老龄化背景下，迫切需要加强老年人福利保障，满足老年人的经济、服务乃至精神需求，使老年人平等分享经济社会发展成果。

老年人福利法，是国家和社会为满足老年人的生活需要，提高其生活质量，而提供各种服务、设施或津贴的制度。《老年人权益保障法》规定，国家保障老年人依法享有的权益。老年人有从国家和社会获得物质帮助的权利，有享受社会服务和社会优待的权利，有参与社会发展和共享发展成果的权利。国家和社会应当采取措施，健全保障老年人权益的各项制度，逐步改善保障老年人生活、健康、安全以及参与社会发展的条件，实现老有所养、老有所医、老有所为、老有所学、老有所乐。

---

① 王延中等：《中国老年保障体系研究》，经济管理出版社 2014 年版，第 8–9 页。

② 江亮演：《老人社会福利》，五南图书出版公司 2009 年版，第 17 页。

一、生活保障

（一）长期照护保障

长期照护，也称长期护理、长期照顾、长期照料等，世界卫生组织在题为《建立老年人长期照顾政策的国际共识》的报告中将长期照护定义为“是由非正式提供照顾者（家庭、朋友和/或邻居）和/或专业人员（卫生、社会和其他）开展的活动系统，以确保缺乏完全自理能力的人能根据个人的优先选择保持最高可能的生活质量，并享有最大可能的独立、自主、参与、个人充实和人类尊严”。[①] 长期照护保障，是为因年老体弱导致生活不能自理、需要长期护理的老年人提供护理费用的保障措施。在人口老龄化的进程中，丧失生活自理能力（即失能）的老人急剧增加，随着家庭小型化以及一些家庭的“空巢化”，家庭照顾老年人的功能严重弱化，老年人的长期照护由过去的家庭问题逐渐演变为社会问题。20世纪90年代以来，长期照顾也被视为一个新社会风险。[②] 我国是失能老年人最多的国家。根据中国老龄科学研究中心于2010年12月组织实施的第三次中国城乡老年人口状况追踪调查结果，我国完全失能的老年人占6.79%，部分失能的老年人占15.86%。[③] 新近有数据显示，我国失能老年人口规模已经突破了4 000万。失能老人的家庭负担沉重，长期照护成本高昂，长期照护服务短缺等问题，需要建立社会化的照护体系及相关制度保障加以解决。“至今已实施的可行之长期照护体制主要有以下几种：(1)税收制——以英国制度为主，受益资格为公民身份；(2)社会保险制——以荷兰、德国、日本与韩国为主，强调照护财务风险分摊及量能原则；(3)强制性个人储蓄账户——以新加坡为主；(4)税收优惠，并奖励国民投保私人长照保险。”[④] 我国《老年人权益保障法》规定，国家逐步开展长期护理保障工作，保障老年人的护理需求。对生活长期不能自理、经济困难的老年人，地方各级人民政府应当根据其失能程度等情况给予护理补贴。

（二）老年供养

《老年人权益保障法》规定，老年人无劳动能力、无生活来源、无赡养人和扶养人，或者其赡养人和扶养人确无赡养能力或者扶养能力的，由地方各级人民政府依照有关规定给予供养或者救助。对于农村“三无老年人”供养，主要依据国务院制定的《农村五保供养工作条例》的规定，在吃、穿、住、医、葬方面给予老年人生活照顾和物质帮助。对于城市“三无老年人”，主要通过政府出资供养以及最低生活保障等社会救助制度进行保障。

（三）住房照顾

地方各级人民政府在实施廉租住房、公共租赁住房等住房保障制度或者进行危旧房屋改

---

① 世界卫生组织网站 http://whqlibdoc.who.int/hq/2000/WHO_HSC_AHE_00.1_chi.pdf?ua=1，访问日期：2018年12月20日。

② 林万亿：《社会福利》，五南图书出版公司2010年版，第329页。

③ 吴玉韶、郭平主编：《2010年中国城乡老年人口状况追踪调查数据分析》，中国社会出版社2014年版，第301页。

④ 林美色：《长期照护保险：德国荷兰模式析论》，巨流图书公司2011年版，第352页。

造时,应当优先照顾符合条件的老年人。

（四）高龄津贴

自20世纪80年代开始,我国部分地区向百岁以上老年人发放高龄津贴,后来逐步将发放范围扩展到80周岁以上的老年人。高龄老年人大多生活自理能力较差,护理与照顾的需求增加,收入较少,生活更为困难,是社会福利制度需要重点关注的人群。目前,我国高龄老年人口已经达到2500万人,预计到2020年将增加到2900万人左右。高龄津贴有助于解决高龄老年人的基本生活问题,提升高龄老年人的生活质量。《老年人权益保障法》规定:“国家鼓励地方建立八十周岁以上低收入老年人高龄津贴制度。”我国各地在高龄津贴的称谓、适用对象、津贴标准、资金来源等方面均有较大差异,高龄津贴的定位尚不清晰。本书认为,高龄津贴是社会津贴的一种。“社会津贴或称为普及式津贴或特定人口补助。此经济安全保障制度工具,是一种提供均等现金给付给特定目标人口群的制度,这种制度并不考虑给付对象的所得、就业与财产,而只考虑给付对象的居住(国籍或居留权),是一种无需有缴费记录的给付,也称人口特性给付,常具有补偿性质或是用来满足额外的经济需求,经费来自于租税,或来自雇主和受雇者所缴纳的费用。”① 高龄津贴与社会救助、社会保险有着质的不同,宜将其定位为老年人的福利制度,将来的制度走向应普惠于所有达到规定年龄的老年人,并降低津贴的受益年龄,且仅以达到规定年龄为受益条件,不附加户籍、收入等条件,用于补充老年人的生活所需,其称谓宜改为老年津贴,仅以身份进行认定,无须缴费,亦无须资产状况调查,同时应提高津贴标准。

（五）计划生育家庭老年人扶助制度

我国实行计划生育以来,大量独生子女父母逐步进入老龄人口行列。我国实行以居家养老为基础的养老政策,由计划生育家庭的家庭结构所决定,其养老能力弱化甚至丧失,国家和社会应当为实施计划生育制度作出贡献的居家养老提供一定的制度保障。《老年人权益保障法》规定:“国家建立和完善计划生育家庭老年人扶助制度。”2004年2月,《国务院办公厅转发人口计生委、财政部关于开展对农村部分计划生育家庭实行奖励扶助制度试点工作意见的通知》,在各地现行计划生育奖励优惠政策基础上,针对农村只有一个子女或两个女孩的计划生育家庭,夫妇年满60周岁以后,由中央或地方财政安排专项资金进行奖励扶助。随后,人口计生委、财政部制定了《农村部分计划生育家庭奖励扶助制度试点方案(试行)》。

在计划生育政策下,形成了数以亿计的独生子女家庭。若独生子女遭遇天灾人祸,先于父母离世,其父母不再生育、不能再生育和不愿意收养子女的,便形成了所谓的失独家庭。有数据显示,我国现有失独家庭超过100万,将来可能达到1 000万。为缓解独生子女伤残死亡家庭面临的生活照料、养老保障、精神慰藉等特殊困难,2007年8月,人口计生委、财政部印发了《全国独生子女伤残死亡家庭扶助制度试点方案》,规定对城镇和农村独生子女死亡或伤、病残后未再生育或收养子女家庭的夫妻,由政府发放独生子女伤残死亡家庭扶助金。2010年7月,财政部、人口计生委印发《全国计划生育家庭特别扶助专项资金管理暂行办法》。2011年12月,

① 李易骏:《社会福利概论》,洪叶文化事业有限公司2014年版,第279页。

财政部、人口计生委发布《关于建立全国农村部分计划生育家庭奖励扶助和计划生育家庭特别扶助标准动态调整机制的通知》,以解决奖励和扶助标准偏低、奖励扶助金的实际购买力下降、政策效果弱化等问题。2016年4月,财政部、卫生计生委发布《关于进一步完善计划生育投入机制的意见》,提出加大国家规定的计划生育扶助保障项目扶助保障力度,继续实施农村部分计划生育家庭奖励扶助制度、计划生育家庭特别扶助制度及“少生快富”工程,统一城乡独生子女伤残、死亡家庭扶助标准。

(六) 农村养老基地和生活补贴

农村可以将未承包的集体所有的部分土地、山林、水面、滩涂等作为养老基地,收益供老年人养老。建立农村养老基地,能够利用现有资源条件,形成稳定的养老资金来源,提高集体养老的能力,帮助老年人解决养老问题。

二、社会服务

(一) 社区养老服务

“世界主要的福利国家,其老人照顾政策均以在地老化为最高指导原则,认为老人应在其生活熟悉而习惯的社区中自然老化,以维持老人自主、自尊、隐私的生活品质。”[①]2011年发布的“十二五”规划纲要提出“建立以居家为基础、社区为依托、机构为支撑的养老服务体系”。《老年人权益保障法》也规定:“国家建立和完善以居家为基础、社区为依托、机构为支撑的社会养老服务体系。”2013年《国务院关于加快发展养老服务业的若干意见》提出:“到2020年,全面建成以居家为基础、社区为依托、机构为支撑的,功能完善、规模适度、覆盖城乡的养老服务体系。”而“十三五”规划纲要则改为“建立以居家为基础、社区为依托、机构为补充的多层次养老服务体系”。从“机构为支撑”到“机构为补充”,折射出养老政策思路的调整。居家养老不同于家庭养老。家庭养老是由子女或其他家庭成员提供物质支持、生活照料和精神慰藉的养老方式。家庭养老“适应于农业社会,基本支持系统为血缘关系,责任主体和支撑单位为家庭或宗亲”[②]。所谓居家养老,是指老年人在家中居住,由社会提供养老服务的一种养老方式。它以家庭为核心,以社区为依托,为老年人提供生活照料、家政服务、医疗护理、精神慰藉等养老服务。居家养老使老年人不脱离所生活的家庭、社区,在他们熟悉的环境中享受社区提供的相应服务,并减轻家庭的负担。居家养老“导源于工业化,其基本支持系统为社会关系,责任主体与支撑单位包括家庭、社会与政府”[③]。居家养老离不开社区养老服务,于是“老人照顾的社会化打破了传统老人照顾的家庭照顾与机构照顾二分法。在家庭照顾与机构照顾之间,增加了以社区为基础的服务、老人住宅、社区小型多功能的老人服务中心的福利设施”[④]。

---

① 江亮演:《老人社会福利》,五南图书出版公司2009年版,第276页。

② 丁建定:《居家养老服务:认识误区、理性原则及完善对策》,载《中国人民大学学报》2013年第2期。

③ 丁建定:《居家养老服务:认识误区、理性原则及完善对策》,载《中国人民大学学报》2013年第2期。

④ 林万亿:《社会福利》,五南图书出版公司2010年版,第254页。

《老年人权益保障法》规定："地方各级人民政府和有关部门应当采取措施，发展城乡社区养老服务，鼓励、扶持专业服务机构及其他组织和个人，为居家的老年人提供生活照料、紧急救援、医疗护理、精神慰藉、心理咨询等多种形式的服务。"2008 年全国老龄委办公室等 10 部门联合下发的《关于全面推进居家养老服务工作的意见》指出，居家养老服务是指政府和社会力量依托社区，为居家的老年人提供生活照料、家政服务、康复护理和精神慰藉等方面服务的一种服务形式。它是对传统家庭养老模式的补充与更新，是我国发展社区服务，建立养老服务体系的一项重要内容。要在城市社区和大部分农村乡镇建设综合性居家养老服务中心、居家养老服务站点等基础性服务设施，大力推动专业化的老年医疗卫生、康复护理、文体娱乐、信息咨询、老年教育等服务项目的开展，构建社区为老服务网络，为老年人提供就近就便的多种服务。吸引生活自理的老人走出家门到社区为老服务设施接受服务和参加活动；对生活不能自理的老人则派专人上门包护，满足老年人生活照料、医疗护理、文化娱乐、心理慰藉等多种需求。依托城市社区信息平台，在社区普遍建立为老服务热线、紧急救援系统、数字网络系统等多种求助和服务形式，建设便捷有效的为老服务信息系统。2011 年国务院办公厅印发的《社会养老服务体系建设规划(2011–2015 年)》指出，社会养老服务体系是与经济社会发展水平相适应，以满足老年人养老服务需求、提升老年人生活质量为目标，面向所有老年人，提供生活照料、康复护理、精神慰藉、紧急救援和社会参与等设施、组织、人才和技术要素形成的网络，以及配套的服务标准、运行机制和监管制度。其中，居家养老服务涵盖生活照料、家政服务、康复护理、医疗保健、精神慰藉等，以上门服务为主要形式。社区养老服务是居家养老服务的重要支撑，具有社区日间照料和居家养老支持两类功能，主要为家庭日间暂时无人或者无力照护的社区老年人提供服务。

（二）养老服务补贴

养老服务补贴制度，是政府为老年人入住养老机构或接受社区、居家养老服务提供资金支持的制度。养老服务补贴是发展适度普惠型社会福利制度的组成部分，是建设社会养老服务体系的一项重要内容。《老年人权益保障法》规定："对经济困难的老年人，地方各级人民政府应当逐步给予养老服务补贴。"2013 年，国务院发布的《关于加快发展养老服务业的若干意见》提出，"各地要加快建立养老服务评估机制，建立健全经济困难的高龄、失能等老年人补贴制度"。2014 年，财政部、民政部、全国老龄工作委员会办公室发布《关于建立健全经济困难的高龄失能等老年人补贴制度的通知》，要求对经济困难的高龄、失能等老年人，地方各级人民政府应当逐步给予养老服务补贴。补贴标准由各地根据当地经济发展水平、物价变动情况和财力状况自主确定。补贴方式原则上按月给符合条件的老年人发放现金、代金券，具体发放方式由各地自定。补贴经费由地方财政负担，列入年度财政预算。

（三）养老服务设施建设

地方各级人民政府和有关部门、基层群众性自治组织，将养老服务设施纳入城乡社区配套设施建设规划，建立适应老年人需要的生活服务、文化体育活动、日间照料、疾病护理与康复等服务设施和网点，就近为老年人提供服务。地方各级人民政府和有关部门按照老年人口比例及分布情况，将养老服务设施建设纳入城乡规划和土地利用总体规划，统筹安排养老服务设施建设用地及所需物资。公益性养老服务设施用地，可以依法使用国有划拨土地或者农民集体所有的土地。养老服务设施用地，非经法定程序不得改变用途。各级人民政府根据经济发展水平和老年人服务需求，逐步增加对养老服务的投入。各级人民政府和有关部门在财政、税费、土地、融资等方面采取措施，鼓励、扶持企业事业单位、社会组织或者个人兴办、运营养老、老年人日间照料、老年文化体育活动等设施。

（四）养老机构及服务

机构养老是除家庭养老以外最古老的养老方式。机构养老服务是专业化、规范化的养老服务，在设施、人员和技术等方面具有优势，能够满足老年人的集中服务需求，为失能老年人提供专业的照料。《老年人权益保障法》规定，政府投资兴办的养老机构，应当优先保障经济困难的孤寡、失能、高龄等老年人的服务需求。国务院有关部门制定养老服务设施建设、养老服务质量和养老服务职业等标准，建立健全养老机构分类管理和养老服务评估制度。各级人民政府应当规范养老服务收费项目和标准，加强监督和管理。

设立养老机构，应当符合下列条件：有自己的名称、住所和章程；有与服务内容和规模相适应的资金；有符合相关资格条件的管理人员、专业技术人员和服务人员；有基本的生活用房、设施设备和活动场地；法律、法规规定的其他条件。设立公益性养老机构应当向县级以上人民政府民政部门申请行政许可；经许可的，依法办理相应的登记。设立经营性养老机构应当在工商行政管理部门办理登记后，向县级以上人民政府民政部门申请行政许可。县级以上人民政府民政部门负责养老机构的指导、监督和管理，其他有关部门依照职责分工对养老机构实施监督。

养老机构应当与接受服务的老年人或者其代理人签订服务协议，明确双方的权利、义务。养老机构及其工作人员不得以任何方式侵害老年人的权益。养老机构变更或者终止的，应当妥善安置收住的老年人，并依照规定到有关部门办理手续。有关部门应当为养老机构妥善安置老年人提供帮助。

（五）老年医疗卫生服务

各级人民政府和有关部门将老年医疗卫生服务纳入城乡医疗卫生服务规划，将老年人健康管理和常见病预防等纳入国家基本公共卫生服务项目。鼓励为老年人提供保健、护理、临终关怀等服务。国家鼓励医疗机构开设针对老年病的专科或者门诊。医疗卫生机构应当开展老年人的健康服务和疾病防治工作。医疗卫生机构要优先为辖区内 65 周岁以上常住老年人免费建立健康档案，每年至少提供 1 次免费体格检查和健康指导，开展健康管理服务。定期对老年人进行健康状况评估，及时发现健康风险因素，促进老年疾病早发现、早诊断、早治疗。积极开展老年疾病防控的知识宣传，开展老年慢性病和老年精神障碍的预防控制工作。为行动不便的老年人提供上门服务。

（六）老年医学、健康教育

国家采取措施，加强老年医学的研究和人才培养，提高老年病的预防、治疗、科研水平，促进老年病的早期发现、诊断和治疗。国家和社会采取措施，开展各种形式的健康教育，普及老年保健知识,增强老年人自我保健意识。

三、社会优待

老年人社会优待,是指基于老年人自身的特点,国家和社会在医、食、住、用、行、娱等方面,为老年人提供的经济补贴、优先优惠和便利服务。我国有着尊老、敬老的优良传统,老年人社会优待具有深厚的伦理基础。在社会福利法中,老年人有享受社会优待的权利,优待老年人是政府的一项职责。《老年人权益保障法》第53条规定:"县级以上人民政府及其有关部门根据经济社会发展情况和老年人的特殊需要,制定优待老年人的办法,逐步提高优待水平。对常住在本行政区域内的外埠老年人给予同等优待。"同等优待的原则有助于打破许多地方的优待仅限于本地户籍老年人的壁垒,适应老年人异地养老的需要。2013年,全国老龄办、最高人民法院、中央宣传部、国家发展改革委等24个部门联合发布了《关于进一步加强老年人优待工作的意见》。

(一)政务服务优待

各级人民政府和有关部门应当为老年人及时、便利地领取养老金、结算医疗费和享受其他物质帮助提供条件。随着年龄的增长,老年人的意思能力和行为能力减弱,各级人民政府和有关部门办理房屋权属关系变更、户口迁移等涉及老年人权益的重大事项时,承担特别注意义务,应当就办理事项是否为老年人的真实意思表示进行询问,并依法优先办理,以防违背老年人的真实意思,擅自处分老年人的重大人身或财产权益等侵害老年人权益的现象出现。农村老年人不承担兴办公益事业的筹劳义务。对有老年人去世的城乡生活困难家庭,减免其基本殡葬服务费用,或者为其提供基本殡葬服务补贴。对有老年人去世的家庭,选择生态安葬方式的,或者在土葬改革区自愿实行火葬的,要给予补贴或奖励。

(二)卫生保健优待

老年人比青壮年人有着更多的医疗需求,卫生保健优待对于老年人有着更为突出的意义。医疗卫生机构应为老年人就医提供方便和优先优惠服务。通过完善挂号、诊疗系统管理,开设专用窗口或快速通道,提供导医服务等方式,为老年人特别是高龄、重病、失能老年人挂号(退换号)、就诊、转诊、综合诊疗提供便利条件。鼓励各地医疗机构减免老年人普通门诊挂号费和贫困老年人诊疗费,提倡为老年人义诊。倡导医疗卫生机构与养老机构之间建立业务协作机制,开通预约就诊绿色通道,协同做好老年人慢性病管理和康复护理,加快推进面向养老机构的远程医疗服务试点,为老年人提供便捷、优先、优惠的医疗服务。

(三)交通出行优待

交通出行优待是一项开展较早、效果明显、深受老年人欢迎的优待措施。城市公共交通、公路、铁路、水路和航空客运,应当为老年人提供优待和照顾,提供便利服务。城市公共交通工具应为老年人提供票价优惠,鼓励对65周岁以上老年人实行免费,有条件的地方可逐步覆盖全体老年人。票价优惠需要建立合理的公共财政补偿机制,对落实老年优待任务的公交企业给予相应经济补偿。公共交通工具设立不低于座席数10%的“老幼病残孕”专座。铁路部门为列车配备无障碍车厢和座位，对有特殊需要的老年人订票和选座位提供便利服务。交通场所和站点设置老年人优先标志，设立等候专区，根据需要配备升降电梯、无障碍通道、无障碍洗手间等设施。对于无人陪同、行动不便的老年人给予特别关照。公厕应对老年人免费。

（四）商业服务优待

各地要根据老年人口规模和消费需求，合理布局商业网点，有条件的商场、超市设立老年用品专柜。商业饮食服务网点、日常生活用品经销单位，以及水、电、暖气、燃气、通信、电信、邮政等服务行业和网点，要为老年人提供优先、便利和优惠服务。

金融机构应为老年人办理业务提供便捷服务，设置老年人取款优先窗口，并提供导银服务，对有特殊困难、行动不便的老年人提供特需服务或上门服务。鼓励对养老金客户实施减费让利，对异地领取养老金的客户减免手续费。对办理转账、汇款业务或购买金融产品的老年人，应提示相应风险。

（五）文体休闲优待

老年人拥有充裕的闲暇时间，为给老年人享受公共文化体育服务以及休闲旅游等创造更好的条件，丰富老年人的精神文化生活，各级各类博物馆、美术馆、科技馆、纪念馆、公共图书馆、文化馆等公共文化服务设施，向老年人免费开放，减免老年人参观文物建筑及遗址类博物馆的门票。鼓励影剧院、体育场馆为老年人提供优惠票价，为老年文艺体育团体优惠提供场地。公园、旅游景点应对老年人实行门票减免，鼓励景区内的观光车、缆车等代步工具对老年人给予优惠。

公共文化体育部门应对老年人优惠开放，免费为老年人提供影视放映、文艺演出、体育赛事、图片展览、科技宣传等公益性流动文化体育服务。关注农村老年人文化体育需求，适当安排面向农村老年人的专题专场公益性文化体育服务。公共文化体育场所应为老年人健身活动提供方便和优惠服务，安排一定时段向老年人减免费用开放，有条件的可适当增加面向老年人的特色文化体育服务项目。提倡体育机构每年为老年人进行体质测定，为老年人体育健身提供咨询、服务和指导，提高老年人科学健身水平。提倡经营性文化体育单位对老年人提供优待。

老年活动场所、老年教育资源对城乡老年人公平开放，公共教育资源应为老年人学习提供指导和帮助。贫困老年人进入老年大学（学校）学习的，给予学费减免。

（六）维权服务优待

各级人民法院对侵犯老年人合法权益的案件，要依法及时立案受理、及时审判和执行。司法机关应通过开通电话和网络服务、上门服务等形式，为高龄、失能等行动不便的老年人报案、参与诉讼等提供便利。老年人因追索赡养费、扶养费、养老金、退休金、抚恤金、医疗费、劳动报酬、人身伤害事故赔偿金等提起诉讼，交纳诉讼费确有困难的，可以申请司法救助，缓交、减交或者免交诉讼费。因情况紧急需要先予执行的，可依法裁定先予执行。

老年人因其合法权益受到侵害提起诉讼，需要律师帮助但无力支付律师费用的，可依法获得法律援助。对老年人提出的法律援助申请，简化程序，优先受理，优先审查和指派。健全完善老年人法律援助体系，科学设置基层法律援助站点，简化程序和手续，为老年人就近申请和获得法律援助提供便利条件。鼓励律师事务所、公证处、司法鉴定机构、基层法律服务所和其他法律服务机构为经济困难的老年人提供免费或者优惠服务。

第四节 妇女福利法

妇女是创造人类文明和推动社会发展的伟大力量，但在性别不平等的历史与现实的影响下，妇女处于弱势地位，拥有和控制的社会资源较少，需要特殊的照顾和保护。“妇女在两性地位中仍属弱势，即使是在男女均有教育权利的今日，许多女性仍然因为其生育功能、传统性别角色、不若男性强壮的身体气力，依然在教育、求职、职场劳动条件甚至家庭环境中，都属于生活机会较少的群体。”① 为促进机会平等目的的实现，使妇女能够拥有充分的发展机会，各国普遍建立妇女福利制度。妇女福利体现出更强烈的社会性，这与社会对妇女的角色期待有关联。习俗、惯例、文化、传统乃至国家制度等，决定了妇女面临的生活环境、生活压力及风险。“妇女的部分生活条件出现被压缩的现象，而处于风险及压力中，故国家以残补式的福利方式而提供福利予妇女。”②“除了国家赋予特别保障以及不分男女一律平等的权利外，更应从防止歧视、增进福利的方向，循法律保障安全、卫生维护安康、福利提供安定，来保障更多妇女没有生存的恐惧，也不会有生活的匮乏。”③ 我国当前的妇女福利仍面临着许多问题，性别歧视还普遍存在，妇女的健康需求未能得到充分满足，妇女的生活状况有待改善，妇女受教育程度和社会参与程度仍与男性存在差距。实行男女平等是国家的基本国策，国务院制定的《中国妇女发展纲要(2011-2020 年)》提出的总目标之一是“平等享有社会保障，社会福利水平显著提高”。妇女福利法制是保障妇女权益、促进妇女发展的需要，也是人类社会男女两性平等发展的需要，是社会福利法不可或缺的组成部分。

一、生育与健康福利

生育社会保障应包含两方面的内容：一是生育的医疗待遇，二是生育的收入补偿。二者的性质与功能不同，我国对这两项生育保障均以生育保险制度解决。生育津贴是一种生育保险待遇，只有职业劳动妇女才有资格参加生育保险，也只有职业劳动妇女才有机会享受生育津贴，广大非就业妇女则不具有获得生育津贴的资格。而作为社会风险的生育风险，是育龄妇女面临的基本风险，并不因就业与否而有不同。生育津贴是为应对生育妇女收入中断、支出增加的风险而建立的制度。我国生育津贴制度的公平性还存有重大缺陷，对于生育妇女的收入补偿，需要建立覆盖所有妇女的、非缴费型的生育津贴制度，作为我国适度普惠型社会福利制度的一个方面加以解决。我国的生育津贴系附着于生育保险的一种待遇，不尽符合社会福利的特点。从长计议，生育津贴应脱离生育保险而普惠于所有生育的妇女，其功能应定位于保障生

① 周怡君：《社会政策与社会立法新论》，洪叶文化事业有限公司 2009 年版，第 205 页。

② 李易骏：《社会福利概论》，洪叶文化事业有限公司 2014 年版，第 316 页。

③ 蔡汉贤、李明政：《社会福利新论》，松慧有限公司 2011 年版，第 263 页。

育妇女及婴儿基本生活的现金给付，促进其生活机会均等。在生育政策调整的背景下，这一目标更具有现实意义，故在此仍将生育津贴作为一种社会福利项目对待。

《社会保险法》第56条规定："职工有下列情形之一的，可以按照国家规定享受生育津贴：(一)女职工生育享受产假；(二)享受计划生育手术休假；(三)法律、法规规定的其他情形。生育津贴按照职工所在用人单位上年度职工月平均工资计发。"国务院发布的《女职工劳动保护特别规定》规定："女职工产假期间的生育津贴，对已经参加生育保险的，按照用人单位上年度职工月平均工资的标准由生育保险基金支付；对未参加生育保险的，按照女职工产假前工资的标准由用人单位支付。"《企业职工生育保险试行办法》规定："产假期间的生育津贴按照本企业上年度职工月平均工资计发，由生育保险基金支付。"

此外，《母婴保健法》对婚前保健和孕产期保健作出了规定。

二、就业与劳动保护福利

《妇女权益保障法》第26条规定："任何单位均应根据妇女的特点，依法保护妇女在工作和劳动时的安全和健康，不得安排不适合妇女从事的工作和劳动。妇女在经期、孕期、产期、哺乳期受特殊保护。"第27条规定："任何单位不得因结婚、怀孕、产假、哺乳等情形，降低女职工的工资，辞退女职工，单方解除劳动(聘用)合同或者服务协议。但是，女职工要求终止劳动(聘用)合同或者服务协议的除外。各单位在执行国家退休制度时，不得以性别为由歧视妇女。"依据《女职工劳动保护特别规定》，用人单位应当加强女职工劳动保护，采取措施改善女职工劳动安全卫生条件，遵守女职工禁忌从事的劳动范围的规定。女职工禁忌从事的劳动范围包括：矿山井下作业；体力劳动强度分级标准中规定的第四级体力劳动强度的作业；每小时负重6次以上、每次负重超过20公斤的作业，或者间断负重、每次负重超过25公斤的作业。用人单位还须遵守女职工在经期、孕期、哺乳期禁忌从事的劳动范围的规定。女职工在孕期不能适应原劳动的，用人单位应当根据医疗机构的证明，减轻劳动量或者安排其他能够适应的劳动。对怀孕7个月以上的女职工，用人单位不得延长劳动时间或者安排夜班劳动，并应当在劳动时间内安排一定的休息时间。怀孕女职工在劳动时间内进行产前检查，所需时间计入劳动时间。对哺乳未满1周岁婴儿的女职工，用人单位不得延长劳动时间或者安排夜班劳动。用人单位应当在每天的劳动时间内为哺乳期女职工安排1小时哺乳时间；女职工生育多胞胎的，每多哺乳1个婴儿每天增加1小时哺乳时间。女职工比较多的用人单位应当根据女职工的需要，建立女职工卫生室、孕妇休息室、哺乳室等设施。在劳动场所，用人单位应当预防和制止对女职工的性骚扰。

三、福利设施和福利服务

国家和社会有义务为妇女提供必要的福利设施和福利服务。福利设施和福利服务多涉及妇女生活、保健等方面，如妇幼保健院、妇产医院、妇女活动中心、咨询服务中心等。国务院制定的《中国妇女发展纲要(2011-2020年)》提出的妇女与健康策略措施，第一项就是"加大妇幼卫生工作力度"，要求优化卫生资源配置，增加农村和边远地区妇幼卫生经费投入。加强各级妇幼保健机构建设，坚持妇幼保健机构的公益性质，健全妇幼卫生服务网络，完善基层妇幼卫生服务体系，为妇女提供均等化的保健服务。加快妇幼卫生人才培养，加强妇幼保健机构人员配备。加大执法监督力度，严肃查处危害妇女健康的非法行为。

思考题：

1. 试述儿童福利与儿童福利法的涵义。
2. 试述我国儿童福利法的主要内容。
3. 看待残疾人的主要观点有哪些？
4. 试述我国残疾人福利法的主要内容。
5. 试述我国老年人福利法的主要内容。
6. 试述我国妇女福利法的主要内容。

第十四章　军人社会保障

第一节　军人社会保障概述

一、军人社会保障的概念

军人在自己的黄金年龄段投身于国防事业，为维护国家安全和人民利益担负着特殊的职责，军人职业具有危险性、艰苦性和纪律的约束性，军人群体作出了特殊贡献并承受着特别牺牲，理应获得全社会的尊重和优待。针对军人建立完善的社会保障制度，强化对军人的保护，能够在一定程度上补偿军人所作的牺牲，有利于消除军人的后顾之忧，提高军人的经济地位和社会地位，增强军队的吸引力和凝聚力，有利于国家的长治久安。

军人社会保障，是指国家和社会根据军人职业的特点，通过立法程序作出相应的制度安排，对国民收入进行再分配，以保障军人及其家庭成员的基本生活需要，解除军人的后顾之忧，稳定军心，保证国家安全和社会稳定的社会保障制度。

“军人社会保障”中，顾名思义，“军人”强调这一职业的特殊性，“保障”指出制度的内容和目的，“社会”则突出制度的社会化属性。过去在计划经济时代，军人保障本质上实行国家负责制，任何事情，无论大小，无论轻重，都找国家解决。现在，社会化就是要将军人社会保障制度融入社会保障制度的大家庭中，实现社会化的筹资、管理、运营、发放等，分散风险，扩大保障基金来源，提高军人的生活保障水平。

军人社会保障有以下含义：其一，军人社会保障的保障主体是国家和社会。军人社会保障，尽管在保障对象上还包括军人家庭成员等群体，但是大体上可以理解为是对军人的社会保障，而社会保障是国家和社会举办的一项重大的社会事业，是一项重大的社会政策。其二，军人社会保障是一种特殊的制度安排。一般认为，社会保障事业是一种保证公民基本生活或最低生活需要的社会制度。作为社会保障的重要组成部分，军人社会保障的特殊之处在于，由于军人从事的是国防劳动，具有牺牲性和奉献性的特点，因而其保障水平、保障范围等一定程度上优于其他群体，制度内容更是包含了退役安置等特殊制度安排。其三，军人社会保障通过国民收入的再分配实施。军人社会保障是国家和社会通过对国民收入再分配实施的，反映的是一种国民收入分配关系。其四，军人社会保障的对象是军人及其家庭成员。从保障对象的角度看，不能将军人社会保障理解为仅仅是对军人本人的保障，而应理解为是对军人（包括现役军人和退役军人）及其家庭成员（包括现役军人家属、烈士遗属、牺牲军人遗属、病故军人遗属等）的保障。其五，军人社会保障为军人及其家庭成员提供基本生活保证。其六，军人社会保障是确保国家安全和社会稳定的社会事业。[①]

二、军人社会保障法的概念

军人社会保障属于社会保障体系的组成部分，是针对特定人群所实施的社会保障制度，其保障对象是军人及其家庭成员，具有特殊性。保障内容涉及军人及其家庭成员的社会保险、社会优抚、职业保障等项目。

军人社会保障制度的建立本质上就是军人待遇社会化。美国、俄罗斯、德国、法国等国家都建立了军人社会保障体系，并将其纳入到国家社会保障中，实现了国家和社会对军人的双重保障。军人社会保障不是对军人的"恩惠"，而是在法律上构建的权利和义务关系。军人是一种特殊的职业，需要付出特殊的国防劳动，具有奉献性、牺牲性的特点，获得社会保障待遇是军人受法律保护的权利。

军人社会保障法是调整在国家和社会对国民收入进行再分配，以保障军人及其家庭成员的基本生活需要的过程中发生的社会关系的法律规范的总称。

对于军人社会保障制度的保障对象——军人，有两种不同类型的划分：首先，根据对象的来源，可以将军人划分为民兵、义务兵、志愿兵、军官，这一种划分体现在《兵役法》中。其次，根据对象面临风险作出牺牲的程度，可以将军人划分为现役军人，残疾军人，退出现役的军人，烈士家属，牺牲、病故军人家属，以及现役军人家属等，这种划分体现在《国防法》和《军人抚恤优待条例》等中。不难发现，上述两种划分并不都是周延的分类方法，第一种划分并没有顾及军人家属，第二种划分并没有考虑到民兵。根据《兵役法》的规定，现役士兵包括义务兵役制士兵和志愿兵役制士兵，义务兵役制士兵称义务兵，志愿兵役制士兵称士官。义务兵服现役的期限为2年。

三、军人社会保障法的特性和地位

军人社会保障侧重分担军人职业风险。军人同样面临着其他公民面临的风险，如伤残、死亡、年老等。但是由于军人自身职业的特殊性，军人的风险显示出一定的特殊性，如具有强烈的牺牲性等。因而，军人社会保障的制度设计需要考虑和照顾军人职业的特殊性。军人社会保障的特性有：(1)保障对象的特殊性。军人社会保障的对象是为社会作出特殊贡献、受尊敬且有光荣身份的群体。(2)保障待遇的从优性。社会保障水平是社会保障的平均数量概念，通常是一定时期的社会保障费用总额除以同期享受社会保障待遇人数的结果。理论上，军人社会保障水平应当高于社会平均水平，这是因为军人职业具有特殊的奉献和牺牲性质。(3)保障体制的相对独立性。因为军人社会保障涉及的业务比较特殊、复杂，所以通常各国都会设有专门的负责机构。[②] 我国军人社会保障具有相对独立的管理体制。

军人社会保障是指国家建立的，以军人(特定情形下惠及其家属)为保障对象的各种社会

---

① 贾俊玲主编：《劳动法与社会保障法学》，中国劳动社会保障出版社2012年版，第338页。

② 陈树文、王刚义编著：《社会保障学》，大连理工大学出版社2010年版，第361页。

保障制度的统称。军人社会保障是一个由国家(中央政府)直接负责、应对军人多种风险的综合性保障系统。[①] 军人社会保障是社会保障体系中的一部分。其基本内容包括军人(社会)保险、军人(社会)福利、(军人)社会优抚、退役安置等。军人社会保障,与一般的社会保障存在大致一一对应的关系。例如,社会保障体系中重要的内容有社会保险、社会福利、社会救助等,这些内容在军人社会保障中也存在。只不过,军人社会保障着重于和军人身份属性关联紧密的部分,所以就比较多地强调军人保险、军人福利。社会优抚实则对非军人的其他社会成员也有可能适用,只不过以军人为主,因而是军人社会保障的特色制度。退役安置就完全是军人社会保障所特有的了。

军人社会保障制度中比较特殊的部分是社会优抚制度和退役安置制度。当然,除此以外,军人社会保险制度等也是其中的重要内容。然而,通常研究者往往将目光聚焦于社会优抚和退役安置,而或多或少地忽视了其他部分。下面简述军人社会福利和军人社会救助的内容,后文将不再展开。

军人福利,即军人社会福利,是为提高军人的物质生活待遇水平而提供的各种福利设施、补贴、优待等,以保证军人生活随经济发展和人民生活水平的提高而不断改善。

军人社会救助是在军人收入不能维持其家庭成员最低生活水平时,以保证其最低生活需要为目的的社会保障制度。军人社会救助体系的发展目标是逐步建立规范化救助项目,社会救助的内容不断趋于稳定,严格按照规定的条件、范围、标准等实施救助,使军人社会救助的实施走向规范化、程序化,满足需要救助的军人的需求。军人社会救助具有无偿性。目前实施救助的机构主要是国家和地方各级政府,军队也会有一定的救助。

军人社会保障的性质需要从更广阔的维度来观察。军人社会保障和工资共同构成了现代军人所得的主体。军人所得的定位会根据军人来源属性的不同而不同。

从历史发展的维度来看,在工业革命以前,军队实行兵农复合体的制度。军人在战时为军人,在平时为农民,可以兼顾生产和战斗,因而可以通过农业生产实现自给自足,不需要国家额外的开支。在工业革命以后,由于社会化大生产下的分工专业化和生产资料的高度集中,军队逐渐转向职业军人的制度。于是,军人变成了一种专门而特别的职业,自然也要接受劳动力市场的调节,优厚的待遇就成为吸引优秀人才为军队服务的关键因素之一。这里的待遇就是军人社会保障和工资等内容。

从军人来源的维度来看,义务役和志愿役并存。义务役源自兵农复合体制度,所以国家往往不支付工资或者支付较低的工资,再配以优厚的社会保障待遇,来维持军人生计。志愿役旨在招募职业军人,重要意义在于吸引高素质的人才,所以需要与劳动力市场相适应的待遇。然而,军人职业有一些没有工资对价的工作内容,所以需要对工作条件、风险等差异状况支付相应的对价,这就是工资差异补偿的基本概念。

在市场经济条件下,市场可以通过供需关系调节劳动力市场。军人提供特殊的国防劳动,往往面临着恶劣的劳动条件、职业风险等,因而作为补偿,国家保障现役军人享有与其履行职责相适应的待遇。现役军人的待遇应当与国民经济发展相协调,与社会进步相适应。军官实行职务军衔等级工资制,士官实行军衔级别工资制,义务兵享受供给制生活待遇。现役军人享受规定的津贴、补贴和奖励工资。国家建立军人工资的正常增长机制。然而,市场经济在调节

① 凌文豪主编:《社会保障概论》,河南大学出版社 2013 年版,第 199 页。

中会有失灵的风险。在军人职业上,这一点显得非常突出。军人职业强调忠诚、奉献、无私等精神品质,依赖这些精神品质所作的付出是难以用市场的方式估价和测算的。更为根本的是,市场经济调节的理论基础是新古典经济学,而新古典经济学的重要理论假设之一就是理性人假设。本质上,军人职业体现出精神品质和理性人假设不可调和的冲突和矛盾。难以想象,在战场上,军人因为对方支付更高的工资和提供更好的劳动条件就倒戈,这是违背军人职业精神的。因而,为了维护和发扬军人职业精神,军人社会保障可以发挥其特有的安定军心和促进稳定的作用。

第二节 军人社会保障制度的历史沿革

现代军人社会保障制度属于现代社会的产物,而对军人实施优抚政策则有相当长的历史。战国后期,对士兵优抚成为列国普遍的做法,通常是免除作战士兵全家徭役和赋税。西汉时期,优抚制度被以法律的形式确定下来,表现为"有功劳行田宅",同时开始为阵亡者或已故战将树碑立传。宋朝时期,为了应对连年征战,优抚制度不断发展完善,不仅确立了伤亡抚恤制度,还建立了退役军人安置制度。清朝时期,宣统二年(1910年)八月,陆军部提交的《恤荫恩赏章程》是中国封建社会第一部专门性的优抚法律。[①] 下面简述军人社会保障制度的历史,侧重于优抚安置制度。军人保险的发展将在军人保险制度一节重点展开。

一、中华人民共和国成立以前

自从有了国家和军队以后,国家为了提高军队的积极性,保证军队的战斗力,出台了各种优抚措施。这些措施包括从奖励军功到抚恤军属,不一而足。据说早在西周时期,姜太公就曾经提出了要厚葬阵亡人员、体恤伤员。而在《国语·晋语》中就记载有"自文公以来,有力于先君而子孙不立者,将授立之,得之者赏"。

到了近代,从清朝末年的法制改革开始,我国出现了最早的专门优抚法规。这些法规有光绪年间的《退伍兵暂行办法章程》《退伍兵应守规则》,宣统年间的《恤荫恩赏章程》,1934年《陆军平战时抚恤暂行条例》,以及1936年《陆军士兵退伍归休实施暂行规则》等。

中国共产党在缔造军队之初,就很重视建立和完善优抚制度。1931年11月,中华苏维埃工农兵第一次全国代表大会颁布了《中国工农红军优待条例》,此后还颁布了《红军抚恤条例》《优待红军家属耕田条例》等法规。各级苏维埃政府设立有相应的优抚机构,中央革命军事委员会设立有抚恤委员会,负责管理红军的优抚工作。后来的各个革命根据地也都颁布了类似的法规,如《晋察冀边区优待抗日军人家属暂行办法》《苏南行政区优待抗属暂行条例》《晋冀鲁豫边区优待抗战军人家属条例》《陕甘宁边区优待革命军人、烈士家属条例》等。值得一提的是,1943年,为了落实中央"拥政爱民"和"拥军优属"的号召,陕甘宁边区颁布了《陕甘宁边区政府关于拥护军队的决定》和《陕甘宁边区简政实施纲要》,确定1943年1月25日至2月25日为边区拥军运动月,并颁布了《陕甘宁边区抚恤暂行办法》,开启了日后我国轰轰烈烈的"双拥"运动。[②]

---

① 贾俊玲主编:《劳动法与社会保障法学》,中国劳动社会保障出版社2012年版,第339页。

② 种明钊主编:《社会保障法律制度研究》,法律出版社2000年版,第405-406页。

二、计划经济时期:1949–1978 年

1949 年中华人民共和国成立以后,优抚工作进一步加强。《共同纲领》明确规定了有关社会优抚的内容:“革命烈士家属和革命军人的家属,生活困难者应受国家和社会的优待。参加革命战争的残疾军人和退伍军人,应由人民政府给以适当安置,使能谋生立业。”1954 年《宪法》继承了立法精神,确立了社会优抚制度的法律地位。内务部在 1950 年制定颁布了多部条例,包括《革命烈士家属、革命军人家属优待暂行条例》《革命残废军人优待抚恤暂行条例》《革命军人牺牲病故褒恤暂行条例》《革命工作人员伤亡褒恤暂行条例》《民兵民工伤亡抚恤暂行条例》。这些条例从国家层面统一了社会优抚的法律制度,为社会优抚的发展奠定了坚实的基础。1955 年的《兵役法》《国务院关于安置复员建设军人工作的决议》,1958 年的《关于处理义务兵退伍的暂行规定》继承和发展了社会优抚制度。

同一时期,在退役安置方面,1950 年,随着战争的硝烟逐渐远去,中央人民革命军事委员会和政务院发布了《关于人民解放军 1950 年的复员工作决定》。国家和军队相继制定颁布的法律法规和规范性文件包括《复员建设军人安置暂行办法》《国务院关于安置复员建设军人的决议》《国务院关于处理义务兵退伍的暂行规定》《国务院关于现役军官退休处理的暂行规定》《总政治部关于高级干部在军队离职休养的待遇和管理问题的规定》。

从 1949 年到 1978 年的 30 年计划经济时期,中国人民解放军的社会保障体系逐步建立和完善,形成了统一的组织机构和保障供给系统,制定了统一的经费供给标准、管理制度和法规性依据。从 1949 年到 1955 年,中国人民解放军基本沿袭了战争年代的供给制。在中华人民共和国成立前夕的 1949 年 3 月,中央军委通过了《中国人民解放军供给标准草案》,其中供给标准采用了实物计算的形式。基本的原理是供给标准用一般生活需要的物资计算,按照国营专卖公司或国营零售店的零售价计算价格,最终折合人民币。随着社会经济的恢复和发展,国家机关工作人员从 1955 年 7 月起全部实行工资制。在 1955 年,军队保障的供给制被薪金制取代。优抚制度随着社会发展也不断调整。例如,农业合作化以后,取消代耕制度,实行优待劳动日或用公益金补助。从 1960 年起,对一部分老病残的优抚对象实行了定期定量补助,同时适当安排军、烈属参加生产劳动,以增加其收入。牺牲病故抚恤工作经过 4 次调整,由当时的发抚恤粮逐步演变为一次性发给抚恤金,标准也在不断提高。[①] 中华人民共和国成立初期,有数十万复员军人成建制地集体转业到边疆地区、海防地区、农垦地区和大型基本建设单位从事生产建设。在安置过程中,为了避免过分集中在大、中城市和少数条件较优越的地方,在落实安置地点的时候,既要考虑本人愿望,也要考虑安置地区的实际情况,由军队和地方政府协商解决。

三、改革开放时期:1978 年至今

十一届三中全会后,改革开放带来了新的社会经济情况。优抚制度也在随之不断充实发

---

① 张东江、聂和兴主编:《当代军人社会保障制度》,法律出版社 2001 年版,第 124–128 页。

展，在法律层面得到确认和强调。1982年《宪法》第45条第2款规定：“国家和社会保障残废军人的生活，抚恤烈士家属，优待军人家属。”1984年《兵役法》第十章为现役军人的优待和退出现役的安置，其中第51条规定：“现役军人，革命残废军人，退出现役的军人，革命烈士家属，牺牲、病故军人家属，现役军人家属，应当受到社会的尊重，受到国家和人民群众的优待。”国务院、中央军委根据宪法、兵役法等法律制定了一系列的优抚法规：1980年6月国务院颁布《革命烈士褒扬条例》，1983年国务院、中央军委发布《中国人民解放军志愿兵退出现役安置暂行办法》，1987年12月国务院颁布《退伍义务兵安置条例》，1988年7月颁布《军人抚恤优待条例》等。1988年中央军委颁布的《中国人民解放军现役军官服役条例》也涉及优抚工作。国务院有关部委、中国人民解放军各总部制定了一批优抚规章，如1980年中国人民解放军总政治部《革命烈士褒扬条例》、1982年中国人民解放军总政治部、总后勤部《关于调整随军的牺牲、病故干部遗属生活补助费的通知》等。[①]

从1980年开始，为了适应农村实行家庭联产承包责任制的新形势，在全国范围内实行了对农村义务兵家属的普遍优待，这是从战争年代的“代耕帮收”、50年代实行合作化后的“优待工分”到实行优待金的第三次大变革。1985年，经国务院批准，中央拨出专款，将烈属、因公牺牲军人家属、病故军人家属的生活困难补助改为由国家实行定期抚恤，且标准随城乡人民生活水平的提高逐步增长。

1992年，中国共产党第十四次全国代表大会明确提出建立社会主义市场经济体制，并要求将深化分配制度和社会保障制度改革作为一个重要环节抓好落实。从此，中国人民解放军社会保障制度的改革也进行了多方面的探索尝试。1993年，中共十四届三中全会《中共中央关于建立社会主义市场经济体制若干问题的决定》首次明确指出：社会保障体系包括社会保险、社会救济、社会福利、优抚安置和社会互助、个人储蓄积累保险。1996年，八届人大四次会议《国民经济和社会发展“九五”计划和2010年远景目标纲要》再次确认了这一体系。

在军人社会保险制度建立前，军队就有离退休制度和公费医疗制度。离退休制度的主要法律依据是国务院和中央军委制定的《关于军队干部退休的暂行规定》等。进入20世纪90年代，随着市场经济改革的深入，我国政府逐渐构建了配套的社会保险体系。为了维护军人权益，军队自1994年开始研究军人社会保险相关问题，从1995年开始军人社会保险制度的研究论证。1995年，全国拥军优属保障基金研讨会在上海召开，探讨了军人社会保障社会化的路径。1995年9月，中央军委出台了深化军队住房改革方案，主要内容为“三改三建”。1997年1月，中央军委原则同意建立军人社会保险制度。1998年，在抗洪抢险中，人民解放军始终冲在第一线，捍卫了人民的生命和财产安全，也作出了巨大的牺牲。1998年7月，国务院和中央军委批准印发的《军人保险制度实施方案》颁布，设置了军人伤亡保险、军人退役医疗保险、军人退役养老保险。同月，中央军委批准成立了军人保险管理机构。8月，中央军委颁布的《中国人民解放军军人伤亡保险暂行规定》实施，为在抗洪抢险中牺牲的烈士发放保险金，标志着军人社会保险制度从理论走向了实践。2000年1月，军人退役医疗保险制度建立。2004年1月，军人配偶随军未就业期间的社会保险制度也建立实施。在这期间，《军人保险基金管理暂行办法》

① 张东江、聂和兴主编：《当代军人社会保障制度》，法律出版社2001年版，第131页。

《军人保险基金会计核算办法》《军人保险个人账户管理暂行办法》《关于军地医疗保险个人账户转移办法》等配套制度相继出台。

第三节　军人保险制度

军人保险，即军人社会保险，是国家和社会以设立基金的方式，在军人遇到伤亡、退役等风险时给予一定给付，使军人的职业风险分散为由国家和社会全体成员共同承担，保证军人及其家属基本生活需要的保险。军人保险制度，是为适应面向劳动者的社会保险制度的改革和满足军人对养老、医疗保障等需求而建立的军人保障项目。军人保险制度体现了军人的职业特点，与社会保险制度相衔接，与经济社会发展水平相适应。

传统上，许多国家或地区都有不同体系的军人社会保障制度，军人保险制度的建立则相对较晚。一方面，军人保险制度的建立顺应了社会保障制度的发展趋势，能够与市场经济中的社会保险制度保持衔接性和连贯性。另一方面，军人保险制度的建立也能够减轻国家或地区的财政负担，以社会化的方式来更好地保障军人的权利。①

我国《军人保险法》规定军人保险的项目有军人伤亡保险、退役养老保险、退役医疗保险、随军未就业的军人配偶保险等。军人保险和社会保险也存在大致的一一对应的关系：军人伤亡保险——工伤保险，退役养老保险——养老保险，退役医疗保险——医疗保险。随军未就业的军人配偶保险则是特色制度，体现了对军人及家属的倾斜照顾和保护。而社会保险中的失业保险在军人保险中并没有对应制度，这是因为军人职业具有特殊性和军人职业退出中具有退役安置制度。

正如社会保险是社会保障的重点一样，军人保险是军人社会保障的重点。军人保险的构建和完善将重塑军人社会保障体系，影响深远。

一、《中华人民共和国军人保险法》的出台

为了衔接社会保险制度，我国军人保险制度肇始于20世纪90年代。2012年《军人保险法》的公布标志着军人保险法律制度基本确立，迈入了一个全新的历史阶段。

1994年，为了深入市场经济改革，国家开始城镇职工基本养老、基本医疗等社会保险制度改革。与此同时，军人保险制度也启动了立法的研究探索，以妥善解决军人退出现役后的养老、医疗等问题。国家于1995年3月开始对军人保险制度的构建进行可行性研究。1997年1月，中央军委决定建立军人保险制度。1997年3月14日，《国防法》通过并公布，其第60条第3款规定“国家实行军人保险制度”，把军人保险制度提升到法律的层面。同月，中国人民解放军三总部在北京联合组建了中国人民解放军军人保险办公室。

1998年7月，经国务院、中央军委批准，解放军四总部联合颁布了《军人保险制度实施方案》。该方案规定了军人保险工作的指导思想、原则、目标、基本险种设置、保障对象、基金筹集

① 陈树文、王刚义编著：《社会保障学》，大连理工大学出版社2010年版，第363页。

与管理和保险管理体制等内容。军人保险制度是国家社会保障制度的重要组成部分。军人保险与军人抚恤优待、退役安置等共同组成具有中国特色的军人社会保障体系，目标是建立与地方保险制度相衔接，与军人抚恤优待政策相配套，与社会保障总水平相适应，基金来源稳定、可靠，管理体制相对独立，法规制度健全，具有中国军人特色的军人保险制度。军人保险的基本险种有伤亡保险、退役养老保险、退役医疗保险。其中，退役养老保险和退役医疗保险主要解决军人退役后与地方社会养老保险、医疗保险个人账户相衔接的问题。

《中国人民解放军军人伤亡保险暂行规定》于 1998 年 7 月颁布，同年 8 月 1 日开始实施。这是军人保险第一个险种，标志着军人保险从理论走向实践。《中国人民解放军军人退役医疗保险暂行办法》于 1999 年 12 月颁发，次年 1 月开始实施。这是军人保险第二个落地实施的险种。该办法是为了解决与城镇职工基本医疗保险制度的衔接问题。2000 年 3 月，原总后勤部发布了《军人保险基金管理暂行办法》。

2002 年 9 月，原劳动和社会保障部、财政部、原人事部和总政治部、总后勤部联合下发了《关于转业到企业工作的军官、文职干部养老保险有关问题处理意见的通知》，尝试解决军人转业到地方后养老保险的军地接轨问题。但是，此时还没有建立起保险制度，而是国家对投保退役军人实行一次性补贴，可以看出是一种应急的权宜之计。2003 年 12 月 2 日，国务院办公厅、中央军委办公厅印发了经国务院、中央军委批准的《军人配偶随军未就业期间社会保险暂行办法》，将军人保险的对象扩展到了随军未就业的军人配偶。2007 年，国家又颁布了《关于调整军人配偶随军未就业期间基本生活补贴标准和养老保险个人缴费比例与账户规模的通知》。《中国人民解放军军人伤亡保险规定》于 2009 年 12 月 4 日发布，并于 2010 年 1 月 1 日开始实施，《中国人民解放军军人伤亡保险暂行规定》同时废止。《军人保险法》于 2012 年 4 月 27 日通过并发布，自 2012 年 7 月 1 日起施行。该法共分 9 章，有 51 条，设置了军人伤亡保险、退役养老保险、退役医疗保险和随军未就业的军人配偶保险四类险种，是对一个时期以来军人保险法律制度的总结性成果，具有标志性的历史意义。[①]

二、军人伤亡保险

军人伤亡保险是对因战、因公死亡或者致残的现役军人，以及因病致残的义务兵给予一定经济补偿的保险制度。军人伤亡保险主要针对军人职业风险设立，目的是加大对伤亡军人及其家属的保障力度。军人职业的高风险特点使军人因战和因公伤亡时，应得到相应的补偿。单一的抚恤制度一定程度上是以政府为本位而实行的制度，而因战、因公伤亡保险制度才是以伤残军人为本位的，伤残军人请求补偿是他们应有的权利。军人伤亡保险针对军人高风险的职业特点，体现了军人为国家安全牺牲奉献的价值。对服役期间伤亡的军人给予补偿，以减轻军人的后顾之忧，激励官兵履职尽责。

伤亡是军人面临的主要风险之一。不同国家对军人的伤亡风险都设立有保险，但是渠道和方式各有不同。具体来说，美国、日本通过人寿保险实现保障，俄罗斯、加拿大等国家建立了

---

① 何灵：《经济转型中我国军人保险制度发展路径探析》，中国社会科学出版社 2014 年版，第 82–91 页。

现役军人意外伤害险，泰国则有战争险。至于保险的对象、筹资渠道、给付标准等更是千差万别。鉴于这项保险的重要性，许多国家如美国、俄罗斯都将其列为现役军人必须参加的保险。

军人伤亡保险的给付可分为军人死亡保险金和军人残疾保险金两种。军人因战、因公死亡的，按照认定的死亡性质和相应的保险金标准，给付军人死亡保险金。军人因战、因公、因病致残的，按照评定的残疾等级和相应的保险金标准，给付军人残疾保险金。待遇给付以全军干部月平均工资收入为计算单位。已经评定残疾等级的因战、因公致残的军人退出现役参加工作后旧伤复发的，依法享受相应的工伤待遇。军人死亡和残疾的性质认定、残疾等级评定和相应的保险金标准，按照国家和军队有关规定执行。

军人伤亡保险的对象是现役军官、文职干部、士兵和具有军籍的学员。军人伤亡保险所需资金由国家承担，个人不缴纳保险费。军人伤亡保险基金筹集渠道有中央财政拨款、军队调剂安排、基金运营收益以及法律、法规和国家政策允许的其他渠道。

军人因下列情形死亡或者致残的，不享受军人伤亡保险待遇：(1)故意犯罪的；(2)醉酒或者吸毒的；(3)自残或者自杀的；(4)法律、行政法规和军事法规规定的其他情形。①

三、军人退役养老保险

军人退役养老保险是通过建立专项基金，用于保障现役军人按规定退出现役后，基于养老的生活需要而给予经济保障的保险制度。

许多国家同时设立了军人的退役金待遇和军人退役养老保险。退役金待遇取决于服役年限。服役时间长的军人，可以获得较高的退役金；而服役时间短的军人，退役金不足以养老，就需要军人退役养老保险。1998 年，《军人保险制度实施方案》规定了军人退役养老保险。② 依据《军人保险法》的规定，军人退出现役参加基本养老保险的，国家给予退役养老保险补助。该法还规定了军人退出现役后参加职工基本养老保险、居民社会养老保险的转移接续手续等。根据军人来自社会、绝大多数要回归社会的实际，规范军人入伍前和退役后保险关系的转移接续，有利于保障军人退役后享有国家规定的社会保险待遇。军人服现役期间单位和个人应当缴纳的基本养老保险费由中央财政承担。

四、军人退役医疗保险

军人退役医疗保险是通过设立军人退役医疗保险基金，在军人退出现役后享有国家规定的医疗保险待遇的保险制度。军人退役医疗保险是在军人公费医疗基础之上建立的一种补充性的医疗保险，目的在于使军人退役后能够享受与地方医疗保险对象同等待遇。

军人退出现役后，没有条件享受免费医疗或者不能完全享受免费医疗的国家大多建立了此项保险制度。1999 年，《中国人民解放军军人退役医疗保险暂行办法》确立了军人退役医疗保险制度。

---

① 凌文豪主编：《社会保障概论》，河南大学出版社 2013 年版，第 204 页。

② 陈树文、王刚义编著：《社会保障学》，大连理工大学出版社 2010 年版，第 364-365 页。

参加军人退役医疗保险的军官、文职干部和士官负有保险费缴费义务，个人与国家按照1∶1的比例缴纳保险费。义务兵和供给制学员不需缴费，国家按规定标准全额补助。具体费率标准由中国人民解放军总后勤部会同国务院有关部门共同确定。

军人退役医疗保险与基本医疗保险之间存在转接接续的关系。一方面，军人入伍前已经参加基本医疗保险的，由地方社会保险经办机构和军队后勤（联勤）机关财务部门办理基本医疗保险关系转接接续手续。另一方面，军人退出现役后参加新型农村合作医疗或者城镇居民基本医疗保险的，按照国家有关规定办理。军人退出现役后参加职工基本医疗保险的，同样也需要军队后勤（联勤）机关财务部门和地方社会保险经办机构办理转接接续手续。军人服现役年限视同职工基本医疗保险缴费年限，与入伍前和退出现役后参加职工基本医疗保险的缴费年限合并计算。

五、随军未就业的军人配偶保险

军人家属具有随军的特殊性。由于军人流动性大，生活条件有时较艰苦，缺少社会依赖，现行社会保险制度不能完全解决随军未就业军人配偶的社会保险问题。军人家属为国家和社会作出了奉献和牺牲，随军未就业的军人配偶是军人家属中奉献和牺牲最大的群体之一，所以军人保险建立了专门的险种以保障这一群体，国家为随军未就业的军人配偶建立养老保险、医疗保险等。随军未就业的军人配偶参加保险，应当缴纳养老保险费和医疗保险费，国家给予相应的补助。随军未就业的军人配偶保险个人缴费标准和国家补助标准，按照国家有关规定执行。

六、我国台湾地区的军人保险

在我国台湾地区，军人保险作为社会保险的一种，可以被理解为实施社会政策而举办的强制性人身保险。具体来说，为保障军人经济安全，以全体现役军人为对象，结合多数可能遭遇相同危险事故的个人成立利益与共的团体，采取强制的手段，运用保险的技术，当被保险人遭遇特定危险事故而招致损害或损失时，将危险分散给全体负担，并对其本人或家属提供现金给付或医疗照顾等。其目的在于保障军人生活所需的最低收入安全。我国台湾地区军人保险的创立远早于其他社会保险的创立，可以视为社会保险的先行者。某种意义上，军人保险最初的创立并不完全属于社会保险的范畴，而是政策的产物。但是，在社会保险出现后，军人保险的发展渐渐受到影响，也逐渐呈现出社会保险的特点。

我国台湾地区的军人保险从1950年开始试行：1950年5月10日“军人保险办法施行细则”发布，1953年11月19日“陆海空军军人保险条例”发布，1954年10月23日台湾地区行政事务主管部门发布“陆海空军军人保险条例施行细则”。到此为止，我国台湾地区的军人保险初具雏形。台湾地区在1958年开办了公务人员保险，此时公务人员保险的待遇给付比军人保险更加优厚，因而在1970年2月“陆海空军军人条例”被修订并更名为“军人保险条例”。本次修订不但从给付待遇上做了适度扩大和提升，还删改了部分陈旧过时的条文。

“陆海空军军人保险条例”制定之初，考虑到军人职业的特殊性和军人对政治统治、社会稳定的特殊贡献，主张台湾当局对于军人应当负有完整的照顾义务，所以建立军人保险的制度原意是为了保障军人保险的安定性，而不具备社会职业团体成员的互助性质。但是，该“条例”规定了军人的缴费义务，从形式上具备了保险的特征，所以可以认为军人保险是根据保险的理念在军人这一特殊的职业团体中创设的保险。所以，区别优待抚恤等其他军人社会保障制度，军人保险具备社会保险的基本性质。

我国台湾地区军人保险的对象经历了逐渐扩大的历史演变：最初，由于财力不济，保险对象只限定于现役军官，1954 年开始将假退(除)役及比照军官支薪的编制内聘用人员纳入保险范围，1959 年又扩大覆盖到士官、士兵及比照支薪的编制内雇佣人员。最终，军人保险覆盖了所有具有军人身份的对象。

我国台湾地区军人保险的缴费和给付体现了对军人及其家属的倾斜照顾。在保险费率上，最初，缴费费率和职级高低紧密绑定，台湾当局和个人分别负担 50%；后来，统一修订为单一费率，负担比率调整为 65%、35%，而士官和士兵的保费由台湾当局全额负担。

在保险给付上，除了伤残、死亡可领给付外，退伍也可以领取退伍给付，这是军人保险给付的一大特色。只要服役超过法定 5 年服役期限，不论基于何种原因离职，均可在离职时领取退伍给付；假如因为服务年限未满或者其他因素而不能领取退伍给付，可以申请全额退回以前缴纳的保费。

我国台湾地区军人保险业务由信托局承保。信托局在 1950 年 4 月 15 日拟订“军人保险计划纲要草案”，并与“联合勤务总司令部”留守业务署共同筹办。信托局草拟了“军人保险办法草案”和“军人保险办法施行细则草案”，台湾地区防务主管部门核定后送呈台湾地区领导人办公室批准，最终在 1950 年 5 月 10 日以联保字第 1 号颁布，成为军人保险的法律依据，正式拉开了军人保险制度运行的大幕。

“军人保险办法”主要包括以下内容：(1) 主管机关。由“联合勤务总司令部”主管，下设军人保险管理委员会负责统筹监督保险业务行政。(2) 保险对象。分为两期：第一期为现役军官，第二期为现役士官、士兵。(3) 保险基金。财政一次性专款拨付新台币 500 万元整。(4) 委托机关。保费征收、基金运营管理等保险技术层面的业务委托公立寿险业务机关(信托局)负责。(5) 保险期限。截至退离军职，实行退费定期保险制。(6) 受益人。可以是被保险人、其法定继承人、其指定受益人。(7) 保险费率。实行与职级绑定的费率，具体是将级 10%、校级 7%、尉级 5%。(8) 保险给付。给付情形包括阵亡、病故、残疾三种。(9) 不予给付情形。包括自杀、犯罪等情形。(10) 续保或退费。军人保险设计了退出或与其他社会保险的衔接机制，如果想要继续保险的话，可以改为由信托局承保的普通寿险；如果不想，就会无息退还其自付部分的保险费。

我国台湾地区军人保险涉及三大机关部门，分别是防务部门(人力司、法制司、主计局、人事参谋次长室)、“联合勤务总司令部”(留守业务署、财务署)、信托局(军人保险处)。最初，“联合勤务总司令部”是军人保险业务的主管机关。1953 年台湾地区防务主管部门制定的“陆海空军军人保险条例”规定防务部门为军人保险业务主管机关，取代了“联合勤务总司令部”的地位。

经过 1950 年开始的两年试行，我国台湾地区军人保险制度运行顺利。“陆海空军军人保险条例”在 1953 年 11 月 3 日经过立法机构三读通过，台湾地区领导人于同月 19 日公布。配套的实施细则由行政管理机构在 1954 年 10 月 23 日以台防字第 6726 号颁布实施。此条例与“联合勤务总司令部”制定的“军人保险办法”有较大幅度的变化(详见表 14–1)。

表 14-1　"陆海空军军人保险条例"与"军人保险办法"对比

项目	"陆海空军军人保险条例"	"军人保险办法"
主管机关	防务部门	"联合勤务总司令部"
委办机关	信托局	公立寿险业务机关
基金	全体被保险人一个月薪饷总和	新台币 500 万元
保险对象	现职军官、士官、士兵、军用文官、编制员额内之技工及聘雇人员(最初限定为军官)	现役军官
受益人	本人及其法定继承人,无法定继承人,得呈经台湾地区防务主管部门许可指定其他亲友	本人及其法定继承人或其指定者
受益权之丧失	受益人经发现叛台有据者	无
免缴保费	参加保险满 20 年者	无
退职、退伍或复员给付	满 2 年以上者按年资计算给付,未满 2 年者无息退还自付保费	无,仅得申请退还自付保费

我国台湾地区军人保险制度在演进的过程中会同其他社会保险制度比较和平衡。例如,1958 年公务人员保险实行以后,优厚的待遇就引起了军人的不满,因而促成了 1970 年"军人保险条例"的出台。军人保险作为社会保险甚至社会保障的一部分,需要在保险费率、给付待遇等各方面有一定的内在协调性,这样才能保证社会的和谐稳定,也不至于偏离制度设计的初衷。

第四节　军人优抚制度

军人优抚,即社会优抚,是对现役军人家属、因战因公因病亡故军人的遗属、退役伤残军人、复员还乡军人及在乡老革命军人实行的优待抚恤。国家和社会对现役军人家属、烈士遗属、牺牲军人遗属、病故军人遗属、退役伤残军人等实行各种优抚制度。2004 年颁布的《军人抚恤优待条例》(2011 年 7 月修订)对中国人民解放军现役军人、服现役或退出现役的残疾军人以及复员军人、退伍军人、烈士遗属、因公牺牲军人遗属、病故军人遗属、现役军人家属的抚恤优待作出了具体规定。

"社会优抚,是指国家和社会对优抚对象实行的优待、抚恤以及其他物质照顾、工作帮助和精神鼓励。"① 综观世界各国,社会优抚制度是普遍存在的。优抚对象通常是现役和退役军人及其家属。应该说,社会优抚制度并不应当与社会保险制度、社会福利制度、社会救济制度等并列,而是对社会保障制度的另外一种分类。因而,社会优抚制度内,有体现社会保险的内容,如离退休军人的养老;有体现社会福利的内容,如景点、铁路等的门票优惠……从这个角度理解,或许可以更加清晰全面地认识社会优抚制度。

社会优抚制度可以细分为三个类别,具体包括社会优待制度、社会抚恤制度和退役安置制度。区别于其他社会保障制度,社会优抚制度体现了较为鲜明的政治性。这表现在两

① 种明钊主编:《社会保障法律制度研究》,法律出版社 2000 年版,第 398 页。

个方面:(1)优抚对象是国家和社会为了维护军队的正常稳定运转而界定的;(2)优抚措施除了通常的经济手段,也包括了授予荣誉、给予褒奖等政治手段。

优抚对象的界定依据是身份属性。具体来说,就是现役和退役军人及其家属。军人家属,是指军人的直系血亲、配偶、依赖军人生活的未满18周岁的弟妹,以及军人自幼曾依靠其抚养长大现在又必须依赖军人生活的其他亲友。

一、社会优待制度

社会优待制度是为优抚对象提供优厚待遇的制度。优厚待遇可以是经济上的奖励,也可以是政治上的荣誉,表现为很多方面。最为典型的表现是发放义务兵家属和抚恤补助对象的优待金。

烈士遗属优待主要根据《烈士褒扬条例》实施。另外,需要特别注意的是烈士的概念。《烈士褒扬条例》第8条明确规定了公民评定为烈士的五种情形,而且也指出现役军人、预备役人员、民兵、民工等也可以评定为烈士。与此同时,《军人抚恤优待条例》第8条也规定了现役军人批准为烈士的多种情形。所以,不仅现役军人有可能成为烈士,预备役人员、民兵、民工等符合一定条件的也可能成为烈士;现役军人死亡不一定被批准为烈士,也可能被确认为因公牺牲或者病故。综上,烈士和现役军人死亡两个概念在一定程度上存在交叉,但又有明显的差异。

(一) 义务兵优待

义务兵享受的优待包括:(1)义务兵服现役期间,其家庭由当地人民政府发给优待金或者给予其他优待,优待标准不低于当地平均生活水平。(2)义务兵和初级士官入伍前是国家机关、社会团体、企业事业单位职工(含合同制人员)的,退出现役后,允许复工复职,并享受不低于本单位同岗位(工种)、同工龄职工的各项待遇;服现役期间,其家属继续享受该单位职工家属的有关福利待遇。(3)义务兵和初级士官入伍前的承包地(山、林)等,应当保留;服现役期间,除依照国家有关规定和承包合同的约定缴纳有关税费外,免除其他负担。(4)义务兵从部队发出的平信,免费邮递。

(二) 医疗优待

国家为军人提供全面的医疗优待:(1)国家对一级至六级残疾军人的医疗费用按照规定予以保障,由所在医疗保险统筹地区社会保险经办机构单独列账管理。具体办法由国务院民政部门会同国务院人力资源社会保障部门、财政部门规定。据此,民政部、财政部、原劳动和社会保障部于2005年12月21日发布了《一至六级残疾军人医疗保障办法》。(2)七级至十级残疾军人旧伤复发的医疗费用,已经参加工伤保险的,由工伤保险基金支付;未参加工伤保险,有工作的,由工作单位解决,没有工作的,由当地县级以上地方人民政府负责解决;七级至十级残疾军人旧伤复发以外的医疗费用,未参加医疗保险且本人支付有困难的,由当地县级以上地方人民政府酌情给予补助。(3)残疾军人、复员军人、带病回乡退伍军人以及因公牺牲军人遗属、病故军人遗属享受医疗优惠待遇,具体办法由省、自治区、直辖市人民政府规定。(4)中央财政对抚恤优待对象人数较多的困难地区给予适当补助,用于帮助解决抚恤优待对象的医疗费用困难问题。

（三）生活优待

第一，现役军人凭有效证件、残疾军人凭《残疾军人证》优先购票乘坐境内运行的火车、轮船、长途公共汽车以及民航航班；残疾军人享受减收正常票价 50% 的优待。现役军人凭有效证件乘坐市内公共汽车、电车和轨道交通工具享受优待，具体办法由有关城市人民政府规定。残疾军人凭《残疾军人证》免费乘坐市内公共汽车、电车和轨道交通工具。

第二，现役军人、残疾军人凭有效证件参观游览公园、博物馆、名胜古迹享受优待，具体办法由公园、博物馆、名胜古迹管理单位所在地的县级以上地方人民政府规定。

第三，残疾军人、复员军人、带病回乡退伍军人、因公牺牲军人遗属、病故军人遗属承租、购买住房依照有关规定享受优先、优惠待遇。居住农村的抚恤优待对象住房有困难的，由地方人民政府帮助解决，具体办法由省、自治区、直辖市人民政府规定。

（四）教育优待

义务兵和初级士官退出现役后，报考国家公务员、高等学校和中等职业学校，在与其他考生同等条件下优先录取。残疾军人、因公牺牲军人子女、一级至四级残疾军人的子女以及驻边疆国境的县（市）、沙漠区、国家确定的边远地区中的三类地区和军队确定的特、一、二类岛屿部队现役军人的子女报考普通高中、中等职业学校、高等学校，在录取时按照国家有关规定给予优待；接受学历教育的，在同等条件下优先享受国家规定的各项助学政策。现役军人子女的入学、入托，在同等条件下优先接收，具体办法由国务院民政部门会同国务院教育部门规定。据此，教育部、民政部、中国人民解放军总政治部于 2004 年 10 月 21 日发布了《优抚对象及其子女教育优待暂行办法》。

（五）家属随军优待

第一，经军队师（旅）级以上单位政治机关批准随军的现役军官家属、文职干部家属、士官家属，由驻军所在地的公安机关办理落户手续。随军前是国家机关、社会团体、企业事业单位职工的，驻军所在地人民政府人力资源社会保障部门应当接收和妥善安置；随军前没有工作单位的，驻军所在地人民政府应当根据本人的实际情况作出相应安置；对自谋职业的，按照国家有关规定减免有关费用。

第二，驻边疆国境的县（市）、沙漠区、国家确定的边远地区中的三类地区和军队确定的特、一、二类岛屿部队的现役军官、文职干部、士官，其符合随军条件无法随军的家属，所在地人民政府应当妥善安置，保障其生活不低于当地的平均生活水平。

第三，随军的烈士遗属、因公牺牲军人遗属和病故军人遗属移交地方人民政府安置的，享受《军人抚恤优待条例》和当地人民政府规定的抚恤优待。

（六）经济补助

复员军人生活困难的，按照规定的条件，由当地人民政府民政部门给予定期定量补助，逐步改善其生活条件。

（七）养老优待

国家兴办优抚医院、光荣院，治疗或者集中供养孤老和生活不能自理的抚恤优待对象。各类社会福利机构应当优先接收抚恤优待对象。男年满60周岁、女年满55周岁的孤老烈士遗属本人自愿的，可以在光荣院、敬老院集中供养。各类社会福利机构应当优先接收烈士遗属。为了加强光荣院管理，做好抚恤优待对象集中供养工作，民政部于2010年12月25日发布了《光荣院管理办法》。

（八）其他优待

第一，在国家机关、社会团体、企业事业单位工作的残疾军人，享受与所在单位工伤人员同等的生活福利和医疗待遇。所在单位不得因其残疾将其辞退、解聘或者解除劳动关系。

第二，因公牺牲军人、病故军人的子女、兄弟姐妹，本人自愿应征并且符合征兵条件的，优先批准服现役。

二、社会抚恤制度

社会抚恤制度是抚慰体恤优抚对象的制度。区别于上述的优待制度，抚恤制度主要针对遇到困难的优抚对象，如伤残、牺牲、病故的军人家属等。

（一）死亡抚恤

死亡抚恤的对象是死亡后被批准为烈士、被确认为因公牺牲或者病故的现役军人的遗属。

现役军人死亡，根据性质不同可以分为三类，分别是烈士、因公牺牲和病故。《军人抚恤优待条例》第8–10条规定了具体情形和批准机关。县级人民政府民政部门分别向烈士遗属、因公牺牲军人遗属、病故军人遗属发放《烈士证明书》《军人因公牺牲证明书》《军人病故证明书》。

死亡抚恤待遇的类型有一次性抚恤金、定期抚恤金、烈士遗属烈士褒扬金、一次性特别抚恤金和丧葬补助费。一次性抚恤金是国家按规定一次性发给烈士、因公牺牲军人、病故军人的遗属的抚恤金。定期抚恤金是国家按规定定期发给符合条件的烈士、因公牺牲军人、病故军人的遗属的抚恤金。2011年发布实施的《烈士褒扬条例》相较此前的《革命烈士褒扬条例》新增了烈士遗属烈士褒扬金。烈士褒扬金标准为烈士牺牲时上一年度全国城镇居民人均可支配收入的30倍。战时，参战牺牲的烈士褒扬金标准可以适当提高。一次性特别抚恤金是对生前作出特殊贡献的烈士、因公牺牲军人、病故军人，除一次性抚恤金外，军队可以按照有关规定发给其遗属的抚恤待遇。丧葬补助费是享受定期抚恤金的烈士遗属、因公牺牲军人遗属、病故军人遗属死亡后增发的补助。丧葬补助费的数额是6个月原享受的定期抚恤金。遗属死亡后，注销其领取定期抚恤金的证件。

死亡抚恤的终止情形是：现役军人失踪，经法定程序宣告死亡的，在其被批准为烈士、确认为因公牺牲或者病故后，又经法定程序撤销对其死亡宣告的，由原批准或者确认机关取消其烈士、因公牺牲军人或者病故军人资格，并由发证机关收回有关证件，终止其家属原享受的抚恤待遇。

（二）残疾抚恤

残疾抚恤的对象是被认定为因战致残、因公致残或者因病致残的现役军人。民政部于2007年7月31日发布了《伤残抚恤管理办法》(2013年修订)。类似于死亡抚恤,现役军人残疾根据性质不同也可以分为三类,分别是因战致残、因公致残或者因病致残。残疾的等级,根据劳动功能障碍程度和生活自理障碍程度,由重到轻分为一级至十级。残疾等级的具体评定标准由国务院民政部门、人力资源社会保障部门、卫生部门会同军队有关部门规定。2004年11月10日,民政部、原劳动和社会保障部、卫生部、总后勤部联合发布了《军人残疾等级评定标准(试行)》。

现役军人因战、因公致残,医疗终结后符合评定残疾等级条件的,应当评定残疾等级。义务兵和初级士官因病致残符合评定残疾等级条件,本人(精神病患者由其利害关系人)提出申请的,也应当评定残疾等级。因战、因公致残,残疾等级被评定为一级至十级的,享受抚恤;因病致残,残疾等级被评定为一级至六级的,享受抚恤。

退出现役的残疾军人,按照残疾等级享受残疾抚恤金。残疾抚恤金由县级人民政府民政部门发给。因工作需要继续服现役的残疾军人,经军队军级以上单位批准,由所在部队按照规定发给残疾抚恤金。残疾军人的抚恤金标准应当参照全国职工平均工资水平确定。残疾抚恤金的标准以及一级至十级残疾军人享受残疾抚恤金的具体办法,由国务院民政部门会同国务院财政部门规定。县级以上地方人民政府对依靠残疾抚恤金生活仍有困难的残疾军人,可以增发残疾抚恤金或者采取其他方式予以补助,以保障其生活不低于当地的平均生活水平。

退出现役的因战、因公致残的残疾军人因旧伤复发死亡的,由县级人民政府民政部门按照因公牺牲军人的抚恤金标准发给其遗属一次性抚恤金,其遗属享受因公牺牲军人遗属抚恤待遇。退出现役的因战、因公、因病致残的残疾军人因病死亡的,对其遗属增发12个月的残疾抚恤金,作为丧葬补助费。其中,因战、因公致残的一级至四级残疾军人因病死亡的,其遗属享受病故军人遗属抚恤待遇。

退出现役的一级至四级残疾军人,由国家供养终身;其中,对需要长年医疗或者独身不便分散安置的,经省级人民政府民政部门批准,可以集中供养。对分散安置的一级至四级残疾军人发给护理费。退出现役的残疾军人的护理费,由县级以上地方人民政府发给;未退出现役的残疾军人的护理费,经军队军级以上单位批准,由所在部队发给。残疾军人需要配制假肢、代步三轮车等辅助器械,正在服现役的,由军队军级以上单位负责解决;退出现役的,由省级人民政府民政部门负责解决。

三、退役安置制度

退役安置制度是由国家和社会为退出现役的军人提供资金和服务,以帮助其就业和妥善安排生活的一项军人优抚制度。受安置的优抚对象范围通常为退役、离退休的军人。通常包括资金补助、服务培训、鼓励自谋职业等配套措施。

非职业军人,一般在服役一定期限后应退出现役,退役后需要对他们的工作有适当的安排。能否安置好退役军人,事关军心稳定和国防巩固的大局,在军人退役时,应由国家和社会组织提供一定的物质帮助和必要的社会服务或就业培训。随着我国市场就业体系的建立,全社会劳动力就业都已市场化,因此,计划体制下对退役军人安置就业,将逐步转变为退役安置与就业保障相结合的制度,主要包括:退役士兵退役就业扶助制度,即对退役士兵在退役时给予一定的经济补偿,使他们能够在就业时获得一定程度的经济支持;退役军官强制安置制度,即对一定级别的军官,国家立法实行强制安置制度;退役军人转业训练制度,即对退役军人进行转业训练,使他们能够获得就业岗位所需的基本技能。①

1999年,士官退役安置办法实行。2001年,安置制度发生重大改革,增加了自主择业作为转业干部安置的一种安置方式。2011年11月1日,《退役士兵安置条例》正式施行,1987年《退伍义务兵安置条例》、1999年《中国人民解放军士官退出现役安置暂行办法》同时废止。安置对象包括转业的军官、复员志愿兵、退伍义务兵和应由地方安置的离、退休军人,以及退役的伤残、病军人,也包括人民武装警察。②

从安置对象来看,退役安置可分为退役士兵安置(含退役义务兵安置和退役士官安置)和退役军官安置。从安置形式来看,退役安置可分为自主就业、安排工作和离退休安置。③

军官退出现役的,国家采取转业、复员、退休等办法予以妥善安置。作转业安置的,按照有关规定实行计划分配和自主择业相结合的方式安置;作复员安置的,按照有关规定由安置地人民政府接收安置,享受有关就业优惠政策;符合退休条件的,退出现役后按照有关规定作退休安置。军官在服现役期间因战、因公、因病致残丧失工作能力的,按照国家有关规定安置。

(一) 自主就业

自主就业适用于义务兵和服现役不满12年的士官退出现役。军队给自主就业的军人发放一次性退役金。中央财政专项安排一次性退役金,退役士兵根据服役年限领取一次性退役金。服役年限不满6个月的按照6个月计算,超过6个月不满1年的按照1年计算。获得荣誉称号或者立功的退役士兵,军队按照规定比例增发5%-15%的一次性退役金,对于多次获得的,取最高等级奖励增发一次性退役金。地方人民政府可以根据当地实际情况给予经济补助。一次性退役金和一次性经济补助按照国家规定免征个人所得税。

除了退役金以外,国家还为退役士兵提供自主就业的指导和服务,免费提供档案管理、职业介绍和职业指导服务,组织退役士兵参加职业教育和技能培训,通过举办专场招聘会提供就业信息等。同时,退役士兵可以在工作创业、复职复工、教育发展等多方面享受不同程度的优待。

(二) 安排工作

根据2001年制定的《军队转业干部安置暂行办法》,对转业的军官和文职干部实行计划分配和自主择业相结合的安置方式。

安排工作适用于以下退役士兵:(1)士官服现役满12年者;(2)服役期间荣获平时二等功以上奖励或战时荣获三等功以上奖励;(3)五级至八级因战致残;(4)是烈士子女。符合上述条件的退役士兵在艰苦地区和特殊岗位服现役的,优先安排工作。退役士兵在待安排工作期间,有

---

① 贾俊玲主编:《劳动法与社会保障法学》,中国劳动社会保障出版社2012年版,第340页。

② 凌文豪主编:《社会保障概论》,河南大学出版社2013年版,第206-209页。

③ 林嘉主编:《社会保障法学》,北京大学出版社2012年版,第273-275页。

权享受不低于安置地最低生活水平的标准按月发给的生活补助费。由人民政府安排工作的退役士兵,服现役年限和符合规定的待安排工作时间计算为工龄,享受所在单位同等条件人员的工资、福利待遇。

(三) 离退休安置

离退休安置是指国家和社会依法向直接从军队现役中离退休的军人提供资金和服务,以保证其安度晚年的社会保障制度。妥善安置军队离退休干部是各级政府的一项重要任务。有关的法律法规主要是 1981 年《关于军队干部退休的暂行规定》、1982 年《国务院、中央军事委员会关于军队干部离职休养的暂行规定》。离退休干部逐步移交给地方民政部门,并逐步过渡到军人退役养老保险制度。[1]

根据《退役士兵安置条例》的规定,中级以上士官符合下列条件之一的,作退休安置:年满 55 周岁的;服现役满 30 年的;因战、因公致残被评定为一级至六级残疾等级的;经军队医院证明和军级以上单位卫生部门审核确认因病基本丧失工作能力的。

(四) 国家供养

被评定为一级至四级残疾等级的义务兵和初级士官退出现役的,由国家供养终身。国家供养的残疾退役士兵,其生活、住房、医疗等保障,按照国家有关规定执行。国家供养分为集中供养和分散供养。分散供养的残疾退役士兵购(建)房所需经费的标准,按照安置地县(市)住房平均价格和 60 平方米的建筑面积确定。购(建)房所需经费由中央财政专项安排,不足部分由地方财政解决。购(建)房屋产权归分散供养的残疾退役士兵所有。分散供养的残疾退役士兵自行解决住房的,按照上述标准将购(建)房费用发给本人。因战、因公致残被评定为一级至四级残疾等级的中级以上士官,本人自愿放弃退休安置的,可以选择由国家供养。

思考题:

1. 军人保障法的特殊性何在?
2. 我国计划经济时期,军人优抚优待政策有哪些?
3. 谈新时期军人社会保障立法的必要性。
4. 我国现行有关军人社会保障领域之法律法规有哪些?
5. 军人社会保险法制包含哪些内容?
6. 谈谈军人抚恤立法层级提升问题。
7. 军人优待法包含哪些内容?

---

① 陈树文、王刚义编著:《社会保障学》,大连理工大学出版社 2010 年版,第 367-368 页。

第十五章　社会保障争议处理

社会保障争议是指社会保障制度实施过程中，被保障之权利人与保障义务主体之间发生的法律争议。此种争议产生的基础是社会保障经由法治化塑造转变为公民法定权利，因循“有权利必有救济”的基本法理，公民之社会保障权利未获实现或者遭遇障碍，须有法定途径予以救济，以实现争议处理的及时有效。法律体系长久以来基于公私二元划分形成了不同的救济模式，主要包括公共领域的行政救济程序与私人领域的民事救济程序。社会保障法作为新兴法律部门，不能简单归入传统公私二元分类，鉴于其涉及主管行政机关、保险经办机构、用人单位、劳动者以及其他被保障对象等多方主体，易因法律关系之复杂而混淆相关争议的性质，继而在争议处理制度的理解上造成偏差。因此，对社会保障争议处理制度的理解应把握社会保障的本质，即针对特定社会风险之给付行政。社会保障争议的处理及权利救济均以实现正当之社会给付行政为目标，以此为基础形成针对具体社会保障事项的争议处理制度。

第一节　社会保险给付行政与纠纷

一、社会保险的给付行政属性

（一）给付行政概念的形成及内涵

给付行政的概念源自德国行政法理论，自第二次世界大战后为世界各国广泛接受，又经由不同程度的本土化，形成了大同小异的诸多学说。一般认为，给付行政又称服务行政、福利行政、积极行政或授益行政，是指“提供给人民给付、服务或给予其他利益的行政作用”。[①] 在概念体系上，给付行政是与干预行政相对应存在的。干预行政是指国家为了维护统治秩序而通过命令和强制的方式实施的行政行为，内容通常是限制公民权利或增加公民义务等不利益事项，因而明显区别于以生存照顾为目的，以提供特定利益为内容的给付行政。[②]

---

① 翁岳生编：《行政法》（上册），中国法制出版社 2002 年版，第 29 页。

② 应当注意，“给付行政”与“行政给付”是不同的概念。2003 年之前，我国行政法学教科书较多采用“行政给付”这一表述。例如，罗豪才教授认为，行政给付又称行政物质帮助，是指行政机关对公民在年老、疾病或丧失劳动能力或其他特殊情况下，依照有关法律、法规规定，赋予其一定的物质权益或与物质有关的权益之具体行政行为。此后，随着域外学术著作和学说的引入，“给付行政”逐步替代了“行政给付”的表述，形成更为完整的理论体系。二者的区别主要包括：(1) 给付行政是一种类型化范畴，而行政给付是一种具体行政行为；(2) 给付行政的对象主要是可以成为救助或者物质帮助对象的公民，而行政给付则包括一般公民；(3) 给付行政的内容主要是行政物质帮助和社会保障，而行政给付则包含更多内容。参见胡敏洁：《给付行政范畴的中国生成》，载《中国法学》2013 年第 2 期。

德国学者福斯多夫(Ernst Forsthoff)于1938年首提“给付行政”概念。在其《作为给付主体的行政》一文中,福氏提出国家职能不应局限于维持统治秩序之“夜警国家”,“任何一个国家为了维持国家稳定,就必须提供人民生存之照顾”,因此“生存照顾乃现代行政之任务”。[①]给付行政以“生存照顾”为核心,主张“行政并非仅系国家实践法律与权力目的之手段,而应作为国家福利目的之工具,来满足社会之需求”[②]。在这个意义上,给付行政的实质乃“用公共行政的力量和方式为相对人提供生存照顾”[③]。福氏提出的给付行政要件包括:(1)财产上的利益发生转移,此时需要公的资金;(2)以生存照顾为核心概念;(3)以行政责任为后盾。[④]第二次世界大战之后,随着社会国原则在德国宪法体系中的正式确立,国家作为行政给付主体的职能和定位随之调整。福氏在1959年也对其学说进行了修正,主张由社会共同体承担其成员生存照顾的主要责任,国家在“社会之力”不足时承担补充责任。[⑤]综上,福氏所提出的“给付行政”具有三项基本特征:

1. 双方性

给付行政的双方性是指国家与公民之间应就生存照顾形成对价关系,此项特征旨在区别于国家单方面实施的救济措施。国家对公民的生存照顾在给付行政实施之前就已存在,主要形式是国家单方面向生存困难者提供的救济或津贴,又称“济助”,如最低生活保障或灾害救助。在国家济助行为中,接受济助之公民一方单纯接受利益,无须承担对应性义务。[⑥]而在给付行政中,公民须就其所接受之利益支付对价,形成给付行政义务主体与被保障权利人之间的对价关系。例如,在社会保险法律关系中,被保险人及其用人单位应当依法缴纳保费,以便获得社会保险给付,此为保险基本原理。换言之,社会保险在给付类型上属于“因果性”给付,以“先行给付”即缴纳保费作为获得保险给付的原因,参保人缴纳保费是其就社会保险给付行政所支付的对价。[⑦]

2. 服务性

给付行政的服务性是指此项行政之目的在于保障公民的生存利益并维持一定生活水准,日本学者在此意义上将“给付行政”称为“授益之公行政”,即“凡是通过授益性活动而直接促进社会成员利益的所有公行政活动”[⑧]。给付行政提出的背景为现代社会之工业化与城市化,个人及家庭生活已无法如农业社会一样自给自足,其衣食住行以及医疗、教育等生活基本需求都必须依赖城市基础设施及公共服务,这就要求国家扩大行政职能,将保障公民基本生活标准及安定性作为行政任务之一,公民个人生活质量之维系与发展从私人领域拓展至公共行政领域,“行政法使行政与个人或团体之间产生了一种‘指导与服务性的’法律关系,来保障个人的福祉”[⑨]。

---

① 陈新民:《公法学札记》,中国政法大学出版社2001年版,第48页。

② 陈新民:《公法学札记》,中国政法大学出版社2001年版,第105页。

③ 陈新民:《公法学札记》,中国政法大学出版社2001年版,第56页。

④ 参见沈政雄:《现代给付行政之行为形式与法律关系——以社会保障给付为中心》,台湾政治大学法律系2009年博士学位论文。转引自胡敏洁:《给付行政范畴的中国生成》,载《中国法学》2013年第2期。

⑤ 参见陈新民:《公法学札记》,中国政法大学出版社2001年版,第85页。

⑥ 依据福氏学说,对于生存照顾的范围问题,生存照顾的概念应该与所有国家单方面提供之给付,如提供津贴、救济等所谓的“济助”相区别。这些国家单方面提供之津贴与救济,在本质上皆从未改变过。参见陈新民:《公法学札记》,中国政法大学出版社2001年版,第71页。

⑦ 参见袁立:《从社会国原则谈劳动权的国家给付义务》,载《人大法律评论》2011年第1辑。

⑧ 杨建顺:《日本行政法通论》,中国法制出版社1998年版,第329页。

⑨ 陈新民:《公法学札记》,中国政法大学出版社2001年版,第93页。

对此服务性应作广义理解，是国家为实现人民生存保障给付的各种利益，包括金钱、实物及具体服务项目。在这个意义上，“行政并非仅系国家实践法律与权力目的之手段，而应作为国家福利目的之工具，来满足社会之需求”[①]。

3. 积极性

给付行政的积极性是指政府应当以积极作为的方式履行行政职能，其不作为或作为瑕疵会导致法律责任。给付行政的提出超载了国家不干涉私人领域的行政边界，要求国家对社会生活的各方面予以介入和支持。“给付行政实际上是消极行政向积极行政转化过程中对新型行政作用认识和归纳的结果，是针对现代社会条件下个人生存和发展对行政的仰赖这一现实而提出来的。”[②] 在福利国家和法治政府理论为各国所接纳后，“生存照顾”已明确成为现代政府的主要行政义务之一，与之相关的行政相对人常为社会公众，而此项行政任务在本质上属于社会资源再分配，须通过体系化的政府积极作为予以实现。基于积极行政的要求，给付行政的实施方式不局限于传统命令管制的手段，“除了传统的行政立法、侵益性行政行为、行政执行等属于公权力的行使行为外，还有计划的制定、基准的设定、纲要的制定、行政调查、授益性行政行为、复效性行政行为、行政契约、公共服务行为、资金助成和援助、劝告、斡旋、仲裁、调停、裁定等行为大量活跃于给付行政领域”[③]。

（二）给付行政体系下的社会保险

给付行政涵盖现代社会人民生活的各个方面，凡与“生存照顾”相关之行政任务皆属之，由此形成了丰富的给付行政体系。对于该体系的认识，德国学界通说认为包括两个主要方面：一个是实体上的给付内容，另一个是手段上的给付方式。前者是指给付行政所包含之实际利益，包括向个人提供的特定利益（如社会保险、社会救助）以及向公众提供的公共服务（包括道路、电力、学校、医院等）；后者是指给付行政实施的手段和程序，如救助和资助等利益给付方式。[④] 日本学界将给付行政划分为三种类型，包括：(1) 供给行政。主要指人民生活必备的基础设施及公共服务，包括水电煤气的供给事业、公共汽车铁路的运输事业、邮电通信事业的行政经营；(2) 社会保险或公共扶助等的社会保障行政；(3) 补助金交付、融资、债务保证等的资金补助行政等。[⑤] 我国台湾地区学界认为基于国家对人民的生存照顾义务，“立法赋予国家对人民之各项给付义务，例如生活物资、就学、就业及医疗、养老保险等”[⑥]，具体包括“社会保险、社会救助、生活必需品之供给、举办职业训练、给付经济补助及提供文化服务等措施”[⑦]。可见，社会保险乃给付行政中最为重要的保障类型之一，构成社会保障行政的主要内容。

社会保险是世界范围内实施最为广泛的“生存照顾”制度，自 19 世纪 80 年代由德国创立

---

① 陈新民：《公法学札记》，中国政法大学出版社 2001 年版，第 105 页。

② 谭剑：《给付行政下的政府不作为责任》，载《学术论坛》2010 年第 5 期。

③ [日]南博方：《日本行政法》，杨建顺、周作彩译，中国人民大学出版社 1988 年版，第 34 页。

④ [德]哈特穆特·毛雷尔：《行政法学总论》，高家伟译，法律出版社 2000 年版，第 8 页。

⑤ [日]室井力主编：《日本现代行政法》，吴微译，中国政法大学出版社 1995 年版，第 18 页；[日]南博方：《日本行政法》，杨建顺、周作彩译，中国人民大学出版社 1988 年版，第 29 页。

⑥ 台湾社会法与社会政策学会主编：《社会法》，元照出版公司 2015 年版，第 419 页。

⑦ 吴庚：《行政法之理论与实用》，中国人民大学出版社 2005 年版，第 14 页。

之后,已成为通行之社会安全保障机制。社会保险之所以成为给付行政的主要组成部分,或者说之所以通过给付行政的方式实施社会保险,其理念及制度方面的成因可概括为如下三点:

1. 社会风险背景下的生存照顾

自人类进入工业化时代以后,个人及家庭所面对的主要风险类型发生了根本性变化,从农业社会的天灾、饥荒等自然风险转变为工业社会的失业、疾病、伤残和年老等社会风险。风险的转变实际上是人类生产方式转变的结果。随着人们离开土地进入工厂,工资性收入就成为个人及家庭的主要生活来源,而工资性收入又是以给付劳动为对价的,那么维持劳动能力就成为个人及家庭生存的基础。一旦个人因故丧失全部或部分劳动能力,其工资性收入将停止、降低或无法连续,该个人及家庭即因之陷入生存危机。由于工业社会中,上述风险具有普遍性,且与人民生存密切相关,因此国家须承担起风险管理及生存照顾之义务。社会保险所针对的"劳动者及其他社会成员因老年、疾病、伤残、死亡、失业等情况下暂时或永久丧失劳动能力或劳动机会,导致收入中断,难以维系生活"等情形[①],涵盖了与生存照顾相关的社会风险类型,藉由国家建构社会保险体系并以法定强制的方式实施,使社会风险在全社会范围内予以分散,避免社会成员陷入生存危机,实现社会安全网络基础上的生存照顾。

2. 社会国原则

社会国原则是指"国家对社会正义、公共福祉与社会安全,透过制度性规范、法院判决、收取税款和提供给付等方式,对人民的请求负有广泛的责任,或是依据宪法应负有这种责任"[②]。此项原则正式进入法律体系始于德国 1949 年颁布的《基本法》,该法两处条文确立了社会国原则:一是第 20 条第 1 款从联邦整体层面规定德意志联邦共和国是民主的、社会的联邦国家;二是第 28 条第 1 款从各州层面规定,各州的宪法制度必须符合《基本法》规定的共和、民主、社会和法治国家原则。社会国原则从宪法层面提供了国家给付行政义务的法律基础,"社会安全制度之给付行政,则系国家基于对人民之保护义务,依据法律授权提供必要之协助或金钱给付,该项给付并非国家对于人民之施舍或恩惠给付,而是社会正义与社会法治国理想之具体实现"[③]。通说认为,社会国原则包括社会安全和社会正义两个主要方面,[④] 社会保险是实现社会安全的基础性制度。

3. 国家"生存照顾"义务的具体化

社会国原则确立了国家对人民的生存照顾义务,而面对特定的社会风险类型又需要将国家的此项义务具体化,以便明确特定社会保险关系中当事人的权利义务,继而明确社会保险给付行政的范围、标准、方式和救济机制。由社会国原则和国家生存照顾义务导出的社会保障基本权利"必须由法律加以具体化,使之成为可诉性权利"[⑤]。可见,从理念层面的社会国原则到根本法层面的国家照顾义务,再到具体法律层面的社会保险制度,社会保险给付行政构筑了完整的逻辑链条,实现了从法理到规则的贯通,社会保障基本权利藉此细化为具体的社会保险请求

---

① 郑尚元、扈春海:《社会保险法总论》,清华大学出版社 2018 年版,第 59 页。

② 法治斌、董保城:《宪法新论》,元照出版公司 2005 年版,第 81-82 页。

③ 台湾社会法与社会政策学会主编:《社会法》,元照出版公司 2015 年版,第 419 页。

④ 社会安全是指国家须保障人民享有合乎人性尊严的生存条件,以减轻或避免经济困境;社会正义是指国家须努力调和因不同的权利分配、财富不均、教育高低所生的对立与矛盾。参见法治斌、董保城:《宪法新论》,元照出版公司 2005 年版,第 83 页;李惠宗:《宪法概要》,元照出版公司 2006 年版,第 339-341 页。

⑤ [德]英格沃·埃布森:《德国〈基本法〉中的社会国家原则》,喻文光译,载《法学家》2012 年第 1 期。

权。我国《宪法》第45条规定，中华人民共和国公民在年老、疾病或者丧失劳动能力的情况下，有从国家获得物质帮助的权利。国家发展为公民享受这些权利所需要的社会保险、社会救济和医疗卫生事业。此项规定在我国法律体系中确立了国家对公民的照顾义务，公民享有物质帮助权[①]，国家有义务通过社会保险等机制实施给付行政义务。以此为基础，《劳动法》第70条规定，国家发展社会保险事业，建立社会保险制度，设立社会保险基金，使劳动者在年老、患病、工伤、失业、生育等情况下获得帮助与补偿。《社会保险法》第2条规定，国家建立基本养老保险、基本医疗保险、工伤保险、失业保险、生育保险等社会保险制度，保障公民在年老、疾病、工伤、失业、生育等情况下依法从国家和社会获得物质帮助的权利。

二、社会保险给付行政纠纷类型

类型化是法学认识客观世界的基本方法之一，依据不同的分类标准可以从不同角度对事物进行辨识和分析。现有文献中，关于社会保险争议的分类主要有两种：首先，以争议所处领域及主体为标准，社会保险争议包括建立社会保险关系的争议、社会保险费征缴争议、社会保险待遇给付争议、社会保险辅助关系争议、社会保险管理与监督争议、其他社会保险争议。其次，以争议性质为标准，社会保险争议社会保险行政争议、社会保险劳动争议、社会保险民事争议、社会保险法特有的争议。[②]其中，社会保险行政争议与社会保险劳动争议是最主要的纠纷类型，是教科书和学术著作所依据的基本分析框架。究其原因，我国现行的社会保障争议处理体制采用了行政争议与劳动争议的二分法，以此为基础确立了两种争议的处理程序。

依据原劳动和社会保障部发布的《社会保险行政争议处理办法》，社会保险行政争议是指经办机构在依照法律、法规及有关规定经办社会保险事务过程中，与公民、法人或者其他组织之间发生的争议。此处“经办机构”是指法律、法规授权的劳动保障行政部门所属的专门办理养老保险、医疗保险、失业保险、工伤保险、生育保险等社会保险事务的工作机构。此类争议适用行政争议处理程序，包括行政复议和行政诉讼。而依据《劳动法》《劳动争议调解仲裁法》，社会保险劳动争议是指用人单位与劳动者之间因社会保险、社会福利发生的争议。可见，社会保险行政争议与社会保险劳动争议的划分标准主要是争议当事人不同。由于社会保险法律关系通常涉及三方当事人，即社会保险经办机构、用人单位和劳动者，而争议通常发生在两方当事人之间，所以划分争议类型就采纳了当事人标准。因社会保险经办机构具有行政背景，行使某种行政职权或法律授权，其作为当事人一方的争议属于行政争议，例如，社会保险经办机构与用人单位之间的缴费争议、社会保险经办机构与劳动者之间的保险待遇争议，均属于行政争议。除此之外，用人单位与劳动者之间因社会保险发生的争议均属于劳动争议。这种争议类型的划分有深刻的历史背景和制度因素，下文将结合现行争议处理程序予以详细阐释。

在此应当明确的是，争议处理程序的设置与争议类型划分之间的逻辑关系。从应然的因

---

① 物质帮助权是我国公民的一项基本权利，指公民在年老、疾病、残疾等丧失劳动能力或部分丧失劳动能力的情况下，有权利从国家和社会获得物质帮助，从而维持基本生活。参见胡敏洁：《给付行政范畴的中国生成》，载《中国法学》2013年第2期。此项权利实际上是公民社会保障基本权利在我国宪法上的本土化表述，亦对应着国家对人民的生存照顾义务。

② 郑尚元、扈春海：《社会保险法总论》，清华大学出版社2018年版，第342-343页。

果关系上讲,争议类型是人们认识和分析社会保险争议本质所得出的论断,争议处理程序应当以争议类型划分为基础,根据不同类型争议的特点设置相应的程序。但在实然的制度演进过程中则是先基于历史原因形成了争议处理程序,使得人们对争议类型的认识不得不考虑现有制度,从而模糊了此二者的逻辑次序。在此背景下,应当从两个维度来认识社会保险争议:一个是从法理上探索社会保险争议的类型划分,目的在于发现此类争议的本质和规律;另一个是从制度上反思社会保险争议处理程序,以法理为标尺发现现行制度之缺陷,继而提出改革方案。本章首先从法理上讨论社会保险争议的类型划分,然后介绍现行争议处理程序并予以反思,以便在两个维度上形成对社会保险争议及其处理程序的完整认识。

如上文所述,社会保险属于给付行政之一种,此为社会保险的本质属性。以此为基础,社会保险争议实质上是给付行政未能依法实现,导致相对人利益受损。在这个意义上,社会保险争议处理可视为被保险人的权利救济过程。"学理上,将行政救济分为二阶段,第一次权利救济是对不法或不当状态之排除,例如撤销违法之行政处分;第二次权利救济是对不法行为所造成之损害或状态请求赔偿,例如国家赔偿。"[①] 根据给付行政实施各环节可发生之不法或不当状态,社会保险争议可以划分为如下类型:

(一) 排除给付争议

排除给付争议是指依法有权参加社会保险,获得相应给付的公民因未能建立社会保险关系,被排除在社会保险给付行政范围之外而产生的争议。此类争议也称"未建立社会保险关系之争议",是社会保险争议的基本类型。在现代社会,鉴于社会保险对于个人权益保障的重要意义,一旦被排除出社会保险给付的范围将对个人及其家庭的生存产生极大不利益,"对于给付行政,由于今日人民对国家之高度依存性,消极之拒绝给付,对人民之不利益,可能甚于积极之干涉"[②]。

社会保险给付行政以被保险人与保险人建立社会保险关系为前提。建立社会保险关系的方式是办理社会保险登记,即由法定缴费单位向当地社会保险经办机构申请办理社会保险登记,登记事项包括单位名称、住所、经营地点、单位类型、法定代表人或者负责人、开户银行账号以及国务院社会保险行政主管部门的规定的其他事项。社会保险经办机构审核缴费单位申报材料后,发给社会保险登记证件。以养老保险为例,用人单位为缴费单位,应当为其劳动者办理社会保险登记并按照法定标准缴费。社会保险经办机构应当为符合法定条件的用人单位办理社会保险登记。

排除给付争议以未能办理社会保险登记为标志,原因有两种:一种是缴费单位违反法定义务,没有为其劳动者办理社会保险登记,致使劳动者的社会保险权利落空,无法获得社会保险给付。按照现有争议处理程序,此类争议是由于缴费单位未能履行社会保险登记义务,造成劳动者损害,按照缴费单位与劳动者之间的劳动争议处理。另一种是社会保险经办机构接到缴费单位办理社会保险的申请后,未依法办理社会保险登记手续,客观上造成了排除劳动者社会保险给付的效果。因社会保险登记属于社会保险经办机构的法定职能,所以此类争议按照社会保险行政争议程序处理。

---

① 台湾社会法与社会政策学会主编:《社会法》,元照出版公司2015年版,第422页。

② 陈敏:《行政法院有关依法行政原则裁判之研究》,载《政大法学评论》1987年第36期。

（二）不当缴费争议

不当缴费争议是指社会保险关系存续期间，因社会保险费征收或缴纳的标准、记录等事项不符合法律规定而发生的争议。社会保险缴费是社会保险给付行政的对价，所以此类争议亦即“不当对价争议”，实质是缴费一方主体超出社会保险给付标准支付对价，致使对价与给付失衡而发生的争议。

社会保险缴费之义务主体包括社会保险经办机构和缴费单位，缴费流程是缴费单位向社会保险经办机构申报社会保险缴费，报送社会保险费申报表、代扣代缴明细表以及社会保险经办机构规定的其他材料。社会保险经办机构应当对缴费单位提交的申报材料进行即时审核，对申报材料齐全、缴费基数和费率符合规定、填报数量关系一致的申报表应当予以签章核准；对不符合规定的申报表提出审核意见，退还缴费单位修正后再次审核；对不能即时审核的，应当自收到缴费单位申报材料之日起最长不超过 2 日内审核完毕。缴费单位应当在社会保险经办机构核准其缴费申报后的 3 日内缴纳社会保险费。对于包含个人缴费事项的社会保险类型，应由其所在单位从其本人工资中代扣代缴，个人不承担直接的缴费义务。缴费单位应当以货币形式足额缴纳社会保险费。

缴费单位或社会保险经办机构未依法履行社会保险费缴纳或征收义务均会导致不当缴费争议。缴费单位未缴纳或未足额缴纳社会保险费，将造成劳动者社会保险给付利益损害，依照现有争议处理程序，此为单位与劳动者之间的劳动争议。社会保险经办机构未依法核定社会保险缴费基数、未依法记录缴费情况或拒绝缴费查询申请、违法收取费用或要求其他义务的，属于不当社会保险给付行政，损害缴费单位及其劳动者的社会保险权益，由此产生的争议按行政争议程序处理。

（三）不当给付争议

不当给付争议包括狭义和广义两个概念。狭义的不当给付争议发生在保险人与被保险人之间，是指在社会保险事故发生后，作为保险人的社会保险经办机构向被保险人给付保险待遇过程中针对给付条件、标准、方式、期限等发生的争议。广义的不当给付争议还包括保险人与保险辅助人、保险辅助人与被保险人之间发生的争议，是指保险人未依据法律规定或委托协议向保险辅助人给付相应待遇或费用，以及保险辅助人未依据保险标准及程序向被保险人给付法定或约定保障事项或服务而产生的争议。

保险给付是社会保险制度运行的核心环节。依据保险原理，社会保险最基本的给付内容是保险人向被保险人所为之给付，由此实现对被保险人生存利益之保障。社会保险所针对的风险类型部分具有必然性（如老年），部分具有或然性（如工伤）。保险所针对的风险一旦发生就成为保险事故，如劳动者因工伤或退休退出工作岗位后，作为被保险人有权基于社会保险关系向社会保险经办机构提出申请，主张社会保险待遇给付。社会保险经办机构应当依照法定程序和标准及时足额支付社会保险待遇。社会保险待遇给付的稳定性、连续性和可预期性是社会保险制度体系的重要基础，因此《社会保险法》第 1 条将“维护公民参加社会保险和享受社会保险待遇的合法权益”作为主要立法目的，并且在第 4 条规定“个人依法享受社会保险待遇，有权监督本单位为其缴费情况”，在第 73 条规定“社会保险经办机构应当按时足额支付社会保险待遇”。被保险提出社会保险给付请求后，由社会保险经办机构审核申请，并决定是否给付保险待遇以及给付的标准。因此，此类争议按照现有争议处理程序属于社会保险行政争议，争议起因主要包括社会保险经办机构拒绝给付保险待遇、保险待遇给付额度不符合法定标准、保险待遇给付超出法定时限等。

此外，社会保险中的一些项目具有很强的专业性和技术性，需要保险辅助人参与以实现社会保险制度的有效运行。因此，在以被保险人利益保障为中心的制度架构中，保险辅助人的加入实际上替代了保险人的一部分职能，或者说保险人将其部分专业性职能通过法定或委托的形式授予辅助人，在典型保险人—被保险人的关系基础上形成了保险人—辅助人、辅助人—被保险人的关系组合。那么，保险人对辅助人所为之给付亦属社会给付行政范围之一部分，而辅助人替代保险人向被保险人所为之给付实质上属于保险人应承担之保障义务范围，故二者皆为社会保险给付内容。在上述关系组合中发生之给付不当构成社会保险争议之一部分，其中保险人—辅助人之间的争议包括保险人对辅助人的资格确认、保险人向辅助人支付保险费等。例如，在医疗保险中，医疗机构是典型的保险辅助人，其与保险人之间的争议类型有医疗机构申请确认保险医疗机构资格之争议、保险人是否与保险医疗机构订立保险医疗委托协议之争议、保险医疗委托协议履行过程中的争议。[①] 基于医疗保险所实施之医疗服务不同于一般民事行为，作为保险辅助人的医疗机构与作为被保险人的患者建立的法律关系不同于通常意义上的私法关系，它们是公法性质与私法性质兼具的主体。[②] 基于保险人之公法身份及其与保险辅助人之间具有公法性质的给付内容，此类争议属于行政争议涵盖范围。另，在医疗、长期照护等保险项目中，医疗机构、照护机构负有直接向被保险人提供服务的义务，此服务是社会保险给付之一部分，因此相关服务机构未能依照法定标准或保险协议约定标准、事项提供相应服务，由此产生的争议属于不当给付争议。以医疗保险为例，作为辅助人的保险医疗机构与被保险人之间产生的争议包括：被保险人因保险医疗机构拒绝提供治疗遭受伤害发生的争议；保险医疗机构未妥善制作或保管医疗费用各项票据导致被保险人接受之相关医疗服务无法自保险人获得偿付所发生的争议；保险医疗机构未及时就需事前审查之项目提出申请导致被保险人关于该诊疗项目无法自保险人处获得偿付所发生之争议。[③]

（四）损害赔偿争议

损害赔偿争议是指因社会保险排除给付、不当缴费、不当给付等造成被保险人、保险辅助人权益损害而发生的争议。由于社会保险给付行政以“生存照顾”为目的授予相对人以财产利益，因此前述社会保险争议的发生意味着被保险人无法及时获得相应的待遇给付，将造成其生活困境或其他利益损害。保险辅助人在履行法定或委托协议约定的辅助事项过程中亦可因保险人不当给付造成损害，由此产生之争议也属于损害赔偿争议。就争议的性质而言，因社会保险排除给付、不当缴费、不当给付等发生的争议属于第一次权利救济，旨在修正社会保险义务主体的违法或不当行为，排除社会保险给付障碍；损害赔偿争议属于第二次权利救济，乃因第

---

① 李文静：《医疗保险法律制度研究》，中国言实出版社 2014 年版，第 365–366 页。

② 郑尚元、扈春海：《社会保险法总论》，清华大学出版社 2018 年版，第 351 页。

③ 李文静：《医疗保险法律制度研究》，中国言实出版社 2014 年版，第 366 页。

一次权利救济过程中造成了被保险人权益的实际损害，就此主张损害赔偿而发生的争议。

由于我国社会保险争议处理制度存在劳动争议与行政争议的二元结构，所以损害赔偿争议的处理也是依据争议当事人的不同而规定于不同的规范性文件中。社会保险经办机构未履行法定职责造成被保险人损害的，遵循行政争议处理程序。《社会保险法》第 89 条规定，社会保险经办机构及其工作人员未履行社会保险法定职责，给个人造成损失的，依法承担赔偿责任。第 92 条规定，社会保险行政部门和其他相关行政部门、社会保险经办机构、社会保险费征收机构及其工作人员泄露用人单位和个人信息的，对直接负责的主管人员和其他直接责任人员依法给付处分；给用人单位或者个人造成损失的，应当承担赔偿责任。用人单位未履行法定义务造成被保险人损害的，遵循劳动争议处理程序。《最高人民法院关于审理劳动争议案件适用法律若干问题的解释(三)》(法释〔2010〕12 号)第 1 条规定，劳动者以用人单位未为其办理社会保险手续，且社会保险经办机构不能补办导致其无法享受社会保险待遇为由，要求用人单位赔偿损失而发生争议的，人民法院应予受理。

三、社会保险给付行政纠纷的处理原则

社会保险给付行政基于其“生存照顾”功能及“授益给付”实施方式而区别于传统干预行政，更与一般民事活动存在根本性区别。因此，社会保险给付行政纠纷的处理原则应根据此类纠纷固有的本质特征予以构建，区别于干预行政之行政争议处理原则以及民事争议处理原则。社会保险给付行政具有双方性、服务性和积极性的基本特征，行政机关或具有准行政机关性质的社会保险经办机构在此制度运行中发挥着积极和主导作用，故此类争议处理应以社会保险行政职权之行使为核心。又因社会保险与劳雇双方及社会公众利益密切相关，社会参与具有重要意义。此外，由于社会保险所给付之利益与被保险人及其家庭的生存息息相关，在争议处理过程中必应考虑争议当事人之生存利益保障。

(一) 职权调查原则

职权调查原则是指处理社会保险给付争议之行政机关或法院应当依职权调查取证，认定事实，不受当事人主张的拘束。职权调查原则在德国法上又称“职权调查主义”(Amtermittlungsgrundsatz)，意指行政机关对于依职权所应查明之事实负有概括调查义务，应基于各种合法取得的证据认定事实，据此作出行政决定。[①] 在此调查过程中，行政机关对当事人有利及不利事项应予以同等注意，但调查之进行不受当事人请求及主张的限制。

社会保险给付行政纠纷处理中的职权调查原则贯穿救济程序全过程。此类争议发生后，社会保险主管行政机关在收到争议诉求后应当主动启动调查程序，社会保险经办机构则应当开展内部复查，对社会保险登记、缴费、记录、给付的全过程予以审核。由于行政权本身即为主动型权力，社会保险给付行政的信息、核定、记录、经办事务亦集中于经办机构，所以在纠纷处理中，行政机关自主予以复查或复议是最为高效的方式，能够尽快发现给付行为之实体或程序

① Klaus Niesel, *Der Sozialgerichtsprozess*, 4. Aufl., München: Beck, 2005, Rn.75.

错误，以便及时纠正。同是基于行政权的主动性，行政机关的调查可以超出个案的局限，在其职权范围内就类似情形案件予以批次审核，以实现系统性纠错。

当事人不满行政机关作出处理的，可以向法院提起诉讼。与民事诉讼不同，在涉及社会保险给付行政纠纷的诉讼中，法院依职权调查事实及证据，不以当事人请求为限，并且诉讼程序采职权进行主义，由法院依职权裁决程序进行与否，而非当事人进行主义，不依当事人意思而终止。诉讼程序中适用职权调查原则之意义在于此类诉讼的"具体请求内容与公共利益常有重大关联性，职权调查主义得以更有效保障相对人之权益"①。就法院职权调查范围而言，以作出判决为必要，并非指法院就所有诉讼相关之事实皆有调查之义务。②

（二）社会参与原则

社会保险制度在实现对社会成员"生存照顾"的同时，也兼具社会财富再分配的功能，是某种意义上的"强制征税"。因此，社会保险制度运行中的社会参与就显得尤为重要。社会保险给付行政纠纷的处理机构设置应当体现社会参与原则，即将主要利益相关方和社会专业人员吸纳其中，既能够使争议处理意见更具专业性和公正性，也易于获得社会各方的认同。由于社会保险的缴费主体是用人单位和劳动者，因此该劳雇双方代表应是争议处理机构的主要参与者。此外，诸如工伤、医疗等更需专业性判断的保险类型，亦应吸纳医生、律师及学者等社会专业人员参与。

社会参与原则在域外成熟的争议处理机制中具有重要作用。例如，德国处理社会保险给付行政争议分为行政复议与司法两个前后衔接的程序，行政复议由复议委员会处理，该委员会中雇主阶层和劳动者阶层的代表通常各占一半。当事人不服行政复议决定的可提起诉讼，由社会法院受理。③ 社会法院分为基层、州和联邦三级。④ 基层社会法院的各个专业法庭由 1 名职业法官和两名名誉法官组成，州社会法院的各个专业法庭由 3 名职业法官和两名名誉法官组成。名誉法官由各州政府或受委托的机构根据提名聘用，聘用期为 4 年。提名名单由工会、雇主协会、医疗保险机构医生联合会、医疗保险机构和残疾人协会根据各名誉法官所从事的审判业务领域确定。⑤ 再如法国社会保险给付行政纠纷须经调解程序，调解委员会隶属社会保障行政管理委员会，其成员有一半来自该申请人职业类别的行政管理员，另一半来自其他职业的行政管理员。此调解程序实际上属于复议程序。⑥ 当事人不服调解的，可以向社会保障事务法庭起诉，该法庭由 1 个在职法官或荣誉法官主持，还包括 1 个代表领薪者的助理和 1 个代表雇主的助理。⑦

---

① 陈敏：《行政法总论》，神州图书出版公司 2004 年版，第 1445 页。

② 台湾社会法与社会政策学会主编：《社会法》，元照出版公司 2015 年版，第 422 页。

③ 社会法院是德国的专门法院之一。根据德国 1953 年 9 月颁布的《社会法院法》，社会法院管辖公法上的疾病保险、护理保险、年金保险、劳动促进和失业保险、事故保险、农民老年保障、子女津贴、战争受损害者供养等领域发生的争议。参见［德］霍尔斯特·杰格尔：《社会保险入门——论及社会保障法的其他领域》，刘翠霄译，中国法制出版社 2000 年版，第 177 页。

④ 联邦社会法院负责对社会保险给付行政争议案件的复审，其实质是审判监督机关，只对法律适用的问题进行审理，不复查案件的事实认定。

⑤ ［德］霍尔斯特·杰格尔：《社会保险入门——论及社会保障法的其他领域》，刘翠霄译，中国法制出版社 2000 年版，第 170 页。

⑥ 林嘉：《社会保险权利救济研究》，载谢进杰主编：《中山大学法律评论》（第 12 卷第 3 辑），广西师范大学出版社 2014 年版，第 63 页。

⑦ 郑尚元、扈春海：《社会保险法总论》，清华大学出版社 2018 年版，第 346 页。

（三）生存权保障优先原则

社会保险所应对的风险是老年、疾病、伤残、死亡、失业等，这些情形的发生意味着保险事故的发生，被保险人原有收入中断，转而获取保险给付以维持个人及家庭生活。因社会保险给付与被保险人的生活来源、缴费负担、保障水平息息相关，所以一旦发生争议，被保险人的生存利益将受到直接影响。由于人们通常更关注当下利益，而相对忽视将来安排，尤其是青壮年时期对年老及疾病的风险缺乏足够的认识和准备，加之社会保险体系的规则和操作甚为复杂，以致诸多争议在发生或即将发生保险事故时才被当事人提出。在我国现有社会保险整体仍不规范的背景下，主要争议情形是劳动者即将退休或已达退休年龄才发现养老保险缴费不足或未缴费，以致无法享受养老金给付；抑或诸多进城务工人员无充分劳动保护，在发生工伤事故后才发现用人单位未予办理工伤保险。保险事故之发生或即将发生意味着被保险人的收入已经中断或即将中断，生计面临现实的困境。在此情况下为未来社会保险利益所生之争议必然置被保险人于生存压力之下，至少在争议处理程序进行期间，被保险人所主张之社会保险给付将处于暂停状态，最终是否给付须依据争议处理结果。如若被保险人在争议处理期间无法维持生计，则争议处理程序亦失去其存在意义。鉴于社会保险给付行政所具有的“生存照顾”功能，须在争议处理中体现生存权保障优先原则。

生存权保障优先原则在制度设计上体现为两个方面：其一，在争议处理程序启动时，如果被保险人已处于无生活来源的状态，应有权向社会保险经办机构申请特别给付，以便维持在争议处理期间之基本生活开支。此项特别给付具有最低生活保障的属性，不是社会保险给付的内容，而是社会救助之范畴，目的在于保障公民在特定生活困境期间的基本生活需要。因社会保险争议处理有法定期间规定，在此期间向被保险人提供之特别给付具有临时性，随争议处理结果的作出而终止。如果争议处理结果支持被保险人诉求，使之能够获得社会保险给付，则其生计获得稳定支持，争议处理期间特别给付目的已实现，即告终止；如果争议处理结果否定了被保险人之诉求，被保险人无法获得社会保险给付，其应向民政部门申请一般性社会救助，主要是最低生活保障和特困人员供养，争议处理期间特别给付与之衔接，亦告终止。其二，由于在争议处理程序进行期间，被保险人之社保利益处于悬置状态，其未来生存照顾已承受不确定之风险，为此应使争议处理程序便捷、高效，力图在最短周期内完成权利救济。争议处理之便捷要求在德国法上以“便民”（Grundsatz der Klägerfreundlichkeit）来指代，意指对不熟悉法律规定的被保险人以及不完全符合法律要求的起诉行为，应由法院或行政机关主动予以补正，使程序能够尽快进行，避免起诉人为之消耗过多时间及金钱，在规则上表现为社会法院的管辖权扩张及诉讼费免除。[①] 在被保险人能够便捷获取救济手段的同时，救济程序的效率亦是增进生存权保障的重要方面，“不应因社会保险争议解决方式而使社会保险权成为昂贵的权利。追求争议处理的效率是实现这一目标的重要一环。救济的可得与便捷是社会

---

① 德国《社会法院法》第51条规定了社会法院的管辖范围，包括公法上的社会保险法律争议案件、失业保险、联邦劳动局负担的任务、战争受难者抚恤案件，以及虽然不是社会保险争议案件，但属于劳动者保护以及事故预防的措施。此外，有些法律关系虽然属于私法关系，但其内容是提供给付（Leistungser-bringern），如疾病保险涉及的医生、医院，以及长期照顾保险涉及的私人照护关系，均属于社会法院的管辖范围。

保险争议处理制度构建的重要基础”①。

第二节　社会保险争议处理制度

本节内容从两个方面阐释社会保险争议处理制度：一方面是我国现行的争议处理制度，是一种“二元结构”，即将社会保险争议分为行政争议与劳动争议，根据争议的性质不同适用不同的处理程序。另一方面是对现行制度的反思，并提炼社会保险争议处理之应有法理。现行制度固然有其特定的历史背景，但随着我国社会保障体系的全面发展，现行制度对社会保险争议认识之局限、程序之偏失已然充分显露，乃未来社会法改革的重点领域。因此，务须从法理层面充分反思现有制度之不足，以便明确此类社会保险争议的内在规律，由此构建救济程序，恢复社会保险法定秩序，实现社会保险制度整体的良性运行。

一、现行社会保险劳动争议与行政争议并行之二元结构

（一）社会保险劳动争议处理制度的形成

我国社会法的发展轨迹以劳动法为起始点，有关社会保险的规范内容最初都是在劳动法中规定的。1994 年制定的《劳动法》第九章专门规定了“社会保险和福利”，该法第 73 条规定，劳动者在下列情形下，依法享受社会保险待遇：(1)退休；(2)患病、负伤；(3)因工伤残或者患职业病；(4)失业；(5)生育。劳动者死亡后，其遗属依法享受遗属津贴。劳动者享受社会保险待遇的条件和标准由法律、法规规定。劳动者享受的社会保险金必须按时足额支付。除此之外，此章规定的主要内容实际上已经超越了劳动法，而应是社会保险法，如国家发展社会保险事业，建立社会保险制度，设立社会保险基金，使劳动者在年老、患病、工伤、失业、生育等情况下获得帮助和补偿。社会保险水平应当与社会经济发展水平和社会承受能力相适应。社会保险基金按照保险类型确定资金来源，逐步实行社会统筹。用人单位和劳动者必须依法参加社会保险，缴纳社会保险费。社会保险基金经办机构依照法律规定收支、管理和运营社会保险基金，并负有使社会保险基金保值增值的责任。社会保险基金监督机构依照法律规定，对社会保险基金的收支、管理和运营实施监督。社会保险基金经办机构和社会保险基金监督机构的设立和职能由法律规定。任何组织和个人不得挪用社会保险基金。但是，当时学理和立法均对社会保险缺乏足够的认识，尚无针对社会保险单独立法的动议，亦未有意识地区分劳动关系与社会保险关系的联系与区别。

在此法律框架下，社会保险附属于劳动关系，相当于用人单位支付给劳动者的一种对待给付，为用人单位与劳动者之间合同内容之一部分，成为一种受到法律干预的合同条款，但并未完全脱离私法领域。有关用人单位与劳动者之间的社会保险争议自然被纳入到劳动争议的范围内。在这一时期，传统计划体制刚刚松动，国有企业是用人单位的基本形态，亦是执行国家劳动政策、提供社会保险及福利的主要主体。从制度演进脉络上看，早在《劳动法》出台前，国

---

① 郑尚元、扈春海：《社会保险法总论》，清华大学出版社 2018 年版，第 351 页。

务院就于 1993 年颁布的《企业劳动争议处理条例》第 2 条规定，因执行国家有关工资、保险、福利、培训、劳动保护的规定发生的争议按照劳动争议处理。这一立场在《劳动法》构筑的框架中得以确认和延续。该法第 77 条规定，用人单位与劳动者发生劳动争议的，当事人可以依法申请调解、仲裁、提起诉讼，也可以协商解决。由此，劳动者与用人单位之间有关社会保险的劳动争议处理模式得以固化，即便在数年后劳动争议程序法制化、社会保险单独立法的背景下，用人单位与劳动者之间的社会保险争议仍适用劳动争议处理程序，如 2008 年施行的《劳动争议调解仲裁法》第 2 条第 4 项规定，因工作时间、休息休假、社会保险、福利、培训以及劳动保护发生的争议属于劳动争议；《社会保险法》第 83 条第 3 款规定，个人与所在用人单位发生社会保险争议的，可以依法申请调解、仲裁，提起诉讼。这一规定从社会保险的角度确认了劳动者与用人单位之间的社会保险争议属于劳动争议，适用劳动争议处理程序。

（二）社会保险行政争议处理制度的形成

我国社会保险行政争议处理程序的制度起点是 2001 年原劳动和社会保障部制定的《社会保险行政争议处理办法》。根据该办法第 2 条的规定，社会保险行政争议是指经办机构在依照法律、法规及有关规定经办社会保险事务的过程中，与公民、法人或者其他组织之间发生的争议。其中，社会保险经办机构是指法律、法规授权的劳动保障行政部门所属的专门办理养老保险、医疗保险、失业保险、工伤保险、生育保险等社会保险事务的工作机构。第 3 条规定，公民、法人或者其他组织认为经办机构的具体行政行为侵犯其合法权益，向经办机构或者劳动保障行政部门申请社会保险行政争议处理的，经办机构或者劳动保障行政部门处理社会保险行政争议适用本办法。

此部门规章事实上奠定了我国社会保险行政争议的基本思路，即将社会保险经办机构办理社会保险业务的行为定性为具体行政行为，因而适用行政争议处理程序。在后续的立法中，这一思路得到了确认。《社会保险法》第 83 条规定，用人单位或者个人认为社会保险费征收机构的行为侵害自己合法权益的，可以依法申请行政复议或者提起行政诉讼。用人单位或者个人对社会保险经办机构不依法办理社会保险登记、核定社会保险费、支付社会保险待遇、办理社会保险转移接续手续或者侵害其他社会保险权益的行为，可以依法申请行政复议或者提起行政诉讼。这一条文针对社会保险费征收和社会保险经办两个方面分别作出规定，可视为列举了社会保险涉及的具体行政行为的类型，包括社会保险费征收、社会保险登记、收费标准核定、保险待遇给付、社保关系转移接续等。

行政法领域的立法与之相衔接，《行政复议法》第 6 条规定了行政复议范围，其中第 10 项规定，申请行政机关依法发放抚恤金、社会保险金或者最低生活保障费，行政机关没有依法发放的；第 11 项规定，认为行政机关的其他具体行政行为侵犯其合法权益的。《行政诉讼法》第 12 条规定了行政诉讼的受案范围，其中第 10 项规定，认为行政机关没有依法支付抚恤金、最低生活保障待遇或者社会保险待遇的；第 12 项规定，认为行政机关侵犯其他人身权、财产权等合法权益的。该条文设置了与其他法律衔接的条款，即除本条文列举的可诉事项外，法律、法规规定可以提起诉讼的其他行政案件亦根据本法审理。

（三）司法对于社会保险劳动争议与行政争议的区分

基于法律文本的规定，司法上为区分社会保险的劳动争议与行政争议，使涉及社会保险的劳动争议与其他劳动争议适用同样的程序，包括调解、劳动仲裁和劳动诉讼。劳动诉讼在程序上属于民事诉讼之一种，适用普通民事诉讼程序规定。为了进一步甄别社会保险劳动争议与行政争议，司法对于依民事诉讼程序受理的社会保险争议案例类型予以细化规定。最高人民法院于 2001 年颁布的《关于审理劳动争议案件适用法律若干问题的解释》第 1 条第 3 项规定，劳动者退休后，与尚未参加社会保险统筹的原用人单位因追索养老金、医疗费、工伤保险待遇和其他社会保险费而发生的纠纷，属于《劳动法》第 2 条规定的劳动争议，当事人不服劳动争议仲裁委员会作出的裁决，依法向人民法院起诉的，人民法院应当受理。2006 年颁布的《最高人民法院关于审理劳动争议案件适用法律若干问题的解释（二）》第 6 条规定，劳动者因为工伤、职业病，请求用人单位依法承担给予工伤保险待遇的争议，经劳动争议仲裁委员会仲裁后，当事人依法起诉的，人民法院应予受理；第 7 条第 1 项规定，劳动者请求社会保险经办机构发放社会保险金的纠纷不属于劳动争议。2010 年发布的《最高人民法院关于审理劳动争议案件适用法律若干问题的解释（三）》第 1 条规定，劳动者以用人单位未为其办理社会保险手续，且社会保险经办机构不能补办导致其无法享受社会保险待遇为由，要求用人单位赔偿损失而发生争议的，人民法院应予受理。依循民事诉讼的逻辑解读，司法机关实际上将用人单位未能履行社会保险义务视为对劳动者的一种民事侵权，是一个需借由劳动争议处理程序解决的侵权损害赔偿问题。因此在司法的视野下，用人单位与劳动者之间的社会保险争议仅为二者间具有私权属性的财产争议，不涉及第三方社会保险经办机构，否则不能适用民事诉讼程序。

二、我国现行社会保险争议处理制度之检讨

（一）给付行政视角下的社会保险法律关系剖析

既有文献对现有社会保险争议处理机制普遍持批评立场，焦点是以劳动争议处理程序解决社会保险争议有违社会保险制度自身的逻辑。如上文所述，社会保险属于给付行政体系，旨在实现政府对人民之“生存照顾”，以分散工业化以来的社会风险。与其他政府直接向相对人授予利益之给付行政不同，社会保险通过引入保险机制建构法律关系，虽然存在社会保险经办机构、用人单位及劳动者三方主体，但三者间不应是各自独立的不同性质的法律关系的组合，而是围绕着社会保险经办机构履行给付行政任务而形成的单一公法关系。由保险原理观之，社会保险经办机构为保险人，承担在保险事故发生时给付保险待遇的义务；劳动者是被保险人，负有缴费义务，在保险事故发生时享有请求社会保险经办机构给付保险待遇的请求权；用人单位是保险辅助人，基于法律规定承担缴费、办理社会保险登记等义务，目的在于使社会保险经办机构所承担之给付行政能够顺利实现，此二者之间的法律关系是社会保险辅助关系，依附于社会保险经办机构与劳动者之间的社会保险法律关系而存在。因此，社会保险经办机构与劳动者之间的社会保险法律关系是主法律关系（第一性法律关系），社会保险经办机构与用人单位之间的社会保险辅助法律关系是从法律关系（第二性法律关系），后者以前者为基础和目的。用人单位与劳动者之间在劳动法上存在着劳动法律关系，但劳动法律关系仅是用人单位承担社会保险法定义务的前提，在用人单位为劳动者办理社会保险登记后，社会保险法律关系就已形成，与用人单位和劳动者之间的劳动法律关系相互独立，仅劳动法律关系解除或终止会

导致用人单位法定社会保险辅助义务的免除,但社会保险经办机构与劳动者之间的社会保险法律关系仍存在,但可能因欠缺法定要件(保险辅助人)而处于中止状态。在劳动者再就业之后,随着新的用人单位履行社会保险辅助义务,社会保险法律关系得以恢复。因此,用人单位之法定辅助义务对象不是劳动者,而是社会保险经办机构,旨在完成给付行政任务。换言之,在社会保险中,用人单位与劳动者之间是不存在法律关系的。

综上,与干预行政领域中行政机构与相对人之间强制与克减的公法关系不同,社会保险法律关系在本质上仅是社会保险经办机构(保险人)与劳动者(被保险人)之间的公法关系,是给付行政领域中准行政机构与受益主体之间给付与请求的公法关系。基于社会保险作为给付行政所具有的公法属性,用人单位所承担的辅助义务应为公法义务。在用人单位不履行义务时,社会保险经办机构或其他社会保障执法主体基于法律规定追究其相应的公法责任,而非基于用人单位与劳动者之间存在法律关系抑或用人单位对劳动者所为之民事侵权追究其相应的私法责任。

(二)二元结构争议处理体制之反思

将社会保险法律争议划分为社会保险行政争议与社会保险劳动争议,进而分别归属于行政争议处理与劳动争议处理的不同程序,由此形成了“二元争议处理体制”。任何一项制度的形成均有其特定的历史和制度背景,我国社会保险制度的发展明显滞后于劳动法律制度,并基于社会保险与劳动法律关系之间天然的紧密联系,在特定的法律发展进程中,将社会保险纳入到劳动法律制度予以规定是可以理解的。社会法从发端之初就存在着制度先于学术的现象,即从德国俾斯麦时期创设社会保险制度时,就先有制度与实践,后有学理与论证。后者建立在对长期制度运行的考察和分析的基础之上,探究并揭示社会保险制度应有的内在逻辑,亦即其独有之法理。我国社会保险制度与学理的发展也遵循了类似的轨迹,社会保险制度只是作为劳动制度改革的配套,而非改革的重点,再加上学术没有充分准备,缺乏对社会保险制度整体和法理的全面认识和把握,相对滞后于制度实践,因此,在以劳动制度改革为重点的一个时期内,将社会保险制度作为劳动制度整体重构之一部分,在我国特定历史背景下是有其必然性的,由此形成的制度框架也相应地决定了用人单位与劳动者之间涉及社会保险的争议被纳入到劳动争议之中,社会保险劳动争议也因此顺理成章地成为一种独立争议类型。

但是,以 1986 年劳动合同制改革肇始为起点,经 1994 年《劳动法》颁布,再到 2008 年《劳动合同法》施行,劳动制度改革历经 20 年早已完成其体系构造,计划经济时代原有劳动统配制度已不复存在,社会保险制度业已不是劳动制度改革之配套,而进入了独立快速发展的轨道。为应对改革开放以来社会转型之复杂风险,社会保险的体系和规模也变得甚为庞大,其作为社会基本安全保障网络,在某种程度上已超越劳动法在社会生活中的重要程度。同时,社会保险的学术研究亦不断发展,沿着德国社会保险初创至扩展到世界各国的脉络,对社会保险的制度构造及法理已有更为深刻的认识。基于制度和学术两方面的原因,应当能够使社会保险制度脱离历史局限的窠臼,依其自有逻辑演进。但遗憾的是,2010 年颁布的《社会保险法》仍然吸纳了劳动制度改革初期形成的劳动争议类型,确认了行政争议与劳动争议分类处理的二元结构,违背了社会保险所属的给付行政性质,“这种方式容易将公民社会保险权与劳动权混淆,将社会保险权作为劳动权的一部分，淡化社会保险的国家责任”[①]。

反思现有二元争议处理体制，应从社会保险法律关系出发，社会保险法律关系之构成及自有逻辑乃社会保险制度的基本法理。如前文所述，社会保险法律关系是社会保险经办机构与劳动者之间的单一公法关系，用人单位与社会保险经办机构之间是辅助关系，而用人单位与劳动者之间无直接社会保险法律关系。因此，社会保险争议不应划分为行政争议与劳动争议。在社会保险充分发展并与劳动制度相分离的背景下，社会保险劳动争议的程序设置既无法理基础，在实践中亦引发了诸多难题[②]，应予以摒弃，并根据社会保险的给付行政本质，将此类争议全部纳入行政争议处理程序。

三、现行二元结构争议处理制度之改革方向

（一）劳动争议处理制度应予以废止

现行劳动争议处理制度的形成固然有其特定的历史背景，但是随着社会保险制度及学理之发展，社会保险关系因其给付行政本质已与劳动关系相分离，无论在制度实践上，还是法律关系构成上，用人单位均不是直接向劳动者提供保险待遇之主体，社会风险的保障机制已完全从单位个体化转型为社会公共化。基于上文的分析，应当进一步明确社会保险虽为用人单位与劳动者之间履约之重要内容，但此项义务乃社会保险法所设定之用人单位的法定义务，并且区别于劳动法所设定之劳动保障义务，因为此项义务旨在通过劳动关系实现社会公共保障之目的，具有显著的社会属性，构成社会风险管理和配置机制的基本组成部分。

事实上，劳动争议处理制度在实践中存在诸多问题。有学者通过裁判文书的实证分析指出，社会保险劳动争议案件处理中的主要问题包括：劳动仲裁和法院对争议处理路径的态度不一；法院的部分判决实质架空了仲裁裁决；社会保险的强制性与劳动争议处理程序所强调的和解、调解存在矛盾；将劳动争议时效制度适用于所有社会保险争议有违社会保险制度建构的初衷。[③] 即便劳动者在仲裁和诉讼程序中胜诉，有关办理社会保险、缴纳社会保险费用等均需社会保险管理部门依政策予以审核确认，可能导致法院判决不能实际执行。[④] 由此导致的现实情况往往是：“只要社保不同意补缴，这种判决就难以执行，法院最多只能做社保机构的工作，如

---

① 林嘉：《社会保险的权利救济》，载《社会科学战线》2012 年第 7 期。

② 有学者指出，劳动争议处理机制促使社会保险争议适应其争议解决规则，特别是调解制度。社会保险法的强制性决定其争议裁量标准的特征具有非可裁量性，体现在社会保险法的核心内容上，包括参保项目、参保范围、缴费基准等方面，这些内容由国家法律强制规定，并没有赋予当事人根据意思自治原则进行协商的权利。通过劳动争议仲裁来解决社会保险争议，仲裁庭调解所强调的意思自治与社会保险争议的非可裁量性冲突，并非通过仲裁员的努力就可以调和的。参见杨复卫：《社会保险争议处理机制路径选择：以去私法化为中心》，载《中国劳动》2016 年第 12 期。

③ 据此研究，除了劳动者代缴社保费返还的争议，劳动仲裁对多数社保争议类型持宽容受理态度。法院从总体上对社保争议的态度偏向于其不属于民事案件受案范围。另外，法院倾向于不支持劳动者的社保诉求。参见胡大武、罗恒：《中国社会保险争议处理程序法律制度实证研究》，载《学术交流》2016 年第 5 期。

④ 项延永：《论我国社会保险争议民事可诉性的全面确立》，载刘俊、王中伟主编：《社会法学研究》（2013 年第 1 辑），法律出版社 2013 年版。

果最终不能与社保机构达成一致，这种判决就会不了了之。”①

究其原因，劳动争议处理制度在性质上混淆了社会保险关系与劳动关系，是制度错位的问题，而非制度不完善的问题。劳动争议中涉及的权利仍具有私权属性，可由劳动者自行处分，损益归于该具体当事人，此为劳动争议可调解之基础。但是，社会保险争议中涉及的权利不可完全由涉诉当事人处分，例如，在养老保险待遇损失之诉中，用人单位未为劳动者办理社会保险手续导致其在退休后无法享受养老保险待遇。此类案件中，用人单位未履行法定义务所损害的直接对象是社会保险经办机构及其代表的社会保险公共利益，并且社会保险行政部门未依法履行监管职责，两方面原因共同导致了劳动者养老保险权益受损。故此项争议本质上应为社会保险行政部门追究用人单位公法责任之行政执法，而非由受损害劳动者推动之劳动争议。

可见，现行劳动争议处理制度“张冠李戴”式地处理社会保险争议，有三项主要弊端：

第一，增加了劳动者维护自身权益的成本。在社会保险争议案件中，劳动者除了要证明用人单位未为其办理社会保险或者未足额缴费之外，通常还要证明无法补办社会保险以及因无法享受社会保险待遇所遭受的损失，此种证明要求对劳动者过于严苛，因其包含社会保险经办机构履职之政策规定，更有对未来长期保障待遇之评估，显然已超出个人所掌握的信息和能力范围。

第二，掩盖了社会保险行政部门及经办机构应当承担的职责。二元争议处理结构将社会保险行政部门及经办机构行使职权产生的争议限定于行政争议，使之与劳动争议相隔离，但是由劳动者推动之社会保险劳动争议在根本上源自社会保险行政部门及经办机构未能依法履责。《社会保险法》和《社会保险费征缴暂行条例》均规定了社会保险行政部门应当承担社会保险登记、缴费、发放的监督管理职责，但是因该社会保险行政部门未能有效履职导致的劳动者社会保险权益受损案件却成为劳动者与用人单位之间的劳动争议，社会保险行政部门的职责及履行情况被掩盖，在某种程度上将其转嫁给劳动者，客观上推高了劳动者的维权成本。

第三，损害了社会保险所代表的公共利益。劳动争议是个体化的纠纷解决机制，旨在解决用人单位与劳动者之间的争议问题。但在社会保险制度下，用人单位未能履行法定义务将损害社会公共利益，这一点无法通过劳动争议予以解决。例如，用人单位的养老保险缴费是社会统筹基金的主要来源，意义在于在统筹区域内形成整体性的养老风险分担机制，劳动者获得的养老保险待遇由其个人账户和社会统筹基金给付构成，其中社会统筹基金给付依据其工龄、薪资等因素予以核定，用人单位缴费与劳动者个人之保险待遇并非对应关系，其所对应的是社会公共利益。在用人单位未足额缴纳社会保险费的劳动争议中，仅要求用人单位赔偿劳动者一定金额的处理方式忽视了社会保险所蕴含的社会公共利益。并且，个体化的劳动争议处理制度难以维护具有整体性的社会保险公共利益，个体劳动者通过劳动争议仅能回应个案中的利益损害，而对于同一单位的其他类似社会保险争议则无能为力。

（二）行政争议处理制度应予以完善

1. 行政争议处理之争议范围

现行制度关于社会保险行政争议处理范围的界定是适当的，即与社会保险行政部门或经

---

① 向春华：《社会保险请求权与规则体系》，中国检察出版社2016年版，第556页。

办机构履行职权相关之争议。社会保险经办机构作为保险人乃该制度运行之枢纽,用人单位与劳动者均各自与其发生社会保险登记、权益记录及待遇给付等关系。因此,不存在用人单位与劳动者之间的社会保险劳动争议。因用人单位未履行义务所产生的争议均应纳入到社会保险行政部门履职争议范围:一方面,用人单位未按照规定为劳动者办理社会保险登记或缴纳社会保险费的,社会保险行政部门应当予以处罚并责令其履行义务,用人单位对此不服可提起行政诉讼;另一方面,社会保险行政部门怠于行使职权,未及时对用人单位的违法行为予以处罚和矫正的,劳动者可就该行政不作为申请行政复议或提起行政诉讼,督促行政部门履行职责。通过这两种渠道,便可将既有的社会保险劳动争议纳入到行政争议处理制度中。

此外,在医疗保险、护理保险等保险辅助人作用突出的保险类型中,作为保险辅助人的医疗机构、护理机构与被保险人发生紧密的保险给付关系。一般认为,被保险人与保险辅助人之间的争议应按民事争议处理。[①] 但是,应当看到保险辅助人向被保险人所提供之服务已与一般私法关系不同,并非完全基于双方意思自治而达成的民事契约。保险辅助人事实上承担了一部分保险人应当向被保险人所为之给付,亦即基于此类医疗、护理服务的专业性,保险人通过保险辅助人实现对被保险人的保障。在这个意义上,保险人审核保险辅助人资格并将该辅助人纳入社会保险体系,保险人向保险辅助人支付费用的实质是购买该项专业服务并同时监督管理该类辅助人所为之给付,确保其符合法定或约定标准。因此,虽然保险辅助人与被保险人之间发生了直接的服务行为,但在法律关系上,保险辅助人所为给付乃保险人给付待遇之替代。保险辅助人所为给付存在瑕疵或造成被保险人损害的争议属于给付不当争议,被保险人应当将相关情况报告保险人,促使保险人对保险辅助人予以公法层面的处罚及矫正。保险辅助人对保险人之处罚及矫正决定不服的,可遵循行政争议处理制度寻求救济。如果保险人怠于对保险辅助人予以处罚及矫正,则被保险人可通过行政复议及行政诉讼等方式督促保险人履行职责。因此,保险辅助人与被保险人之间的争议仍应通过行政争议处理制度予以救济。

由是,把握社会保险之给付行政本质,应当超越具体的待遇给付行为看到其背后的法律关系架构,作为保险人的社会保险经办机构居于中枢地位,其与社会保险行政部门负有维护社会保险机制有效运行之法定职责,此亦为维护社会公共利益的体现。因此,以社会保险为标的之争议产生均可归结为社会保险行政部门或经办机构未能有效履行职责,最终应通过行政争议处理制度予以解决。也就是说,社会保险的给付行政本质决定了行政争议处理制度涵盖保险缴费、保险给付、保险赔偿的各类型争议。

2. 行政复议应为行政诉讼之前置程序

现有社会保险行政争议处理程序的主要问题是未能理顺行政复议与行政诉讼的关系。如前文所述,2005 年颁布的《社会保险行政争议处理办法》设置了行政复议前置程序,但是 2010 年施行的《社会保险法》变更了此项程序设置,第 83 条将行政复议与行政诉讼规定为并列选择程序。着眼于未来废止社会保险劳动争议制度,并将全部争议纳入行政争议的制度改革方向,行政争议处理程序亦必须予以完善。而完善的重点是行政复议与行政诉讼的关系问题,焦点是行政复议是否应为行政诉讼的前置程序。

---

① 郑尚元、扈春海:《社会保险法总论》,清华大学出版社 2018 年版,第 342 页。

给付行政发展至今，已经形成了丰富而复杂的体系，其中社会保险因覆盖面广、险种多，更是凸显专业性，不易为社会公众及非专业人员所掌握。在发生社会保险争议时，社会保险经办机构作为保险人具备业务专业优势和资料信息便利，能够最为快速地审查、复核该争议涉及的社会保险事项。经社会保险经办机构复查后仍存在争议的，作为上级主管部门的劳动保障行政部门可通过行政复议快速介入争议，发挥专业和职务优势解决纠纷，此为行政复议在社会保险争议处理上独有的高效和便利。而行政诉讼虽强化了法院裁判的中立性，但由于法院相对于社会保险经办机构不具备专业优势，并且程序要求更为严格，必然使社会保险争议处理的时间延长、成本提高。因社会保险之"生存照顾"功能，争议处理的耗时耗力均有悖于生存权保障优先原则，那么，行政诉讼可作为解决争议的最后程序，但应强化行政复议的作用，这样既可分流行政诉讼的案件压力，又便于高效地处理争议。因此，学界多主张将行政复议设置为行政诉讼的前置程序。[①]

从比较法的角度看，将行政复议作为行政诉讼的前置程序是主要大陆法系国家的立法通例。最先创设社会保险制度的德国建立了专门的社会保障争议处理体系：一方面，德国社会法的行政程序基本上依照普通的行政程序法；另一方面，德国在行政法院系统之外建立了独立的社会法院系统。德国于 1953 年 9 月颁布的《社会法院法》规定，社会法院对于公法上的疾病保险、护理保险、年金保险、劳动促进和失业保险、事故保险、农民年老保障、子女津贴法、战争受损害者供养等领域发生的争议行使管辖权。[②] 德国发生社会保险争议后，当事人必须先经行政复议程序。德国社会保险争议复议机构有两类：一类是劳动局复议处，负责处理失业保险相关争议；另一类是社会保险经办机构的复议委员会，除失业保险外，各类型保险均设立独立的复议组织。在德国，行政复议被确立为行政诉讼前置程序始自 1991 年，主要原因是社会法院案件数量大量增加，须借助行政复议分流案件，缓解诉讼压力。[③] 行政复议被确立为前置程序后，对于有效处理争议发挥了重要作用，按照德国学者所言，前置程序有利于保护当事人的权利，使其保险事务从事实和法律两方面经受审查，行政机关既要审查行政决定是否建立在确实充分的事实构成的基础之上，又要判断行政机关作出的决定在实体法上是否正确。因此，行政机关能够及时发现并主动避免类似错误，从而实现自我监督和纠正，行政复议因此具有了诉讼过滤网的作用。[④] 法国在社会保险争议处理机制方面包含四项程序：调解、社会保障事务法庭、上诉法院社会法庭、最高法院。其中，调解程序由社会保障行政管理委员会内设的调解委员会负责，实际上就是复议程序。该调解委员会的成员有一半由该申请人职业类别的行政管理员担任，另一半由来自其他职业的行政管理员担任。[⑤] 只有经过调解程序后，当事人才可向社会保障事务法庭提起诉讼，该法庭设置在行政法院内部，在性质上属于行政诉讼。可见，德国和法国均建立了独立的社会保险争议处理程序，不同的是在社会法程序与行政法程序的关系上，德国模式是完全独立的，法国模式是部分独立的。日本并未因袭德法路径，而是将社会保险争议

---

① 郑尚元、扈春海：《社会保险法总论》，清华大学出版社 2018 年版，第 357 页；林嘉：《社会保险的权利救济》，载《社会科学战线》2012 年第 7 期；杨复卫：《社会保险争议处理机制路径选择：以去私法化为中心》，载《中国劳动》2016 年第 12 期。

② ［德］霍尔斯特·杰格尔：《社会保险入门——论及社会保障法的其他领域》，刘翠霄译，中国法制出版社 2000 年版，第 170、177 页。

③ 杨复卫：《社会保险争议处理机制研究》，上海人民出版社 2018 年版，第 133 页。

④ ［德］奥托·E. 克拉斯尼：《德国社会保险法律争议的解决》，载《社会保障研究》2006 年第 1 期。

⑤ 林嘉：《社会保险的权利救济》，载《社会科学战线》2012 年第 7 期。

完全纳入到行政争议处理体制中。在社会保险争议发生后，当事人须先经诉愿程序。所谓诉愿，是指“因行政机关做成违法或不当处分，或不依限做成所申请的行政处分，致其权利或利益受损害者请求原处分机关的上级机关或其他法定的受理机关，对该行政处分，依行政程序审查，并作成一定决定以为救济之方法”①。诉愿类同于前述行政复议程序，其处理社会保险争议的作用主要在于审查行政处分的合法性、适当性，包括但不限于处分的手段、方法、社会效果等，同时也能减轻行政法院的负担，有助于法官专注案件的合法性裁判。

综上，社会保险行政争议处理程序的完善应当将行政复议设置为行政诉讼的前置程序，强化行政复议的专业性和高效性，推进行政机关在合法性和合理性两方面的审查，减轻法院的负担，实现行政争议处理程序各环节的优化配合。

（三）独立的社会法争议处理制度应为长期改革目标

在大陆法系的争议处理框架下，对社会保险争议的处理存在两种模式：一种是以德法为代表的专门法院模式，另一种是以日本和我国台湾地区为代表的普通法院模式。在专门法院模式中，德国尤具典型性，其社会法院为司法体系构成之一，依据《社会法院法》从行政法院体系中独立出来，在国际上属于特例。② 单独设立社会法院的立意在于针对社会保险事务增强法院的专业性，满足数量众多的社会保险参与者诉求。③ 并且，通过社会保险的司法审判实践能够逐步建立起社会法上的请求权体系。④ 在社会法院内部，需要设置专门的审判庭，例如，《社会法院法》第 10 条规定，对于疾病保险保险人与保险医师（包括其联合会）等之间的争议，应当另设审判庭。有学者认为，德国社会法院发挥作用的主要原因在于其行政诉讼中设有给付诉讼，并且允许行政主体作为原告对相对人提起行政诉讼。⑤ 此外，法国虽然没有建立完整的社会法院系统，但是亦设有社会保障事务法庭并在上诉法院中设置有独立的社会法庭。⑥ 在普通法院模式中，诉讼程序并未因应社会保障争议而设计，只是在诉前由专业委员会进行前置审查，不服该专业审查提起诉讼的，遵循普通行政诉讼程序。

两种模式并没有本质区别，专门法院原本即为行政法院之组成部分，单独将其提炼并予以体系化在于强化社会保险类行政诉讼的处理效率和专业程度，以便稳定现代社会对于社会保险运行效率和秩序的高度依赖。当然，单列社会法院会增设机构及审判人员，司法成本也会随之增加，若通过普通法院系统就能够高效妥当地处理社会保险争议，则无需执着于审判形式之专业化。我国诉讼制度并非仅在劳动争议处理方面存在难题，即便是现有受案范围较窄的行政诉讼亦有诸多问题，包括行政不作为案件偏少，行政不作为违法基本不能得到法院裁判的确

---

① 陈敏：《行政法总论》，神州图书出版公司 2004 年版，第 1218 页。

② Becker, “Sozialrecht und Sozialrechtswissenschaft im internationalen Vergleich”, in Masuch, Spellbrink, ders., Leibfried, *Grundlagen und Herausforderungen des Sozialstaats*, S. 463, 485 f.

③ Mikešić, Sozialrecht als wissenschaftliche Disziplin, S. 133 f.

④ Kreßel, Öffentliches Haftungsrecht und sozialrechtlicher Herstellungsanspruch, 1990; Ladage, Der sozialrechtliche Herstellungsanspruch, 1990; Adolf, Der sozialrechtliche Herstellungsanspruch, 1991; Schmidt-De Caluwe, Der sozialrechtliche Herstellungsanspruch, 1992.

⑤ 李文静：《医疗保险法律制度研究》，中国言实出版社 2014 年版，第 374 页。

⑥ ［法］让·雅克·迪贝卢、爱克扎维尔·普列多：《社会保障法》，蒋将元译，法律出版社 2002 年版，第 193-198 页。

认;行政诉讼效果整体不佳;社会保险强制性偏弱。[①] 此类问题正是行政诉讼应予完善之处。但是着眼于我国社会保险的实然状态及法治化发展方向,仅依靠普通法院中的行政争议程序难以专业高效地处理社会保险争议,理由在于:

第一,社会保险专业化程度不断提高,除工业社会背景下形成的工伤保险之外,随着老龄化社会的到来,养老保险、医疗保险以及护理保险均需专业知识,除金额测算之外,还需了解医疗或护理类给付的标准、方式以及效果评估。此外,在审判中,社会保险法制的理念与适用不同于一般民事或行政规范,多涉及保险人、被保险人以及保险辅助人三方,并且强调被保险人之生存保障。若非专职从事此类争议裁判,则可能在社会保险规范的理解和解释上产生偏差。依据德国经验,专业化的社会保险审判有利于形成自成体系的法教义学体系,以实现法官的专业化训练、彼此认同以及一致的裁判尺度。

第二,我国社会保险参保人数众多,问题复杂,需要专业化的裁判机构。我国人口基数大,社会保险的参保人数远超任何发达国家。由于社会保险制度起步晚,规范性不足,实践中存在大量用人单位不办理社会保险登记、拒不缴费或不按规定缴费的情况,此外部分社会保险经办机构也存在消极不作为等问题,法院诉讼程序难以与之有效衔接。我国社会财富积累程度尚难以匹敌德日等老牌发达国家,社会保障网络不完全,众多民众没有足够的个人积蓄抵御老年、疾病等风险。在此背景下,虽然社会保险提供的给付标准较低,但其仍能满足生存之基本需要,对普通民众必不可少。在此特定国情背景下,社会保险争议处理的时效性和专业性更为凸显。因此,学界普遍认同应建立专门的争议处理机制,形成独立的争议处理机构、程序和专业化的人员队伍,更有学者提出在条件成熟后,借鉴德法模式建立专门的社会法院或社会法庭。[②] 当然,任何改革均非一蹴而就的,社会保险争议处理制度之改革亦应抓住各阶段主要问题,依循"废止劳动争议处理制度——扩大行政争议受案范围——确立行政复议前置程序——完善行政诉讼体系——单设社会法专业审判机构"的路径,从当前到远期稳步推进。

第三节　其他社会给付行政之纠纷与权利救济

在给付行政中,以实现"生存照顾"为目的,向特定社会群体授予利益的行政行为属于社会给付行政。社会保险是社会给付行政的最主要构成部分,涵盖人数最多,基金规模最大,制度运作也最为复杂。除社会保险以外,社会给付行政还包括其他类型,主要是社会救助、社会补偿和社会福利。对于这三种类型的给付行政,上文已有专章论述,在此仅就其纠纷特征及权利救济问题予以阐释。

一、其他社会给付行政纠纷与社会保险争议的主要区别

虽然同属社会给付行政,但是社会保险与社会救助、社会补偿和社会福利等其他社会给付

---

① 何文杰:《社会保险权救济研究》,西南政法大学 2018 年博士学位论文。

② 郑尚元、扈春海:《社会保险法总论》,清华大学出版社 2018 年版,第 355 页;林嘉:《社会保险的权利救济》,载《社会科学战线》2012 年第 7 期;杨复卫:《社会保险争议处理机制路径选择:以去私法化为中心》,载《中国劳动》2016 年第 12 期。

行政类型之间存在较大差异，这种差异决定了社会保险争议与其他社会给付行政纠纷的区别，主要体现在以下三个方面：

（一）制度构造不同

社会保险制度依据保险原理运作，国家并不直接授予利益或提供帮助，而是通过建立社会保险组织体系，由社会保险经办机构作为准行政主体实施社会保险。一方面，社会保险具有双方性的特征，被保险人取得社会保险给付请求权的基础在于办理社会保险登记，并缴纳保险费。社会保险给付以保险事故发生为前提。也就是说，劳动者依法参加社会保险成为被保险人时，年老、工伤、失业等保险事故尚未发生，在社会保险法律关系存续期间，被保险人依法缴费，但作为给付行政主体的保险人无实际给付义务。保险事故发生后，被保险人可行使社会保险给付请求权，保险人根据被保险人的缴费标准、年限等给付相应的保险待遇。因此，在社会保险中，给付行政的双方主体各自有明确的权利义务，劳动者未办理社会保险登记或者未依法完成缴费将无法取得社会保险给付请求权，导致其被社会保险给付行政排除，其在保险事故发生后的生活来源则由其他社会给付行政提供。另一方面，国家在社会保险给付行政体系中不是直接的参与者，其作用在于建立并发展社会保险制度，并作为担保人保证此项制度的正常运转。社会保险制度应对社会风险的方式是基于社会共同体，运用保险大数法则实现风险管理。因此，国家一旦建立社会保险制度就处于相对独立的地位，由社会共同体的缴费维持制度运行。但是，社会保险缴费与给付支出受经济波动等因素影响，难以始终保持平衡，这就需要国家财政予以补充，以保障制度的持续稳定。在老龄化的背景下，主要国家对社会保险的财政投入都很大，例如，日本2004年之后对国民年金的负担比例提升至1/2。①

其他社会给付行政与社会保险虽然都旨在实现“生存照顾”，但二者的制度构造不同。社会救助、社会补偿和社会福利均是国家直接向相对人给付利益，此项给付行政是法律所规定的国家在特定情况下负有之义务。此处的“特定情况”包括生计困难、受犯罪侵害、遭受自然灾害等，在性质上是法律事件，不以当事人意思为转移，具有客观性，区别于社会保险之登记、缴费等法律行为。其他社会给付行政的作出以特定法律事件为原因，具有单方性，不要求相对人履行义务或为特定行为。

基于其他社会给付行政与社会保险的差异，虽然全部社会给付行政争议均须审查具体行政行为的合法性和合理性，但侧重点并不相同。其他社会给付行政纠纷处理所需聚焦之关键在于是否存在须给付救助、补偿、福利待遇的法律事件、给付行为是否符合法定程序、方法和时限，在无法律规定或规定不明确时，该给付行为是否符合生存照顾之目的；社会保险争议则须关注被保险人是否为特定法律行为（如办理登记、缴费等），保险事故是否发生，保险人是否依法办理业务、征收保费以及给付保险待遇。

（二）法律关系及授益方式不同

其他社会给付行政的法律关系明确清晰，即负有给付义务的行政机关与相对人之间的法

---

① ［日］小岛晴洋：《基础年金的制度设计》，载日本社会保障法学会编：《社会保障法讲座》，法律文化社2010年版，第51页。

律关系，内容为给付特定利益。包括社会救助、补偿和福利在内，我国现有其他社会给付行政的授益方式以给付金钱为主，以提供实物为辅。例如，在社会救助体系下，除最低生活保障以外，医疗救助、教育救助、住房救助等主要采取发给补贴、补助以及减免费用的方式，在特定情况下给付服务或实物救助，如对特困供养人员提供生活照料、疾病治疗以及办理丧葬事宜，对受灾人员提供食品、饮用水、衣被、取暖、临时住所等。因此，其他社会给付行政纠纷的当事人明确，权利救济之标的既可以为金钱给付，也可以为服务或实物给付。

社会保险由于涉及保险人、被保险人、保险辅助人，因此关系更为复杂。如上文所述，我国现有社会保险争议中按劳动争议处理的一部分正是对此三方关系缺乏明晰认识导致的机制性错误。国家并不通过社会保险直接给付特定相对人以利益，而是由作为准行政主体的社会保险经办机构根据保险类型及被保险人贡献率为相应给付。按照现有规定，社会保险待遇仅为金钱给付，给付方式上分为一次性给付和定期给付。即便在医疗领域，被保险人仍自主就医，只是金钱给付方式稍有改革，其医疗费用中按规定应当由基本医疗保险基金支付的部分，由社会保险经办机构与医疗机构、药品经营单位直接结算。[①] 在此制度框架下，社会保险争议应发生在社会保险经办机构与一方当事人（用人单位或劳动者）之间，争议标的为社会保险登记、缴费、标准、记录等，核心是社会保险金钱给付请求权及其可主张之额度。

二、其他社会给付行政纠纷的权利救济机制

我国社会保障制度整体立法水平有待提高，除《社会保险法》以外，社会救助、社会补偿和社会福利均未有成文法，即便是已有立法也偏重宣示性，可操作性不足，实践中主要依据部门规定、地方性法规和规章等低位阶规范，反映出社会保障领域整体的法治化水平较低。这导致了社会给付行政争议的处理法律依据不足，缺乏程序规范性。因社会救助、社会补偿和社会福利发生的纠纷无明确的救济渠道，通常在基层政府的协调下进行个案处理，无法在规范层面对处理效果进行评估，更勿言提出制度改进之意见。尤其是接受社会救助和社会补偿的群体本就处于社会极弱势地位，在生存堪忧的情况下更无知识、资源及财力寻求权利救济。在此背景下，构建社会给付行政纠纷的法治化处理机制任重道远，故而在此仅作定性分析，予以制度前瞻。

其他社会给付行政纠纷虽然与社会保险争议存有差异，但仍属于给付行政之范畴，具有公法争议性质，应采纳行政争议处理机制。因社会救助、社会补偿和社会福利实施过程中不存在社会保险之三方关系，无作为准行政主体的社会保险经办机构，而是发生在确定之具体行政行为实施机关与相对人之间。因此，发生其他社会给付行政纠纷时，当事人可直接向社会给付行政义务主体的复议机关提起复议。一般行政争议处理程序中，行政复议是否为行政诉讼前置程序须基于法律、法规专门规定。其他社会给付行政与社会保险均具有专业性和复杂性的特点，并且具有更紧迫的生存照顾内涵，因此处理此类纠纷更应发挥行政复议的内部纠错优势，对具体给付行为作合法性与合理性两方面的审查，实现争议处理的高效快捷。因此，应将行政

---

① 社会保险仅为金钱给付的状况说明我国社会保险发展水平仍不高，对被保险人的保障不够完善。在社会保险发达的国家，服务亦是重要的社会保险给付类型，例如，德国疾病保险的给付方式是直接向被保险人提供医疗服务，无须被保险人自主就医并报销费用，医疗服务机构已被纳入社会保险体系之中。

复议设置为行政诉讼的前置程序,不服行政复议决定或复议机关逾期未作出决定的,当事人可向人民法院提起行政诉讼。关切生存利益之其他社会给付行政纠纷处理更应注重生存权保障优先原则,安排权利救济过程中的特别给付,以使当事人在中断生活来源的程序进程中,仍有生存保障。

如前所述,社会法争议处理制度有必要脱离行政争议处理体系而独立,那么着眼于此制度发展方向,诸如社会救助、社会补偿和社会福利类的争议应当纳入到社会法争议处理制度中,还是仍由行政争议程序予以处理?虽然社会保险与其他社会给付行政纠纷存在制度构造、法律关系、授益方式的差别,但是从本质上看,全部社会保障类型均属于"给付行政"之范畴,均以人民生存利益为依归。其他社会给付虽为行政争议程序之对象,但是应以普通法院行政诉讼程序为基础,以福斯多夫关于干预行政与给付行政之分类为依据,将具有给付行政属性的争议单列,由此形成独立之社会法争议处理制度。基于此,包括社会保险与其他社会给付在内的全部社会保障争议均应纳入该专门社会法争议处理制度,以实现关涉生存利益之争议处理的及时、高效、专业。

思考题:

1. 从社会保障纠纷存在之必然性谈社会保障纠纷处理法制之必要。
2. 何为社会保障行政给付纠纷?
3. 社会保险纠纷的类型有哪些?在不同类型保险中,纠纷如何处理?
4. 试述其他类型社会保障纠纷之权利救济问题。
5. 谈谈社会保障争议处理机制之完善。

参考文献

一、中文著作（按引用顺序排列）

1. ［英］内维尔·哈里斯等:《社会保障法》,李西霞、李凌译,北京大学出版社 2006 年版。

2. 刘脩如:《社会政策与社会立法》(上),五南图书出版公司 1984 年版。

3. 和春雷主编:《社会保障制度的国际比较》,法律出版社 2001 年版。

4. 林嘉:《社会保障法的理念、实践与创新》,中国人民大学出版社 2002 年版。

5. 劳动和社会保障部社会保险研究所组织翻译:《贝弗里奇报告——社会保险和相关服务》,中国劳动社会保障出版社 2004 年版。

6. 郭明政主编:《社会保险之改革与展望》,翰芦图书出版有限公司 2006 年版。

7. 郑尚元、扈春海:《社会保险法总论》,清华大学出版社 2018 年版。

8. ［英］克拉潘:《现代英国经济史》(上册),姚曾廙译,商务印书馆 1975 年版。

9. ［美］艾伦·沃森:《民法法系的演变及形成》,李静冰、姚新华译,中国法制出版社 2005 年版。

10. 杨冠琼主编:《当代美国社会保障制度》,法律出版社 2001 年版。

11. 中国社会保险学会、中国社会科学院世界社保研究中心、中国证券投资基金业协会组织翻译:《美国社会保障法》(上、中、下),中国社会科学出版社 2017 年版。

12. 黄越钦:《劳动法新论》,中国政法大学出版社 2003 年版。

13. 国际劳工组织北京局译:《国际劳工公约和建议书(1919–1993)》(第 1 卷),国际劳工组织 1994 年版。

14. 邓云特:《中国救荒史》,商务印书馆 2011 年版。

15. 北京大学法学百科全书编委会编:《北京大学法学百科全书(社会法学、环境法学、知识产权法学、科技法学)》,北京大学出版社 2016 年版。

16. 苏永钦主编:《部门宪法》,元照出版公司 2006 年版。

17. 台湾社会法与社会政策学会主编:《社会法》,元照出版公司 2015 年版。

18. 黄越钦教授纪念文集编委员会编辑:《社会公义:黄越钦教授纪念论文集》,元照出版公司 2011 年版。

19. 王东进主编:《中国社会保障制度的改革与发展》,法律出版社 2001 年版。

20. 宋晓梧:《中国社会保障制度改革》,清华大学出版社 2001 年版。

21. 祝慈寿:《中国工业劳动史》,上海财经大学出版社 1999 年版。

22. 顾培东主编:《中国企业运行的法律机制》,重庆出版社 1991 年版。

23. 刘爱玉:《选择:国企变革与工人生存行动》,社会科学文献出版社 2005 年版。

24. 劳动和社会保障部劳动科学研究所编:《中国劳动科学研究报告集(1997–1999 年度)》,中国劳动社会保障出版社 2000 年版。

25. 曹明睿:《社会救助法律制度研究》,厦门大学出版社 2005 年版。

26. 钟秉正:《社会法之理论与应用》(一),元照出版公司 2018 年版。

27. [日]菊池馨实:《社会保障法制的将来构想》,韩君玲译,商务印书馆 2018 年版。

28. 郭明政主编:《社会法:社会安全法规汇编》,元照出版公司 2009 年版。

29. 郑功成:《社会保障学——理念、制度、实践与思辨》,商务印书馆 2004 年版。

30. [英]约翰·巴顿:《论影响社会上劳动阶级状况的环境》,薛蕃康译,商务印书馆 1997 年版。

31.《马克思恩格斯全集》(第 6 卷),人民出版社 1961 年版。

32. [美]马斯洛:《动机与人格》,许金声等译,华夏出版社 1987 年版。

33.《马克思恩格斯选集》(第 2 卷),人民出版社 2012 年版。

34. 薛波主编:《元照英美法词典》,法律出版社 2003 年版。

35. [德]卡尔·拉伦茨:《法学方法论》,陈爱娥译,商务印书馆 2003 年版。

36. [印]阿玛蒂亚·森:《身份与暴力——命运的幻象》,李风华等译,中国人民大学出版社 2012 年版。

37. 丁建定:《西方国家社会保障制度史》,高等教育出版社 2010 年版。

38. 郑尚元:《劳动法与社会保障法前沿问题》,清华大学出版社 2011 年版。

39. 郑尚元、李海明、扈春海:《劳动和社会保障法学》,中国政法大学出版社 2008 年版。

40. 中华人民共和国劳动和社会保障部法制司、德国技术合作公司中国法律改革咨询项目编著:《中德劳动与社会保障法:比较法文集》,中信出版社 2003 年版。

41. [法]让–雅克·迪贝卢、爱克扎维尔·普列多:《社会保障法》,蒋将元译,法律出版社 2002 年版。

42. 余凌云:《行政法讲义》,清华大学出版社 2014 年版。

43. 张正钊、胡锦光主编:《行政法与行政诉讼法》,中国人民大学出版社 2013 年版。

44. 谢荣堂:《社会法治国基础问题与权利救济》,元照出版公司 2008 年版。

45. 吴庚:《行政法之理论与实用》,三民书局 2015 年版。

46. 陈敏:《行政法总论》,自版 2013 年版。

47. 柳砚涛:《行政给付研究》,山东人民出版社 2006 年版。

48. [德]G. 平特纳:《德国普通行政法》,朱林译,中国政法大学出版社 1999 年版。

49. 沈政雄:《社会保障给付之行政法学分析——给付行政法论之再开发》,元照出版公司 2011 年版。

50. 郑功成、沈洁主编:《社会保障研究》(总第 2 期),中国劳动社会保障出版社 2005 年版。

51. 钟秉正:《社会保险法论》,三民书局 2005 年版。

52. [德]汉斯·察赫:《福利社会的欧洲设计:察赫社会法文集》,刘冬梅、杨一帆译,北京大学出版社 2014 年版。

53. 郭明政:《社会安全制度与社会法》,翰芦图书出版有限公司 1997 年版。
54. 白澎、叶正欣、王硕编著:《法国社会保障制度》,上海人民出版社 2012 年版。
55. [荷]弗朗斯·彭宁斯编:《软法与硬法之间:国际社会保障标准对国内法的影响》,王锋译,商务印书馆 2012 年版。
56. 吕学静编著:《日本社会保障制度》,经济管理出版社 2000 年版。
57. 崔万有:《日本社会保障研究》,北京师范大学出版社 2009 年版。
58. 宋健敏编著:《日本社会保障制度》,上海人民出版社 2012 年版。
59. 李超民编著:《美国社会保障制度》,上海人民出版社 2009 年版。
60. 杨玲:《美国、瑞典社会保障制度比较研究》,武汉大学出版社 2006 年版。
61. [美]乔治·E. 瑞达、迈克尔·J. 麦克纳马拉:《风险管理与保险原理》,刘春江译,中国人民大学出版社 2015 年版。
62. [美]乔治·E. 雷吉达:《社会保险和经济保障》,陈秉正译,经济科学出版社 2005 年版。
63. [英]罗伯特·伊斯特:《社会保障法》,周长征等译,中国劳动社会保障出版社 2003 年版。
64. 蔡维音:《社会国之法理基础》,正典出版文化有限公司 2001 年版。
65.《中华人民共和国国民经济和社会发展第七个五年计划 1986—1990》,人民出版社 1986 年版。
66. 蒋悟真:《我国社会救助立法理念研究》,北京大学出版社 2015 年版。
67. 杨思斌:《中国社会救助立法研究》,中国工人出版社 2009 年版。
68. 龙卫球、王文杰主编:《两岸民商法前沿(第 3 辑)——社会变迁与民商法发展》,中国法制出版社 2015 年版。
69. 翁岳生编:《行政法》(下册),中国法制出版社 2009 年版。
70. [日]盐野宏:《行政救济法》,杨建顺译,北京大学出版社 2008 年版。
71. 李惠宗:《行政法要义》,元照出版公司 2012 年版。
72. 钟秉正:《社会福利之法制化》,元照出版公司 2008 年版。
73. 刘宗德:《制度设计型行政法学》,北京大学出版社 2013 年版。
74. 陈新民:《中国行政法学原理》,中国政法大学出版社 2002 年版。
75. 王利明、周友军、高圣平:《侵权责任法疑难问题研究》,中国法制出版社 2012 年版。
76. 覃有土、樊启荣编著:《社会保障法》,法律出版社 1997 年版。
77. 王显勇、杨军、李海明:《社会保障法》,北京大学出版社 2014 年版。
78. [日]桑原洋子:《日本社会福利法制概论》,韩君玲、邹文星译,商务印书馆 2010 年版。
79.《中国大百科全书》总编辑委员会编:《中国大百科全书·法学》,中国大百科全书出版社 2006 年版。
80. 郑尚元:《劳动法和社会法专论》,法律出版社 2015 年版。
81. 张东江、聂和兴主编:《当代军人社会保障制度》,法律出版社 2001 年版。
82. 郑贤君:《基本权利原理》,法律出版社 2010 年版。
83. 钟秉正:《社会福利法制与基本人权保障》,神州图书出版公司 2004 年版。
84. [日]芦部信喜著,[日]高桥和之补订:《宪法》,林来梵、凌维慈、龙绚丽译,清华大学出版社 2018 年版。

85. 赖达清主编:《社会保障法——保障公民生存权利的法律形式》,四川人民出版社 2003 年版。

86. 邓大松等:《社会保障理论与实践发展研究》,人民出版社 2007 年版。

87. 向春华:《社会保险法原理》,中国检察出版社 2011 年版。

88. [英]T.H. 马歇尔、安东尼·吉登斯等:《公民身份与社会阶级》,郭忠华、刘训练编,江苏人民出版社 2008 年版。

89. [荷]亨利·范·马尔赛文、格尔·范·德·唐:《成文宪法的比较研究》,陈云生译,华夏出版社 1987 年版。

90. [英]艾伦·迪肯:《福利视角:思潮、意识形态及政策争论》,周薇等译,上海人民出版社 2011 年版。

91. [英]安东尼·吉登斯:《第三条道路:社会民主主义的复兴》,郑戈译,北京大学出版社 2000 年版。

92. 钟秉正:《社会保险法论》,三民书局 2012 年版。

93. [挪]A. 艾德、[芬]C. 克罗斯、[比]A. 罗萨斯:《经济、社会和文化的权利》,黄列译,中国社会科学出版社 2003 年版。

94. 陈新民:《宪法基本权利之理论基础》,元照出版公司 1999 年版。

95. 李惠宗:《宪法要义》,元照出版公司 2012 年版。

96. [比]丹尼·皮特尔斯:《社会保障基本原理》,蒋月、王铀镱译,商务印书馆 2014 年版。

97. 邵慧玲:《社会基本权之法制实践与司法审查》,元照出版公司 2016 年版。

98. 王泽鉴:《民法概要》,中国政法大学出版社 2003 年版。

99. [德]汉斯·J. 沃尔夫、奥托·巴霍夫、罗尔夫·施托贝尔:《行政法》(第 1 卷),高家伟译,商务印书馆 2002 年版。

100. 台湾行政法学会主编:《行政法争议问题研究》(上),五南图书出版公司 2000 年版。

101. 应松年主编:《当代中国行政法》(上卷),中国方正出版社 2005 年版。

102. 朱新力、金伟峰、唐明良:《行政法学》,清华大学出版社 2005 年版。

103. 黄俊杰:《行政法》,三民书局 2010 年版。

104. 陈慈阳:《行政法总论、基本原理、行政程序及行政行为》,神州图书出版公司 2005 年版。

105. 王名扬:《美国行政法》,中国法制出版社 2005 年版。

106. 汤德宗:《行政程序法论》,元照出版公司 2005 年版。

107. 杨海坤、章志远:《中国行政法基本理论研究》,北京大学出版社 2004 年版。

108. 马怀德主编:《行政法与行政诉讼法》,中国政法大学出版社 2012 年版。

109. [奥]曼弗雷德·诺瓦克:《民权公约评注:联合国〈公民权利和政治权利国际公约〉》,毕小青等译,生活·读书·新知三联书店 2003 年版。

110. 罗豪才、毕洪海编:《行政法的新视野》,商务印书馆 2011 年版。

111. 李震山:《行政法导论》,三民书局 2011 年版。

112. 王敬波等:《欧盟行政法研究》,法律出版社 2013 年版。

113. [日]盐野宏:《行政法总论》,杨建顺译,北京大学出版社 2008 年版。
114. 向春华:《社会保险请求权与规则体系》,中国检察出版社 2016 年版。
115. 曾世雄:《损害赔偿法原理》,中国政法大学出版社 2001 年版。
116. 孙森焱:《民法债篇总论》,法律出版社 2006 年版。
117. 莫于川主编:《行政法与行政诉讼法》,中国人民大学出版社 2012 年版。
118. 刘飞:《德国公法权利救济制度》,北京大学出版社 2009 年版。
119. 中国社会科学院法学研究所法律辞典编委会编:《法律辞典》,法律出版社 2003 年版。
120. [美]戴维·波普诺:《社会学》,李强等译,中国人民大学出版社 2003 年版。
121. [美]J.W. 汤普逊:《中世纪经济社会史》,耿淡如译,商务印书馆 1997 年版。
122. 孙淑云、柴志凯等:《新型农村合作医疗制度的规范化与立法研究》,法律出版社 2009 年版。
123.《1993 年世界发展报告:投资与健康》,中国财政经济出版社 1993 年版。
124. 刘宗荣:《保险法》,三民书局 1997 年版。
125. 韩忠谟:《法学绪论》,北京大学出版社 2009 年版。
126. 许庆雄:《宪法入门》,元照出版公司 2000 年版。
127. 董文勇:《社会法与卫生法新论》,中国方正出版社 2011 年版。
128. [日]美浓部达吉:《公法与私法》,黄冯明译,中国政法大学出版社 2003 年版。
129. 葛克昌、林明锵主编《行政法实务与理论》(一),元照出版公司 2003 年版。
130. 王晓燕:《我国社会医疗保险费用的合理分担与控制研究——基于系统动力学的视角》,经济管理出版社 2010 年版。
131. 王泽鉴:《民法学说与判例研究》(第 3 册),中国政法大学出版社 1998 年版。
132. 黄越钦、王惠玲、张其恒:《职灾补偿论——中美英德日五国比较》,五南图书出版公司 1995 年版。
133. 郑晓珊:《工伤保险法体系——从理念到制度的重塑与回归》,清华大学出版社 2014 年版。
134. 林嘉主编:《劳动法和社会保障法》,中国人民大学出版社 2011 年版。
135. 程琥:《工伤保险前沿问题审判实务》,中国法制出版社 2014 年版。
136. 谢德成主编:《劳动法与社会保障法》,中国政法大学出版社 2017 年版。
137. 方乐华、吴晓宇编著:《劳动法与社会保障法:案例与图表》,法律出版社 2013 年版。
138. 向春华:《工伤理论与案例研究》,中国劳动社会保障出版社 2008 年版。
139. 张明楷:《刑法学》,法律出版社 2007 年版。
140. 郑尚元:《工伤保险法律制度研究》,北京大学出版社 2004 年版。
141. 郭捷主编:《劳动法与社会保障法》,中国政法大学出版社 2007 年版。
142. 徐康平主编:《劳动工伤事故保险与损害赔偿保险》,人民法院出版社 2002 年版。
143. 孙树菡主编:《工伤保险》,中国人民大学出版社 2000 年版。
144. 刘铁民主编:《面向新世纪的中国劳动安全卫生——二十一世纪安全生产宏观战略研究》,中国社会出版社 2000 年版。
145. 朱家甄、张塞主编:《中国社会保险工作全书》,中国统计出版社 1995 年版。

146. 杨通轩:《就业安全法理论与实务》,五南图书出版公司 2012 年版。
147. [美]保罗·A. 萨缪尔森、威廉·D. 诺德豪斯:《经济学》,萧琛等译,商务印书馆 2013 年版。
148. 林万亿:《社会福利》,五南图书出版公司 2010 年版。
149. 郭捷等:《劳动法学》,高等教育出版社 2014 年版。
150. 柯木兴:《社会保险》,三民书局 1993 年版。
151. 胡晓义主编:《走向和谐:中国社会保障发展 60 年》,中国劳动社会保障出版社 2009 年版。
152. 联合国国际劳工组织主编:《社会保障基础》,王刚义、魏新武译,吉林大学出版社 1989 年版。
153. 郑秉文、和春雷主编:《社会保障分析导论》,法律出版社 2001 年版。
154. 翁岳生:《行政法与现代法治国家》,台湾大学法学丛书 1990 年版。
155. 施魏巍:《发达国家老年人长期照护制度研究》,知识产权出版社 2012 年版。
156. 杨国枢:《中国人的心理与行为:本土化研究》,中国人民大学出版社 2004 年版。
157. [英]霍恩比:《牛津高阶英汉双解词典》,李北达编译,商务印书馆、牛津大学出版社 2002 年版。
158. 达庆东、徐青松主编:《护理法导论》,复旦大学出版社 2009 年版。
159.《新德汉词典》,上海译文出版社 2010 年版。
160.《朗氏德汉双解大辞典》(修订版),外语教学与研究出版社 2011 年版。
161.《日汉大辞典》,上海译文出版社 2002 年版。
162. 黄幸主编:《当代日汉汉日大辞典》,北京大学出版社 2008 年版。
163. 林巨树主编:《现代日汉例解词典》,张继彤等译,外语教学与研究出版社 2010 年版。
164.《汉语大字典》(第 4 卷),四川辞书出版社、崇文书局 2010 年版。
165.《汉语大词典》(下卷),上海辞书出版社 2007 年版。
166.《现代汉语辞海》(中)(最新修订版),中国古籍出版社 2011 年版。
167. 中国社会科学院语言研究所词典编辑室编:《现代汉语词典》,商务印书馆 2005 年版。
168. 商务印书馆辞书研究中心修订:《新华字典》,商务印书馆 2001 年版。
169.《现代汉语辞海》(下)(最新修订版),中国古籍出版社 2011 年版。
170. 许少锋编:《近代汉语大词典》(下册),中华书局 2008 年版。
171.《现代汉语大词典》,汉语大词典出版社 2000 年版。
172. 赵爱英、张恭、钟会亮主编:《护理伦理与护理法规》,华中科技大学出版社 2012 年版。
173. 魏万红、杨春香主编:《护理伦理学》,郑州大学出版社 2011 年版。
174. 景天魁:《底线公平:和谐社会的基础》,北京师范大学出版社 2009 年版。
175. 裴晓梅、房莉杰主编:《老年长期照护导论》,社会科学文献出版社 2010 年版。
176. 林美色:《长期照护保险:德国荷兰模式析论》,巨流图书公司 2011 年版。
177. 沈宗灵:《现代西方法理学》,北京大学出版社 1992 年版。
178. 李海明主编:《劳动与社会保障法》,北京师范大学出版社 2017 年版。
179. 冯英、聂文倩编著:《外国的社会救助》,中国社会出版社 2008 年版。

180. [美]斯坦利等:《美国社会问题》,郑丽菁、朱毅译,电子工业出版社 2016 年版。
181. 林莉红、孔繁华:《社会救助法研究》,法律出版社 2008 年版。
182. 全国干部培训教材编审指导委员会组织编写:《社会保障制度建设》,人民出版社、党建读物出版社 2006 年版。
183.《劳动与社会保障法学》编写组:《劳动与社会保障法学》,高等教育出版社 2017 年版。
184. 许琳主编:《社会保障学》,清华大学出版社、北京交通大学出版社 2005 年版。
185. 张兴:《技术进步、就业与养老保障》,社会科学文献出版社 2017 年版。
186. 陈文庆:《社会救助伦理研究》,人民出版社 2017 年版。
187. 何芳:《"流浪儿"在美国:社会救助的制度、实践与启示》,上海人民出版社 2013 年版。
188. 郑功成:《灾害经济学》,商务印书馆 2010 年版。
189. 陈珊:《我国自然灾害事件下社会救助法制体系研究——基于汶川地震的实证分析》,中国政法大学出版社 2013 年版。
190. 王泽鉴:《侵权行为法》(第 1 册),中国政法大学出版社 2001 年版。
191. [日]宇贺克也:《国家补偿法》,肖军译,中国政法大学出版社 2014 年版。
192. 叶百修:《损失补偿法》,新学林出版股份有限公司 2011 年版。
193. 胡穗:《中国共产党农村土地政策的演进》,中国社会科学出版社 2007 年版。
194. 李蕊:《失地农民权益保障》,知识产权出版社 2009 年版。
195. 汪振江:《农村土地产权与征收补偿问题研究》,中国人民大学出版社 2008 年版。
196. [日]棚濑孝雄:《纠纷的解决与审判制度》,王亚新译,中国政法大学出版社 1994 年版。
197. 江亮演、林胜义、林振裕:《社会政策与立法》,洪叶文化事业有限公司 2004 年版。
198. 周震欧主编:《儿童福利》,巨流图书公司 2009 年版。
199. 林胜义:《儿童福利》,五南图书出版公司 2012 年版。
200. 王雪梅:《儿童福利论》,社会科学文献出版社 2014 年版。
201. 郭静晃:《儿童福利》,扬智文化事业股份有限公司 2009 年版。
202. 刘继同:《国家责任与儿童福利:中国儿童健康与儿童福利政策研究》,中国社会出版社 2010 年版。
203. 姚建平:《国与家的博弈:中国儿童福利制度发展史》,格致出版社、上海人民出版社 2015 年版。
204. 吴鹏飞:《儿童权利一般理论研究》,中国政法大学出版社 2013 年版。
205. 陈新民主编:《残疾人权益保障——国际立法与实践》,华夏出版社 2003 年版。
206. 江亮演等编著:《老人与身心障碍福利》,台湾空中大学 2005 年版。
207. 黎建飞主编:《残障人法教程》,中国人民大学出版社 2016 年版。
208. 王延中等:《中国老年保障体系研究》,经济管理出版社 2014 年版。
209. 江亮演:《老人社会福利》,五南图书出版公司 2009 年版。
210. 吴玉韶、郭平主编:《2010 年中国城乡老年人口状况追踪调查数据分析》,中国社会出版社 2014 年版。
211. 李易骏:《社会福利概论》,洪叶文化事业有限公司 2014 年版。

212. 周怡君:《社会政策与社会立法新论》,洪叶文化事业有限公司 2009 年版。
213. 蔡汉贤、李明政:《社会福利新论》,松慧有限公司 2011 年版。
214. 贾俊玲主编:《劳动法与社会保障法学》,中国劳动社会保障出版社 2012 年版。
215. 陈树文、王刚义编著:《社会保障学》,大连理工大学出版社 2010 年版。
216. 凌文豪主编:《社会保障概论》,河南大学出版社 2013 年版。
217. 种明钊主编:《社会保障法律制度研究》,法律出版社 2000 年版。
218. 何灵:《经济转型中我国军人保险制度发展路径探析》,中国社会科学出版社 2014 年版。
219. 林嘉主编:《社会保障法学》,北京大学出版社 2012 年版。
220. 翁岳生编:《行政法》(上册),中国法制出版社 2002 年版。
221. 陈新民:《公法学札记》,中国政法大学出版社 2001 年版。
222. 杨建顺:《日本行政法通论》,中国法制出版社 1998 年版。
223. [日]南博方:《日本行政法》,杨建顺、周作彩译,中国人民大学出版社 1988 年版。
224. [德]哈特穆特·毛雷尔:《行政法学总论》,高家伟译,法律出版社 2000 年版。
225. [日]室井力主编:《日本现代行政法》,吴微译,中国政法大学出版社 1995 年版。
226. 吴庚:《行政法之理论与实用》,中国人民大学出版社 2005 年版。
227. 法治斌、董保城:《宪法新论》,元照出版公司 2005 年版。
228. 李惠宗:《宪法概要》,元照出版公司 2006 年版。
229. 李文静:《医疗保险法律制度研究》,中国言实出版社 2014 年版。
230. 陈敏:《行政法总论》,神州图书出版公司 2004 年版。
231. [德]霍尔斯特·杰格尔:《社会保险入门——论及社会保障法的其他领域》,刘翠霄译,中国法制出版社 2000 年版。
232. 杨复卫:《社会保险争议处理机制研究》,上海人民出版社 2018 年版。

二、中文论文(按引用顺序排列)

1. Eberhard Eichenhofer:《德国的社会保险:俾斯麦模式及其二十一世纪的挑战》,载郭明政主编:《社会保险之改革与展望》,翰芦图书出版有限公司 2006 年版。
2. 王韻茹:《德国社会法院之发展史》,载《法制史研究》第 25 期。
3. 吴震能:《日本社会保障制度之研究——以权利救济为中心》,中正大学法律所 2008 年博士学位论文。
4. 蔡晓荣:《民国时期社会法理论溯源》,载《清华法学》2018 年第 3 期。
5. 郭明政:《社会宪法——社会安全制度的宪法规范》,载苏永钦主编:《部门宪法》,元照出版公司 2006 年版。
6. 郑尚元:《制度落差与理念重塑——海峡两岸社会法制度与理念之比较》,载《社会公义:黄越钦教授纪念论文集》,元照出版公司 2011 年版。
7. 郑尚元:《公开、规范与定型——养老保险制度从政策到法律——中国社会保险立法的进路分析》,载《法学》2005 年第 9 期。

8. 郑尚元:《〈工伤保险法〉之立法构想》,载《甘肃社会科学》2018 年第 3 期。

9. 郑尚元:《长期照护保险立法探析》,载《法学评论》2018 年第 1 期。

10. 郝凤鸣:《社会法之性质及其于法体系中之定位》,载《中正法学集刊》2003 年第 10 期。

11. Günther Schneider:《中德劳动和社会保障法之比较》,载中国劳动和社会保障部法制司、德国技术合作公司中国法律改革咨询项目编著:《中德劳动与社会保障法:比较法文集》,中信出版社 2003 年版。

12. 郑尚元:《社会保险法定位——社会保险法与相邻法律关系探析》,载《法治研究》2015 年第 5 期。

13. [德]贝尔恩德·巴龙·冯·麦戴尔:《德国社会(保障)法:定义、内容和界定》,载郑功成、沈洁主编:《社会保障研究》(总第 2 期),中国劳动社会保障出版社 2005 年版。

14. [德]汉斯·F. 察哈尔:《德意志联邦共和国的社会法》,于李殷译,载《国外法学》1982 年第 1 期。

15. 郭明政:《社会法之概念、范畴与体系——以德国法制为例之比较观察》,载《政大法学评论》1997 年第 58 期。

16. 彭姝祎:《法国社会保障制度碎片化的成因》,载《国外理论动态》2014 年第 9 期。

17. [荷]弗朗西斯·凯斯勒、让－菲利普·勒纳德:《社会保障公约的影响:法国》,载[荷]弗朗斯·彭宁斯编:《软法与硬法之间:国际社会保障标准对国内法的影响》,王锋译,商务印书馆 2012 年版。

18. 唐政洪:《美国社会的救助和福利政策》,载《中国民政》2016 年第 10 期。

19. 郑尚元:《社会保险之认知——与商业保险之比较》,载《法学杂志》2015 年第 11 期。

20. 郑尚元:《我国社会保险制度历史回眸与法制形成之展望》,载《当代法学》2013 年第 2 期。

21. 郭明政:《损害赔偿的社会化——社会补偿制度对于法律发展与法律文化的指标意义》,载龙卫球、王文杰主编:《两岸民商法前沿(第 3 辑)——社会变迁与民商法发展》,中国法制出版社 2015 年版。

22. 李建良:《损失补偿》,载翁岳生编:《行政法》(下册),中国法制出版社 2009 年版。

23. 董文勇:《我国社会建设时代的社会法及其体系论纲》,载《河北法学》2016 年第 10 期。

24. 刘继同:《社会福利与社会保障界定的"国际惯例"及其中国版涵义》,载《学术界》2003 年第 2 期。

25. 尚晓援:《"社会福利"与"社会保障"再认识》,载《中国社会科学》2001 年第 3 期。

26. 郑功成:《中国社会福利改革与发展战略:从照顾弱者到普惠全民》,载《中国人民大学学报》2011 年第 2 期。

27. 刘翠霄:《社会保障权的基本理论问题》,载《温州大学学报(社会科学版)》2016 年第 5 期。

28. 向春华:《收入保持与工伤保险补偿给付体系之调整》,清华大学 2018 年博士学位论文。

29. 郭曰君、吕铁贞:《社会保障权宪法确认之比较研究》,载《比较法研究》2007 年第 1 期。

30. 李运华:《社会保障权原论》,载《江西社会科学》2006 年第 5 期。

31. 郑秉文:《社会权利:现代福利国家模式的起源与诠释》,载《山东大学学报(哲学社会科学版)》2005 年第 2 期。

32. 吴德帅:《消解与重构:制度演进视阈下的社会保障权研究》,载《社会保障研究》2017 年第 5 期。

33. 钟会兵:《作为宪法权利的社会保障权——基于文本与判例分析》,载《学术论坛》2005 年第 10 期。

34. 李磊:《社会保障权的宪法保护问题研究》,载《河北法学》2009 年第 10 期。

35. 孙迺翊:《社会给付权利之宪法保障与社会政策之形成空间:以德国联邦宪法法院关于年金财产权保障及最低生存权保障的判决为中心》,载《台大法学论丛》2012 年第 41 卷第 2 期。

36. 付龙飞:《社会保障权可诉性论成》,载《郑州大学学报(哲学社会科学版)》2012 年第 1 期。

37. 金可可:《论温德沙伊德的请求权概念》,载《比较法研究》2003 年第 3 期。

38. 李惠宗:《主观公权利、法律上利益与反射利益之区别》,载台湾行政法学会:《行政法争议问题研究(上)》,五南图书出版公司 2000 年版。

39. 杨小君:《试论行政作为请求权》,载《北方法学》2009 年第 1 期。

40. 徐以祥:《行政法上请求权的理论构造》,载《法学研究》2010 年第 6 期。

41. 王锴:《行政法上请求权的体系及功能研究》,载《现代法学》2012 年第 5 期。

42. 李震山:《行政提供资讯——以基因改造食品之资讯为例》,载《月旦法学教室·公法学篇》,元照出版公司 2002 年版。

43. 娄宇:《公民社会保障权利"可诉化"的突破——德国社会法形成请求权制度评述与启示》,载《行政法学研究》2013 年第 1 期。

44. 李文静:《医疗保险经办机构之法律定位——论社会行政给付主体之角色与功能》,载《行政法学研究》2013 年第 2 期。

45. 熊伟:《从财政依附性反思中国社会保险》,载《武汉大学学报(哲学社会科学版)》2017 年第 4 期。

46. 张荣芳、熊伟:《全口径预算管理之惑:论社会保险基金的异质性》,载《法律科学(西北政法大学学报)》2015 年第 3 期。

47. 沈建峰:《社会保险费欠缴的法律救济》,载《中国工人》2016 年第 3 期。

48. 张慧霞:《中国城镇社会养老保险政策变迁》,中国社会科学院研究生院 2011 年博士学位论文。

49. 胡爱群:《全球史观下的中国社会保险(1949–1978)》,载《中国公共政策评论》2012 年第 6 卷。

50. 周寿祺、顾杏元、朱敖荣:《中国农村健康保障制度的研究进展》,载《中国农村卫生事业管理》1994 年第 9 期。

51. 顾昕、方黎明:《自愿性与强制性之间——中国农村合作医疗制度嵌入性与可持续性发展分析》,载《社会学研究》2004 年第 5 期。

52. 郭明政、蔡茂寅:《健保局改制后之法律问题研究》,台湾地区卫生事务主管部门 1998 年委托研究计划。

53. 郭明政:《社会保险法律关系争议问题之探讨》,载林明锵、葛克昌主编:《行政法实务与理论》(一),元照出版公司 2003 年版。

54. 张道义:《德国健康保险法“联邦医疗服务基本协定”的规范分析》,载《台北大学法学论丛》2002 年第 51 期。

55. 李玉君:《二代健保组织体制改革之评析》,载《台大法学论丛》2008 年第 37 期。

56. 于德刚、张玉强:《政事分开的必要性及实施原则探讨》,载《前沿》2003 年第 12 期。

57. 张桐锐:《重分配与社会互助》,载《台湾本土法学杂志》2005 年总第 76 期。

58. 蔡秀卿:《日本国民健康保险法制上权限划分与费用负担》,载《台北大学法学论丛》2002 年第 51 期。

59. 谢增毅:《“工作过程”与美国工伤认定——兼评我国工伤认定的不足与完善》,载《环球法律评论》2008 年第 5 期。

60. 李海明:《依“48 小时条款”之病亡的工伤定性》,载《法学》2016 年第 10 期。

61. 郑尚元:《工伤保险法的法律地位》,载《中国社会保障》2003 年第 10 期。

62. 郑晓珊:《工伤补偿与民事赔偿的整合进路——从方向抉择到细节处理》,载《甘肃政法学院学报》2015 年第 3 期。

63. 张智奇:《事业单位如何厘定职业灾害防止计划之研究》,台湾地区行政管理机构劳工委员会劳工安全卫生研究所课题 2006 年 3 月。

64. 郭于华、常爱书:《生命周期与社会保障——一项对下岗失业工人生命历程的社会学探索》,载《中国社会科学》2005 年第 5 期。

65. 郝凤鸣:《论失业保险制度之立法原则》,载《中正大学法学集刊》1998 年第 1 期。

66. 林明锵:《行政契约法论——以德国行政契约为中心试评“法务部”“行政程序法”1994 年 4 月草案》,载林明锵:《行政契约法研究》,翰芦图书出版有限公司 2006 年版。

67. 谢荣堂:《社会行政法概论之一》,载《华岗法粹》2004 年第 32 期。

68. 郑秉文:《中国失业保险基金增长原因分析及其政策选择——从中外比较的角度兼论投资体制改革》,载《经济社会体制比较》2010 年第 6 期。

69. 龚义年:《“用人单位”的刑法意义探讨》,载《西南政法大学学报》2009 年第 6 期。

70. 林炫秋:《二〇〇九年修正“就业保险法”评析》,载《月旦法学杂志》2009 年总第 172 期。

71. 李惠宗:《没有起算点的消灭时效期间?——从“就业保险法”第一一条及第二四条谈法律漏洞填补的界限》,载《台湾本土法学》2007 年总第 92 期。

72. 范围:《我国失业保险法律制度的问题及其完善——从〈失业保险条例〉到〈社会保险法(草案)〉》,载《人口与经济》2010 年第 5 期。

73.《习近平在中央政治局第三十二次集体学习时强调　党委领导政府主导社会参与全民行动,推动老龄事业全面协调可持续发展》,载《人民日报》2016 年 5 月 29 日。

74. 荆涛、阎波、万里虹:《长期护理保险的概念界定》,载《保险研究》2005 年第 11 期。

75. 李志强:《孝道危机时代下空巢老人权益的法律保护》,载《河北学刊》2015 年第 1 期。

76. 郑尚元:《社会法的存在与社会法理论探索》,载《法律科学(西北政法学院学报)》2003 年第 3 期。

77. 李志强:《论我国老年人长期照护保险立法的必要性》,载《社会福利(理论版)》2015 年第 10 期。

78. 李昊:《大陆法系国家(地区)成年人监护制度改革简论》,载《环球法律评论》2013年第 1 期。

79. 童星:《评〈英国济贫法制度史〉》,载《社会保障研究》2015 年第 1 期。

80. 丁建定:《论 17 世纪英国的济贫法制度》,载《社会工作(学术版)》2011 年第 4 期。

81. 刘苏荣:《战后英国社会救助制度研究》,云南大学 2011 年硕士学位论文。

82. 张杰:《关于建立最低生活保障线制度的探索》,载《社会工作研究》1994 年第 6 期。

83. 章彬、高向东:《城市低保与就业问题的经济分析》,载《江淮论坛》2007 第 3 期。

84. 杨山鸽:《试论北京市低保资格审核的规范化》,载《北京社会科学》2011 年第 3 期。

85. 王海燕、修宏方、唐钧:《中国城乡最低生活保障制度:回顾与评析》,载《哈尔滨工业大学学报(社会科学版)》2011 年第 2 期。

86. 中国城市居民最低生活保障政策研究课题组:《中国城市低保政策评析——以辽宁省的个案研究为例》,载《东岳论丛》2005 年第 5 期。

87. 邹文星:《日本生活保护法第 4 条对修改中国〈城市居民最低生活保障条例〉的启示——对加藤案件和中鸠案件的探讨》,载《环球法律评论》2005 年第 5 期。

88. 李春燕:《城市居民最低生活保障制度管理研究——以武汉市武昌区为个案》,华中科技大学 2006 年硕士学位论文。

89. 崔凤、杜摇:《城市最低生活保障"身份化"探析》,载《江海学刊》2010 年第 6 期。

90. 吕珈慧:《城市低保工作的现实困境及刑事法律风险研究》,载《中国民政》2011年第 3 期。

91. 李海明:《低保条例的理念与制度思考》,载《中共中央党校学报》2015 年第 1 期。

92. 宋士云:《新中国农村五保供养制度的变迁》,载《当代中国史研究》2007 年第 1 期。

93. 黄召凤:《论近代中国乞丐职业化的特征及影响》,载《安顺学院学报》2016 版第 4 期。

94. 张云昊:《乞丐人群的分类、形成机制及对策》,载《南京人口管理干部学院学报》2007年第 3 期。

95. 李迎生、吕朝华:《"救助管理"取代"收容遣送"之后——城市流浪乞讨人员救助管理制度运行的实证分析》,载《公共管理高层论坛》2006 年第 2 期。

96. 张宝军、马玉玲、李仪:《我国自然灾害分类的标准化》,载《自然灾害学报》2013年第 5 期。

97. 全晓丽:《自然灾害救助的行为特点与立法规制》,载《长春理工大学学报(社会科学版)》2012 第 10 期。

98. 周孜予、全荃:《自然灾害行政救助制度:反思与重构》,载《学术交流》2015 年第 9 期。

99. 张小明:《公共危机事后恢复重建的内容与措施研究》,载《北京科技大学学报(社会科学版)》2013 年第 2 期。

100. 施一帆:《犯罪被害人之刑事诉讼地位与补偿法制》,台湾成功大学法律学系 2004 年硕士学位论文。

101. 徐骞越:《论我国预防接种异常反应救济之完善》,清华大学 2017 年硕士学位论文。

102. 郑尚元:《土地上生存权之解读——农村土地承包经营权之权利性质分析》,载《清华法学》2012 年第 3 期。

103.《刑事被害人有望国家救助　最高法院部署今年法院工作，提出完善司法救助彰显人文关怀》，载《新京报》2007 年 1 月 8 日。

104. 雷舰：《失地农民集体上访的逻辑——以鲁南 D 村为个案的实证分析》，华中师范大学 2013 年硕士学位论文。

105. 王太高：《土地征收制度比较研究》，载《比较法研究》2004 年第 6 期。

106. 吴鹏飞：《儿童福利权体系构成及内容初探——以宪法人权理论为视角》，载《政治与法律》2015 年第 2 期。

107. 丁建定：《居家养老服务：认识误区、理性原则及完善对策》，载《中国人民大学学报》2013 年第 2 期。

108. 韩敬富：《我国志愿役军人福利制度研究》，中正大学社会福利研究所 2003 年博士学位论文。

109. 胡敏洁：《给付行政范畴的中国生成》，载《中国法学》2013 年第 2 期。

110. 袁立：《从社会国原则谈劳动权的国家给付义务》，载《人大法律评论》2011 年第 1 辑。

111. 谭剑：《给付行政下的政府不作为责任》，载《学术论坛》2010 年第 5 期。

112. [德]英格沃·埃布森：《德国〈基本法〉中的社会国家原则》，喻文光译，载《法学家》2012 年第 1 期。

113. 陈敏：《行政法院有关依法行政原则裁判之研究》，载《政大法学评论》1987 年第 36 期。

114. 林嘉：《社会保险权利救济研究》，载谢进杰主编：《中山大学法律评论》（第 12 卷第 3 辑），广西师范大学出版社 2014 年版。

115. 林嘉：《社会保险的权利救济》，载《社会科学战线》2012 年第 7 期。

116. 杨复卫：《社会保险争议处理机制路径选择：以去私法化为中心》，载《中国劳动》2016 年第 12 期。

117. 胡大武、罗恒：《中国社会保险争议处理程序法律制度实证研究》，载《学术交流》2016 年第 5 期。

118. 项延永：《论我国社会保险争议民事可诉性的全面确立》，载刘俊、王中伟主编：《社会法学研究》（2013 年第 1 辑），法律出版社 2013 年版。

119. [德]奥托·E. 克拉斯尼：《德国社会保险法律争议的解决》，载《社会保障研究》2006 年第 1 期。

120. 何文杰：《社会保险权救济研究》，西南政法大学 2018 年博士学位论文。

三、外文文献（按引用顺序排列）

1. 荒木诚之：《社会保障法》，青林书院 1988 年版。

2. 菊池馨実：《社会保障法》，有斐阁 2014 年版。

3. 菊池馨実：《社会保障法制の將来構想》，有斐阁 2010 年版。

4. Robert East, *Social Security Law*, Macmillan, 1999.

5. Steven G. Livingston, *U.S. SOCIAL SECURITY*, ABC-CLIO, Inc, 2008.

6. William Beveridge, *Social assurance and allied services*, London: HMSO, 1995.

7. Franz-Xaver Kaufmann, *European Foundations of the Welfare State*, New York: Berghahn Books, 2015.

8. John J. Rodger, *From a Welfare State to a Welfare Society: the Changing Context of Social Policy in a Postmodern Era*, Houndmills, Basingstoke, Hampshire: Macmillan, 2000.

9. Eichenhofer (Hrsg.), 80 "Jahre Weimarer Reichsverfassung —Wasist geblieben?", *Tübingen*, 1999.

10. Hans F. Zacher, Die Anatomie des Sozialrechts: Die Sozialgerichtsbarkeit, 1982.

11. Ingwer Ebsen, "Soziale Vorsorge als Funktion", in Ulrich Becker (Hrsg.), *Rechtsdogmatik und Rechtsvergleich im Sozialrecht I*, Nomos, Baden-Baden, 2010.

12. Hans F. Zacher, in Isensee/Kirchhof (Hrsg.), *Handbuch des Staatsrechts* (*Fussn. 1*), Rdnr.

13. Franz Ruland, "Die Entscheidung des Bundesverfassungsgerichts vom 16.07.1985 zum Eigentumsschuty von Anrechten aus der gesetzlichen Rentenversicherung", *DRV*, 1986.

14. Rolf Stober, Eigentumsschutz im Sozialrecht, SGb, 1989.

15. Karl-Jürgen Bieback, "Begriff und verfassungsrechtliche Legitimation von 'Sozialversicherung'", *VSSR*, 2003/1

16. Lorenz von Stein, Das Königtum, "die Republik und die Souveränität der französischen Gesellschaft seit der Februarrevolution 1848", in *Geschichte der sozialen Bewegung in Frankreich von 1789 bis auf unsere Tage*, Band. 3, Wiss. Buchgesellschaft, Darmstadt, 1921.

17. Michael Stolleis, *Geschichte des Sozialrechts in Deutschland*, Lucius & Lucius, Stuttgart, 2003.

18. Georg Wannagat, *Lehrbuch des Sozialversicherungsrechts*, Bd.I, 1965.

19. Deutscher Sozialrechtsverband, *Sozial Sicherheit durch öffentliches und Privatrecht*, SDSRV, Bd. 51, Schmidt, Berlin, 2004.

20. Hans F. Zacher, *Zur Rechtsdogmatik sozialer Umverteilung*, DÖV, 1970.

21. Thomas Michael Johannes Gössl, *Die Finanzverfassung der Sozialversicherung*, Beck, München, 1992.

22. Thorsten Kingreen, *Sozialstaatsprinzip im europäischen Verfassungsverbund*, 2003.

23. Joachim Becker, *Transfergerechtigkeit und Verfassung*, *Mohr Siebeck*, Tübingen, 2001.

24. Friedhelm Hase, *Versicherungsprinyip und soziale Ausgleich*, Mohr Siebeck, Tübingen, 2000.

25. Hans F. Zacher, *Verrechtlichung im Bereich des Sozialrechts*, 1984.

26. Hans F. Zacher, *Was können wir über das Sozialstaatsprinzip wissen?*, 1977.

27. Ulrich Becker, "Rechtsdogmatik und Rechtsvergleich im Sozial recht", in ders, (Hg.), *Rechtsdogmatik und Rechtsvergleich im Sozialrecht I*, 2010.

28. Ulrich Becker, Thorsten Kingreen, Stephan Rixen, *Besonderes Verwaltungsrecht*, B.3, Heidelberg, 2013.

29. Raimund Waltermann, Sozialrecht, 11.Aufl, C.F. Müller: Heidelberg (u.a.), 2014.

30. Christian Rolfs,*Das Versicherungsprinzip im Sozialversicherungsrecht*,Beck,München,2000.

31. Raimund Waltermann,*Abschied vom Normalarbeitsverhältnis? Verhandlungen des 68*, Deutschen Juristentages,Bd. I,Gutachten,B1.

32. Hans F. Zacher,"Grundtypen des Sozialrechts",in Walther Fürst,Roman Herzog,Dieter C. Umbach,*Festschrift für Wolfgang Zeidler*,*Band 1*,*Walter de Gruyter*,Berlin,New York,1987.

33. Ulrich Becker, "Organisation und Selbstverwaltung der Sozialversicherung",Bernd von Maydell,Franz Ruland,Ulrich Becker,*Sozialrechtshandbuch*(SRH),5. Aufl.,Nomos,Baden–Baden.

34. Wilfrid Schreiber,*Sozialpolitische Perspektiven*,Wirtschaftsverlag Bachem,Köln,1972.

35. Friedrich E. Schnapp,*Der Arbeitgeberbeitrag in der Sozialversicherung-eine rechtfertigungsbedürftige Sonderabgabe?* Gesundheits-und Sozialpolitik,2007.

36. Alfred Neidert,"Versicherungs–und Beitragsrecht",Bernd von Maydell,Franz Ruland, Ulrich Becker,*Sozialrechtshandbuch*(*SRH*),5. Aufl.,Nomos,Baden–Baden.

37. Danny Pieters, "Reflections on the Methodology of Social Security Law Comparison",in Verfassung,*Theorie und Praxis des Sozialstaats*,*Festschrift für Hans F. Zacher*,*zum 70*,Geburtstag,C.F. Müller,Heidelberg,1998.

38. Ulrich Becker,Thorsten Kingreen,Stephan Rixen,in Dirk Ehlers,Michael Fehling, Hermann Pünder,*Besonderes Verwaltungsrecht*,*Band* 3,C.F. Müller,Heidelberg,2013.

39. Heinrich Rosin,*Das Recht der Arbeiterversicherung*,*Bd. 2*:*Das Recht der Invaliden-und Altersversicherung*,1905.

40. Ulrich Becker, "Alterssicherung im internationalen Vergleich",in Festschrift für Ruland,*Alterssicherung in Deutschland*,2007.

41. Franz Ruland, "Grundprinzipien des Rentenversicherungsrechts",in Eberhard Eichenhofer, Herbert Rische,Winfried Schmähl (Hrgs.),*Handbuch der gesetzlichen Rentenversicherung* (*HDR*), Luchterhand,Köln,2011.

42. Ulrich Becker,*Verfassungsrechtlicher Schutz rentenrechtlicher Position*,Mitteilungen der LVA,2005.

43. Friedhelm Hase,"Rentenversicherung und Beamtenversorgung",in Ulrich Becker,Bernd v. Maydell,Franz–Xaver Kaufmann,Winfried Schmähl,Hans F. Zacher (Hrgs.),*Alterssicherung in Deutschland*,Festschrift für Franz Ruland,Nomos,Baden–Baden,2007.

44. Franz–Xaver Kaufmann,*Sozialpolitik und Sozialstaat*:*Soziologische Analysen*,3. Aufl. VS Verlag für Sozialwissenschaften,Wiesbaden,2009.

45. Wilfried Schreiber,*Existenzsicherheit in der industriellen Gesellschaft*,Bund Katholischer Unternehmer,Köln,1955.

46. Udo Steiner, "Verfassungsrechtliche Fragen der Überleitung des Alterssicherungssystems der Deutschen Demokratischen Republik in die gesamtdeutsche Rentenversicherung",in Becker et al.,*Alterssicherung in Deutschland*,Nomos,Baden–Baden.

47. Rimlinger,*Welfare Policy and Industrialization in Europe*,*America*,*and Russia*,1971.

48. Hans F. Zacher,in ders. (Hrsg.),*Die Rolle des Beitrags in der sozialen Sicherung*,Berlin,

Duncker & Humblot, 1980.

49. Franz Ruland, "der Einfluss der Rechtsprechung des Bundessozialgericht auf das Recht der gesetzlichen Rentenversicherung", in Wulffen Matthias (Hrsg.), *Festschrift 50 Jahre Bundessozialgericht*, Heymanns, Köln, 2004.

50. See Brian Abel-Smith, "*the Rise and Decline of the Early HMOs: Some* International Experiences", *The Milbank Quarterly*, Vol.66, No. 4, 1988.

51. Margaret S. Gordon, *Social Security Policies in Industrial Countries: a Comparative Analysis*, Cambridge University Press, 1990.

52. 田中诚二、原茂太一:《保险法》,千仓书房 1999 年版。

53. 冈田雅夫:《行政法学と公权力の观念》,弘文堂 2007 年版。

54. 南博方:《行政法》,有斐阁 2004 年版。

55. 手岛孝、中川义朗:《基本行政法学》,法律文化社 2005 年版。

56. 田村和之:《保险医疗机关の指定の法性格》,载津田宪司主编:《社会保障判例百选》,有斐阁 2000 年版。

57. 胁田滋:《社会保险诊疗报酬支付基金の法的性质》,载津田宪司主编:《社会保障判例百选》,有斐阁 2000 年版。

58. 本沢巳代子、新田秀树编:《トピック社会保障法》,信山社 2007 年版。

59. 真柄久雄:《保护委托の法的性格》,载[日]成田赖明编:《行政法の争点》,有斐阁 1990 年版。

60. 籾井常喜:《社会保障法·劳动法实务体系 18》,综合劳动研究所 1972 年版。

61. 倉田聰:《社会保险の构造分析:社会保障における"连带"のかたち》,北海道大学出版社 2009 年版。

62. 倉田聰:《医疗保险の基本构造:ドイツ疾病保险制度史研究》,北海道大学图书刊行会 1997 年版。

63. 笠木映里:《公的医疗保险の给付范围》,有斐阁 2008 年版。

64. 高仓统一、水岛郁子、和田隆夫、石田道彦、山田晋:《市民社会と社会保障法》,嵯峨野书院 2002 年版。

65. George E. Rejda, *Social Insurance and Economic Security*, New Jersey: Prentice Hall, 1998.

66. Joseph P. Newhouse et al, "the Effect of Deductibles on the Demand for Medical Care Services", *Journal of the American Statistical Association*, 1980(75).

67. A.W. Brian Simpson, *Leading Cases in the Common Law*, Oxford: Oxford University Press, 2001.

68. Amy Dru Stanley, *From Bondage to Contract: Wage Labor, Marriage, and the Market in the Ege of Slave Emancipation*, Cambridge, New York: Cambridge University Press, 1998.

69. Oliver Wendell Holmes, *The Common Law*, The Law book Exchange, Ltd., 1881.

70. George P. Fletcher, "The Search for Synthesis in Tort Theory", 2 *Law and Phil.*, 1983.

71. Thomas G. Shearman and Amasa A. Redfield, *A Treatise on the Law of Negligence*, Baker, Voorhis & company, 1988.

72. Thomas McIntyre Cooley, *A Treatise on the Law of Torts*, *Archibald Hall Throckmorton*, Callaghan, 1930.

73. E. H. Downey, *History of Work Accident Indemnity in Lowa*, 2(1912).

74. Crystal Eastman, *Work-Accidents and Law*, 1910.

75. Seymour D. (Seymour Dwight) Thompson, *The Law of Negligence in Relations Not Resting in Contract: Illustrated by Leading Cases and Notes* [*V.2*][*1880*], Cornell University Library, 2009.

76. Gilbert Lewis Campbell, *Industrial Accidents and Their Compensation*, Boston and N.Y.: Hughton Mifflin Co., 1911.

77. John B. Andrews, "Legal Protection for Workers in Unhealthful Trades", 2 *ALLR*, 1912.

78. Walter Basye, *History and Operation of fraternal insurance*, 1919.

79. David T. Beito, *From Mutual Aid to Welfare State: Fraternal Societies and Social Services, 1890-1967*, 2000.

80. John Fabian Witt, *The Accidental Republic: Crippled Workingmen, Destitute Widows, and the Remaking of American Law*, Harvard University Press, 2004.

81. Frederick H. Cooke, *The Law of Life Insurance including Accident Insurance and Insurance by Mutual Benefit Society 3*, New York, Baker, Voorish, 1891.

82. A. I. Ogus, "Great Britain", in Peter A. Kohler and Hans F. Zacher eds., *The Evolution of Social Insurance 1881-1981: Study of Germany, France, Great Britain, Austria, and Switzerland*, Martin Partington, 1982.

83. 水野勝:《労災補償制度の理論的課題》,載《日本労働法学会誌》1990 年第 76 卷。

84. 关西労災職業病研究会:《労災職業病門争小史》,株式會社アットワークス、2006 年版。

85. Arthur Larson, *Worker's compensation law: cases, materials, and text*, Matthew Bender, 1997.

86. 河野顺一:《労働災害通勤災害理論と実際》,中央经济社 2002 年版。

87. 桑原昌宏:《労災保険法改訂中間報告の検討》月刊いのち 271 号。

88. 吾妻光俊著:《労働法〈続〉》,青林書院 1956 年版。

89. 西村健一郎:《労災保険「社会保障化」と労災補償·民事责任》,载《日本労働法学会誌》第 36 卷。

90. Joseph W.Little, Thomas A. Eaton, Gary R.Smith, *Cases and Materials on Workers' Compensation*, 3rd ed., West Publishing Co., 1993.

91. Mechael Faure and Ton Hartlief, "Social Security versus Tort Law as Instruments to compensate Personal Injuries: A Dutch Lwa and Economics Perspective", *Tort and Insurance Law*, Vol.3, Springer Wien, 2003.

92. 荒木诚之:《労災補償と社会保障》,载《民商法雑誌》第 54 卷第 2 号。

93. 内野正幸:《社会権の歴史的展開》,信山社 1992 年版。

94. 菊池馨実:《社会保障の法理念》,有斐阁 2000 年版。

95. Key GL, *Industrial Therepy*, St.Louis: Mosby, 1995.

96. H.Gorgens, "Kapitalrentabilität bei derzeitiger massenarbeitslosigkeit so hoch wie bei fruherer Vollbeschäftigung", in *WSI–Mitteilungen*, 10/1995.

97. Becker, Ulrich, "Sozialmodell und Menschenbild in der Hartz-IV-Gesetzgebung", in Behrends, Okko, Schumann, Eva(hrsg.), *Gesetzgebung, Menschenbild und Sozialmodell im Familien- und Sozialrecht*, 2008.

98. Clegg, Daniel, *From Liberal Statism to Statist Liberalism: the Transformation of Unemployment Policies in Europe*, Welfare State Transformations, Palgrave Macmillan UK, 2008.

99. Zollner, "Germany", in Kohler-Zacher(eds.), *The Evolution of Social Insurance*, 1982.

100. Giancarlo Perone, Social Security and Care and workers Social Needs, 1991, Social Security in Europe, Bruylant, Brussel.

101. Schulin, Bertram, Igl.Gerhard, 1999; Sozialrecht, 6.Aufl., 1999.

102. 野川忍:《劳动法原理的再构成》,成文堂 2012 年版。

103. 荒木诚之:《社会保障法读本(第三版)》,有斐阁 2002 年版。

104. Daguerre, A., "Active labour market policies and welfare reform: Europe and the US in comparative perspective", *Macmillan*, 2007.

105. Larsen, F. and Mailand, M., *Danish activation policy: the role of the normative*, 2007.

106. "Foundation, Institutional Set–up and Other Drivers", in A. Serrano Pascual and L.Magnusson (eds), *Reshaping Welfare States and Activation Regimes in Europe*, Brussels: Peter Lang.

107. Eichhorst W, Kuhn A, Thode E, et al, *Traditionelle Beschäftigungsverhältnisse im Wandel*, Access & Download Statistics, 2010.

108. Buttner T, Prey H, "Does Active Labor-Market Policy Affect Structural Unemployment? An Empirical Investigation for West German Regions, 1986 to 1993", *Brazilian Journal of Otorhinolaryngology*, 1997.

109. Sinn H W, "Redesigning the Welfare State: Germany's Current Agenda for Anactivating Social Assistance", *Ifo Economic Policy*, 2006.

110. Eichenhofer E, Wenner U, "Kommentare S. SGB V, Kommentar", *Luchterhand*, 2012.

111. 有泉亨、中野彻雄:《雇佣保险法、劳灾保险法》,日本评论社 1983 年版。

112. 窪田隼人、佐藤進:《現代社会保障法入門》,法律文化社 1996 年版。

113. Harris-Kojetin L, Sengupta M, Park-Lee E, Valverde R, *Long-Term care services in the United States: 2013 overview*, *National health care Statistics reports*, No 1, Hyattsville, MD: National Center for Health Statistics, 2013.

114. World Health Organization, *Towards an international consensus on policy for long–term care of the ageing*, 2000.

115. Kane, R. A. & Kane, R. L., *Long-term care: Principles, programs and policies*, New York: Springer Publishing co., 1987.

116. Fujisawa, R. and F. Colombo, "The Long-Term Care Workforce: Overview and Strategies to Adapt Supply to a Growing Demand", *OECD Health Working Papers*, No. 44, OECD Publishing,

2009.

117. 北田信一:《介護保険》,ナツメ社 2001 年版。

118. 堀 勝洋:《社会保障法總論》,东京大学出版会 1999 年版。

119. Heinrich Griep/Geribert Renn, *Pflegesozialrecht*, 3.Aufl, Nomos Verlagsgesellschaft, 2002.

120. 服部 万里子:《介護保険のしくみ》,日本実業出版社 1999 年版。

121. Derek Fraser, *The Evolution of the British Welfare State, a History of Social Policy since the Industrial Revolution*, MacMillan, 1984.

122. 小川正亮:《権利としての社会保障》,劲草书房 1983 年版。

123. 北田信一:《图解杂学介护保险》,ナツメ社 2001 年版。

124. 二宫厚美:《新自由主义的构造改革のなかの社会保障》,载《法と民主主义》2002 年第 366 号。

125. Udsching, *Soziale Pflegeversicherung*: *Kommertar*, § 2.Rn.4, 2000.

126. 本沢巳代子:《公的介護保険ードイツの先例に学ぶ》,日本评论社 1998 年版。

127. [日]田村和之:《情报公开·不服申立て》,载《ジユリスト》1996 年第 1094 号。

128. 国民生活センター:《介护事故例と补偿实态》(その2)介护事故の补偿例と裁判例》,载《赁金と社会保障》2000 年第 1281 号。

129. 佐藤 进、河野正辉:《介护保险法》,法律文化社 1999 年版。

130. 北场 勉等:《介护保险下における苦情对応及び不服申立に关する调查研究》,日本社会事业大学 2001 年版。

131. Burroughs, James B.Homeless, *Georgetown Journal on Fighting Poverty*, Vol.2, Issue 2 (Spring 1995).

132. Donald E, "Anti-Homeless Legislation: Unconstitutional Efforts to Punish the Homeless", *University of Miami Law Review*, Vol. 45, Issue 2–3 (November-January 1990–1991).

133. Champagne, Farrah, "Educating Homeless Youth", *Children*'s *Rights Litigation*, Vol.16, Issue 2 (Winter 2014).

134. Dari Mattiacci G, Faure M G, "The Economics of Disaster Relief", *Law & Policy*, 2015.

135. Landis M L. Fate, "Responsibility, and Natural Disaster Relief: Narrating the American Welfare State", *Law & Society Review*, 1999.

136. Becker, "Sozialrecht und Sozialrechtswissenschaft im internationalen Vergleich", in Masuch, Spellbrink, ders., Leibfried, *Grundlagen und Herausforderungen des Sozialstaats*.

137. Mikešić, Sozialrecht als wissenschaftliche Disziplin.

138. Kreßel, Öffentliches Haftungsrecht und sozialrechtlicher Herstellungsanspruch, 1990; Ladage, Der sozialrechtliche Herstellungsanspruch, 1990.

139. Adolf, Der sozialrechtliche Herstellungsanspruch, 1991.

140. Schmidt-De Caluwe, Der sozialrechtliche Herstellungsanspruch, 1992.

141. 小岛晴洋:《基础年金的制度设计》,载日本社会保障法学会编:《社会保障法讲座》,法律文化社 2010 年版。